JN441055

가족치료

개관과 심화

최연실 조은숙 안미옥 박우철 공저

신정

머/리/말

저자들이 처음 이 책을 구상한 이후로 몇 해가 흘러갔다. 저자들의 입장에서는 그동안 고민도 많았고 노고도 적지 않았지만, 결국 이렇게 결실을 보게 된 것이 자못 기쁘다. 대학 강단에 서서 가족치료 과목을 강의하면서 갖게 되는 좋은 교재에 대한 갈망은 같은 입장에 있어 본 사람들은 누구나 공감할 수 있을 것이다. 한편으로는 그동안 발행된 좋은 교재들에 의존해 학생들을 가르치면서 큰 빚을 졌기에 그 교재들에 대한 고마움이 우선 크다고 할 것이다. 하지만 다른 한편에서는 기존의 가족치료 교재들에서 메우지 못하는 틈새가 못내 아쉽고, 또 가족치료 분야에서 새롭게 부상하는 이슈들이나 조류에 대한 탐색 욕구도 점차 커져서 결국에는 저자들이 새롭게 가족치료 교재를 쓰게 되는 작업으로 이끌린 것이 아닐까 싶다.

이미 좋은 가족치료 교재들이 존재하는 상황에서 왜 또 하나의 교재를 추구하는가에 대한 질문이 숙제처럼 저자들의 머릿속에 맴돌았지만, 결국 이에 대한 해명을 우연히도 미국의 소설가 켄 리우(Ken Liu)가 쓴 『길을 찾는 책 도덕경(Laozi's Dao De Jing)』의 서문에서 찾게 되었다. 켄 리우는 『도덕경』의 판본이 여러 가지이고, 이에 대한 번역들도 이미 무수히 많지만, 이 시대 이 시점에서 새롭게 번역을 하는 이유가 작가로서 그가 지닌 '강점과 관점' 때문이라고 설파한다. 그의 이유를 빌어 저자들의 입장을 설명해 보자면, 기존에 수많은 가족치료 교재가 있지만, 새로운 교재를 쓰게 된 것도 나름대로 우리가 지닌 '강점과 관점'이 있기 때문이라고 생각한다. 즉 우리 저자들이 적지 않은 세월 동안 대학에서 가족치료를 강의하면서 연구를 수행하고, 또 동시에 임상과 훈련 현장에서 경험과 지식을 쌓은 것이 '강점과 관점'의 바탕이 되었고, 결국 이를 밑거름으로 삼아 우리가 후학들에게 필요한 교재를 써볼까 하는 용기를 내게 된 것이라고 할 수 있다. 저자들이 공들여 집필한 이 교재는 이미 발행된 교재들과 더불어 가족치료를 공부하고자 하는 많은 사람이 활용할 수 있는 기반을 더욱 두텁고 단단하게 다져가는 동시에 논의를 활성화하고 풍부하게 하는 작업에 일조할 수 있으리라고 믿는 바이다.

이러한 의도를 배경으로 해서 이루어진 이 교재는 '개관과 심화'라는 부제에서 살펴볼 수 있듯이, 가족치료 전반에 걸쳐 포괄적이고 다양한 영역과 주제를 섭렵하면서도 내용상으로 깊이 들어가는 부분들이 있다. 본 교재의 성격과 방향을 이렇게 설정한 이유는 대학이나 대학원의 가족치료 전공에서 가장 핵심적인 교과목의 교재로서뿐만 아니라 관련 전공에서 가족치료 과목을 하나만 공부하게 될 때 교재로서의 활용성도 고려했기 때문이다. 즉 가족치료와 관련해서 다룰 내용이 빠짐없이 들어가면서도 중심적인 내용은 좀 더 깊이 다루어질 필요성을 의식했다고 볼 수 있다. 저자들의 바람은 이 책이 가족치료와 관련된 대표 교과목을 위해 전반적인 내용을 넓게 다루는 동시에 핵심적인 내용은 깊이 있게 공부할 수 있는 기본 자료로 활용되는 것이다.

이 책으로 공부하는 독자들이 얼마나 공감과 동의를 표할지는 미지수이지만, 저자들은 이 책에서 다룬 다음과 같은 내용이 다른 가족치료 교재와 차별화되는 사항이라고 생각한다. 이 내용은 지금까지의 교재들은 별로 다루지 않았는데 이 책에서는 새롭게 포함한 것들이거나 혹은 다른 책에서도 다룬 내용이기는 하나 이 책에서는 보다 최신의 조류를 반영하고자 한 것들이다. 이러한 내용을 구체적으로 몇 가지 제시하면 다음과 같다.

우선, 제1장에서 다룬 가족치료와 현실적 실행은 다른 교재들은 별로 다루지 않은 내용이다. 가족치료의 개념 정의를 내리는 작업은 결코 쉬운 것이 아니다. 이 책에서 내린 가족치료의 개념 정의가 정통하거나 권위 있는 유일한 정의는 비록 아니지만, 대부분의 대학 교재에서는 개념 정의 작업을 학문적 논의의 출발점으로 삼고 있는 경향이 일반적이어서 이 책에서도 편의상 실험적인 개념 정의를 시도해 보았다. 그리고 가족치료의 현실적 실행은 현재 우리나라에서 가족치료가 실제 전개되는 양상을 그려 보기를 바라는 차원에서 제시한 것이다.

둘째, 제2장의 앞부분에 나오는 가족치료의 태동 부분은 상당히 심도 있게 여러 내용을 다루었다. 또한, 뒷부분의 가족치료 이론적 모델의 발달과 역사적 변화에서는 통상 '전기', '후기'모델로 일컬어지는 이론적 모델들을 이 책에서는 새롭게 '제1세대', '제2세대'모델로, 그리고 통합, 융합과 분화의 양상을 띠면서 비교적 최근까지 나타난 이론적 모델들을 '제3세대'모델이라는 명칭을 사용해 소개하였다.

셋째, 제3장에서 가족치료의 토대를 인식론적 차원과 실천적 차원으로 나누어 제시하는 작업을 시도하였다. 인식론적 차원에서는 체계론적 토대와 포스트모던 토대로 나누어,

전자에서는 체계이론과 사이버네틱스, 후자에서는 구성주의와 사회구성주의를 살펴보았고, 실천적 토대에서는 가족이 놓여 있는 맥락을 제공하는 요소들, 즉 성별, 가족발달 단계, 스트레스원, 사회계층, 문화, 종교를 다루었다. 이와 관련해, 생태체계론적 관점이나 사회정의 이슈를 다룬 것도 이 책의 특징이라고 할 수 있다.

넷째, 이 책이 다른 교재들과 확연히 구분되는 특징은 아마도 가족치료의 이론적 모델들을 다루는 제2부(제4장부터 제12장까지)에서 나타날 것이다. 국내 대부분의 가족치료 교재에서 잘 다루지 않았던 정신역동적 모델(대상관계 가족치료)과 인지행동적 모델(인지행동 가족치료)을 추가로 포함했고, 각 모델을 다룬 장마다 하나의 가족치료 사례(금쪽이 사례)를 적용해 각 모델에서 어떻게 다르게 접근될 수 있는지 보여주는 방식을 취하였다. 또한, 기존 교재에서 거의 다루지 않았던 통합적 접근과 공통요인에 대한 장을 별도로 설정하였다.

다섯째, 제13장의 가족치료 과정은 이미 몇몇 가족치료 교재에서도 다루고 있기는 하지만, 이 책에서는 사정과 사례개념화를 중심으로 내용을 상당히 심화시켜서 다루었다. 가족치료가 실제로 행해지는 임상 현장을 고려하여 활용성이 높은 내용과 다양한 자료를 제시하고자 노력하였다.

여섯째, 제14장의 가족치료자 발달은 기존의 다른 교재들은 거의 다루지 않았던 내용이 대폭 포함되었다. 초보 치료자에서 점차 숙련된 가족치료자로 발달해 가는 과정을 염두에 두고 가족치료자의 핵심역량과 더불어 치료자의 자기(self-of-the therapist)를 본격적으로 다루었고, 이와 관련해 부부·가족치료의 윤리 부분에도 주목할 내용을 포함하였다.

일곱째, 제15장에서 다룬 가족치료의 확산과 동향 부분은 독자들에게 새롭게 다가갈 것이다. 한국에서의 가족치료 발달을 더듬어 본 작업은 기존 교재들에서도 다루었지만, 글로벌 차원, 특히 비서구국가들을 중심으로 가족치료의 발달을 살펴본 내용은 지금껏 다른 교재들에서는 다루지 않은 내용이기 때문에 독자들에게 새로운 인식을 열어줄 것이라고 기대한다. 또한, 마지막에 다룬 최근 경향과 발달 추세는 전문적, 학문적 차원에서 가족치료에 나타나는 최신 조류를 더듬고 향후의 전망을 모색해 보는 데 기여할 수 있을 것이다.

지금까지 짚어 본 이 책의 특성이자 차별점이 나름대로 얼마나 '강점과 관점'이 될 수 있는지의 최종적 판단은 이 책으로 공부하는 독자들에게 맡겨질 것이다. 잠정적으로 설정한 이 책의 독자는 주로 학생, 교·강사, 임상가, 실천가와 나아가 정책 수립자이지만, 그 외 생각하지 못했던 뜻밖의 독자들도 있을 수 있다고 생각한다. 바라건대, 인공지능이 압도하는 이 시대에 저자들의 인간적 노고가 한 땀 한 땀 씨실과 날실처럼 엮어진 이 책이 단순히 교재의 차원에 머물지 않고 가족치료에 관심을 지닌 보다 많은 사람에게 도움을 주는 자료로 다가갈 수 있으면 한다. 또한, 우리 사회에서 가족치료가 하나의 충실하고도 확고한 전문 분야로 뿌리내리고 자리 잡는 데 이 책이 작으나마 기여를 할 수 있으면 좋겠다는 것이 저자들의 소박한 소망이기도 하다.

우리나라 대학 학부나 대학원의 학사 일정은 보편적으로 15주로 편성되지만, 현실적으로 운영상 편차가 존재하므로, 대학마다 학사 일정의 여건에 따라서 본 교재의 15개 장들을 융통성 있게 활용할 수 있을 것이다. 선택과 판단은 이 책을 활용하는 교・강사의 재량에 맡기는 바이다.

끝으로, 저자별로 담당한 장을 밝히면 다음과 같다. 최연실이 제1장, 제2장, 제3장, 제12장과 제15장을, 조은숙이 제10장, 제11장, 제13장과 제14장을, 안미옥이 제6장, 제7장과 제8장을, 그리고 박우철이 제4장, 제5장과 제9장을 집필하였다.

다음에서는 저자별로 작성한 간략한 집필 소감을 제시한다.

내(최연실)가 가족치료라는 분야에 대해서 알게 된 것은 20대 후반이었다. 내 인생의 멘토이셨던 미국 메리놀선교회의 고(故) 민요한 신부님(Rev. John Patrick Meehan)께서 이런 학문 영역이 있다는 것을 소개해 주셨을 때, 정말 뛸 듯이 기뻤다. 박사과정에서 가족학을 전공했던 나는 내가 하는 공부가 사람들의 실제 삶을 변화시키는 데 무언가 도움이 되기를 간절하게 바랐고 어떻게 그것이 가능할지를 암중모색하던 시기였기 때문이다.

그 이후 홀로 Palo Alto로 떠나 한 달 동안 MRI의 레지던스 프로그램을 경험하고 나서 박사학위를 받기 전 풀브라이트 장학 프로그램으로 1년 동안 미국 퍼듀대학교에서 부부・가족치료 분야의 공부를 접하면서 나와 가족치료의 본격적인 인연이 시작되었다. 특히, 여러 사정과 여건으로 인해 비록 짧은 시간을 공유하는 데 그쳤지만, 그 당시 나를 이끌어 주셨던 Fred Piercy 교수님과 이제는 돌아가신 Douglas Sprenkle 교수님의 가르침은 그 이후 이어진 긴긴 나의 학문적 여정에 늘 방향을 잡는 등대와 같은 역할을 해주었다. Piercy 교수님은 인격적으로나 학문적으로 크게 존경을 받는 분이셔서 내 인생에서 그분을 만나게 된 행운에 감사한다. 또한, 엄격하셨지만 뛰어난 학문적 성취를 이루셨던 Sprenkle 교수님은 수업을 통해 내게 가족치료에 대한 열정과 진지함을 가르쳐준 진정한 사표였다고 생각한다.

세 분과의 만남과 인연은 내게 소중한 자산으로 남겨져 나는 이제 대학에서 가르치면서 그분들이 새겨준 교훈과 정신을 내 후학들에게 전달해 주고자 노력하고 있다. 사실상 내가 오늘날까지 가족치료에 대한 나의 학문적, 실천적 자세를 가다듬을 수 있도록 붙잡아 준 것은 학생들이나 수련생들의 열성과 자극이었다고 생각한다. 더불어, 나를 지도해 주신 슈퍼바이저 선생님들로부터 얻었던 많은 가르침, 동료, 선·후배 선생님들과의 공부, 토론과 피드백에서의 값진 경험들, 그리고 이론을 뛰어넘는 실제의 힘을 가르쳐준 많은 내담자와 공유했던 시간들이 내가 학문적·임상적으로 한 발씩 내디딜 수 있는 토대와 자양분을 제공해 주었음을 깨닫는다. 이런 모든 분과의 만남이 이 책을 쓰는 바탕을 이루었다고 생각하며 깊은 고마움을 느끼게 된다. 그리고 특별히 이 책을 열심히 함께 쓴 훌륭한 동료들인 조은숙, 안미옥, 박우철 교수님께 깊은 감사를 드린다. 그분들의 뛰어난 역량과 헌신적인 수고가 없었다면 아마도 이 책은 탄생하지 못했을 것이다.

나(조은숙)의 가족치료 임상의 시작은 1997년 설립된 (사)한국가족상담교육단체협의회에서였다. 당시 가족학 분야의 신진학자였던 나는 당 협의회가 관심을 가졌던 건강가정기본법과 가족센터의 설립과정을 지켜보면서 공공가족치료의 질적 향상에 관심을 가졌고, 그 관심은 지금도 여전하다. 가족치료를 배우고 싶다는 학부 시절부터의 소망 때문인지, 미국과 캐나다에서 인생의 전환점을 돌면서, 나는 연구를 던지고 기독교 가정사역을 위한 상담공부를 다시 하게 되었고, 이후 공공영역의 상담에 깊숙이 발을 들이게 되었다. 캐나다의 기관에서는 서비스의 표준과 윤리를, 거기서 만난 슈퍼바이저들로부터는 치료자의 태도와 마음을 배웠다. '하고 싶은 것을 포기하지 않으면 언젠가는 그 길에 있게 된다'는 것이 지금까지의 나의 경험이다. 양보하는 것이 나를 주장하는 것보다 더 편하던 나도 긴 길을 돌아서 갈망하던 가족치료자의 길에 서 있으니 말이다.

나는 현재 임상가로서 보다는 가족치료 교육자로서의 시간을 더 많이 보내고 있다. 나에게 임상은 내담가족을 통해 배우는 시간이며, 교육은 학생들을 통해 배우는 시간이다. 우리는 서로를 성장시킨다. 학생들 한명 한명의 삶의 경험을 가족치료의 관점과 기술을 익히는 자료로 활용해 교육하며, 이들을 자신과 세상의 가족을 살리는 일에 헌신하도록 돕는 일은 숭고하다. 잘 써진 교재는 이러한 중요한 일을 돕는 값진 자산이다.

이 책에서는 오랜 시간 가족치료를 교육하고 실천해 온 저자들의 폭넓고 깊이 있는 지식이 저자 개인의 스타일과 목소리에 실려 전달되고 있다. 정보로서의 건조한 교재가 아니라 저자들의 체취가 배여 있는 교과서라는 점이 참 마음에 든다. 이 멋진 저자들 틈에 나를 끼워 넣어 주신 존경하는 선배 최연실 교수님, 그리고 미국으로 출국하는 젊은 나를 향해 '꼭 가족치료를 배워서 오라'고 당부하시던 나의 첫 슈퍼바이저 고 최규련 교수님께 이 자리를 빌려 감사를 드리고 싶다.

가족치료사로서 오랜 시간 임상 현장에서 치료를 실천해 온 내(안미옥)가 다시 이론의 세계로 깊이 들어가는 과정은, 가족치료에 대한 이해의 폭과 깊이를 이전보다 훨씬 확장하는 경험이었다. 어쩌면 그 배움의 과정 곳곳에는 서구 이론을 중심에 두고 이를 따라가야 한다는 일종의 '사대주의적 시선'이 스며 있었는지도 모른다. 그동안 서구에서 출발한 가족치료 이론을 학습하며, 한국의 가족치료는 늘 뒤를 따라가는 위치에 머물러 있다는 느낌을 지우기 어려웠다. 그러나 가족치료가 한국에 소개된 지 어느덧 40여 년이 지난 지금, 한국 사회의 가족 경험과 문화적 맥락에 뿌리내린 '한국적 가족치료'를 본격적으로 논의할 시기가 충분히 무르익었다고 생각한다. 이 책이 바로 그 전환의 지점에서, 한국 가족치료사들의 임상 경험과 대표적인 가족치료 이론이 어떻게 통합되어 한국적 장(場)을 형성해 갈 수 있는지를 보여주는 하나의 시도가 되기를 바란다.

이 책은 이른바 '금쪽이' 사례를 중심으로, 각 가족치료 이론이 동일한 한 가족을 어떻게 서로 다르게 바라보고 해석하는지를 보여준다는 점에서 독특한 구성을 지닌다. 치료 이론은 단순한 개념의 나열에 그쳐서는 안 되며, 특정 가족과 상황을 어떻게 이해하고 어디에 개입의 초점을 둘 것인가에 대한 실제적 답을 담고 있어야 한다. 이론별로 동일한 금쪽이 사례를 조명하는 작업은, 한국적 현실 속에서 가족치료 이론이 어떻게 살아 움직이며 적용될 수 있는지를 구체적으로 보여주는 의미 있는 시도였다.

네 명의 저자가 서로를 존중하며 허심탄회하게 협업한 경험 그 자체 또한 이 책의 중요한 가치라고 생각한다. 신뢰가 있기에 서로 다른 관점을 말할 수 있었고, 솔직함이 있었기에 거절당할 수도 있는 생각을 기꺼이 내어놓을 수 있었다. 바로 그러한 과정 속에서 우리는 건강한 소통과 변화가 어떻게 가능한지를 몸으로 확인할 수 있었다. 이 협업의 경험은 가족치료가 지향하는 관계적 역동을 우리 네 명이 직접 살아내며 실험한 과정이기도 했다. '동역의 기쁨'이라는 표현이 떠오를 만큼, 참으로 소중한 시간이었다.

이 책이 독자들에게 가족치료의 전체적 지도를 그리는 데 도움을 주고, 나아가 실제 임상 현장에서 이론을 살아 있는 도구로 활용하는 데 유용한 길잡이가 되기를 진심으로 바란다. 이러한 소망을 품을 수 있었기에, 이 책을 함께 만들어 온 시간은 더욱 감사하고 의미 있는 여정으로 남는다.

나(박우철)는 20대 때 운명처럼 가족치료를 만났다. 20대 청춘의 지난한 실존의 여정 끝에 개인, 가족, 사회 모두의 중요성을 깨달은 나에게 개인에게만 초점을 두는 치료는 맞지 않았다. 나는 한 개체의 고통을 우리 모두의 고통과 책임으로 받아들이고, 그 고통을 함께 치유해 간다는 견지에서 가족치료사가 되기로 결심하였다. 하지만 가족치료를 공부하고 실천하는 길은 쉽지 않았고, 지금도 끝나지 않았다. 자신 있게 가족치료를 가르치기에는 여전히 어렵고 부족하다 느끼지만, 존경하는 선배 교수님들의 권유와 격려 덕에 어렵게나마 작은 한 발을 내디딜 수 있었다.

책을 마무리할 때, 지도교수님이자 인지행동가족치료의 선구자인 Norman Epstein이 갑작스레 세상을 떠나셨다. 불과 몇 주 전까지 이메일을 주고받던, 나의 스승이자, 친구이자, 'American Father'였던 Norm이 그렇게 떠나니 모든 것이 황망했다. 작년 미국에서 우리 가족은 Norm의 초대를 받았는데, 주방에서 정갈하게 점심을 준비하시던 Norm의 굽은 등이 왠지 시큰하게 느껴졌고, 나와 아내는 이제는 아무도 치지 않는 거실의 낡은 피아노로 '잘 가시오'라는 곡을 들려주었다. 그때는 그 곡이 정말 Norm과의 작별 노래가 될 줄은 미처 몰랐다. Norm은 학자로서의 실력과 성실함을 보여주었을 뿐 아니라, 상담자의 성품 또한 얼마나 중요한지를 몸소 삶으로 증명한 분이셨다. 부족하지만, 그래도 내가 이 책을 쓰기 시작했다는 소식에 격려를 아끼지 않으셨던, 그리운 Norman Epstein 교수님께 이 책을 바치고 싶다.

2025년 저물어가는 12월에
저자들 함께 씀

차/례

Family Therapy

1 가족치료의 기초

제1부에서는 가족치료를 개괄적으로 살펴보고 조감하면서 가족치료를 이해하는 기초적인 내용을 제시한다.

제1장은 가족치료의 특성에 대한 기초적 이해를 위한 장이다. 먼저, 가족치료가 어떤 특성이 있는지를 파악하기 위해서는 가족치료가 무엇인지 정의를 내리는 작업이 필요하다. 이와 더불어, 가족치료의 탄생과 진전이 심리치료의 발달 전반에 어떠한 영향을 미치게 되는지를 알아봄으로써 가족치료가 존재하는 근거와 그 의미를 새겨볼 수 있다. 또한, 가족치료와 개인치료의 차이를 살펴봄으로써 가족치료가 개인치료와 대비되는 독특성과 고유성을 알아볼 수 있다. 이와 아울러, 하나의 정신건강 분야로서 가족치료가 지니는 성격과 가족치료가 현실적으로 어떻게 실시되고 있는지 그 양상을 살펴봄으로써 가족치료를 전반적으로 이해하는 데 도움받을 수 있다.

제2장에서는 가족치료의 배경과 역사적 발달과정, 그리고 가족치료의 이론적 모델들을 대략적으로 개관한다. 가족치료의 기원을 더듬어 볼 때, 그 등장 배경과 태동에 중요한 역할을 한 몇몇 상담 분야 운동의 등장, 기존 관련 학문 분야로부터의 영향, 집단치료의 부상, 연구 전통의 기여 등을 살펴본다. 또한, 역사적 발달과정을 짚어보기 위해, 1950년대부터 1970년대 중반에 등장한 제1세대 치료모델, 1970년대 중반부터 2000년대에 발전한 제2세대 치료모델, 그리고 2000년대 이후 부각된 제3세대 가족치료 모델을 살펴본다.

제3장에서는 가족치료의 인식론적 토대(체계이론과 사이버네틱스, 구성주의와 사회구성주의)와 가족치료가 행해지는 맥락과 조건을 살펴본다. 가족치료의 이론적 패러다임을 제공하는 인식론적 토대를 체계론적 토대와 포스트모던 토대로 나누어 접근하며, 제1단계 사이버네틱스와 제2단계 사이버네틱스에 대하여 알아보고, 구성주의와 사회구성주의의 움직임에 대해서도 조망한다. 이 장의 후반부에서는 가족치료의 개입 근거를 제공하는 실천적 토대를 살펴보기 위해, 가족 맥락의 다양성, 가족생활주기 단계, 생태체계론적 관점과 사회정의와 관련된 내용을 다룬다.

제1장

가족치료의 특성

관계를 보는 능력이 확립되면, 지속적인 치료과정에서 개인과 관계 모두에 주의를 기울여 두 입장에서 보완적인 방식으로 작업하는 것이 가능해진다.

칼 톰(Tomm et al., 2014)

가족치료의 특성을 파악하기 위해서는 가족치료가 무엇인지 정의를 내리고, 가족치료의 탄생과 진전이 심리치료의 발달 전반에 어떠한 영향을 미치게 되는지를 알아봄으로써 그 존재의 근거와 의미를 새겨볼 수 있다. 또한, 가족치료가 개인치료와 어떻게 차별화되는지를 살펴봄으로써 그 독자성과 고유성을 짚어볼 수 있다. 이와 아울러, 하나의 정신건강 분야로서 가족치료가 지니는 성격과 가족치료가 현실적으로 전개되는 실행 양상을 살펴봄으로써 가족치료를 전반적으로 이해하는 데 도움받을 수 있다.

1. 가족치료의 정의와 의미

가족치료를 가장 쉽게 표현하자면, 정신건강과 관련되는 여러 심리치료 분야 중의 하나라고 할 수 있다. 이러한 분야들로는 상담심리학, 임상심리학, 정신의학, 임상사회복지 등을 거론해 볼 수 있다. 그렇다면, 가족치료는 이러한 분야들과 어떻게 다른가? 가족치료가 무엇인지를 한마디로 정의하는 것은 상당히 어려우면서도 신중해야 하는 작업이므로, 이 책에서 단정적인 정의를 내릴 수는 없을 것이다. 하지만, 가족치료의 정의를 제시해 보려는 하나의 시도로서 이 책에서 간단하게 정의를 내려 보자면, 가족치료는 체계론적 관점(systemic perspective)에 따라 가족이라는 특수한 관계 맥락 속에서의 개인 이해를 통해 문제해결과 건강 증진에 기여하는 심리치료 분야의 하나라고 할 수 있다.

이러한 정의는 몇몇 학자들(Lebow & Sexton, 2016; Rambo & Hibel, 2013; Reiter, 2025)의 견해와도 유사한 점이 있는데, 여기서 공통적으로 강조되는 것은 바로 관계적 초점이다. 가족치료는 특히 가족 안에 있는 사람들 '사이의 공간(space between)'(Lebow & Sexton, 2016: 1)으로서의 관계를 살펴보며, 이 같은 측면으로 인해 가족치료의 내담자, 혹은 개입 대상은 가족원들이라기보다 '관계'라고 하는 시각도 존재한다. 따라서 가족치료는 '관계치료(relationship therapy)'(Becvar & Becvar, 2016: 12)로 불리기도 한다.

그렇다면, '가족치료'라는 용어로 정착한 이유는 무엇일까? 이는 한편으로는 가족치료가 생겨난 배경이 1950년대 조현병 환자들의 가족 연구에서 나왔기 때문이기도 하고(Nichols & Davis, 2020), 다른 한편으로는 사회집단으로서 '가족'이라는 집단이 갖는 특수성에서 연유하는 것으로도 생각해 볼 수 있다. 우선 전자의 이유는 조현병 환자를 개인으로 치료할 때는 증세가 호전되다가 가족을 만나거나 가정으로 돌아갔을 때, 병세가 악화되는 것을 목격한 일군의 정신과 의사들에 의해서 가족이 이들 환자의 치료에 중요한 역할을 하고 있음을 확인했던 것과 관련된다. 이러한 움직임은 처음에는 '가족운동(family movement)'(Carr, 2012)이라고 불렸는데, 그 이전에도 존재했지만 사실상 본격적으로 뿌리내린 것은 1950년대라고 할 수 있다(Becvar & Becvar, 2016: 17). 다음으로 후자의 이유를 살펴보면, 가족은 인간이 태어나 평생을 보내게 되는 기본적인 집단이자 집단의 구성원들 간 영향을 주고받을 수밖에 없는 맥락을 제공하는 1차적인 환경이다. 가족은 친밀성을 기초로 한 집단으로서 출생 이후 인간이 맺는 관계 중 가장 기초적이고 필연적인 관계를 제공하고, 심리정서적 연결성이나 관계의 강도나 밀도가 높다는 면에서 여타의 다른 사회집단과는 구별되는 특성을 갖는다. 개인이 출생한 원가족(family of origin)[1]은 인간의 성장과 발달에서 중요한 인생 초기의 환경을 제공하며(Framo, 1992), 성인 이후 1인 가구로 살더라도 다른 가족원들과의 관계는 여전히 존재한다. 이처럼 한 개인이 살아가면서 맺는

1) 원가족은 개인이 출생한 가족이라는 의미와 더불어 초기 발달단계에서 성장한 가족의 의미가 크므로, 입양가족도 이 개념 안에 포함될 수 있다.

다른 관계들보다 우선시되는 가족 내에서의 본질적인 관계를 중심으로 한 치료적 개입은 '가족치료'로서 불릴 의미와 정당성이 있다.[2)]

한편, 상식적인 차원에서 개인치료가 개인을 대상으로 하듯이, 가족치료는 가족을 만나기 때문에 그 명칭으로 불리는 것이 아닌가 하는 생각을 가질 수 있다. 하지만 가족치료는 단지 그 대상이나 개입의 단위가 개인의 확대로서의 가족이기 때문보다는 접근하는 '관점' 때문에 의미를 지닌다. 즉 가족치료는 체계론적 관점으로 문제를 보는 것에서 획기적인 변화를 가져와 심리치료의 발전에 크게 기여한 바 있다. 가족치료는 기본적으로 체계이론과 사이버네틱스에 토대를 두고 있는 체계론적 관점의 도입으로 관계나 맥락, 상호작용 패턴 등을 고려해 역동을 살펴본다. 이러한 점에서 가족치료는 개인 내면 중심으로 접근하던 기존 심리치료의 시각에 도전하고 지평을 확장했다고 볼 수 있으며, 이를 통해 심리치료 분야에서 토마스 쿤(Thomas Kuhn)이 『과학혁명의 구조(The Structure of Scientific Reviolution)』에서 말한 패러다임의 전환을 가져왔다는 평가를 받는다(Becvar & Becvar, 2016: 35-36).

2. 개인치료와의 차별성

가족치료가 개인치료와 어떻게 다른지를 말할 때 가장 뚜렷한 특징은 앞에서 말한 바와 같이 가족치료는 체계론적 관점을 취한다는 것이다. 체계론적 관점의 바탕을 이루고 있는 체계이론과 사이버네틱스에 대해서는 제2장과 제3장에서 보다 자세히 다루어질 것이다. 바로 이러한 체계론적 관점으로 인해 가족치료는 다음과 같이 개인치료와 기본적으로 몇 가지 차이점을 갖는다.

첫째, 문제에 접근하는 시각의 차이이다. 개입하는 문제를 살펴볼 때, 개인치료는 개인의 심리적 내면에 주목하지만, 가족치료는 문제를 개인 간의 관계 속에서 살펴본다(정문자 외, 2025). 이를 다르게 표현하면, 문제가 발생하는 원인을 살펴볼 때, 개인치료는 심리내적인(intrapsychic) 차원에서 보는 관점을 취하는 데 비해, 가족치료는 심리간적인

2) 벡바와 벡바(Becvar & Becvar, 2016: 12-13)는 그들의 관점에서 볼 때, '가족치료'가 아마도 잘못된 명칭이 아닐까라고 생각한다. 그들은 가족치료가 체계이론/사이버네틱스 가정을 기본으로 하면서 관계와 상호작용 패턴에 초점을 두는데, 사람들의 일상 문제를 해결하기 위하여 가족을 연구대상으로 선택하는 것이 편의에 의해서이며, 가족이 개인이 생활하는 주요 맥락이 되기 때문에 치료자들이 대부분 가족에 관심을 기울이는 것이라고 보기도 한다.

(interpsychic) 차원에서 보는 관점을 취한다. 가족치료의 이러한 관점이 바로 가족치료의 주된 강조점이 관계적 초점이라고 말하는 사실과 일맥상통한다. 건강한 개인일지라도 타인과의 관계나 상호작용 속에서 갈등이나 문제 상황이 발생할 수 있다. 가족치료는 이 같은 관계를 중심으로 문제해결에 접근해간다는 면에서 개인치료와 가장 큰 차이를 보인다.

둘째, 맥락(context)을 고려하는 점에서의 차이이다. 개인치료는 개입대상으로서 관심을 두고 있는 한 개인을 중심으로 접근하는 것에 비해, 가족치료는 개인들을 그들이 놓여 있는 맥락 속에서 파악하고 이를 바탕으로 접근한다. 이러한 차이로 인해, 가족치료는 개인들을 둘러싼 환경적, 생태적 요인들에도 관심을 지닌다(Goldenberg, Stanton & Goldenberg, 2017). 개인이나 가족은 유리 브론펜브레너(Urie Bronfenbrenner, 1986)가 생태체계이론에서 언급한 대표적인 미시체계로서 외체계나 거시체계의 맥락 속에서 상호영향을 주고받으며 존재하게 된다. 원래 체계론적 관점은 가족이 놓인 무수한 사회체계들에 주목함으로써 가족 기능을 이해하기 위한 맥락을 넓힌다. 가족치료는 이와 같은 다차원의 맥락을 고려하는 관점 속에서 가족을 넘어서서 가족 기능에 영향을 미칠 수 있는 '외적' 요인들에 관심을 지니고 있다(Robbins, Mayorga, & Szapocznik, 2003)는 면에서 개인치료와 차이를 보인다고 할 수 있다.

셋째, 문제의 인과관계를 보는 시각의 차이이다. 문제의 원인과 결과를 주로 선형적 인과성(linear causality)의 측면에서 보는 개인치료와 비교해 볼 때, 가족치료는 순환적 인과성(circular causality)의 관점에서 바라본다. 일반적으로, 개인치료에서는 문제의 원인이 결국 결과를 이끌었다고 보는 데 비하여, 가족치료는 한편에서는 문제의 원인이 결과를 이끌지만, 또 다른 한편으로는 이 결과가 다시 원인으로 작용하는 상호성에 주목한다. 이러한 상호성은 하나의 행동이 다른 행동과 맞물려 돌아가는 재귀성(recursiveness)을 유발한다고 보고, 가족치료에서는 이러한 측면에 관심을 기울인다(Keeney, 1983).

넷째, 치료 기간의 차이이다. 개인치료나 가족치료 모두 접근모델이나 학파, 개입문제에 따라서 상당한 편차가 있지만, 일반적으로 가족치료는 개인치료에 비해 상대적으로 단기간의 치료 기간을 갖는다. 가족치료에서 대체로 2인 이상의 가족원들이 참여하게 된다고 가정할 때, 가족치료는 개인치료에 비해 시간적, 경제적, 물리적 차원에서 더 큰 제약을 받을 수 있고, 이에 따라 상담 기간이 더 짧을 수 있다. 이러한 특징은 특히 체계론적 관점에 충실한 가족치료 모델(예: 전략적, 구조적 모델)에서 두드러지게 나타난다. 이들 모델의 경우 가족원들 간의 상호작용 패턴이나 구조 등에 주목하며, 역기능과 관련된다고 보는 패턴이나 구조에서의 변화가 일어나게 되면 대체로 상담을 종료하는 경향이 있다. 예컨대, 성격의 근본적 변화를 추구하는 정신역동접근 등의 개인치료에 비해, 가족치료는 상대적으로 상담 기간이 짧은 편이라고 할 수 있다.

다섯째, 치료에 참여하는 내담자의 수 차이이다. 한 개인을 개입의 대상으로 삼는 개인치료와 달리, 가족치료는 가족이라는 체계 안에서 한 개인 이상을 개입의 대상으로 설정한다. 따라서 참여하는 사람의 수가 개인치료보다 많고, 집단치료의 성격을 지니기도 한다. 하지만 결국 개입의 대상이 되는 것은 가족체계 전체와 가족원들 간 관계이므로 일반적인 집단상담과는 차이가 있다고 볼 수 있다. 가족치료에서 반드시 가족 전체를 만나는 것이 아니고, 여건에 따라서는 한 개인을 대상으로 하는 경우가 존재하기도 한다. 가족치료에서 중요한 것은 내담자로 참여하는 사람의 수가 아니라 내담자의 문제를 바라보는 시각이므로 체계론적 관점을 적용함으로써 이같이 개인도 가족상담의 대상이 될 수 있다. 그러나 전반적으로 볼 때, 가족치료는 한 체계를 이루는 가족원들에 관심을 두기 때문에 1명 이상을 치료에 초대할 가능성이 크고, 따라서 개인치료보다는 참여 내담자가 수적으로 클 수 있다.

3. 가족치료의 성격

가족치료는 다음과 같은 성격을 지닌다고 할 수 있다. 첫째, 여러 학문이 관련된 학제적 분야이다. 가족치료는 1차적으로는 개인과 가족, 그리고 가족이 놓인 맥락에 관심을 두고 있고 상담이나 심리치료, 정신건강의 한 분야이므로 사회과학, 의학이 중심이 되기도 하지만, 최근에는 정보기술의 변화나 인공지능 등의 도입, 그리고 뇌과학이나 신경과학의 발전 등에 따른 자연과학, 공학 등과의 연관성도 점차 증가하는 추세이다. 특히 한국의 상황에서 전통적으로 가족치료와 가장 연관성이 큰 학문 분야를 따져보면, 심리학, 의학(정신의학, 가정의학), 사회복지학, 가족학, 간호학, 목회상담, 교육학, 아동·청소년학 등이라고 할 수 있다. 그러나 글로벌 차원에서 인공지능 시대가 도래하고 특히 코로나19 이후 뉴테크놀로지의 활용이 보편화되는 추세이므로, 가족치료 분야도 컴퓨터학이나 인공지능 분야와의 관련성이 커지고, 아울러 생리심리사회적 접근의 확산에 따라 신경생물학, 약물학 등도 그 연관성이 점차 커지고 있다. 한편, 가족치료의 탄생 배경, 인식론적 토대와 치료모델 창시자의 학문 배경, 오늘날 가족치료가 실천되는 범위와 주제, 그리고 관련되는 영역 등을 고려해 보면, 철학, 사회학, 인류학, 법학, 경영학, 행정학, 커뮤니케이션, 물리학, 공학, 예술 등 인문·사회과학뿐만 아니라 자연과학, 공학, 나아가 예술 분야까지 포괄하는 광범위한 학제적 성격을 갖는다고 할 수 있다([그림 1-1] 참조).

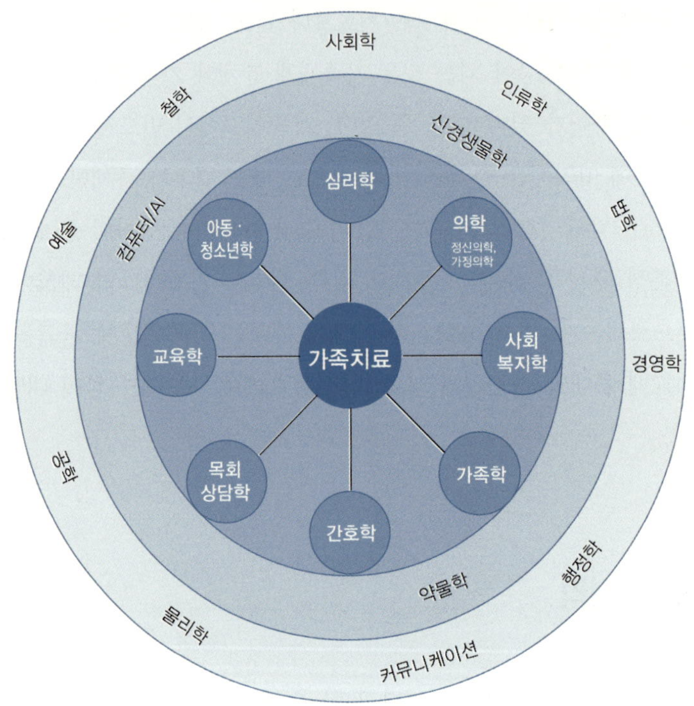

[그림 1-1] 가족치료와 관련되는 학문 분야

둘째, 가족치료는 학문 분야인 동시에, 직업과 연관되는 전문직 분야이다. 가족치료는 전통적인 인문사회과학 분야와 비교해 볼 때 학문적 연륜이 짧은 편이지만, 독자적인 이론들이 개발된 정통 학문 분야이다. 가족치료는 여타의 상담이나 심리치료 분야에 비교해 볼 때도 고유한 이론과 지식이 확립된 학문체계를 갖추고서 점차 많은 수의 대학이나 대학원에서 정규 학과나 전공으로 자리 잡아 교육과 연구가 수행되고 있다. 한편, 가족치료는 조력 전문직 분야의 하나로서 사회적 수요가 나날이 증가하고 있다. 대학이나 대학원에서 관련 학위를 받거나 임상 훈련과 자격을 취득한 이후에는 공공 부문이나 사설 기관 등에 취·창업하는 등 다양한 진로를 모색할 수 있다.

셋째, 가족치료는 상담 및 심리치료 분야의 하나이다. 따라서 관련되는 이론적 지식과 더불어 임상훈련이 요구되는 분야이다. 복지, 간호, 상담 등 인간을 대상으로 하는 전문직 분야는 그 종사자에게 일정한 정도의 이론적 지식 교육뿐만 아니라 실제 현장에서 훈련받는 경험을 통해 숙련성을 요구한다. 따라서 자격을 갖춘 가족치료사가 되기 위해서는 대학에서의 전공을 통한 지식 교육과 더불어 수년간의 임상 실습과 지도감독(슈퍼비전)을 거쳐야 한다. 이를 통해 자격증 취득과 그 과정에서 인간으로서의 성숙과 윤리의식, 책임감을 갖추도록 요구받는다.

넷째, 가족치료는 정신건강 분야의 하나로서 국민의 복지 수준 개선이나 삶의 질 향상에 중요한 역할을 하는 사회안전망으로서의 가족 건강과 관련되는 인적 서비스(human service)이다. 따라서 정부나 지자체 등의 지역사회에서 공적 차원의 지원이나 민간 차원에서의 봉사 형식을 통해 가족치료가 제공되기도 한다. 예컨대, 우리나라에서는 가족복지 정책의 일환으로 2004년 「건강가정기본법」이 입법화된 이후 지역 가족센터 등의 전달체계를 통해 가족상담을 실시하는 사업이 전개되고 있다. 이러한 사업은 전국 각지에 분포된 가족센터나 다문화가족지원센터 등을 통해 제공하는 대표적인 서비스로서 가족의 정신건강과 복지 제고에 상당히 기여하고 있다.

4. 가족치료의 실행

가족치료를 전반적으로 개괄하는 이 장에서 가족치료가 실제로 어떤 모습으로 전개되고 시행되는지를 살펴볼 필요가 있다. 다음에서는 가족치료를 구성하는 중요한 요소가 되는 치료자와 내담자, 그리고 치료의 실시와 관련되는 내용을 대략 다룬다.

1) 치료자

가족치료에서 중심적 위치를 차지하는 가족치료자는 임상전문가로서 이를 위한 자격과 경륜을 갖추어야 한다. 치료자로서 주로 내담자와 치료 관계를 맺고 개입을 하는 위치에 있지만, 특히 증거기반 실천(evidence-based practice)이나 실천기반 연구(practice-based evidence)가 동시에 강조되는 현재의 심리치료 전반의 추세를 고려해 보면, 임상가로서의 가족치료자도 이론, 연구, 실천의 각 영역에 모두 연관될 수밖에 없다. 따라서 가족치료자가 되기 위해서는 학부에서뿐만 아니라 석사 수준에서의 전공 교육을 요구받는다.

가족치료자는 상담이론에 대한 지식과 아울러 가족치료에 대한 이론 및 지식을 습득해야 한다. 아울러, 연구방법론, 인간발달, 가족관계 및 가족발달에 대한 지식과 함께 사정 및 평가 기술과 개입기술을 지녀야 한다. 이론적 교육과 더불어 실습 등을 통해 실제 상담 경험을 쌓고 이에 대한 지도감독(슈퍼비전)을 받는 과정을 거쳐야 한다(Blow et al., 2025; Lee & Nelson, 2024). 이러한 교육 및 훈련은 대학과 대학원, 졸업 이후 연구소 등의 기관에서도 이루어진다.

인적 서비스 분야에 종사하는 한 사람의 가족치료 전문가로 숙련되고 성장하는 것은 하루아침에 이루어지는 것이 아니며, 장기간의 발달과정을 거치게 된다(노미화, 최연실, 2018a). 개인, 가족과 관계를 맺고 그들의 문제에 개입하게 되는 가족치료사로서 성숙을 이루어 나가는 과정에서는 이론적 지식의 습득과 실천 현장에서의 임상 훈련이 필수적으로 요구되지만, 이와 더불어 교육 훈련 등을 통해 자기성찰을 하거나 가족 속에서 자신을 바라보는 경험이 필요하다(노미화, 최연실, 2015; 박정완, 최연실, 2024, 2025). 특히 2000년대 이후 미국의 가족치료 분야에서는 가족치료사가 갖출 '핵심역량 운동(core competency movement)'이 전개되고 있으며(Goldenberg, Stanton, & Goldenberg, 2017: 132-134)(〈글상자 1-1〉 참조), '치료자의 자기(the self-of-the therapist)'나 윤리의식이 상당히 강조되는 추세이다(Reiter, 2025).

글상자 1-1 **가족치료사의 핵심역량운동**

핵심역량운동은 정신건강 분야에서 책임 있는 실천을 하는 데 필요한 지식, 기술과 태도를 규정하는 한 방식으로서 2000년대 들어 쇄신된 형태로 출현하였다(Kaslow, 2004). 가족치료 분야는 이 과정에서 다른 분야에 비해 쳐졌지만, 고유한 역량 기준을 만들어 내기 위해 그 분야를 재정비하는 노력을 하였다(Miller, Todahl, & Platt, 2010). 핵심역량을 확립하는 것에는 많은 이유가 있지만, 가장 중심이 되는 것은 교육 및 훈련 프로그램의 질과 초점을 보장하여, 구체적 치료 서비스의 윤리 조항에 대한 역량을 보여주거나, 보험회사, 정부 기관 등이 '제3자지불제도(third-party reimbursement system)'를 실시하면서 요구하는 자격을 보여주는 것에 있다.

- 가족치료에 관련된 다양한 전문집단들이 역량 기준을 개발해 왔는데, 그중 대표적인 '미국부부가족치료학회(American Association of Marriage and Family Therapy: AAMFT)'의 '부부가족치료 핵심역량 태스크 포스'(AAMFT, 2004)에서 밝힌 6개의 특정한 가족치료 역

량은 다음과 같다.
- 처치에 대한 수용(치료 계약을 확립하기 전 내담자와 상호작용)
- 임상적 사정과 진단(치료에서 강조되는 이슈 확인)
- 처치 계획과 사례관리(처치 경로의 제시)
- 치료 개입(확인된 임상 이슈를 완화하기 위한 활동)
- 법적 이슈, 윤리와 기준(가족치료와 관련된 현재 규정, 제재, 가치와 관습의 인식)
- 연구와 프로그램 평가(치료의 체계적 분석과 그 효과성을 사정하는 방법에 대한 지식)

2) 내담자

가족치료에서의 내담자는 가족(개인, 커플 · 부부, 한 가족 전체, 가족들이 모인 집단)이다. 가족 내에서는 성과 연령(세대)을 중심으로 다양한 구성원이 존재하므로, 가족에 개입하는 가족치료자는 다른 개인발달단계에 있는 각 가족원의 입장과 욕구를 이해해야 한다. 또한, 사회적 변화에 따라 다양한 가족 형태와 생활양식이 존재하며, 이에 따라 구조와 기능 측면에서도 여러 가지 양상이 존재하므로, 이를 이해하고 수용하는 치료자의 자세도 요구된다. 더 나아가, 가족치료에서는 가족이 놓인 맥락 속에서 문화, 계층, 종교, 성적 지향성 등의 이해도 중요하다. 현대의 가족에서는 정상으로 규정된 정형화된 가족의 모습은 이데올로기일 뿐 가족을 정의하는 다양한 시각이 존재하고 기능적으로 존재하는 무수한 가족의 현실이 존재하므로(McCauley & Pettyjohn, 2020), 가족치료자는 이러한 요인들의 관련성을 인식하고 받아들이는 유연성과 겸양이 필요하다고 할 수 있다.

가족 건강성에 대한 다양한 시각을 인정할 수는 있겠지만, 내담자로서의 가족이 주로 도움받기를 원하는 경우들이 발생하기도 한다. 가족들이 치료적 개입을 원하는 상황이나 조건을 예시해보면 다음과 같다.

- 발달단계(가족생활주기) 상의 변화: 정상적인 전이 사건일지라도 가족에게 스트레스를 유발할 수 있는 경우(예: 결혼, 임신 및 출산, 이사, 졸업, 자녀 진수 등)
- 예기치 않은 사건의 발생: 예상하지 못했던 생활사건의 발생으로 인해 위기나 스트레스가 발생한 경우(예: 사고, 질병, 실업, 천재지변, 인플레이션 등)
- 특수한 조건의 상존: 그 가족만이 경험하는 특별한 여건에 있는 경우(예: 경제적 빈곤,

소수자 구성원 등)

- **역기능적 가족:** 만성적으로 가족 기능이 저하된 경우(예: 의사소통 문제, 부정적 상호작용 패턴 등)
- **가족 내 정신장애의 존재:** 정신질환이 발생한 가족원이 있는 경우(예: 발달장애, 경계선 성격장애 등)

3) 치료의 실시

가족치료가 어떤 상황과 조건에서 실시되는가에 따라서 가족치료가 실현되는 방식은 상당히 다를 수 있으나, 일반적인 가족치료의 실시 내용을 살펴보면 다음과 같다.

- **치료과정:** 가족치료의 치료과정은 일반적인 상담과 마찬가지로 접수 면접과 초기, 중기, 종결 단계를 거치고 필요한 경우 추수 상담을 실시한다. 접수 면접은 전화 또는 대면을 통해 이루어진다.
- **치료 개입:** 치료자가 내담자 가족에 개입하기 위해 가족이 처한 상황, 문제나 가족의 기능, 자원, 환경적 여건을 파악하는 사정을 실시한다. 전반적인 사례 개념화 및 목표 설정을 하고 처치 계획을 세운다. 접근모델이나 방식 등을 선택하고, 개입을 수행한다. 치료적 개입이 종료된 후 평가를 실시한다.
- **치료 양식:** 단독 치료자가 일반적이지만, 경우에 따라서는 공동치료자가 치료를 실시하는 경우도 있고, 성별이 다른 치료자가 참여하기도 한다. 회기 구성은 개인 회기와 부부 및 커플, 가족의 합동 회기가 대부분이지만, 경우에 따라서는 가족집단상담[3], 가족 외부 인사가 내담자로 참여하는 치료양식도 있을 수 있다.
- **치료 종류:** 주로 언어를 사용하는 심리치료가 대부분이지만, 때때로 미술치료, 놀이치료, 피규어 활용, 각종 검사도구 활용 등 매체사용 치료도 실시하며, 치료 내 역할연습, 가족조각 등을 실시하기도 한다.
- **구조화:** 치료자는 치료와 연관되는 전반적 사항을 계획한다. 예컨대, 참여방식(대면, 온라인), 회기 수 및 회기 간격, 회기 구성(개인, 합동, 집단), 치료 종류 선택, 상담료 등이다.

---

3) 여러 가족이 모인 집단상담을 일컬으며, '가족집단치료' 혹은 '다가족치료'라는 용어를 사용하기도 한다.

• **치료 현장:** 가족치료가 이루어지는 현장을 살펴보면, 치료실, 가정, 서비스 전달체계(광역 및 지역 가족센터 등), 군대, 기업, 지역사회 복지기관, 종교기관, 병원, 법원, 교도기관, 사설 상담기관, 대학 부설 치료실 등 다양하다.

요약

- 정신건강과 관련되는 여러 심리치료 분야 중 하나인 가족치료를 한마디로 정의하는 것은 상당히 어려우면서도 신중해야 하는 작업이므로, 단정적인 정의를 내릴 수는 없다. 하지만, 가족치료의 정의를 제시해 보려는 하나의 시도로서 간단하게 정의를 내려 보자면, 가족치료는 '체계론적 관점(systemic perspective)에 따라 가족이라는 특수한 관계 맥락 속에서의 개인 이해를 통해 문제해결과 건강 증진에 기여하는 심리치료 분야의 하나'라고 할 수 있다.
- 가족치료는 문제에 접근하는 시각, 맥락을 고려하는 점, 문제의 인과관계를 보는 시각, 치료 기간, 치료에 참여하는 내담자의 수에서 개인치료와 기본적으로 몇 가지 차이점을 갖는다.
- 가족치료는 여러 학문이 관련된 학제적 분야, 학문 분야인 동시에 직업과 연관되는 전문 분야, 상담 및 심리치료 분야, 정신건강 분야의 하나로서 국민의 복지 수준 개선이나 삶의 질 향상에 중요한 역할을 하는 인적 서비스라는 성격을 갖는다.
- 가족치료에서 중심적 위치를 차지하는 가족치료자는 임상전문가로서 이를 위한 자격과 경륜을 갖추어야 한다. 가족치료에서의 내담자는 가족(개인, 커플 및 부부, 전체 가족, 가족 집단)이다.
- 일반적인 가족치료의 실시 내용을 살펴보면, ① 치료과정은 접수 면접과 초기, 중기, 종결 단계를 거치고 필요한 경우 추수 상담을 실시한다. ② 치료 개입은 사정, 사례 개념화, 목표 설정, 처치 계획, 접근모델이나 방식의 선택, 개입 수행, 평가로 이루어진다. ③ 치료 양식을 보면, 단독 혹은 공동치료자가 치료하고, 개인 회기나 부부(커플), 가족의 합동 회기로 구성되기도 한다. ④ 주로 언어를 사용하는 심리치료가 대부분이지만, 때로 매체사용 치료도 실시하며, 치료 내 역할연습, 가족조각 등을 실시하기도 한다. ⑤ 치료자는 치료와 연관되는 전반적 사항을 계획하는 구조화를 실시한다. ⑥ 가족치료가 이루어지는 현장은 치료실, 가정, 서비스 전달체계(광역 및 지역 가족센터 등), 군대, 기업, 지역사회 복지기관, 종교기관, 병원, 법원, 교도기관, 사설 상담기관, 대학 부설 치료실 등 다양하다.

Family Therapy

제2장

가족치료의 배경과 역사적 발달

생태학(ecology)은 근본적으로 관념이 상호의존적이고, 상호작용하며, 생성하고 소멸한다는 데 바탕을 두고 있다는 사고이다.

그레고리 베이트슨(Bateson, 1991)

가능한 한 많은 귀로 들어야 하고, 성급한 판단으로 인해 자신의 인식이 맹목적으로 흐르게 해서는 안 되며, 자신이 듣고 있는 것을 물들이는 정서를 인식해야 한다.

움베르토 마투라나(Maturana & Poerksen, 2004)

한국 사회에서도 전통적으로 가족문제를 해결하려는 시도는 예로부터 존재해 왔지만(정문자 외, 2025), 본격적인 하나의 학문 분야나 전문직 분야로서 가족치료는 서구사회, 특히 미국에서 발전해 왔다고 볼 수 있다. 따라서 이 장에서는 주로 미국을 중심으로 가족치료의 등장 배경, 역사적 발달과 이론적 모델을 개관한다.

1. 가족치료의 등장 배경

가족치료의 기원을 더듬어 볼 때, 그 등장 배경과 태동에는 몇몇 상담 분야 운동의 등장, 기존 관련 학문 분야로부터의 영향, 집단치료의 부상, 연구 전통의 기여 등이 존재했다(Carr, 2012:55-62). 이를 구체적으로 제시하면, 다음과 같다.

1) 운동: 아동지도, 부부상담과 성치료

미국에서의 가족치료는 아동지도, 부부상담, 그리고 후에는 성치료를 포함한 수많은 운동과 서비스로부터 부상하였다(Goldenberg, Stanton, & Goldenberg, 2017: 116-119). 다음에서는 이러한 운동들이 가족치료에 끼친 영향을 표를 통해 간략히 살펴본다(〈표 2-1〉 참조).

〈표 2-1〉 가족치료에 영향을 미친 운동

구분	내용
아동지도 (child guidance)	• 가족치료는 존 벨(John Bell)을 포함해서 선구적인 실천가들에 의해 아동지도 클리닉에서 부모와 자녀가 함께 참여하는 실험적인 합동회기가 시도되면서 진화해 감(Nichols & Davis, 2020).
부부상담 (marital counseling)	• 부부상담 내에서 부부를 합동으로 만나는 움직임이 일어나면서 1945년 '미국부부상담자학회(American Association of Marriage Counsellors)'가 창설 • 이는 결국 1978년 세계에서 가장 큰 가족치료 전문조직인 '미국부부가족치료학회(American Association for Marital and Family Therapy)'의 결성으로 이어짐.
성치료 (sex therapy)	• 성치료는 1960년대에 미국에서 행해졌던 윌리엄 마스터스(William Masters)와 버지니아 존슨(Virginia Johnson, 1970)의 연구에서 발전 • 그들은 광범위한 심리성적(psychosexual) 문제를 다루는 치료를 하기 위해 합동회기(conjoint session) 접근을 개발함. • 이러한 상담 분야에서의 합동회기 시도는 가족치료의 양식을 발전시켜가는 단초를 제공함(Carr, 2012).

2) 학문 분야: 사회복지학, 정신의학과 임상심리학

가족치료는 관련 학문 분야인 사회복지학, 정신의학과 임상심리학으로부터 영향을 받기는 하였으나, 이 중 어느 한 분야에 편중되지는 않았다(Carr, 2012: 56). 이러한 학문 분야들의 기여로 인해 가족치료는 애초부터 다학제적 성격으로 출발한 것으로 볼 수 있다. 다음에서는 이러한 학문 분야로부터의 영향을 간략히 표를 통하여 살펴본다(〈표 2-2〉 참조).

〈표 2-2〉 가족치료에 대한 각 학문 분야의 영향

구분	내용
사회복지학	• 사회복지학은 역사적으로 임상 실천의 중요한 측면으로서 가족사업과 가정방문을 중시 • 사회사업을 실시하는 배후에는 아동이 발달하는 사회적 맥락을 1차적으로 제공하는 것은 가족이라는 중심적 사고가 있었음(Nichols & Davis, 2020). • 이러한 사고로 인해 사회복지학 분야 내에서는 심리적으로 상담을 통해, 그리고 물질적으로 자원 혜택을 통해, 부모를 지원하는 것이 중요한 전통으로 자리 잡음.
정신의학	• 알프레드 아들러(Alfred Adler)와 해리 스택 설리번(Harry Stack Sullivan)이 증상 행동의 발달과 유지에서 가족관계의 중요성을 강조하면서 사회적 정신의학의 발달에 선구적인 역할을 함(Broderick & Schrader, 1991). • 아들러는 합동 가족회기를 수행한 최초의 정신분석가 중의 한 명이었으며, 설리번의 조현병에 대한 임상 작업은 머레이 보웬(Murray Bowen)과 돈 잭슨(Don Jackson)이 가족치료에 대한 체계론적 접근을 발달시키도록 고취시킴.
임상심리학	• 부모가 자녀와 함께 행동 치료 프로그램에 참여하는 것과 부부치료에 사회학습 이론을 적용한 것을 통해 가족과 부부의 치료 발달에 토대를 제공함(Dattilio, 2010). • 심리학자들은 부부가족치료를 위한 증거기반 접근을 개발하는 데 있어 상당한 기여를 하였음.

3) 집단치료: 집단분석, 참만남집단, 사이코드라마와 게슈탈트치료

집단분석, 참만남집단, 사이코드라마와 게슈탈트치료 등 다양한 집단치료 전통으로부터의 아이디어와 실천이 가족치료 안으로 유입되었다. 다음에서는 이러한 집단치료가 가족치료에 미친 영향을 표를 통해 살펴본다(〈표 2-3〉 참조).

〈표 2-3〉 가족치료에 미친 집단치료의 영향

구분	내용
집단분석 (group analysis)	• 집단분석가들은 정신역동적 전통 안에서 아이디어를 개발함. • 그들은 주로 환자들이 자기패배적 행동 패턴을 이해하도록 돕는 방법으로서 반복되는 집단과정의 해석에 관심을 기울임.
참만남집단 (encounter groups)	• 칼 로저스(Carl Rogers)의 내담자중심 접근에서 나옴. • 두 가지 면에서 특히 경험적 가족치료 모델에 영향을 주었음. - 첫째, 집단 구성원들이 치료 내에서 (타인이 아니라) 그들 자신에게 말하고, '나 전달법(I-statement)'과 같은 언어를 사용하도록 함. - 둘째, 치료자들이 내담자의 즉각적인 정서적 경험을 표현하게 함.

사이코드라마 (psychodrama)	• 야콥 모레노(Jacob Moreno)가 개발 • 구조적 모델의 실연(enactment)이나 경험적 모델의 가족조각(family sculpting), '부분들의 잔치(parts party)'와 같은 기법이 가족치료 안으로 유입되도록 하는 데 기여함(Goldenberg, Stanton, & Goldenberg, 2017: 119-120).
게슈탈트치료 (Gestalt therapy)	• 가족치료 안에서 프리츠 펄스(Fritz Perls)가 개발한 '빈 의자기법(empty chair techniques)'을 주로 활용함. • 이 기법은 내담자들이 딜레마의 양면을 보게 하거나, 상대방이 없거나 고인이 되었을 경우에 (정서적으로) 해결되지 못한 과업을 다루는 상황을 제공함(Carr, 2012).

4) 연구 전통: 작업집단, 역할이론과 조현병

작업집단 역동, 기능주의와 역할이론, 조현병 환자 가족에 관련된 연구들은 가족치료의 태동에 기여하였다. 다음에서는 각 연구 전통이 가족치료에 미친 영향을 표를 통해 살펴본다(〈표 2-4〉 참조).

〈표 2-4〉 가족치료에 미친 각 연구 전통

구분	내용
작업집단 역동	• 게슈탈트심리학자 쿠르트 레빈(Kurt Lewin)은 1940년대에 집단에 대한 수많은 실험관찰을 설명하는 '장이론(field theory)'을 개발 • 레빈은 집단은 그 부분들의 합보다 크다는 개념을 발전시켰고, 집단행동 패턴에서의 변화는 '해제(unfreezing)', '전이(transition)'와 '재동결(refreezing)'의 과정을 거친다고 하였음. 그에 따르면, 한 집단의 신념이 무엇인가에 의해 흔들리고 동요된 후에야 그 집단 구성원들이 변화를 받아들이게 됨. • 이러한 아이디어의 영향에 따라 가족을 동요시켜야 하는 필요성을 인식한 초기 가족치료사들은 가족의 항상성을 깨뜨리는 일에 관심을 보이게 되었음.
	• 집단역동학파의 주요한 학자인 윌프레드 비온(Wilfred Bion)은 대부분의 집단이 '싸우거나 도망가기(fight-flight)', '의존성(dependency)', 혹은 '편가르기(pairing)'의 패턴을 형성한다고 보았음.
기능주의와 역할이론	• 기능주의의 중심 가정은 사회체계 내 계속되는 역할은 어떤 특정 기능을 수행하기 때문에 적응적이라는 것임. • 후에 여성주의자들의 거센 비판에 부딪히지만, 사회학자 탤컷 파슨스(Talcott Parsons)는 가정 내에서 아버지의 도구적이고 관리적인 역할과 어머니의 표현적이고 양육적인 역할이 상호적, 보완적이라고 보았음.
	• 기능주의가 가족치료에 미친 영향으로, 가족치료의 많은 학파는 증상을 가진 구성원이 가족을 위한 유용한 기능을 수행한다고 보았음. 하지만 문제는 증상

	은 그런 기능이 없으며, 단지 스트레스를 겪는 가족이 대처해야 할 어려움일 뿐임(Carr, 2012). • 역할 개념과 관련해서, 가족치료 선구자 중의 한 사람인 버지니아 사티어(Virginia Satir)는 가족 내에서 사람들이 회유형, 비난형, 산만형과 초이성형과 같은 역기능적 역할을 수용하는 것에 주목하였음(Satir, 1983). • 구조적 모델은 건강한 가족 기능을 위해 명확하고 유연한 역할의 중요성을 강조했음(Durtschi & Wetchler, 2015).
조현병 환자 가족에 관련된 연구들	• 어머니의 자녀양육 행동이 자녀의 정서적 안정성 발달을 확립시킨다는 그 당시의 견해에 따라 연구자들은 성인 조현병 환자의 초기 어머니-자녀 관계를 재구성하려고 시도하였음. • 1948년에 남성 조현병의 발달에 어머니의 거부가 작용한다고 보았던 프리다 프롬-라이히만(Frieda Fromm-Reichmann)이 이러한 주장을 대표적으로 제시한 학자였음(Goldenberg, Stanton, & Goldenberg, 2017: 109).
	• 1956년에 그레고리 베이트슨(Gregory Bateson)과 정신연구소(Mental Research Institute: MRI)의 동료들은 유명한 연구보고서인 『조현병이론에 대하여(Toward a theory of schizophrenia)』를 발행하고 유명한 '이중구속(double bind)'의 개념을 소개하였음. 그들은 정신병적 행동이 병리적인 가족 안에서 서로 의사소통하는 맥락 안에서 이해될 수 있다고 보았음. • 이중구속 개념은 조현병 환자가 가족과 같이 피할 수 없고 반응해야만 하는 중요한 관계에 있는 사람과 의사소통할 때, 서로 다른 수준에서 연관성을 가지는 동시에 모순이 되는 두 개의 메시지를 받는 상황을 가리킴. 이 메시지를 받는 사람은 그 어느 쪽으로 반응하더라도 실패하기 마련이기 때문에, 이중구속의 상태에 처해 있다고 볼 수 있음(Nichols & Davis, 2020).
	• 조현병 환자 가족에 관한 연구에서, 시어도어 리즈(Theodore Lidz)는 결혼 관계의 문제와 부모 역할 부적응의 특징을 발견했음. • 그는 '결혼 분열(marital schism)'과 '결혼 왜곡(marital skew)'이라는 두 가지 유형의 문제가 있는 결혼 관계를 묘사했음. 결혼 분열은 커플이 상호 협력하는 역할을 하지 못하는 것이고, 결혼 왜곡은 심각한 개인 적응 문제가 있는 한 파트너가 극도로 지배적인 역할을 채택하고 다른 파트너는 그 지배적인 파트너 요구에 따르는 종속적인 역할을 하는 것임. • 이런 두 유형의 가족에서, 부모는 자녀들의 충성심을 위해 계속 경쟁하게 되고, 자녀들은 그들 부모의 갈등하는 요구 사이에서 찢기는 느낌을 경험하게 됨. • 조현병에 가족이 미친 영향을 체계론적으로 설명하려는 이러한 시도는 조현병의 발달에 어머니의 거부가 작용한다고 보는 프롬-라이히만과 같은 분석가들의 단순한 견해를 반박하는 것이었음(Carr, 2012).
	• 라이먼 윈(Lyman C. Wynne)은 개인의 인성이 더 큰 가족체계 내 하위체계로서 개념화될 수 있다고 믿었음. • 윈은 조현병을 가진 가족원을 포함하는 가족에서 특이한 정서적 교류와 가족 경계, 그리고 일탈적인 의사소통 방식이 나타난다고 보았음. • 정서적 교류에서, 이런 가족들은 '가성상호성(pseudomutuality)'이나 '가성적대성(pseudohostility)' 등을 나타냄.

	- 가성상호성: 겉으로는 긍정적 정서, 함께 함, 충성과 분명한 결속 등을 보여주나, 사실상 가족의 기저에 있는 갈등, 적대감, 분노, 자율성에 대한 요구, 분리성과 갈라진 관심사와 의견들을 은폐하는 것 - 가성적대성: 겉으로 부정적 정서를 보여주면서 가족 내에서 동맹과 분열을 연속적으로 바꾸어가면서 행하는 것 • 윈은 조현병 환자 가족에서의 침투할 수 없는 경계를 가리키기 위해 '고무 담장(rubber fence)'이라는 용어를 사용함. 그런 가족은 전문가들이 그들과 피상적인 접촉을 하는 것은 허용하지만, 그들이 조직한 방식을 변경시키려는 상호작용에는 저항함.
	• 이 학자들은 이상행동의 병인과 유지에서 가족 역동의 역할을 강조함으로써 가족치료의 출현에 기여하였음. • 역기능적 가족이 조현병을 일으킨다는 이러한 초기 연구들의 중심적인 아이디어는 이후의 더 세련된 연구들로 지지받지 못하였음. 이후 나타나는 증거들에 의하면, 역기능적 가족은 많은 경우에 개인들이 조현병에 유전적으로나 기질적으로 취약하고, 정신병적 에피소드가 급성적 생활사건 스트레스에 의해 촉발되며, 정신병적 증상에 반응해서 일어나는 가족 상호작용 패턴이 이러한 증상들을 유지할시킬 수 있음(Carr, 2012).

2. 가족치료의 역사적 발달과 이론적 모델의 개관

가족치료의 발달을 주도한 것은 치료모델의 출현과 성장이다. 흥미로운 것은 가족치료 발달의 초창기부터 출현한 모델 중 세력이 약해진 모델도 있고, 독창적으로 새롭게 등장하는 모델도 있기는 하지만, 많은 모델이 사라지지 않고 지속적으로 명맥을 유지하거나 통합, 변형 등을 통하여 성장과 발전을 거듭한다는 사실이다.

다음에서는 가족치료가 등장한 1950년대 이후 주로 미국을 중심으로 한 서구사회에서 가족치료의 역사적 발달과정을 이론 모델의 출현에 따라 전개한다. 많은 학자가 시대에 따른 범주 구분과 모델, 인물을 제시하였는데, 여기에서는 시기별로 제1세대(1950년대~1970년대 중반), 제2세대(1970년대 중반 이후~2000년대)와 제3세대(2000년대 이후)로 나누어 치료모델의 출현과 특징을 살펴보고자 한다(Becvar & Becvar, 2016; Bitter, 2014; Bitter & Carlson, 2017; Carr, 2012; Dallos & Draper, 2024; Gehart, 2024; Goldenberg & Goldenberg, 2013; Hanna & Ball, 2025; Lebow, 2023; Lebow & Diamond, 2019; Nichols & Davis, 2020; Rivett & Buchmüller, 2025). 모델에 따라서는 변형을 거치면서 중복해 세대 구분에 들어갈 수 있기도 해서, 이러한 구분은 편의에 따라 대략 제시된 것임을 밝힌다.

1) 제1세대 가족치료 모델(1950년대~1970년대 중반)

가족치료의 모태가 된 '가족운동(family movement)'은 1930년대 후반부터 1940년대 초반에 시작되어 본격적으로 뿌리를 내린 것은 1950년대라고 할 수 있다(Becvar & Becvar, 2016: 17). 가족치료의 시작에 중요한 단초가 되는 미국 '메이시회의(Macy Conference)'는 1946년부터 1953년까지 개최되었다. '가족치료의 아버지'라고 할 수 있는 그레고리 베이트슨은 그 전부터 존재했던 생물학자 루트비히 폰 베르탈란피(Ludwig von Bertalanffy)가 제시한 체계이론(system theory)과 그 회의에 참석한 노버트 위너(Nobert Weiner)의 사이버네틱스(cybernetics) 개념을 인간 행동을 설명하는 데 도입하였다. 인류학자였던 베이트슨은 가족치료자는 아니었으나, 이후 연구 프로젝트를 수행하는 과정에서 제이 헤일리(Jay Haley), 존 위크랜드(John Weakland), 그리고 후에 돈 잭슨과 어울리면서 가족치료가 생겨나는 데 결정적 역할을 했다.

실질적으로, 가족치료의 탄생에 기여한 사람은 돈 잭슨으로 일컬어진다. 잭슨은 1958년에 미국 팔로알토에 정신연구소(MRI)를 세우고, 제이 헤일리(Jay Haley), 네이선 애커먼(Nathan Ackerman)과 함께 최초의 가족치료 학술저널인 『가족과정(Family Process)』을 발간하였으며, 실제 가족을 만나는 임상을 시작하였다. 정신과 의사였던 그는 정신분석자였지만 대인관계를 연구하였던 해리 스택 설리번의 제자로서 그의 영향을 받아 치료에 참여했던 가족들의 의사소통 과정과 행동 패턴에 관심을 가졌고, 이에 따라 체계론적 관점을 실행하였다(Dallos & Draper, 2024).

가족치료의 발전 초창기에 등장한 제1세대 치료모델에는 정신역동적 모델(Psychodynamic Model)[1], 다세대 모델(Intergenerational Model), 경험적 모델(Experiential Model), 구조적 모델(Structural Model), 전략적 모델(Strategic Model), 인지행동적 모델(Cognitive Behavioral Model)[2] 등이 있다.

---

1) 가족치료에서의 정신역동 모델은 대상관계 모델을 중심으로 거론되며, 이 책에서도 대상관계 모델을 소개한다. 대상관계 모델은 1980년대에 주목을 받으므로, 이 책에서의 시대구분으로 보면 2세대 시기에 해당이 된다.

2) 인지행동 가족치료 모델은 주로 2000년대 이후 활발해졌다. 인지행동적 접근의 기반이 되는 행동치료(Behavioral Therapy)를 가족에 적용한 리처드 스튜어트(Richard Stuart), 제럴드 패터슨(Gerald Patterson), 로버트 리버먼(Robert Liberman) 등의 활약이 주로 1970년대 초반이고, 행동주의 접근에서 인지적 요인(태도, 사고, 신념, 귀인, 기대)이 주목되기 시작한 것은 1970년대 후반으로 거슬러 올라간다(Goldenberg, Stanton, & Goldenberg, 2017: 315-316). 학자들은 대체로 인지행동적 접근을 초기의 가족치료 모델들이나 기존에 확립된 1세대의 가족치료 모델들과 함께 제시하고 있으므로(Becvar & Becvar, 2016; Lebow, 2023; Nichols & Davis, 2020), 여기에서도 1세대에서 다루고자 한다.

이 책에서는 보웬의 다세대 모델은 제4장, 경험적 모델은 제5장, 구조적 모델은 제6장, 전략적 모델은 제7장, 정신역동 모델 중 대상관계 모델은 8장, 인지행동 모델은 제9장에서 보다 자세히 다룬다. 다음에서는 이러한 제1세대 가족치료 모델별로 발달과정과 간략한 특징을 살펴본다.

(1) 정신역동적 모델

가족치료의 선구자들 중 많은 사람이 정신분석 훈련을 받았는데, 네이선 애커먼(Nathan Ackerman), 머레이 보웬, 이반 보쇠르메니너지(Ivan Boszormenyi-Nagy), 칼 휘태커(Carl Whitaker), 돈 잭슨, 살바도르 미누친(Salvador Minuchin) 등이 여기에 포함된다. 이들은 처음에는 정신분석에서 출발했으나, 실제 환자 가족을 만나면서 개인치료 중심의 개입을 개혁하려는 열정으로 정신분석의 틀을 버리고 체계론적 역동에 관심을 기울이게 되었다(Nichols & Davis, 2020).

가족치료의 정신역동적 모델에서 대표적 인물인 네이선 애커먼은 1960년 미국 뉴욕에서 지금은 애커먼연구소(Ackerman Institute)로 알려진 가족연구소를 열었는데, 이 연구소는 현재까지도 가장 영향력 있는 가족치료기관 중 하나이다(Gehart, 2024: 353). 애커먼은 임상 세계에서 심리내적 치료접근과 체계론적 접근 간에 기초적인 다리를 놓은 것으로 평가받는다. 가족치료가 본격적으로 탄생하기 훨씬 이전인 1937년에 출간된 그의 논문 「사회정서적 단위로서의 가족(The family as a social and emotional unit)」은 가족치료 분야의 최초 출판물로 인정받는다. 그는 치료자 한 사람이 어머니와 자녀를 모두 함께 치료하는 실험을 시작하였고, 1940년대부터 가족을 연구하기 시작해, 1958년에 가족에서 역할 관계의 중요성을 강조한 『가족생활의 정신역동학(The psychodynamic of family life)』을 출간하였다(Becvar & Becvar, 2016).

가족치료에서의 정신역동적 모델과 관련해 일어난 놀라운 변화는 1980년대에 가족치료자들이 개인심리학에 대해 새로운 관심을 보이게 되었다는 사실이다. 그 결과, 프로이드 이론을 중심으로 하면서도 관계를 더 중시하는 대상관계이론(Object Relation Theory)과 자기심리학(Self Psychology)이 조명을 받았다. 이러한 이론들을 받아들여 가족치료에 접목한 대표적인 인물은 질 샤르프(Jill Scharff)와 데이비드 샤르프(David Scharff) 부부이다(Nichols & Davis, 2020). 또한, 제임스 프라모(James Framo)[3]의 원가족 치료(Family-of-Origin

---

3) 학자들에 따라서 프라모를 정신역동적 모델로 분류하는 경우(Bitter, 2014; Gehart, 2024; Gladding, 2018; Goldenberg,

Therapy)도 대상관계이론의 맥락에서 함께 다룰 수 있다. 프라모는 1950년대와 1960년대에 보쇠르메니너지와 함께 일했으며, 부부 문제와 아동 문제에서 원가족이 어떻게 역할을 하는가에 초점을 두고 대상관계 관점을 지닌 다세대 가족치료를 개발하였다. 구체적으로, 프라모는 그의 작업목표가 "역동/체계 개념, 심리내적/심리간적 차원을 통합해서 개인과 사회 간 개념적 교량을 제공하는 것"(Framo, 1992: 111)이라고 밝힌 바 있다. '투사적 동일시(projective identification)'라는 대상관계 개념은 그의 접근에서 특히 중요하게 다루어지고 있는데, 그의 원가족 치료가 갖는 목표 중 하나는 우리가 현재 관계를 맺고 있는 사람들에게로 투사하는 초기 양육자의 부정적 내사 혹은 내적 표상을 찾아내고 훈습하는 것이다. 그는 원가족에서 해결되지 못한 이슈를 훈습함으로써 사람들이 더 건강하고 진정한 방식으로 현재의 친밀한 관계에서 자유롭게 성장한다고 보았다(Skowron & Farrar, 2016).

정신역동적 모델은 이전보다 덜 쓰이기는 하지만, 이 모델의 핵심 개념과 전략(예: 치료동맹의 중요성 강조, 내적 변화과정에 대한 초점, 원가족의 영향, 인식하지 못했던 가족 간 교류 이해, 해석)은 오늘날에도 자주 사용되고 있다. 그러나 한때 매우 인기 있었던 원가족회기는 오늘날 거의 쓰이지 않으며, 이 모델에 대한 실험적 평가는 거의 이루어지지 않았다(Lebow, 2023: 156-157).

(2) 다세대 모델

다세대 모델은 주로 가족치료 초기에 정신분석 훈련을 받았던 정신과 의사들에 의해 주도되었다. 여기에 속하는 치료모델은 머레이 보웬의 자연체계 모델(Natural System Model), 이반 보쇠르메니너지[4)]의 맥락적 치료(Contextual Therapy)가 있다. 먼저, 보웬은 여러 기관에서 일했지만, 그가 가족에 대해 가장 영향력 있는 이론을 개발한 경력은 주로 30년간 재직한 미국의 조지타운대학교(Georgetown University)에서였다. 그는 타인에게 의존적이고, 사고하기보다 감정에 의해 반사적으로 반응하는 사람들이 생각보다 많이 있다

Stanton, & Goldenberg, 2017; Lebow, 2023; Lebow & Diamond, 2019)도 있고, 다세대 모델로 분류하는 경우(Hargrave & Houltberg, 2020; Ramisch & Nelson, 2015; Skowrom & Farr, 2016)도 있다. 프라모는 정신역동적 색채가 강하고, 그의 치료 접근이 원가족을 주로 대상으로 하고 있기 때문에, 이 책에서는 정신역동적 모델, 특히 대상관계 가족치료로 분류하였다.

4) 마찬가지로, 학자들에 따라서 보쇠르메니너지를 다세대 모델로 분류하는 경우(Goldenberg, Stanton, & Goldenberg, 2017; Hargrave & Houltberg, 2020; Lebow, 2023; Lebow & Diamond, 2019; Ramisch & Nelson, 2015; Reiter, 2025; Skowrom & Farr, 2016)와 정신역동적 모델로 분류하는 경우(Becvar & Becvar, 2016; Bitter, 2014; Gehart, 2024; Gladding, 2018; Nichols & Davis, 2020)가 있다. 보쇠르메니너지는 다세대적 접근이 강하게 드러나므로, 이 책에서는 다세대 모델로 분류하였다.

고 보았다. 그의 이론을 설명하는 주요 개념은 정서체계, 불안, 개별성과 연합성이다(Reiter, 2024: 185-194). 보웬의 이론은 서로 연동적인 여섯 가지의 개념을 통해, 여러 대에 걸쳐 관계망을 형성하는 가족이 어떻게 상호작용을 이루는가를 제시한다. 그 여섯 가지 개념은 자기분화(differentiation of self), 삼각관계(triangles), 핵가족 정서과정(nuclear family emotional process), 가족투사 과정(family projection process), 다세대 전달과정(multigenerational transmission process), 출생순위(sibling position)이다. 1970년대에 와서 보웬은 정서적 단절(emotional cutoff)과 사회적 정서 과정(societal emotional process)이라는 두 가지 개념을 추가하였다(Nichols & Davis, 2020).

보쇠르메니너지는 헝가리인으로 1948년에 미국으로의 이민 후 사회사업과 정신분석학을 전공하였으며, 아동지도상담소에서 일한 경력도 있었다. 그는 수년에 걸쳐 가족 다세대과정의 영향에 초점을 둔 가족이론을 확립하였고, 1973년에 저서 『보이지 않는 충성심: 세대 간 가족치료에서의 상호성(Invisible loyalties: Reciprocity in intergenerational family therapy)』을 출간하였다. 그의 가장 중요한 공헌 중 하나는 치료에 윤리적 차원을 도입한 것이었다. 그는 관계에서 신뢰와 충성심이 중요하고 모든 가족은 관계에서의 수지 균형을 맞추어보는 일종의 '장부(ledger)'를 분명히 가지고 있다고 믿었으며, 치료목적은 관계 맥락을 윤리적으로 재정의하는 것이라고 보았다(Becvar & Becvar, 2016: 32).

다세대 모델의 연구 증거는 많지 않지만, 오늘날의 가족치료에 상당한 영향을 끼치고 있다. 특히 보웬의 모델은 그동안 많은 추종자가 있었으며, 오늘날에도 가계도와 자기분화 개념 등이 널리 활용되고 있다(Lebow, 2023: 155).

(3) 경험적 모델

가족치료에 대한 경험적 모델의 대표 인물은 칼 휘태커, 월터 켐플러(Walter Kempler)와 버지니아 사티어이다. 먼저, 휘태커는 그의 접근을 '경험적/상징적 가족치료(Experiential-Symbolic Family Therapy)'로 명하였는데, 이러한 그의 접근에 대해서 실용적이면서도 비이론적이라는 평가가 따른다(Becvar & Becvar, 2016: 187). 휘태커는 치료가 예술이며, 치료자가 진실하고 반응적인 태도로 가족에게 다가가는 것이 중요하다고 보았다. 그에게 있어서 건강한 가족은 자아성취적인 가족이거나 그들이 경험하는 위험과 문제에도 불구하고 성장하는 가족이다. 그의 치료목표는 개인적 자율성과 함께함을 촉진하고 균형을 이루는 것이다.

켐플러는 그의 접근을 '게슈탈트-경험적 가족치료(Gestalt-Experiential Family Therapy)'로 명하였는데, 적극적 · 자발적 · 비역사적 방식의 치료를 지지하고, '지금 여기'에서의 경험을 강조하였다. 그에게 있어서 건강한 가족은 구성원들이 그들의 개별적 정체성과 개인적 욕구를 표현하고 자율성을 인정하며, 타인에 대한 차이를 수용하고, 현재의 순간에서 기능하도록 지지하는 가족이다. 치료자는 가족 내에서 개인이 서로 더 개방적이고 직접적인 방식으로 직면하도록 하는 촉매자로서 역할을 한다(Becvar & Becvar, 2016: 197).

가족치료 초기에 가장 두드러진 여성 치료자였던 사티어는 MRI에서 경력을 시작했지만, 체계론적 접근 안에 인간적 가치를 불어넣었다고 평가받는 자신의 아이디어를 개발하고자 후에 MRI를 떠났다. 사티어의 모델은 일반적으로 '성장모델(Growth Model)' 혹은 '인간인정과정 모델(Human Validation Process Model)'(Bitter, 2014: Gladding, 2018; Goldenberg, Stanton, & Goldenberg, 2017; Hale & Haniff, 2013)로 알려져 있다. 사티어 접근의 핵심은 사람들의 성장잠재력에 대한 확신이었다. 사티어는 1964년 출간된 첫 저서인 『합동 가족치료(Conjoint family therapy)』로 주목을 받았다. 그녀는 각종 워크숍의 주강사로서 큰 공헌을 하였고, 유럽과 북미, 남미와 아시아를 포함한 세계에 자신의 치료과정 모델을 알렸다. 그녀가 끼친 영향력 중에는 효과적인 의사소통에 대한 설득력 있는 견해, 인간의 자기 가치와 자존감에 대한 존중이 언급된다. 그녀는 의사소통의 대가로서 가족의사소통 이론의 창시자로 칭해지기도 하며, 집단 가족치료를 자주 실시한 것으로도 유명하다(Gladding, 2018).

오늘날 경험적 치료의 위상은 정서를 중심으로 한 캐나다의 수잔 존슨(Susan Johnson)과 레슬리 그린버그(Leslie Greenberg)의 접근으로 더 높아졌다는 평가를 받는다(Gehart, 2024). 이 접근들은 다 경험적 기반에서 만들어졌지만, 차이가 나는 두 버전으로 갈라졌는데, 존슨의 방법은 애착을 중심축으로 강조하는 반면, 그린버그는 정체성의 문제에 특히 주의를 기울였다. 존슨의 정서중심 커플치료(Emotionally Focused Couple Therapy: EFCT)는 경험적으로 지지되는 연구 결과를 많이 가지고 있다(Lebow, 2023: 153).

(4) 구조적 모델

가족치료 분야에서 오늘날까지도 가장 강력한 모델 중의 하나로 꼽히는 구조적 모델은 살바도르 미누친에 의해서 시작되었다. 유럽 이민자의 후예로서 아르헨티나 출신인 미누친은 소아과 의사로서 그의 경력을 시작했는데, 이스라엘이 건국되자 18개월간 군의관 업무를 자원하였다. 이후 미국에서 부분적으로 네이선 애커먼의 지도하에 소아정신과 훈련을 하기도 하였고, 다시 이스라엘로 가 홀로코스트의 피해를 겪은 아동들을 위해 일하기도 하였다. 그는 1965년부터 1975년까지 미국 필라델피아아동지도센터(Philadelphia Child Guidance Center)를 이끌었고, 1981년부터 1996년까지 뉴욕에서 현재는 미누친가족센터(Minuchin Center for the Family)라 불리는 작은 가족연구소를 이끌었다(Goldenberg, Stanton, & Goldenberg, 2017: 255-256). 그는 가족과 그 구성원의 삶을 결정하는 데 있어서 가족구조의 중요성을 강조한다. 그는 가족구조의 주요한 세 가지 영역을 경계, 동맹, 권력으로 보았으며, 권력을 둘러싼 가장 기능적인 배열은 모든 구성원이 어느 정도 권력을 가지고 있으면서도 부모가 강하게 동맹을 맺고 있는 것이라고 여겼다.

이 모델에서는 가족의 기능과 역기능의 기반이 되는 이러한 세 측면의 변화를 강조한다. 모든 개입의 기저에 있는 목표는 가족의 기능을 향상하기 위해 가족체계를 재구조화하는 것이다. '지목된 환자(identified patient)'의 역기능적 행동은 치료에서 해결해야 할 핵심 문제를 나타내는 가족체계의 변화를 만든 후에야 다루게 되는 부차적인 문제가 된다. 가족의 항상성(homeostasis) 역시 이 모델의 기본 가정으로서 구조적 가족치료의 초기모델은 '실연(enactment)'이라 불리는 작업을 하였다. 이를 통해 문제와 관련된 가족들의 습관적인 패턴을 이끌거나 상담 회기 중에 자연스럽게 일어나는 상황을 이용해 위기를 만들어내고, 이에 대응할 구조적인 대안을 모색하였다. 이 접근은 가족치료에 가장 영향력 있는 이론으로 남아 있고, 이 모델에서 제안된 기법들은 오늘날의 가족치료에 필수적인 실천요소로 여겨진다(Lebow, 2023: 139-140).

한편, 구조적 모델은 해를 거듭하며 많은 진화와 발전을 이루었다. 치료자의 역할 중 지배적인 면이 줄어들었고, 현재 행동에 대한 과거의 영향을 탐색하는 비율이 늘어났다. 한때 구조적 모델의 초기 작업이 여성주의자들의 비판을 받은 적도 있었으나, 이러한 비판을 받아들여 성별에 대한 이해를 발전시키는 수정을 시도하여 이 모델은 여전히 가족치료의 주요한 모델로 자리 잡고 있다(Lebow, 2023; Minuchin, Lee, & Simon, 2006).

(5) 전략적 모델

전략적 모델은 가족치료 모델 중 가장 체계론적 성격을 갖고 있는데, 여기에 속하는 모델들에는 'MRI 단기치료(MRI Brief Therapy)', '문제해결치료(Problem-Solving Therapy)', '밀란 체계 모델(Milan Systemic Model)'이 있다. 전략적 모델은 적극적으로 개입하고, 비교적 단기치료를 실시하며, 구체적인 개입기술을 공유한다. 역설적 개입, 일방경 뒤에서 치료자와 가족을 관찰하고 조언하는 팀의 활용, 치료자들의 내담자로부터의 거리 유지 등은 전략적 모델에서 공통적으로 발견할 수 있는 특징들이다(Lebow, 2023).

먼저 MRI 단기치료를 살펴보면, 이 모델의 기반은 일반체계이론, 사이버네틱스, 의사소통 이론의 조합이다. 이 모델은 가족치료에 있어서 첫 번째 체계기반 전략 모델이며, 폴 바츨라비크(Paul Watzlawick)와 동료들이 개발한 것으로 '팔로알토 모델(Palo Alto Model)'로도 알려져 있다. 이 모델에서는 문제해결 시도가 상황을 변화시키지 못하거나 1차적 변화만 일어난 후 문제를 악화시킨다고 보았다. 따라서 이를 해결하기 위해 기존의 상호작용을 지배하는 체계 규칙을 변경하는 2차적 변화를 만들어 내고자 한다. 문제의 '재정의(reframing)'와 '역설적 처방(paradoxical prescription)'을 자주 사용했는데, 특히 재정의는 기능적 가족치료(Functional Family Therapy)와 같은 증거기반 모델의 핵심이 되었다. 또한, 이 모델에서는 동맹에 많은 관심을 기울였는데, 이는 후에 발전된 단기전략적 치료(Brief Strategic Therapy)에 상당한 영향을 미쳤다(Lebow, 2023: 142).

문제해결치료는 제이 헤일리와 클로에 마다네스(Cloe Madanes)에 의해 개발되었다. 헤일리는 1975년 마다네스와 함께 미국 워싱턴가족치료연구소(Family Therapy Institute of Washington, DC)를 개설하였고, 1987년에는 대표 저서인 『문제해결 치료(Problem-solving therapy)』를 발표하였다. 그는 가족구조에 초점을 두면서도 역설적 기법을 결합하려고 시도하였다. 이 모델은 가족 안에서의 권력과 권력 분배를 특히 중시하며, 정신과 의사였던 밀턴 에릭슨(Milton Erickson)의 최면술로부터 영향받은 지시를 많이 사용하였다. 헤일리는 가족치료사들이 발전 초기에 가지고 있었던 체계적 개념화에 시종일관 집착한다고 해서 논란의 인물이 되기도 하였다(Lebow, 2023: 143).

밀란 체계 모델은 이탈리아 밀라노에서 마라 셀비니 팔라촐리(Mara Selvini Palazzoli)가 1967년에 결성한 팀에서 개발한 전략적 접근이다(Gehart, 2024). 2명의 여성과 2명의 남성 등 4명이었던 고전적 밀란치료팀에서는 대체로 월별로 회기를 진행하고, 치료자 한 명이 가족과 함께 치료실에서 치료를 진행하고 나머지 팀원들은 일방경 뒤에서 관찰하는 형식을 취하며, '긍정적 함의(positive connotation)'를 강조하고 치료적 '의례(ritual)'를 처방하였다.

밀란 체계 모델은 한때 전 세계적으로 많은 추종자가 있었고 감탄을 자아냈다(Hoffman, 2002). 오늘날은 이 접근을 실천하는 치료자들이 줄었으나, 이 접근은 아직도 매우 영향력이 있는 것으로 여겨진다. 하지만, 실증적 평가가 잘 이루어지지 않았다는 점에서 한계를 갖는다(Lebow, 2023: 146).

(6) 인지행동 모델

인지행동 가족치료는 오랜 기간에 걸쳐 변화하면서 발전해 왔으므로, 언급할 학자들도 많지만, 가장 대표적인 학자는 도널드 보컴(Donald Baucome), 프랭크 다틸리오(Frank Dattilio), 그리고 노먼 엡스타인(Norman Epstein)이다. 이들이 주도했던 인지행동 모델은 가족체계에 인지행동 원리를 적용한 것이라고 볼 수 있다. 이 모델에서는 사고와 행동이 기능하는 데 있어 중요한 결정요인이라고 보기 때문에 변화를 이루는 가장 효과적인 방법은 역기능적 사고와 행동 패턴을 직접적으로 변화시키는 것이라고 본다(Bitter, 2014; Epstein & Dattilio, 2020). 이 모델을 가능하게 한 패러다임에서 가장 기본이 되는 것은 고전적 조건형성과 조작적 조건형성이었으며, 사회학습이론도 주요한 이론적 토대로 작용하였다.

1959년 존 티보(John Thibault)와 해럴드 켈리(Harold Kelley)는 그들의 저서 『집단의 사회심리학(The social psychology of groups)』에서 사회교환 이론을 제시하였다. 이 이론의 관점은 사람들이 사회에서 자신의 성과를 극대화하기 위해 보상은 늘리고 비용은 절감하고자 노력한다는 것으로 인지행동 접근법에서는 이 관점을 수용하였다. 커플이나 가족은 기술적 부족을 개선하기 위해 기술훈련을 받고, 이를 통한 긍정적 교환으로 이끈다(Nichols & Davis, 2020: 324).

1970년대에 이미 확립된 행동적 가족치료는 1970년대 후반부터 인지치료와의 통합이 더욱 본격적으로 이루어지고 가시화되었다. 인지적 모델은 정서와 행동을 사고와 연관시키는데, 이러한 사고는 세계의 도식(schema)일 수 있으며, 과잉 일반화, 과잉 개인화, 또는 지나친 부정성 등과 같은 왜곡을 바꾸는 데 초점을 맞춘다. 한편 과제(task)는 행동 치료 목표를 달성하는 것뿐만 아니라 신념과 인지를 모니터링하고 평가하는 데 있어 중요한 도구이다(Lebow, 2023: 147). 초기 인지행동 가족치료 접근은 체계이론과 통합되지 못한 채 주로 단순한 행동 원리의 적용에 초점을 맞추었으나, 1990년대 후반을 거치면서 인지행동 치료자들은 인지적 요소와 체계적 이해, 전략을 통합하는 데 성공하였다(Epstein & Baucome, 2002).

인지행동 가족치료는 오랫동안 주로 학문적 입장을 취하고 있었으나, 최근 이 모델의 실천과 보급이 많이 증가하여 상당한 영향력을 미치고 있고, 다른 실천법에 동화되어 지속적으로 진화를 거듭하고 있다. 또한, 커플·가족치료 분야에서 가장 강력한 실증적 기록을 가지고 있다(Lebow, 2023: 151).

2) 제2세대 가족치료 모델(1970년대 중반~2000년대)

19세기 후반과 20세기 초반에는 관찰과 엄격한 기준에 근거하여 과학적 방법을 추구하는 모더니즘이 지배하였으나, 20세기 후반으로 가면서 이러한 사조는 도전받게 되었다. 20세기 후반에 등장한 포스트모더니즘(postmodernism)은 객관적 지식과 절대적 진리의 존재 가능성을 전면적으로 부인하며 모더니즘의 신념 기반 자체를 흔들어버렸다. 포스트모더니즘은 각 개인의 실재(reality)는 주관적일 수밖에 없으며, 따라서 사실(fact)은 관점(perspective)으로 대체되어야 한다는 사고가 생겨났고, 지식인들의 계급적 특권과 지배적 권한에 대한 의문이 제기되었다. 이러한 사조에서 볼 때, 가족치료에서도 내담자는 치료자와 동등한 위치를 지닌 존재로 인식되기 시작하였다(Becvar & Becvar, 2016: 104).

구성주의와 사회구성주의는 이러한 포스트모더니즘 시대에 부합하는 사고방식으로 가족치료 분야에 대두되어 제2세대 가족치료 모델의 출현에 기여하였다.[5] 구성주의(constructivism)는 사람들이 경험을 지각하고 묘사하는 과정에서 자신의 신념에 따라 현실 그 자체를 구성하기 때문에 사람이나 현상에 대한 진실은 객관적으로 관찰할 수도 없고, 알 수도 없다는 사고를 전개한다. 이러한 구성주의 사고의 영향으로, 가족치료 분야에서 치료자가 가족에 대해 객관적으로 진단하고 치료할 수 있다는 신념에 의구심을 갖는 사람들이 생겨났다. 1980년대와 1990년대에 루이지 보스콜로(Luigi Boscolo), 잔프란코 체친(Gianfranco Cecchin), 할린 앤더슨(Harlene Anderson), 해럴드 굴리시안(Harold Goolishian), 그리고 린 호프먼(Lynn Hoffman) 등은 구성주의 철학에 근거하여 치료자-내담자의 위계관계를 동등한 민주적인 관계로 해석했다. 이러한 사조의 영향을 받은 것이 보스콜로, 체친의 후기밀란 모델(Post-Milan Model), 앤더슨과 굴리시언의 협력적 치료(Collaborative Therapy)와 톰 안데르센(Tom Andersen)의 반영팀(Reflecting Team)[6]이다(Hoffman, 2002; Nichols & Davis, 2020).[7]

---

5) '구성주의'와 '사회구성주의'는 포스트모더니즘 사조 안에서 같이 볼 수 있으나, 동일한 것은 아니다. 이 두 개념의 영어 단어도 'constructivism'과 'social constructionism'으로 차이에 있는 것에 주목할 필요가 있다.

6) 반영팀은 하나의 치료모델로서의 지위를 획득했다기보다는 내담자를 자문하는 과정이나 접근하는 방법으로 볼 수 있다.

한편, 가족치료 분야에서는 개인이 어떻게 자신의 현실을 만들어 가느냐에 초점을 둔 구성주의 사고와는 또 다르게 상호작용의 힘을 강조하는 사고도 존재하였는데, 그 이유는 사람들이 의미를 만들어낼 때 이미 사회적 상호작용을 통해 강력한 영향을 받고 있기 때문이다(Nichols & Davis, 2020). 사회심리학자 케네스 거겐(Kenneth Gergen, 1985)은 인간의 신념은 사회적 상황이 변함에 따라 변화할 수 있는 것이라고 주장하였고, 사람들이 각자 독립적으로 의미를 구성한다고 보지 않았다. 이러한 사고를 반영하는 사회구성주의(social constructionism)는 내담자와 치료자가 언어체계를 통해 실재를 구성하게 된다고 보므로, 언어가 사용되는 맥락에 관심을 갖는다(Becvar & Becvar, 2016: 105). 사회구성주의자들에게 있어 언어는 개인의 경험을 나타내는 수단이나 표상이 아니라, 개인의 사고체계를 규정하는 방식이라 할 수 있다. 실재(reality)는 경험에 의해서만 구성될 수 있고, 경험된 실재는 사회의 통념과 불가분의 관계에 있다는 점에서 언어의 변화는 경험의 변화와 같다고 할 수 있다(McNamee & Gergen, 1992: 1).

이러한 맥락에서, 사회구성주의라고 불리는 또 하나의 포스트모던 심리학은 많은 가족치료자에게 영향을 끼치게 되었다. 가족치료에서 사회구성주의의 영향을 받은 모델은 스티브 드 셰이저(Steve de Shazer)와 인수 김 버그(Insoo Kim Berg)의 해결중심치료(Solution-Focused Therapy), 그리고 마이클 화이트(Michael White)와 데이비드 엡스턴(David Epston)의 내러티브치료(Narrative Therapy)가 있다.

이 책에서는 제2세대 모델 중 해결중심치료는 제10장, 내러티브치료는 제11장에서 더 구체적으로 다룬다. 다음에서는 가족치료에서 구성주의로의 전환에 기여하는 후기밀란 모델을 포함하여, 제2세대 가족치료 모델별로 발달과정과 간략한 특징을 살펴본다.

(1) 후기밀란 모델

밀란 치료에서 변형된 후기밀란 모델은 루이지 보스콜로와 잔프란코 체친 등 남성 치료자 2명에 의해 주도되었다(밀란팀은 1979년에 관심사와 성별에 따라 나뉘었다)(Gehart, 2024: 153). 그들은 전략적 개입으로부터 협동적인 치료 형태로 옮겨갔고, 이 모델의 가치가 모델의 초기에 핵심으로 간주되었던 지시('긍정적 함의'와 '의례')의 사용에 있지 않고, 내담자

7) 협력적 모델과 반영팀은 구성주의와 사회구성주의에 두루 걸쳐 있는 포스트모던 모델(postmodern models)이라고 보는 것이 더 적절할 것이다(Becvar & Becvar, 2016; Chenail, Reiter, Torres-Gregory & Ilic, 2020; Gehart, 2024; Goldendberg, Stanston, & Goldenberg, 2017).

와의 면담 과정 그 자체에 있다는 생각으로 지시의 개념을 버리고, '순환질문(circular questioning)'을 사용하게 되었다(Lebow, 2023: 145). 순환질문은 가족 구성원들 간 차이점을 설명하기 위해 사용하는 질문이다. 이 질문은 내담자로 하여금 관계적 맥락 안에 있는 자신을 보게 하고, 또 다른 구성원의 관점으로도 그 관계적 맥락을 보게 함으로써 내담자가 자기중심에서 벗어나도록 고안되었고, 가족 패턴을 재발견할 수 있는 단서를 제공한다(Nichols & Davis, 2020). 치료자가 마치 그들의 문제를 탐험하기 위해 가족과 하나가 되는 것처럼 순수한 호기심을 갖는다는 것이 이 모델의 중요한 과정적 목표인데, 이러한 특징이 이 모델을 초기모델보다 훨씬 더 협력적으로 만들었고, 이는 포스트모던 접근의 개발에도 영향력을 미쳤다는 점에서 긍정적인 영향력을 갖는 것으로 평가된다(Carr, 2012; Lebow, 2023).

(2) 협력적 치료

이 치료는 '협력적 대화 접근(Collaborative Dialogue Approach)', '협력적 관계 접근(Collaborative Relation Approach)' 혹은 '협력적 언어체계 모델(Collaborative Language System Model)' 등의 다양한 이름으로 불리기도 한다.

이 치료모델은 치료적 관계에서 언어와 소통을 강조하는 포스트모던 가정에 기반을 두고 있는데, 할린 앤더슨과 해럴드 굴리시안의 아이디어를 반영하고 있다. 1978년에 앤더슨은 굴리시안 등과 함께 미국 휴스턴에 갤버스턴가족연구소(Galveston Family Institute)를 설립했다. 앤더슨은 다른 사람이나 자신과의 대화에서 의미가 창조되고 경험된다고 주장하였다. 이러한 관점에 따르면, 인간체계는 본질적으로 언어와 의미를 만들어 내는 체계이다(Nichols & Davis, 2020).

이 모델에서는 치료자가 개입한다는 개념을 완전히 배제하고, 대신에 내담자와 치료자가 동등하게 대화한다는 개념이 상호 간에 이익이 되며, 자연스러운 결말을 위해 중요하다고 본다. 그들은 인간체계가 언어와 의미를 창출해내는 체계라고 보았으며, 대화를 강조하였다. 특정한 개입 전략은 없고, 공동탐사 과정으로서 내담자가 소통하고자 하는 것을 치료자가 경청하는 것에서 치료의 본질을 찾는다. 내담자들은 자신의 삶에서 최고 전문가로 여겨지므로, 치료자들은 호기심을 가지고 '알지 못하는(not knowing)' 자세로 작업한다는 입장을 지닌다(Gehart, 2024; Lebow, 2023).

(3) 반영팀

반영팀 접근은 1987년 노르웨이의 톰 안데르센과 그의 동료들에 의해 개발되었다. 그는 치료자가 생각하는 바를 내담자 가족에게 숨기는 치료과정에 의문을 품고, 관찰실에서 상담장면을 관찰하던 치료팀의 생각과 느낌을 내담자와 그 가족이 듣도록 하는 '반영팀'을 사용하였다. 종래에는 일방경 뒤에서 치료팀이 내담자 가족을 관찰하였는데, 반영팀의 아이디어는 이 역할을 전도하는 것이었다. 즉 치료팀이 관찰 대상이 되고 내담자 가족이 관찰자가 되는 형식으로 바뀌게 되었다. 치료팀이 상담 과정에 대해 반영할 때는 확실하게 말하기보다는 불확실하고 잠정적인 태도나 표현을 쓰도록 권장되었다. 내담자 가족이 치료팀이 하는 이야기를 다 들은 다음에는 내담자 가족이 다시 치료에 참여했던 치료자와 이야기를 나누게 되는데, 이때의 이야기는 반영팀의 이야기를 들은 이후이므로 그들은 새로운 의미를 구축하는 이야기를 나누게 된다(Gehart, 2024; Goldenberg, Stanton, & Goldenberg, 2017).

이 모델의 기본 가정은 하나의 상황을 보는 옳은 방법은 한 가지만 있는 것이 아니고 여러 가지가 있다는 것이다. 반영팀 접근은 가족치료에서 구성주의적 사고에 따른 접근으로 옮겨가는 데도 영향을 미쳤으나(Hoffman, 1993, 2002), 사회구성주의적 가족치료 접근으로도 자주 인식되고 있다(Anderson, 2020; Gehart, 2024; Goldenberg, Stanton, & Goldenberg, 2017).

(4) 해결중심 모델

해결중심 모델은 스티브 드 셰이저와 인수 김 버그 등이 1979년 미국 밀워키에 세운 단기가족치료센터(Brief Family Therapy Center: BFTC)를 중심으로 발전하였다.[8] 드 셰이저는 단기치료를 지향하는 면에서 MRI에서의 초기 작업에 영향을 받은 바 있었으나, 부인인 버그는 사회구성주의자들의 관점을 받아들였다. 드 셰이저는 철학자인 루트비히 비트겐슈타인(Ludwig Wittgenstein)의 영향을 받아, 언어가 한 인간의 경험된 현실을 구성한다는 생각에 대해 강력한 믿음을 가지고 이 모델을 개발하였다.

이 모델은 문제보다는 해결책을 찾는 것에 초점을 맞춘다. 이 모델에서의 기본 가정은 내담자가 변화할 수 있으며, 이를 위한 잠재력, 즉 강점이나 자원을 지니고 있다는 것이

8) 빌 오한론(Bill O'Hanlon)과 미셸 워너 데이비스(Michele Weiner-Davis)는 나중에 해결중심 모델에서 갈라져 '해결지향 모델(Soution-Oriented Model)'의 개발을 주도하였다(Bitter, 2014; Doherty & McDaiel, 2010; Gehart, 2024; Lebow & Diamond, 2019). 이후 다시 오한론은 독자적으로 해결지향 모델에서 갈라진 '가능성 치료(Possibility Therapy)'를 개발하였다(Goldenberg, Stanton, & Goldenberg, 2017).

다. 따라서 치료자의 역할은 내담자 스스로가 문제해결을 시도할 수 있도록 조력을 제공하는 것이다. 이 모델에서는 다양한 질문을 구사하는데, 가장 중점을 두고 있는 것은 문제가 없던 때, 즉 '예외발견 질문(exception-finding questions)'을 통해 예외상황을 찾아내고 이에 관심을 집중시키는 것이다. 또한, '척도질문(scaling questions)'이나 '기적질문(miracle questions)' 등을 통해 그러한 예외상황으로의 작은 변화를 바탕으로 더 큰 목표로 움직이도록 내담자의 인식 수준을 높이고자 시도한다. 해결중심모델은 단순성, 인간 문제에 대한 긍정적인 관점, 동등하고 협력적인 대화 방식으로 인해 많은 가족치료자가 사용하고 있다(Gladding, 2018; Lebow, 2023).

(5) 내러티브 모델

이 모델의 창시자는 오스트레일리아의 마이클 화이트와 뉴질랜드의 데이비드 엡스턴이다.[9] 1983년 오스트레일리아의 아델라이드에서 부인인 셰릴 화이트(Cheryl White)와 함께 덜위치가족센터(Dulwich Center)를 세웠던 화이트는 뉴질랜드 오클랜드에서 가족치료센터(Family Therapy Center)를 운영하던 엡스턴과 함께 작업을 시작하였다.

이 모델에서는 '내러티브(narrative)'가 단지 삶을 비추는 거울이 아니라 삶을 구성하는 것이라고 본다. 사람들은 자신의 경험에 대해 말한 대로 되어가는 경향성을 지니고 있기 때문이다. 따라서 내러티브 치료자는 사람들의 이야기를 듣고, 그들의 행동을 교정하기보다는 그들의 내러티브를 새롭게 재저작할 수 있도록 돕는다. 이 모델에서는 내담자가 자신의 상황을 문제로 표현하는 것을 미셸 푸코(Michel Foucault)가 말하는 권력이나 지배 담론에 의해 '문제가 포화된(problem saturated)' 이야기이며, '빈약한 설명(thin description)'이라고 묘사한다. 그는 이에 저항하기 위하여 자크 데리다(Jacques Derrida)가 말한 '해체(deconstruction)'를 통하여 내담자가 자신의 이야기를 '풍부한 설명(thick description)'으로 바꾸어가도록 돕는다. 이 모델에서는 인간이 이야기하는 행위를 통해 삶에서 일어나는 사건을 조직하고 해석하는 존재로 보고, 내담자 삶의 문제에 전문지식에 따라 이해하고 개입하기보다 내담자 본인의 이야기를 통해 드러나고 구성된 당사자 지식(local knowledge)을 토대로 접근하는 방향을 취한다(정문자 외, 2025).

---

9) 이 모델과 관련해서, 내러티브치료와 해결중심치료가 결합된 내러티브 해결 접근(Narrative Solution Approach)과 내러티브치료와 애착이론이 결합된 내러티브 애착 접근(Narrative Attachment Approach)과 같은 통합된 모델도 있다(Rambo, West, Scooley, & Boyd, 2013).

내러티브 치료자는 문제와 결함이 있다고 스스로 지각하는 내담자의 정체성에서 벗어나도록 만들기 위해, '외재화(externalizing)'를 통해 사람을 문제와 분리해 공동의 적과 싸우도록 가족을 연합시키며, 가족의 역사를 철저히 살펴 '독특한 결과(unique outcomes: 성공한 사례들)' 혹은 '빛나는 사건(sparkling events: 그들이 문제에 저항하거나 문제 이야기와 반대되는 방식으로 행동했던 때)'을 찾도록 한다(Nichols & Davis, 2020).

3) 제3세대 가족치료 모델(2000년대 이후)[10)]

이 책에서 제3세대 가족치료 모델로 구분하는 모델들은 대체로 2000년대 이후 등장하였지만, 1990년대 후반에 등장하는 모델들도 있다. 하지만 그러한 모델들도 처음으로 출현하는 시점은 더 이른 시기였어도 대부분 2000년대 이후 들어와서 본격적인 주목과 관심을 끌었다고 할 수 있다.

제3세대 가족치료 모델로 분류되는 모델들에게서 나타나는 전반적인 특징을 살펴보면, 다음과 같다. 첫째, 기존에 확립된 고전적인 여러 학파의 모델들이 통합된 성격을 띠게 되는 경우가 많다. 둘째, 초기 가족치료 모델 중 정서와 애착과 관련된 요소들을 결합해서 개발된 모델들이 강세로 나타나기도 한다. 이러한 모델들은 신경과학이나 뇌과학의 발전에 영향을 받아 더 강조되기도 한다. 셋째, 심리치료 분야 전반에 걸쳐 강조되는 증거기반 실천의 흐름에 힘입어 경험적 검증을 강조하는 모델들이 많다. 넷째, 이른바 인지행동에서의 '제3의 물결(The Third Wave)'로 일컬어지는 마인드풀니스(mindfulness) 기반 인지행동 접근에서 변형된 커플·가족치료 모델들이 출현하고 있다. 다섯째, 생물심리사회모델(Biopsychosocial Model)의 영향에 따른 신체적·정신적·사회적 측면을 복합적으로 고려하는 모델들도 주목을 받고 있다.

수잔 존슨의 정서중심치료(Emotionally Focused Therapy: EFT) 모델은 제3세대 모델로서 2000년대 이후 큰 관심을 끌고 있다. 이 모델은 애착이론, 경험적 치료, 체계이론을 축으

---

10) 수잔 한나(S. M. Hanna)와 데렉 볼(D. Ball)은 가족치료 모델들을 유사하게 시대별로 나누어 '세대'라는 기준으로 분류하고 있지만, 구성은 다소 다르다. 그들은 1세대 가족치료에 구조적 치료, 전략적 치료, MRI 모델, 행동치료, 정신역동적 치료, 보웬치료, 맥락적 치료, 경험적 치료를 넣었다. 그들은 2세대 가족치료로 해결중심치료, 내러티브치료, 정서중심 커플치료, 인지행동치료, 내적 가족체계 치료, 다차원 가족치료, 다체계 치료, 조현병을 위한 다가족 집단을 제시한다. 3세대 가족치료로는 적대적 반항장애 아동과 청소년, 우울 및 자살 청소년, 군인, 외상생존자, 성적 소수자 등 특정 집단을 위한 치료를 포함시킨다(Hanna & Ball, 2025).

로 하여 초기에는 주로 커플에 개입하기 위하여 개발되었다가 근래에는 가족 대상으로 확대되고 있다. 내적 가족체계(Internal Family System: IFS) 모델도 최근 들어 EFT만큼 가족치료사들에게 주목을 받고 있다. 이 모델은 리처드 슈워츠(Ricard Schwartz)가 개발한 것으로, 각자의 내적 세계가 경험적 치료와 정신역동적 치료에 유사한 개념인 다양한 부분(parts)으로 특징 지워진다고 본다(Gehart, 2024). 가이 다이아몬드(Guy Diamond)가 1990년대 후반과 2000년대 초반에 개발한 애착기반 가족치료(Attachment Based Family Therapy: ABFT) 모델은 근래 관심이 증대되고 있는데, 우울증이나 자살 시도를 하는 청소년들을 돕기 위해 부모나 다른 애착 인물과 안전하고도 안정적인 관계를 형성하는 것에 초점을 둔다(Seedall & Sandberg, 2020). 회복치료(Restoration Therapy: RT)는 2010년대 이후 테리 하그레이브(Terry Hargrave)와 프란츠 피처(Frantz Pfitzer)가 개발한 비교적 새로운 모델이며, 맥락적 치료, 애착이론, 인지치료와 마인드풀니스 연구를 바탕으로 한 것이다. 치료자는 내담자의 정체성에 관계되는 1차적 정서를 보는데, 이것은 개인이 관계에서 얼마나 사랑받는가의 맥락에서 개발된 '정체감(identity)'과 예측성, 개방성과 정의를 통해 발견된 신뢰감 패턴으로 개발된 '안전(safety)'과 관계된다(Hargrave & Houltberg, 2020; Sweeney, 2024).

제3세대 모델 중 또한 주목을 받는 것은 증거기반 연구로 효과적 개입이 확인된 모델들이다. 대표적인 모델은 제임스 알렉산더(James Alexander)의 기능적 가족치료(Functional Family Therapy: FFT), 하워드 리들(Howard Liddle)의 다차원적 가족치료(Multidimensional Family Therapy: MDT), 스콧 헨겔러(Scott Henggeler)의 다체계적 치료(Multisystemic Therapy: MST), 호세 사포츠닉(José Szapocznik)의 단기전략적 가족치료(Brief Strategic Family Therapy: BSFT)가 있다. 이 모델들은 거의 1990년대 후반에 개발되었으나, 본격적인 관심의 대상이 된 시점은 대개 2000년대 들어서라고 할 수 있다.

가족치료에서 인지행동치료 모델이 출현하는 것은 1970년대 후반으로 거슬러 올라가지만, 2000년대 이후 인지행동치료 모델의 진영에서는 획기적인 변화가 일어 마인드풀니스를 기반으로 하여 변형된 치료모델이 많이 출현하였다. 흔히 인지행동치료 모델의 '제3의 물결'에 속하는 스티븐 헤이즈(Steven C. Hayes)의 수용전념치료(Acceptance and Commitment Therapy: ACT), 마샤 리네한(Marsha M. Linehan)의 변증법적 행동치료(Dialectical Behavior Therapy: DBT)가 커플 및 가족치료에 도입되고 있으며, 기존의 고전적 행동치료 모델과 인지행동치료 모델의 영향을 받은 존 가트먼(John Gottman)과 줄리 가트먼(Julie Gottman)의 가트먼방법 커플치료(Gottman Method Couple Therapy), 앤드루 크리스텐슨(Andrew Christensen)과 닐 제이콥스(Neil Jacobs)의 통합적 행동 커플치료(Integrative Behavior Couple Therapy: IBCT)가 개발되어 주목을 받고 있다(정민선, 서진희, 최연실, 2022; 정민선, 최연실, 2023).

한편, 가족치료 분야에서는 조현병 환자 가족을 위한 심리교육(Psychoeducation) 접근이 개발되어 2000년대 들어서도 지속적인 관심을 받고 있으며, 생물의학 모델(Biomedical Models)에 대한 대안으로 1977년 조지 엥겔(George Engel)이 제안한 생물심리사회 모델(Biopsychosocial Models)의 영향을 받아 의료가족치료(Medical Family Therapy: MedFT)가 새롭게 관심을 끌고 있다. 이 치료모델은 질병이나 건강문제를 겪는 개인과 그 가족을 대상으로 하는 통합적 치료 접근법으로서 환자의 신체적 증상뿐만 아니라 심리적, 사회적, 관계적 요인을 함께 고려한다.

지금까지 살펴본 모델들의 세대별 구분은 앞에서 밝힌 바와 같이 출현 시기와 발전 상황에 따른 편의에 의한 것이다. 제1세대 모델부터 제3세대 모델까지 현재 시점에서는 치료 현장에서 선택과 적용 빈도에 있어서는 차이가 있을 수 있지만, 모두 공존하고 있다고 말할 수 있을 것이다(〈표 2-5〉 참조).

〈표 2-5〉 각 세대별 가족치료 모델

세대 구분	모델		중심인물
제1세대	정신역동 모델		네이선 애커먼
		대상관계 가족치료 모델	질 샤르프, 데이비드 샤르프, 제임스 프라모
	다세대 모델	자연체계 모델	머레이 보웬
		맥락적 치료 모델	이반 보쇠르메니너지
	경험적 모델	경험적/상징적 가족치료 모델	칼 휘태커
		게슈탈트-경험적 가족치료 모델	월터 켐플러
		성장모델 (인간인정과정 모델)	버지니아 사티어
	구조적 모델		살바도르 미누친
	전략적 모델	MRI 단기치료	폴 바츨라비크

		문제해결 치료	제이 헤일리, 클로에 마다네니스
		밀란 체계 모델	마라 셀비니 팔라촐리, 루이지 보스콜로, 잔프란코 체친, 줄리아나 프라타
	인지행동 모델		도널드 보컴, 프랭크 다틸리오, 노먼 엡스타인
제2세대	후기밀란 모델		루이지 보스콜로, 잔프란코 체친
	협력적 치료		할린 앤더슨, 해럴드 굴리시안
	반영팀		톰 안데르센
	해결중심 모델		스티브 드 셰이저, 인수 김 버그
	내러티브 모델		마이클 화이트, 데이비드 엡스턴
제3세대	정서중심치료		수잔 존슨
	내적 체계 모델		리처드 슈워츠
	애착기반 가족치료		가이 다이아몬드
	회복치료		테리 하그레이브, 프란츠 피처
	기능적 가족치료		제임스 알렉산더
	다차원적 가족치료		하워드 리들
	다체계적 가족치료		스콧 헨젤러
	단기전략적 가족치료		호세 사포츠닉
	가트먼방법 커플치료		존 가트먼, 줄리 가트먼
	통합적 행동 커플치료		앤드루 크리스텐슨, 닐 제이콥슨
	심리교육		캐롤 앤더슨
	의료가족치료		수전 맥다니엘

요약

- 가족치료의 기원을 더듬어 볼 때, 그 등장 배경과 태동에는 상담 분야 운동의 등장, 기존 관련 학문 분야로부터의 영향, 집단치료의 부상, 연구 전통의 기여 등이 존재했다.
- 미국에서의 가족치료는 아동지도, 부부상담, 그리고 후에는 성치료를 포함한 수많은 상담 분야의 운동과 서비스로부터 부상하였다.
- 가족치료에 영향을 미친 기존 관련 학문 분야는 사회복지학, 정신의학과 임상심리학이다. 가족치료는 이 학문 분야들의 영향을 받기는 하였으나, 이중 어느 한 분야에 편중되지는 않았다. 이러한 학문 분야들의 기여로 인해 가족치료는 원래부터 다학제적 성격으로 출발하게 되었다.
- 가족치료에 영향을 미친 집단치료는 집단분석, 참만남집단, 사이코드라마와 게슈탈트치료 등이다. 이러한 다양한 집단치료 전통으로부터의 아이디어와 실천이 가족치료 안으로 유입되었다.
- 가족치료의 태동에는 작업집단 역동, 기능주의와 역할이론, 조현병 환자 가족에 관한 연구들이 기여하였다.
- 가족치료의 모태가 된 '가족운동'은 1930년대 후반부터 1940년대 초반에 시작되어 본격적으로 뿌리를 내린 것은 1950년대라고 할 수 있고, 가족치료의 시작에 중요한 단초가 되는 것은 1946년에 미국에서 개최된 미국 메이시회의라고 할 수 있다.
- '가족치료의 아버지'라고 할 수 있는 그레고리 베이트슨은 그 전부터 존재했던 생물학자 루트비히 폰 베르탈란피가 제시한 체계이론과 노버트 위너의 사이버네틱스 개념을 인간 행동을 설명하는 데 도입하였다.
- 실질적으로, 가족치료의 탄생에 기여한 사람은 돈 잭슨으로 일컬어진다. 잭슨은 1958년에 미국 팔로알토에 정신연구소(MRI)를 세우고, 제이 헤일리, 네이선 애커먼과 함께 최초의 가족치료 학술저널을 발간하였으며, 실제 가족을 만나는 임상을 시작하였다.
- 체계이론과 제1차 사이버네틱스의 영향을 받은 가족치료의 발전 초창기에 등장한 제1세대(1950년대~1970년대 중반) 치료모델에는 정신역동적 모델, 다세대 모델, 경험적 모델, 구조적 모델, 전략적 모델, 인지행동적 모델 등이 있다.
- 구성주의와 사회구성주의는 이러한 포스트모더니즘 시대에 부합하는 사고방식으로 가족치료 분야에 대두되었다. 가족치료에서 구성주의의 영향을 받은 것은 후기밀란 모델, 협력적 치료와 반영팀 접근이다. 사회구성주의라고 불리는 또 하나의 포스트모던 심리학은 가족치료에서 해결중심치료와 내러티브치료의 탄생을 가능하게 하였다. 이 모델들은 제2세대(1970년대 중반~2000년대) 가족치료 모델에 속한다.
- 제3세대(2000년대 이후) 가족치료 모델들은 통합의 성격, 애착의 강조, 증거기반 접근의 실천, 마인드풀니스의 도입, 신체적·정신적·사회적 측면의 복합적 고려라는 특성을 보인다. 이러한 제3세대 모델에는 정서중심치료, 내적 가족체계 모델, 애착기반 가족치료, 회복치료, 기능적 가족치료, 다차원적 치료, 다체계적 치료, 단기전략적 치료, 가트먼방법 커플치료, 통합적 행동 커플치료, 심리교육, 의료가족치료 등이 있다.

제3장

가족치료의 토대

지도는 그것이 표상하는 지형이 아니다. 하지만, 제대로라면 그것은 지형에 유사한 구조를 가져서 그 유용성을 보여 준다.

알프레드 코집스키(Korzybski, 1933)

내담자는 자신이 창조하는 의미에 대한 전문가인 반면, 치료자는 그러한 의미 탐색을 위한 대화에서 공간, 즉 대화적 공간을 여는 것에 대한 전문가이다.

할린 앤더슨(Anderson, 2005)

이 장에서는 가족치료를 떠받치고 있는 이론적 · 실천적 토대를 탐색한다. 가족치료의 이론적 패러다임을 제공하는 인식론적[1] 토대를 짚어보고, 가족치료의 개입 근거를 제공하는 실천적 토대를 살펴보고자 한다. 구체적으로, 가족치료의 인식론적 토대를 체계론적 토대와 포스트모던 토대로 나누어 접근한 후, 개입을 위한 실천적 토대로서 가족의 맥락과 관련된 내용을 다룬다.

1) 그레고리 베이트슨(Gregory Bateson)은 '인식론(epistemology)'이라는 용어를 즐겨 사용하면서 그의 '생태-체계적 인식론'을 언급했다. 베이트슨에게 이것은 비물질적 정신과 물질을 포함해서 우주가 무수한 구성 하위체계로 이루어진 하나의 생태계라는 사고를 반영하는 세계관 혹은 신념체계였다(Bateson, 1972, 1979). 하지만 엄격한 의미에서, 인식론은 지식과 앎의 과정에 관련된 철학의 한 분야이다. 베이트슨이 그 용어를 독특하게 사용하는 방식을 따라서, 가족치료 분야 내에서는 인식론을 특정한 지식이론 혹은 세계관을 의미하는 것으로 좀 더 느슨하게 사용하고 있다.

1. 체계론적 토대

다음에서는 체계이론과 사이버네틱스[2]를 중심으로 가족치료의 체계론적 토대를 살펴본다.

1) 체계이론

(1) 체계론적 관점의 적용

가족치료의 중심에는 항상 체계론적 사고가 존재했다. 그러나 가족치료에서의 이러한 체계론적 사고는 고정되어 있었던 것이 아니라 시간과 함께 진화되어 치료모델의 세대별로 변화를 거듭해왔다. 초기 가족치료의 체계론적 사고에서는 무생물 체계를 바라보는 관점에서 나온 순환성과 항상성을 중심으로 가족을 바라보는 원칙적인 견해를 취했다면, 시간의 흐름에 따라 체계론적 사고는 점차 인간의 기능을 다르게 보는 시각을 보충하여 변화의 과정을 거쳐왔다. 가족치료에 적용되었던 초기 체계이론의 관점은 기계론적이고 결정론적이라는 비판을 받았지만, 이후의 변화과정을 통해 가족을 바라보는 데 있어서 훨씬 더 개방적이고 긍정적인 관점으로 발전하였다.

가족치료 전반에 있어, 체계론적 관점은 아직도 유효하다. 가족치료가 출범한 초기의 체계이론 적용에서는 많은 이탈이 있었지만, 체계론적 사고의 중요성은 아직도 가족치료에서 매우 핵심적인 지위를 차지한다(Becvar & Becvar, 2016; Dallos & Draper, 2024; Lebow, 2023). 요컨대, 가족치료에서 체계론적 관점 적용의 가치는 무엇보다도 개인만을 향했던 배타적인 초점에서 과감히 벗어나게 하는 근거를 제공한다는 면에서 매우 중요하다고 할 수 있다.

---

2) 가족치료 분야에서 체계이론은 가끔 '사이버네틱스'라고도 불리는 일반체계이론의 개념을 적용하여 처음 소개되었다. 그러나 일반체계이론은 사이버네틱스보다 그 범위가 더 넓다. 루트비히 폰 베르탈란피(Ludwig von Bertalanffy)는 "사이버네틱스는… 일반체계이론의 일부에 불과하며", "일반적인 '체계이론'으로 식별되어서는 안 된다"고 하였다(Bertalanffy, 1968: 17, 21). 베이트슨은 베르탈란피의 일반체계 작업은 사이버네틱스와 의사소통이 일어나는 지점을 탐색하는 맥락이라고 설명하였다(Bateson, 1972). 일반체계이론과 사이버네틱스는 구별되어야 하지만, 둘의 공통점은 차이점보다 중요하다(Reiter, 2023: 46-47).

(2) 일반체계이론

체계이론은 탄생에 있어 1940년대의 자연과학(수학, 물리학)과 공학에 기반을 두었다. 기계나 생명체의 구조와 기능을 설명하는 모델을 탐색하던 그 당시의 이론가들은 이러한 기계나 생명체들이 각기 다른 부분들의 집합체로 이루어져 보다 복잡한 전체를 형성하는 하나의 특성을 공유한다는 것을 발견하게 되었다. 오스트리아의 생물학자인 루트비히 폰 베르탈란피는 이러한 특성을 가진 것을 '체계(system)'라고 불렀고, 체계의 특성을 반영하는 사고의 개념과 생물학을 살아있는 체계에 대한 보편적인 이론으로 구축하여 1945년에' 일반체계이론(General System Theory)'으로 명명하고 처음 발표하였다(Nichols & Davis, 2020: 134-135). 그는 이 모델을 통해 인간의 마음도 지구의 생태권(ecosphere) 개념과 결합할 수 있다는 생각을 펼쳤다(Bertalanffy, 1973).

이러한 '체계'라는 개념에 주목하여 이를 가족에 적용함으로써 가족치료라는 분야의 형성과 이론적 관점 제공에 결정적 기여를 한 사람은 그레고리 베이트슨이었다. 베르탈란피의 일반체계이론 발표 이후, 베이트슨과 함께 연구했던 MRI의 동료들은 가족이 하나의 단위로서 기능하는 방식을 탐색하였고, 그 결과 이러한 일반체계이론이 그 기능을 탐색하는 완벽한 도구가 될 수 있다고 생각했다.

일반체계이론은 다음과 같은 가정들을 제시한다(Gehart, 2024: 23).

- 전체는 부분의 합 이상이다.
- 체계는 위계, 집행조직과 하위체계의 측면에서 파악될 수 있다.
- 체계는 자기보존(self-preservation)을 향해 노력하기 때문에 그 구성원은 자신들뿐만 아니라 그 체계를 위해서 움직인다.

위와 같은 일반체계이론에 따르면, 유기체 또는 살아있는 체계는 내부의 부분들이 갖지 않는 전체의 특성을 가질 수 있다. 이러한 특성은 부분들 사이의 상호작용과 관계로부터 발생한다. 전체는 부분의 합 이상이라는 위의 체계론적 관점에서 볼 때, 가족의 특성은 가족 구성원의 행동을 넘어서서 나타나게 된다. 이러한 관점으로 가족을 보게 되면, 초점이 개인에서 가족 간의 관계 유형으로 전환되고, 가족은 개인의 집합체 이상인 관계의 망으로 보일 수 있다.

체계론적 관점을 갖는 치료자들은 가족의 상호작용 패턴을 어떤 한 구성원이나 치료자와 같은 외부 인사에 의해 통제되지 않는 일종의 '마음(mind)'[3]이나 유기체로서 본다. 이러한 관점의 결과로서 다음과 같은 몇 가지 명제가 나온다(Gehart, 2024: 28).

- 어떤 단일한 개인도 상호작용 패턴을 조정하지 못한다.
- 모든 행동은 맥락 안에서 이해된다.
- 어떤 단일한 개인도 가족/관계 스트레스로 인해 비난받을 수 없다.
- 개인적 특성은 체계에 의존한다.

이러한 체계론적 관점에서 가족 안에서 일어나는 가족 구성원들 간 행동을 보았던 초기의 가족치료자들은 그 행동순서에 관심을 기울였는데, 그들은 상호작용의 순서가 체계가 어떻게 기능하는지 보여준다고 생각했기 때문이다. 하지만, 그 당시의 이러한 체계론적 분석은 행동이 시작되는 입력(input)과 그 결과로 나오는 출력(output)에 초점을 둘 뿐 왜 그런 행동을 하게 되었는지를 따지지 않았다. 이러한 분석의 특징을 표현하는 은유가 바로 '블랙박스(black box)' 개념이다(Gehart, 2024: 23). 초기 가족체계 이론가들이 체계론적 관점을 설명하기 위해 사용한 블랙박스 은유는 사람의 행위에 기계의 은유를 적용한 한계가 있으나, 동기와 의도에 대한 추측을 배제함으로써 연구 분야를 단순화시킬 수 있다는 이점이 거론되기도 한다(Nichols & Davis, 2020: 135). 하지만, 이처럼 기계를 설명하기 위해 사용되었던 개념을 가족과 같은 인간체계에 적용하고자 한 시도는 결국 살아있는 체계가 기계와 동일한 원리로 적절하게 설명될 수 없다는 문제 제기로 인해 이후 도전받게 되었다.[4]

현재까지도 대부분의 가족치료 모델은 생물과 무생물을 이해하는 방법으로 개발되었던 일반체계이론의 영향을 받았다. 한때 체계론적 관점과 거리를 두는 치료모델이 가족을 다루는 치료로서의 의미를 지닐 수 있겠는가에 대한 논란도 있었지만[5] 원래 체계론적 관점을 강조하지 않았던 인지행동치료나 내러티브치료도 그 변화과정을 거치면서 체계론적

3) 국내에서 번역된 책에 따라서는 '정신'으로 표현되기도 한다.

4) 이러한 도전은 주로 포스트모던 사고를 하는 가족치료자들에게서 찾아볼 수 있다(Anderson & Goolishian, 1990). 내러티브치료를 창안했던 마이클 화이트(Michael White)와 데이비드 엡스턴(David Epston)은 가족을 체계로서 보는 아이디어에 반대했고, 지나치게 기계론적인 시각이라고 비판하였다(Priest, 2021:103).

5) 대표적인 체계론적 모델의 하나인 구조적 모델을 창시한 살바도르 미누친(Salvador Minuchin)은 한때 내러티브치료가 가족을 다루는 치료인가에 대해서 의문을 제기한 적이 있었다(Minuchin, 1998).

관점과 통합되었다고 보는 견해가 지배적이다(Becvar & Becvar, 2016; Dallos & Draper, 2024). 하지만, 사실상 체계론적 색채가 강한 전략적 모델이나 구조적 모델부터 상대적으로 체계론적 사고가 약하게 반영된 인지행동치료나 내러티브치료까지 가족치료 모델에 따라서 체계론의 영향을 받는 정도에서 편차가 존재한다.

일반체계이론의 중심을 이루는 사고 중 오늘날까지도 가족치료의 핵심으로 남아 있는 아이디어는 전체가 각 부분의 합보다 크다는 것이며, 따라서 한 부분인 개인을 이해하기 위해서는 그 부분이 속해있는 전체 가족과의 관계를 파악해야 한다는 것이다. 이 틀 안에서 보게 되면, 한 개인은 '개방'체계의 한 부분으로 이해된다. 개방체계는 체계의 외부(개인들, 가족, 다른 체계)와 지속적인 소통을 하면서 영향을 주고받는다. 체계로서의 가족은 부부, 형제, 부모-자녀와 같은 하위체계와 상호영향을 주고받으며, 이러한 하위체계들의 합보다 더 큰 체계를 만들고(Lebow, 2023), 더 나아가 가족보다 더 큰 광역체계들의 하위체계를 이루면서, '홀론(holon)'[6]의 성격을 갖는다.

일반체계이론의 입장을 받아들이게 되면, 인간의 모든 행동이 맥락 안에서 어떤 기능을 하는가로 이해할 수 있다. 초기의 가족치료에서는 이러한 사고를 수용하여 가족 구성원의 행동을 가족체계 안에서 어떻게 기능하는지에 따라 추론할 수 있다고 주장하였다. 이러한 사고의 대표적인 예가 바로 '지목된 환자(identified patient)' 혹은 '희생양(scapegoat)' 개념이었다(Minuchin et al., 1978). 체계론적 틀에서 바라보면, 심각한 정신병리까지도 매우 병적인 가족과정의 맥락에서 개념화될 수 있고, 개인이 문제가 아니라 체계가 문제라고 보게 된다. 희생양과 같은 개념은 이제는 잘 사용하지 않지만, 이처럼 맥락 속에서 문제를 이해하고 기능을 찾아보는 작업은 대부분의 가족치료에서 아직도 행해지고 있다(Lebow, 2023).

일반체계이론의 특징으로 또한 거론되는 것은 인과관계에 대한 재귀적인 관점(recursive perspective)의 강조이다. 대부분의 정신건강 분야에서는 한 행동이 다른 행동을 유발한다는 일방의 선형적 인과관계(linear causality)를 중심으로 바라보는 시각을 취한다. 이와는 대조적으로, 가족치료는 일반체계이론에 근거하여 재귀적 관점에서 순환적 인과관계(circular causality)를 상정한다. 이러한 순환적 인과관계는 상호작용과 양방향에서 서로 영향을 미치며 반복되는 패턴을 강조하면서 인과관계의 원형 시슬을 파악한다.

---

6) 홀론은 부분(part)이자 전체(whole)의 속성을 동시에 가진 존재를 의미하는 개념으로서 아서 케스트러(Arthur Koestler)가 1967년 그의 저서 『기계 속의 유령(The ghost in the machine)』에서 처음 제안했다.

(3) 비판

일반체계이론은 가족치료가 취하는 기본적인 관점을 제공하는 중요한 이론적 토대를 제공하지만, 순환적 인과관계로 해석할 때 간과될 수 있는 것들의 위험이 지적되면서 한계가 있다는 비판을 받기도 했다. 원래 일반체계이론은 가족이 속해있는 더 큰 상위체계인 광역체계와의 연관성도 상정하고 있었는데,[7] 정작 가족치료자들은 체계론적인 관점을 적용할 때 영향력이 파급되는 관계망을 그다지 염두에 두지 않아 중요한 측면을 간과했다는 비판을 받게 되었다.

이러한 비판은 주로 가정폭력의 문제와 관련해서 체계론적 관점의 협소한 적용에 대한 여성주의 가족치료자들의 비판에서 연유하였다. 즉, 가족치료자들이 가족을 체계로서 간주했지만, 가족이 속해 있는 지역사회, 문화, 정치 등 더 큰 체계를 무시함으로써 순환적 인과관계의 관점에서 폭력의 발생을 바라보게 되었다는 것이다. 이 관점에서 보게 되면, 가해자의 폭력 행동이 피해자의 폭력 유발 행동으로 발생하게 되는 것으로 볼 수 있다. 따라서, 폭력 사건의 발생에 대한 책임을 체계의 부분들이 다 나누어 갖게 되면, 가해자와 피해자가 동등하게 책임을 지게 되는 잘못된 결론이 생길 수 있다. 여성주의 가족치료자의 입장에서 이러한 폭력 사건은 분명히 가부장제라는 더 큰 사회문화적 맥락 안에서 바라보아야 할 문제의 한 예가 될 수 있다는 것이다(McGoldrick, Anderson, & Walsh, 1989).

현재 체계이론에서 상정하고 있는 인과관계에 대한 순환적 개념은 이 같은 경우에는 수정될 필요가 있다는 것에 많은 동의가 이루어지고 있다. 비록 행동과 반응의 순환은 항상 고려되어야 하지만, 때로는 선형적 인과성의 시각이 필요한 사태가 있을 수 있고, 또 때로는 전체적으로 사태를 파악하면서 부분적으로 선형적 인과관계로 따져보는 것이 편의상 필요할 때도 있다(Keeney, 1983).

2) 사이버네틱스[8]

사이버네틱스(cybernetcis)는 일반체계이론과 밀접하게 관련되어 있으며, 종종 혼합되어 사용되어왔다. 사이버네틱스 분야의 역사는 대략 1942년으로 거슬러 올라가며, 사이버네

---

7) 이러한 광역체계와의 연관성은 체계이론의 확장인 유리 브론펜브레너(Urie Bronfenbrenner)의 생태체계이론(Ecosystem Theory)에서 찾아볼 수 있다.

8) 사이버네틱스(cybernetics): 사람 및 기계에 나타난 제어와 통신의 이론·기술을 종합적으로 연구하는 학문. 인공 지능·제어 공학·통신 공학 따위에 응용함. 인간 두뇌학.

틱스는 노버트 위너(Nobert Weiner)가 이 명칭을 만든 것으로 인정되고 있다. 그는 이 용어를 배의 조종사(steersman)를 의미하는 그리스어인 '케베르네테스(kebernetes)'에서 따왔다고 한다. 이 단어는 영어의 '가버너(governor)'에 해당하는데, 위너는 이 용어를 통제 혹은 피드백 기제를 나타내기 위해 사용하였다(Becvar & Becvar, 2016: 19). 그는 사이버네틱스를 '동물(인간)과 기계의 소통과 통제에 대한 과학'(Weiner, 1948)이라고 정의하였다. 또한, 루트비히 폰 베르탈란피는 사이버네틱스를 "체계와 환경 간, 그리고 체계 내의 의사소통(정보 전달)과 환경에 대한 체계 기능의 통제(피드백)에 기반을 둔 통제체계 이론"(Bertalanffy, 1968: 6)이라고 정의했다. 그 외에 브래포드 키니(Bradford Keeney)는 더 광범위하게 "패턴과 조직을 다루는 일반과학의 일부"(Keeney, 1983: 6)라고 정의했다. 일반적으로, 사이버네틱스는 하나의 체계가 가능한 적응 또는 현재 기능 수준의 유지를 위한 정보를 받아들이며 자기조절을 하는 방식을 설명한다. 따라서 사이버네틱스는 간단히 자기교정 체계로 정의될 수 있다(Reiter, 2023: 47).

1940년대 초에 사이버네틱스 연구자들은 피드백 기제뿐만 아니라 정보처리 과정 및 의사소통 패턴에 초점을 두고, 기계와 살아있는 유기체의 비교연구를 시작하였다. 이 분야에서 이루어진 초기 연구의 대부분은 다학제적 접근을 통해 이루어진 것으로서, 처음에는 제2차 세계대전이라는 시대 상황에서 전쟁을 치르기 위한 무기 개발과 연관되는 것이었다. 하지만, 노버트 위너가 사이버네틱스를 학술적으로 다룬 '메이시회의'에 참석하여 그레고리 베이트슨과 만나는 사건을 통해 공교롭게도 가족치료가 출현하는 하나의 계기를 이루었다.

초기 가족치료에서는 사이버네틱스를 일반체계이론과 결합하여 인간체계인 가족을 바라보았다. 가족은 기본적으로 항상성(homeostasis)을 유지하고자 필연적으로 변화를 감소시키기 위해 움직인다고 보았다. 결과적으로, 대부분의 초기 가족치료는 변화를 가져오기 위해 항상성을 극복할 수 있는 강력한 개입 전략의 중요성을 강조하였다(Lebow, 2023: 75).

가족치료에 심대한 영향을 미쳤던 인류학자 베이트슨은 개인, 사회 및 생태계를 궁극적으로 '마음(mind)'을 구성하는 전체의 일부로 보았다(Bateson, 1972, 2000). 베이트슨은 이러한 각 체계가 사이버네틱스 과정의 영향을 받는데, 이 과정은 항상성과 적응의 피드백에 의해 움직이며 인간의 통제를 벗어난다고 보았다. 그는 서구사상들이 체계의 성과를 통제할 수 있다는 환상에서 벗어나야 하며, 인간의 통제력이 한계가 있음을 받아들여야 한다고 주장하였다(Lebow, 2023: 75).

가족치료에서 체계론적 사고가 발전하는 데 있어서 '1차 혹은 제1단계 사이버네틱스(simple cybernetics)'와 '2차 혹은 제2단계 사이버네틱스(cybernetics of cybernetics)'의 구분은 중요한 의미를 지닌다. 초기 가족치료의 출현에 기여했던 사이버네틱스는 제1단계 사이버네틱스로서 주로 제1세대의 가족치료 모델들에 인식론적 토대를 제공하였다.

(1) 제1단계 사이버네틱스

제1단계 사이버네틱스의 수준에서 우리는 체계에서 무엇이 일어나는지를 바라보는 관찰자로서 체계 밖에 위치한다. 이 수준에서 체계를 기술할 때는 앞에서 언급한 '블랙박스' 은유를 사용한다. 제1단계 사이버네틱스의 관점에서 보게 되면 관찰자는 자신을 바라보는 체계의 일부로 보지 않으며, 체계에서 발생하는 일이 왜 일어나는지에 관심이 없다. 초점은 현재 무엇이 일어나고 있는지를 기술하는 것이다. 이처럼 과거보다 현재에, '지금 여기'에 초점을 둔다. 그 외에 제1단계 사이버네틱스에서는 체계가 질서를 향하거나 질서로부터 이탈하려는 경향성에도 관심이 있다. 다음의 〈표 3-1〉은 제1단계 사이버네틱스의 기본 개념들을 구체적으로 제시한다(Becvar & Becvar, 2016; Becvar, Becvar, & Rief, 2024: 13-34).

〈표 3-1〉 제1단계 사이버네틱스의 기본 개념

구분	내용
재귀성 (recursiveness)	• 1차 사이버네틱스 체계를 움직이는 가장 기본적인 두 개의 원리 중 하나 • 개인과 체계는 서로에게 영향을 미침. 이러한 재귀성에 의해 모든 체계와 모든 개인은 다른 체계나 개인에게 영향을 주기도 하고 받기도 하며, 모든 체계가 서로 연결된 패턴을 이루게 됨.
피드백/자기교정 (feedback/ self-correction)	• 1차 사이버네틱스에서 두 번째로 중요한 원리 • 피드백은 과거 행동에 대한 정보가 순환하여 체계에 되돌아가는 과정이고, 자기교정적 기제 • 정적 피드백(positive feedback)과 부적 피드백(negative feedback)이 있음. - '정적', '부적'이라는 표현은 가치 판단이 들어가 있는 것은 아니고, 행동이 체계에 미친 영향과 그 행동에 대한 체계의 반응 - 정적 피드백은 변화가 일어날 때 체계가 일어나는 그 변화를 받아들이는 것이고, 부적 피드백은 변화를 받아들이지 않아 현상이 유지되는 것을 가리킴. - 이것은 맥락에 따라서만 평가될 수 있음. 두 피드백은 일정 시기에 어떤 체계의 과정을 기술하는 용어
규칙(rules)과 경계(boundary)	• 규칙은 체계 내의 특징적인 관계 패턴이며, 체계 내의 행동에 적합한 역할을 나타낼 뿐만 아니라 체계의 가치관을 표현함. • 규칙이나 경계는 눈에 보이지 않지만, 체계의 반복되는 상호작용 패턴으로

	부터 유추할 수 있음. 체계의 규칙과 관계 패턴은 체계를 일정한 방식으로 정의하고 그 경계를 구분 지음. • 경계의 개념은 체계가 더 큰 체계로부터 분리되며, 또한 그 상위체계에 소속됨을 의미함.
의사소통과 정보처리 과정	• 의사소통과 정보처리 과정은 체계론적 사고의 중심. 세 가지 기본 원칙이 이 개념의 기초가 됨. - 원칙 1: 사람은 행동하지 않을 수 없다. - 원칙 2: 사람은 의사소통하지 않을 수 없다. - 원칙 3: 특정 행동의 의미는 그 행동의 '진정한' 의미가 아니다. 그러나 어떤 특별한 의미를 부여했던 사람에게 그 행동은 개인적인 진실이다.
의사소통의 디지털(digital) 양식과 아날로그(analog) 양식	• 디지털 양식은 언어적 양식임. 이것은 말로 표현되고, 메시지의 보고(report) 측면을 나타냄. 하지만 이러한 디지털 양식은 메시지의 부분이라고 할 수 있으며, 메시지가 어떻게 받아들여지는지를 규정할 때 영향력은 아날로그 양식에 비해 약함. • 아날로그 양식은 비언어적 양식임. 이것은 목소리, 억양, 몸짓, 표정 등으로 다양하게 표현되고, 메시지의 명령(command) 측면을 나타냄. 이러한 아날로그 양식은 메시지가 어떻게 받아들여지는지를 더 포괄적으로 말해줌. 메시지의 내용이 의미를 결정하기 위해서는 비언어적 양식이나 맥락과 맞아야 하며, 따라서 더 영향력 있는 것은 아날로그 양식임.
의사소통의 내용(contents) 수준과 과정(process) 수준	• 내용 차원은 무엇을 말하는가를 가리키고, 과정 차원은 그것을 어떻게 전달하는가를 가리킴. • 내용은 주로 언어적 메시지로 전달되므로 효과가 약할 수 있음. 즉 메시지의 내용 측면만을 강조하고 그것을 '어떠한 방법과 과정'을 통해 '어떠한 상황'에서 전달하는가에 관심이 없으면, 그 메시지가 제대로 받아들여지지 않을 수 있음.
관계양식	• 보완적(complementary) 관계: 반대되는 행동을 많이 하는 특징이 있음. 예컨대, 한 사람의 공격성은 상대방의 수동성으로 유지되며, 반대도 마찬가지임. • 대칭적(symmetrical) 관계: 비슷한 행동을 교환하는 빈도가 매우 높음. 이 경우에 한 사람이 소리를 지르면 지를수록 상대방도 더 많이 소리를 지름. • 대등한(parallel) 관계: 보완적 교류와 대칭적 교류가 모두 일어나고, 보완적 양식으로 기능할 때 한 사람은 위에, 상대방은 아래에 번갈아 가며 위치함. 역할에 융통성이 있으며, 두 구성원 모두 책임을 적절한 것으로 받아들일 수 있음. 대등한 관계가 다른 두 관계양식보다 수준이 더 높은 것으로 여겨짐.
엔트로피(entropy)와 니겐트로피(negentropy)	• 엔트로피 상태: 체계가 극단적으로 너무 개방적이거나 너무 폐쇄적인 경우에 있을 때임. 체계는 최대의 무질서와 분열을 향하는 경향을 보임. • 니겐트로피 또는 부적 엔트로피 상태: 체계가 개방성과 폐쇄성 사이에 적절한 균형이 유지될 때임. • 체계 안에서 에너지가 사용되는 방식에 따라서 엔트로피와 니겐트로피의 연속선상에서 체계의 위치가 달라짐. 다른 하나를 희생하고 한 가지에 너무 많이 몰두하는 것은 문제가 될 수 있음.
동일결과성	• 동일결과성: '똑같이 끝난다'는 것을 의미함. 상이한 출발로부터 동일한 결과

(equifinality)과 동일잠재성 (equipotentiality)	에 도달될 수 있음을 나타냄. • 동일잠재성: '똑같이 시작한다'는 것을 의미함. 동일한 출발로부터 상이한 결과에 도달될 수 있음을 나타냄. • 체계론적 치료는 역사적 틀이 문제의 맥락에 대한 이해를 도울 수 있다고 보지만, 원인이 동일한지 상이한지를 찾아내려고 하지 않음. 그 대신, 시도해 본 적이 있는 해결책과 문제에 관한 현재의 의사소통에 관심이 있음.
형태안정성 (morphostasis)과 형태변형성 (morphogenesis)	• 형태안정성: 체계가 안정을 유지하려는 경향, 즉 역동적 평형상태를 나타냄. • 형태변형성: 성장과 창조, 혁신과 변화를 받아들이는 체계향상적 행동을 말함. • 잘 기능하는 체계는 형태안정성과 형태변형성 모두를 필요로 함. 이 둘은 분리될 수 없으며, 동전의 양면과 같음. 건강한 체계는 이 둘 간에 적당한 균형을 유지함(Lebow, 2023: 75).
개방성 (openness)과 폐쇄성 (closedness)	• 체계가 새로운 정보의 투입을 가로막거나 허용하는 정도를 체계의 개방성이나 폐쇄성이라고 함. • 살아있는 모든 체계는 어느 정도 개방적이며, 그러므로 개방성과 폐쇄성은 정도의 문제임. 체계가 건강하게 기능하기 위해서는 이 둘 간에 적절한 균형을 이루는 것이 바람직함. • 개방성과 폐쇄성의 연속선상에서 어디가 적합한 지점인지는 맥락에 따라 상대적으로 결정될 수 있을 뿐임.
1차적 변화(first-order change)와 2차적 변화 (second-order change)	• 1차적 변화: 체계가 정적 피드백 후 이전의 항상성으로 돌아갈 때를 가리킴. 즉 현재의 체계를 유지하는 수준에서의 행동의 변화가 있을 때를 가리킴. • 2차적 변화(second-order change): 체계가 정적 피드백 후 그 체계를 근본적으로 바꾸는 변화가 있을 때를 가리킴. 즉 이 변화를 통해 현재의 체계를 유지하려는 항상성이 재구조화됨(Watzlawick et al., 1974).

(2) 제2단계 사이버네틱스

제2단계 사이버네틱스는 가족치료에서 구성주의, 사회구성주의 등 포스트모던 가족치료와 관련되므로, 제2세대의 가족치료 모델들의 인식론적 토대를 제공한다(Becvar & Becvar, 2016: 113; Frosh, 1995; Suppes, 2023: 36). 가족치료가 형성되던 당시의 제1단계 사이버네틱스(simple cybnertics)는 수학, 물리학, 공학 등이 주도했고, 가족치료가 탄생한 배경에는 수학자이자 컴퓨터과학자였던 위너의 공이 컸다. '제2단계 사이버네틱스(cybernetics of cybernetics)'라는 용어는 영국의 인류학자인 마거릿 미드(Margaret Mead)가 1968년 미국 시카고에서 열린 '사이버네틱스학회'의 회의에서 처음 사용했으며, 이후 이 개념을 발전시킨 사람은 오스트리아 태생의 물리학자이자 철학자인 하인츠 폰 푀르스터(Heinz von Foerster)였다(Foerster, 1974). 가족치료 분야에 미치는 제2단계 사이버네틱스의 인식론은 푀르스터 외에 칠레 태생의 인지생물학자들이었던 움베르토 마투라나와 프란시스코 바렐라의 연구에 힘입은 바 크다(Keeney, 1983; Hoffman, 2002). 이처럼 제1단계, 제2단계 사이버네틱스는 자연과학자들의 공이 큰 개념들인데, 가족치료가 이를 도입하게 된 것이다.

제1단계 사이버네틱스는 '관찰된 체계(observed systems)'를 다루며, 관찰 대상(내담 가족 체계)과 관찰자(가족치료자)를 별개의 분리된 블랙박스로 보게 한다. 이러한 제1단계 사이버네틱스와 체계론적 관점을 기초로 발전된 초기 가족치료는 블랙박스 모델로서 체계와 환경과의 상호작용에 초점을 두며, 관찰자를 관찰 대상 밖에 두기 때문에 치료자로 하여금 내담자를 일방적으로 조절할 수 있다는 시각을 갖게 함으로써 치료의 실용적 목적에 많은 기여를 하였다. 하지만, 이 시각은 크게 두 가지 점에서 한계를 갖는데, 하나는 살아 있는 유기체가 갖는 상당한 자율성과 자기조직 능력을 보지 못한다는 점이며, 다른 하나는 관찰자와 관찰 대상 간 상호작용을 보지 못한다는 점이다(정문자 외, 2025: 257-258).

제2단계 사이버네틱스는 사이버네틱스 자체를 성찰하는 것으로 '관찰하는 체계(observing system)'의 필요성을 강조했다. 제2단계 사이버네틱스의 수준에서는 '블랙박스 + 관찰자 체계'를 포함하는 더 큰 맥락으로 이동한다. 이처럼 더 높은 차원에서 관찰자는 관찰 대상의 일부가 되며, 관찰 대상에 참여한다. 즉 관찰자와 관찰 대상 사이의 경계가 허물어지고, 지식은 '객관적 사실'이 아니라 관찰자의 참여를 통해 구성되는 것으로 이해된다. 일어나는 것이 모두 '자기준거적(self-referential)'이라고 할 수 있는데, 이렇게 보면 우리가 행하고 있는 많은 것을 우리 자신이 보고 서술하고 있는 것이다(Varela & Johnson, 1976).

제2단계 사이버네틱스를 받아들이게 되면, 바라보는 관점에서의 초점이 바뀌게 된다. 제1단계 사이버네틱스에서는 환경이 중요하고, 어떤 사람의 행동을 투입과 산출을 기초로 해서 분석하게 된다. 하지만 제2단계 사이버네틱스에서는 관찰자와 관찰 대상 각각의 내적 구조나 관찰자와 관찰 대상 간의 상호연계성을 중심으로 분석하게 된다. 이러한 상호연계성의 분석은 재귀적(recursive) 차원에서 이루어지게 된다(Varela, 1979).

이러한 제2단계 사이버네틱스는 가족치료에서 구성주의, 사회구성주의 등 포스트모던 가족치료의 인식론적 토대를 제공함으로써, 이전의 가족치료와는 다른 시각을 취하게 된다. 먼저 관찰자인 가족치료자는 관찰 대상인 가족을 객관적으로 바라보는 관점이 아니라 주관적인 관점에서 바라보게 된다. 물론 관찰 대상이 되는 가족 구성원들도 마찬가지이다. 앞에서 관찰자가 자기준거적이라는 것은 바로 이 점을 이야기하는 것이다. 인지생물학자였던 마투라나와 바렐라는 생물 유기체는 자기의 내적 생물학적 조건 안에서 대상을 바라보게 된다고 하였는데(Maturana & Varela, 1978), 이러한 아이디어가 구성주의의 배경이 되었으며, 가족치료에도 영향을 미치게 된 것이다. 이 아이디어를 받아들이면 관찰자인 가족치료자가 관찰 대상을 자기 관점에서 바라보게 되는 것이며, 또 관찰 대상이 되는 가족도 자율성이나 자기조직 능력을 지니고 있으므로 각각 구성원의 입장에서 자기 관점을 지니게 될 것이다. 다만 이러한 자기 관점들은 상호연계성을 지니게 되며, 서로 영향력을 주고받는 재귀적 속성을 지니게 된다. 이러한 과정에서 각자가 바라보는 관점은 서로 관련성을 맺으며 합의를 이루어 나갈 수 있는데, 이러한 생각은 사회구성주의의 토대가 되는 것이며, 이것을 가능하게 하는 것은 인간의 언어이다.

제2단계 사이버네틱스가 인식론적 토대를 제공하는 구성주의, 사회구성주의 가족치료에서는 관찰자인 가족치료자뿐만 아니라 관찰 대상인 가족 구성원들 각자의 관점도 인정될 수 있으므로, 가족치료자의 관점이 우위에 있게 되거나 치료가 지향해야 할 절대적인 원칙이 존재하는 것이 아니라고 할 수 있다. 이러한 사고는 지식이 객관적으로 '발견되는(discovered)' 것이 아니라 '구성되는(constructed)' 것이라는 관점을 가능하게 하였다. 이러한 관점으로 보게 되면, 가족체계를 둘러싸고 관찰자인 가족치료자와 관찰 대상인 가족 간의 상호작용 속에서 가족의 건강에 대한 합의가 이루어질 수 있고, 이러한 가족의 건강에 대한 의미 규정도 다양하게 이루어질 수 있으며, 이를 찾아가는 과정도 여러 가지로 펼쳐질 수 있을 것이다.

2. 포스트모던 토대

다음에서는 가족치료의 포스트모던 토대를 살펴본다. 먼저, 포스트모더니즘과 가족치료에 대한 이해를 먼저 구하고, 포스트모던 사고가 가족치료 안에 반영되는 인식론적 토대를 제공하는 구성주의와 사회구성주의에 대해 알아본다.

1) 포스트모더니즘과 가족치료

(1) 모더니즘과 포스트모더니즘

모더니즘으로 언급되는 광범위한 운동의 중요한 지식이론은 실증주의(positivism)였다. 한편, 포스트모더니즘과 동일시되며, 용감한 신세계를 전하려는 모더니즘의 실패에 반응해서 일어난 운동은 구성주의(constructivism)와 사회구성주의(social constructionism)였다 (Sarup, 1993).

계몽으로 시작된 모더니즘(modernism)은 과학과 이성을 통하여 미신, 종교와 군주의 전횡으로부터 해방을 약속하였다. 모더니즘은 체계적인 경험적 조사를 통해 보편적 법칙으로 알 수 있는 세계의 존재를 가정했다. 모더니스트 관점은 엄격한 연구가 가치중립적 지식을 점진적으로 축적한다고 보았다. 더 나아가 모더니스트 관점은 언어는 표상적이고, 따라서 과학적 보고는 있는 그대로의 세계를 정확히 설명한다는 입장을 취했다. 모더니즘은 이성적인 개인을 특권화하고, 과학적 진보를 통해 더 나은 세계로 이끈다고 가정했다.

이러한 드높은 전망과는 반대로, 모더니즘과 관련되는 과학적 진전은 핵무기로 인한 대학살, 환경 위기, 광범위한 경제 불평등과 정치적 불의로 위협받는 세계로 이끌었다. 덧붙여, 과학철학의 발달은 모더니즘에 그림자를 던졌는데, 유명한 철학자 토마스 쿤(Thomas Kuhn)은 새로운 과학적 패러다임의 출현에 비합리적인 요인이 하는 역할을 제시한 바 있었다. 쿤은 과학자들이 종종 그들의 이론과 맞지 않는 데이터를 숨기거나 버려서, 과학은 합리적이거나 가치중립적이지 않고, 과학자의 가치, 정서와 다른 비합리적인 요인들에 의해 강하게 영향받는다고 주장했다. 한 주요한 세계관으로부터 다른 세계관으로의 패러다임 이동은 과학자 개인이나 소집단이 새로운 틀을 제안할 때 발생한다. 정보가 지금 퍼져 있는 패러다임이나 세계관과 맞지 않기 때문에 주류 과학자들이 숨기거나 무시해 왔던 모든 데이터를 도모해서 새로운 틀이 출현하는 것이다(Kuhn, 1970).

포스트모더니즘(postmodernism)은 모더니스트들이 그 약속을 실현하지 못한 것에 반응해서 일어난 광범위한 문화적 변혁을 가리키는 용어이다. 사회과학을 포함한 많은 분야에서, 모더니스트 담론은 포스트모더니스트들에 의해 해체되었다. 즉, 가치중립의 과학적 객관성과 진보의 축적이라는 모더니스트의 거대담론이 끌고 온 역사적으로 조건화된 가정과 맹점이 밝혀지게 되었다. 포스트모더니스트들은 모더니스트 담론은 근거가 없고, 역사적으로 안주한 수사학(rhetoric)일 뿐이라고 주장한다. 포스트모더니즘은 세계에 대한 하나의 객관적이고 합리적인 설명이 이루어질 수 있다는 사고를 거부한다. 포스트모더니스트들은 한 세계의 존재를 받아들이지만, 이것이 결코 정확하게 이루어질 수 없다고 주장하며, 세계는 공동체들에 의해 지각과 언어를 통해 사회적으로 구성된다고 본다(Carr, 2012).

이러한 포스트모더니즘은 하나의 학문 운동으로서의 가족치료에 다음과 같은 함의를 제공하였다(Gergen, 1994).

- 진정으로 모든 것을 아우르는 어떠한 단일한 모델도 구성될 수 없다. 오히려, 특정한 문제와 맥락에 대하여 다소간 유용한 모델을 찾을 수 있다.
- 치료성과 연구로부터 나온 연구 결과는 진실의 반영이 아니라 특수한 맥락에서의 특수한 문제에 대해 특수한 치료가 유용할 수 있다는 대화 속에서 과학자들이 사회적으로 구성한 진술이다.
- 젠더, 계층, 민족성과 문화와 같은 맥락적 변수들이 유용한 치료모델 안에 통합되어야 한다. 왜냐하면, 좋은 치료 혹은 완벽하게 적응된 가족을 위한 보편적인 원칙들이 없기 때문이다.

포스트모더니즘은 또한 치료에 대해서도 함의를 제공하였다(Pocock, 1995). 포스트모던 치료는 참된 진단이 있다는 생각, 문제나 해결에 대한 한 가족원의 정의가 다른 사람의 것보다 더 타당하다는 생각, 그리고 치료자의 견해가 내담자의 견해보다 더 특권화되어야 한다는 생각 모두를 거부한다. 포스트모던 실천은 문제를 바라보는 견해와 그것의 해결을 여러 가지로 탐색하는 것을 선호한다. 포스트모더니즘은 치료는 문제와 해결의 참된 정의보다는 유용한 발견에 대한 것이라는 생각, 문제와 해결을 해석하는 방식은 항상 임시적, 일시적, 실험적이라는 생각, 치료자와 내담자 간에는 협력적 파트너십이 있다는 생각, 그리고 내담자를 도우려는 모든 시도가 유용한 방식으로 문제를 규정하며, 해결을 위한 탐색은 가치중립적 실천이라기보다 윤리적 실천이라는 생각을 선호한다. 요컨대, 포스트모더니즘은 치료관계에서 내담자들을 중심에 두고 그들이 새로운 신념체계와 내러티브를 구축하도록 돕는 것을 강조한다.

(2) 포스트모던 개념들

가족치료에서 포스트모던 사고를 반영하는 중요한 개념들을 다음의 〈표 3-2〉에 제시하였다(Gehart, 2024: 32-36).

〈표 3-2〉 가족치료에서의 포스트모던 사고를 반영하는 개념들

구분	내용
객관적 실재에 대한 회의	• 포스트모더니스트들은 객관적 실재를 확인할 가능성에 대하여 회의적임. 그들은 실재는 '아무 말이 없다(mute)'라고 봄. • 인생에서의 사건이나 사물이 '미리 꾸려진(prepackaged)' 의미를 제시하지 않는다고 봄.
구성되는 실재	• 포스트모더니스들은 모든 '진실'과 '실재'가 구성된다고 봄. • 언어와 의식(consciousness)은 의미를 발견하고 대상이나 사물의 가치를 결정하는 데 필요함.
'표상적(representative)' 이라기보다 '형성적인(formative)' 언어	• 포스트모더니스트들은 일반적으로 실재는 언어를 통해 구성된다는 데 동의함. • 언어는 중립적이지 않고, 우리의 삶에서 진정한 효과를 지님. • 포스트모더니스트들은 언어가 실재를 객관적으로 묘사한다고 보기보다 언어가 어떻게 우리의 실재를 형성하고 일러주는가에 초점을 맞춤.
지식은 개인적이라기보다 공동의 성과	• 인생 경험에 대한 의미는 고립되어 개발되는 것이 아니라, 가까운 친구나 가족, 그리고 좀 더 넓은 사회나 우리가 부분이 되는 하위문화와의 관계 속에서 개발됨. • 사람이 특별한 행동, 헤어 스타일, 직업, 가족관계, 성 행동이나 종교적 견해에 대해 갖는 의미는 더 큰 사회적 대화뿐만 아니라 직접 부딪치는 '지역적(local)' 관계망 속에 항상 내포되어 있음.
다중의 실재 (multiple realities)	• 포스트모던 관점에서 보면, 주어진 상황 안에 '다중의 실재'와 진실이 있음. • 한 가족 안에서조차 다중의 실재와 다중의 진실이 존재함. • 이렇게 다른 실재들은 의견과 가치의 차이를 훨씬 넘어, 실제로 그 사람이 어떻게 공유된 생활사건을 경험하고 해석하는지와 관계적 상호작용을 지각하는지에 관련됨. 커플이나 가족과 작업할 때, 다중의 실재를 인정하는 것은 매우 중요한 의미를 지님.
역동적이고 관계적인 사회구성물인 자기	• 포스트모더니스트들은 정체감을 '다중의 자기(multiple selves)'와 역동적인 것으로 개념화함. 이러한 정체감은 시간, 맥락과 관계에 따라 이동함. • 포스트모더니스트들은 (전통적으로, 인본적 치료의 목표가 되는) 단 하나의, 진정한 내적 자기를 표현하려고 하기보다 우리가 이러한 자기의 다른 경험들을 최소화하거나 판단하거나 통제하지 말고, 삶에서 그것들의 기능을 인정할 것을 제안함.
문화와 억압	• 사람들이 함께 살아가기 위해서는 언어와 행동 측면에서 모두 공유된 의미와 가치를 가져야 함. 사람들은 공유된 의미와 가치를 조정하는데, 그것이 바로 문화임. • 문화는 어떤 행동을 제한하기 때문에, 궁극적으로 억압의 가능성을 만들어낼 수 있음. 따라서 모든 문화는 어떤 행동은 수용할 만한 것으로, 그리고 다른 행동은 그렇지 못한 것으로 규정하기 때문에, 그 성격상 문화는 어느 정도 억압적임.

지배 담론(dominant discourses)과 주변화(marginalization)	• 한 문화가 행동을 조정하기 위해 사용하는 이상, 신념, 가치는 '지배 담론'이라 불림. 이러한 담론이나 '거대 내러티브(grand narratives)'가 대개 '옳은' 것에 초점을 두고 문화의 특정한 선(goods)을 규정함. • 한 사람의 인생이 그 문화의 지배 담론과 잘 들어맞으면, 그들은 대개 문제가 없는 것으로 경험함. 그러나 잘 들어맞지 않을 때, 그들은 어떤 형태의 문제를 더 많이 경험하기 쉬움. • 비지배적이거나 소수자의 '지역 담론(local discourses)'은 대개 대안적인 문화적 가치를 찾아냄. 역사를 통해, 모든 문화에는 지배 담론을 통제하고 다스릴 수 있었던 지배 집단과 '보다 못한(less than)' 대우를 받았던 주변화된 집단이 있었음.
'인간적인(humane)' 문화의 지향	• 어떤 문화에서든 주변화로 인해 피해를 받는 사람이 있게 되면 인간적인 문화를 배양하는 것이 필요해짐. • 사회구성주의자의 관점에서 보면, 성찰적인(reflexive) 것이 열쇠가 됨. 이것은 다른 사람에 미치는 영향을 검토하고 가치와 의미를 질문하고 의심하는 한 문화(혹은 한 사람)의 능력을 말함. • 인간적인 문화는 의도적으로 주변화된 목소리를 듣고 존중하는 기제를 포함. 한 문화가 그 안에 있는 소수자의 목소리를 경청하고 응답하는 정도가 문화가 인간성을 유지하는 정도임.

2) 구성주의, 사회구성주의와 가족치료

구성주의와 사회구성주의는 관련되지만, 같은 개념은 아니다. 둘 다 앎의 성격을 강조하고 객관적 실재를 묘사하는 아이디어를 거부한다. 하지만, 구성주의는 인지생물학, 좀 더 구체적으로 말하면, 움베르토 마투라나의 신경생물학에 뿌리를 두고 있다(Maturana, 1978). 그는 어떤 것도 직접 지각되지 않고 각자의 지각은 개인 신경체계를 통해 걸러지기 때문에 '외부에 있는' 것에 대한 지각의 한계를 강조했다. 따라서 우리 각자는 자신의 정신적이고 상징적인 과정과 의미를 만들어 내는 구조의 결과로서 실재를 다르게 구성하고 같은 상황에 대해 다른 가정을 갖게 된다.

사회구성주의는 우리 누구도 객관적 실재를 알지 못한다는 데 동의하지만, 우리가 공유하는 언어체계, 관계, 문화에 초점을 둠으로써 이 견해를 확장한다. 우리의 태도, 신념, 기억과 정서적 반응은 관계 경험으로부터 나온다. 언어를 통해, 우리는 사회화 과정 속에서 가치와 언어체계의 이데올로기를 수용할 수 있는 방식으로 말하고 공유하는 것을 배우면서, 사회에 대해 '미리 꾸려진' 사고를 심는다.

치료적으로, 외부의 관찰자로서 (때로 '본질주의자'라고 불리는) 모더니스트 전망을 지닌 임상가는 객관적으로 알 수 있는 조건, 즉 문제의 원인을 탐색하고 그것을 고치려고 노력한다. 반대로, 다른 두 개념(구성주의, 사회구성주의) 중의 하나를 적용하는 임상가들은 가족 구성원들과 작업하는 데 있어 더 협력적이다. 그들은 가족 상호작용 패턴에 초점을 두기보다 가족 구성원들이 그들의 삶에 대해 만드는 가정을 검토하고 다시 평가하도록 돕는다. 문제가 바라보는 사람의 눈에 있다고 믿는 구성주의자는 가족 구성원이 문제를 지각하는 방식을 바꾸도록 도울 것이다. 사회구성주의자는 가족이 그들의 문제를 해체하도록 도우면서 그들이 삶에 부여하는 의미를 재구성하는 새로운 가능성을 발견하도록 가족 구성원과의 협력적 대화에 참여하면서 체계의 부분이 된다(Goldenberg, Stanton, & Goldenberg, 2017: 348). 다음에서는 구성주의와 사회구성주의에 대해 좀더 구체적으로 살펴본다.

(1) 구성주의

구성주의자들은 개인이 세계에 대한 그 자신의 표상을 구성한다고 주장한다. 이러한 표상은 부분적으로 그들의 감각기관, 신경 체계, 정보처리 능력과 신념체계에 의해서, 그리고 또 부분적으로 세계의 대상과 사건에 의해 결정된다. 따라서 각 개인에게 세계는 수동적으로 지각되는 것이 아니라 능동적으로 구성된다. 세계에 대한 이러한 개인적 구성은 그 사람의 타고난 특성과 획득된 특성, 그리고 환경의 특성에 따라 영향을 받는데, 이와 관련해 두 가지 입장으로 나뉜다. 먼저, '급진적 구성주의(radical constructivism)'를 선호하는 사람들은 무엇이 지각되거나 알려지는지를 결정하는 데 타고나거나 획득된 사람의 특성이 중요하다고 본다. 반대로, '구성주의적 대안론(constructive alternatism)(혹은 관점주의)'의 입장을 지니는 사람들은 외부에 있는 세계가 여러 개의 가능한 방식으로 구성될 수 있어서, 환경과 사람의 특성이 모두 무엇이 지각되거나 알려지는지에 기여한다고 보는 견해를 갖는다.

가족치료에 먼저 영향을 미친 것은 마투라나에 의해 상정되는 급진적 구성주의이다. 그것은 세계에 대한 각 사람의 지식이 그의 개인적 특성에 의해 지배적으로 결정되고, (다른 사람과의 만남을 포함하여) 환경은 별로 중요하지 않다는 견해를 수반하였다(Maturana, 1991). 만약 이것이 사실이라면, 인간사회의 특징이자 진정한 가족치료인 의미 있는 소통과 조정된 협력이 불가능할 것이다(Carr, 2012: 122).

반대로, '개인구성 심리학(personal construct psychology)'의 창시자 조지 켈리(George Kelley)에 의해 옹호된 입장인 구성주의적 대안론은 가족치료자들이 채택하기에 더 유용한 입장일 수 있고, 결국 가족치료에서 구성주의가 확산되어 가는 데 기여하였다. 구성주의적 대안론자들은 개인의 세계관이 공통의 환경에 영향받는 한 다른 사람의 세계관과 비슷할 것이지만, 한 사람의 사건 해석이 그의 독특한 관점 그리고 이러한 사건들에 대한 그의 평가에 의해 영향받는 한 다른 사람의 사건 해석과 다를 것이라고 주장한다.

가족치료 분야 내에서, 급진적 구성주의는 하인츠 폰 피르스터로부터 영향받은 MRI 단기치료 집단의 지지를 받았다. 그것이 발달해 가면서, 밀란 체계 모델은 마투라나에게서 영향을 받았다. 마투라나는 치료자는 내담자가 문제를 해결하는 방법을 가르칠 수 없고, 또 내담자가 지시를 따를 것이라고 확신할 수 없다고 주장하였다. 그가 주장하기에 유일하게 확실한 것은 내담자들이 그들의 생리적·심리적 구조에 맞는 방식으로 문제 상황에 맞춘 치료자의 지시를 따른다는 것이다. 이러한 입장에 따르면, 치료자가 할 일은 내담자의 체계를 '교란하는(perturb)'[9]것이지만, 체계가 예측된 방식으로 변화하도록 지시하는 것은 아니다. 만약 이 입장이 타당하다면, 숙련된 치료와 가족치료 프로그램은 실행될 수 없을 것이다(Carr, 2012: 122).

구성주의 가족치료가 기반을 두고 있고 인지 치료자들이 취하는 켈리의 개인구성 심리학은 구성주의적 대안론에 근거를 두고 있다. 이런 유형의 구성주의 인식론에 충실한 것은 중요한 방식으로 치료적 실천에 영향을 미친다. 그런 구성주의자들은 각 가족 구성원의 견해가 고유하고 그에게는 진실이기 때문에, 각 가족 구성원이 문제를 바라보는 견해를 평등하게 중시한다. 그들은 문제해결에 있어 세계를 해석하는 각 가족 구성원의 어떤 방식도 유용하다는 것을 받아들인다. 그들은 가족 구성원이 문제 상황에 대해 제시하는 모든 대안을 다 같이 고려하게 함으로써 문제해결로 이끌도록 돕고자 한다.

이 목표를 달성하기 위해서, 그들은 가족 행동 패턴에 대해 '다시 끊어 읽고(repunctuate)'[10], '재정의하고(reframe)', '재명명할(relabel)' 수 있다. 그들은 가족 구성원이 좀 더 복잡하고도 유연한 방식으로 상황을 해석하도록 도울 수 있다. 그들은 좀 더 적응적이고 역량을 강화하는 대안을 가지고 자기패배적인 귀인과 신념을 대체하도록 내담자를 초대할 수 있다. 구성주의의 또 다른 귀중한 기여는 치료자로서 우리가 자신의 이론, 직업적 신념체계와

9) 교란(perturbation)은 우리가 세계를 이해하고 학습하는 과정에서의 기존의 인지구조나 지식 틀이 흔들리거나 맞지 않을 때 발생하는 불일치나 위기 경험을 말한다. 교란은 장 피아제(Jean Piaget)나 에른스트 폰 글레이저스펠트(Ernst von Glasersfelt) 같은 구성주의 학자들이 강조한 개념으로서 단순한 실패나 오류가 아니라 학습과 인식 변화의 기회로 볼 수 있다.

10) '끊어 읽음(punctuation)'은 사람들이 행하는 구분(distinction)에 의해 이루어지는 것으로, 이에 따라 의미 구성이 달라질 수 있다. '다시 끊어 읽음(repunctuation)'은 성찰을 통해 다른 의미 구성을 하기 위한 구분을 시도하는 것을 말한다.

편견에 의해 특정 가족에 대해 갖는 신념을 형성했는지에 대해 성찰하게 한다는 것이다.

(2) 사회구성주의

사회구성주의자들은 세계에 대한 개인의 지식이 언어를 통해 사회공동체 내에서 구성된다고 주장한다(Gergen, 1994). 구성주의자들처럼, 사회구성주의자들은 대상과 사건에 대한 개인의 지각이 부분적으로는 대상과 사건 그 자체에 의해, 그리고 부분적으로는 개인의 생리적 구성(감각기관과 신경체계 등을 포함해서)과 심리적 구성(정보처리 능력과 신념체계 등을 포함해서)에 의해 결정된다고 받아들이지만, 그들은 개인의 신념체계가 공동체 내 사회적 상호작용에 강하게 영향받는다는 것을 강조했다. 이러한 상호작용은 대화 속에서의 언어라는 매체를 통해 일어난다. 이런 맥락에서, 언어는 언어적 · 비언어적 소통 모두를 포함하고, 대화는 구어와 문어 모두를 포함한다.

사회구성주의자에게, 진실은 '발견되는' 것이 아니라 '구성되는' 것이다. 그러나 그것은 고립된 개인에 의해 구성되지 않는다. 오히려, 그것은 대화 속에서 사람들의 소통을 통해 공동으로 구성된다. 대상과 사건의 유용한 구성과 그들 간 관계에 대한 유용한 설명은 대화 속에서 공동체에 의해 유지된다. 유용하지 않은 구성은 버려진다. 구성의 유용성은 그것이 문제해결을 촉진하는 정도, 환경에 대한 적응, 요구 충족과 생존의 견지에서 공동체에 의해 판단된다.

가족치료에서의 사회구성주의는 남성 밀란 체계 치료자들인 잔프란코 체친과 루이지 보스콜로와 린 호프먼, 칼 톰(Karl Tomm), 톰 안데르센의 반영팀 집단, 할린 앤더슨의 갤버스턴연구소 집단, 스티브 드 셰이저와 인수 김 버그가 창시한 해결중심 전통, 그리고 마이클 화이트와 데이비드 엡스턴이 세운 내러티브치료 전통이 보여준다(Carr, 2012: 123).

가족치료에 관해서, 사회구성주의자들은 그들이 내담자들과 함께 문제 상황을 묘사하는 보다 유용한 방식을 공동으로 구성한다고 주장한다. 이것은 문제해결에 대한 새로운 가능성을 열어준다. 문제 상황의 새로운 정의를 공동으로 구성하는 언어를 사용하는 데 특별한 주의가 기울여진다. 사회구성주의는 가족치료 연구자들이 취해야 할 일관된 입장이기도 하다. 그 이유는 연구의 결과가 객관적으로 진실이어서가 아니라, 오히려 대화 속에서 연구자 공동체가 개발하는 유용한 '사회적 구성(social construction)'이라고 주장될 수 있기 때문이다. 그런 과학적 대화는 대개 '동료검토(peer-reviewed)'를 거치는 학술지 논문의 인쇄된 언어와 학회 발표와 워크숍 등에서 말해지는 언어를 통해 일어난다.

3. 실천적 토대로서의 가족 맥락

다음에서는 가족치료 개입의 근거가 되는 실천적 토대로서 가족의 맥락(context)과 관계되는 내용을 다룬다.

1) 가족 맥락의 다양성

가족치료의 대상이 되는 개인, 커플, 가족은 모두 체계이며, 여러 층위를 이루는 더 큰 체계들(예: 확대가족, 지역사회, 국가, 세계 등)의 하위체계로 존재하기도 한다. 가족을 중심으로 볼 때, 이러한 여러 층위의 수준은 가족의 맥락을 형성하게 된다.

전통적으로 체계론적 관점을 취하는 가족치료는 이러한 맥락 속에서 가족이 어떻게 내적·외적으로 다른 체계들과 상호작용하면서 기능을 유지하는지에 관심을 기울인다(Smith-Acuña, 2019). 가족에게 개입하는 실천적 토대는 바로 이러한 가족의 맥락을 고려하는 것이다. 이는 오늘날 가족이 보여주는 다양성을 포용하는 실천적 개입을 하고자 할 때, 우선적으로 검토해야 할 기본적인 조건이 된다.

가족의 건강성 구현이나 가족 기능의 유지가 가족치료의 목표가 된다고 할 때, 이를 위해서 고려해야 하는 요소들과 차원이 많이 있다. 가족이 위치한 맥락 속에서 가족 형태나 기능에서의 다양성을 가져오는 무수한 요소들이 있지만, 가족치료에서 주로 주목되는 요소들의 예를 들어보면 다음과 같다.

- 성별
- 가족발달 단계
- 스트레스원
- 사회계층, 문화(인종, 민족성), 종교

다음에서는 이러한 요소들과 관련되는 가족치료에서의 주요 개념이나 접근방법을 구체적으로 살펴보고자 한다.

2) 가족생활주기 단계 모델과 가족의 스트레스원

(1) 가족생활주기 단계 모델

'가족생활주기 단계(family life cycle stages)'는 역동적으로 변화하는 체계인 가족이 시간이 경과함에 따라 보편적으로 거쳐 가는 발달과정을 단계로 구분해 접근하는 용어(McGoldrick, Carter & Garcia-Preto, 2011)이다. 가족생활주기는 가족발달적 관점이 반영된 개념인데, 1940년대에 가족의 삶을 각 시기에 수행해야 할 과업이 있는 분리된 단계로 구분함으로써 발달적 관점을 적용하기 시작한 사람은 사회학자였던 에블린 두발(Everlyn Duvall)과 루벤 힐(Reuben Hill)이었다(Duvall & Hill, 1948).

가족생활주기는 이혼 등을 겪지 않는 이성애자 부부로 이루어진 미국의 백인 중산층 가족을 모델로 상정하여 만들어진 개념이기 때문에, 특정한 가족(the family)을 '정상가족'으로 이데올로기화한다는 비판과 '주기', '단계' 개념의 설정이 적절하지 않다는 지적이 있었지만(Breulin, 1988; Fox, 2002; Laszloffy, 2002), 가족치료에서는 전통적으로 유용한 개념 틀로 사용되어왔다. 가족생활주기에서 단계 변화가 통상 정상적이고 규범적인 '전이(transition)'라고 할지라도 이 시기의 발달과업을 제대로 수행하지 못할 때 겪는 가족의 어려움은 스트레스의 원인으로 작용하기 때문에, 가족치료에서 관심을 끌 수밖에 없었다.

가족치료에서 가족생활주기 개념을 가장 유용하게 활용하도록 공헌한 사람은 모니카 맥골드릭(Monica McGoldick)과 베티 카터(Betty Carter)이다. 그들은 가족생활주기에 다세대적 관점을 첨가하고, 문화적으로 다양한 형태를 인식하였으며, 이혼과 재혼의 단계를 고려함으로써 가족생활주기의 틀을 더욱 풍성하게 하였다(Nichols & Davis, 2020)(〈표 3-3〉, 〈표 3-4〉, 〈표 3-5〉 참조).

〈표 3-3〉 카터와 맥골드릭의 가족생활주기의 단계

가족생활주기 단계	전이의 정서적 과제: 핵심 개념	발달이 진행되는 데 필요한 가족 상태의 2차적 변화
집을 떠남: 성인 초기 출현	자신의 정서적 · 재정적 책임 수용	• 원가족과의 관계에서 자기의 분화 • 친밀한 또래 관계의 발달 • 일과 재정적 독립에서의 자기의 확립 • 지역사회와 더 큰 사회에서의 자기의 확립 • 영성(spirituality)

결혼/단합(union)을 통한 가족에의 합류	새로운 체계에 대한 헌신	• 파트너체계의 형성 • 새 파트너가 포함되는 확대가족, 친구, 더 큰 지역사회와 사회체계와의 관계 재정비
어린 아동이 있는 가족	체계 안으로 새로운 구성원의 수용	• 커플체계를 자녀를 위한 공간을 만드는 데 적응시키기 • 자녀양육, 재정, 가사에서의 공동 협력 • 부모 역할과 조부모 역할이 포함되는 확대가족과의 관계 재정비
청소년이 있는 가족	자녀의 독립과 조부모의 허약함을 허용하는 가족경계의 융통성을 증가시키기	• 청소년 자녀의 가족체계 출입을 허용하도록 부모-자녀 관계를 변화시키기 • 중년기 커플과 경력 이슈에 재초점 맞추기 • 노인세대를 돌보기 위한 준비 시작하기 • 청소년 자녀와 부모 가족이 새롭게 형성되는 관계 패턴으로 옮겨가도록 지역사회와 더 큰 사회체계와의 관계 재정비
자녀 진수와 중년기로의 이동	가족체계 밖으로 나가고 들어오는 많은 일을 수용하기	• 2인 관계로서의 커플체계 재협상 • 부모와 성장한 자녀의 관계를 성인 대 성인의 관계로 발전시키기 • 사돈과 며느리, 사위, 손자녀가 포함되도록 관계를 재정비하기 • 가족관계의 새로운 구조와 집합을 포함하도록 지역사회와 더 큰 사회체계와의 관계 재정비하기 • 자녀를 돌보는 책임으로부터 자유로워지면서 새로운 흥미/경력을 탐색하기 • 돌봄 요구, 장애와 부모(조부모)의 죽음 다루기
중년 후기의 가족	세대 역할이 바뀌는 것을 수용하기	• 신체적 쇠퇴를 마주하면서 자신과 커플의 기능과 관심사를 유지하기: 새로운 가족적 · 사회적 역할 선택안들을 탐색하기 • 중간 세대의 더 중심적인 역할을 지원하기 • 지역사회와 더 큰 사회체계와 관련현하여 가족체계를 재정비하기 • 가족체계 내 연장자의 지혜와 경험이 활용될 수 있는 여지를 마련하기 • 노년 세대를 위해 과도하게 기능하지 않으면서 그들을 지원하기 • 배우자, 형제, 친구의 죽음에 대처하면서 자신의 죽음을 대비하며 삶을 되돌아보고 통합하기

인생 종반에 근접하는 가족	제한과 죽음의 실재, 그리고 인생의 한 주기 완성을 수용하기	• 배우자, 형제, 그리고 다른 또래들의 상실을 다루기 • 죽음과 유산에 대해 준비하기 • 중간 세대와 노년 세대 간 돌보는 데 있어서 전도된 역할을 관리하기 • 변화하는 인생주기 관계를 인정하도록 더 큰 지역사회와 사회체계와의 관계를 재정비하기

출처: McGoldrick, Carter, & Garcia-Preto(2011), pp. 16-17.

〈표 3-4〉 이혼가족을 위한 가족생활주기의 부가적 단계

단계	과제	전이의 정서적 과정: 필요한 태도	발달적 이슈
이혼	이혼 결심	• 결혼을 유지하기 위해 부부 문제를 충분히 해결할 수 없음을 수용하기	• 결혼의 실패에 자신이 책임이 있음을 수용하기
	체계의 해체 계획	• 체계에 속해있는 모든 사람이 잘 자리 잡도록 지원하기	• 양육, 방문과 재정의 문제를 협력적으로 작업하기 • 이혼에 대해 확대가족을 다루기
	별거	• 자녀를 위한 공동 부모관계와 재정 지원 협력을 기꺼이 수용함. • 배우자에 대한 애착을 처리하기 위해 작업하기	• 가족을 온전히 유지하지 못하는 것에 대해 애도하기 • 부부 관계, 부모-자녀 관계 및 재정을 재구조화하기: 떨어져 사는 것에 적응하기 • 확대가족과의 관계 재정비: 배우자의 확대가족과의 연계를 유지하기
	이혼	• 정서적 이혼에 대해 더 많이 작업하기: 상처, 분노, 죄책감 등	• 가족을 온전히 유지하지 못하는 것에 대해 애도하기: 재결합에 대한 환상을 포기하기 • 결혼으로부터 희망, 꿈, 기대를 수습하기 • 확대가족과 연계를 유지하기
이혼 후 가족	한부모가족 (보호자 가정 또는 주요한 거주지)	• 기꺼이 재정적 책임을 지고, 전 배우자와 부모로서의 접촉을 유지하며, 전 배우자와 그 가족이 자녀와 접촉을 유지하도록 지지하기	• 전 배우자와 그 가족과 방문 계획을 융통성 있게 조절하기 • 자신의 재정 자원을 재정립하기 • 자신의 사회관계망을 재정립하기
	한부모가족 (비보호자)	• 기꺼이 재정적 책임을 지고, 전 배우자와의 접촉을 유지하며, 자녀를 양육하는 관계를 지지하기	• 효과적인 부모역할을 지속하는 방법 찾기 • 전 배우자와 자녀에 대한 재정적 책임을 유지하기 • 자신의 사회관계망을 재정립하기

출처: McGoldrick, Carter & Garcia-Preto(2011), p. 320.

〈표 3-5〉 재혼가족을 위한 가족생활주기의 부가적 단계

과업	전이의 정서적 과정: 필요한 태도	발달적 이슈
새로운 관계로 들어가기	• 이전 결혼의 상실로부터 회복하기 (충분한 '정서적 이혼')	• 복잡성과 모호성을 다룰 준비를 하고 결혼과 가족 형성에 다시 헌신하기
새로운 결혼과 가족에 대한 개념화와 계획 세우기	• 새 가족을 형성하는 것에 대해 자신의 두려움과 새로운 배우자와 자녀의 두려움을 수용하기 • 다음의 복잡성과 모호성에 적응하기 위해 시간과 인내심이 요구됨을 인정하기 1. 여러 개의 새 역할들 2. 경계: 공간, 시간, 소속감 및 권위 3. 감정 이슈: 죄책감, 충성심, 갈등, 상호성에 대한 욕구, 해결되지 않은 과거의 상처	• 거짓상호성을 피하기 위해 새로운 관계에 개방하도록 작업하기 • 전 배우자와 협력적인 재정 및 공동 부모관계를 유지하기 위해 계획하기 • 자녀가 두 체계 안에서 겪는 두려움, 충성에 대한 갈등 및 소속감을 다룰 수 있도록 계획하기 • 새 배우자와 자녀를 포함하는 확대가족과의 관계를 재정비하기 • 자녀가 전 배우자의 확대가족과 연계를 유지하도록 계획하기
재혼과 가족 재구성	• 이전 배우자에 대한 애착과 '온전한(intact)' 가족의 이상을 최종적으로 해결하기: 투과성 있는 경계를 가진 다른 가족 모델을 수용하기	• 새 배우자-계부모를 포함하도록 가족 경계선을 재구조화하기 • 여러 체계가 엮일 수 있도록 하위체계를 통해 관계와 재정적 배분을 재정비하기 • 모든 자녀의 모든 부모, 조부모와 다른 확대가족과의 관계를 위한 여지 만들기 • 계가족의 통합을 강화하는 추억과 역사를 공유하기
모든 미래 생활주기 전이에서의 재혼가족의 재협상	• 변형된 재혼가족의 진화하는 관계를 수용하기	• 각 자녀가 졸업하고, 결혼하고, 죽거나 아프게 됨에 따른 변화 • 각 배우자가 새로운 커플관계, 재혼, 이동, 아프게 되거나 죽음에 따른 변화

출처: McGoldrick, Carter & Garcia-Preto(2011), p. 321.

(2) 가족의 스트레스원

모니카 맥골드릭과 베티 카터는 가족생활주기 단계 모델과 더불어 가족의 스트레스원(stressors)을 제시하였다. 그들은 가족에게 스트레스를 주는 원천이나 원인을 두 개의 차원으로 구분하였는데, 수평적 스트레스원(horizontal stressors) 차원은 시간의 흐름을, 수직적 스트레스원(vertical stressors) 차원은 체계의 수준을 나타낸다. 이를 도식화한 것이 [그

림 3-1]이다.

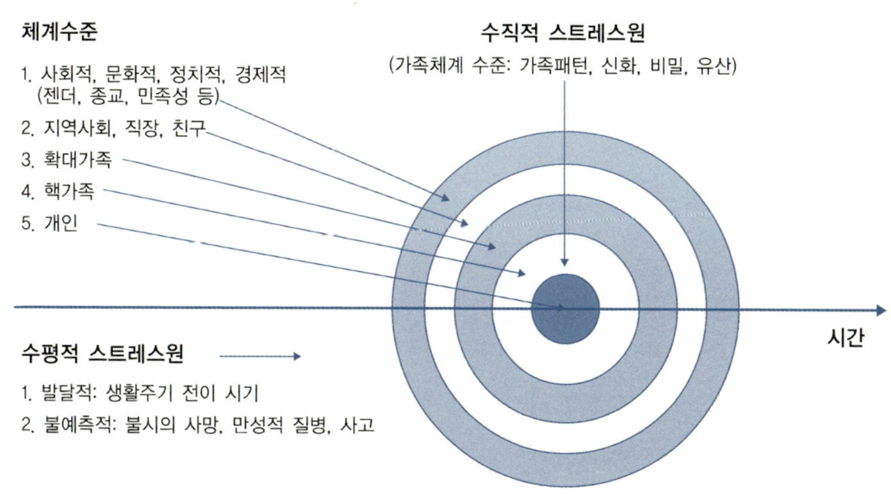

[그림 3-1] 수평적 스트레스원과 수직적 스트레스원

출처: McGoldrick, Carter, & Garcia-Preto(2011)을 토대로 작성.

가족생활주기는 대표적인 수평적 스트레스원으로 발달적 차원의 성격을 갖는다. 가족생활주기 개념의 중요성은 발달과업과 긴밀한 연관이 있는데, 통상적으로 발달단계에서 기대되는 과업을 수행하지 못했을 때 스트레스를 유발할 수 있다. 특히, 전이 시기는 정상적이거나 규범적인 성격을 갖고 있지만, 가족원들에게 적응 문제 등으로 인한 스트레스를 가져올 수 있다. 수평적 스트레스에는 이 외에도 불예측적 스트레스원도 있는데, 질병, 사고, 천재지변 등 예상하지 못한 생활사건이 여기에 속한다. 이 스트레스원은 가족들에게 상당한 고통을 주게 되고, 가족들이 긴급하게 치료적 도움을 요청하는 계기로 작용할 수 있다.

한편, 수직적 스트레스원은 체계의 수준별로 보게 되는데, 개인부터 광역체계에서 오는 다양한 스트레스를 생각해 볼 수 있다. 가족과정의 어느 한 시점에서 살펴볼 때, 가족이 겪는 스트레스의 원천이 각기 다른 수준의 체계에서 볼 수 있다. 가족패턴, 신화, 비밀, 유산 등은 가족체계 수준에서의 대표적인 수직적 스트레스원이다. 팬데믹(pandemc) 현상이었던 COVID-19은 글로벌체계 수준에서 발생해서 가족에게 심각한 스트레스를 주었던 원천이라고 할 수 있을 것이다. COVID-19의 발생은 전 세계와 사회 전 부문에서의 심대한 변화를 가져온 위기였고, 폐쇄와 격리 등에 따른 고통이 가족체계 수준에서도 크게 나타난 스트레스원이었다.

가족치료자들에게 있어 가족생활주기 단계와 가족스트레스원에 대한 이해는 필수적이다. 다만, 사회변화에 따라 가족생활주기는 이전 세대와 많이 달라지고 있고, 또 무수히 많은 변형이 있으므로, 이 변형들에 대해 유연하게 접근하는 자세가 필요하다.

3) 생태체계론적 관점

유리 브론펜브레너(Urie Bronfenbrenner)는 체계이론을 확장했는데, 이를 '생태체계이론(Ecological System Theory)'이라고 불렀다(Bronfenbrenner, 1979)([그림 3-2] 참조). 그의 이론은 가족치료자가 주로 가족 단위를 중심으로 체계론적 관점을 적용하는 것을 넘어서서 가족을 여러 층위의 맥락 속에서 보도록 시야를 넓혀줌으로써 체계이론의 임상적 실천에 중요한 의미를 제공하였다(Lebow, 2023: 76).

그는 체계의 단계를 4개로 구분하고 단계 간 발생하는 상호작용에 초점을 맞추었다. 그가 말한 4개의 단계는 미시 · 중간 · 외 · 거시체계이다. 우선, 미시체계(microsystem)는 가족이나 학교와 같은 특정 단체를 설명한다. 둘째, 중간체계(mesosystem)는 두 개의 미시체계가 접촉하는 위치를 가리킨다. 셋째, 외체계(exosystem)는 예컨대, 직업에서와 같이 간접적인 영향을 미치는 보다 큰 외부 체계를 가리킨다. 넷째, 거시체계(macrosystem)는 더 큰 사회문화적 틀을 말한다. 브론펜브레너의 개념화는 영향받을 수 있는 다양한 층위의 체계와 이러한 층위 사이의 체계적 상호작용에 초점을 맞추었다(Goldenberg, Stanton, & Goldenberg, 2017: 86)([그림 3-2] 참조).

그의 틀은 대표적으로 가족치료의 한 형태인 다체계치료(Multisystemic Therapy)에 기반을 제공했으며(Henggeler et al., 1998), 그 외 다른 실천방법에도 간접적으로 영향을 미쳤다(Robbins, Mayorga, & Szapocznik, 2003).

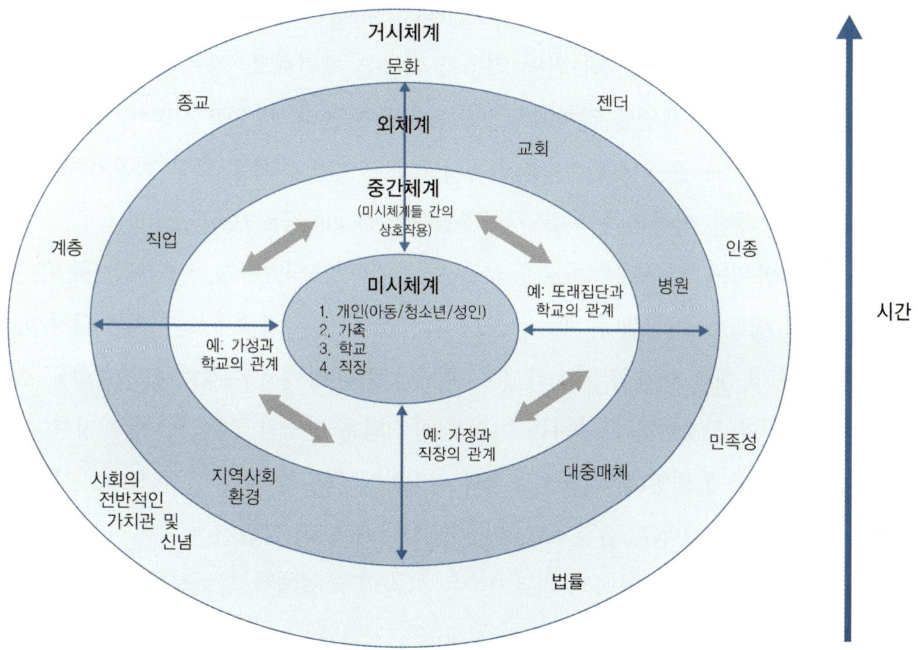

[그림 3-2] 브론펜브레너의 생태체계이론에 따른 생태도

출처: Bronfenbrenner & Morris(2006)를 토대로 재구성.

4) 가족치료와 사회정의

앞에서 언급한 성별, 사회계층, 문화(인종, 민족성), 종교 외에도 경제적 지위, 성적 지향성, 영성, 장애 상태, 그리고 이민 등 보다 큰 사회적 수준에서 영향을 미치는 요소들이 많고, 가족치료는 이러한 요소들에 관심을 기울인다. 이러한 요소들은 가족제도 안에서 작용하여 차별이나 불평등을 만들어내기도 한다. 이러한 차별이나 불평등은 한 사회를 규율하는 '가족각본'을 통해 나타나는데, 가족각본을 생산하는 가족제도는 불합리함이나 불평등을 개인의 책임이나 운으로 돌리기도 한다(김지혜, 2023). 하지만, 사회정의의 관점에서 이러한 가족각본이나 가족제도는 비판과 성찰의 주제가 되어가고 있으며, 이러한 관점은 시간이 흐름에 따라 가족치료 분야에도 도입되고 있다.

사회정의와 관련된 인식을 제고시키려는 초기의 목소리는 젠더와 빈곤에 관련된 불평등을 중심으로 나왔다. 가족치료 안에서의 여성주의(feminism)는 1970년대 이후부터 꾸준히 제기되었으나, 가족치료 안에서 조명을 받고 본격화된 것은 '여성 프로젝트(Women's

Project)'가 시작된 1980년대 이후라고 할 수 있다(Walters et al., 1988). 여성주의 가족치료자들은 전통적 가족 내에서 젠더 권력 역동의 이슈를 제기했고, 가족치료자들이 어떻게 여성들에게 해로운 고정관념을 강화하고 있었는지를 밝혔다. 비슷한 시점에, 살바도르 미누친(Salvador Minuchin)을 비롯한 몇몇 가족치료자가 여러 문제를 가진 빈곤가족들과 함께 일하는 것에 대한 임상적 논의를 시작하였다(McGoldrick & Hardy, 2019).

1990년대 후반에는 '다문화주의(multiculturalism)'가 강조되었는데, 여기에는 특히 포스트모던 사고의 영향이 지대했다. 포스트모던 혁명의 열풍은 가족치료 안에서 다양성, 문화와 억압 이슈에 대한 이해를 가속화했다. 가족치료 분야에서 여성이나 주변화된 집단, 소수자들의 권리와 목소리를 존중하는 이러한 움직임은 연구와 교육, 실천과 정책 등 여러 방면에서 일어나게 되었다. 가족치료에서 이러한 움직임은 최근 전체적으로 '사회정의(social justice)'라는 아젠다로 집결되고, 연구와 실천에서 더 활발히 이루어지고 있다. 특별히 내러티브 치료자들과 협력적 치료자들은 그들의 작업에서 사회정의에 대한 강력한 옹호자가 되었다(Gehart, 2024).

점점 더 많은 치료자가 사회정의를 지지하고 심화시키는 데 있어 치료가 역할을 할 수 있다고 생각하게 되었다. 사회정의는 그들 지위와 상관없이 모든 사람에게 사회 내의 이로움과 불리함이 공정하고 공평하게 배분되는 것으로 이해할 수 있다(Toporek et al., 2006). 이런 사회정의를 인식하는 치료자들은 단지 임상적 효용만을 넘어서서, 주변화된 개인과 집단을 위한 전문적 역량을 키워 정의와 공평성에 보편적으로 접근하는 사회를 실현하는 노력에 실천가로서 동참하고자 한다.

(1) 기본 개념

가족치료에서 사회정의와 관련되는 개념들은 〈표 3-6〉에 제시되어 있다.

〈표 3-6〉 가족치료에서 사회정의와 관련되는 개념들

구분	내용
교차성 (intersectionality)	• 교차성은 인종, 젠더, 계층 같은 범주가 얽혀 있는 것을 말함. 따라서 억압의 역동이 쉽게 풀어지지 않기 때문에 이러한 범주들이 서로 떨어져 고려될 수 없다는 사실을 반영함. • 어떤 사람의 정체성은 젠더, 사회적 인종, 성적 지향성, 사회경제적 지위, 이민, 기반 능력, 언어능력, 건강, 종교, 가족, 국가와 다른 여러 정체성이 교차하는 지점에서 발달함.

사회적 위치 (social location)	• 사회적 위치는 어떤 사람이 사회에서 차지하는 지위를 말함. 사람들은 이를 통해 정체성을 갖게 되는데, 일반적으로 어떤 사람의 사회적 위치는 하나 혹은 소수의 정체성에 의해서라기보다 정체성들의 복잡한 매트릭스 안에서 고려됨.
문화적 겸양 (cultural humility)	• 여러 문화권에서 온 사람들과 작업하는 지식을 갖는 것과 더불어 가치, 지속적인 개인적 성찰, 이들과 관계 맺는 것을 존중하는 방식을 가리킴.
평등(equality) 대 공평성(equity)	• 이 용어 둘 다 공정성과 정의에 초점을 두나, 평등은 정의의 한 형태를 나타내면서, 모든 사람이 똑같이 대접받는다는 것을 강조함. 평등은 한 집단의 모든 구성원이 같은 수준에서 시작하고 같은 것을 요구할 때 실현됨. • 공평성은 공정하고 정의로운 상태를 언급함. 시작점이나 요구에서 차이가 있을 때, 공평성은 정의를 이루어내는 데 더 의미 있는 지침이 됨.
특권 (privilege)	• 어떤 공동체에서 소유하고 있을 때, 개인적으로 특별한 지위와 혜택을 얻게 해주는 피부색, 생물학적 성, 유산, 연령, 교육과 계층과 같은 사회적 · 생물학적 요소를 말함.

(2) 치료 관점

가족치료에서 사회정의를 추구하는 치료 관점들에 철학적 토대를 제공하는 것은 '비판적 사회이론(critical social theories)'이다. 이 이론은 더 정의로운 사회를 세우려는 궁극적인 목표를 가지고, 체계적 인종차별주의(systemic racism)와 같은 억압으로 인해 다양한 사회집단 간에 존재하는 총체적인 사회적 불평등을 밝히고 도전하는 것을 추구한다(McDowell, 2015). 포스트모더니즘은 억압적인 사회적 신화가 어떻게 구성되는가와 이에 대한 대응에 초점을 맞추는 데 비해, 비판적 사회이론은 이러한 파괴적인 관행들을 철폐하는 것을 더 적극적으로 추구한다. 가족치료에서 사회정의와 관련되는 접근들은 상당히 많지만, 다음의 〈표 3-7〉에서는 세 개의 대표적인 접근을 소개한다.

〈표 3-7〉 가족치료에서의 대표적인 사회정의 관련 접근

구분	내용
사회문화적 조응 가족치료 (socioculturally attuned family therapy)	• 테레사 맥도웰(Teresa McDowell), 카르멘 크누드슨-마틴(Carmen Knudson-Martin)과 마리아 베르무데스(Maria Bermudez)에 의해 제기된 접근 • 사회적 · 관계적 권력 역동과 이러한 역동이 모든 수준(정서적 · 신체적 · 심리적 · 영적 · 관계적)의 건강에 미치는 광범위한 영향 간의 관련성을 인정함(McDowell, Knudson-Martin, & Bermudez, 2023). • 가족치료자가 작업에서 이러한 역동을 인식해야 할 뿐 아니라, 이러한 역동에 반응해야 한다는 것을 강조함.

	• 사회문화적 조응 가족치료를 실천하는 데 필요한 네 가지 요소: - 관계적 초점(relational focus) - 3차적 사고(third-order thinking)[11)] - 공평성에 대한 책임(responsibility to toward equity) - 맥락에 관한 세밀하고 정교한 인식(nuanced attention to context) • 크누드슨-마틴 등(2020)은 사회문화적 조응 치료를 위한 가이드라인인 ANVIET를 제시함(〈글상자 3-1〉 참조).
관계적 반응성 접근 (relational responsiveness approach)	• 살리하 바바(Saliha Bava)는 존 쇼터(John Shotter)의 소통이론에 의거하여, 치료자가 관계에 민감하게 반응해야 한다고 주장함(Bava, 2023). • 이것은 치료자들의 말과 행동이 내담자와의 대화에서 일어나는 것에 의해 형성된다는 것을 의미함. 그런 관계적 반응성은 사람들 대부분이 편안하게 받아들이지 못하는 '불확실성(uncertainty)'이나 '알지 못함(not knowing)'을 요구하기 때문에, 그러한 관계적 반응성을 갖추기가 쉽지는 않음. • 하지만, 전문가가 불확실성 안으로 한 발 들여놓을 때, 그들은 다른 지식의 형태를 인정하고 경청하는 공간을 창조하게 됨. 이것은 내담자가 지식의 원천으로서 그들의 일상생활 경험을 끌어들이도록 함. • 내담자의 일상 지식이 의미형성 과정으로 초대될 때, '산 경험(lived experience)'이라는 구체적인 근거는 억압의 내러티브를 재정의하고 약화하시키기 때문에 사회의 억압적 내러티브가 허물어짐. • 바바가 제시한 '관계적 담론 고리(relational discursive loop)'는 어떻게 언어와 관계가 우리의 개인적 삶에서 정의를 회복하는 데 이용되고 또 더 큰 사회구조와 체계에서의 변화에 영향을 미치는지에 대한 로드맵을 제공함.
해방기반 치유 관점 (liberation-based healing perspectives)	• 리아 알메이다(Rhea Almeida)는 내담자, 특히 주변화된 지역사회에서 온 사람들과 작업하는 해방기반 실천을 제시함(Almeida & Tubbs, 2020). • 해방기반 실천은 식민성(coloniality)[12)]을 권력, 특권과 억압의 매트릭스로서 강조함. 위계의 꼭대기에는 부유하고, 백인이며, 시스젠더(cisgender)[13)]이고, 이성애자인 남성이 위치하는데, 이들은 가부장제, 자본주의, 식민성과 종교를 통해 영향력을 행사함. 위계의 맨 아래에는 가난한 유색인종(인종과 계층)과 젠더 퀴어/비순응적(생물학적 성, 젠더 정체감, 젠더 표현, 그리고 성적 지향성이 다른) 개인들의 매트릭스가 있음. • 이 관점에서는 비판적 의식, 역량 강화, 책무성 등을 강조함. 이 관점에서는 사람들이 자신의 억압 경험을 안전하게 이야기할 수 있는 공간인 '치유 서클(healing circles)'을 만듦. 이 치유집단은 지배적인 사회적 위계를 무너뜨려 젠더, 인종, 계층, 성적 지향성, 혹은 다른 지위 표시에 기인해서 어떤 사람을 특권화하지 않음. 이 치유집단은 다른 이슈와 사회적 위치에 있는 가진 사람들을 한 공간으로 초대해서 그들의 경험을 나누고, 억압과 소외에 대해 더 넓게 토론함.

11) 여기서의 '3차적 변화'와 '3차적 사고'는 사이버네틱스에서 말하는 '1차적 변화'와 '2차적 변화'를 확장해서, 우리가 부분이 되는 체계가 경제적·정치적 체계와 같은 사회구조나 더 넓은 사회체계 안에 들어있음을 인식하는 것이다. '3차적 사고'는 내담자가 제기하는 이슈들을 훨씬 더 넓은 사회문화적 배경 안에서 개념화하고 대안을 생각해 보도록 돕는다(McDowell, 2015; McDowell et al., 2023).

글상자 3-1 **사회문화적 조응 치료를 위한 가이드라인(ANVIET)**

사회문화적 조응 치료를 위한 실천적인 가이드라인인 ANVIET가 의미하는 바는 다음과 같다(Knudson-Martin et al., 2020).

- 맥락과 권력을 조준하기(Attuned to context and power)
- 정의롭지 않은 것에 이름 붙이기(Name what is unjust)
- 무시된 것의 가치를 인식하기(Value what is minimized)
- 평등을 지원하고 권력 역동을 허물기 위해 개입하기(Intervene to support equality and disrupt power dynamics)
- 정의로운 대안을 꿈꾸기(Envision just alternatives)
- 생각하는 것을 현실화시킴으로써 변혁하기(Transform by making what is imagined real)

12) 식민성(coloniality)은 단순히 '식민주의(colonialism)'를 의미하는 것이 아니라, 식민지 시대가 끝난 이후에도 남아 있는 권력 구조와 지식, 문화, 정체성, 언어 등에 대한 식민적 지배의 지속성을 의미하는 개념이다.

13) 시스젠더(cisgender)는 자신이 태어날 때 지정받은 성(sex)과 자신이 인식하고 정체화하는 성별 정체성(gender identity)이 일치하는 사람이다.

요약

- 가족치료의 이론적 패러다임을 제공하는 인식론적 토대는 체계론적 사고와 포스트모던 사고이다. 가족치료 안에서 체계론적 사고는 체계이론과 사이버네틱스, 포스트모던 사고는 구성주의와 사회구성주의를 중심으로 전개된다.
- 가족치료의 중심에는 항상 체계론적 사고가 존재했다. 그러나 가족치료에서의 이러한 체계론적 사고는 고정되어 있었던 것이 아니라 시간과 함께 진화되어 치료모델의 세대별로 변화를 거듭해 왔다.
- 1940년대의 자연과학과 공학에 기반을 둔 체계이론은 기계나 생명체들이 각기 다른 부분들의 집합체로 이루어져 보다 복잡한 전체를 형성하는 하나의 특성을 공유한다는 것을 기본적인 관점으로 한다. 생물학자인 루트비히 폰 베르탈란피는 체계의 특성을 반영하는 사고의 개념과 생물학을 살아있는 체계에 대한 보편적인 이론으로 구축하여 '일반체계이론'으로 명명하였다. 이를 가족에 적용함으로써 가족치료라는 분야의 형성과 이론적 관점 제공에 결정적 기여를 한 사람은 그레고리 베이트슨이었다.
- 사이버네틱스는 일반체계이론과 밀접하게 관련되어 있으며, 종종 혼합되어 사용되어왔다. 사이버네틱스는 하나의 체계가 가능한 적응 또는 현재 기능 수준의 유지를 위한 정보를 받아들이며 자기조절을 하는 방식, 즉 자기교정 체계로 정의될 수 있다.
- 제1단계 사이버네틱스의 수준에서 사람들은 체계 내부에서 무엇이 일어나는지를 바라보는 관찰자로서 체계 밖에 위치한다. 이 수준에서의 체계 기술에서는 '블랙박스' 은유가 사용된다. 이 단계의 기본 개념에는 재귀성, 피드백/자기교정, 규칙과 경계, 의사소통과 정보처리 과정, 의사소통의 디지털 양식과 아날로그 양식, 의사소통의 내용 수준과 과정 수준, 관계양식, 엔트로피와 니겐트로피, 동일결과성과 동일잠재성, 형태안정성과 형태변형성, 개방성과 폐쇄성, 1차적 변화와 2차적 변화 등이 있다.
- 제2단계 사이버네틱스의 수준에서는 '블랙박스+관찰자 체계'를 포함하는 더 큰 맥락으로 이동한다. 이처럼 더 높은 차원에서 관찰자는 관찰 대상의 일부가 되며, 관찰 대상에 참여한다.
- 포스트모던 사고를 형성하는 구성주의와 사회구성주의는 관련되지만, 같은 개념은 아니다. 인지생물학에 뿌리를 둔 구성주의 사고는 어떤 것도 직접적으로 지각되지 않고 각자의 지각은 개인 신경체계를 통해 걸러지기 때문에 '외부에 있는' 것을 정말로 안다고 지각하는 것의 한계를 강조했다. 사회구성주의는 우리 누구도 객관적 실재를 알지 못한다는 데 동의하지만, 우리가 공유하는 언어체계, 관계, 문화에 초점을 둠으로써 이 견해를 확장한다.
- 구성주의와 사회구성주의의 사고에 토대를 두고 있는 임상가들은 가족 구성원들과 작업

하는 데 있어 더 협력적이다. 그들은 가족 구성원들이 그들의 삶에 대해 지닌 가정을 검토하고 다시 평가하도록 돕는다. 문제가 바라보는 사람의 눈에 있다고 믿는 구성주의자는 가족 구성원이 문제를 지각하는 방식을 바꾸도록 돕는다. 사회구성주의자는 가족이 그들의 문제를 해체하도록 도우면서 그들이 삶에 부여하는 의미를 재구성하는 새로운 가능성을 발견하도록 가족 구성원과의 협력적 대화에 참여한다.

- 가족치료에서의 포스트모던 사고를 반영하는 개념들에는 객관적 실재에 대한 회의, 구성되는 실재, 형성적 언어, 공동의 성과로서의 지식, 다중의 실재, 역동적이고 관계적인 사회구성물인 자기, 문화와 억압, 지배 담론과 주변화, '인간적인' 문화의 지향 등이 있다.
- 가족치료의 실천적 개입은 오늘날 가족이 보여주는 다양성을 포용하는 것이 중요하다. 가족치료의 이러한 실천적 개입을 위한 토대를 구성하는 요소는 성별, 가족발달 단계, 스트레스원, 사회계층, 문화(인종, 민족성), 종교 등이다.
- 맥골드릭과 카터는 가족생활주기 단계 모델과 더불어 가족의 스트레스원을 제시하였으며, 브론펜브레너는 체계이론을 확장한 '생태체계이론'을 개발하여 가족을 여러 층위의 맥락 속에서 보도록 시야를 넓혀줌으로써 체계이론의 임상적 실천에 중요한 의미를 제공하였다.
- 가족치료에서 사회정의와 관련된 인식을 제고시키려는 목소리가 젠더와 빈곤에 관련된 불평등을 중심으로 나왔다. 또한, 1990년대 후반에는 포스트모던 사고의 영향으로 '다문화주의'가 강조되었다. 가족치료 안에서 다양성, 문화와 억압 이슈에 대한 이해를 가속화하는 이러한 경향은 여성이나 주변화된 집단, 소수자들의 권리와 목소리를 존중하는 연구와 교육, 실천과 정책 등으로 이어졌다.
- 가족치료에서 사회정의와 관련되는 개념에는 교차성, 사회적 위치, 문화적 겸양, 평등 대 공평성, 특권이 있고, 치료 관점에는 사회문화적 조응 가족치료, 관계적 반응성 접근, 해방기반 치유 관점 등이 있다.

Family Therapy

2 가족치료의 모델

제2부에서는 가족치료의 치료모델들을 구체적으로 살펴본다.

우선 이 모델들을 살펴보기 전에 이후 장들에서 치료모델들의 개입을 적용할 금쪽이네 가족의 사례를 소개한다.

모델들을 다루는 장들에서는 먼저 가족치료의 초창기에 발전한 제1세대 모델들을 다룬다. 제4장에서는 보웬의 다세대 가족치료, 제5장에서는 경험적 가족치료, 제6장에서는 구조적 가족치료, 제7장에서는 전략적 가족치료, 제8장에서는 대상관계 가족치료, 제9장에서는 인지행동 가족치료가 소개된다. 다음으로는 구성주의와 사회구성주의에 인식론적 토대를 둔 치료모델들이 제시된다. 제10장에서는 해결중심 가족치료, 제11장에서는 내러티브 가족치료가 소개된다.

이 모델들을 소개하는 8개의 장은 발달배경 및 주요 인물, 주요 개념, 가족문제 발생과 치료의 원리, 치료목표와 치료자 역할, 치료기법과 개입의 실제, 평가와 전망의 순으로 내용이 제시된다. 또한, 가족치료의 각 치료모델을 소개하는 이 8개의 장 마지막 부분에서는 임상현장에서의 각 치료모델의 실제적 적용을 도모하기 위해 하나의 가족치료 사례에 대해 각 치료모델이 어떻게 개입을 할 수 있는지를 모색해 본다. 이 부분에서는 가상의 내담자인 '금쪽이네 가족'이 겪는 문제에 대해 각 치료모델이 어떻게 사례개념화를 하고, 주요 개입방법을 구사하는지를 살펴볼 수 있을 것이다.

마지막으로, 제12장에서는 통합적 접근과 공통요인을 다룬다. 이 장에서는 최근 들어 점차 하나의 조류로 부상하고 있는 통합적 접근 방식과 공통요인을 통해, 하나의 가족치료 모델에 국한되지 않고 주요 모델들을 함께 사용하는 방식들이나 그 모델들을 관통하는 부부·가족치료의 고유한 요인과 관련하여 임상, 교육과 훈련을 실시하는 방식들을 논의한다.

엄마만 극도로 싫어하는 금쪽이![1]

〈일반 사항〉

- 어머니: 헤어디자이너, 아버지: 자동차 부품 회사 사무직
  한 살 차이인 결혼 14년 차 맞벌이 부부. 연애 때 한시도 떨어질 줄 몰랐던 커플
- 자녀: 딸(11세, 금쪽이), 아들(8세)
- 확대가족: 친할머니, 친할아버지, 고모(추정)
- 프로그램 출연 신청자: 친할머니. 아들, 며느리와 남편의 반대를 무릅쓰고 신청함.
- 금쪽이네 가족은 친조부모와 함께 살며 친조부모가 금쪽이 형제를 양육하다 분가한 지 3년됨.
- 부부 호소문제: 금쪽이가 3년째 등교를 거부함(2학년 때 등교 거부 시작. 3학년 때 조금 나아졌다가 4학년 들어 아예 안 감).

1) 출처: 유투브(2024. 01. 25.). 채널 A, '엄마만 극도로 싫어하는 금쪽이! 거부의 원인은 엄마 탓이라는 아빠와 표정을 잃은 엄마', https://www.youtube.com/watch?v=4RsUPgqhTEw&t=140s
이 사례는 채널A의 〈금쪽같은 내 새끼〉 74회(2021년 11월 19일 방영)에서 소개되었다. 본 사례 기술은 가족들의 비언어적 의사소통이나 일련의 에피소드들의 구체적 상황을 담아내는 데 한계가 있으므로, 반드시 영상을 직접 시청하길 바란다. 참고로 채널A 방영 원본에 포함된 일부 내용이 유투브 영상에는 수록되어 있지 않으나, 양자 간 편집 차이는 미미하여 유튜브 영상만으로도 사례분석에 필요한 핵심 내용을 파악하는 데에는 무리가 없을 것으로 사료된다.

〈담임선생님 손 편지〉

부모님, 안녕하세요? 금쪽이 담임입니다.

요즈음 금쪽이가 지각하지 않고 잘 나와서 얼마나 다행인지 몰라요. 금쪽이가 학교에 나오지 않는 날은 저도 괜히 힘이 빠지고 우리 반에서 뭔가 빠져나간 기분이 든답니다. 금쪽이가 등교하여 반 친구들과 같이 줄넘기하고 수업시간에 같이 수학 문제 풀고, 윷가락 던지면서 밝게 학교생활을 해 나가는 모습이 참 보기 좋아요.

금쪽이 부모님,

저번에 말씀드렸듯이 금쪽이는 영민하고 참 세심한 친구입니다. 그간 빠진 수학 공부도 조금만 보충하면 금방 이해하고 스스로 문제를 풀 만큼 이해력이 높습니다. 그리고 글씨체도 바르고 학습 이해도가 높은 편이라서 학교 수업에 잘 참석하고 집중해서 수업에 참여한다면 누구보다도 좋은 학습 결과가 예상됩니다.

금쪽이가 왜 학교에 잘 안 나오는지, 또 왜 수업에 잘 집중하지 못하는지 원인을 잘 파악하여, 금쪽이가 또래 아이들과 같이 밝고 건강하게 학교생활을 하였으면 합니다.

여러 가지로 애쓰고 계신 금쪽이 부모님을 응원합니다. (후략)

〈에피소드 1: 등교 준비〉

(금쪽이는 눈을 뜨자마자 안방 침대에 가 휴대폰을 본다. 엄마가 다가가 말을 건다.)

엄마: 뭐 해?
금쪽이: 신경 쓰지 마.
엄마: 뭐라도 먹어.
금쪽이: 싫다고, 내가 알아서 한다고.
엄마: 알았어.

(시간이 흐르고, 다시 엄마가 다가간다.)

엄마: 거실로 나와.
금쪽이: 멀미난다고, 먹기 싫다고.

(엄마는 다시 물러난다. 등교 시간이 다가온다. 8시가 넘었다.)

엄마: 얼른 와, 씻게.

(엄마를 살짝 피해 이동한다. 엄마의 거듭되는 설득 끝에 양치질, 세수를 완료한다. 가방도 스스로 챙기고 옷 코디도 스스로 한다.)

엄마: 오늘도 이쁘게 입었네.
금쪽이: 신경 꺼.

(엄마가 가방에 손을 대자 갑자기 오열한다. 만지지 말라며 괴성을 지른다.)

금쪽이: 제발 만지지 마.
엄마: 왜, 엄마가 만지는 게 싫어?
금쪽이: 싫다고!
엄마: 엄마한테 알려줘야 도와주지.
금쪽이: 싫다고!

(엄마가 다가선다.)
금쪽이: 잠깐만 멈춰봐!

(엄마와 거리를 유지한다.)
금쪽이: 나가!

(엄마가 나가자 가방에 넣었던 짐을 손가락 끝으로 조심스레 잡아 꺼낸다. 그러면서 계속 큰 소리로 운다.)

(엄마는 동생을 등교시키러 나간다. 금쪽이는 베란다에서 울며 할머니에게 전화한다.)
금쪽이: 내가 학교 가려고 준비 다 했는데 엄마가 가방 만져서, 못 가게 망쳐놨어.
할머니: 할머니 말 들어, 그래도 가야지.

(엄마가 집에 돌아온다.)
엄마: 왜 울어?
금쪽이: 엄마 때문이잖아! 오지 말라고.
엄마: 어, 안 가?
금쪽이: 준비 다 했는데, 엄마가 학교 못 가게 했어.

(아빠의 말에 따르면, 3년 전부터 이 양상이 시작됐고 근래에는 매일 반복된다. 정신과 상담도 많이 받아 ADHD, 결벽증, 강박증 등의 진단을 받고 약 먹고 치료도 했다. 그런데 신기하게 엄마와의 관계에서만 이런 증상이 나타나 최근에는 아동우울증일 수 있다 해서 약 먹고 상담센터를 다시 다니고 있다. 처음 이상행동이 시작되었을 때 씻는 시간만 7시간이 걸리기도 했다. 씻고 나오다 "엄마 때문에!" 하며 다시 들어가 씻곤 했다. 할머니에게 수건을 달라고 한 후 할머니가 수건을 그냥 주면 난리가 났다. 수건 색, 잡는 법, 걸음 수를 지정했는데, 무언가 틀어지면 분노 발작을 했다.)

〈에피소드 2: 친구와의 외출〉

(친구와 손잡고 노래 부르며 함께 걸어간다. 디스코팡팡에 가 손잡이를 잡고 놀이기구를 탄다. 편의점 앞 의자에서 과자를 먹으며 대화한다.)
금쪽이: 아홉 시쯤에라도 가서 화장실에 있으려 했거든, 끝나고 너랑 놀려고. 근데 갑자기 가기 싫어져서. 상담실에서 선생님이 (이유를) 말하라고 했는데, 내가 말 안 해.
친구: 그럼 가족한테 얘기해? 아니면 친구?
금쪽이: 아니.
친구: 들어줄게, 비밀로 해줄게.
금쪽이: 근데 너 우리 엄마 좋아?
친구: 난 이모 너무 좋은데. 우리 엄마는 일도 안 하고, 학교에 데려다 주지도 않고.
금쪽이: 난 엄마 바꾸고 싶어.
친구: 수술하면서까지 낳은 거잖아. 근데 왜 싫은 거야?
금쪽이: 그냥 안 낳는 게 좋은 거 같아. 우리 둘이서 살고 싶다.
친구: 나두.

(촬영이 끝난 후 둘이 대화를 이어간다.)

금쪽이: 엄마가 내 방에 들어가는 것도 싫고, 나를 만지는 것도 싫은데.

친구: 계속 터치하고 그래?

금쪽이: 엄마가 만지면 더러워지는 거 같아.

(엄마는 말한다. "저는 마음이 아프죠. 저렇게 자주 말했어요. 엄마 바꾸고 싶다. 집 나가고 싶다. 화는 안 내요. 왜 싫어하는지 그게 궁금해요.")

〈에피소드3: 엄마의 이야기〉

(금쪽이는 아빠와 거실에서 시간을 가진다. 아빠의 스킨십에는 편안해한다.)

금쪽이: 선생님은 (공부) 잘하는 애들 더 시켜.

아빠: 너는 하나도 안 시키겠네?(웃음)

금쪽이: 나는 못 해서 시켰어(웃음).

(엄마는 친구를 만나러 간다.)

엄마: 너는 아이들 어떻게 키워? 모르니까 질문하는 거야. 우선 내가 무관심했어. 어린 시절 할머니가 봤는데, 정말 이뻐할 때는 이뻐하고, 혼낼 때는 진짜 혼내. 근데 이게 어머님도 스트레스 받으니까 조금씩 강해졌어. 근데 나는 기차 시간 맞췄어야 하니까. 엄마가 뭐 저래? 무관심하다고 생각했을 수 있고 거기서부터 쌓인 거 같아. 나는 관심 줬다고 줬지만, 얘에게는 너무 부족해. 내가 못 해준 거지. 나는 유산을 두 번이나 했기 때문에 아이가 끔찍해.

(엄마에 따르면 첫째 아이는 6개월에 유산했다. 1년 후 둘째를 가졌는데, 일하며 하혈이 되어 아기를 잃었다.)

엄마: 너무 힘들었어요. 유모차 끌고 가는 엄마들만 보면 너무 부러웠어요.

정신과 박사님: 부부 사이의 위기였는데, 생각을 나눌 기회가 있으셨어요?

엄마: 없던 것 같아요.

〈에피소드 4: 빨래 개기〉

(엄마가 거실에서 빨래 같이 개자며 다가가자, 금쪽이는 소리 지르며 화장실로 도망가 괴성을 지른다.)

금쪽이: 하기 싫다고!

엄마: 알겠어.

(엄마는 밖에서 기다린다. 금쪽이는 계속 소리 지르며 할머니에게 메시지를 보낸다. "할머니, 엄마가 계속 내가 빨래 개지 말라 했는데, 계속 개고 옷장에다 넣지 말라고 계속 말했는데 옷장에다 넣어요. 우리 집에서 살기 싫어요. 그리고 엄마가 나 만지고 내 방에 들어와 청소하고 내가 청소했다고 하지 말라고 계속 말하는데 진짜 너무 짜증나요. 엄마랑 진짜 살기 싫어요. 죽여버릴 거야.")

(학교 마치고 돌아온 둘째는 친구 집에 놀러 가면 안 되냐고 물으며 떼를 쓴다. 엄마는 칭얼거리며 우는 둘째를 안아 진정시키려 한다. 아이의 성이 가라앉질 않고 오히려 커지자 아이의 몸을 제지하고 버틴다. 이때 직장에서 돌아온 아빠는 상황을 인지하고도 어떤 인사나 개입 없이 방으로 들어간다. 1시간 30분째 화장실에 있던 금쪽이가 나와 아빠에게 다가간다.)

〈에피소드 5: 부부 대화〉

(아빠는 휴대폰을 꺼내 금쪽이가 할머니에게 보낸 문자 캡처본을 보여준다.)

아빠: 그러니까 (3년 전에) 네가 너무 금쪽이를 감싸고 챙기고 싶다 해서 다 맡겨둔 상태였어.

엄마: 모르겠어.

아빠: 대화를 하다 보면 항상 붙는 멘트가 '몰랐어'야.

엄마: 난 내가 잘못한 게 많다고 인정했고, 난 배우고 싶고, 잘 모르니까.

아빠: 2년을 배웠는데 모르면 20년을 배워야 하는 거야?

엄마: 난 이해력이 느려, 계속 배워야 해.

아빠: 아니, 하지 않은 거야.

엄마: 애가 거부하는 걸 어떻게 해?

아빠: 맨날 똑같은 얘기 굴레 바퀴야, 4학년 8월이 됐어. 지금도 네가 말하는 대로 하려면 오만가지 상황을 다 알려줘야 하는 거야. 불가능해. 그걸 듣고서도 '잘 모르겠다'고 그럴 거야.

(아빠는 먼저 자리를 뜬다.)

(아빠는 말한다. "상담센터 여러 군데 다녔어요. 조언도 많이 듣고 약도 많이 먹고. 화났던 부분은, 상담 선생님이 하루에 할 것들을 해 보라고 알려줬어요. 퇴근 후 와보면 안 한 거예요. 왜 안 했어? 다음 날 해봐. 또 안 해요. 도대체 24시간 동안 뭐 하는 거야? 상담센터에 날카롭고 정확한 선생님이 계셨는데, 그분도 고심하는 게 엄마가 아이를 위해 안 하지는 않는데, 그렇다고 몸을 불살라서 하지는 않고 고민이 크다고 하셨어요.")

(아빠는 말을 잇는다. "공감을 못 해줘서 이 사람이 싫은 건 아니지만. 14년 차가 됐는데, 감정 교류가 안 된다는 게 생각보다 많이 힘들어요. 같이 있는데도 외롭다는 느낌이 드는 거예요. 힘든 일이 있을 때도 전혀 공감이 안 되고. 나는 죽겠는데 쳐다봐 주지도 않고. 좋은 일 있어서 집에 가서 막 하고 싶은데, '어 그랬어?' 하고. 저는 이걸 금쪽이가 똑같이 느낀다고 생각하거든요. 제가 봤을 때 금쪽이가 '엄마 나 좀 사랑해 줘!'라고 울부짖는 것처럼 들려요.")

〈에피소드 6: 할머니와의 저녁 식사〉

(할머니가 현관 비밀번호를 누르고 들어온다. 할머니에게 스킨십한다. 할머니가 안아준다.)

(네 식구가 식사한다. 할머니가 묻는다.)

할머니: 무슨 반찬 먹을 거야?

금쪽이: 근데 엄마가 하면 맛없는데.

(할머니가 며느리에게 말한다.)

할머니: 금쪽이 밥 좀 신경 좀 써.

엄마: 네.

할머니: 좋아하는 거 해서 먹여야지.

(할머니가 금쪽이에게 묻는다.)

할머니: 할머니 번호 있을까? 할머니, 할아버지, 아빠랑.

(엄마가 묻는다.)

엄마: 엄마는?

(금쪽이는 답하지 않는다. 아빠가 웃으며 말한다.)

아빠: 저장 안 된 사람 한 명 있는 것 같아.

금쪽이: 엄마 이름은 그냥 010.

(할머니가 말한다.)

할머니: 다행이네, 박씨 아줌마는 아니라서.

(할머니가 아들에 묻는다.)

할머니: 육아휴직은 결국 써야 하나?

아빠: 지금 하면 이 년까지는 쓸 수 있을 것 같아.

할머니: 금쪽이가 학교 계속 안 가면 아빠 쉬면서 한다고. 그러니까 조금만 참고 노력하면 아빠도 회사 가며 돈 벌고.

(엄마가 잠시 자리를 비운다. 할머니가 묻는다.)

할머니: 금쪽이는 이유가 뭐야?

금쪽이: 그냥.

할머니: 그냥이라는 이유는 없어. 뭔가가 너 혼냈다든가. 엄마가 널 미워했다든가. 금쪽이가 생각한 만큼 엄마가 사랑을 안 줬다든가.

(금쪽이는 답하지 않고 다른 얘기를 한다. 할머니가 아들에게 말한다.)

할머니: 고모(추정) 말로는 하지 말라는 걸 자꾸 하라 그랬잖아. 그래서 쟤가 더 그러는 거 같다고, 고모(추정) 말로는 그래.

(아들은 답한다.)

아빠: 쟤는 옛날부터 그랬어. 쟤는 바뀔 일도 없고 바뀔 수도 없고. 얘는 딴 건 다 관심 없는데, 지 몸 관리만 관심 있어.

(엄마가 들어오자 할머니는 화제를 바꾼다.)

〈에피소드 7: 엄마와의 밀당〉

(할머니가 집으로 돌아가시고 엄마가 금쪽이 방을 청소하자 울먹거리던 금쪽이가 집 밖으로 나간다. 할머니와 통화하며 걷고 엄마가 뒤따라간다. "엄마, 나 집에 혼자 있으면 안 돼?"라고 묻는다. 그러더니 난데없이 엄마 손을 잡고, "아니 혼자 안 있어."라고 한다. 엄마 손을 이끌고 아파트 현관으로 오더니 또 잡고 있던 손을 놓고 다시 엄마 손길을 거부한다. 엄마는 "그럼 혼자 통화해"라고 한다. 그러니 다시 "아니, 같이 갈래"라고 한다.)

〈금쪽이 속마음 인터뷰〉

(제작진의 계속된 질문에도 금쪽이는 입을 열지 않는다. 하지만 제작진 카메라 철수 후 어렵사리 입을 뗀다.)

금쪽이: 어릴 때 할머니랑 아빠가 너무 무서웠어요.

제작진: 금쪽이 무서울 때 옆에 엄마 있었어?

금쪽이: 아니요.

제작진: 엄마는 항상 어디 갔어?

금쪽이: 일하러. 속상했어요.

(아빠는 말한다. "저는 딱 지켜야 될 것만 하면 나머지는 다 자유롭게 놔두거든요. 8시에 씻는 시간, 8시 55분 잠자리 펴는 시간, 9시에 자는 시간. 간단한 것만 지키면 제가 뭐 잔소리도 안 하고 친구처럼 하거든요. 미안하다거나 아이 마음 달래준 적이 없었어요. 그것 때문에 상처받았을 거라 생각해요.")

보웬(다세대) 가족치료[1)]

자아분화를 이룬 사람은 고립될 필요가 없고, 자신의 통합을 유지하면서 타인과의 접촉을 계속할 수 있다. 이와 마찬가지로 건강한 가족은 한 세대에서 다음 세대로 건강한 접촉을 계속할 수 있다.

머레이 보웬(Nichols & Davis, 2020)

1. 발달 배경 및 주요 인물

머레이 보웬(Murray Bowen)은 미국의 정신과 의사로 초기에는 정신분석 훈련을 받았다. 그는 1954년에 미국 정신건강연구소(National Institute of Mental Health: NIMH)에서 가족연구를 시작하였다(Bowen, 1976). 처음에는 주로 조현병 환자와 모의 이자관계에 초점을 두다 부를 포함한 삼자관계, 이후에는 가족 전체로 시야를 넓혔다. 그러면서 개인이 아닌 가족을 하나의 정서, 질병 단위로

머레이 보웬(Murray Bowen)

1) 본 장의 많은 서술은 커르와 보웬(Kerr & Bowen, 1988)의 저서에 기반하고 있으며, 별도 인용이 명시되지 않은 경우에는 커르와 보웬을 따른 것으로 이해하면 된다. 또한, 본 장에서 인용된 1950~1970년대의 문헌들은 Bowen(1978)의 각 장을 구체적으로 참조한 것으로, 더 자세한 내용은 Bowen(1978)을 참고하면 된다.

보기 시작했다. 그는 세포 분화에서 유래한 '자기분화'의 개념을 중심으로 일반 가족과 문제 가족의 차이를 이해하기 시작했다. 그는 1959년에 워싱턴의 조지타운대학으로 옮기면서 점차 자신의 이론이 조현병 환자 가족뿐 아니라 그보다 경미한 문제의 가족, 그리고 심지어 병리 증상이 없는 일반 가족 모두에 적용되는 보편 이론임을 깨달았다. 그는 1975년 조지타운가족센터(The Georgetown Family Center; 현 보웬센터(The Bowen Center))를 설립하고 자신의 이론을 본격 설파하기 시작했다. 그는 장남으로 자라 가족 내 중요 역할을 맡고 있었고 스스로 확대가족 관계의 향상을 위해 노력하며 얻은 통찰을 자신의 치료에 통합시켰다(Bowen, 1972). 무엇보다 그는 어떤 가족문제가 핵가족을 넘어 다세대 과정에 의해 형성됨을 강조하였다. 그는 자연체계이론에 입각하여 인간 가족을 이해하기 위해 다른 종에 대한 이해가 필요하며 생물심리사회적(biopsychosocial) 관점에서 생물학, 심리학, 사회학 등 다양한 분야에 관심을 가졌다. 따라서 보웬이론은 가족상담 이론 중 가장 넓은 스펙트럼을 보인다.

보웬치료는 주로 마이클 커(Michael Kerr)나 다니엘 파페로(Daniel Papero) 등으로 대표되는 보웬센터의 후학들을 중심으로 계승되었다. 또한, 모니카 맥골드릭(Monica McGoldrick)은 가계도 작업을 심화시켰으며 가족상담에서 다양한 민족 문화를 이해하는 담론을 확산시켰다(McGoldrick, Giordano, & Garcia-Preto, 2005). 필립 게린(Philip Guerin) 또한 보웬이론의 관점에서 많은 저작을 남겨 보웬치료의 확산에 기여하였다. 보웬센터(www.thebowencenter.org)는 다양한 훈련 프로그램을 제공하고 『가족체계(Family Systems Journal)』 학술지를 발간하고, 국내외의 학술대회를 개최하여 그 전통을 발전시키고 있다.

2. 주요 개념

보웬은 일반체계이론보다 자연체계이론을 강조하였다. 그는 인간도 생물종이므로 다른 동물과 많은 공통점을 가진다고 보았다. 특히 병리적인 가족일수록 정서적 반응성(emotional reactivity)이라는 동물적 반응을 보인다고 보았다. 보웬센터 학술대회는 전통적으로 생물학적 주제를 다루는 경우가 많은데, 이는 프로이트보다 다윈을 많이 읽었다는 보웬의 자연과학적 관심을 반영한다(Bowen, 1974a). 또한, 보웬은 생물심리사회적 관점에서 핵가족을 넘어 확대가족, 나아가 직장이나 사회정서체계를 고려해야 한다고 보았다

(Bowen, 1966).

1) 자연계의 두 힘

자연계 모든 생명에는 경쟁하고 보완하는 두 힘이 존재한다. 하나는 다른 개체와 '연합(togetherness)'을 형성하는 힘이고 다른 하나는 다른 개체로부터 '개별화(individuality)'하려는 힘이다. 이 두 힘 간의 균형이 건강한 삶을 위해 필요하다. 만약 다른 개체와 연합이 과해져 개별성이 상실되면 융합 상태가 되고, 반대로 개별성만 강조되어 개체 간 연결이 끊어지면 정서적 단절이 된다.

2) 자기분화(differentiation of self)

자기분화는 보웬이론의 핵심 개념이다. 이 개념은 일차적으로 정서와 사고 기능 간의 융합, 분화 정도를 나타낸다(Bowen, 1976). '정서적 성숙(emotional maturity)'과 유사 개념이나 보웬은 성숙과 미성숙의 개념 사용을 되도록 지양하였다(Bowen, 1971). 분화 수준이 낮은 사람의 사고는 정서에 종속되며, 그의 생애과정은 신념이 아닌 정서에 의해 결정된다. 분화 수준이 높은 사람은 정서와 사고를 구별하고 그것들이 각각 본연의 역할을 잘 수행하게 한다. 이러한 정서체계와 사고체계의 분화는 스트레스 시기에 잘 관찰된다. 스트레스 시 정서에 압도되어 감정적 반응만 보이고 강박적 사고 같은 단편적 사고만 한다면 정서와 사고의 분화가 되어 있다고 보기 어렵다. 반대로 지나치게 정서를 억압해 정서를 느끼지 못하거나 사람들과 차갑게 거리 두는 모습을 보이는 것도 분화로 보기 어렵다. 분화수준이 높은 개인은 스트레스 시 정서를 진실하게 느끼면서도 그것을 조절하는 가운데 문제해결을 위한 논리적 사고를 활성화하고 정서를 적절한 방식으로 표현한다. 그는 타인과 융합되는 것에 대한 두려움 없이 거리두기를 풀고 정서적 상호작용에 자유롭게 참여한다.

자기분화는 또한 어떤 관계에 투여되는 삶의 에너지 수준을 의미한다(Kerr & Bowen, 1988). 분화수준이 낮은 개인들은 삶의 에너지 대부분을 관계에 쏟으며, 이들의 관계는 정서적으로 충분히 분리되지 못한 채 융합(fusion)되거나 미분화(undifferentiation)된 상태로 유지되는 경향이 있다. 반대로 분화수준이 높으면 상대적으로 낮은 삶의 에너지가 관계에 투여된다. 아래 [그림 4-1]에서 A에서 C로 이동할수록 관계에 투여되는 에너지는 감소한다. A는 연합성에 경도되어 미분화되어 있으며, 개인의 기능은 관계 과정에 의해 결정된다. C에서의 개인의 기능은 보다 자기 결정적이다. C 관계에서 개인들은 서로 적극적으로 관계를 맺으면서도 자기 결정력을 유지한다.

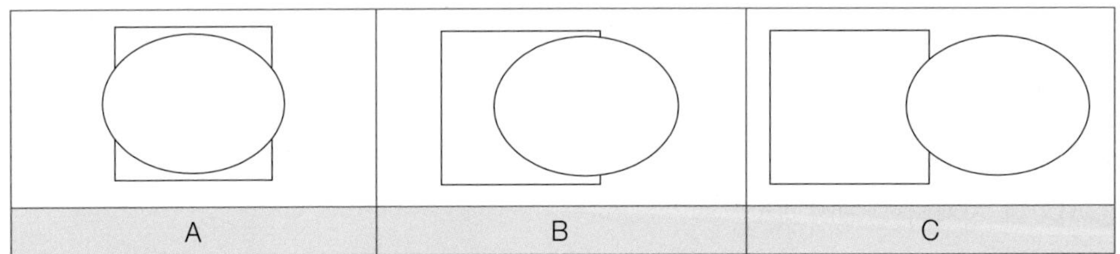

[그림 4-1] 분화 수준의 대인 관계적 표현

자기(self)는 '참 자기(solid self)'와 '거짓 자기(pseudo self)'로 구분된다(Bowen, 1976). 참 자기는 강한 신념, 신조로 구성된다. 거짓 자기는 타인에게서 빌려온 신념, 원칙으로 구성되며 어떤 모습을 '흉내 내는 자기("pretend" self)'로 일종의 연기이며 여러 모습을 나타낼 수 있다. 참 자기는 "이것은 나의 신념이며 신조입니다. 이것이 바로 나입니다. 나는 이것은 할 것이며, 이것은 하지 않을 것입니다"와 같은 '나 입장(I position)'의 태도로 드러난다. 이러한 참 자기는 관계 체계의 정서 역동에 의해 쉽게 수정되지 않는다. 반면 거짓 자기는 타인에게 인정받거나 역으로 타인에 대항하기 위해 쉽게 변형된다(Bowen, 1971). 거짓 자기의 신념, 철학은 관계 체계의 강한 정서 안에서 쉽게 변하므로 내적 일관성이 약하다. 평균적으로 사람들은 거짓 자기가 참 자기보다 월등히 많다(Bowen, 1976). 대부분의 관계에서 거짓 자기도 잘 기능하나, 정서적으로 강렬한 부부관계에서는 거짓 자기가 상대의 거짓 자기와 합쳐져 '공유 자기(common self)'를 구성하며, 한 명은 공유 자기에서 자기를 더 획득해 기능적이 되고, 다른 한 명은 자기를 상실하여 무(無) 자기(no-self) 상태가 되기도 한다.

'기본분화(basic differentiation)'와 '기능분화(functional differentiation)' 개념도 있는데 참된 분화는 기본분화이다. 기능분화는 겉으로 드러나는 기능 수준을 의미하는데, 기본분화 수준이 다른 사람도 특정 상황에서 기능분화 수준은 유사할 수 있어 특정 시점에 누군가의 기본분화 수준을 파악하는 것은 어렵고 정밀한 측정을 위해서는 전 생애가 필요할 수도 있다(Bowen, 1976). 특히 기본분화가 낮은 사람은 거짓 자기가 발달하여 생애과정에서 기능 변동이 크므로 단기간으로 측정하는 것은 더 어렵다(Bowen, 1971). 기본분화 수준이 30점으로 유사한 부부도 결혼 후 한 명은 기능이 40점이 되고(과대기능), 다른 한 명은 20점이 될 수 있다(과소기능). 건강하지 못한 결혼일수록 배우자가 맡는 과대기능과 과소기능 역할이 고정된다. 기본분화 수준은 성년 진입 시 고정되므로 꾸준하고 체계적 노력이 없는 한 쉽게 변하지 않는다.

분화수준이 낮은 사람은 타인과 정서적 융합 상태로 자기가 무엇을 느끼고 생각하는지 말하기 어려워한다(Bowen, 1972). 이들에게 타인 인정은 가장 중요한 삶의 목표가 되며, 이들은 자기 신념에 대한 확신이 없으므로 부모, 또래의 사회적 압력에 굴복한다. 반면 분화수준이 높은 사람은 삶의 원칙과 철학을 구축하고 그에 기반하여 의사결정하고 그 결정에 책임을 진다.

분화 수준이 높은 사람은 가족원을 자신과 동일시하기보다 독립된 인격체로 바라보고 개성을 존중한다. 그들은 부모를 이상화하거나 평가절하하지 않고 객관적으로 본다(Bowen, 1972). 이러한 상호 이해와 존중 문화는 가족 간 친밀한 관계를 가능하게 한다. 즉, 분화 수준이 높은 가족은 자율성과 친밀감의 욕구가 균형 있게 충족된다. 반면 분화 수준이 낮은 미분화된 가족은 온 가족이 감정적으로 한 덩어리로 융합되어 정서적으로 지나치게 얽혀있고 가까운 특성이 있는데, 보웬은 이를 '미분화 가족 자아 덩어리(undifferentiated family ego mass)'라고 불렀다(Bowen, 1976). 이러한 가족은 다른 가족원의 감정에 민감하고 감정적으로 반응하는 정서적 반응성을 보인다. 과잉보호와 간섭도 나타난다. 자녀에게 자율성을 허락하지 않고 자녀는 부모에게 의존적으로 될 수 있다. 부모의 보호와 간섭은 사랑의 미명 하에 이루어지는 경우가 많아 부모의 깊은 헌신, 희생, 사랑을 감사해 하면서도 부모가 자신의 자율성과 주체성을 존중하지 않음에 분노를 보이는 양가감정을 나타낼 수 있다. 이에 부모 자녀 간에 친밀, 간섭, 갈등이 혼재되고 반복될 수 있다. 이러한 미분화 가족은 일심동체를 강조한다. 같은 신념, 철학, 감정을 가질 것을 압박하며 '우리'라는 단어를 강조하여 개인보다 가족을 생각하고 가족을 위해 사는 것에 가치를 둔다.

보웬은 이론적으로 개인 분화수준을 100점 척도에서 묘사하였다. 이 척도는 인간의 적응력을 한 척도에서 파악하게 해준다(Bowen, 1971). 50점 이하의 사람들은 객관적 논증이 아닌 주관적 감정에 더 지배되는 세계를 산다. 이들의 에너지는 타인의 사랑과 인정을 추구하는 데 많이 쓰인다. 특히 25점 이하의 사람들은 불안이 깊게 체화되어 있으며, 장기 관계를 유지하기 어려워하고, 조현병 같은 정신증이나 알코올 중독 같은 중독 문제를 발현시키는 경향이 있다. 반면 50점 이상의 사람들은 더 많은 참 자기로, 더 적은 거짓 자기로 산다. 이들은 스스로 구축한 삶의 목적과 목표를 중심으로 산다. 높은 점수의 사람은 드문데, 보웬은 60점 이상은 인구의 몇 퍼센트에 지나지 않으며, 인구 대부분은 30점 이하에 분포되어 있다고 말한다(Gilbert, 2004).

3) 삼각관계(triangle)

삼각관계는 이자관계(예: 부부)에서 갈등이 해결되지 못할 때 제3자가 관여되는 삼자관계 현상을 의미한다. 이자관계는 안정성이 약한 관계로 쉽게 깨어질 수 있다. 이자관계는 긴장이 증가하면 관여시키기 쉬운 제3자를 연루시켜 삼각관계를 형성한다. 제3자의 관여를 통해 본래의 이자관계의 갈등과 긴장을 다른 이자관계로 이동시키므로, 세 명으로 구성된 삼각관계는 이자관계에 비해 안정성이 높다.

삼각관계는 가족 정서장(emotional field)이 상대적으로 평온할 때는 두 명의 가깝고 편안한 내부인들과, 한 명의 덜 편안한 외부인으로 구성되지만 이를 관찰하기란 쉽지 않다. 외부인은 내부인 중 한 명과 친해지려 할 수 있고, 삼각관계 외부에서 친한 사람을 찾을 수도 있다. 내부인 중 내부인 간 관계에서 불편감을 느끼는 사람이 움직이면 삼각관계 양상은 변화된다(Bowen, 1976). 불안, 긴장이 증가하면 삼각관계의 움직임의 빈도나 강도가 증가하는데, 미분화된 사람일수록 작은 긴장에 쉽게 반응한다(Bowen, 1974). 중도 수준의 스트레스 시기에 삼각관계는 가장 잘 관찰되며, 삼각관계의 세 변 중 한 변에서 갈등이 나타날 수 있다. 이 스트레스기에는 외부인이 편안한 자리가 되어 구성원은 그 자리에 서기를 원한다. 정서적 역동을 하나의 삼각관계 안에서 다루는 데 실패하여 삼각관계 안에 긴장이 너무 높아지면 삼각관계 외부의 사람을 연루시켜 4인 이상 가족에서는 여러 개의 삼각관계가 '맞물린 삼각관계(interlocked triangles)'로 나타나고 긴장이 확산된다(Bowen, 1976). 그리고 같은 패턴이 새롭게 형성된 삼각관계에서 반복되고 긴장이 극도로 높아지고 가용 가능한 삼각관계가 모두 소진되면, 가족 외부인(예: 경찰, 치료기관 등)이 연루되기 시작한다.

삼각화의 구체적 양상은 가족마다 다양하고 복잡한데, 그 한 예로 '아버지-어머니-자녀'의 삼각관계를 들 수 있다(Papero, 1990). 부부관계에서 불안이 고조되면, 대체로 어머니가 더 불안해하며 자녀에게 관심을 집중한다. 이 과정에서 어머니는 자녀에게 아버지에 대한 불만을 털어놓을 수 있다. 이는 어머니의 스트레스를 완화하는 데는 도움이 되지만, 갈등의 축이 아버지와 자녀 관계로 옮겨갈 수 있다. 이렇게 되면 부부관계와 모자관계는 상대적으로 차분해질 수 있다. 반대로, 아버지가 자녀를 강압적으로 훈육하면 자녀가 어머니에게 불평하며 둘이 한편이 될 수 있다. 이 경우 긴장은 다시 부부관계로 이동하고, 자녀는 상대적으로 자유로워진다. 이처럼 긴장은 가족체계 안에서 부유하며 근본적인 해결에 이르지 못한다. 특히 미분화 가족일수록 삼각화는 더 빈번하게 나타난다.

4) 핵가족 정서과정(nuclear family emotional process)

핵가족 정서과정은 핵가족 발달 과정에서 부부의 미분화가 네 영역(부부갈등, 부부 중 한 명의 증상 발현, 자녀의 증상 발현, 거리두기)의 문제로 나타나는 것을 묘사한다(Bowen, 1976). 가족 내 긴장이 고조될 때 네 영역 중 하나 혹은 복수의 영역에서 문제가 발생한다. 어느 한 영역에 에너지가 집중되면 다른 영역에는 에너지가 덜 투여될 수 있다. 예를 들어, 에너지가 자녀 증상으로 집중되면 자녀는 자폐 문제가 있는데 부부 갈등은 거의 없을 수 있다. 대부분의 가족에서는 네 영역의 다양한 조합이 나타난다. 가족 긴장 수준이 높을수록 복수 영역에서 문제가 나타날 수 있고 문제의 심각도가 높거나 여러 사람에게서 증상이 발현될 수 있다.

첫째 영역은 부부갈등이다. 부부는 미분화될수록 서로 정서적으로 융합된다. 부부는 자신의 불안을 상대에 투사하고 상대를 통제하려 한다. 부부는 상대에 굴복하지 않는다. 이때 서로 공격하거나, 한 명은 상대에 요구하고 상대는 방어, 철수하는 패턴을 보일 수 있다. 부부는 매우 친밀했다가, 갈등하고 거리 두는 냉전기를 거쳐, 다시 이를 수습하고 강한 친밀감을 경험하는 주기를 반복할 수도 있다(Bowen, 1971, 1976).

두 번째는 가족문제가 배우자 한 명의 역기능으로 드러나는 경우다. 부부는 표면적 친밀과 평화를 유지하고 있어 이혼에 이르지는 않는다(Bowen, 1976). 하지만 이는 한 명이 자기를 포기함으로써 얻어지는 평화이다. 그는 자신의 욕구, 기호 등을 포기하고 자기를 억압하여 상대에 맞추는 것을 통해 조화를 이루지만 이러한 희생의 결과로 신체, 심리, 사회적 증상을 발현한다. 주로 가족 안에서 부적절한 존재로 인식되고 과소기능하고 의존적인 배우자에게서 나타나지만, 배우자가 상대의 욕구 충족을 위해 과대기능하는 경우에도 나타날 수 있다.

세 번째는 자녀에게서 문제가 나타나는 경우이다. 이 패턴에는 모가 주로 관여된다(Bowen, 1976). 자녀들은 가족의 정서과정에 각기 다른 방식과 수준으로 관여되는데, 그중 부모의 가장 많은 관심의 초점이 되고, 관여 대상이 되는 자녀, 혹은 관심을 전혀 받지 못하는 극단의 경우에 문제가 발현될 수 있다(Bowen, 1979). 가족 긴장 수준에 따라 여러 형제에게서 문제가 나타나기도 한다. 자녀가 문제를 발달시키면 부모의 해당 자녀에 대한 초점이 강화되고, 그 자녀 또한 부모에 대한 관심을 강화하여 그들 간의 정서적 융합이 심화된다.

네 번째는 정서적 거리두기이다. 정서적 거리두기는 생물이 불안을 다루는 보편적 방식이므로 그 자체로 병리적으로 보기는 어렵고 모든 관계에 일정 수준 존재한다(Bowen, 1976). 다만 가족 긴장이 높으면 과도한 수준으로 나타날 수 있으며 만성화되면 부부는 '정서적 이혼' 상태가 된다(Bowen, 1961). 정서적 거리를 두면서도 차분한 통제 상태를 유지하는 가족도 있고 간헐적인 강한 다툼과 정서적 거리두기의 냉전을 반복하는 가족도 있다(Bowen, 1961). 이 정서적 거리두기는 위의 세 패턴과 동시에 나타나는 경우가 많다.

5) 가족투사과정(family projection process)

가족투사과정은 전술한 핵가족 정서과정의 세 번째 패턴을 상세 설명한 것이다(Bowen, 1976). 이는 부모가 불안과 같은 자신의 정서 문제를 자녀에 전달하는 주된 방식을 묘사한다. 가족투사과정은 불안이 높은 부모(주로 모)가 불안을 자녀에 투사하여 아이에게 어떤 문제나 결핍이 있을지 모른다는 두려움을 가지는 것으로 시작된다. 자녀는 이 모의 불안에 불안으로 반응하거나, 그것이 아니더라도 실수나 결점 없는 아이는 없기 때문에 자녀는 크든 작든 문제를 일으킨다. 모는 이러한 자녀의 문제를 보고 자녀를 취약하고 결함 있는 아이로 대하기 시작하고 자녀에 몰입하고 과보호한다. 자녀는 이렇게 아기 취급을 받을수록 더 취약해지고 아기처럼 요구가 많아진다. 그리고 자신을 부적절한 존재로 대하는 부모의 관점을 점차 수용하며 부모의 미숙한 아기로 남는다(Bowen, 1960). 모와 자녀는 서로를 많이 생각하고 서로의 감정을 잘 느껴 자신만의 감정은 잘 인식하지 못한다. 부모는 자녀에게 말로는 어른이 되라고 하지만 정말 자녀가 독립적인 어른이 되고자 하는 행동을 보이면 불안해한다.

원가족과 단절된 부모는 투사과정에 빠지기 쉽다. 임신, 출산, 양육 중 불안이 높았던 부모도 마찬가지다(Bowen, 1979). 보웬은 투사과정의 초점이 된 자녀를 '삼각화된 자녀(triangled child)'라고 했는데, 모의 스트레스 시기에 태어난 자녀나 첫째 아이 혹은 외동, 또는 정서적으로 특별하게 느껴지는 자녀가 이렇게 될 가능성이 크다.

6) 다세대 전수과정(multigenerational transmission process)

다세대 전수과정은 가족투사과정이 다세대에 걸쳐 발생하여 친족집단 내 다양한 분화수준 차이를 보이는 개인을 발생시키는 것을 묘사한다. 형제 중 부모의 가족투사과정에 가장 많이 노출된 자녀가 가장 낮은 분화수준을 발달시킨다. 이 자녀를 A라고 하자. 반면에 A의 형제 중 부모와의 적은 융합으로 자율성과 개성을 발현시켜 분화수준이 A에 비해 높게 형성된 자녀 B가 있다고 하자. 보웬은 기본분화수준이 유사한 사람을 배우자로 선택하는 경향이 있다고 보았다. 그렇다면 A는 자신처럼 분화수준이 낮은 배우자를, B는 자신처럼 분화수준이 높은 배우자를 만날 것이고 그 사이에서 몇 명의 자녀를 낳을 것이다. 그 자녀 중 누군가는 가족투사과정에 많이 노출되고 누군가는 덜 노출될 것이다. 그러면 결국 A의 자녀 중 가장 많이 부모와 융합된 자녀는 부모 A보다도 낮은 분화수준을 가질 것이다. 반면에 B의 자녀 중 가장 분화 수준을 높게 형성한 자녀는 부모 B보다도 상대적으로 높은 분화수준을 보일 것이다. 그렇다면 A와 B의 자녀들 사이에서 즉, 사촌들 사이에서 분화수준의 상당한 개인차가 발생하게 된다. 윗세대로부터 삼 세대가 전개되면서 친족집단 안에서 분화수준의 개인차가 확대되는 것이다. 물론 이는 설명의 용이성을 위해 다소 과장된 예시를 든 것이다. 엄밀히 말하면 확대가족 내 개인차가 매우 심해지기 위해서는 2~3세대 과정으로는 부족하며 수 세대에서 십수 세대에 이르는 과정이 필요할 수 있다. 그래서 조현병처럼 분화척도상 10점 미만의 극단적으로 낮은 점수를 가진 자녀가 나타나기 위해서는 십 세대 수준의 가족과정이 필요할 수 있다(Bowen, 1976). 그렇다면 어떤 개인이 보이는 분화수준과 삶의 모습은 핵가족 내 소산이라기보다 수 세대 이상 올라가는 다세대 가족 과정의 결과일 수 있다.

7) 형제위치(sibling position)

보웬은 가족 내 형제위치가 분화 수준 같은 성격 발달에 영향을 준다고 보았다. 예를 들어, 첫째 아이는 힘과 권위를 중시하는 성격을 형성한다. 반면 막내나 후순위 형제는 경험에 개방적이고 반항적 성격을 형성할 수 있다. 하지만 가족에 따라 첫째 아이가 그러한 보편적 특성을 보이지 않을 수 있다. 이 경우 첫째 아이 역할을 후순위 형제가 대체할 수 있다. 일반적으로 가족 분화수준이 낮을 때 자신의 형제순위에 맞지 않는 성격을 형성하는 경향이 있다. 일례로, 첫째인데 막내 특성을 보인다면 그 자녀가 '삼각화된 자녀'라는 증거일 수 있다(Bowen, 1976). 형제위치의 중요성 때문에 보웬은 다세대 가족 파악 시 형제위치 파악을 중요시하였다.

8) 정서적 단절(emotional cutoff)

정서적 단절은 세대 간 긴장을 관리하는 방식을 보여준다(Bowen, 1976). 이는 부모와 미해결된 애착 이슈가 있을 때(미해결 애착 정도는 미분화 및 불안 수준과 비례) 이를 다루기 위해 심리적, 물리적 거리두기 방식을 취하는 경우를 말한다(Bowen, 1974). 부모와 동거하거나 근접 거리에 살지만 심리적으로 거리를 두는 사람은 부모와 어느 정도의 지지적 관계를 맺을 수도 있으나, 가족 긴장이 높아지는 시기에는 주로 내재화 증상(신체 질병이나 우울)을 발현한다. 원가족을 떠나 물리적 거리두기를 하는 사람의 경우 겉으로 독립적으로 보이나 집을 결코 떠나지 않는 자녀만큼 부모에게 정서적으로 의존적이며, 이들은 둘 다 정서적 친밀을 추구하지만 이를 잘 다루지 못한다(Bowen, 1976). 정서적 단절을 선택한 청소년이나 성인 자녀는 부모와 원가족이 가지는 중요성을 부인하고 가족으로부터 과장된 독립성을 자랑하며 가족과 간헐적 의사소통을 한다. 정서적 단절의 반대는 개방적 관계이다. 여기서 가족원은 서로 적절한 수준의 정서적 연결을 보인다. 원가족과 단절된 사람은 새로운 사회적 관계를 찾는 경향이 있고 개중 동거나 공동생활 같은 '대체 가족'을 형성하는 사람도 있다. 이는 불안을 줄이고 일시적으로 기능할 수 있지만, 이 관계가 중요해지면 부모와의 관계에서 발생했던 정서적 단절이 반복되기 때문에 불안정하다(Bowen, 1974). 사회불안이 높은 사회에서 정서적 단절이 심화되고, 이는 세대 간 격차 현상으로 이해되게 된다.

9) 사회정서과정(societal emotional process)

이 개념은 사회에서 정서가 어떻게 사람들의 행동을 관장하는지를 묘사한다. 퇴행기(regression)에 사람들은 정서적 반동성에 기초한 행동을 보인다. 원칙과 장기적 관점에 기초해 행동하기보다 당장의 불안을 완화하는 방식으로 행동한다. 반면 발전기(progression)에는 일시적 불안을 경험하더라도 장기적으로 사회 발전을 도모하는 방식으로 결정하고 행동한다.

3. 가족문제 발생과 치료의 원리

1) 미분화

건강한 가족으로 성장하기 위해 기본분화 수준을 높여야 하므로, 보웬치료는 호소문제나 증상 제거에만 초점을 두지 않는다. 따라서 증상 발현자를 '환자(patient)'가 아닌 '지목된 환자(identified patient: 가족원들에게 가족의 문제로 지목되는 사람)'로 바라본다. 보웬치료는 가족을 문제 단위로 보며, 이는 다세대 확대가족까지를 포함한다.

분화척도상 점수에 따라 치료 접근이 달라진다. 0~25점의 분화수준이 가장 낮은 사람(예: 조현병 환자)에 대한 치료는 이들을 대상으로 하기보다 분화와 동기 수준이 더 높은 가족원과 하는 것이 효과적이다. 하지만 이들은 가족관계가 단절된 경우도 많아 가족을 치료에 관여시키기 쉽지 않다. 25~50점 사람들은 직접 치료에 참여하여 자신의 분화수준을 높일 능력이 있으나, 25~35점 구간의 사람들은 치료를 통해 증상이 감소하고 안정감을 느끼면 분화촉진을 위한 이후의 치료에 대한 동기는 저하되는 경향이 있다.

분화는 감정과 사고의 분화이기 때문에 가족과정을 객관적으로 조망하고, 원칙 기반의 합리적 반응을 도모하는 것을 강조한다. 이러한 사고기능 활성화는 치료 회기에서도 강조된다. 치료자는 내담자의 감정보다 생각을 주로 묻는다. 만약 생각이 피상적이면 심화된 질문을 통해 내담자의 생각을 외부로 끌어낸다. 보웬은 이 접근이 정서 분출과 표현을 중심으로 한 치료보다 무미건조해 보일 수 있으나 내담자들은 이를 흥미로워한다고 주장한다.

2) 삼각관계

문제가 있는 가족은 이자관계에서의 갈등을 풀지 못하고 삼자를 개입하여 이자관계 갈등을 다룬다. 갈등의 축은 처음 이자관계에서 삼자관계 내의 다른 이자관계로 이동할 수 있으며, 삼자 체계 안에서 긴장과 불안은 부유하여 기존 이자관계에 국한된 긴장은 일시적으로 완화될 수 있다. 하지만 근본적으로 불안을 해결한 것이 아니라 문제나 긴장의 초점을 이동 분산시킨 것이기 때문에 삼각관계를 통한 갈등 조절은 근본적 해결 방식은 아니다. 특히 삼각관계에 자주, 강하게 관여되는 자녀는 부모 한 명 혹은 둘 다와 융합될 수 있고, 부모 불안의 투사 대상이 되기 쉽다. 융합 관계에서 얻는 부모와의 친밀감이나 부모에게 사회적 지지를 제공한다는 보람, 가족에서 중요한 사람이라는 자아 고양감 등 여러 부수적 이득에도 불구하고, 가족 불안의 투사 대상이 된다는 점에서 가족 역동의 희생양이 되고 낮은 분화수준과 높은 불안을 형성하여, 이후 생애에서 낮은 적응력으로 살아갈 가능성이 크다. 따라서 보웬치료는 '탈삼각화(detriangling)'를 강조한다. 즉, 제3자(대부분 자녀)가 개입하여 이자관계 갈등을 일시적으로 완화하는 방향을 선택하기보다 제3자가 부모와의 정서적 연결을 잃지 않으면서도 지나치게 부모 일에 몰입하고 관여하는 것은 지양한다.

이렇게 삼각관계에 대한 주의 때문에 보웬치료는 삼각관계의 가족 삼인을 회기에 모두 초대하지 않는다. 삼인 이상이 참여하면 가족에 내재된 삼각관계 패턴을 따르게 되고 이를 수정하기 위해 훨씬 많은 시간이 소요되기 때문이다. 또한, 보웬은 가족 내 모든 삼각관계를 다루기보다 가장 중요한 삼각관계를 다룬다(Bowen, 1971). 그 중요 삼각관계가 변하면 다른 삼각관계는 자동으로 변화된다고 보았기 때문이다(Bowen, 1972). 이를 위해 가장 중요한 삼각관계 내 이인(보통 부부)을 초대하고 치료자 자신이 제3자가 되는 새로운 삼각관계를 형성한다. 부부 이인이 치료자를 자신의 정서장으로 삼각화하려 하더라도 탈삼각화하여 정서적 반응성을 보이지 않고 정서적으로 부부와 연결되면서도 편들지 않는 중립을 유지한다. 이 경우 부부 문제는 자연스럽게 소거되며 부부는 자기분화의 방향으로 나아간다.

3) 만성불안과 불안투사

통합적 자기를 구축하는 자기분화와 함께 불안은 보웬이론의 핵심 요소이다(Bowen, 1976). 불안은 '급성 불안(acute anxiety)'과 '지속 혹은 만성불안(sustained or chronic anxiety)'으로 구분되는데, 분화를 결정하는 것은 만성불안이다(Bowen, 1976). 불안은 전염력이 있어 가족, 사회로 빠르게 확산된다. 가족이 생애과정에서 환경에 적응하며 살기 위해서는 가족의 만성불안 수준이 낮아야 한다. 이러한 만성불안 수준이 높으면 자율성보다 결속을 강조하고, 가족원 간 차이와 개성보다 동일한 생각과 정서를 강요한다. 만성불안은 환경적 스트레스의 영향도 받지만, 근본적으로 과거 원가족 경험과 현재 핵가족 및 확대가족과의 역동에서 주로 형성된다. 만성불안을 낮추기 위해 불안장애 치료 등에서 강조하는 여러 심리적 이완법이 도움이 될 수 있지만, 근본적 해결책이 되지는 못한다. 따라서 개인적 이완법들이 치료의 중심이 되지는 못한다. 만성불안에 영향을 미치는 가족 외부 스트레스를 다루는 것도 주된 초점이 되지는 않는다. 결국, 보웬치료에서 만성불안의 근원은 과거와 현재의 가족과정에 있으므로 현재와 과거의 가족과정을 조망하고 부모와 미해결된 애착 이슈를 다루거나 핵가족 갈등을 풀어가는 것을 통해 불안을 조절하는 관계 중심 접근을 강조하게 된다.

4) 부모와의 정서적 단절

보웬에 따르면, 부모의 사랑은 쉽게 다른 관계로 대체되지 않는다. 따라서 부모와의 관계를 단절한다고 부모로부터 심리적으로 독립할 수 있는 것이 아니며, 단절한 사람은 오히려 핵가족 관계를 비롯한 남겨진 관계에 집착하게 되고 관계적 어려움을 경험하면 정서적 단절을 반복할 가능성이 크다. 보웬은 이러한 부모와의 정서적 단절에 다시 '다리를 놓는 것'을 강조한다. 따라서 자녀 문제로 부부가 방문하더라도 자녀의 증상이 치료의 중심이 되지 않는다. 오히려 부부가 자신의 관계를 중심으로 확대가족 관계를 성찰하고 단절된 관계의 재연결을 시도하는 것을 강조한다. 이는 단순히 원가족으로 돌아가는 것은 아니며 재연결 과정에서 체계적으로 자기분화하는 것을 의미한다(Bowen, 1976). 원가족과 단절된 핵가족은 장기치료에도 큰 개선을 경험하기 어려울 수 있다. 그래서 한 명이라도 의미 있는 원가족 작업을 하는 것이 정기적인 부부치료보다 나을 수 있다.

4. 치료목표와 치료자 역할

1) 치료목표

보웬치료는 호소문제나 증상을 해결하는 것을 핵심 목표로 하지 않으며 보웬이론이 상정하는 적응 가족의 필수 요소를 습득시키는 것을 목표로 한다. 보웬의 모든 이론은 상호 연결되므로 아래의 치료목표들도 유기적으로 연관된다.

첫째, 가족관계 안에서 자연계의 두 상보적 힘인 연합성과 개별성이 균형 있게 충족된다. 즉, 자기분화가 촉진된다(Bowen, 1966). 부모와 정서적으로 분리하여 자신의 사고와 정서를 적절하게 표현하고 개성을 드러내고 자신만의 삶의 목표를 추구하되 가족과의 친밀감과 유대감을 유지하는 가운데 개성화를 이루어 간다. 기본분화수준을 높여 가족 안에서 과소기능하거나 증상을 발현하거나 희생양이 되는 사람이 없게 한다. 하지만 자기분화가 단시간에 촉진되는 데에는 한계가 있다. 배우자 한 명에게서만 분화가 촉진되는 데 1~2년이 걸릴 수 있다. 따라서 부부 모두의 자기분화를 촉진하는 것은 장기 목표의 성격을 띤다. 분화수준이 높아지면 부부는 더 성숙한 수준의 유대감을 경험한다(Bowen, 1971).

둘째, 감정적 반응보다 원칙 기반의 숙고를 거친 반응을 발달시키고, 중요 정서인 만성 불안을 낮추고 핵가족에서 불안이 배우자나 자녀에게 과도하게 투사되지 않도록 한다.

셋째, 이자관계 갈등을 가족의 정서체계 안에서 확전시켜 제3자나 그 이상의 가족원이 관여되지 않도록 한다. 가족 간 갈등으로 인한 스트레스에 대해 다른 가족원이 낮은 수준의 사회적 지지를 제공하는 수준을 넘어 삼각관계에 구조적으로 연루되는 것을 지양한다.

넷째, 가족체계 문제가 부부갈등이나 부부 중 한 사람의 증상이나 자녀 증상으로 드러나도 그것을 가족체계 전체의 문제로 보고 특정 개인을 병리화하지 않는다. 대신 그 가족 과정에서 자신의 역할을 객관적으로 통찰하게 한다.

다섯째, 핵가족 내 관계 양식이 다세대 과정을 통해 전수됨을 이해하여 이자관계나 핵가족 관계에 국한된 시야를 수 세대 확대가족 역사로 확장한다. 개인의 특정 증상이나 문제를 개인 병리화가 아닌 역사적 관점에서 이해한다. 여기서 확대가족 내 끊어진 관계를 재연결하면서도 이전 관계의 복원이 아닌 보다 높은 자기분화 수준으로 연결되는 것을 목표로 한다.

아래 〈글상자 4-1〉은 부부들이 자기분화수준을 높였을 때의 경험을 묘사한 것이다.

글상자 4-1 **분화 수준의 상승을 의미하는 부부관계**

"우리는 훨씬 더 분리되어 있지만, 더 가까워요. 과거의 사랑은 사라졌어요. 이따금 그게 그립지만 새로운 사랑이 더 차분하고 더 좋아요. 네, 좀 이상하게 들리겠지만, 실제 그래요."(Bowen, 1972: 496)

"우리는 이전보다 훨씬 덜 가까워요, 하지만 동시에 훨씬 더 가까워요. 이건 설명하기가 어려워요."(Bowen, 1971: 223)

2) 치료자 역할

보웬치료는 개인 병리화를 지양하므로 치료자보다 슈퍼바이저, 선생, 컨설턴트, 코치의 용어를 선호한다. 보웬은 치료 초기에는 자신을 컨설턴트로 표방하고, 치료가 장기화 될수록 자신을 가족의 노력을 지도, 감독하는 슈퍼바이저로 인식하게 만든다(Bowen, 1966). 보웬은 가족의 잠재력을 끌어내는 적극적 전문가로서의 코치를 가장 적절한 의미의 용어로 보았다.

보웬치료에서는 치료관계의 분화수준을 높이는 것이 강조된다. 치료자는 시작부터 내담자 가족과 융합되지 않고 정서적 독립과 중립을 유지하여 자기분화하는 것이 필요하다(Bowen, 1966). 라포를 형성하여 정서적 연결을 유지하면서도 그들의 정서장에 과도히 유입되어 정서적 반응성으로 치료하는 것을 지양한다. '전이(transference)' 또한 경계한다(Bowen, 1976). 치료자는 치료관계에 많은 정서를 투여하거나 자신을 메시아로 인식하여 과장된 약속을 하는 것을 경계해야 한다. 이 경우 변화는 급격하고 마술적일 수 있으나 장기간 지속 가능한 변화로 이어지기 어렵다. 특히 내담자가 치료자의 '자기'에 관심과 에너지를 많이 투여하지 않도록 해야 한다. 내담자가 치료자를 무의식적으로 또 다른 배우자로 볼 경우, 배우자가 두 명이 되며 분화 촉진은 어려워지고 삼각화가 강하게 진행된다.

치료자는 스스로 가족의 성공과 실패의 책임을 지기보다, 가족원들이 서로에게 책임을 지게 한다. 또한, 가족들이 치료자에게 중요성을 부여하려는 경향에 응하지 않고, 가족 스스로의 노력 없이는 효과가 없다는 것을 강조해야 한다(Bowen, 1976).

보웬은 치료자의 일차적 역할은 자신의 원가족 내 자기분화 작업을 하는 것이라고 했다. 이는 치료와 별개 문제로 보일 수 있지만 보웬은 자신의 훈련 경험을 통해 자신의 원가족 내에서 자기를 정의하여 자기분화를 촉진한 치료자가 내담자 가족과 융합되지 않고 분화하여 그들을 효과적으로 이끌 수 있음을 확인하였다(Bowen, 1974).

치료자는 내담자 가족이 자동적으로 치료자와 삼각관계를 형성하려는 경향 즉, 치료자를 각자 자신 편으로 만들려는 것을 인지하고 자신의 정서 반응을 차분하게 적절히 조절하여 중립을 유지해야 한다. 또한, 삼각관계에 말려들기 싫어 역으로 삼각관계로부터 아예 철수해 버리려는 경향도 지양해야 한다(Bowen, 1971a).

보웬치료에서는 측정과 평가 자체가 치료 성격을 가진다. 측정, 평가는 일회적이지 않고 치료가 이루어지는 전 과정에서 지속적으로 일어난다. 따라서 치료 초기 가족평가를 하더라도 이는 잠정적이며 치료자는 상담 진행 과정에서 가족에 대한 이해를 정제해 가는 연구자의 태도를 가진다(Bowen, 1971). 이때 주로 질문을 중심으로 상담을 이끄는데, 보웬은 임상연구와 경험을 통해 질문 중심의 연구 접근을 한 가족이 일반적 치료를 받은 가족보다 더 큰 진전이 있었다고 보고하였다. 치료자가 치유자 역할을 하면 내담자들은 그가 마법을 보이기를 기대하며 수동적으로 기능하기 때문이다. 질문을 할 때는 차분하게, 낮은 어조로 하는 것이 중요하다.

질문 외에도 탈삼각화를 위한 의견 제시, 이론 설명, 유머, 자기 노출 등의 접근도 사용한다. 치료자는 보웬이론과 개념에 대해 적절한 시점에 내담자들이 이해하기 쉽게 설명을 제공할 수 있다. 또한, 보웬은 필요에 따라 자신의 가족에서 자신이 경험했던 이야기를 내담자에게 들려주며 적절한 자기 노출을 하거나 다른 내담자 가족의 경험을 들려주기도 하였다. 보웬은 회기 내 긴장 수준을 조절하고 사고기능을 활성화하여 자기분화를 촉진하는 방편으로 유머를 사용하는 것 또한 강조하였다. 보웬은 인간 현상에는 비극적 면과 희극적 면이 공존한다고 보았다. 내담자 부부가 정서적으로 과도하게 심각해지면 치료자는 적절한 유머 사용을 통해 심각도를 낮출 수 있다. 긴장된 분위기에서는 자기분화가 촉진될 수 없기 때문이다. 하지만 치료자가 가족 정서에 많이 전염된 상태에서는 유머가 비웃음이나 비꼼으로 들릴 수 있다. 그러므로 유머 사용에 있어 자신의 정서를 잘 유지하는 것이 중요하다. 반면 보웬은 정신분석적 해석은 사용하지 않았다(Bowen, 1971).

5. 치료기법과 개입의 실제

보웬은 이십여 년간의 연구와 임상 경험을 통해 몇 가지 치료 형식을 정제해 나갔다.

각각의 치료 형식에 조응하는 치료적 접근과 기술은 상이하다(Bowen, 1971).

1) 부부/부모 상담

치료자는 전체 가족체계 이해를 위해 자녀까지 참석하는 전체 가족 회기를 최소 1회에서 몇 회까지 가질 수 있다. 여기서 매우 어린 자녀의 경우 가족 불안에 크게 반응할 수 있기 때문에 반복 회기는 지양할 필요가 있다. 그리고 필요시 조부모를 포함한 회기를 몇 회기 가질 수 있다. 가족 공동회기의 경우 치료자는 의장으로서 가족 의사소통이 촉진되게 해야 한다(Bowen, 1971). 이러한 가족치료는, 가족치료와 개인치료(증상자와 부모 대상)를 병행한 접근보다 효과적이었다(Bowen, 1971a). 가족치료는 개인치료에서 다루는 것을 다룰 수 있으면서 더 많은 것을 다룰 수 있기 때문이다.

가족들은 이러한 공동회기를 보통 긍정적으로 받아들인다. 자녀들은 부모의 관점을 차분하게 들을 기회를 얻고, 부모도 자녀가 가족에 대해 가지는 섬세한 관찰을 들을 수 있다. 개방된 의사소통과 정서 공유는 가족문제를 전체 가족원의 책임으로 분산시킨다. 가족원의 증상은 약화되고, 가족원 간 이해는 심화되고 정서적 조화가 회복된다(Bowen, 1974). 이러한 전체 공동회기의 효과는 12~20회기 수준에서 가장 크게 나타날 수 있으나 상대적으로 적응이 좋은 자녀의 참여 동기가 점차 저하되면서 그 이상의 회기 성사는 어렵다. 이후로는 가장 많이 가족에 관여된 아이와 부모, 이렇게 삼인만 치료에 남는 경향이 있다. 전체 공동회기는 핵가족정서체계에서 부부갈등, 한 배우자의 증상, 여러 자녀로의 투사가 동시에 나타날 때 더 효과적이며, 투사가 어느 한 영역, 한 사람에게 집중될 때는 덜 효과적이다(Bowen, 1971).

애초부터 증상 자녀와 부모, 세 명만 참여하는 경우는 전체 가족이 참여하는 경우보다 증상 완화에 조금 더 효과적이다(Bowen, 1974). 1년 정도 되면 수동적 부는 덜 수동적이 되고, 잔소리하는 모는 더 차분해지고 자녀 증상은 사라지며 가족 의사소통은 개선된다. 하지만 문제 근원인 가족 미분화는 변하지 않는다. 이 삼인 체계는 쉽게 삼각관계로 작동하고 부모의 초점이 자녀에게 너무 가 있어 가족투사과정이 일어나는 문제가 있다. 대안으로 부모 이인을 같이 만나고 자녀 일인은 따로 만나는 형식이 있는데, 이 형식 또한 자녀에게 변화 책임을 전가하기 때문에 덜 만족스러운 결과를 보였다. 결론적으로, 보웬은 특별한 이유로 이따금 자녀를 만나는 예외 사례를 빼고는, 아예 자녀를 만나지 않는 것이 좋다고 보았다. 결국, 보웬에게 최고의 형식은 치료 시작부터 부모 이인과만 작업하는 것이 되었다. 자녀는 이를 통해 치료 책임, 변화 책임으로부터 면제된다. 이 형식으로 가장 큰 효과를 본 부부들은 4년 간 매주 일 회 총 175~200시간의 상담을 받았다. 자녀 증상은 몇 주에서 몇 달 사이 감소한다. 핵가족을 넘어 확대가족을 포괄하는 깊은 수준의 분화에는 통상 4년 정도가 걸리며 그 기간에 회기 빈도는 점차 줄일 수 있다(Bowen, 1966).

부부 이인과 초기 상담 시 부부갈등으로 인해 회기에서 사정 평가를 위한 정보를 원활히 획득할 수 없을 때는 가족에 대해 지식을 더 많이 가진 사람(주로 아내)을 일대일 면접하여 정보를 얻을 수 있다. 증상발달력, 확대가족과의 관계 속에서의 핵가족 기능, 외부 스트레스(예: 직장), 가족투사과정 등을 파악한다. 확대가족 파악 시 세대는 많을수록 좋다(Bowen, 1966).

부부/부모상담을 할 때 치료자는 첫 회기부터 기본 문제는 부부관계이며 이 관계를 수정할 수 있다면 자녀 문제는 자동적으로 사라진다는 자신의 신조를 밝힌다. 다수의 부모는 이 작업 가설을 쉽게 수용한다(Bowen, 1971a). 그리고 부부 모두의 분화수준 향상을 목표로 다음의 역할을 수행한다.

첫째, 부부관계를 정의하고 명료화한다(Bowen, 1971a). 이때 부부는 집에서 많은 대화를 자제할 필요가 있고 회기 내 상호 대화도 금지된다. 일반적으로 회기는 다음과 같이 진행된다. 주로 남편에게 지난 회기 후 자신에게 어떤 진전이 있었는지 묻는다. 남편이 잘 대답하면, 아내에게 남편이 말하는 동안 무슨 생각을 했는지 묻는다. 아내가 답하면, 다시 남편에게 어떤 생각을 했는지 묻는다. 감정이 아닌 생각에 초점을 두는 질문이 90% 이상이다(Bowen, 1971). 이러한 접근은 감정 표현을 독려한 사례들에서 가족들이 정서 표현에 과잉 반응하고 초기 몇 회기 후 갑작스러운 종결이 많이 발생한 데서 비롯한다. 또한, 감정 표현 중심 치료는 융합을 증가시켜 분화에 장애가 되는 문제가 있다. 회기 간 발생한 사건을 주제로 질문할 수도 있다. 그 밖의 가능한 질문을 〈글상자 4-2〉에 제시한다. 이 과정을 통해 감정 세계에 살던 부부는 집에서 가지기 힘들었던, 상대의 이야기를 차분히 경청하고 상대를 이해할 기회를 얻는다. 이렇게 서로에 대한 이해가 심화되면 서로의 생각, 행동, 존재의 차이를 인식하고 이는 자기분화를 촉진한다.

글상자 4-2 회기에서 사용하는 질문 예시(Bowen, 1971)

- 해당 가족문제에 대해 얼마나 숙고하였는가?
- 가족문제에 대해 가졌던 사고에 어떤 패턴이 있었는가?
- 사고 과정으로 어떤 결론에 이르렀는가?
- 가족문제에 진전이 있었는가?
- 진전의 장애물은 무엇이었는가?
- 장애를 극복할 수 있는 아이디어는 무엇인가?
- 진전을 촉진할 어떠한 계획을 가지고 있는가?
- 당신의 감정 반응은 무엇인가? (예외적으로, 사고보다 감정에 초점 두는 질문)
- 상황에 대해 당신이 받은 인상은 무엇인가? (예외적으로, 객관성보다 주관성에 초점 두는 질문)

회기 내 감정이 고조되어 치료자에게만 말해야 하는 상담 규칙을 깨고 감정적으로 배우자에게 반응하면 바로 이를 제지하고 후속 질문하여 주도권을 가져온다. 배우자(주로 아내)의 감정이 매우 고조될 때 그것을 분출하기보다 그 감정에 대해 말해보라고 한다(Bowen, 1971a). 예를 들어, 아내가 갑자기 눈물을 보이면, 남편에게 그 눈물을 알아차렸는지, 어떠한 생각이 들었는지 묻는다. 혹은 아내에게 그 감정을 유발한 생각을 묻는다. 그래서 감정에 대한 차분한 반응을 유도한다. 상황이 전반적으로 차분해지고 상대의 정서적 반응도 약하다면 감정 초점 질문을 던질 수도 있다("지난 몇 분간 내면에서 느낀 감정을 읽어보시겠어요? 어떤 것이었죠?")(Bowen, 1971: 226). 이러한 과정을 통해 부부는 감정 표현을 독려받았던 사례의 부부보다 더 자연스럽고 솔직하게 감정을 표현하게 된다.

치료자는 또한 부부의 자극반응체계(stimulus-response system)를 명료화하고 통제하는 것을 돕는다. 상대의 강한 감정 반응을 촉발하는 기폭제(trigger)나 그와 관련한 시청각 자극들(예: 행동 습관, 몸짓, 표정, 목소리 톤 등)을 탐색한다. 그래서 어떤 자극에 대해 어떻게 반응하는 기제가 작동하는지 상세히 기술한다. 이러한 상세한 묘사는 그 패턴을 무력화하며(Bowen, 1971a), 여기서 정서 조절은 자기분화를 촉진한다.

둘째, 탈삼각화한다(Bowen, 1971a). 이를 위해 치료자는 자신의 원가족과 내담자 가족의 정서체계로부터 분화할 필요가 있다. 그리고 내담자들이 말하는 내용보다 형식과 과정에 초점을 둔다. 즉, 객관성을 가지고 부부의 연속된 상호 반응에 초점을 둔다. 정서적 거리두기와 접촉 사이의 조절이 중요한데, 너무 밀착되면 상황의 심각성에 사로잡히고, 지나치게 멀어지면 내담자들과의 정서적 연결이 어려워진다. 내담자들과 너무 거리가 생기면 심각한 반응을 늘리고, 너무 가까워져 불필요하게 심각해지면 유머러스하고 가벼운 반응을 통해 긴장을 낮춘다. 만약 치료자가 정서적으로 깊게 관여되었을 때 유머를 사용하면 이를 비꼬는 것으로 들을 수 있으므로, 심리적 거리를 형성 후 자연스럽게 사용해야 한다. 치료자가 침묵하거나 반응을 생각해 낼 수 없는 상태가 된다면 정서적으로 너무 관여된 상태에 처한 것이다. 보웬은 이렇게 치료자가 탈삼각화(즉, 정서적으로 연결되어 있으면서도 정서장에 매몰되지 않는 것)하면 두 사람의 문제는 자동적으로 풀린다는 것을 경험하였다.

셋째, 정서체계를 교육하며 원가족 분화 작업을 독려한다(Bowen, 1972). 보웬은 자신의 이론을 전달하기 위해 교육이 필요하다고 보았다. 하지만 가족 긴장이 중도 이상으로 높을 때 교육을 통해 가족에게 지시하는 것은 이론에 대한 상이한 해석을 낳고 가족 간 논쟁을 야기한다. 따라서 가족 불안이 낮을 때 교육을 진행하며 이때 중립적 태도를 유지한다. 가족 불안이 높기 쉬운 치료 초기에는 '나 입장'의 어법으로 전달하고, 이후 불안이 감소하면 과거 상담 받은 다른 가족의 예를 들어 전달한다. 불안이 별로 없는 후기에는 직접 교육을 할 수 있다. 되도록 교육할 때 직접 지시보다 간접 제안의 성격을 유지한다(Bowen, 1971).

넷째, '나 입장' 태도를 견지하며 분화를 시범 보인다(Bowen, 1971a). 치료 초기부터 치료자는 자기 신념, 관점, 신조, 원칙에 대해 차분히 말하고, 이에 기초하여 행동하는 것을 통해 자기 자신을 정의하는 시범을 보인다. 이때 반드시 이것을 따라야 한다는 어조보다 내담자 가족이 이를 수용할 수도, 거부할 수도 있다는 어조로 전달한다. 이렇게 되면 가족원도 유사하게 나 입장의 행동 양식을 보이게 되기 쉽다. 이것은 부부의 자기분화를 촉진하는 데 형식과 구조를 부여한다.

부부는 분화 수준을 높이는 과정에서 몇 단계의 변화 단계를 보일 수 있다. 초기에 부부는 서로를 잘 이해하게 되는데 이 과정이 빠르게 나타나는 경우 증상이 급격히 완화되고 유대가 급속히 강화된다. 7회기 이전에 이런 급격한 치유가 일어나는 경우가 많이 보고된다. 하지만 이를 체계적이고 안정적인 분화 수준 상승으로 보기는 어렵다. 증상 경감만으로 적지 않은 가족이 치료 종결을 선택한다. 하지만 치료자가 정서적 관여를 잘 조절했다면 가족은 급작스러운 종결보다 자기분화를 위한 중장기 치료를 선택할 가능성이 크다. 이 경우, 보통 배우자 한 명이 자신에게 초점을 두기 시작한다. 그리고 자신의 신념과 신조에 기초해 행동하기 시작한다(Bowen, 1971). 이때 상대 배우자는 결속을 강조하며 저항할 수 있다. 하지만 변화 개시자가 자기 초점을 지속하면 둘은 조금 더 높은 분화 수준에 도달한다. 이후 어느 시점에 상대 배우자도 자기분화를 시작한다. 이 경우 이전에 분화 노력을 했던 배우자가 부부 유대의 압력을 가하며 반대할 수도 있다. 이렇게 분화는 점진적으로 교대로 이루어지는 경향이 있다. 다만 원가족 개입이 이루어지면 경로가 달라질 수 있다. 치료자는 최대한 빨리 배우자들이 원가족과 분화하도록 코칭한다. 즉, 원가족 작업이 부부상담의 주 초점이 되며 핵가족 내 정서 이슈는 회피된다(Bowen, 1974). 한 배우자라도 원가족과 분화하기 시작하면, 부부가 번갈아 분화를 높이는 지난한 방식을 우회해 보다 빠르게 분화 수준을 높일 수 있다. 그리고 원가족과의 의미 있는 성공적인 정서적 만남은 일반적으로 핵가족의 긴장을 낮춘다. 하지만 부부가 불안이 높고 증상이 있을 때는 원가족에 대한 보웬의 견해를 경청하기 어렵기 때문에, 보통 부부관계에 초점을 두고 불안을 경감하고 객관성을 증가시킨 후 점차 확대가족 작업으로 이동해 간다. 몇몇 가족들에게는 이러한 확대가족 접근을 수용하는 것이 매우 어려울 수 있다. 이 경우는 부부관계에 초점을 둔다. 이러한 부부관계 초점 개입도 20년의 임상 경험을 통해 어느 정도의 효과를 보였다. 하지만 확대가족 작업이 더 효과적이다. 동기가 있는 내담자에 한정해, 확대가족 초점으로 회기를 격월 단위로 일 년간 가지는 것이 같은 기간 부부관계에만 초점을 두고 확대가족과는 거리를 둔 매주의 가족치료보다 효과적이었다(Bowen, 1972). 어떤 경우는 부부관계와 원가족 모두에 초점을 둘 수도 있다. 하지만 이 경우 어떤 가족들은 확대가족 작업을 구색 맞추기 식으로 시늉만 하게 된다. 이렇게 원가족 작업을 하는 치료자는 일반적 가족치료보다 더 높은 기술과 더 많은 자기에 관한 작업을 해야 하며 더 구체적인 세부사항에 주의를 기울여야 한다. 하지만 이러한 원가족 작업은 부모님과 함께 살거나 매일 보는 사이에는 적용하지 않는다(Bowen, 1974).

2) 가족집단치료(multiple-family therapy)

가족집단치료는 부부 단위 참여로 이루어지며, 이상적인 참여 부부는 세 쌍이며 네 쌍까지도 가능하다(Bowen, 1971a). 가족집단치료에 참여하는 가족들 간의 정서적 의사소통은 회기 안팎으로 금지된다. 회기는 90분 정도(네 쌍의 경우 2시간) 진행되며, 어떤 부부가 치료자와 작업하는 동안 다른 부부들은 이를 조용히 관찰하며 서로에게 배우게 된다. 회기 시간은 각 부부당 30분 정도로 공평하게 할당된다. 보웬의 경험에 따르면, 이 방법은 매우 성공적이어서 일반 가족치료에 비해 변화 속도가 1.5배 정도 빠르게 나타난다. 이러한 경험을 통해 1970년대에 이르러 보웬의 내담자 가족 중 가족집단치료 형식으로 치료받는 가족 수가 가장 많게 된다. 보웬은 경험을 통해 월 1회 만나는 집단이 매주 만나는 집단과 유사하거나 더 큰 진전을 보였다고 보고한다. 그 결과, 보웬은 1950년대에 보편적이던 주 2~3회 상담을 주 1회 상담으로 바꾼 것을 넘어서, 격주나 월 1회 상담으로까지 바꾼다. 이는 다른 형식의 가족치료에도 적용된다.

3) 개인 원가족 분화 코칭

일인 대상으로 원가족 분화를 돕는 코칭은 보웬치료의 주요 양식이다. 이 상담은 처음에 부모와 따로 살거나 부모가 상담 참여를 거부한 비혼 청년을 위해 고안되었다. 특히 경제적 자립 상태인 청년 자녀를 위한 원가족 분화 코칭으로 자주 활용된다(Bowen, 1971). 경제적으로 자립하지 못한 청년에게는 효과적이지 않은데, 그들은 가족의 부정적 정서를 직면할 용기를 가지지 않는 경우가 많기 때문이다. 보통 책임감과 동기가 높은 장남, 장녀가 치료에 잘 반응하며, 연령이 낮은 청년의 경우 시간이 더 소요되는 경향이 있다(Bowen, 1972). 부모님과 사는 거리는 300~500km 정도를 권하는데, 부모님의 정서장으로부터 벗어나 있으면서도 잦은 방문이 가능하기 때문이다. 보웬은 잦은 단기 방문이 드문 장기 방문보다 몇 배 효과적이라고 보았다. 총 치료 기간은 일반 개인 심리치료와 유사하지만, 치료 회기는 훨씬 적으며 결과는 훨씬 양호하다. 평균적으로 동기가 높은 청년은 4~5년에 걸쳐 100여 회기를 가질 수 있다. 2~3주에 한 번 회기가 열리는 것인데 더 잦은 만남이 분화를 촉진하지는 않는다. 그래서 개인 코칭은 후에 월 1회가 가장 보편적으로 적용되었고 어떤 경우는 일 년에 한두 번 보기도 하였으나 이 경우는 효과적이지 않았다(Bowen, 1974).

이 방법은 기혼자에게도 많이 활용되는데, 보웬은 그의 임상경험을 통해 집단교육 방식으로 원가족 작업에 집중한 사람들이 부부 동반 가족치료를 받은 사람보다 비슷하거나 더 높은 수준의 관계 향상을 확대가족과 핵가족 모두에서 경험했다고 밝혔다. 결국, 보웬은 원가족 분화의 동기가 높아 이를 실천하려 노력하는 사람에게는 별도의 가족치료가 필요하지 않다고 보게 되었다. 원가족 분화에 따라 자연스럽게 핵가족 관계가 개선되기 때문이다(Bowen, 1971). 이 방법은 상담 수련생 부부에게 많이 적용되는데, 이때 부부를 각기

따로 만난다(Bowen, 1974).

이 방법은 교육과 감독이 중심이 된다. 참여 배우자는 초기 회기에 가족정서체계의 기능(예: 삼각관계)을 학습한다. 이후 내담자가 가족 내에서의 자신의 역할을 성찰하게 한다. 그리고 자신의 원가족을 자주 방문하여 원가족을 관찰하고 기존 정리된 공식을 점검하고 부모와의 관계에서 자신의 정서적 반응성의 패턴을 관찰하라고 안내한다(Bowen, 1972). 이후 원가족 방문을 통해 원가족에서 분화하는 노력을 감독한다. 이 단계에 이르면 내담자의 원가족 방문 횟수나 원가족 작업 양에 따라, 회기는 격주나 몇 달에 한 번 이루어지기도 한다. 개인이 자신의 분화수준을 높이기 위해 노력하면 핵가족이나 확대가족은 이에 분노하고 반대하며 '(1) 너가 틀렸다 (2) 과거 모습으로 돌아와라 (3) 그렇지 않으면 대가를 치를 것이다'라는 세 단계의 언어적, 비언어적 메시지를 전달한다. 하지만 이러한 압력에도 분화 노력을 견지하면 가족은 오히려 그 사람에게 감사하게 된다(Bowen, 1966). 가족 일인이 원가족과 작업하는 과정은 부부가 부부관계에서 분화를 위해 노력하는 과정보다 더 무질서하고 덜 부드럽게 전개된다. 따라서 원가족 작업 시, 분노, 경멸, 방어, 역공을 하지 않도록 주의해야 한다.

원가족으로부터 분화하는 것, 즉 자기를 정의하고 개별화로 나아가는 것(Bowen, 1974)에는 다음의 접근이 있다.

(1) 일대일 관계(person to person relationship)

일대일 관계는 두 가족원이 다른 사람에 대한 이야기(triangling)나 주변적인 이야기를 하지 않고, 서로를 존중하며 개인의 이야기를 진실하게 나누는 것을 말한다. 보웬은 확대가족원 모두와 일대일 관계를 맺는 것이 진실한 성장을 돕는다고 보았다. 이러한 노력을 통해 내담자는 자기와 가족체계 전반에 대한 이해를 심화시킬 수 있다. 보통 일대일 관계를 만드는 것은 부모와 시작한다. 부모와 피상적인 좋은 관계를 맺는 것이 아니다. 부모와 일대일 관계를 맺으면 부모가 가지는 부부관계 문제나 원가족문제, 그리고 기타 여러 종류의 문제를 부모가 드러낼 것이다. 이때 원가족 작업을 해 본 코치가 안내해주는 것이 필요하다. 원가족을 방문할 때 배우자나 자녀 없이 혼자 가는 것이 더 좋다. 일대일 관계를 만들 때, 다른 가족원을 관여시키지 않으면서 둘에게 흥미로운 주제를 찾으면 좋다. 어머니는 다른 가족원 이야기를 하여 삼각화할 수 있고, 아버지와는 대화를 풍성히 할 개인적 주제를 찾기 어려울 수 있다. 보웬은 아버지의 입원을 기회로 깊은 삶에 대한 대화를 나눴다. 어머니와는 과거 성장사나 가족사를 주제로 이야기 나누며 관계가 깊어졌다.

(2) 자신의 정서적 반응성 관찰하고 조절하기

좋은 관찰자가 되는 노력은 정서적 반응성을 줄이고 관찰자로서의 역량을 강화시킨다. 내담자는 누구를 편들지 않고 가족의 정서장 밖에 위치하여 가족현상에 대한 객관적 관점을 발전시킨다. 이때 내담자는 자신의 분화 작업에 대해 가족에게 이야기하지 않을 필요가 있다. 말하는 경우 가족의 비동의와 극복하기 어려운 장애물들을 야기할 수 있다. 간혹 정서적 거리두기를 하면서, 자신이 확대가족을 객관적으로 관찰하고 정서적 반응성도 보이지 않고 있다고 믿는 사람이 있는데, 이는 진정한 관찰자가 되는 것과는 거리가 멀다 (Bowen, 1972).

(3) 감정적 상황에서 탈삼각화하기

분화를 위해 탈삼각화는 필수이다. 앞의 두 단계를 해내면 더 개방된 정서체계가 되고 이때 자신이 속해 성장한 삼각화를 볼 수 있게 된다. 원가족 탈삼각화는 치료에서 치료자가 하는 탈삼각화와 같다. 목표는 정서적 이슈와의 접촉을 유지하되 편들지 않고 방어하거나 역공하지 않고 중립적 반응을 견지하는 것이다. 가족에서 어떤 정서 이슈가 있을 때, 거기에 함께 있고 거기서 객관적이 되고 덜 감정적으로 반응하는 것이다. 분화는 오직 정서 이슈를 중심으로 이루어질 수 있다. 내담자는 자연스럽게 발생하는 이슈가 있을 때, 가능한 많이 집을 방문하라고 조언받는다. 이슈가 없는 평소보다, 심각한 병, 죽음, 가족 재회, 결혼, 명절, 혹은 다른 스트레스 사건이나 중요 가족 행사로 가족 불안과 긴장이 있을 때, 효과적 작업이 가능하다(Bowen, 1971). 가족이 차분한 시기에는 정서적 대립을 하지 않으면서도 과거의 작은 정서적 이슈를 끌고 오는 것이 필요하다. 탈삼각화하지 않고 정서적으로 싸우는 것은 내담자에게 잠시의 성취감을 주지만 가족은 부정적으로 반응하며 몇 달, 몇 년을 단절할 수 있다.

4) 부부상담 준비나 다른 이슈를 위한 한 배우자와의 상담

배우자 한 명이 상담에 적대적이거나 동기 수준이 너무 낮을 때, 혹은 부부상담의 진전이 매우 느릴 때, 배우자 일인과만 작업한다(Bowen, 1966). 부부갈등이 너무 심해 부부 둘이 차분히 작업할 수 없을 때, 몇 달에서 일 년까지 상담 동기 수준이 높은 배우자 한 명과 작업하기도 한다. 하지만 회기 내 한 명은 비난하고 다른 한 명은 방어하는 것이 반복되더라도 부부가 그 패턴을 객관적으로 바라보고 중단할 수 있으면 부부를 같이 만난다. 또한, 부부상담 중에 과소기능자의 상태가 더 안 좋아지는 경우가 있는데, 이때 과대기능자가 자신의 기능을 낮추는 것이 과소기능자가 자신의 기능을 높이는 것보다 쉽기 때문에 과대기능자와 일인 상담을 한다(Bowen, 1974). 이 일인 상담은 부부상담보다 효과가 적으며, 부부상담이 재개될 때까지 진행된다. 일인 상담을 받는 배우자는 부부 중 동기수준이 높고 건강한 사람이다. 이때 참여 배우자가 관계 체계 안에서 객관성을 확보하고 정서 조절을 할 수 있게 하여 분화수준을 상승시키는 것을 목표로 한다. 한 배우자와만 작업할 때, 부부를 번갈아 보지는 않는다. 번갈아 보면 삼각관계를 불러오고 둘 다 진정으로 문제를 작업하지 않고 상대가 변하기를 기대하고 치료자 앞에서 자신을 정당화하는 데 관심을 두기 때문이다.

배우자의 증상으로 인해 상대 배우자가 상담을 신청한 경우, 신청한 건강한 배우자와 상담한다. 이 중 일부는 몇 회기 만에 상대 배우자의 증상이 크게 완화되는 결과를 낳기도 한다. 하지만 이들은 증상 완화를 넘어 근본적인 작업을 하는 데는 동기부여가 되지 않는 경향이 있다. 증상을 가진 배우자가 상담을 신청하고 특히 그 증상이 심각한 내재화나 신체화 증상이라면, 이들은 비증상 배우자와 함께 상담받는 상황에서 역기능이 강화될 수 있다. 이때 유증상 배우자와 몇 달을 작업하고, 이후 비증상 배우자를 초대하여 1~2년 함께 작업할 수 있다.

상담 초기는 가족 정서체계의 기능을 먼저 교육한다. 이때 다른 임상 사례의 예시를 사용하고 칠판을 이용하여 가계도[2)]도 활용한다. 그리고 정서체계 안에서 상황을 악화시키는 자신의 상호적 역할을 인식하게 하고 자신을 조절함으로써 체계를 수정하게 한다(Bowen, 1971, 1974). 조금 더 구체화하면, 내담자는 타인 초점을 자기 초점으로 바꾸고 자신을 변화시키는 데 집중한다. 그 변화는 다음과 같다. 첫째, 상대에 크게 반응하지 않고 경청하는 방법을 찾는다. 둘째, 상대 행동을 바꾸기보다 있는 그대로 더불어 사는 방법을 찾는다. 상대의 신념을 공격하지 않으면서 자신의 신념과 신조를 분명히 전달한다.

---

2) 가계도는 보웬 다세대 가족치료의 핵심 평가이자 치료 도구로, 최소 4대 이상을 그리며 그 과정에서 형제위치 · 주요 사건 · 관계의 질 · 증상 등을 탐색해 다세대 패턴과 통찰을 얻는다. 가계도에 대한 자세한 설명은 제13장을 참고하길 바란다.

셋째, 가족 상호작용에서 자신이 하는 역할을 관찰한다(Bowen, 1966). 이후 회기는 자신을 관찰한 결과에 관해 이야기 나누는 것을 중심으로 한다.

그들이 배우자 초점과 그에 따른 자신의 부정적 반응을 자제하고 자기를 정의할 수 있다면, 몇 단계를 경험하게 된다. 첫째, 상대 배우자는 "당신은 형편없고 이기적이고 나와 가족을 이해하지도 사랑하지도 않아"라는 공격을 하게 된다. 이때 방어하거나 역공하거나 침묵하면 미분화로 회귀하게 된다(Bowen, 1974a). 반대로 크게 반응하지 않고 경청할 수 있다면 한 단계 상승한다. 상대는 "난 당신이 필요치 않아"라고 하며 철수할 수도 있다. 이때 그들의 우울 증상이나 신체 증상이 나타날 수도 있다. 하지만 이 어려운 단계에서도 크게 반응하지 않고 차분하게 견딜 수 있다면 상대는 더 성숙한 방식으로 애정을 얻으려 노력하게 된다. 이때 즈음 상대 배우자는 상담을 참여할 가능성이 크다. 절반 이상의 적대적 배우자가 수개월에서 일 년여 후 가족치료에 참여하게 된다(Bowen, 1971).

이 방법은 수년간 별거한 부부에게도 효과적이다. 핵심은 치료자가 정서적 지지에만 치중하여 내담자가 가족체계를 전체적으로 바라보지 못하게 하거나, 치료자 자신이 내담자의 정서체계에 과도하게 연결되는 상황을 피하는 데 있다. 적대적 배우자가 참여할 수 없는 상황이 지속되면 원가족 분화를 중심으로 한 코칭을 지속한다.

십대 자녀의 심각한 외현화 문제행동으로 방문하거나, 자녀가 심각한 수준으로 삼각화되어 부모의 자녀 초점이 너무 강한 경우, 부모 한 명을 대상으로 일인 상담을 하기도 한다(Bowen, 1966). 대부분의 자녀 증상의 경우, 부모 둘이 그들의 부부상담을 통해 부부관계를 협력적으로 다룰 때 약화된다. 하지만 자녀의 심각한 외현화 문제행동이 주된 초점이거나 자녀가 삼각화에 너무 관여되어 있고 자녀 투사가 심할 때, 부모 둘보다 부모 한 명 참여가 더 빠르게 통제력을 획득할 수 있다. 보웬은 탈삼각화를 통해 부모 한 명이 '나 입장'을 가지도록 한다. 부모는 자기를 항상 통제함으로써 확실한 질서를 구축해야 한다. 이를 위해 부모는 가족 안에서 자기의 책임 영역과 그 영역에서 적용할 규칙과 원칙을 신중히 정의해야 한다. 규칙은 분노 속에서 운영되지 않으며 일관되게 적용된다. 자녀는 규칙을 따르거나 따르지 않음을 선택할 수 있지만, 후자의 경우 사전 정의된 결과를 치러야 한다. 이 모든 과정에서 부모는 확신과 차분함을 유지하여야 하며, 상대 배우자는 간섭해서는 안 된다. 상대 배우자가 이 접근에 비동의한다면 이를 다룰 필요도 있다. 부모 한 명이 나 입장을 중심으로 탈삼각화하며 분화를 시도할 때, 상대 배우자와 자녀는 융합하여 다시 하나가 되자고 공격하거나 간청할 수 있다. 하지만 부모 한 명이 나 입장을 며칠이라도 유지하면 상대 배우자와 자녀의 융합은 약화되고 삼각관계의 강도는 약화된다. 이후 상대 배우자도 유사한 분화 노력을 보이게 된다. 분화는 이렇게 느리게 증가한다. 이 밖에도 보통 중독자가 치료 참여를 거부하는 알코올 중독에도 배우자 일인 접근을 사용할 수 있다. 알코올 중독의 경우 부모가 아닌 동기 수준이 높은 장녀만을 대상으로 중독을 치료한 사례도 있다. 물론 이 경우 일부 회기는 알코올 중독 증상 부모가 참여했다(Bowen, 1974).

6. 평가와 전망

보웬(Bowen) 모델은 가족 사정 및 평가에 있어 가장 광범위한 이론적 틀을 제공한다. 본 이론은 개인의 사고 및 정서, 핵가족 체계 내 상호작용, 확대가족과의 관계 역동, 다세대 과정을 설명하며, 아울러 거시 사회의 변동 또한 분석 대상으로 삼는다. 일반적으로 이와 같은 거대 이론은 구체성과 세부 요소 간 정합성이 결여되는 한계를 보일 수 있으나, 보웬이론의 하위 이론들은 세밀하고 상호 유기적으로 조직되어 있어 이러한 한계를 극복한다. 이에 가족치료사들은 가족에 대한 심층적 이해를 증진하기 위해 보웬이론을 기본적으로 습득할 필요가 있다.

특히, 한국문화의 맥락에서 여러 연구자는 원가족 밀착 현상이 두드러지는 한국가족 특성에 비추어 보웬 모델의 효용성을 높게 평가하였다(김유숙, 1998; 송성자, 1994; 엄예선, 1988; 이선혜, 1998, 2000). 또한, 현대 한국 사회에서 나타나는 집단주의 경향과 이에 대한 반동으로 나타나는 근래의 단절된 개인주의 현상을 고려할 때, 보웬이론은 현대 한국가족 및 관계를 객관적으로 이해하고 새로운 균형적인 관계양식을 설계하는 데 유용한 이론적 틀이 된다.

그러나 보웬이론과 실천에는 몇 가지 한계가 존재한다. 첫째, 이론이 방대하고 난해하여 개인 간 이해 수준에 차이가 발생할 수 있고, 이로 인해 가족 사정, 평가 및 치료과정에서 이론이 왜곡 적용될 가능성이 존재한다. 둘째, 질문 중심의 치료 접근에 따라 구체적인 치료 기술이 상대적으로 부족하여, 가족치료사들이 사례개념화에는 보웬이론을 적용하나 실천 단계에서는 이를 활용하는 데 어려움을 겪을 수 있다. 셋째, 보웬은 회기 내 가족 간 상호작용의 가치를 평가절하하고, 치료자와 내담자 간 소통에 집중하는 회기 구조를 제안하였다. 그러나 내담자 간 직접적 상호작용은 적절하게 사용될 경우 관계 개선에 긍정적으로 기여할 수도 있다. 넷째, 보웬은 분화 수준이 높은 개인을 신념 및 신조 중심 인물로 규정하였으나, 구체적으로 어떠한 신념 체계가 바람직한지에 대한 논의는 부재하다. 또한, 사고 기능 활성화를 강조하면서도 사고 과정을 구체적으로 다루는 인지적 접근은 미흡하다. 다섯째, 보웬은 증상 완화를 넘어 기본분화 수준의 향상을 통한 가족체계의 근본적 변화를 강조하였으나, 이는 장기간의 상담 과정을 필요로 하여 필연적으로 장기치료의 성격을 띠게 된다. 반면, 실제 상담 현장에서는 단기치료적 접근이 요구되는 경우가 많아, 단기치료 환경에서 보웬 접근을 적용하는 문제에 대한 논의가 필요하다.

아울러, 보웬치료의 효과를 검증한 성과 연구는 거의 존재하지 않는다(예외: Yektatalab et al., 2017). 보웬(1978)이 제시한 임상 사례는 풍부하나, 이는 체계적이고 엄밀한 연구로 간주되기 어렵다. 대신 보웬 모델에 대한 검증은 주로 이론의 타당성을 검증하는 방식으로 우회적으로 이루어지고 있다. 보웬은 자신의 이론에 대한 경험적 검증의 어려움을 언급하였음에도 불구하고, 연구자들은 보웬 모델의 이론과 하위 개념의 타당성을 경험적 연구를 통해 검증해 왔으며(Bartle-Haring & Whiting, 2024; Calatrava et al., 2022; Miller et al., 2004), 일부 반증들에도 불구하고 전반적으로는 이론의 타당성을 지지하는 방향을 보이고 있다. 이는 보웬이론이 일정 수준 이상의 신뢰를 획득하고 있음을 시사하나, 더 높은 수준의 신뢰를 확보하기 위해서는 이론 연구를 넘어 보다 많은 임상연구가 필요하다.

이러한 한계점을 유념해 볼 때, 보웬치료 적용 시 다음 사항을 고려할 필요가 있다. 먼저, 이론이 방대하고 난해하기 때문에 이론을 정확하게 이해하려고 노력하여 치료에서 이론을 오용하는 것을 예방할 필요가 있다.

둘째, 보웬의 질문 개입을 중심으로 하되 필요한 경우 타모델의 치료기술을 유연하고 적절하게 절충하는 것도 고려할 필요가 있다. 박과 엡스타인(Park & Epstein, 2021)은 보웬이 강조한 정서적 반응성과 자기 입장 개념을 구체적으로 다루기 위해 인지행동치료의 마음챙김 및 의사소통 훈련 기법을 차용하여 보웬치료와 인지행동치료를 절충하는 방안을 제시한 바 있다. 이러한 절충적 접근은 보웬 모델의 구체적 개입 기술 부족을 일부 보완하는 데 기여할 수 있다. 아울러 회기 내 가족의 직접적 상호작용을 사용하는 것이나 개인의 신념이나 사고 과정을 체계적으로 다루는 접근 등도 고려될 수 있다.

셋째, 단기치료의 환경에서 일하는 치료자는 단기치료에 한계 내에서 적절하게 보웬치료를 재구성하는 방안을 강구할 필요가 있다. 단기치료 환경으로 인해 증상과 호소문제에 어느 정도 초점을 둘 수밖에 없겠지만, 치료 종결 후 가족들이 자신들의 가족 문화를 스스로 건강하게 일구어 가도록 돕기 위해, 필요하다면 보웬이론에 대한 심리교육을 제공할 수도 있을 것이다.

넷째, 보웬이론을 충실히 섭렵하되 보웬이 스스로 강조했던 '열린 과학'의 정신에 따라 그의 이론과 주장을 교조적으로 따르는 것은 지양해야 한다. 가족치료사들은 계속해서 보웬치료에 관한 이론 연구 및 임상 연구, 그리고 여러 관련 과학(예: 후성유전학) 연구를 예의주시하며 현대적 과학의 맥락에서 모델을 재구성해 가야 한다.

마지막으로, 전술하였듯이 집단주의와 그 반동으로서의 개인주의가 급격하게 나타나는 한국 사회에서 보웬이론이 가지는 가치를 인정하면서도 치료를 진행할 때는 문화적으로 민감하게 접근할 필요가 있다. 예를 들어, 집단주의 성향이 강한 고령의 가족원에게 정서적 분리만을 강조하는 개념으로 들리기 쉬운 '분화'를 과도하게 강조하는 것은 주의할 필요가 있다. 보웬 스스로가 내담자에게 변화를 종용하고 압박하는 것을 내담자와의 미분화로 보아 주의하였던 것처럼, 한국문화에서 낯설게 느껴질 수 있는 개념이나 이론을 가지고 한국 가족의 변화를 강요하기보다 가족들과 충분한 문답과 토론을 진행하는 것을 통해 그들이 점차 자신의 관계양식을 성찰하고 재조정해 갈 수 있도록 도와야 할 것이다.

7. 보웬(다세대) 가족치료로 금쪽이네 만나기

1) 사례 개념화

이 가족의 핵가족과 확대가족의 분화 수준은 전반적으로 낮다. 감정과 사고의 분화가 잘 이루어지지 않아, 스트레스 상황에서 할머니, 아빠, 자녀(금쪽이)는 감정을 발산하는 반면, 엄마는 감정을 억압하는 양상을 보인다. 이처럼 감정에 압도되는 상황에서는 사고 기능이 활성화되지 못하고 유연한 대응이 어려워져, 자녀는 오염 강박, 아빠는 자녀가 어릴 때 취침 시간에 대한 강박을 보였다. 부부의 자기 분화 수준 역시 낮다. 두 사람 모두 거짓 자기의 비중이 크며, 공유된 자기에서 남편이 더 많은 자기를 획득하고 있다. 이에 따라 남편은 과대기능(내년에 육아휴직까지 신청), 아내는 과소기능을 하게 된다. 확대가족까지 보면 할머니가 과대기능(금쪽이 프로그램을 신청한 사람도 할머니)을 한다. 이 가족은 특히 시부모를 포함한 확대가족 전체가 하나의 미분화된 융합 체계로 기능하고 있으며, 정서적 경계가 희미하다.

삼각관계도 복합적으로 관찰된다. 아빠-엄마-자녀, 할머니-엄마-자녀, 아빠-엄마-할머니로 구성된 삼중의 삼각관계에서, 어머니는 일관되게 외부인의 위치에 놓인다. 이 중에서 아빠와 엄마 사이의 이자관계 갈등은 딸의 관여를 통해 엄마와 자녀 간의 갈등으로 전환된다. 아빠는 엄마의 양육 방식에 불만을 표하며 문제를 제기하고, 이에 따라 갈등의 축이 가끔 부부로 전환되지만, 부부는 이미 정서적 이혼 상태에서 거리두기 중이므로 갈등의 축은 주로 엄마와 자녀 사이가 된다.

핵가족 정서과정에서는 부부의 미분화가 자녀의 심리적 증상(오염 강박) 및 사회적 증상(학교 결석)으로 발현되는 현상이 가장 두드러진다. 부부 사이에는 거리두기가 관찰되며, 때때로 남편 요구 - 아내 방어 · 철수로 이어지는 요구 - 철수 패턴의 부부갈등이 나타난다. 또한, 과소기능의 아내에게는 무기력과 슬픔을 동반한 우울 증상이 관찰된다. 따라서 이 가족은 핵가족 정서과정의 네 가지 현상이 모두 나타난다고 볼 수 있다. 이는 분화 수준이 낮고, 만성불안은 높으며, 가족 내외적으로 스트레스원이 많은 가족에게서 주로 관찰된다.

특히, 핵가족 정서과정 중 가족투사과정이 활발하게 나타난다. 자녀의 강박 증상은 불안 수준이 높고 강박적인 아빠와 할머니에 대한 정서적 반응이며, 이들이 자녀 문제에 더 강하고 정서적으로 반응할수록, 자녀는 더욱 불안하고 강박적인 '문제아'로 성장한다. 이러한 문제아로서의 자녀 인식은 정신건강의학과나 상담센터의 진단으로 확정된다(보웬은 이러한 병원과 상담센터의 아동 초점화(child-focus)가 가족체계 전체의 문제를 가린다고 비판했다). 이러한 가족 불안의 일차 대상으로서 자녀는 이제 자신의 불안을 엄마에게 투사하고, 엄마를 가족의 희생양이자 투사 대상으로 삼으려 한다. 결국, 딸과 어머니는 서로 가족 희생양이 되지 않으려는 경쟁 상태에 놓이게 된다. 이는 분화 수준이 낮은 가족에서 자존감 획득이 '제로섬 게임'이 되어, 누군가는 과소기능, 문제아, 희생양 역할을 맡아 다른 가족원의 우월감(가짜 자존감)을 유지하는 수단으로 작동하기 때문에 발생한다. 특히 자녀는 두 차례 유산 끝에 태어난 귀한 아이로 가족의 관심이 집중되었고, 그로 인해 투사 대상이 되기 쉬운 환경 속에서 성장했다.

엄마는 자신의 원가족과 단절된 채, 시댁 중심의 가족 구조 안에서 생활해 왔을 가능성이 크다. 아빠는 할머니와 연결되어 있으나, 삼각관계를 통해 제3자(엄마)를 '뒷담화'함으로써 피상적으로 연결을 유지하는 듯이 보이며, 아빠와 할아버지 간에도 어느 정도 단절이 존재할 수 있다. 딸 역시 표면적으로 할머니, 아빠와 연결되어 있으나, 실제로는 정서적으로 단절된 채, 어머니와 융합되어 있다. 이로 인해 딸은 어머니를 독립된 타인으로 보지 못하고, 자신 안의 부정적 정서(특히 아빠와 할머니에 대한 내면의 분노)를 표출하는 대상으로 바라본다.

보웬의 이론에 따르면, 갈등 또한 연결 방식의 하나다. 미분화된 가족은 일차적으로는, 정서적 단절보다 갈등을 더 선호하는 경향이 있으며, 딸은 갈등을 통해서라도 엄마와 연결되려 한다(딸이 엄마와의 연결을 원한다는 것은 아파트 1층에서 단절 순간에 엄마 팔을 끌어당기며 다시 연결을 시도하는 장면에서 잘 드러난다). 딸은 그 방법이 아닌 다른 건강한 친밀한 연결 방법은 이 가족에서 학습하지 못했다.

이 핵가족(특히 어머니)은 3년 전 분가를 통해 시댁과의 정서적 분리를 시도했지만, 이미 아들 가족과 융합된 할머니는 이를 받아들이지 못한 채 삼각관계를 통해 계속 개입하고 있다. 이러한 가족 구조는 세대 간 전수되었을 가능성이 크다. 현재 부부의 분화 수준을 볼 때, 이들 역시 원가족에서 삼각화된 자녀였을 가능성이 크다. 즉, 갈등을 삼각화하거나 아예 회피 · 도피하는 방식 외에, 성숙하고 효과적인 방법으로 이자 간 갈등을 풀어내는 역량을 갖추지 못했다. 특히 남편의 원가족(할머니, 고모 등)이 삼각관계를 자주 활용하는 것으로 보이는데, 이러한 미분화된 가족 문화가 세대 간 반복되고 있음을 시사한다.

마지막으로, 장녀인 자녀는 일반적으로 형제순위가 첫째인 사람에게 관찰되는 책임감과 규율 준수 성향을 보이지 않는다. 이는 보웬이론에 따라, 미분화된 가족에서는 형제순위와 무관한 성격 양상이 발달할 수 있음을 보여준다.

2) 주요 개입

미성년 자녀의 문제를 다루는 과정에서 핵가족 전체 또는 확대가족 전체를 참여시킬 수도 있지만, 핵심 삼각관계인 아버지, 어머니, 자녀만을 참여시킬 수도 있다. 그러나 보웬의 입장에서는 자녀와의 삼각화 가능성 및 가족 투사가 자녀에게 미칠 영향을 고려할 때, 부모만 참여하는 상담 형식을 가장 선호했을 것으로 보인다. 이 가족은 핵가족 정서과정에서 보웬이 제시한 네 가지 패턴이 모두 관찰된다. 따라서 단순히 자녀 증상화만 나타나는 가족에 비해, 이 부부는 자녀 문제의 근원이 부부관계에 있다는 전제에 일정 부분

동의할 가능성이 있다. 물론 자녀 증상이 가장 두드러진 문제로 드러나고 있으므로, 치료자의 이러한 관점을 부부가 온전히 받아들이기까지는 시간이 필요할 것이다. 그러나 점차 시간을 두고 부부만 참여하는 상담으로 전환할 가능성은 열려 있다. 다만 부부가 자녀 문제에 대한 자신의 책임을 어느 정도 수용한다고 하더라도, 문제해결을 위해 원가족과의 분화 작업이 필요하다는 점을 받아들이기까지는 추가적인 시간이 소요될 것으로 예상된다. 따라서 치료자는 초기에는 부부의 문제에 더 초점을 맞춘 개입을 시행할 필요가 있다.

치료자는 이 부부에게 삼각화의 경향이 자동적으로 나타날 수 있음에 유의해야 한다. 이제까지 상담센터나 병원 환경에서 남편이 치료자와 내부인 관계를 형성하는 경향이 있으므로, 치료자는 남편과 내부인 관계를 형성하여 엄마를 외부인으로 만들지 말고, 탈삼각화를 의식적으로 견지해야 한다. 이후 치료자는 부부관계를 정의하고 명료화하는 과정에서 사고 중심의 질문을 통해, 부부가 자신들의 심리적·관계적 구조를 성찰하고 감정에 압도되지 않은 객관적 사고를 기르도록 돕는다. 이 과정을 통해 부부는 상대의 내면세계와 관계의 역동에 대한 이해를 얻게 된다. 동시에 치료자는 자극-반응 체계의 인식과 통제를 도와 자기조절을 촉진한다. 치료자는 이러한 탈삼각화의 노력 위에 자신의 이론적 관점을 점진적으로 노출시키며, 자기분화 촉진과 원가족과의 정서적 연결의 중요성을 강조한다. 자기분화를 촉진하는 과정에서 부부는 자기 초점과 자기 입장을 강화하는 중에 일시적 갈등을 경험할 수 있는데, 치료자는 이들이 부정적 감정에 휩쓸려 분화의 노력을 포기하지 않도록 계속 지원한다.

이러한 개입이 축적되며 핵가족 내 증상이 점차 약화되고 만성불안 수준이 낮아지면, 치료자는 원가족 작업을 독려한다. 이때부터는 핵가족 개입을 축소하고, 부부는 번갈아 가며 원가족과의 작업을 중심으로 코칭을 받는 방식으로 전환된다. 부부의 만성불안이 감소하고 증상이 완화되었을 시점에는, 치료자는 더 적극적으로 보웬이론에 대한 교육을 강화한다. 부부는 각자 원가족과의 단기 방문 계획을 수립하고 실천에 옮기게 되는데, 전반적인 분화 수준이 상승하기 전까지 원가족과의 적절한 물리적 거리를 유지하면 좋다. 예를 들어, 금쪽이 가족은 원가족과 근거리에 거주하고 있을 가능성이 있는데, 1시간 이상의 물리적 거리를 확보하도록 이사를 고려할 수도 있다.

원가족 작업에서는 일대일 만남이 권장된다. 예컨대, 아빠가 원가족을 방문할 때, 아내나 자녀를 동행하지 않고 홀로 방문하며, 이러한 만남을 통해 정서적 단절에서 정서적 연결로 전환되는 경험이 이루어지도록 한다. 방문 시에는 관찰자의 시선으로 원가족의 상호작용을 바라보고, 그 안에서 자신의 정서 반응과 역할을 인식·조절하며, 보웬이론과 자신의 경험을 비교해 보도록 한다. 원가족 내에서 중요한 정서적 이슈가 발생했을 때는, 원가족 가족원(주로 부모)과 정서적 연결감을 유지하면서도 중립적이고 객관적인 태도를 일관되게 유지하도록 돕는다. 이때 예측할 수 있는 원가족의 반발에 감정적으로 반응하지 않도록 하며, 원칙 중심적이고 일관된 반응을 계속하도록 하는 것이 중요하다. 필요한 경우, 과거의 정서적 이슈를 의도적으로 제기해 원가족 내에 내재된 갈등을 촉발할 수 있으며, 이때에도 치료자는 내담자가 탈삼각화 하도록 지도한다. 이러한 원가족 작업은 수년에 걸쳐 지속적으로 진행되며, 가족의 성장 단계에 따라 회기 빈도는 점차 줄여간다. 분화 수준 향상에서 핵심은 회기 수 자체보다는 절대적인 시간 축적인데, 이 가족은 유 증상자의 수(핵가족 정서과정의 패턴의 수), 증상의 유형과 강도, 만성불안 수준, 스트레스 적응 능력 등을 종합적으로 고려할 때 분화 수준이 25점 이하일 가능성이 큰 가족이므로, 가족이 증상 제거뿐 아니라 자기 분화 수준을 높이는 데에까지 나아가기 위해서는 몇 년이 소요될 것이다. 따라서 가족이 이러한 노력을 지속하도록 치료자는 동기부여와 지지를 제공할 필요가 있다.

요약

- 머레이 보웬은 정신분석 훈련을 받은 미국의 정신과 의사로, 가족을 개인이 아닌 정서·질병 단위로 이해하며 '자기분화' 개념을 중심으로 다세대 가족과정의 중요성을 강조하였다. 그의 이론은 조현병 환자 가족을 넘어 모든 가족에 적용되는 보편 이론으로 발전하였고, 보웬센터를 통해 후학들(마이클 커, 다니엘 파페로, 모니카 맥골드릭, 필립 게린 등)에 의해 계승·확산되고 있다.
- 보웬이론은 자연체계이론에 기반하여 인간을 다른 동물과 유사한 정서적 존재로 보고, 자기분화를 핵심 개념으로 제시한다. 그는 개인이 사고와 정서를 구분하고 자기 원칙에 따라 살아가는 정도를 분화 수준으로 설명하며, 낮은 분화는 융합과 갈등을, 높은 분화는 자율성과 친밀성의 균형을 가능하게 한다고 보았다. 또한, 삼각관계, 핵가족 정서과정, 가족투사과정, 다세대 전수과정, 형제위치, 정서적 단절, 사회정서과정 등의 개념을 통해 가족과정이 핵가족을 넘어 다세대 맥락 속에서 어떻게 형성되고 전개되는지를 설명하였다.
- 보웬치료는 증상 자체보다 가족 전체의 자기분화 수준을 높이는 데 초점을 두며 증상 발현자를 '지목된 환자'로 본다. 가족 내 갈등은 직접 해결되지 못할 때 제3자 연루시켜 삼각관계를 형성하는데, 치료는 핵심 삼각관계(대체로 부부)를 중심으로 탈삼각화를 지향한다. 또한, 가족의 만성불안은 분화 수준에 큰 영향을 미치는 요인으로, 치료는 과거 원가족과 현재 핵가족 관계 맥락을 살피며 이 불안을 다룬다. 마지막으로 부모와의 정서적 단절은 심리적 독립으로 이어지지 않으며, 오히려 다른 관계에서 의존이나 갈등을 반복할 가능성을 높인다, 따라서 보웬은 원가족과의 관계 재연결을 통한 자기분화를 강조하였다.
- 보웬치료의 목표는 증상 제거가 아니라 자기분화 촉진을 통해 가족 내 개별성과 친밀성의 균형을 이루고, 만성불안을 낮추며, 특정 개인의 병리화 대신 가족체계 전체 맥락에서 문제를 이해하도록 하는 데 있다. 치료자는 코치·컨설턴트로서 정서적 중립을 유지하며 가족이 스스로 책임지고 변화하도록 돕는다. 또한, 질문, 이론 설명, 자기 노출, 유머 등을 활용해 사고 기능을 활성화하고 긴장을 낮추어 자기분화를 촉진한다.
- 보웬은 임상 경험을 통해 다양한 치료 형식을 발전시켰다. 첫째, 부부/부모 상담은 전체 가족 회기에서 시작할 수도 있으나, 궁극적으로는 부부 이인만을 중심으로 자기분화를 촉진하는 방식이 가장 효과적이다. 둘째, 가족집단치료는 여러 부부가 함께 참여하여 서로의 과정을 관찰·학습하는 방식으로 활용되었다. 셋째, 개인 원가족 분화 코칭은 동기가 높은 개인을 대상으로 원가족 방문, 일대일 관계, 정서 반응 조절, 탈삼각화 훈련 등을 통해 자기분화를 돕는다. 넷째, 한 배우자 상담은 다른 배우자가 적대적이거나 참여 의지가 낮을 때 활용되며, 이 과정에서 자기초점과 원칙적 태도를 강화하여 점차 부부관계 변화를 유도한다. 전반적으로 보웬치료는 자기분화와 탈삼각화를 중심에 두고, 핵가족을 넘어 원가족·확대가족까지 다세대적으로 개입하는 특징을 가진다.

제5장

경험적 가족치료

인간의 삶을 신성한 것으로 본다면, 가족 재구성은 단순히 생각의 변화가 아니라 영적인 성장의 경험이 된다. 그것은 과거의 상처와 구속에서 인간의 에너지를 해방시켜, 인간이 더 온전한 존재로 진화하도록 돕는 과정이다.

버지니아 사티어(Nerin, 1989)

1. 발달 배경 및 주요 인물

칼 휘태커(Carl Whitaker)

경험적 가족치료에 대한 본 장은 경험적 가족치료의 두 거장인 칼 휘태커(Carl Whitaker)와 버지니아 사티어(Virginia Satir)를 중심으로 기술된다. 휘태커는 1940년대에 한 아동지도클리닉에서 일하며 처음 놀이치료를 학습했는데, 당시 아동상담에는 상징과 비언어적 의사소통의 사용이 지배적이었다(Whitaker & Keith, 1981). 이후 루이스빌대(University of Louisville)에서 가르치며 장난감, 인형, 점토, 보드게임 등을 사용한 놀이치료를 청소년과 성인에 적용하였다. 그후 오크릿지 병원(Oak Ridge Hospital)에서 일하며, 다른 치료자와 함께 상담을 진행하는 공동치료(co-therapy)를 시작하였다. 거기서 양극성장애 환자가 회기 중 우유 젖병을 계속 빨자 호전되는 경험을 한다. 이러한 젖병 빨기는 정신증, 신경증, 신체화 증상 환자를 가릴 것 없이 대부분의 환자에게 효과적이었다. 하지만 이 행위는 휘태커가 치료 관계에서 '상징적' 엄마가 되는 역량을 개발한 후 쓸모가 없어졌다. 1950년대에 들어 그의 치료진은 환자와의 공격적 상호작용(예: 팔씨름이나 레슬링 등)을 시도했으나 이 기법 또한 그가 '상징적' 아버지가 되는 것을 개발한 후 더 사용되지 않았다. 그는 이러한 기법이 환자를 매개로 치료자 스스로가 발전해 가는 과정이라고 이해했다. 그는 이후 치료 중 갑자기 잠들기도 했고 그때 꾼 꿈을 환자와 나누기도 했다. 그는 이러한 꿈기법이 치료과정이라 믿었지만, 이 기법도 오래가지는 않았다. 휘태커는 에모리대(Emory University)에서 정신의학을 가르치며 공격적 형태의 놀이치료를 조현병 환자에게 적용하고 공동치료자를 일종의 환자 부모로 활용하는 치료를 이어갔다. 이후 본격적으로 가족치료를 시작하였고 상기한 다양한 치료 접근을 가족을 체계로 이해한 체계이론적 접근과 적절히 통합시키면서 그만의 즉흥적, 무의식적, 은유적, 상징적, 정서적 성격의 개입을 발전시켰다. 그는 그레고리 베이트슨(Gregory Bateson), 멜라니 클라인(Melanie Klein), 칼 융(Carl Jung) 등에 영향을 받았다고 밝혔다.

버지니아 사티어
(Virginia Satir)

사티어는 1940년대 초등교사로 여러 학생의 가정방문을 하며 가족에 대해 관심을 가지게 되었다. 그녀는 시카고대(University of Chicago)에서 사회사업을 공부 후 1951년에 모든 가족원을 만나는 가족치료를 시작했고 이 경험을 통해 개인을 넘어선 가족과의 만남을 중시하게 되었다(Satir et al., 1991). 1959년에는 캘리포니아의 돈 잭슨(Don Jackson)이 그녀를 정신연구소(Mental Research Institute: MRI)에 초청하였고 그녀는 연구소의 창립 멤버이자 최초의 훈련 디렉터가 되었다. 이후 1966년에는 캘리포니아 빅서(Big Sur)에 있는 에살렌연구소(Esalen Institute)의 디렉터가 되었고 그곳에서 사티어는 개인의 잠재력을 꽃피우는 전인 성장 기법에 관심을 가지게 되었다. 그녀는 이후로도 여러 상담 시연과 워크숍을 통해 그녀의 따뜻함과 진실성으로 미 전역에서 많은 사람에게 감화를 주었다. 사티어 접근은 사티어의 제자인 존 반맨(John Banmen)에 의해 계승되며 이론적, 실천적으로 체계화되었다.

근래에 경험적 가족치료의 전통은 수잔 존슨(Susan Johnson)의 정서중심 부부치료나 리처드 슈워츠(Richard Schwartz)의 내면가족체계치료 중심으로 이어지고 있다. 국내에는 사티어 변형체계치료학회가 있어 경험적 가족치료 중 사티어 모델의 확산과 훈련에 힘쓰고 있다.

2. 주요 개념

휘태커는 자신만의 독자적 개념과 이론을 구축하기보다 보웬(삼각관계), 미누친(가족구조), 헤일리(증상의 기능론), 돈 잭슨(항상성) 등 초기 가족치료의 개념적 접근을 공유하는 경향이 있었기 때문에(Napier & Whitaker, 2012), 본 장의 주요 개념은 가족체계론에 기초하면서도 자신만의 독창적 개념들을 많이 제안한 사티어를 중심으로 기술된다. 물론 내적 자원의 발견을 통한 개인의 성장과 변화에 관한 긍정적 관점은 사티어나 휘태커를 비롯한 경험적 가족치료의 보편적 관점으로 볼 수 있다(Napier & Whitaker, 2012).

1) 성장모델

성장모델은 사티어의 사람과 관계에 대한 정의와 변화에 관한 세계관이 집적된 하나의 신념 체계이다. 성장모델은 사티어에서 시작한 것은 아니며, 에이브러햄 매슬로(Abraham Maslow)나 칼 로저스(Carl Rogers)와 같이 자기(self)의 성장 과정을 강조한 인본주의적 전통에 뿌리를 둔다. 사티어는 변화를 스스로 확장하며 성장해 갈 수 있는 인간의 잠재력을 믿었다. 그녀는 변화를 부정적이거나 위협적인 것으로 보지 않고 필연적 성장으로 봄으로써 변화를 환영하였다. 그리고 인간 개개인의 독특한 모습 그대로를 사랑하는 것을 강조했고 그것을 적절히 표현할 수 있는 자유의 증진을 강조하였다. 휘태커 또한 개인 성장을 강조하였고 이러한 변화를 위한 혼란을 긍정적으로 생각하였다. 〈글상자 5-1〉의 내용은 이러한 그의 관점을 반영한다.

글상자 5-1 **개인 성장에 관한 휘태커 사례의 예**

"(내담자) 그래요, 제가 뭔가 잘못한 건지 모르겠지만 너무 혼란스럽네요. 문제 하나를 해결하려 하면 또 다른 새로운 문제가 튀어나오니" … "(휘태커) 변화를 이루기 위한 위험을 감수하는 단계에서 혼란은 좋은 겁니다. 혼란은 창조를 의미하고, 가족 내에서 새로운 무언가를 발전시키고자 한다면 혼란스러워할 필요가 있습니다."(Napier & Whitaker, 2012: 161).

2) 원가족 삼인군

원가족 삼인군은 원가족 내 아버지, 어머니, 아이로 구성된다. 아이의 건강한 성장을 위해 부모는 신체 보호를 넘어 모든 영역에서 아이를 잘 보살펴야 한다. 아이는 이미 생후 일 년 이내에 부모의 말보다 부모의 숨소리, 접촉, 움직임 같은 신체를 통해 많은 정보를 얻고 부모와의 상호작용을 내면화하여 자신을 형성한다. 아이가 언어를 학습하기 시작하면 가족 상호작용에 대한 복잡한 학습이 이루어진다. 아이는 부모와의 관계에서 인간관계에 대한 가정, 규칙, 기대를 형성하고 이러한 영유아기 경험은 아이의 기질, 성격, 능력 발달에 영향을 미친다.

3) 자존감

자존감은 자신이 가치 있다고 여기는 믿음, 감정을 의미한다. 자존감은 가족, 타인과 의사소통을 주고받으며 발달하는데 말을 배우기 전인 영아기 때부터 형성된다. 자존감은 행위나 상황에 종속되지 않아 자신의 모든 행동이 훌륭하지는 않더라도 자신의 가치를 인정하는 것을 의미한다. 반대로 자존감이 낮은 사람은 자기 가치가 타인의 인정에 달려있다고 믿는다.

원가족 삼인군에서 부정적 상호작용으로 사랑과 신뢰가 약화되고 자신의 가치를 낮게 보는 믿음이 형성되면, 이는 인생의 장애로 작동하여 학습, 일, 관계 맺기의 전반적 손상이 나타날 수 있다. 자존감이 높은 사람은 자기 자신을 드러내면서도 타인과 진실한 관계를 맺는다.

4) 생존방식

생존방식은 위협 상황에서 자존감을 지키기 위해 행하는 의사소통 방어기제를 말한다. 의사소통에는 언어적, 비언어적 메시지가 공존하는데, 언어적 메시지는 말의 내용을 의미하며 비언어적 메시지는 표정, 몸짓, 목소리 톤, 발화 속도 등을 의미하며 주로 정서를 담는다. 언어적 메시지와 비언어적 메시지가 일치할 때 일치적 의사소통이라 하고, 일치하지 않을 때 비일치적 의사소통, 혹은 이중 메시지라고 한다. 비일치적 의사소통은 두 개의 모순된 메시지를 발생시키므로 청자는 어느 것을 진심으로 받아들여야 하는지 혼란을 경험한다. 이중 메시지는 말하는 사람이 거짓말을 하고 있다는 개념은 아니며 단지 통합이 잘 이루어지지 않았음을 보여주는 개념이다(Satir et al., 1991).

아이는 성장하며 의사소통에 대한 가족규칙에 노출된다. '우리 가족은 절대 화를 내서는 안 된다'가 일례이다. 이 규칙을 위반하는 것은 아이에게 생존을 위협하는 두려움을 야기할 수 있다. 결국, 아이는 생존을 위해 가족이 사용하는 비일치적 의사소통을 모방 학습하여 자기를 방어하고 이것이 생존방식으로 굳어져 성인이 되어 관계가 흔들리는 순간에 발현되는 것이다. 사티어는 아래 〈표 5-1〉과 같이 다섯 가지 생존방식을 분류하였다.

〈표 5-1〉 다섯 가지 생존방식(Satir et al., 1991)

회유형
• 생존 위협 상황에서, '타인'과 '상황'은 존중하나 '자기' 감정은 무시 • 상대에 맞추는 동의의 말 사용("내가 잘못했어") • 구걸의 정서 ("너 없으면 나는 아무것도 아니야") • 의존적 순교자로 행동: 지나치게 친절하고 사죄하고 모든 것을 주려 함 • 자원: 돌봄, 민감성
비난형
• 생존 위협 상황에서, '자기'와 '상황'은 존중하나 '타인' 감정은 무시 • 논쟁적 언어와 비난의 정서("네 잘못이야") • 내면의 소외감("나는 외롭다") • 자원: 자기주장
초이성형
• 생존 위협 상황에서, '상황'에만 초점 두고 '자기'와 '타인' 감정 무시 • 객관적 언어("사람은 지적이어야 해") • 냉담한 정서("사람은 어떤 경우라도 냉정하고 침착해야 해") • 원칙주의적 행동 • 자원: 지식
산만형
• 생존 위협 상황에서, '자기'와 '타인'의 감정 무시하고 '상황'도 무시 • 대화 맥락에 맞지 않는 요점 없는 단어 사용 • 혼란스러운 정서("나는 실제 여기 있는 것이 아니다") • 산만하고 부적절하고 지나치게 활동적인 행동양식 • 자원: 즐거움, 창의성

일치형
• 위협 상황에서 '자기', '타인', '상황' 모두 중요시 • 말의 내용이 비언어적 표현과 일치 • 정서가 자유롭게 표현됨 • 생동감 있고 창조적인 행동 • 자원: 연결감, 접촉, 높은 자존감

5) 빙산 모델

사티어는 인간 내면 경험의 근원에 자기(self)가 있고 그 외에 열망, 기대, 인식, 감정, 신념, 대처, 행동 등의 여러 경험 수준이 있다고 주장한다. 열망은 사랑받고, 수용되고, 인정받고 싶어 하는 갈망을 말한다. 기대는 열망이 특정 관계에서 구체화 된 것을 의미한다. 인식은 해석이라고 할 수 있다. 감정은 현재 사건에 대한 감정을 말하나 이는 대개 과거에 축적된 감정 위에 형성된다. 대처는 방어, 생존 기제를 말한다.

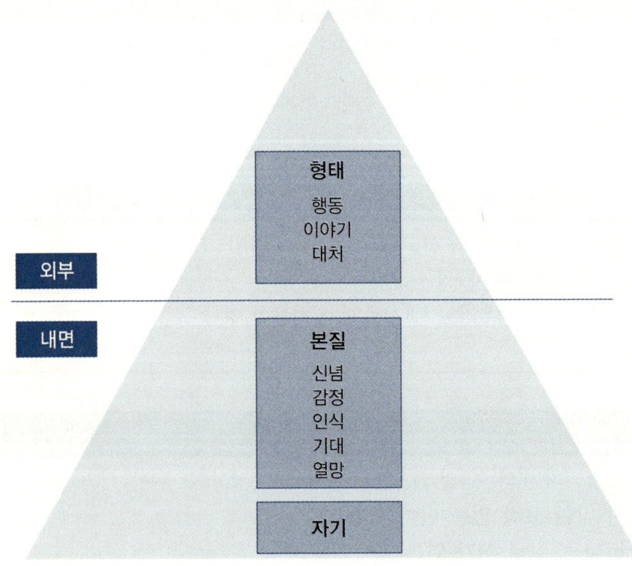

[그림 5-1] 개인 빙산 모델

출처: Satir et al.(1991).

어떤 경험을 들여다보면 이러한 여러 요소가 다 작동한다. 가령, 아버지가 형만 낚시에 데려가는 경험을 통해 아버지는 나를 사랑하지 않는다고 생각한 내담자가 있을 때, 그의 열망은 형처럼 사랑받는 것이고 기대는 아버지가 자신을 낚시에 데려가는 것이다. 그의 인식은 아버지가 자신을 사랑하지 않는다고 생각한 것이며, 감정은 아버지에 대한 실망이다. 대처는 전술한 네 가지 생존방식으로 역기능적으로 작동하여 갈등을 심화한다. 행동은 개인의 대처방식의 결과로 외부로 표현된 것을 말한다. 사티어의 치료는 이 모두를 다룬다([그림 5-1] 참조).

3. 가족문제 발생과 치료 원리

1) 휘태커

휘태커에게 건강한 가족은 통합된 전체(integrated whole)로서 유기적 감각을 가지고 있다(Whitaker & Keith, 1981). 그들은 각자 가족 역할에 맞게 기능하지만, 상황에 따라 역할을 자유롭게 조정할 수 있고 권력 분배에도 융통성이 있다. 가족 안에서 자기 자신이 될 자유가 보호되며, 시간 경과에 따른 가족 변화를 수용한다. 반대로 역기능적 가족은 가족생활주기 상의 스트레스(예: 자녀 독립)나 기타 스트레스(예: 이사, 가계 위기 등)에 잘 대처하지 못하고 거기서 발생한 스트레스가 가족체계 안에 누적된다. 건강한 가족은 가족원 모두의 스트레스를 인정하며 스트레스가 한 명의 증상으로 발현되지 않고, 발현되더라도 가족 성장의 방향으로 귀결된다. 건강한 가족은 원가족과 좋은 관계를 유지하지만, 핵가족보다 가깝지는 않다.

휘태커에 따르면 병리적 가족에는 진정으로 잘 기능하는 사람이 존재하기 어렵다. 가족에 헌신하고 잘 기능하는 것으로 보이는 일 중독 가족원도 사실 '백기사(white knight)'이며, 이는 '문제아(black sheep)'와 마찬가지로 가족 내 희생양일 가능성이 크고, 둘의 관계는 공생관계이다. 백기사의 헌신은 종교적 광신의 성격을 띠고, 그들은 어떤 것을 잘하는 것과 남을 돕는 것에 몰두하나 정작 자기 자신은 억압한다.

휘태커는 자기를 진정으로 꽃 피우게 하는 개성화 없이 추구되는 개인주의(individualism without individuation)를 경계하였다. 또한, 가족으로부터 진정 독립하지 못하면서 정작 관계에서는 부재한(absent-without-leave) 모습을 현 문화의 보편 질병으로 보면서 가족원들은 서로 진정으로 연결될 필요가 있고, 따라서 가족치료에서 의미 있는 타자와 실제로 연결되는 '경험'이 머릿속에서 발생하는 그 어떤 통찰보다 중요하다고 보았다.

2) 사티어

사티어는 가족 간 문제를 낮은 자존감에서 비롯한 문제로 보았다(Satir et al., 1991). 자존감이 인간의 가장 근원적 욕구이며 에너지와 창조력의 원천이 되기 때문에 자존감이 손상되면 건강한 개인의 삶과 가족관계를 영위하기 힘들다고 보았다. 이러한 낮은 자존감은 사랑받고 싶다는 열망에서 비롯한 기대가 가족 안에서 충족되지 못하고, 이것을 자기 가치가 깨어진 것으로 지각하는 데서 생겨난다. 이는 주로 원가족 삼인군에서 부모가 정서적으로 적절한 양육을 하지 못했을 때 나타날 수 있다. 그리고 이러한 자존감 손상은 불안 같은 부정적 정서를 낳는데, 이러한 부정적 정서와 역기능적 가족규칙의 영향으로 형성되는 생존방식인 비일치적 의사소통은 가족 간의 원활한 소통을 악화시켜 가족 행동이 악순환에 빠지게 한다. 이러한 상호작용이 누적되면 가족은 부적응에 이르고 이것이 가족 항상성을 깨면 도움 요청을 위해 치료실을 찾게 된다.

사티어는 이렇게 가족문제의 발달 과정에서 자존감, 열망, 기대, 자각, 감정, 방어기제, 행동이라는 다양한 요소가 모두 작동하기 때문에 이 모두에 적절히 개입하는 것을 치료 원칙으로 삼았다. 그리고 이 요소의 변형을 통해 높은 자존감과 일치적 의사소통을 형성하여 가족들은 진실한 자기와 내면을 드러내고 깊은 수준에서 정서적으로 교류하게 된다고 보았다.

또한, 사티어는 그의 세계관인 성장모델에 기초하여 일련의 치료에 대한 신념을 형성하고 강조하였다. 그의 치료적 신념을 몇 가지 언급하면 다음과 같다(Satir et al., 1991).

① 변화는 언제나 가능하며 외적 변화에 한계가 있더라도 내적 변화는 가능하다.
② 인간은 모두 상황에 적절히 대처할 수 있고 성장에 필요한 내적 자원을 가지고 있다.
③ 치료는 병리적인 것에 초점을 두기보다 건강함에 초점을 두어야 한다.
④ 인간은 유사성을 기반으로 관계를 형성하고 차이점을 수용함으로써 성장한다.
⑤ 희망은 변화의 중요 요인이다.

⑥ 문제 자체는 문제가 아니다. 대처하는 방법이 문제다.
⑦ 인간은 본래 선하다. 자신이 가치 있는 존재임을 깨닫고 인정하기 위해 우선 내면의 자원을 찾아야 할 필요가 있다.
⑧ 과거의 사건을 수용하고 그 가치를 인정할 때 현재를 다루는 능력이 향상된다.
⑨ 전인성을 향해 나아가는 데 한 가지 목표는 부모를 한 인간으로, 개성을 가진 인격체로 만나는 것이다.
⑩ 인간이 겪는 과정들은 상황, 환경, 문화에 상관없이 보편적이다.
⑪ 변화는 일련의 과정을 통해 일어난다.
⑫ 건강한 관계는 평등한 가치 위에 이루어진다.

4. 치료목표와 치료자 역할

1) 휘태커

(1) 치료목표

휘태커는 증상 완화나 사회 적응을 가치 있다고 보지만 그것을 목표로 하기보다 가족 전체의 창의성(creativity) 혹은 광기(craziness)를 증가시키는 것을 목표로 한다(Whitaker & Keith, 1981). 이러한 최종 목표를 달성하기 위해 다음 목표들이 달성되어야 한다. 첫째, 대인관계 스트레스를 높인다. 즉, 한 명의 증상을 가족체계 전체의 문제로 전환하여 가족이 스트레스를 경험하게 한다. 둘째, 확대가족과의 관계를 심화, 확장한다. 셋째, 문화나 지역사회와의 관계를 확장한다. 넷째, 가족 경계를 세운다. 다섯째, 세대 간 연합 대신 분리를 촉진한다. 여섯째, 인간 성장을 위해 놀이가 필요하므로 가족은 놀이를 학습한다. 가족이 놀이가 가능한지 판단하는 기준 중 하나는 역할 유연성 여부로, 가족은 상황에 따라 다른 가족 역할을 맡을 수 있어야 한다. 일곱째, 가족원은 각자 자기 자신이 되어야 한다. 이성적 억압을 깨고 자신을 드러내는 것의 긍정성을 강조하는 다음 〈글상자 5-2〉의 예를 보자.

글상자 5-2 가족의 이성적 억압과 관련한 휘태커 사례의 예

휘태커의 어조는 가벼웠지만 분명 농담은 아니었다. "그래서 난 네가 가족 때문에 미쳐버릴 것 같다고 했을 때 조금 기뻤단다. 그거야말로 가족들에게 필요한 거거든. 미칠 수 있는 능력 말이야. 물론 다른 사람 때문에 미치고 싶어 하는 사람은 아무도 없지만, 너라면 가족들이 자발적으로 미치고 또 그걸 즐기는 방법을 배우도록 도와줄 수 있을 게다. 그건 정말 근사한 일이란다. 사실 네가 가족에게서 압박감을 느끼는 요소가 바로 그것이라고 생각한다. 만약 네가 가족의 이 끔찍한 냉철한 이성을 깰 수 있다면 가족 모두 미치는 법을 배울 수 있을지도 모르겠구나."(Napier & Whitaker, 2012: 160)

휘태커에 따르면, 구체적이고 궁극적인 치료목표는 치료자의 구체적 명명 없이도 자연스럽게 치료과정에서 발전해 간다. 휘태커는 지적 사고는 변화를 약화시키고 지적 게임(intellectual game-playing)을 우회하는 것이 더 효과적이라고 믿었기 때문에 비언어적으로 치료목표를 확립해 갔고 따라서 이러한 치료목표는 사후적으로 파악될 때가 많았다. 가족들이 치료목표를 물을 때 그것을 논의하나, 그들의 질문 틀에 갇히지 않고, 역설의 방식으로 목표를 정의할 때도 있다(예: 약물중독자가 치료목표를 묻자, 어떻게 고통받는지 가르치는 것이라고 답함). 또한, 은유는 의미를 풍성히 하고 비완결적으로 만들기 때문에 목표 기술을 위해 은유·비유적, 시각적 언어를 많이 사용한다. 은유의 비언어적 성격은 가족이 그것을 기억하기 어렵게 만들고 그것을 인지하나 학습하지는 못하게 한다.

내담자에게 가족치료가 치료자 자신의 성장에 도움이 된다는 치료자 자신의 목표를 공유하는 것도 도움이 된다. 휘태커는 성자가 되려는 소망에서 비롯한 이타적 상담을 운영하지 않는다. 그는 이러한 부정직함이 내담자와 치료자의 유대를 약화시킨다고 보았다.

(2) 치료자 역할

휘태커에게 치료자는 코치나 조부모 같은 역할을 한다(Whitaker & Keith, 1981). 두 역할 다 구조·질서, 훈육, 창의성, 돌봄과 지지가 필요하다. 치료자는 가족과 만나기를 즐기고 따뜻하고 친근하다. 치료자는 자신의 진실한 정서에 기반하지 않고 가족과 정서적으로 거리를 두고 의사소통 훈련만 하거나 해석 작업만 할 수 있는데 이렇게 되면 원하는 목표를 달성할 수 없다.

치료자가 자신의 정서와 직관을 사용하는 것이 중요하다. 이러한 휘태커의 치료 방법은 누군가에게는 위험해 보이고 치료자들에게 교육이 불가능하다고 인식된다. 이에 대해 휘태커는 심리치료 자체가 강력한 개입이므로 자신의 방법 또한 위험성이 있을 수 있음을 인정하지만, 치료자들에 대한 교육은 가능하다고 보았다. 그러나 그 교육은 도제식으로 이루어져야 하고 자신의 원가족과의 관계에서 성장해야만 이루어질 수 있다고 보았다. 치료자는 자유연상 등에서 비롯한 자신의 직관을 가족과 공유할 수 있지만, 직관은 치료자의 주관적 인식이므로 가족이 이를 거부하면 이를 빨리 철회하는 것이 좋다.

치료자로서 휘태커의 상담팀은 매우 적극적이다. 지시를 사용할 때도 있으며, 가족 불안을 높이기 위해, 혹은 내면의 감정을 만나는 시간을 부여하기 위해 침묵을 사용하기도 한다(Napier & Whitaker, 2012). 치료자는 노골적으로 치료 초기 몇 회기를 통제한다. 치료자는 적극적으로 가족에 침투하여 불안이 가득 내재해 있는 가족 영역을 드러낸다. 가족원이 서로 대화하는 것을 금지하지는 않지만, 가족과 치료팀이 상호작용하는 것이 치료의 중심이 된다.

휘태커는 기본적으로 공동치료를 활용한다. 공동치료자들은 내담자 가족의 상징적 '부모'가 되고 교육적 지도자이면서 동시에 지지적이고 돌보는 역할을 맡는다. 한 명이 고정적으로 한 역할을 맡기보다 한 회기 안에서 그리고 치료과정 전체에서 역할은 유연하게 변화될 수 있다.

휘태커가 공동치료자를 활용하는 이유는 다음과 같다. 첫째, 팀치료는 치료자의 회기 내 창의성과 유연성을 높인다. 둘째, 공동치료자들이 공통 관점을 가지면 가족은 이를 쉽게 거부하지 못하므로 강한 영적 힘을 발휘하게 된다. 셋째, 치료자 개인의 병리성이 가지는 영향이 감소한다. 넷째, 다른 치료자가 작업하는 동안 상담을 객관적으로 성찰할 수 있다. 다섯째, 공동치료자는 가족원 한 명을 치료 도우미로 활용하는 것을 방지한다. 여섯째, 가족의 중도 탈락이나 상담 종결에 대해 치료자가 정서적으로 잘 대응하도록 돕는다.

치료자는 인종적, 종교적, 문화적으로 내담자 가족과 조화를 이루는 것이 좋은데 이와 관련하여 공동치료는 큰 자산으로 작용할 수 있다. 예를 들어 휘태커는 딸이 흑인 고교 교사와 약혼한 것을 두고 갈등하는 백인 가족에 대한 치료에 흑인 공동치료자를 초대했다. 또한, 자폐아 가족에 대한 사례에서는 소아정신과 의사를 공동치료자로 초대했다.

하지만 공동치료의 단점도 있다. 내담자에게 큰 비용을 발생시키고, 상담 시간을 정하기가 더 어려워진다. 치료자들 간의 혼란이 일어날 수도 있다. 이럴 때 '결혼'이라는 은유를 통해 치료자들은 각자가 자율적인 '나 자신(I)'이 되면서도 상호 의존적인 '우리(we)'가 될 수 있음을 인지하고 이것을 공동치료의 원리로 삼는다.

상징적 부모로서의 공동치료자는 상담실 안에 나란히 앉으며 상담 초기에 강한 권력을 가지지만, 이내 의도적으로 무력해지며 가족이 치료과정을 주도할 것을 요구한다. 특히 치료팀이 모든 정답을 알고 있거나 마법 같은 일을 하기를 기대하는 가족의 기대를 거부한다. 치료 중반기에 치료팀은 스트레스 유발자, 성장 촉진자, 창의력 자극제로 기능한다. 가족 안에 숨겨진 역동을 폭로할 수도 있다(예: "당신은 남편 앞에서 꼭 아이가 엄마, 아빠에게 말하듯 애처럼 말하는군요"). 치료 후반기가 되면 치료팀은 치료실에 존재하고 지켜보는 것 외에 기능하지 않는다. 치료팀은 자신이 기여할 부분이 있더라도 개입하지 않고 가족이 독립적으로 주도권을 가지고 상담을 이끌게 한다. 이때 가족은 집을 떠나기 전의 후기 청소년 같고 부모(공동치료자)는 이를 자랑스러워하고 그들을 가르치는 우를 범하지 않는다. 치료 후반기에 가족이 치료자의 견해를 잘 다룰 수 있게 되면, 치료자는 자유롭게 비이성적으로 되며 자기노출을 사용할 수 있다. 자신의 자유연상 · 환상에서 본 것을 언급하거나 직면시킬 수 있고 역설적으로 접근할 수도 있다(예: "당신이 제 와이프면 도망가겠어요"). 가족이 종결로 향하면 이유를 파고들기보다 그 의사를 존중하며 최대한 빨리 종결을 준비한다.

치료과정에서 치료자는 가족에 적극적 합류를 하기도 하고 소극적 자세로 거리두기를 하기도 하는 유연한 접근을 보인다. 이렇게 합류와 거리두기를 적절하게 하는 것은 중요하나 이를 능숙히 해내는 것은 쉽지 않다. 경험 없는 치료자는 합류와 거리두기의 적당한 타이밍을 인식하기 어려워한다. 공동치료자 간 개인차도 있을 수 있다. 예를 들어 휘태커는 가족에 조금 무관심해졌다, 갑자기 가족원 한 명과 깊이 작업을 한다. 그리고 갑자기 주제를 바꾸거나 자신과 가족을 분리하는 변화무쌍한 모습을 보인다. 반면 휘태커의 공동치료자 중 한 명이었던 키스(Keith)는 공동치료에서 조금 더 신중히 움직인다. 합류와 거리두기에 대한 다음 〈글상자 5-3〉의 예는 이해에 도움이 된다.

글상자 5-3 **합류와 거리두기에 대한 휘태커 사례의 예**

우리는 가족치료를 할 때 몇 가지 단기 상담목표를 세운다. 먼저 가족의 희생양을 없앤다. 브라이스 가족에게 클라우디아(희생양)는 어떤 면에서 가족치료자였다. 우리가 가족에게 개입하는 방법 중 하나는 클라우디아의 역할을 떠맡는, 가족의 주요 삼각화에 끼어드는 것이다. 우리 중 한 명은 의도적으로 가족 안으로 들어가 가족문제와 환자에게 깊숙이 휘말린 후 안전하게 공동치료 관계로 되돌아온다. 우리는 클라우디아가 가출하고 다시 집으로 돌아오듯 '가족을 들락날락'하며 클라우디아가 그랬던 것처럼 가족의 정체된 상태를 깨뜨리려고 한다. 그리고 칼(휘태커)과 나는 서로를 의지할 수 있기 때문에 혼자 상담을 할 때보다 더 안심하고 가족문제에 휘말릴 수 있다(Napier & Whitaker, 2012: 186).

치료자는 회기에서 다양한 모습을 보일 수 있어야 한다. 가족이 처음 도착했을 때는 사교적이지만, 본 작업에 들어가면 침묵을 사용할 줄도 알아야 한다. 치료자는 개인적으로 어느 정도 성장해 있어야 하며, 돌볼 수 있는 능력을 가져야 하며, 사랑과 단호함을 통합할 수 있어야 하며, 창의성·광기와 구조·질서를 통합할 수 있어야 하며, 치료자로부터의 가족의 분리·성장을 독려해야 하며, 비일관성, 즉, 다양성을 발휘할 수 있어야 한다. 이러한 치료자의 비일관성은 가족 내 부모의 경직된 패턴을 약화시킬 수 있도록 돕는다.

광기·창의성은 중요하다. 광기는 치료과정을 위한 치료자의 일면이어야 한다. 광기는 비이성적이고 자유연상적인 환상의 성격을 가지고 있어야 한다. 이러한 퇴행적이고 영아적인 미성숙한 면은 역설적이게도 건강하고 자유롭고 성숙한 사람에게 가능하다. 그리고 가장 적시에 치료자는 가족에게도 광기를 발휘할 기회를 부여한다. 이렇게 치료자가 합리적, 비합리적 자신을 넘나드는 것도 공동치료자와 구성하는 치료팀 덕분이다. 이 치료팀이 가지는 독특한 하위문화는 합리, 논증, 이타성만 강조하는 주류 문화에 저항한다.

마지막으로 치료자는 자신이 스스로 치료를 통해 성장해야 한다. 휘태커는 스스로가 치료를 통해 한 개인으로서 성장하는 느낌을 받지 못하면 가족 또한 치료에서 많은 것을 얻지 못할 것이라고 말한다.

2) 사티어

(1) 치료목표

사티어는 가족구조와 같은 가족체계의 외형을 변화시키는 것보다 가족원의 내면 변화를 통해 성장이 일어나고 그 각각의 성장이 가족 안에 조화를 이루도록 하는 것을 궁극적 치료목표로 삼았다. 이를 다음과 같이 정리할 수 있다.

첫째, 가족원이 스스로 성장의 잠재력과 자원을 가지고 있음을 자각하고 이러한 성장의 잠재력을 충분히 꽃피울 수 있도록 한다.

둘째, 자존감을 타인, 사회의 인정이 아닌, 있는 그대로의 자기수용을 통해 형성한다.

셋째, 가족원의 상호 유사성과 차이를 인식하고 자신을 억압하지 않고 진실하게 소통한다.

넷째, 원가족에서 학습한 비일치적 생존양식 대신 일치적 대처방식을 학습한다. 이를 위해 자신과 타인의 내면, 그리고 상황에 대해 객관적으로 자각하고 수용할 수 있게 한다.

다섯째, 사랑받고자 하는 열망을 자각하고 인정하고 수용한다. 과거에 충족되지 못한 기대를 확인하고 그 기대와 그것을 충족시키고자 했던 방법을 놓아버린다. 이루지 못한 기대는 열망을 반영하여 현실적으로 수정하며 이를 충족시킬 건강한 다른 방법을 습득한다.

(2) 치료자 역할

사티어는 치료를 내담자와 치료자의 진실한 만남으로 보았다. 치료자는 내담자가 가지는 절망, 두려움, 고통 등을 수용하고 그들을 가치 있는 인간으로 인정하는 것이 필요하다. 사티어는 다음 〈글상자 5-4〉의 방법으로 각 가족원과 접촉하고 관계 맺을 것을 권고한다.

글상자 5-4 **사티어가 가족원과 관계 맺는 방법의 예(Satir et al., 1991)**

- 눈을 마주 보며 이야기한다.
- 악수하기, 포옹과 같은 피부 접촉을 한다.
- 내담자와 동일한 수준의 신체적 자세를 취한다.
- 각 사람의 이름을 묻고, 어떤 이름으로 불러주기 원하는지 묻는다.
- 감정을 함께 나눔으로써 사람은 모두 동등하다는 것을 모델링한다.

치료자는 희망을 전달할 필요가 있다. 문제를 문제시하지 않고 각 가족원이 희망하는 바를 말할 수 있게 하고 그들이 새로운 것을 배우고 변화를 만들어 낼 수 있는 자원을 이미 가지고 있음을 분명하게 함으로써 희망을 형성하게 돕는다. 여기서 희망이 현실성을 가지기 위해 거대한 변화를 강요하기보다 점진적인 작은 변화에 초점을 둘 필요가 있다. 예를 들어 "지금보다 조금 더 달라지기 위해 이미 존재하고 있는 것에 무엇을 더할 수 있을까요?" 같은 질문을 통해 변화가 쉽게 일어날 수 있고 희망을 가질 수 있음을 자각하게 한다.

치료자는 또한 가족과 지속적 신뢰를 형성하기 위해 노력해야 한다. 여기에는 치료자의 구체적인 개입방식에 대해 가족원이 신뢰하도록 하는 것도 포함된다. 이를 위해 치료자는 자신감과 높은 자존감을 보일 필요가 있다. 치료자는 이러한 심리적 자원을 토대로 치료에서 최소한의 제한만 가하고 가족이 편안하게 느끼는 상황을 만들어야 한다. 그리고 치료자의 배경이나 경력, 경험, 사적 정보에 대해 묻는 질문에 개방적일 필요도 있다.

치료자 스스로가 일치적 의사소통을 하는 것이 매우 중요하다. 따라서 사티어의 치료사 훈련은 치료자 스스로가 일치형 인간이 되는 것에 방점을 둔다. 일치적 치료사가 되기 위해 다음 〈글상자 5-5〉의 행동양식을 회기 안에서 일관되게 취할 필요가 있다.

글상자 5-5 **일치적 치료사가 되기 위한 행동양식(Satir et al., 1991)**

1. 나에게 어떻게 반응할지에 대해 선택권이 있다는 사실을 인식하고 받아들이라.
2. 현재 내 안에서 일어나고 있는 기대, 인식, 감정에 접촉하라.
3. 말, 몸짓, 행동의 주인이 나라는 것을 받아들이라.
4. '나' 메시지(예: "나는 ~이다 / 나는 ~을 느낀다 / 나는 ~을 들었다")로 반응하라.
5. 내 안에서 일어나고 있는 일과 상대의 언행을 관찰한 바를 나누되, 판단적 언어가 아닌 묘사적 언어를 사용하라.
6. 상대와 접촉할 때 신체 거리나 친밀감에 주의를 기울이라. 눈높이를 맞추고, 편안한 친밀감을 느낄 수 있는 위치를 잡으라.

마지막으로, 성장모델은 목표, 결과중심 모델이 아니라 과정중심 모델이므로 목표보다 과정을 중요시하는 치료자의 신념이 중요하다. 예를 들어, 기대에 어긋나는 어떤 부정적 결과를 겪더라도 그것으로 나아가던 과정이 아름다웠다면 그 과정 자체가 중요한 것이다. 또한, 결과를 통해 배우고 성장하면 그 실패라고 낙인찍힌 결과도 성장의 디딤돌이 된다. 치료자 스스로 이러한 과정중심 신념을 가지고 가족이 일희일비하는 일들을 바라볼 때 가족 또한 성장할 수 있도록 도울 수 있다.

5. 치료기법과 개입의 실제

1) 휘태커

(1) 사정

사정은 회기 초반에 은연중에 비공식적으로 이루어진다(Whitaker & Keith, 1981). 각각의 가족원에게 가족과 가족 기능에 관해 질문하며 공감적 관계를 형성한다. 초기 사정에서 되도록 많은 가족을 보고자 한다. 여기에는 3세대를 아우를 수 있다. 그리고 전체체계,

하위체계, 삼인패턴, 이인연합, 개인 역동을 측정한다. 휘태커는 구체적 진단을 경계한다. 진단은 문제를 구체화함으로써 오히려 가족의 삶에 더 큰 문제를 야기할 수 있다고 보았다. 치료는 여정이고 치료자는 안내자이다. 진단은 이 여정에서 가족을 속여 여행을 손상시킨다.

첫 회기에서 휘태커는 가족에 대한 다양한 관점을 얻기 위해 개별 가족원과 돌아가며 이야기 나눈다. 가족과 가장 거리가 있는 가족원과 먼저 시작하는데 주로 아버지에게 이 가족에 관한 이야기를 들려달라고 요청한다. 이어 다른 가족원의 이야기도 들으며 어머니의 이야기는 마지막에 듣는다. 이외에도 어떤 유형의 편이 존재하는지, 정서적 거리두기 방법이 있는지, 권력 구도는 어떠한지, 가족 싸움의 구체적 모습과 과정은 어떠한지 등을 파악한다(Napier & Whitaker, 2012). 그리고 가족생활주기를 파악하며, 호소문제와 증상의 배경이 되는 가족관계의 요소를 찾는다. 정서적 나이도 파악한다. 예를 들어, 우울하고 의존적인 50대 아버지는 5세 유아로 지칭되고, 조현병 환자는 정서적으로 2세로, 양극성 장애 환자는 3세로 가정된다. 문화적으로 정상이라 여겨져 은폐되는 병리적 특성도 있다. 이를테면 과대기능, 병리적 희망, 병리적 순수 등인데, 이러한 고(高)기능 가족원에 대해 가족의 문제아가 평형추 역할을 한다. 또한, 부모와 조부모와의 관계도 파악한다.

사정 시 치료자가 자신의 반응을 살피는 것이 중요하다. 불안이나 신체 감각(예: 근육 경직) 같은 것을 경험하는지 자문하고 자신의 목소리 톤이나 표정 등을 살핀다.

사정이 초기 치료의 중심이 되어서는 안 되며, 가족 전체와 치료동맹을 형성하는 것이 우선이 되어야 한다. 즉, 합류가 우선이며, 그후 가족 전체에 대한 측정이 이루어지고, 필요한 경우 개인 심리평가(예: 자폐스펙트럼장애를 가진 아이에 대한 평가)가 이루어진다.

사정 후 선별이 이루어질 수도 있다. 장기적 정신병리를 가지며 변화 동기가 없는 사람이나 양극성 장애 환자에는 치료가 덜 효과적일 수 있다. 이 경우 약물치료가 더 적절할 수 있다.

(2) 치료 구조화와 전체 참여 강조

휘태커는 치료 초기의 치료 구조화, 특히 가족 전체 참여를 강조하였다(Whitaker & Keith, 1981). 전체 가족이 나타나지 않으면 상담에 참여한 가족원들을 돌려보낸다. 혹은 참석한 가족과 함께 앉은 가운데 한 시간 동안 전체 가족이 안 오면 아무것도 할 수 없음을 불평한다. 결국, 일부만 참여하게 되면 다른 치료자를 찾아보라고 한다. 휘태커는 일부 하위체계나 개인을 대상으로 하는 치료는 참가 가족원과 불참 가족원 간에 은밀한 편집증을 발전시키므로 전체 체계를 대상으로 하는 상담보다 덜 효과적이라고 보았다. 특별히 특정 가족원에 대한 편애를 경계하였다. 이를테면 가족 내 문제아든 백기사 영웅이든 간에, 이들 가족 희생양과 개인회기를 가지는 것을 경계하였다.

첫 회기에 모든 가족원이 참여하라는 것은 '구조 전쟁(battle for structure)'의 서막이다. 치료자들은 가족과 타협하지 않지만, 예외도 있다. 만약 외도 이슈가 있거나 이혼을 앞둬 자녀들을 대동하기 원하지 않으면 첫 회기는 용인하나 두 번째 회기부터는 데려와야 한다고 말한다. 다른 예로, 어떤 부부가 있었는데 남편이 아내 앞에서 자신의 감정을 말하기 어려워해서 20분은 남편만, 20분은 아내만, 20분은 부부가 함께 참여하는 구조화를 하고, 이를 3회기까지 진행 후 이후부터는 부부를 함께 보기 시작한 사례도 있다.

첫 회기부터 회기 내 구조화가 강조된다. 다른 가족원이 말하는 것에 끼어들면 말할 차례를 기다리면 기회를 얻을 것이라고 정중히 말한다. 가족원 간 논쟁이 발생하면, 가족문제를 알아보기 위한 작업 중이니 논쟁을 보류해달라고 요청한다.

휘태커는 첫 회기뿐 아니라 이후 회기에서도 전체 가족이 참여하라고 압박한다. 이 밖에도 '참고인 방문'으로 3세대나 4세대 인물을 초대하고, 생태체계 내 관련 인물(예: 연인, 이웃, 이전 치료사 등)을 초대하기도 한다. 확대가족 초대는 그들이 직접 방문할 때까지 지속 압박한다. 확대가족이 부득이 오지 못하는 경우, 각각의 배우자에게 배우자 없이 홀로 원가족을 방문하여 퇴행(regression)해 보라고 한다. 그들이 오지 못하거나 원가족 방문이 어려운 상황이면 부부가 빈 오디오 테이프를 보내 조부모에게 자녀가 태어나기 전까지의 그들의 삶을 녹음해달라고 부탁한다. 휘태커는 3대가 모두 상담에 참여할 수 있을 때 효과가 가장 좋다고 하고 가족원 중 어떤 이유로든 참여할 수 없는 사람이 있을 때 덜 효과적이라고 보았다. 조부모는 특히 상징적 힘이 매우 커서 그들의 관여는 가족체계에서 상당한 변화를 야기할 수 있다고 보았다.

치료 기간은 특별히 설정되어 있지 않지만, 가족의 사정(예: 이사, 가계 위기 등)에 따라 치료 기간을 한정하기도 한다. 가족이 자신의 유연성과 창의력을 높이고자 하면 처음 목표를 달성했더라도 상담을 종결할 필요는 없고 일 년 정도의 시간을 작업한다. 평균적으로 가족들은 10~15회기에 참여하고 종결한다. 어떤 가족은 종결 후 추적 회기를 몇 차례 가진다. 단순히 컨설팅이나 위기개입을 위해 방문하는 가족도 적지 않은데, 이들은 1~3회 정도 방문한다.

회기는 보통 매주 열리나, 불안 수준이 최소이거나, 혹은 가족이 경직되어 불안을 인내하는 힘이 약하면 2주 이상 간격으로 회기를 배치하기도 한다. 반대로, 불안이 너무 높으면 매일 회기를 진행할 수도 있다. 상담 초기 상담 구조화에 관한 결정은 전적으로 상담팀에 의해 일방 결정된다. 이 과정에서 가족과 주도권 다툼이 있을 수 있는데 이렇게 통제권을 상담팀이 획득한 후로는 점차 가족들에게 부드럽게 접근하기 시작한다. 치료 중반이 되면 치료 의사결정은 상호 동의에 입각한다. 후기 의사결정은 가족이 단독으로 내린다. 치료 진행에 따라 가족은 더 많은 책임을 져야 하기 때문이다. 이를 부모-자녀 관계에 빗대면, 처음은 영아기니, 주도권을 쥘 수 없으나 점차 성장함에 따라 스스로 책임지고 결정하게 된다. 이후에는 더 이상 부모를 즉, 치료자를 필요로 하지 않게 된다.

휘태커는 가족이 치료 주도권을 가져야 한다고 보았다. 그렇지 않으면 변화 잠재력이 거의 없다고 보았다. 치료자는 그들 스스로 변화를 원하지 않는다면 치료자는 어떤 변화도 이끌어낼 수 없음을 깨달아야 한다. 그리고 그들의 원함은 절박한 수준이어야 한다(〈글상자 5-6〉 참조).

글상자 5-6 가족의 치료 주도권에 관한 휘태커 사례의 예

"저희는 가족분들께서 먼저 시작해 주시길 기다리고 있습니다. 기다리는 건 저희 쪽이 선수랍니다!" 휘태커의 목소리는 유쾌하고 장난스러웠지만 진지했다. … 미묘한 침묵 경쟁이 벌어졌다. … 칼과 나는 전에도 수없이 이런 경험을 해왔기 때문에 기다리는 것에는 자신이 있었지만 그래도 약간 초조하기는 마찬가지였다. 첫 번째 상담에서 칼과 나는 주도적으로 상담을 이끌려고 애썼다. 그런데 지금은 가족이 먼저 서로에게 이야기를 시작하도록 무언의 압력을 가하고 있다. 만약 우리가 첫 번째 상담에서와 같은 방식으로 질문을 던지고 캐묻고 해석을 한다면 변화를 강요하는 책임이 우리에게 있다는 위험한 전례를 세우게 된다. … 브라이스 가족이 가족치료를 성공적으로 마치려면 그들이 주도적으로 가족문제와 맞서 싸우고 투쟁하고 변화를 향해 나아가려는 의지가 필요하다는 것을 상담 초기에 알아야 한다(Napier & Whitaker, 2012: 132).

치료 초기에는 구조화가 중요하나, 중기 이후로는 순간순간 창의적으로 접근해야 하며 지적 수준에서의 의사결정이나 사전 계획에 따르는 것을 지양해야 한다. 이를 위해 치료자는 자유연상 · 환상을 사용하는 것이 좋다. 언어를 구사할 때도 은유 · 비유, 놀리기, 유머, 자유연상, 환상, 직면 등 다양하게 접근하여 가족을 혼란스럽게 만들기도 한다. 다루기 힘든 조현병 아들을 둔 가족과의 상담에서는 그 아들과 팔씨름을 길게 하기도 했다. 과제를 줄 때는 학습 경험을 위해 주기보다 재미를 위해 주며 어디까지나 가족이 충분히 호기심을 느낄 때만 하게 한다(예: “매주 화요일 저녁마다 가족역할을 바꿔 보세요”).

휘태커는 개인치료와 가족치료를 함께 진행하는 것처럼 치료양식을 혼합하는 것은 경계하였다. 서로 긴밀히 연결되지 않은 치료자들이 동시에 가족에 관여되는 것은 비효과성을 높인다. 모든 에너지가 하나의 치료에 집중될 필요가 있다. 물론 거식증 환자의 가족치료를 위해 소아과 의사와 협동하기도 한다. 휘태커는 약물을 거의 처방하지 않으나 다른 이로부터 처방된 약물을 금하지 않는다. 개인치료가 필요한 경우라도, 치료 시작은 가족치료가 되어야 하며, 가족치료가 종결된 후 개인치료를 시작하게 권고한다.

가족원 한 명 이상이 중도 탈락을 결정하면, 그 사람이 잘 기능하는 가족원이고 다른 가족원들은 여전히 기능 수준이 낮더라도 치료자는 상담을 포기할 필요가 있다. 가족이 하나 되어 치료팀에 대항하면 치료팀은 가족의 승리가 상담만큼 효과적일 수 있다고 가정하고 가족을 보내준다. 휘태커는 탈락의 동기가 부정적 분노이든 긍정적 성공이든 상관없이 중도 탈락도 긍정적으로 본다. 치료적 경험은 단 일 회기 참석만으로도 가족의 삶의 방식을 재조직하고 의사결정 방식에 기여하기 때문이다. 따라서 그는 이른 종결이 많은 치료 후 이루어지는 종결보다 나쁘지 않은 경우도 있다고 보았다.

정식 종결은 가족에게 치료적 경험이 일어난 후에, 치료자가 지루함을 느끼고, 가족이 치료자에 점차 덜 의존하고, 증상이 완화되고, 가족원이 가족 이슈가 아닌 자신의 삶에 더 전작하여 무의식적으로 상담 종결을 희망하는 의사를 내비칠 때 자연스럽게 이루어진다. 종결할 때도 희생양은 여전히 증상을 가지고 있을 수 있다. 하지만 그가 가족의 무의식에서 차지하는 공간은 감소한다. 가족이 변한 것이다. 휘태커는 종결 시 가족이 엄청난 깨달음의 열반 상태에 들어가야 하는 것은 아니며, 가족의 삶에 작은 기여를 했고, 가족들이 부분적인 성공을 거두면 종결해도 된다고 말한다. 휘태커가 경계한 부적절한 종결은 가족이 일방적으로 치료를 멈추고 한 달 안에 다른 치료사에게 가는 경우이다.

(3) 아동 참여와 놀이의 활용

유아와 같이 어린 자녀들이 가족상담에 참여하는 경우 가족 이야기를 들으며 오히려 상처받을 수 있다고 우려하는 치료자들에 비해 휘태커는 자녀들의 참여를 강조하였다(Whitaker & Keith, 1981). 그들은 유연하고, 정직하고, 정서적 교감이 쉽게 가능하다. 치료자는 가족에 침투하는 수단으로 그들을 사용할 수 있다. 치료자는 자녀들과의 상호작용에서 개별화와 유대를 자유롭게 넘나드는 방법에 대해 부모에게 모델링을 제공할 수 있다.

그들이 불참하면 전체 체계의 변화를 막는다. 치료자가 일종의 부모가 되어 아이와 즐겁게 놀 때 변화는 촉발된다. 이것은 부모가 거만한 어른의 지위 역할을 내려놓고 아이들처럼 되라는 팁을 제공한다. 놀아줄 때, 무릎 위에 앉히고 꼬옥 안아주는 것, 등과 어깨를 마사지하는 것, 재미로 싸우는 것 등을 할 수 있다. 그들은 가족치료에서 성장하고 그들이 가족에 대해 가지는 불안은 완화된다. 아이들의 꿈이나 악몽 속에 관찰되는 스트레스도 경감된다. 휘태커는 다양한 장난감을 활용하였다(예: 인형의 집, 점토, 장난감 자동차, 테디 베어 등). 때때로 전체 가족체계나 하위체계를 대상으로 가족놀이치료(conjoint play therapy) 회기를 잡기도 한다. 이렇게 치료과정이 신체 상호작용(예: 팔씨름, 앉는 자리 바꾸기, 놀이치료 등)을 포함할 수 있기 때문에, 상담실 가운데에 아동과 성인을 위한 놀이 공간을 확보한다.

꼭 놀이가 아니어도 어떤 의미를 암시하는 의례적 행동을 하기도 한다. 아래 〈글상자 5-7〉의 예는 휘태커가 자신의 침묵과 흡연 모습을 상징적 보여주기식의 의례적 행동으로 활용함을 보여준다.

글상자 5-7 **의례적 행동에 관한 휘태커 사례의 예**

휘태커는 잠시 멈추어 자신의 파이프에 새 담배를 조금 담고 불을 붙였다. 담배 연기는 위로 맴돌아 마치 천천히 흐르는 시내에 떠다니는 잡초처럼 온 방 안으로 퍼졌다. … 나는 이런 의례적인 일들이 매우 중요하다고 생각한다. 나는 심리치료자들은 기본적으로 암시기법을 사용하는 사람들이라고 믿는다. 즉 그들은 암시를 하기 위해 상당히 미묘한 방법들을 사용한다. 휘태커 박사는 파이프에 불을 붙였을 때 의식적으로 최면을 걸지는 않았지만, 그 부드럽게 이어지는 행동이 모든 사람의 주의를 모아 차분하게 만들었고 그가 이제부터 말하려고 하는 내용에 모두 초점을 모으도록 하는 효과를 낳았다. 마침내 그가 이야기를 시작할 때 가족은 고요한 침묵 속에 앉아 있었다. "흠, 매우 전형적인 가족의 삼각화입니다. 매우 결속력이 강한." 그는 파이프를 한 번 더 빨며 잠시 멈췄다(Napier & Whitaker, 2012: 77).

(4) 합류하기

휘태커에 따르면 합류하기는 상징적으로 가족원의 일부가 되는 과정이다(Whitaker & Keith, 1981). 합류하기를 위해 치료자는 가족에 대해 기본적 공감을 해야 한다. 첫 회기부터 가족을 사로잡기 위해 노력한다. 특히 첫 회기에서 아버지와 정서적으로 연결될 수 있다면 가족은 치료에 계속 참여할 가능성이 커진다. 어머니와 너무 빠르게 과잉 연결되면 가족은 치료를 중단할 가능성이 커진다. 이러한 어머니와의 과잉 연결은 ① 성적 유혹, ② 너무 빨리 '지목 환자(Identified patient; 가족원들에게 가족의 문제로 지목되는 사람)'를 받아들이기, ③ 어머니를 화나게 하기의 방식으로 인해 발생할 수 있다. 가족의 언어나 억양, 리듬 등을 따라 하거나 가족원의 자세를 흉내 내기, 그리고 가족의 은유·비유를 사용하는 것 등을 통해서도 멤버십 획득이 가능하다. 마지막으로 아이와 놀아주는 것은 중요한 합류 방법이다. 이는 종종 매우 큰 효과를 발휘한다.

(5) 가족 내 가짜 상담 금지

휘태커는 가족들이 상담 이외의 시간에 상담에 관해 이야기 나누는 것이 갈등을 더 고조시키기 때문에 이를 금한다(Whitaker & Keith, 1981). 그는 첫 회기부터 가족 내에서 이루어지는 유사상담(pseudo-therapy)을 멈추라고 요구한다. 가족은 치료 회기를 제외하고는 증상이나 질병에 관해 이야기 나누거나, 상대의 어깨에 기대어 울기, 상대의 징징거림 들어주기, 상대에 조언하기 등의 기존에 가족에게 있었을 유사 상담적 상호작용을 멈춘다. 이는 부부가 번갈아 한쪽은 영아가, 한쪽은 부모화(parentification)가 되는 양상을 멈추게 하는 것이기도 하다.

(6) 역설적 패턴 통한 구조 변화 야기

휘태커는 치료에서의 기법 개발이 필요하나 더 중요한 것은 기법이 특정 가족에 대한 치료에 적절히 통합되는 것이라고 말한다(Whitaker & Keith, 1981). 기법이 일단 개발되고 기계적으로 되면 기법을 없애고 기법을 초월하는 것이 중요하다. 기법 자체보다 중요한 것은 기법을 사용하는 타이밍, 적절한 강조, 언제 그리고 어떻게 가족을 압박할 것인지, 언제 물러나고 언제 신중해질 것인지와 같은 메타 테크닉이라고 말한다.

휘태커는 치료에서 직관에 반하는 역설적 행동 패턴을 많이 보인다. 휘태커는 가족구조의 변화를 야기하기 위해 가족 역동에 침범한다. 역설이나 불협화적 접근, 놀리기, 가족의 말 비웃기, 논쟁하기, 직면, 놀이, 장난, 침묵 등을 통해 가족 혼란을 야기한다. 이러한 기법을 쓸 때는 반드시 반 농담조로 가벼운 톤을 유지하여 가족들이 너무 고통스럽게 받아들이지 않도록 해야 한다. 예를 들어, "저는 남편과 불행해요"라고 이야기하면, 치료자는 "당신은 더 많은 에너지를 원하시는 것 같으니, 다음번에는 좀 더 젊고 운동을 좋아하는 프로 운동선수를 선택해보는 것도 좋겠네요"라고 말한다. 혹은 "아내분이 남편분에게 대답하는 방식을 보니 제가 아내분과 결혼하지 않아서 천만다행이라는 기분이 드네요"라고 말하기도 한다. 또 다른 예로, 어머니가 가족 안에서 얼마나 약한 존재인지에 대해 말하면 이를 반박하는 증거(격년으로 태어난 다섯 자녀를 키웠는데 소진으로 드러눕지 않은 것이 놀라움)를 언급하며 그녀를 놀린다.

아이들은 아이들을 대하듯 대한다. 어린아이들은 치료자를 놀리거나 신체적으로 싸움을 하고 싶어 할 때가 있는데 그때마다 치료팀은 그들에 맞서고 그들을 이긴다. 청소년 자녀에게는 기꺼이 지지적인 태도와 이해심을 보이려 하지만 동시에 강한 한계 설정을 하기도 한다.

이러한 기법들을 사용하는 이유는 가족원이나 가족 전체가 고통이나 스트레스를 넘어서는 경험을 하도록 하는 데 있다. 이러한 접근을 통해 그들은 우스꽝스러운 상황을 음미하고 현실을 다른 프레임에서 바라보는 것을 즐길 수 있다. 이렇게 경험적 가족치료는 치료실 안에서의 경험의 힘을 강조한다.

치료 초기에는 이러한 기법을 부드럽게 사용하면서 가족의 수용력을 시험한다. 이후에는 더 구체적으로 가족을 몰아붙인다. 치료자는 가족의 비합리적 역동을 마주하며 느끼는 좌절감에서 비롯된 무력함을 드러내기도 한다("저희가 도움이 될 방법이 없을 것 같습니다"). 치료자들은 합리적일 의무가 없으며, 휘태커는 자신의 비일관성을 즐겼다.

치료자들은 적절한 시기에 가족들이 진실한 의사소통, 즉 주로 갈등적 의사소통을 분명히 표출하도록 한다. 이는 경험적 가족치료가 진실한 감정을 드러내는 것을 강조하는 만큼 중요한 기법이다. 가족이 집에서 표출했던 갈등보다 갈등을 더 고조시켜서 분노를 폭발하도록 자극한다. 가족의 정체 상태를 깨기 위해 오래 묵혀둔 투쟁을 벌이게 하는 것이다. 이때 치료자에 대한 신뢰와 치료자들의 지지는 오래 쌓아둔 분노를 드러내는 데 도움이 된다. 이렇게 분노를 폭발하고 나면 더욱 친밀감과 애정을 느끼기 마련인데, 물론 쌓인 분노가 많은 경우 애정이 생기기까지 오랜 시간이 걸리는 경우도 있다. 분노를 통해 독립된 자기 자신이 될 때 가족은 비로소 가까워질 수 있기 때문이다. 아래 예시는 부녀간 갈등을 회피하기 위해 모가 끼어드는 삼각화 상황을 막고 둘의 갈등을 진실하게 경험하도록 하는 치료자의 개입이 담겨 있다(〈글상자 5-8〉 참조).

글상자 5-8 **갈등적 의사소통 표출에 관한 휘태커 사례의 예**

"캐럴린(모), 잠깐만 멈춰주시겠습니까? 부녀간의 대화가 이제 막 시작되려고 하는데. … 부녀는 여러분이 끼어들어 구해주길 바랄지 몰라도, 제 생각에는 둘이 싸워서 해결해야 할 것 같습니다." 캐럴린은 눈에 보일 정도로 뒤로 물러섰고, 내 질책에 당황하기는 했지만 화를 내지는 않았다. 그런 뒤 나는 부녀에게 손짓했다. "계속하십시오." 이건 단순하지만 중요한 전략이었다. 부녀 사이에는 상당한 긴장이 흘렀다. … 데이비드는 캐럴린을 흘끗 바라보며 구해달라는 비언어적인 메시지를 보냈고, 캐럴린은 그 신호에 즉시 반응했다. 조금만 더 지체했다면 그들은 다시 삼각화에 휘말렸을 것이고, 아버지와 딸의 그 순간과 감정은 사라졌을 것이다(Napier & Whitaker, 2012: 140).

또한, 아래 〈글상자 5-9〉의 예시는 해석, 통찰 이전에 정서적 경험 자체의 가치를 인정하는 것을 보여준다. 그러한 정서 표출이 자기 자신의 표현과 연동될 때 효과적이라고 밝힌다.

글상자 5-9 **자기표현과 정서 표출에 관한 휘태커 사례의 예**

"왜 화가 났는지 꼭 이해할 필요는 없단다. 경험 그 자체가 가장 소중한 거니까. 그리고 네가 화를 낼 때 가장 반가웠던 건, 네가 '나'라고 말했다는 거다. 가족들과 상담을 하다 보면 다른 사람의 행동이나 태도에 대해서만 말하는 경향이 있지. 하지만 넌 너 자신과 네 기분을 이야기했고, 그건 아주 좋은 예후란다. 네 가족 전부가 그걸 배울 수만 있다면 문제의 반은 해결될 수 있단다."(Napier & Whitaker, 2012: 149)

(7) 지양점

직접적 해석이나 통찰은 변화의 조건이 되기보다 변화의 부산물의 성격을 가지기 때문에, 통찰이나 해석이 치료의 본질이라고 과대평가하는 것을 지양한다(Whitaker & Keith, 1981). 해석은 직접적이지 않고 은유·비유적일 때 가치를 지닌다.

가족에게 새로운 기술을 교육하지도 않는다. 다만 치료 후반기에 가족이 교육적 요청을 할 때 교육이 진행될 수 있으나 그 교육은 공식적 성격보다 비공식적 방식으로 진행된다. 이를테면 그들이 윗세대와의 관계에 관해 이야기 나누기를 원하면, 치료자는 자유롭게 자신의 의견을 알려준다. 그러면 그들은 자신들의 경험에 이러한 교육적 정보를 통합시킨다. 하지만 치료 초기에 이러한 정보는 어디까지나 상징적으로 전달된다. 물론 극단적으로 휘태커가 해석이나 교육을 금기시했다고 보는 것은 위험하다. 아래 〈글상자 5-10〉에서 보는 딸의 삼각화 현상을 해석하는 예시에서 보듯, 휘태커는 과도하지 않은, 낮은 수준의 간명한 해석을 적절히 사용했다.

글상자 5-10 해석에 관한 휘태커 사례의 예

"제가 도와드리겠습니다. 부인과 남편이 클라우디아에게 그런 게 아닙니다. 가족 모두가 합의한 겁니다. 그리고 클라우디아는 이러한 합의로 인해서 고통만 받은 게 아닙니다. 클라우디아는 상당한 힘과 권력을 손에 거머쥐었고 부모 하위체계의 명예회원이 되는 지위까지 손에 넣었습니다."(Napier & Whitaker, 2012: 159)

2) 사티어

(1) 변화 단계와 개입

다음 〈표 5-2〉는 치료과정에서 변화가 이루어지는 단계를 묘사하고 각 과정에서 치료자가 어떻게 개입하는지를 개괄한다.

〈표 5-2〉 사티어 변화 단계(Satir et al., 1991)

	변화 단계	치료자 개입
1	항상성: 가족의 현 상태에서 변화의 필요가 생김	
2	외부요인 개입: 친구, 치료자, 또는 가족 밖의 다른 사람에게 변화의 필요를 말하고 도움을 청함	• 접촉: 가족원 모두가 독특한 사람임을 인정하고 일치적 의사소통을 통해 관계 형성 • 기대 탐색: 변화에 대한 태도와 기대 탐색 • 변화 장애물 파악: 변화 가능성을 불신하게 하는 요인 점검 • 저항을 존엄성으로 재구조화: 저항을 자기 보호 행동으로 수용하고 그 내면의 감정 충분히 탐색
3	혼돈: 가족이 객관성을 형성하고, 항상성이 있는 상태에서 불안정 상태로 이동하며 모험 시작	• 두려움과 불안 정상화: 혼란을 회피하지 않고 일치성을 유지하여 차분하게 그들의 감정을 탐색, 정상화하고, 이면의 기대, 지각 탐색 • 곤경에 처함: 내담자에게 지나치게 동일시하여 치료자가 곤란에 처할 수 있으므로, 동료 치료자의 도움을 받거나 자신의 원가족을 재구성하는 작업을 수행할 것 • 가족 규칙 드러내기: 원가족에서 학습한 규칙을 융통성 있는 규칙으로 수정 • 변화 위한 상황 제공: 변화가 필요한 이슈에 내재한 빙산을 탐색하고 원하는 것을 일치적 의사소통으로 표현하도록 돕기

4	통합: 새로 학습한 것이 기존 것에 통합되고, 체계가 새 존재 상태로 발전	• 새로운 존재양식 수용: 내적 경험을 자각, 수용하고 과거의 자동적 방식이 아닌 건강한 방식으로 표현하게 돕기
5	연습: 새로 학습한 것을 연습함으로써 체계의 새로운 상태가 강화됨	• 새로운 방식 꾸준히 연습: 보고 알아차리기, 다른 사람과 긍정적으로 연결되기, 친밀감 즐기기, 자신과 타인 가치 인정, 자기 주도적으로 행동, 자신과 타인 및 상황에 대한 감정 느끼기, 감정에 대한 감정 느끼기
6	새로운 항상성: 가족의 성장으로 기능적이고 건강한 상태가 됨	

(2) 기법적 접근

① 상호작용의 요인들

상호작용의 요인들은 사티어가 생의 후반기에 개발한 기법으로 상호작용과 의사소통의 내적 과정을 보여주며 다른 기법과 상관없이 독립적으로 치료에 사용할 수 있다(정문자, 2003). 치료자는 아래 〈글상자 5-11〉의 질문을 활용하여 가족 상호작용에 내재한 내면 과정을 파악할 수 있다. 되도록 하나의 상호작용 단계에만 초점을 두기보다 다양한 질문을 통해 다양한 단계를 파악하는 것이 좋다. 치료자는 개별 반응에 대해 다르게 반응할 수 있는 선택권을 가지게 돕는다. 예를 들어, 의미 부여를 기존의 자동적 의미 부여에서 두 가지 선택을 더해 세 가지 의미 부여의 선택지를 제공하는 것이다. 그들의 행동 반응도 더 많은 선택권을 부여하고 선택할 수 있게 한다.

글상자 5-11 상호작용의 요인들

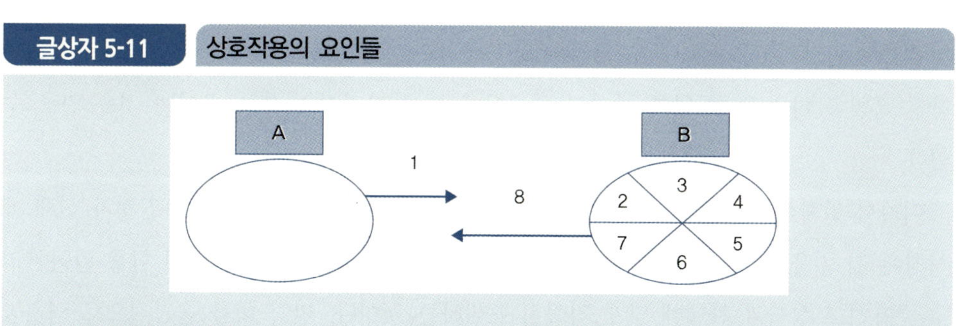

1. 발신자의 메시지
2. 수신자의 감각기관(눈, 귀 등) 사용하여 상대의 정서 표현 단어와 정서 신체 표현(표정, 자세, 목소리 등) 관찰 (“당신은 무슨 말을 들었나요?”)
3. 의미 부여: 과거 학습 및 경험과 연관됨 (“그것은 무엇을 의미하나요?”, “그것에 대해 어떨

게 생각하시나요?", "관련해서 마음속에 어떤 기억이 떠올랐나요?")
4. 의미에 대한 감정 ("당신은 어떻게 느끼시죠?")
5. 감정에 대한 감정(생존방식을 작용시킴) ("그 분노 감정이 어떻게 느껴지시죠?")
6. 방어기제: 투사(책임 전가), 부인(문제 존재 자체 부인), 무시(문제 인정하나 변화 의향 없음) 등
7. 의사소통 규칙: 역할, 감정 등에 대한 규칙
8. A에 대한 B의 반응: 외현적으로 관찰 가능 ("당신은 어떻게 반응하셨죠? 그렇게 말했을 때 목소리, 몸짓, 감정은 어떠셨죠? 회상해 보시겠어요?")

② 일치적 의사소통 촉진

사티어는 비일치적 의사소통을 하는 사람들의 객관적 자기 인식이 부족하다고 보았다 (Satir et al., 1991). 따라서 일치적 의사소통을 위해 자기 이해가 선행되어야 하고 자기 가치를 재확인해야 한다고 보았다. 이를 위해 자신의 상태(생각, 감정, 신체 감각 등)를 알아차리고 인정, 수용하고 호흡을 통해 이완하면서 자신의 내면에서 자신을 만나야 한다고 보았다. 자신이 가치 있는 존재라는 경험을 하고 이를 수용하면 자신의 내적 힘이 커져 세상을 덜 두려워하게 되는 것이다. 그러면 상대를 인정하게 되고 상황에 적절한 대처를 하게 되어 현재에 충실하게 살 수 있게 된다.

개별적인 유형에 맞게 맞춤식 개입도 이루어진다. 회유형은 자신을 돌보는 것을 익히도록 한다. 비난형은 타인에 대한 수용과 인정을 강화하도록 한다. 초이성형은 자신과 타인의 감정에 대한 이해를 강화하여 지성 중심성을 넘어서도록 한다. 산만형에게는 자신, 타인, 상황이라는 모든 측면을 수용하도록 독려한다. 이를 통해 내담자들이 설령 상대가 비일치적 의사소통을 하더라도 자신은 일치적 방식을 선택하도록 돕는다. 일치적이 되면 감정 폭발을 다스릴 수 있고 과거의 희생양이 되어 감정적 반응을 보이는 것을 멈출 수 있다.

여기서 일치성 작업에는 여러 수준의 작업이 있다. 일차 수준의 작업은 감정과 신체 메시지에 귀 기울이고 이를 수용하고 건강하게 표현하는 것이다. 예를 들어 화를 알아차리고 수용하고 상황과 관계에 맞게 적절히 표현하는 것이다. 만약 화를 습관적으로 역기능적으로 표출하면 원가족 가족규칙을 점검한다(예: "우리 집에서 아이들은 어른에게 화를 내면 안 된다").

이차 수준 작업은 내담자의 지각, 해석을 변화시키고 자존감을 재확인하는 것이다. 특

히 다른 사람에게 투사했던 충족되지 못한 기대를 내려놓는 것이 강조되고 스스로에 대한 기대 또한 내려놓는다. 즉, 상대에 대해, 스스로에 대해 가지고 있던 높은 기대를 내려놓는다.

삼차 수준에서는 영성, 즉, 사티어가 우주적 생명력이라고 불렀던 것과의 조화가 강조된다. 여기서는 인간 존재의 내적 생명력을 인정한다. 우리 자신이 우주적 본질과 연결될 때 우주적 의식과 세계 평화를 성취할 능력을 갖게 된다.

③ 가족조각

사티어는 언어를 방어기제로 사용하는 가족들로 인해 상담이 풀리지 않을 때 내담자들이 관계를 비언어적으로 표현하고 그것을 목도하게 하기 위해 가족조각 기법을 사용하였다(Satir et al., 1991). 과거 원가족 관계, 현재 가족관계, 바라는 가족의 모습, 특수한 가족 트라우마 사건 등 다양한 관계와 경험이 조각의 대상이 된다. 가족조각에 공식이 있는 것은 아니며 치료자의 창의성이 필요하나 일반적으로 가족을 표현할 때 힘의 상태는 수직적 위치로, 친밀감은 수평적 거리로 표현한다. 예를 들어, 네 식구를 떠올릴 때 아버지는 초이성형으로 의자 위에 올라서서 힘을 과시한다. 어머니는 회유형으로 바닥에 무릎 꿇는다. 한 아이는 아버지 옆에 서서 다른 가족원을 비난하고 다른 아이는 홀로 멀리 떨어져 서 있다. 이런 식으로 가족원이 번갈아 자신이 가족에 대해 가지는 그림을 조각하게 한다. 한 조각이 완성되면 조각에 대한 느낌을 나누고 토론 후 원하는 모습의 가족의 상을 조각하게 된다. 그다음 번갈아 다른 가족원들이 현재의 가족상과 바라는 가족상을 조각한다. 이러한 연극적 접근에서 가족원은 다른 가족원에게 지시할 수도 있다. 예를 들어, 분노를 표현하면 안 된다는 규칙을 가진 가족에서 조각하는 사람이 가족에게 분노를 몸짓으로만 표현하고 얼굴에는 미소를 띠라고 주문할 수 있다.

④ 변형과정

변형과정은 경험의 여섯 수준(열망, 기대, 지각, 정서, 대처, 행동)이 역기능적 방식에서 더 건강한 방식으로 변화하는 것을 말한다(Satir et al., 1991). 변형과정에서 과거 원가족에서의 기대를 다룬다. 하지만 과거로 가 그 기대를 만족시킬 수 없으므로, 지금-여기에서 그 기대를 수용하고 내려놓게 한다. 그리고 현재 삶에서 그 기대 밑바탕에 있는 열망을 어떻게 충족시킬지 탐색한다. 다음 〈글상자 5-12〉의 예가 이를 기술한다.

글상자 5-12 과거 기대의 수용과 내려놓음

"어릴 때 내가 그런 기대를 했던 건 사실이야. 그건 내 거고, 내가 가진 거지. 이제는 그걸 내려놓을 수 있고, 아빠가 그 기대에 못 미쳤다고 해서 더 이상 탓하거나 판단하지 않아. 과거의 그 기대는 충족될 수 없다는 걸 받아들여. 하지만 지금 이 순간 내 기대와 열망을 어떻게 채울지는 내가 선택할 수 있어"(Satir et al., 1991: 153).

분노, 상처, 두려움 같은 감정과의 접촉은 중요하다. 내담자가 과거의 감정을 재경험하게 하는데, 이를 위해 내담자의 관계와 대처방식을 조각하게 하기도 한다. 이때 감정에 대한 감정, 예를 들어, 분노에 대해 어떤 감정을 느끼는지도 파악한다. 분노 감정에 부정적 감정을 느끼면, 분노를 인정, 수용하게 한 후 새로운 표현 방식을 결정하게 한다. 변형된 지각이 감정에 영향을 미치므로 감정 밑에 지각(외부 사건의 인식과 해석)도 변화가 필요하다. 원가족에서 학습한 생존방식을 건강한 일치적 대처방식으로 변화시키는 작업도 한다. 조각 외에도 역할놀이, 비유, 유머, 명상, 음악, 신체 접촉, 목소리 등을 활용한다. 치료에서는 여섯 수준 중 어떤 수준에서도 작업할 수 있고 한 변화는 다른 변화에 영향을 미친다.

⑤ 은유

사티어는 은유와 비유, 이야기를 통해 치료자가 의미하는 것과 그 실제 대상 사이에 하나의 공간이 형성되며, 이 공간이 내담자에게 자신만의 방식으로 해석할 수 있는 여지를 허락한다고 보았다(Satir et al., 1991). 은유는 말로 전달할 수 없을 것 같은 하나의 그림을 만들어내고 이 이미지는 다른 변화 과정을 만들어낸다. 은유 사용을 위해 치료자는 논리적이기보다 직관을 개입시킬 필요가 있다. 이미지는 지적 의사소통보다 뇌 전체를 활성화한다. 즉, 시각, 청각, 촉각 등의 감각을 활성화하고 이는 지각 변화로 이어진다. 아래 〈글상자 5-13〉의 사티어가 은유를 사용한 예를 보자.

글상자 5-13 사티어의 은유 사용의 예

사티어: 가령 제가 75세 된 어떤 분을 상담하는데, 그분이 삶을 따분해 하고 이제 자신에게 남은 게 없다고 느낀다고 해보죠. 그러면 제가 이렇게 말할 수도 있을 겁니다. "있잖아요, 방금 문득 이런 그림이 떠올랐어요. 산자락 벤치에 한 노인이 앉아 있는데, 그분 손에는 삼십 년 전 자기

가 해왔던 일들로 가득한 책이 들려 있었어요. 그런데 그 책에는 아직 쓰이지 않은 빈 페이지들도 많이 남아 있더라고요." 저는 그런 비유를 써서 아직 오르셔야 할 산도 있고, 채워야 할 페이지도 있고, 살아가셔야 할 삶도 있다는 걸 보여드릴 수 있을 것 같아요(Satir et al., 1991: 270).

⑥ 원가족 삼인군 치료

원가족 삼인군 치료는 원가족 삼인군에서 학습한 역기능적 가족규칙과 대처방법에서 독립하여 개별성을 획득하고 자존감을 향상하고 일치된 의사소통을 획득하는 것을 목표로 한다. 아래 〈글상자 5-14〉는 반맨이 집단상담을 위해 구성한 방식인데, 개인이나 부부가 참석한 가족치료에서 다음과 같은 방식으로 활용할 수 있다.

글상자 5-14 **원가족 삼인군 치료(정문자, 2003의 재구성)**

1. 어머니와 아버지 사진을 앞에 놓고 그 뒤에 조부모 사진을 배치한다. 혹은 부모가 앞에 앉아 있고, 그 뒤로 각각의 부모(조부모)가 앉아 있다고 상상하게 한다.
2. 치료자는 내담자에게 부모와 조부모들을 바라보게 하고 어떠한지 묻는다. 부모에게 자기 자신에 대해 무엇을 말해주고 싶은지, 말하고 나니 어떠한지 등을 묻는다.
3. 부모 각각의 긍정적 특성과 부정적 특성은 어디서 왔을 것 같은지 눈을 감고 생각해 보게 한다. 부모의 긍정적 특성은 물려받고 부정적 특성은 내려놓게 한다.
4. 내담자가 "어머니, 아버지가 제게 물려준 것에 감사해요. 하지만 이제 긍정적인 것은 간직하고 부정적인 것은 버릴 거에요"라고 말하게 하고 그 말이 진심인지 주시한다. 그리고 하고 싶은 말을 더 하게 한다.
5. 내담자는 "이제 부모님에게서 벗어나 제 인생을 살 거에요"라고 말한다. 치료자는 이 자리에서 부모를 용서할 준비가 되어 있는지 묻는다. 그리고 부모가 내담자에게 물려준 자산, 예를 들어 고귀한 생명에 대해 감사하고 내담자 스스로를 감사하게 여길 수 있는지 묻는다.

⑦ 부분들의 잔치: 내적 자원의 통합

인간은 자신 안의 여러 면모를 가지고 있다. 사티어는 이를 '자신의 부분들'이라고 불렀다(Satir et al., 1991). 사티어는 특별히 자신이 수치심을 느끼거나 억압하는 부분을 수용하고 이를 긍정적 자원으로 변형하고 자신의 전체에 통합시켜 조화로운 전체를 이룰 수 있을 때 긍정적 에너지로 살아갈 수 있다고 보았다. 이에 대한 집단 활동을 '부분들의 잔치: 내적 자원의 통합'이라 하는데, 반맨의 접근을 개인치료나 가족치료에서 활용할 수 있다(정문자, 2003)(〈글상자 5-15〉 참조).

글상자 5-15 **부분들의 잔치**

1. 아래와 같이 긍정적 부분과 부정적 부분의 표에 내담자가 자신의 부분의 별칭과 그 특징을 적게 한다. 되도록 긍정적인 부분의 수가 더 많게 한다.

(+)	(−)
유재석- 재미있는	히틀러- 냉담한
이순신- 용감한	이완용- 이기적인
카리나- 카리스마 있는	은둔형 외톨이- 극도로 내향적인
김연아- 노력하는	

2. 충분한 부분들이 확인되면 전체 도표를 보고 "당신의 모든 부분이 함께 있는 것을 볼 때 어떤가요?"라고 묻는다.
3. 어떤 부분들이 서로 긍정적인 방법으로 서로 연결되어 있는지, 혹은 서로 충돌하고, 피하고, 인지하지 못하는지 찾는다.
3. 각 부분은 열망, 기대, 지각, 감정 같은 고유한 빙산을 가지고 있다. 각 부분의 빙산에 접촉하여 열망, 기대, 지각, 감정에 대해 다룬다.
4. 부정적 부분들의 장점을 찾아 긍정적 자원으로 변형시키고(예: 분노하는 → 자기주장을 잘하는) 부분들을 통합시켜 조화롭게 기능할 수 있도록 한다.

6. 평가와 전망

경험적 가족치료는 통합적 접근을 지향한다. 휘태커는 초기 가족치료의 이론과 실천뿐 아니라 놀이치료, 정신역동적 접근(정신분석, 분석심리학, 대상관계이론 등)을 자유롭게 통합하며 활용하였다. 사티어 역시 가족체계에 대한 전통적 입장을 기반으로 하면서, 자존감과 자기 성장에 초점을 둔 인본주의적 개인치료 전통, 원가족 작업을 통한 역사적 접근, 개인과 우주를 연결하는 영성적 관점, 그리고 비언어적 표현을 중시하는 예술치료적 접근을 모두 아우르며 치료모델을 발전시켰다. 이처럼 다양한 접근을 통합한 경험적 가족치료는 결국 정서적 치료 경험으로 귀결된다. 여기서 말하는 정서적 경험은 단순히 감정의 활성화만을 의미하지 않는다. 이는 정서뿐 아니라 인지, 행동, 자기 개념, 가치감은 물론, 자기를 초월하는 우주적 영성까지 포괄하는 전인적 체험이라 할 수 있다. 이러한 경험은 양적인 변화에 그치지 않고, 존재론적 전환과 실존적 성장을 지향하는 깊은 심리적 여정으로 이어진다.

국내 학자들은 경험적 가족치료가 한국 문화에 적합한 요소를 지닌다고 평가하였다. 김유숙(1998)은 조화를 중시하는 한국 가족에게는 병리보다 성장에 초점을 두는 이 접근이 적절하다고 보았으며, 정문자(2000)는 원가족 삼인군을 활용한 조각기법이 수직적 가부장제 하에서 감정을 억눌러야 했던 한국인들에게 감정 표현의 기회를 제공한다는 점에서 그 가치를 강조하였다. 말로 갈등을 표현하고 해결하는 데 익숙하지 않고, 내면에 깊은 한을 지닌 한국 가족에게는 가족 조각뿐 아니라 몸짓, 미술, 음악, 상징 의례, 은유 등 다양한 예술적 접근을 활용하는 경험적 가족치료가 대안적인 비언어적 표현의 수단으로 유용하게 작용할 수 있다.

이러한 경험적 가족치료의 강점에도 불구하고, 한계가 없는 것은 아니다. 경험적 가족치료의 선구자들은 다양한 이론과 실천적 접근을 치료 상황에 맞게 통합적으로 활용했지만, 이를 교육생에게 체계적으로 훈련시키는 데에는 어려움이 따랐다. 이와 같은 교육 및 훈련상의 어려움에 대한 비판은 지속적으로 제기되어 왔으며, 이에 대해 휘태커는 도제식 훈련 방식으로 가능하다고 반론을 제기했고, 사티어는 반맨 등 후계자들의 모델 체계화 노력을 통해 보완하고자 하였다(Satir et al., 1991). 따라서 타 이론 모델에 비해 습득이 다소 어렵다는 점은 분명하지만, 교육 자체가 불가능한 것은 아니다. 그럼에도 불구하고, 이러한 교육, 훈련의 난점은 경험적 가족치료 모델이 최근 임상 현장에서 뚜렷하게 확산되지 않는 이유 중 하나로 작용하고 있다. 또한, 경험적 가족치료는 체계적인 성과 연구가 부족한 편이다. 최근 들어 사티어 모델을 기반으로 개발된 일치 부부치료(Congruence Couple Therapy; Lee, 2009)가 중독 치료에 적용된 연구가 보고된 바 있으나(Lee et al., 2023), 이는 예외적인 사례에 가깝고, 전반적으로 경험적 가족치료는 임상 연구의 축적이라는 측면에서는 약한 기반을 지닌다. 결과적으로, 과거 상담 시연이나 워크숍에서 큰 인상을 남겼던 휘태커와 사티어의 접근이 그들의 카리스마적 성향에서 비롯한 것인지, 혹은 누구에게나 일반화 가능한 치료 모델에 기인한 것인지를 구분하기는 쉽지 않다.

이러한 한계점을 염두에 두고, 치료자들은 경험적 가족치료를 사용할 때 다음 사항에 유의할 필요가 있다. 우선, 경험적 가족치료는 여러 접근을 포괄하는 광범위한 모델이기 때문에, 치료자 역시 다양한 치료 전통과 접근을 차근히 학습해 나가야 한다. 예를 들어, 휘태커는 여러 상징적 놀이치료 기법을 접하며 치료자로서 자신의 역량을 확장했고, 사티어 또한 MRI에서의 가족치료 경험을 바탕으로 에살렌연구소에서의 인간 성장 체험을 통해 자신의 성장모델을 발전시켰다. 이처럼 경험적 가족치료를 익히는 것은 단순한 기술 습득을 넘어 삶의 여정을 포함하는 과정일 수 있다. 하지만 이러한 여정을 누구나 따라가기란 쉽지 않기에, 경험적 가족치료의 철학을 계승하면서도 구체적인 매뉴얼과 체계적인 훈련 과정을 갖춘 접근법을 활용하는 것도 한 방법이 될 수 있다. 대표적으로 정서중심 부부치료(EFT)(Johnson, 2019)와 내면가족체계치료(IFS)(Schwartz & Sweezy, 2019)는 이러한 대안적 모델로 활용 가능하다. 그러나 이들 현대적 모델은 경험적 가족치료의 일부 요소만을 차용한 것이며, 사티어나 휘태커의 전체 치료 철학과 방식을 완전히 대변한다고 보기는 어렵다. 현대적 모델만을 사용하는 것은 경험적 가족치료가 지닌 풍부한 지적, 실천적 유산을 상실할 위험을 내포한다. 따라서 현대적 모델을 활용하되, 전통적 접근도 지속적으로 학습하고 계승, 발전시키는 것이 보다 균형 잡힌 실천이라 할 수 있다. 물론 경험적 가족치료를 신비화하거나 교조적으로 접근할 필요는 없다. 다른 치료모델과 마찬가지로, 이 역시 이론적·임상적 효과에 대한 검증이 필요하며, 객관적 연구와 비판적 탐구를 통해 재구성해 나가야 할 것이다. 또한, 경험적 가족치료는 정서 표현에 억제적인 경향이 있는 한국 가족에게 매우 유용할 수 있지만, 동시에 바로 그 이유 때문에 다소 어렵고 낯설게 느껴질 수 있다. 가족 안의 내밀한 정서를 솔직히 표현하고 나누는 데에는 많은 용기와 결단이 필요하다. 따라서 치료자가 가족의 내면 갈등을 충분히 고려하지 않은 채 일방적으로 감정 표현을 요구한다면, 언어적 접근이든 예술적 접근이든 역효과를 초래할 수 있으므로 주의가 필요하다. 치료자는 가족원의 내면 변화를 세심하게 관찰하며, 그들이 스스로의 동기와 속도에 따라 자신의 진실된 감정을 표현할 수 있도록 신중히 도와야 한다.

7. 경험적 가족치료로 금쪽이네 만나기

1) 사례 개념화

확대가족을 포함한 가족 구성원 전체는 전반적으로 낮은 자존감을 형성하고 있다. 이들은 자신을 있는 그대로 수용하는 능력, 즉 자존감이 부족하므로, 어떤 성취를 통해 타인의 인정을 받는 것을 매우 중요하게 여긴다. 그 결과, 자신의 부족함을 직면하고 수용하기보다는 타인에게 책임을 전가하는 경향이 강하게 나타난다. 아버지, 할머니, 딸 모두 스스로의 결핍을 감추기 위해 누군가를 희생양으로 삼고, 자신은 마치 정의로운 '백기사'인 양 행동하려 한다.

어머니는 자존감이 낮아 가족이나 치료자의 비판을 쉽게 수용하는 회유적 태도를 보이며, 자신의 진정한 감정을 인정하지 못한다(예: "나는 화나지 않았다"라고 말함). 이로 인해 말과 행동 사이에 불일치가 발생한다. 어머니는 모든 책임이 자신에게만 있다고 여기지는 않지만, 잘못을 쉽게 인정함으로써 비난을 피하려는 일종의 생존 전략을 사용한다. 그러나 이러한 인정은 진심에서 우러난 것이 아니기 때문에 결국 변화에 저항하는 모습으로 이어진다. 이러한 불일치(예: 노력하겠다고 말하지만 실제로는 변화하지 않는 모습)는 가족들의 분노를 일으키며, 가족은 어머니를 더욱 비난하게 된다. 동시에 가족원들은 자신의 내면에서 들려오는 '나에게도 책임이 있다'는 목소리를 억누르고 부인하기 위해, 오히려 더욱 강하게 어머니를 공격하며 자기 기만에 빠진다.

이 가족원들은 모두 타인의 인정에 대한 강한 욕구를 지니고 있다. 그러나 이러한 욕구는 가족관계 안에서 제대로 충족되지 않았다. 아내는 남편에게서, 남편은 아내에게서, 딸은 엄마에게서 기대했던 지지, 수용, 인정(예: 엄마가 공격적인 아빠와 할머니로부터 자신을 지켜주길 바랐던 기대)를 충족시키지 못했다. 이처럼 기대와 욕구가 좌절되자, 가족 구성원들은 상대방을 '나를 배신한 사람', '결핍된 존재', '이기적인 사람'으로 인식하게 되고, 이에 분노, 비난, 냉담, 혐오 등의 정서 반응과 그에 따른 행동 반응을 보이게 된다.

이 가족은 결국 각자 가면을 쓴 채 서로를 마주하고 있다. 딸이 보이는 분노의 근원은 사실 아버지와 할머니의 폭력적인 훈육에 있다. 그러나 딸은 이 사실을 학교 상담교사에게도 말하지 못하고, 누구에게도 털어놓지 않다가 마침내 제작진이 철수한 후에야 처음 고백한다. 그녀가 엄마에게 품은 분노는, 본질적으로 이러한 가혹한 아버지와 할머니로부터 자신을 보호하고 지켜주지 않은 데에 뿌리를 두고 있다. 하지만 이 속마음을 누구에게도 솔직히 표현할 수 없었다. 엄마 역시 남편, 시어머니, 딸, 시누이, 심지어 치료사에게까지도 분노를 느끼고 있을 가능성이 크다. 이들은 모두 자신을 문제의 원인으로 지목하는 사람들이기 때문이다. 그러나 엄마는 이 분노를 겉으로 드러내지 않는다. 심지어 딸이 분노 발작을 일으키며 고함을 지르고, "죽여버릴 거야"라는 문자를 할머니에게 보낼 정도의 심리적 폭력을 보이는데도, 엄마는 화를 내는 대신 그 이유를 묻는 이성적 억압의 태도를 유지한다. 이는 감정 표현을 억제하고 회피하는 초이성적인 대응으로 보인다. 아버지 역시 방송에서 밝힌 외로움, 좌절감, 죄책감 같은 자신의 내면에 집중하기보다는, 타인을 비난하는 데 몰두한다. 가족들은 식사 자리에서 엄마를 향한 조롱과 모욕적인 발언을 하면서도 겉으로는 웃는 등 진심 어린 정서 표현을 피한다. 이 가족은 결국 진정으로 싸우지 못하고, 자신의 감정과 상처를 직면하지 못하며, 그것을 드러낼 수 있는 자존감과 용기를 갖지 못한 채 관계를 이어가고 있다. 바로 이러한 점들이 가족문제를 더욱 심화시키는 핵심 원인이 되고 있다.

2) 주요 개입

엄마, 아빠, 딸, 아들을 회기에 초대한다. 이 가족에서는 엄마가 다소 궁지에 몰려 있는 상태로, 겉으로는 회기에 참여하는 듯 보이지만 실제로는 변화에 대한 동기가 낮은 편이다. 따라서 치료자는 엄마에게 먼저 질문하고 공감을 제공함으로써 합류 과정을 시작한다. 이후 각 가족원이 인식하고 있는 가족문제에 대한 관점을 경청하고 이를 반영함으로써 치료자와 가족 간의 관계를 강화해 나간다.

특히 초등학교 1학년 아들의 경우, 회기 도중 쉽게 지루함을 느끼기 때문에 아들이 지루해할 때는 치료자가 적극적인 놀이를 통해 관계를 형성한다. 이는 아들과의 직접적 연결뿐 아니라, 가족 전체와 정서적 연결을 유도하는 효과가 있으며, 치료자가 다양한 방식으로 유연하게 역할 할 수 있는 존재임을 가족에게 인식시킨다. 4학년 딸도 여전히 놀이에 반응할 수 있는 발달 단계이므로, 적절한 시점에 놀이에 함께 참여하도록 유도할 수 있다. 만약 너무 어린 초등학교 아들에 대한 염려로 가족들이 오히려 자신들의 진실한 마음들을 보이는 데 지나치게 주저한다면 아들을 제외하고 상담을 진행할 수도 있다. 이 지점에서 휘태커는 아들의 지속적 참여를 주장하겠지만 경험적 가족치료의 핵심은 결국 가족들이 가장 진실한 모습으로 만나게 하는 것임을 고려하여 의사결정할 필요가 있다.

이 가족은 특정 인물이 가족문제의 원인이라는 태도를 강하게 고수하고 있으므로, 각 구성원이 나름의 방식으로 문제 형성에 기여하고 있다는 점을 받아들이기까지 시간이 필요할 수 있다. 이러한 전환 과정에서 가족은 불안과 혼란을 경험하기도 한다. 치료자는 질문, 반영, 공감, 은유, 해석 등의 다양한 기법을 활용하여, 가족 구성원 모두가 문제에 일정 부분 책임이 있다는 점을 점차 인식하도록 돕는다.

또한, 언어적 표현은 종종 가족 구성원들의 진실된 모습을 숨기는 도구로 작용하기 때문에, 이들이 비언어적 진실을 직면하도록 가족조각 기법을 활용할 수도 있다. 이때 현재 가족의 모습뿐 아니라, 과거에 확대가족이 함께 거주했던 시기의 가족 모습도 조각해보는 것이 도움이 될 수 있다. 필요한 경우, 부부가 유산을 경험했던 시기의 가족 모습이나 자녀가 궁지에 처했을 때 엄마가 출근하며 떠나는 장면을 조각하는 것도 트라우마 탐색과 치유에 유익할 수 있다.

아울러, 원가족 내 삼인군 관계를 조명함으로써, 각 구성원이 원가족 안에서 어떤 열망과 기대를 품었는지, 그 기대가 어떻게 좌절되었는지, 그리고 이러한 열망이 현재 가족 내에서 어떤 형태의 기대와 투사로 반복되는지를 탐색한다. 부부가 연애 시절 상당히 열정적인 관계를 유지했던 것으로 볼 때, 서로에게 투사한 열망의 강도가 매우 높았을 가능성이 있다. 그러나 그 열망이 강렬했던 만큼, 그 열망이 구체화 된 일련의 기대를 현실에서 충족시키는 데에는 어려움이 따랐을 수 있다. 따라서 치료과정에서, 부부가 서로에게 기대가 충족되지 않았을 때 느꼈던 감정을 진솔하게 고백하게 하고, 동시에 서로가 품었던 기대가 과도했음을 인식하고 그것을 내려놓는 작업을 병행하게 하는 것이 필요하다.

부부가 서로에 대한 기대를 충족시키지 못하면서 갈등이 깊어졌고, 그 과정에서 자녀의 증상이 발현되었다. 이후 가족의 관심과 초점이 자녀의 증상으로 집중되면서, 원래 존재하던 가족 내 갈등은 수면 아래로 가라앉은 상태이다. 이제는 이 해묵은 갈등들을 다시 드러내고 표현할 수 있도록 돕는 작업이 필요하다. 예를 들어, 딸은 아빠와 할머니 앞에서 과거에 자신이 얼마나 두려웠는지를 정직하게 표현할 필요가 있다. 하지만 딸은 이러한 감정을 최대한 숨기려 할 수 있으므로, 놀이, 가족조각, 은유, 이야기, 상징적 의례, 음악, 심상 작업 등 예술적이고 상징적인 접근을 통해 점진적으로 자신을 드러낼 수 있도록 도와야 한다.

아내는 초이성형과 회유형의 의사소통 유형에 가까운 인물로, 자신의 감정에 접근하는 데 어려움을 겪는다. 따라서 치료자는 섬세하고 세련된 방식으로 아내가 감정과 접촉할 수 있도록 유도해야 하며, 감정을 피하지 않고 그 안에 머무르게 하여 억눌렀던 정서가 점차 떠올라 마침내 분출될 수 있도록 인도해야 한다. 이때 치료자는 적절한 언어적 반응뿐 아니라 침묵과 기다림의 인내를 통해 내담자의 내면에서 강력한 역동이 형성될 수 있는 시간을 제공해야 한다.

남편 역시 비난형 의사소통 방식에 가까워 자신의 연약한 모습을 드러내지 못한다. 그가 원가족 내에서 내면의 취약함을 감추고 비난을 통해 소통하는 방식을 학습해왔다는 점을 고려하여, 그 이면에 있는 감정을 드러내도록 돕는 것이 필요하다. 예를 들어, 아내와의 단절 속에서 느꼈던 외로움을 언급한 장면은 이러한 감정의 실마리를 보여준다. 치료자는 이러한 발화를 중심으로, 그 감정을 더욱 깊이 경험하고 진정성 있게 표현할 수 있도록 도와야 한다.

이처럼 가족 간의 진실한 갈등과 감정적 충돌이 표출되기 시작할 때, 치료자는 빙산 모델 탐색 등을 활용하여 내담자가 자신의 자존감, 열망, 기대, 감정, 감정에 대한 감정, 지각, 대처 양식, 행동, 영성 등의 복합적이고 유기적인 요소들을 통합적으로 조망할 수 있도록 돕는다. 이 조망은 단순히 인지적 · 언어적 수준에서 머무는 것이 아니라, 경험적 · 암시적 수준에서도 이루어질 수 있도록 안내해야 한다.

또한, 원가족의 삼인군 관계를 탐색하는 과정을 통해, 내담자가 원가족으로부터 물려받은 긍정적 특성은 계승하고, 부정적 특성은 흘려보낼 수 있도록 돕는다. 특히 물려받고 싶지 않은 자신의 속성에 대해서는, '부분들의 잔치'와 같은 활동을 통해 단순히 거부하는 것이 아니라, 그 속성의 이면에 존재하는 긍정적 기능을 발견하고 이를 자신의 강점으로 통합하는 작업이 필요하다. 이와 같은 긍정적 자원의 수용과 발전, 부정적 특성의 기능적 재발견과 건설적 통합 과정을 가족 모두와 함께 수행함으로써, 각 구성원이 서로에 대해 더 긍정적인 인식을 갖게 하고, 이를 통해 긍정적 정서 경험이 가능해지도록 도울 필요가 있다.

요약

- 휘태커는 놀이치료의 경험 등과 공동치료 양식을 통해 즉흥적 · 상징적 · 정서적 개입을 발전시켰고, 사티어는 전인적 성장을 중시하며 따뜻하고 진실한 상담 접근을 체계화하였다.
- 사티어는 성장모델, 자존감, 생존방식, 빙산 모델 등 독창적 개념을 제시했다. 성장모델은 변화와 개인 성장의 잠재력을 강조한다. 원가족 삼인군 경험은 자존감 발달을 비롯하여 삶 전반에 큰 영향을 미친다. 생존방식은 위협 상황에서 자존감을 지키기 위해 나타나는 의사소통 패턴으로, 회유형, 비난형, 초이성형, 산만형, 일치형으로 구분된다. 빙산 모델은 인간 내면을 자기, 열망, 기대, 인식, 감정, 신념, 대처, 행동 등의 다층 구조로 설명하며, 치료는 이 모든 층위를 다룬다.
- 휘태커는 건강한 가족을 유기적 전체로 보며, 스트레스에도 융통성 있게 적응하고 성장한다고 보았다. 반면 역기능적 가족은 희생양 구조로 병리적 패턴에 빠지는 경향이 있다. 사티어는 가족문제의 근원을 낮은 자존감과 비일치적 의사소통에서 찾고, 자존감 회복과 일치적 소통을 통해 진실된 자기와 정서적 교류를 회복하도록 돕는다. 또한, 사티어는 변화 가능성, 내적 자원, 희망, 전인적 성장 등 성장모델에 기초한 치료 신념을 강조하였다.
- 휘태커는 가족치료의 목표를 증상 완화보다 가족의 창의성과 '광기'를 높이는 데 두며, 치료자는 코치 · 조부모처럼 직관과 정서를 활용해 유연하게 개입하고 공동치료를 통해 성장과 변화를 촉진한다. 사티어는 가족구조 변화보다 가족원의 내적 성장을 목표로 하며, 자존감 회복, 일치적 의사소통, 열망 · 기대의 현실적 수정 등을 중시한다. 치료자는 희망을 전달하고 가족과 신뢰 관계를 형성하며, 스스로 일치적 의사소통을 모델링하고 결과보다 과정을 중시하는 태도를 견지한다.
- 휘태커의 치료는 '구조 전쟁'으로 전 가족 참여를 확보하고, 놀이, 의례, 침묵 등 경험적, 상징적 도구로 창의적 상호작용을 촉발한다. 가정 내 '유사 상담'을 중단시키고, 역설 · 유머 · 직면 등으로 고정 패턴을 교란해 갈등을 안전하게 표출시키며, 공동치료로 유연성과 연결감을 증대한다. 통찰, 해석은 간명하게만 사용하며, 순간의 정서와 경험을 변화의 핵심 메커니즘으로 삼는다.
- 사티어는 변화 단계를 '항상성 - 외부개입 - 혼돈 - 통합 - 연습 - 새로운 항상성'으로 본다. '상호작용의 요인들'과 일치적 의사소통 촉진, 가족조각, 은유 등을 활용하고, '변형과정'으로 열망, 기대, 지각, 정서, 대처, 행동을 건강한 방식으로 재조직한다. 원가족 삼인군 작업과 '부분들의 잔치'를 통해 자존감과 내적 통합성을 강화한다.

제6장

구조적 가족치료

'함께 어울리기(get along)' 위해 모인 인간의 집단이 있다면, 그건 가족 같은 것일 것이다. 가족은 성장과 치유를 위한 자연스러운 맥락이면서 가족치료자에게는 치료적 목표를 위해 의존해야 할 맥락이기도 하다. 가족은 시간의 흐름에 따라 상호작용 패턴을 전개해 가는 하나의 자연적인 집단이다. 이 패턴이 가족구조를 형성하는 것이며, 가족구조는 가족원의 기능을 지배하고, 그들의 행동반경을 그려내며, 가족의 상호작용을 만들어 간다.

살바도르 미누친(Minuchin & Fishman, 1981)

구조적 가족치료(Structural Family Therapy)는 20세기 중반 가족치료의 여러 흐름 속에서 등장하여, 가족을 하나의 체계로 보고 상호작용의 구조를 변화시키는 데 초점을 두었다. '구조(structure)'의 사전적 정의는 부분이나 요소들이 모여 전체를 이루는 것이다. 이 개념을 가족에 적용하면, 가족 구성원 간 상호작용 방식을 조직하는 보이지 않는 기능적 요구를 '구조'라고 할 수 있으며, 이러한 개념에 근거하여 발전한 것이 구조적 가족치료이다. 이 치료모델은 가족 구조의 변화를 통해 가족 기능을 재구성하고 문제를 해결하는 것을 목표로 한다.

1. 발달 배경 및 주요 인물

구조적 가족치료는 살바도르 미누친(Salvador Minuchin, 1921~2017)을 중심으로 발전하였으며, 그는 임상 경험을 통해 가족문제를 개인의 병리가 아닌 가족구조의 왜곡에서 이해해야 한다고 보았다. 미누친의 사상은 제이 헤일리(Jay Haley), 브라우리오 몬탈보(Braulio Montalvo), 찰스 피시만(Charles Fishman), 마이클 니콜스(Michael Nichols)와 같은 동역자들의 기여를 통해 더욱 정교화되고 확산되었다. 이들의 협력은 구조적 가족치료가 이론적 틀을 넘어 실제 임상 현장에서 활용 가능한 치료모델로 자리 잡는 데 핵심적 역할을 하였다(Nichols, 2019).

1) 살바도르 미누친

살바도르 미누친
(Salvador Minuchin)

미누친은 아르헨티나에서 태어난 유대계 정신과 의사로, 초기에는 정신분석을 공부했지만 이후 미국으로 이주하여 정신과 의사로서 실천적 기반을 다졌다(Minuchin, 1974). 그의 임상 여정은 단순한 이론 구축에 머무르지 않았다. 그는 사회적 소외 계층, 특히 이민자 가족, 빈곤 가정, 문제행동을 보이는 청소년 가족을 대상으로 한 현장 중심의 치료 경험을 통해 가족치료 이론을 정립하였다. 그는 이들의 어려움이 개인의 병리에서 비롯된 것이 아니라, 가족 구조 내 상호작용의 고착에서 기인한다고 보았다(Goldenberg & Goldenberg, 2017).

1965년, 미누친은 필라델피아 아동지도 클리닉(Philadelphia Child Guidance Clinic)의 소장으로 부임하면서 구조적 가족치료의 이론과 실천을 본격적으로 발전시켰다. 그는 빈곤층 아동을 대상으로 한 임상 경험을 통해, 아동의 문제는 개인 내부가 아니라 가족 전체의 상호작용 구조 속에서 이해되어야 한다는 인식을 하게 되었으며, 이를 바탕으로 구조적 가족치료 모델을 정립하였다(Minuchin, Colapinto, & Minuchin, 2007).

1980년대 이후 미누친은 단순한 구조 개입을 넘어, 가족이 놓인 사회적·문화적 맥락에 대한 성찰로 이론을 확장했다. 뉴욕으로 거처를 옮겨 가족연구소(Family Studies Institute)를 설립하고, 가족의 문화적 정체성, 인종, 계급, 빈곤 등 복합적인 사회 맥락을 고려한 통합적 치료 모델을 탐색하였던 그는 가족문제를 단지 내부 구조의 문제가 아니라, 빈곤, 인종, 계급, 제도적 억압 등 외부 환경과도 긴밀히 연결된 것으로 보았다. 사회적 약자 가정에 관한 관심을 기울이며, 가족이 처한 맥락을 보다 입체적으로 조망하는 관점을 제시하였다. 이러한 변화는 구조적 가족치료가 가족 내부 구조에 대한 개입을 유지하면서도, 가족을 둘러싼 사회 · 경제 · 문화 · 제도적 환경을 함께 고려하는 생태체계적 관점으로 확장되었음을 보여준다(Minuchin, Colapinto, & Minuchin, 2007).

노년기에 접어든 이후에도 미누친은 활발한 집필과 교육 활동을 이어갔으며, 후기 저작에서는 자신의 이론을 절대화하지 않고, 다양한 가족치료 접근법들과의 융합 가능성을 제시하였다. 그는 치료자에게 있어 가장 중요한 자질로 관계에 대한 감수성, 자기 이해, 문화적 겸손을 강조하였고, 가족치료의 변화 가능성은 치료자 자신의 확신에 대한 도전에서 출발해야 함을 역설하였으며 은퇴 후에도 미누친가족센터(The Minuchin Center for the Family)를 통해 저소득층 가족 지원과 전문가 양성에 힘썼다.

2017년, 그가 96세의 나이로 세상을 떠난 이후에도 미누친의 가족치료 이론은 여전히 영향력을 가지고 있다. 비록 오늘날 치료 현장에서는 그의 이론이 그대로 적용되기보다는 다양한 치료모델과 융합되어 사용되고 있지만, 구조적 사고와 실천적 개입의 원리는 여전히 다양한 가족치료 모델의 기반이 되고 있다(Gerson, 2018; Nichols, 2017).

결국, 미누친은 단순히 '구조'라는 개념만을 남긴 것이 아니라, 관계 속에서의 변화 가능성, 체계적 사고의 중요성, 그리고 치료자의 실천적 감수성을 가족치료에 뿌리내리게 한 인물이었다. 그의 가족치료에 대한 기여는 고정된 틀이 아니라, 시간과 맥락에 따라 진화한 살아있는 실천 철학으로 평가할 수 있다.

2) 미누친의 동역자들

구조적 가족치료의 발전과정에는 미누친 외에도 여러 협력자의 중요한 기여가 있었다. 제이 헤일리는 전략적 가족치료의 핵심 인물이지만, 미누친과 함께 위계질서와 권력 구조에 대한 이해를 발전시켜 구조적 접근에 영향을 주었다(Haley, 1976). 그는 특히 누가 가족 내에서 권력을 행사하는가에 주목하며, 구조적 가족치료가 권력 분석을 포함하는 데 기여했다.

브라우리오 몬탈보(1934~2014)는 미누친과 함께 빈민가 가족을 대상으로 한 현장 연구를 수행하면서, 구조적 가족치료의 기법을 정교화하는 데 큰 역할을 했다. 그는 치료 회기에서 가족 상호작용을 실연하도록 유도하고, 치료자가 감독 체계를 활용해 실시간으로 개입을 조율하는 방식을 개발하여 구조적 접근을 구체적인 임상 장면에 뿌리내리게 했다(Minuchin, Montalvo, Guerney, Rosman, & Schumer, 1967).

찰스 피시만은 미누친의 제자이자 협력자로, 구조적 가족치료의 핵심 개념을 실제 임상 기법으로 체계화하는 데 기여하였다. 그는 미누친과 함께 『가족치료 기법(Family therapy techniques)』(Minuchin & Fishman, 1981)을 집필하여, 경계 설정, 위계 재조정, 삼각관계 해체, 실연 등의 구체적 개입방법을 제시하였다. 이를 통해, 구조적 가족치료는 더 실천적이고 교육 가능한 모델로 자리 잡게 되었으며, 정신의학 및 다양한 임상 현장과의 통합적 적용이 가능해졌다.

마이클 니콜스는 가족치료의 이론과 기법을 교육적·대중적으로 보급하는 데 핵심적인 역할을 담당했다. 그는 미누친과 공동 집필한 『가족치료(Family healing: strategies for hope and understanding)』를 통해, 미누친의 직관적이고 실천적인 임상 방식을 대중과 교육 현장에 전달함으로써 구조적 가족치료가 임상가 양성 과정에서 핵심적 모델로 자리 잡는 데 기여하였다.

2. 주요 개념

1) 가족구조

가족구조는 가족 내에서 규칙적으로 반복되는 상호작용의 틀이며, 명시적인 규칙뿐 아니라 암묵적인 규범, 역할, 권력 관계를 포함한다. 미누친은 이를 "가족 구성원의 행동과 상호작용을 조직화하고 예측 가능하게 만드는 틀"(Minuchin, 1974)로 정의하였다. 이러한 구조는 고정불변한 것이 아니라, 가족이 직면한 환경적 변화나 생애 주기상의 발달 과업에 따라 재조정되며, 하위체계 간의 기능과 역할 분화, 권위와 책임의 위계적 배치를 통해 체계적 질서를 유지한다.

다만 '구조'라는 용어가 자칫 경직된 상태를 연상시킬 수 있다는 점을 아쉬워한 미누친은, 가족구조를 보수적이면서도 동시에 변화 가능성을 지닌 개념으로 설명하였다. 그는 생리학적 비유를 들어, 가족구조는 체온처럼 일정한 균형을 유지하지만, 환경적 요구에 따라 유연하게 조정될 수 있다고 강조하였다(Minuchin & Nichols, 1979). 따라서 치료의 목적은 가족의 하위구조가 변화에 더 잘 적응할 수 있도록 그 유연성을 증진하는 데 있다.

결국, 가족구조가 지나치게 경직되거나 반대로 지나치게 모호할 경우, 가족기능에 장애가 발생할 수 있다. 이때 치료자는 가족의 현재 구조를 면밀히 사정하고, 필요에 따라 재구조화를 통해 기능적인 상호작용을 회복하도록 돕는다.

2) 경계(boundaries)

경계는 가족 구성원 간, 또는 하위체계 간 상호작용의 양식과 접촉의 빈도 및 강도를 조율하는 심리적 · 행동적 한계를 의미한다. 경계는 가족 구성원 각각의 정체성과 역할을 보존하면서 동시에 적절한 연결성을 유지할 수 있도록 조정된다(Minuchin, 1974). 경계는 그 유연성에 따라 다음과 같이 구분된다.

- 명확한 경계: 적절한 독립성과 연결성을 유지하게 하며, 기능적인 가족에 해당
- 경직된 경계: 지나친 독립성과 감정적 단절로 인해 상호작용이 제한
- 모호한 경계: 하위체계 간 과도한 밀착으로 인해 개인의 자율성과 분화가 어려워지는 문제를 야기

3) 하위체계(subsystems)

하위체계는 가족 내에서 특정 기능이나 역할을 수행하는 구성원의 집합으로, 일반적으로 부부 하위체계, 부모-자녀 하위체계, 형제자매 하위체계 등으로 나뉜다. 각각의 하위체계는 고유의 상호작용 규범과 목적을 가지고 있으며, 가족의 기능적 통합을 위한 핵심 단위로 작용한다.

- 부부 하위체계는 정서적 친밀감과 의사결정 기능의 중심이다.
- 부모-자녀 하위체계는 양육, 지도, 보호 기능을 담당한다.
- 형제자매 하위체계는 사회적 기술 습득, 경쟁 및 협력의 장을 제공한다.

하위체계 간의 경계가 명확하고 기능이 분화되어 있을 때 가족은 안정적으로 기능할 수 있다. 그러나 경계가 모호하거나 위계가 붕괴될 경우 역할 혼란과 권력 왜곡이 발생한다. 예를 들어, 어머니가 장남과 지나치게 밀착되어 부부 하위체계가 약화되고, 장남이 아버지 역할을 대신 수행함으로써 형제 간 갈등이 심화되어 가족기능의 왜곡으로 이어지고 있다면, 치료자는 하위체계의 재조정을 통해 가족 간 균형을 회복하도록 개입해야 한다(Minuchin, 1974).

4) 재구조화(restructuring)

재구조화는 가족의 기존 상호작용 양식과 구조를 변화시켜 보다 기능적인 가족구조를 형성하도록 돕는 전략적 개입방식이다. 미누친은 가족을 상호의존적인 하위체계로 구성된 사회적 체계(social system)로 보았다. 가족이 일정한 구조와 상호작용 규칙을 통해 자신을 조직하고 유지하는데, 이때 가족 내 상호작용을 유지하려는 경향성을 항상성(homeostasis)이라고 한다. 항상성은 가족이 혼란과 불확실성으로부터 자신을 보호하고, 예측 가능성과 정서적 안정감을 유지하게 돕는 기능을 갖는다(Nichols & Davis, 2016). 그러나 항상성이 항상 기능적인 것은 아니며, 때로는 문제적이고 경직된 구조를 고착시키는 방식으로 작용할 수 있다. 예컨대 부부간의 갈등을 피하기 위해 한쪽 배우자가 자녀와 감정적으로 밀착될 경우, 자녀는 부모의 정서적 지지자가 되는 역할 전도를 경험하게 된다. 이러한 구조는 갈등을 일으키지 않으며 가족의 현재 항상성을 유지하지만, 동시에 문제행동을 지속시키는 요인이 된다(Minuchin, 1974). 이처럼 비기능적 항상성이 가족 내 갈등과 증상을 강화할 경우, 치료적 개입을 통해 가족구조를 재조정해야 하는데, 이를 재구조화라고 하며 가족 내 하위체계 간 경계(boundary), 위계(hierarchy), 동맹(alliance) 등의 핵심 요소를 직접 변화시키는 적극적 개입 전략이다(Goldenberg & Goldenberg, 2013).

치료자는 회기 중에 가족 구성원 간 상호작용을 관찰하고, 특정 상호작용을 강화하거나 차단하며, 새로운 방식으로 조직화하는 개입을 통해 가족이 더 유연하고 건강한 항상성을 획득할 수 있도록 돕는다. 예를 들어, 부모 하위체계의 권위가 약화되고 자녀가 의사결정에 과도하게 개입하는 가족에서는 치료자가 부모 간 협력적 동맹을 강화하고 자녀와의 경계를 재설정함으로써 부모 역할을 회복시키는 재구조화가 필요하다. 이는 가족 내 위계를 바로잡고, 구성원 간 정서적 부담을 조정하여 가족 전체의 기능성을 향상시키는 데 기여한다(Nichols & Davis, 2016).

5) 위계(hierarchy)

구조적 가족치료 이론에서 위계란 가족 내 하위체계 간에 권위, 책임, 의사결정 권한이 어떻게 배분되고 조직되어 있는지를 나타내는 질서를 의미한다. 가족은 하위체계(subsystem)들의 상호작용을 통해 구성된 사회적 체계이며 위계는 이러한 하위체계 간의 권력과 통제의 흐름을 파악하는 틀이 된다(Nichols & Davis, 2016).

기능적인 가족이라면 부모 하위체계가 자녀 하위체계에 대해 적절한 권위와 지도력을 행사하고, 부부 하위체계가 가족의 주요한 의사결정을 주도함으로써 건강한 위계를 유지한다. 이런 위계는 자녀에게 안정감과 예측 가능성을 제공하며, 자녀가 보호받는 동시에 규칙과 책임을 수용하도록 돕는다(Goldenberg & Goldenberg, 2013). 반면, 위계가 약화되거나 전도되면 가족 기능의 장애가 발생할 수 있다. 예를 들면, 부모가 일관성 있는 권위를 행사하지 못하고, 자녀가 불안을 경험하거나 자율적으로 행동하면서 문제행동이 나타나기 쉽다. 자녀가 부모보다 과도한 영향력을 행사하게 되어 부모화가 발생하거나, 부모 간 권력 불균형으로 인해 한쪽 부모가 과도하게 약화되는 현상이 나타날 수 있다(Minuchin, 1974; Nichols & Davis, 2016).

6) 동맹(alliance)과 연합(coalition)

구조적 가족치료에서 동맹과 연합은 모두 가족 구성원들 간의 결속을 설명하는 개념이지만, 그 성격과 가족 기능에 미치는 영향에서 중요한 차이가 있다.

먼저 동맹은 가족 내 두 사람 또는 일부 구성원이 특정 과업을 수행하거나 상황에 적응하기 위해 형성하는 협력적이고 기능적인 관계를 의미한다(Minuchin, 1974). 동맹은 일시적이고 유연하게 작동하며, 각 하위체계의 경계를 존중하는 선에서 형성된다. 이러한 동맹은 가족 내 친밀감과 지지를 증진하고, 공동의 목표 달성을 위한 협력을 촉진한다. 예를 들어, 부모가 자녀의 학업 문제를 함께 상의하고 일관되게 지도하는 것은 건강한 부모 하위체계의 동맹이며, 형제자매가 협력하여 집안일을 돕거나 감정을 나누는 것도 기능적 동맹의 사례라고 할 수 있다(Goldenberg & Goldenberg, 2013; Nichols & Davis, 2020).

반면, 연합은 가족 내 두 사람 또는 일부 구성원이 제3자를 배제하거나 반대하기 위해 지속적이고 은밀하게 형성하는 결속으로, 병리적 동맹(pathological alliance)을 뜻한다(Minuchin, 1974). 연합은 주로 부모-자녀 간에서 나타나며, 이는 가족 내 위계와 경계를 왜곡시키고 구조적 균형을 해치는 요인이 된다. 예컨대, 어머니가 남편과의 갈등 속에서 딸에게 남편에 대한 불만을 지속적으로 토로하고, 딸이 어머니의 정서적 지지자로 자리하게 될 경우, 이는 어머니-딸 연합을 형성한다. 이러한 관계는 아버지를 배제하는 삼각관계를 초래하며, 자녀에게 과도한 정서적 부담을 지우고, 부모-자녀 및 부부관계 모두에 부정적인 영향을 끼친다(Goldenberg & Goldenberg, 2013; Nichols & Davis, 2020).

따라서 동맹과 연합의 핵심 차이는 목적성과 경계의 명확성에 있다. 동맹은 기능적이고 일시적인 협력이지만, 연합은 지속적이며 배타적인 결속으로 가족 기능을 방해하는 병리적 현상이다. 치료적 관점에서 볼 때, 치료자는 연합을 명료하게 드러내고, 배제된 제3자의 관계 복원과 경계 재설정을 통해 연합을 해체해야 한다. 예를 들어, 어머니-딸 간의 병리적 연합을 완화시키고, 부부 의사소통을 증진하여 부모 하위체계의 권위와 기능을 회복하는 것이 필요하다. 이러한 개입은 자녀가 부모의 갈등에 휘말리지 않고, 가족 내에서 안정적 위치를 되찾도록 돕는다(Goldenberg & Goldenberg, 2013; Minuchin, 1974).

3. 가족문제 발생과 치료의 원리

1) 문제 발생의 원인

구조적 가족치료는 가족의 문제를 개인의 병리에서 찾기보다, 가족구조와 상호작용의 틀 속에서 이해한다. 미누친(Minuchin, 1974)은 개인의 행동이 사회적 맥락, 특히 가족이라는 기본 단위 속에서 형성된다고 강조하였다. 따라서 문제는 한 개인의 특성이 아니라, 가족 구성원 간의 경계, 하위체계, 위계가 어떤 방식으로 조직되고 상호작용하는가에 달려있다. 이를 정리하면 다음과 같다.

(1) 고착된 항상성(homeostasis)

가족이 외부 압력이나 발달 단계의 전환기에 직면했을 때, 기존 구조를 수정하지 못하고 경직되게 유지할 때 발생한다. 가족은 기본적으로 안정성을 추구하지만, 변화에 유연하게 적응하지 못하면 부적응이 나타난다. 예컨대 자녀 성장에 따라 훈육 방식이 변화해야 하지만 과보호가 지속될 경우, 학령기에 자녀의 학교 적응 문제로 드러날 수 있다(Minuchin, 1974; Minuchin, Lee, & Simon, 1996).

(2) 왜곡된 경계선(boundary distortions)

가족 구성원 간 자율성과 친밀성의 균형이 무너졌을 때 발생한다. 지나치게 경직된 경계선은 고립과 단절을, 지나치게 모호한 경계선은 세대 간 연합과 과도한 의존을 초래한다. 예컨대 부모가 일관된 양육 태도를 유지하지 못하고 서로 비난하며 자녀를 사이에 두고 힘겨루기를 한다면, 부부간 경계는 경직되고 부모-자녀 간 경계는 모호해져 문제를 심화시킨다(Colapinto, 1991; Fishman & Minuchin, 1974 재인용).

(3) 하위체계의 불균형과 위계의 혼란

부부 하위체계가 취약하거나 부모가 자녀를 지도할 권위를 상실할 때 발생한다. 이 경우 자녀가 갈등의 희생양이 되거나 부모 역할을 대신 수행하는 부모화(parentification)가 나타날 수 있다. 이러한 위계 혼란은 가족의 기능적 질서를 무너뜨리고 세대 간 역할 왜곡을 낳는다(Minuchin, 1974; Minuchin, 1985). 또한, 구조적 가족치료는 가족의 문제를 단일 사건이 아니라 반복되는 동형적 상호교류(isomorphic transaction)로 본다. 즉, 한 구성원에게 나타나는 증상은 가족 내 다른 관계에서도 유사한 방식으로 반복되며, 이는 가족 전체 구조 속 문제임을 보여준다(Minuchin & Fishman). 나아가 가족문제는 가족 내부의 구조뿐 아니라, 학교·직장·지역사회 등 외부 환경과의 상호작용 속에서도 유지·강화될 수 있다(Minuchin, Lee, & Simon, 1996).

2) 치료 원리

구조적 가족치료의 핵심 전제는 가족 구조가 바뀌면 상호작용과 개인 증상도 변화한다는 것이다(Minuchin, 1974). 따라서 치료는 개인 내적 탐색보다 가족 구성원 간의 현재 상호작용을 변화시키는 것에 초점을 둔다. 가족의 재구조화는 개인 증상이 완화되기 전에 반드시 선행되어야 하며, 새로운 상호작용을 통해서만 증상은 줄어들거나 사라진다

(Minuchin & Fishman, 1981).

(1) 현재 상호작용 패턴과 행동의 변화 중시

구조적 가족치료는 무의식 탐색보다는 지금, 이 순간의 상호작용 패턴을 발견하고 수정하는 데 초점을 둔다. 치료자는 가족이 기존의 역할에서 벗어나 새로운 위치와 관계를 경험하게 하여, 행동 변화를 통해 새로운 통찰과 관계 균형을 형성하도록 돕는다(Minuchin, 1974; Vetere, 2003).

(2) 강점 중심

가족을 병리적 결함의 집합체가 아니라 잠재력과 자원을 지닌 체계로 본다. 가족이 가진 긍정적 자원을 발견하고 활용하는 과정에서 변화가 가능하다는 것이다(Minuchin & Fishman, 1981). 따라서 치료자는 문제를 결핍이 아닌 변화를 위한 신호로 재정의하여, 가족이 스스로 가진 회복력(resilience)을 활용하도록 한다(Colapinto, 1991).

(3) 재구조화(restructuring)

가족의 고착된 상호작용 패턴을 흔들어 새로운 경계와 위계를 형성하는 과정이다. 치료자는 삼각관계, 세대 간 연합, 권위 혼란을 직접 다루며, 부적응적 상호작용을 차단하고 대안적 상호작용을 실험하게 한다(Minuchin, 1974). 이를 통해 가족은 더 유연한 구조로 재편된다.

(4) 문제의 재정의(redefinition)와 현실의 재해석(reframing)

치료자는 증상을 단순히 병리로 보지 않고, 가족체계 속에서 기능적 의미로 재정의한다. 예컨대 청소년의 반항은 부모 권위 혼란의 신호로 재정의될 수 있다. 또한, 갈등은 '해결해야 할 위기'에서 '관계 재조정의 기회'로 재해석된다(Minuchin, Lee, & Simon, 1996). 이러한 관점 전환은 가족이 문제를 새로운 방식으로 이해하고 대처할 수 있도록 한다.

(5) 사회·문화적 맥락 고려

가족은 더 넓은 사회 · 문화적 환경 속에서 기능하기 때문에, 문제는 단지 가족 내부에만 있지 않고 경제적 상황, 사회적 지지, 지역사회 자원 등과 연결된다. 따라서 치료자는 가족을 생태체계적 맥락 속에서 이해하고 개입한다(Minuchin, Lee, & Simon, 1996).

구조적 가족치료의 치료 원리는 현재 상호작용에 개입하여 행동 변화를 촉진하고, 강점을 활용하며, 구조를 재조정하고, 문제를 새롭게 재정의·재해석하며, 더 큰 생태체계 맥락을 고려하는 것에 있다. 이러한 과정을 통해 가족은 고착된 패턴을 벗어나 더 건강하고 유연한 구조로 변화한다.

4. 치료목표와 치료자의 역할

1) 치료목표

구조적 가족치료의 궁극적 목표는 역기능을 일으키는 가족구조의 재조정이다. 기능적 가족은 갈등이 없는 가족이 아니다. 갈등을 효과적으로 관리할 수 있는 역량을 지닌 가족이다. 이를 위해서 구조적 가족치료는 가족의 구조를 바로 잡는 것을 최우선의 목표로 한다. 문제를 해결하거나 증상을 완화하는 이차적인 목표가 된다. 이러한 치료목표를 구체적으로 살펴보면 다음과 같다(Minuchin, 1974).

- 경직되거나 왜곡된 경계를 조정하여 적절한 자율성과 친밀성을 회복한다. 경직된 경계선과 산만한 경계선이 명확한 경계선으로 변화된다.
- 하위체계 간 위계 질서가 바로 서는 것이다. 그러기 위해서 부부 체계 안의 친밀감이 회복되어야 하고 가족을 총괄할 수 있는 집행부의 권위가 있어야 한다. 이러한 권위는 부모체계에서 자녀를 지도하는 권위가 된다. 세대를 가로질러 자녀가 부모와 연합되었던 구조는 조정된다.
- 가족이 성장, 발달하면서 오는 구조의 변화나, 위기, 또는 스트레스에 직면했을 때 새로운 상호작용 패턴을 창출하는 유연성을 강화한다.

따라서 치료는 개인 증상 감소보다 가족체계의 구조적 변화를 우선시하며, 가족이 스스로 문제를 해결할 수 있도록 돕는다.

2) 치료자의 역할

구조적 가족치료자의 목표는 가족이 역기능적 상호작용 속에서 형성한 구조를 재구성하는 것이기에 치료자는 흔히 무대감독(stage director)에 비유되는데, 누가 누구와 이야기하고, 언제 말하며, 어떤 방식으로 상호작용할지를 지시하면서 가족의 경계를 재조정하고 하위체계를 구분한다(Roussel, 2024).

구조적 가족치료자의 역할은 가족이 문제를 특정 개인에게 고착시키려는 태도를 변화시켜 새로운 관계 방식을 시도하도록 돕는 것이다. 즉, 치료자는 과거 탐색이 아닌 현재 상호작용을 변화시키는 것에 중점을 두며, 가족이 직접 새로운 구조를 경험하게 한다. 이를 위해 구조적 가족치료자는 다음과 같은 역할을 수행한다(Minuchin & Fishman, 1981).

- **관찰자이자 진단자**: 가족의 상호작용 패턴과 구조(경계, 하위체계, 위계)를 면밀히 관찰하고, 가족의 역기능적 상호작용을 파악한다.
- **합류자**: 가족을 존중하고 수용하며, 그들의 의사소통 방식에 적응함으로써 신뢰를 형성한다. 합류는 이후 개입이 가능하도록 만드는 출발점이다.
- **무대감독**: 가족이 실제로 상호작용을 실연하도록 요청하고, 필요한 경우 특정 구성원에게 발언을 유도하거나 차단하면서 경계를 조정한다. 이를 통해 새로운 구조적 경험을 촉진한다.
- **균형 교란자**: 세대 간 연합이나 권위의 혼란처럼 왜곡된 관계에서 특정 하위체계를 지지하거나 삼각관계를 깨뜨려 새로운 상호작용 균형을 모색한다.
- **재구조화 촉진자**: 문제를 재정의하고, 대안적 상호작용을 시도하도록 지시하며, 가족이 새로운 경계와 위계를 실험하게 돕는다. 이 과정에서 치료자는 가족의 시도와 성공을 인정하고 강화한다.
- **문화 · 맥락 조정자**: 가족을 둘러싼 사회적 · 문화적 맥락을 고려하며, 개입 강도를 상황에 맞게 조절한다. 변화가 일어나기 위해 치료자는 가족의 주의와 관심을 집중시킬 만큼 분명하고 확고한 태도를 유지해야 한다.

5. 치료기법과 개입의 실제

구조적 가족치료의 기법은 재정의, 재구조화, 재해석이라고 하는 개입을 통해 이루어지며, 이러한 과정을 미누친은 도전이라고 보았다. 즉 가족이 제시하는 증상에 도전, 가족의 현재 구조에 도전, 가족이 해석하는 현실에 도전하는 것이다. 물론 이러한 도전은 관계 형성과 가족구조 사정을 전제로 한다.

1) 치료체계 형성 및 가족 구조 사정

(1) 합류(joining)

구조적 가족치료에서의 합류는 치료자가 가족 체계 내에 전략적으로 참여하며 가족 내 구성원처럼 기능함으로써, 구조 개입의 기반을 형성하는 핵심 치료 기술이다(Minuchin, 1974). 이는 단순히 치료자와 가족 간의 친밀한 관계 형성을 넘어서, 치료자가 가족의 정서적 리듬, 의사소통 방식, 상호작용 패턴, 위계질서에 일시적으로 적응하며 가족 내부자의 위치를 확보하는 전략적 행위이다. 이를 통해 치료자는 가족체계에 영향을 미칠 수 있는 정당성 있는 참여자가 된다. 합류는 구조적 개입 이전에 가족의 방어를 낮추고, 치료자의 개입을 수용하게 만드는 데 중요한 역할을 한다. 이를 위해 치료자는 가족의 언어를 모방하거나, 특정 하위체계와 정서적으로 연결되며, 동시에 가족 내 권력 역학을 파악하고 균형 조정의 기회를 포착한다. 예컨대, 가족 내에서 소외된 구성원 옆에 앉아 그들의 정서를 반영하며 말하거나, 주요 발화자와의 시선과 신체 방향을 조정하는 등 비언어적 합류 기법을 적극적으로 활용한다(Nichols & Davis, 2016).

이러한 '합류'는 심리치료 전반에서 강조되는 치료적 동맹과 일부 공통점을 지닌다. 치료적 동맹은 치료자와 내담자 간 정서적 유대, 치료목표에 대한 합의, 협력적 과제 수행 등을 포함하는 개념으로, 치료 성공의 핵심 예측 요인 중 하나로 간주한다(Bordin, 1979). 합류 역시 신뢰 형성과 관계 구축이라는 면에서 치료적 동맹과 유사하지만, 그 목적성과 초점, 적용 방식에서 뚜렷한 차이를 지닌다. 치료적 동맹이 전반적 치료 관계의 안정적 기반을 의미한다면, 합류는 구조적 가족치료에서 가족체계에 직접 개입하기 위해 치료자의 위치를 조정하는 구체적이고 전략적인 실천기법이다(Reiter, 2014).

특히, 미누친은 합류의 실천에서 거리 조절의 중요성을 강조하였다. 치료자는 특정 시점에서 가족의 일부와 가까워지기도 하고, 때로는 일정한 거리를 유지하며 관찰자의 위치를 취하기도 한다. 이 합류의 거리 조절 전략은 세 가지로 구분된다(Minuchin & Fishman, 1981).

① 근거리 합류(close joining)

치료자가 특정 하위체계나 소외된 구성원과 정서적으로 밀착된 관계를 맺는 방식이다. 이는 약화된 구성원을 지지하고 그들의 목소리를 강화함으로써, 가족 내 힘의 균형을 재조정할 수 있는 기회를 마련한다. 예를 들어, "아버님, 이런 상황에서 많이 외로우셨을 것 같아요"라는 언급은 정서적 지지와 신뢰를 기반으로 관계를 공고히 하는 기술이다. 이처럼 긍정하고 인정하는 방식을 통해 이루어지는 근거리 합류는 강력한 치료 효과를 유발할 수 있다. 하지만 근거리 합류를 한 경우 효과적으로 빠져나올 수 있어야 한다.

② 중간거리 합류(mid-distance joining)

치료자가 가족 전체와 균형 잡힌 관계를 유지하는 접근이다. 이는 어느 한쪽에 치우치지 않고 모든 가족 구성원과 기능적 작업 동맹을 형성함으로써, 가족 전체의 신뢰를 확보하고 구조 개입을 위한 협력 기반을 마련하는 데 도움이 된다. 추적(tracking)은 중간거리 합류의 대표적인 기법으로, 가족의 상호작용 흐름을 관찰하고 자료를 수집하는 데 유용하다. 예를 들어, "두 분 모두 가족을 위해 각자의 방식으로 애쓰고 계신 것 같아요. 그 부분을 함께 들여다봅시다"라는 표현은 중립성과 수용의 태도를 반영한다. 하지만 이러한 중립성은 실제 치료 장면에서 기대만큼 쉽게 구현되지는 않는다. 가족원들의 이야기를 듣는 과정에서, 치료자의 주의가 말의 내용에만 집중되어 눈앞에서 벌어지는 실제 가족의 삶의 장면을 놓칠 수 있기 때문이다. 예컨대, 말을 많이 하는 특정 가족원의 의사소통을 무심코 따라가다 보면, 그 이면에서 전개되는 가족의 역동적 상호작용을 간과할 위험이 있다. 따라서 치료자는 가족과정을 추적하는 자신의 방식 자체를 메타적으로 관찰함으로써 더 유용한 정보를 수집할 수 있다. 이는 중립성과 관찰자 시점을 유지하는 데 핵심적인 기술이다.

③ 원거리 합류(distanced joining)

치료자가 가족과 일정한 정서적 거리를 유지하면서 관찰자의 위치를 취하는 방식이다.

이때 치료자는 감독의 역할을 수행하며, 가족의 상호작용을 관찰하고 장면을 조직한다. 원거리 합류에서는 가족의 소통 패턴을 분석하고, 익숙한 상호작용을 반복하도록 유도한 뒤, 이를 실연하게 함으로써 가족 구성원들이 새로운 방식의 관계 맺기를 경험하도록 돕는다. 이를 통해 치료자는 가족 간 경계, 상호작용 패턴, 위계를 보다 명확히 파악할 수 있으며, 개입의 적절한 시점과 방식을 탐색할 수 있다. 또한, 원거리 합류는 치료자가 가족의 감정에 휘둘리거나 과도하게 의존되는 상황을 예방하는 데에도 중요한 역할을 한다. 예를 들어, "계속 이야기해 보세요. 저는 잠시 지켜보겠습니다"와 같은 표현은 원거리 합류의 대표적인 실천 예다.

이러한 거리 조절은 치료자가 유연하게 자신의 위치를 조정하면서도, 가족 구성원들과의 관계적 거리를 정교하게 유지하여 개입의 타당성과 영향력을 극대화한다. 예를 들어, 부모와 두 자녀로 구성된 한 가족이 자녀의 문제행동과 부모-자녀 간 의사소통 단절 문제로 치료를 받는 경우, 치료자는 초기에는 원거리 합류로 가족의 상호작용 양상을 관찰한 뒤, 소외된 아버지와의 근거리 합류를 통해 정서적 지지를 제공하고, 이후 가족 전체를 향해 중간거리 합류 전략을 구사하여 협력적 분위기를 조성하고 경계의 재조정을 유도해 볼 수 있다.

요약하자면, 합류는 단순한 관계 형성이 아닌, 치료자가 가족구조 내에 전략적으로 침투하여 변화의 지렛대를 확보하는 역동적 기술이다. 이는 구조적 개입을 위한 전제 조건이자 치료자의 기본 위치 설정 전략으로서, 가족 체계 내의 상호작용을 전환시키는 데 중요한 역할을 한다. 치료자는 합류를 통해 단지 신뢰를 얻는 것이 아니라, 개입의 영향력을 확보하고 체계적 변화를 유도하는 주체적 치료자로 기능하게 된다.

(2) 가족지도(family map)

보웬(Bowen)의 가계도가 세대 간 정서적 관계를 중심으로 가족 내 정서적 전이, 분화 수준, 삼각관계 등을 파악하며 자기성찰 도구로 기능하고(Bowen, 1978; Nichols & Davis, 2016), 맥골드릭(Monica McGoldrick)의 가계도가 문화적·맥락적 요인과 세대 간 사건의 의미를 포함시켜, 가족 서사와 정체성을 통합적으로 이해하는 데 강조점을 두었다면(McGoldrick et al., 2008), 미누친의 가족지도는 가족 내 하위체계, 경계, 위계와 같은 구조적 요소를 시각화하여 가족의 기능적 구조를 파악하는 데 사용된다. 가족지도는 현재 시점의 가족 구조와 상호작용 양상에 초점을 맞추며, 이를 기반으로 경계 재설정이나 위계 재조정 등 구체적인 치료 개입 방향을 수립하는 데 활용된다(Lynch & Lynch, 2000).

〈표 6-1〉 미누친의 가족지도와 보웬의 가계도 비교

구분	미누친의 가족지도(family map)	보웬의 가계도(genogram)
중점	현재 가족 구조, 경계, 하위체계, 위계	세대 간 정서적 관계, 반복 패턴, 삼각관계
목적	가족의 상호작용 구조 파악 및 개입 전략 수립	정서적 전이, 자기분화 향상, 세대 간 영향 탐색
도형	일반적으로 사용하지 않음 → 하위체계, 경계, 위계를 선이나 공간 배치로 표현	원(여성), 사각형(남성) 등 명확한 도형 체계 존재
선의 의미	경계의 강도 및 구조적 문제 시각화	정서적 연결과 전이 패턴 표현
시간성	현재 중심(지금 이 순간의 가족)	세대 간 시간 흐름(최소 3세대 이상)
개입 초점	경계 재설정, 위계 조정	자기분화, 삼각관계 해소, 정서적 통찰

기호	의미
	경직된 경계선
	명확한 경계선
	모호한 경계선
	친밀한 관계
	과잉 밀착관계
	갈등
	연합
	우회

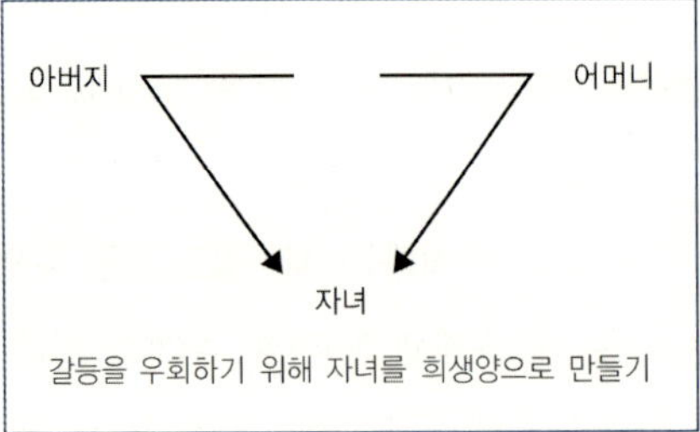

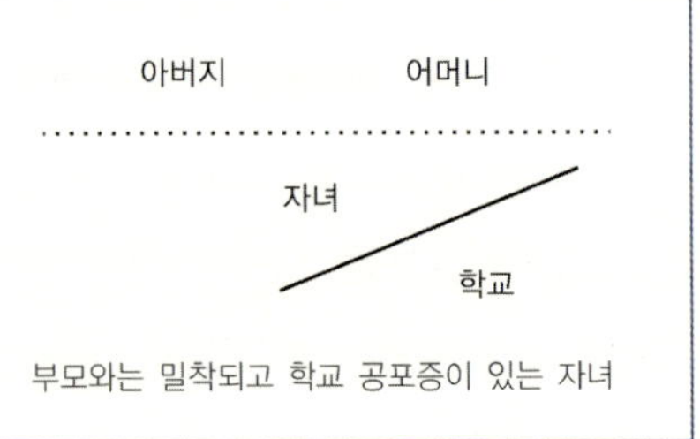

[그림 6-1] 가족지도의 선의 의미

미누친의 가족지도는 면담과 관찰을 통해 가족 구성원 간의 상호작용, 동맹, 삼각관계, 경계 유형 등에 대한 정보를 수집하고, 이를 공간 배치와 선의 형태(예: 굵기, 연속성, 유형 등)를 활용하여 구조적으로 정리하는 방식으로 작성된다. 작성된 가족지도는 치료자가 어떤 하위체계에 합류할지, 어떤 경계나 위계에 개입이 필요한지를 판단하는 데 기준이 되며, 또한 결속력의 강약, 동맹 구조, 갈등 및 회피 양상, 특정 역할(예: 희생양, 치유자, 양육자 등)의 분포, 하위체계 간 경계의 흐름과 명확성 등을 시각적으로 드러냄으로써 가족의 구조적 역동을 한눈에 파악할 수 있도록 돕는다. 치료자는 이를 통해 가족 구성원의 역할, 관계성, 권력 구조, 상호작용 경향성 등을 정밀하게 분석하고, 이후 개입 전략을 체계적으로 설계할 수 있다(Lynch & Lynch, 2000)(〈표 6-1〉, [그림 6-1] 참조).

(3) 가족의 발달 단계별 특징과 과업 이해하기

가족은 정지된 실체가 아니라 가족이 처한 사회적 맥락들 속에서 변화하고 있다. 그러므로 문제를 호소하는 가족을 정지된 화면의 그림처럼 여겨서는 안 되며 이 가족이 지금 어떤 발달 단계를 거치고 있는지 확인하는 것이 중요하다. 이런 점에서 가족을 평가할 때 고려해야 할 네 가지 차원을 제시하는 피시만(Fishman, 2012)의 4-D 모델(Four-Dimensional Model)은 유용하다. 4가지 차원이란 현재의 발달적 압력(contemporary developmental pressures), 가족의 역사, 가족 구조, 그리고 상호작용 과정이다. 이 모델은 가족의 문제를 단일 사건이 아닌 시간적·구조적·상호작용적 맥락 속에서 통합적으로 이해하려는 틀로서 가족이 현재 어떤 변화 요구에 직면해 있으며, 과거의 경험과 구조적 패턴이 어떻게 작용하고, 그 속에서 어떤 역동이 일어나는지를 분석하도록 돕는다.

가족은 저마다 고유한 구조와 형태를 지니고 있다. 이러한 형태는 가족 기능에 직접적인 영향을 미치며, 그로 인해 가족은 스트레스 상황에 대해 자신들만의 고유한 방식으로 반응하게 된다. 가족 구조에 대한 이해는 해당 가족의 기능이 원활한 영역과 취약한 영역을 파악하는 데 도움을 준다. 미누친은 흔히 볼 수 있는 가족 형태로 2인 가족, 3세대 가족, 다자녀 가족, 분거 가족, 이동이 잦은 가족, 위탁 가족 등을 제시하였다. 이러한 분류는 한국 사회에서도 유의미하게 적용될 수 있으며, 다양한 가족 구성 형태에 대한 이해는 가족치료의 필수적인 출발점이라 할 수 있다. 〈표 6-2〉는 한국 사회의 변화 속에서 등장한 다양한 가족 형태 가운데, 가족치료적 민감한 접근이 요구되는 유형들을 정리한 것이다.

〈표 6-2〉 한국적 상황에서 임상적 민감성이 요구되는 가족유형

가족 유형	설명	개입
입양 가족	• 혈연이 아닌 유대 관계 • 소속감의 혼란, 정체성 갈등	• 부모와 자녀 간 소속감과 신뢰 형성 강화 • 입양 사실에 대한 개방적인 소통 구조 • 친가족의 존재 여부, 출생의 의미 등을 다루는 세심한 개입 • 경계선 재설정으로 부모-자녀 하위체계 강화
다문화 가족	• 국제결혼, 이주배경 가족 등 • 문화적 차이, 언어 문제, 사회적 낙인, 교육·양육방식 차이	• 문화 간 갈등에 대한 맥락적 이해와 중재 • 부부간 평등한 위계 확립 • 자녀의 정체성 혼란 해소와 자긍심 강화 • 학교·지역사회 연계로 지지체계 확장
노인 가족	• 고령화로 인한 1인 가구 • 조손가족 • 부모 돌봄 이슈: 고령의 부모와 성인 자녀 간의 역할 혼란 • 세대 간 갈등	• 성인 자녀와 고령 부모 간 경계선 조정 • 부모의 자율성 유지와 보호 사이의 균형 • 돌봄 역할의 명확한 분배 • 3세대 하위체계 간 위계 재구조화
한부모 가족	• 부모 역할의 과중과 양육부담 • 경제적·정서적 스트레스 • 자녀와의 경계 혼란	• 단일 부모의 역할 부담을 인식하고 지지 • 부모-자녀 간 위계 재조정과 경계 강화 • 외부 지지체계와의 연계 강화 • 자녀에게 정서적 안정감 제공 및 책임의 과도한 전가 방지
재혼가족 (계부모 가족)	• 이복형제, 계부모와의 새로운 경계 설정 • 정서적 거리와 권위 문제 • 친자/비친자 간 불균형	• 새로운 가족 구조에 맞는 하위체계 구성 • 생물학적 부모와 계부모 간 역할 명확화 • 아동과 계부모 사이의 신뢰 형성 도모 • 삼각관계 방지 위한 부모 간 연대 강화
분거 가족	• 취업, 학업, 군 복무 등으로 가족 간 물리적 거리 존재	• 기능적 하위체계 붕괴와 부모 역할의 불균형 탐색 필요
1인 가족 및 고립가족	• 사회적 고립 • 심리적 고립감 • 자원의 결핍	• 외부 시스템(이웃, 복지기관 등)과의 연계 • 개인 내적 자원 탐색과 지지체계 확장 • 자기 돌봄 및 자율성 강화

2) 문제의 재정의를 위한 증상에 도전하기

문제의 재정의는 가족이 호소하는 증상에 도전한다는 뜻으로, 즉 가족이 특정 구성원을 문제의 원인으로 지목하는 경향에 도전하고, 문제의 본질을 가족 상호작용 패턴으로 재구성하도록 돕는다. 증상 도전을 위해서는 실연(Enactment), 초점두기(Focusing), 긴장고조

(Intensity)의 기법을 활용한다. 이와 같은 기법을 통해 상호작용과 유지 요인을 탐색하고 구조를 탐색하며 누가 무엇을 바꿀 것인가에 대한 합의를 도출하는 단계에 이르게 된다.

(1) 실연

실연은 가족 내에서 문제가 되는 상호작용을 세션 안에서 실제로 재현하게 하는 기법이다. 치료자는 가족에게 평소 문제가 발생하는 장면이나 상호작용을 그 자리에서 그대로 해 보도록 지시한다. 이렇게 하면 가족 구성원 간 상호작용 패턴이 구체적으로 드러나며, 치료자는 이 상호작용에서 나타나는 구조적 문제(예: 경계의 혼란, 권력의 불균형 등)를 직접 관찰할 수 있다. 다음 〈글상자 6-1〉의 사례는 4세 여아인 패티가 '괴물'이라며 상담실을 찾은 쿠엔 가족이 미누친과 처음 만났을 때의 장면이다.

글상자 6-1 **쿠엔 가족 사례**

패티: (방안을 뛰어다니며 의자마다 등받이를 치면서) 따악-따악-따악-.
엄마: 요즘에 유난히 더 산만해요.
(동생 미미가 패티를 쫓아간다.)
엄마: 안 돼, 미미. 안 돼, 우리 딸.
패티: 나 이거 갖고 놀고 싶은데. 자, 미미, 너는 용을 갖고 놀아. 엄마, 종이!
엄마: 아니야, 오늘은 안 돼, 우리 딸. 자, 도로 갖다 놔. 오늘은 그릴 종이 없어. 갖다 놓으라니까, 패티. 엄마 말 들어야지. 갖다 놔. 어휴, 정말 고집하고는….
미누친: 이게 일상이신 거죠?
엄마: 네?
미누친: 이런 식으로 패티와 하루를 보내시는 거죠?
엄마: 아, 네, 네.
미누친: 딱 1분 30초 만에 보이네요.

출처: Minuchin & Fishman(1981), pp. 107-108.

미누친은 이 실연 장면에서 자발적인 상호작용을 탐색하며, 엄마가 자녀를 통제하지 못하는 모습이 드러날 수 있는 시나리오를 제공한다. 그리고 아이에게 신경은 쓰이지만 통제하지 못하는 엄마에게, "어떤 상황이 되기를 바라시나요?"라고 묻는다. 엄마는 아이들끼리 한쪽에서 인형을 가지고 조용히 놀았으면 좋겠다고 말한다. 이에 미누친은 "그렇게 해보라(make it happen)"고 말하며, 실제로 그 상황을 만들어보도록 지시한다. 이 장면에서 아빠가 중재를 시도하지만, 미누친은 엄마가 아이를 충분히 통제할 수 있으니 아버지는 개입하지 말라고 한다. 이 짧은 실연 장면을 통해 미누친은 무너진 위계를 확인하고, 아버지의 개입이 오히려 위계를 약화시킬 수 있음을 지적한다. 동시에 어머니에게는 "할 수 있다"는 격려와 함께 권위의 자리를 회복할 기회를 제공한다.

(2) 초점두기(focusing)

초점두기는 구조적 가족치료에서 치료적으로 중요한 상호작용에 주의를 집중하게 하는 핵심 기법이다. 치료자는 가족의 대화 주제를 제한하거나 특정 상호작용을 부각시켜, 가족이 핵심 문제에 몰입하도록 돕는다. 이 과정에서 치료자는 단순히 가족의 이야기나 설명에 머무르지 않고, 변화와 관련된 상호작용의 흐름을 포착하고자 한다.

가족을 관찰하는 과정에서 치료자는 다양한 자료를 얻게 되는데, 이러한 자료는 단순히 무작위로 나열되는 것이 아니라, 의미 있는 틀 안에서 선택되고 조직되어야 한다. 치료자가 만들어가는 이 틀은 일종의 치료적 도식으로, 구조적 목표와 그 목표를 달성하기 위한 전략을 포함해야 한다. 즉, 치료자는 먼저 무엇에 초점을 둘 것인지를 선택하고, 그에 따라 작업할 주제를 설정하여 도식을 점진적으로 발전시켜야 한다(Minuchin & Fishman, 1981).

다음 〈글상자 6-2〉의 사례는 초점두기를 통해 핵심 문제를 회피하는 가족을 치료적으로 전환한 사례이다.

글상자 6-2 **마틴 가족의 사례**

결혼 16년 차 마틴 가족은 아버지가 15세 아들을 2년간 성추행한 사건으로 법원의 상담 치료 명령을 받은 가족이다. 어머니는 이 사실을 어느 정도 짐작하고 있었지만, 이를 외면하며 회피하는 태도를 보였다. 치료자는 '아버지가 아들을 학대했고, 어머니는 이를 은밀히 묵인했으며, 아들 역시 이 모든 과정에 순응한 것'으로 분석하고 이 상황을 부부관계의 왜곡된 표현으로 간주하며, 남편이 아내와의 문제를 아들을 통해 표출한 것이라 추정하였다. 이에 따라 초기 회기는 부부의 갈등과 상호작용 문제에 초점이 맞춰졌고, 정작 아동학대라는 핵심 문제는 회피되었다. 부부 또한 근친상간이 존재하지 않은 것처럼 행동하며 자신들의 갈등만을 다루는 데 적극적이었다. 이때 슈퍼바이저가 개입하여 치료적 초점을 재정비할 것을 지시하였다. 그 결과 치료자는 부부의 역기능적 관계보다 아동의 안전과 보호, 즉 아동학대라는 명백한 위기에 우선순위를 두게 되었고, 이를 중심으로 개입 방향이 수정되었다. 이 사례는 초점두기가 회피되고 있던 본질적 문제를 다시 제자리에 놓는 데 핵심적인 기능을 할 수 있음을 보여준다.

출처: Minuchin & Fishman(1981), p. 126.

또 다른 사례에서는 가난과 질병, 반복되는 싸움, 거짓말, 도벽 등으로 고통받는 가족의 치료 장면이다. 4명의 자녀는 문제행동을 반복하고 있었고, 사회복지기관은 이들의 탈선적 행동에만 주목하고 있었다. 그러나 치료자는 이 가족에게서 유능함과 회복 가능성의 단서를 발견하고, 그 부분에 초점을 맞추어 치료를 이끌어갔다. 이와 같이 초점두기는 동일한 상황 속에서도 어떤 국면에 주의를 기울이느냐에 따라 치료의 방향과 효과가 달라질 수 있음을 보여준다(Minuchin & Fishman, 1981: 127-141).

초점두기를 수행할 때 치료자는 터널비전에 빠져 하나의 측면만 지나치게 강조하여 다른 중요한 요소를 간과하는 오류에 빠지지 않도록 주의해야 한다. 또한, 가족과의 친밀감이 높아질수록 치료자는 무의식적으로 가족이 말하기 쉬운 주제에만 초점을 두는 경향이 생길 수 있는데 치료자의 역할은 가족이 익숙한 패턴을 반복하도록 돕는 것이 아니라, 그 패턴을 흔들고 새로운 상호작용을 촉진하여 구조적 변화를 유도하는 것임을 명심해야 한다.

(3) 강화하기(intensification)

강화하기도 증상에 도전하기 위한 중요한 기법이다. 이는 치료자가 가족의 상호작용이나 감정 표현의 강도를 의도적으로 높임으로써, 변화의 필요성을 인식하게 하고 기존 구조를 흔드는 전략이다. 치료자는 경청의 훈련을 받은 사람이고 경청하려고 하지만 내담자는 그렇지 않을 수 있기에 저절로 들릴 때(until it is heard)까지 강조해야 한다는 것이다. 강화하기는 다음과 같은 방식으로 실행된다(Minuchin & Fishman, 1981).

① 감정 표현의 증폭

가족 내 감정 표현이 억제되거나 왜곡되어 있을 경우, 치료자는 감정 표현을 보다 직접적이고 강하게 표현하도록 유도한다. 예를 들어, 과잉 관여된 어머니가 아들에게 분노를 억제하고 있을 때, 치료자는 "지금 아들에게 얼마나 답답한지 직접 말해보세요"라고 요청하여 감정 표현을 증폭시키는 강화기법을 활용한다.

② 반복과 강조

치료자는 중요한 메시지나 상호작용 장면을 반복적으로 제시함으로써 가족의 주의를 집중시킨다. 예컨대, 부모가 자녀의 반복적인 요구를 무시하는 상황에서 치료자가 "지금 자녀분은 같은 말을 세 번째 하고 있습니다. 다시 한번 자녀의 말에 귀 기울여주시겠습니까?"라고 강조하여 무시된 상호작용을 전면에 부각한다.

③ 언어적 · 비언어적 긴장 조성

치료자는 말의 속도, 어조, 비언어적 표현을 조절하여 긴장을 고조시킨다. 이는 가족이 일상적으로 회피하던 감정적 진실을 마주하게 하고, 기존 상호작용 구조의 재구성을 촉진하는 데 도움이 된다.

④ 상호작용의 정지 및 확대

필요할 경우 치료자는 상호작용을 일시적으로 중단하고 그 장면을 분석함으로써, 그 속에 숨겨진 감정과 권력 구조를 더욱 뚜렷하게 드러낸다. 이는 실연과 연계되어 사용되기도 하며, 가족의 구조적 긴장을 상승시켜 '안전한 불편감'을 경험하게 한다.

강화하기는 단순한 대립이나 감정 자극이 아니라, 치료적으로 통제된 환경 안에서 상호작용의 구조를 드러내고, 재조정할 수 있도록 조절하는 기술이다. 치료자는 언제, 누구에게, 어떤 강도로 개입할지를 세심하게 고려해야 하며, 특히 관계가 충분히 형성된 이후에 적용해야 한다.

3) 가족구조에 도전하기

치료 초기에 가족들이 호소하는 증상에 도전하며 상호작용적인 관점을 지닌 재정의를 이루어 내었다면 이제는 가족 내 권력구조와 하위체계 간 경계 문제에 도전하여 관계적 거리와 권력분포를 재조정한다. 경계 만들기(boundary making), 균형깨기(unbalancing), 상보성 교육(reframing complementarity) 등이 가족의 재구조화를 위해 사용된다(Minuchin & Fishman, 1981).

(1) 경계 만들기

가족 경계는 가족의 기능을 평가하는 가장 중요한 변수로 눈에 보이지 않지만, 가족원 개인과 하위체계의 안과 밖을 구분하는 선으로 가족들 간에 허용되는 접촉의 양과 종류를 규정한다(Becvar & Becvar, 1988, 2016). 경계 재설정을 위한 개입은 다음과 같이 구체적으로 적용될 수 있다. 예를 들어, 부모 하위체계가 약화되어 있을 경우, 치료자는 부모가 자녀와 거리를 두고 앉도록 하여 부부만의 대화를 유도함으로써 부모 하위체계의 경계를 강화한다. 또는 어머니와 자녀가 과도하게 밀착된 경우, 치료자는 "이 문제는 부모님끼리 먼저 상의해보시고, 자녀분께서는 잠시 기다려주세요"라고 말함으로써 자녀와 부모 하위체계 간의 심리적 경계를 명확히 한다.

또한, 역기능적인 2인 관계가 제3자를 끌어들여 유지되는 경우, 치료자는 세 사람 간의 상호작용 구조를 분석하고 새로운 경계를 설정한다. 예를 들어, 순종하지 않는 아이, 무능한 어머니, 권위적인 아버지로 구성된 가족에서 아이는 반항하고, 어머니는 과잉통제하거나 무관심하며, 아이가 복종하지 않으면 아버지가 개입하여 위협적으로 통제한다. 이 구조는 각자의 역할을 고착시키는 반복적 상호작용으로 이어진다. 이러한 상황에서 치료자는 "4살짜리 아이가 엄마보다 더 커지면, 아빠의 어깨 위에 앉게 될 거예요.", "당신들 두 분이 협력한다면, 4살짜리 아이가 부모를 이겨낼 수는 없을 겁니다."와 같은 표현을 통해 부모 하위체계의 협력과 권위를 강화하고, 어머니와 아이 간의 과잉 밀착을 완화하며, 부부간의 정서적 친밀감을 증진시킨다. 이는 부모로서의 공통 과제를 부여함으로써 경계의 회복을 촉진하는 전략이다.

경계 만들기의 핵심은 단순히 가능성을 찾는 것이 아니라, 명확한 임상적 이유에 근거하여 개입이 이뤄져야 한다는 점이다. 이는 치료자가 목표를 명확히 설정하고, 그에 따른 구체적 전략을 구성하는 과정이 경계 개입의 본질임을 시사한다.

(2) 균형깨기

균형깨기는 구조적 가족치료에서 가족 하위체계 간 경계를 조정하는 경계선 구축과는 달리, 하위체계 내 위계 구조를 변화시키는 데 중점을 둔 개입 기법이다. 구체적으로는 가족 내에서 권한이 약화되었거나 소외된 구성원과 치료자가 일시적 동맹을 맺어 가족 내 권력 구조의 균형을 흔들고 재조정하는 것을 목표로 한다. 예를 들어, 아버지가 가족 내에서 지속적으로 소외되어 있는 경우 치료자는 "아버님의 의견이 이 가족에서 소중히 다뤄져야 한다고 생각합니다. 이번 결정은 아버님이 주도해보시는 것이 어떨까요?"라고 제안함으로써 아버지의 위상을 회복시키고, 위계 내에서 더 중심적인 역할을 하도록 지지한다. 이처럼 치료자와의 제휴를 통해 가족 내 위치가 변한 구성원은 이전과는 다른 방식으로 상호작용하게 되고, 이는 전체 체계의 균형을 흔드는 계기가 된다.

균형깨기는 특정 구성원의 권한 회복을 통해 전체 가족이 더 건강한 기능적 구조로 재조직될 수 있도록 돕는 전략이다. 그러나 이 기법은 몇 가지 주의점을 필요로 한다.

첫째, 윤리적 고려가 반드시 필요하다. 치료자가 일시적으로 특정 구성원을 편들거나 지지하는 방식은 외견상 공정하지 않아 보일 수 있으며, 다른 구성원에게는 정서적 스트레스를 유발할 수 있다. 특히 열세에 있던 가족원이 갑작스러운 주도적 역할을 부여받을 경우 심리적 부담이나 역할 수행의 혼란을 겪을 수 있으므로, 치료자는 이 변화의 결과를 세심하게 관찰해야 한다. 균형깨기는 체계 내 인식의 변화를 유도하여, 기존의 상호작용 규칙을 재구성할 수 있는 새로운 해결책의 가능성을 열어주는 점에서 중요한 임상적 의미를 갖는다.

둘째, 치료자에 대한 개인적 요구의 집중이라는 위험도 존재한다. 균형깨기를 통해 치료자가 특정 하위체계와 일시적으로 정서적 친밀감, 몰입, 협력을 형성하게 되면, 일부 가족 구성원은 치료자와 개인적인 관계를 맺고자 하는 욕구를 가지게 될 수 있다. 이러한 문제를 예방하기 위해 치료자는 일시적 제휴의 치료적 목적과 범위를 명확히 설정하고, 중립성과 균형감각을 지속적으로 유지해야 한다. 균형깨기의 목적은 어느 한쪽의 입장을 대변하거나 희생시키는 것이 아니라, 구성원들이 새로운 상호작용 방식과 역할을 실험해 볼 수 있도록 구조를 재조정하는 데 있다.

(3) 상보성 교육

상보성은 가족 구성원 간의 행동이 서로를 반영하고 규정하는 상호작용의 방식을 뜻하며, 한 사람의 행동은 항상 다른 사람의 반응 속에서 의미를 갖는다. 즉, 사람의 행동은 고립된 개인의 성향이 아니라, 관계적 맥락 속 반복되는 역할 패턴 안에서 이해되어야 한다.

미누친은 이 개념을 설명하기 위해 '동전의 양면'을 비유로 든다. 사람들은 동전에 앞면과 뒷면이 있음을 알지만, 실제로는 동전 전체를 하나의 통합된 실체로 인식하지 못한다. 마찬가지로, 가족 구성원들은 서로의 개별 행동에 집중하면서도 자신들이 만들어 내는 관계적 전체 구조, 즉 상호작용의 '춤(dance)'을 보지 못하는 경우가 많다. 이에 따라 미누친은 가족이 고정된 인식 틀을 벗어날 수 있도록, 치료자가 세 가지 방향에서 도전해야 한다고 강조한다.

• 문제를 특정 개인(IP)의 탓으로 보는 관점을 재고하게 하며, 가족 구성원 간의 상호작

용 자체가 문제를 만들어 낸다는 시각을 도입한다.

- 개별 행동이 아닌 관계적 맥락에서의 이해를 촉진하여 각각의 가족원은 문제의 배경이 아니라 서로 얽혀서 문제의 일부로 기능한다는 인식을 하도록 돕는다.
- 사건을 시간의 흐름 속에서 이해하여 '지금 벌어지는 일'을 과거와 연결된 상호작용의 패턴으로 재구성할 수 있도록 돕는다.

가족 내 상보성이 역할 고정이나 권력 불균형으로 고착되어 역기능을 일으키는 경우, 치료자는 하위체계 간 역할·상호작용의 재조정을 시도할 수 있다.

4) 가족이 해석하는 현실에 도전하기

가족은 단순한 구조적 단위일 뿐만 아니라, 가족 조직을 정당화하거나 인정하는 일련의 인지적 도식을 함께 지니고 있다. 이러한 인지적 도식이 가지고 있는 구조와 신념체계는 서로를 지지하고 정당화하며, 치료의 출발점이 될 수 있다. 치료자는 가족이 공유하고 있는 경직된 현실관과 신념체계에 도전함으로써 새로운 해석과 행동이 가능하도록 돕는다. 이러한 치료과정에서는 인지 재구성(cognitive restructuring), 역설적 개입(paradoxical intervention), 강점 탐색(exploring strengths) 등의 기법이 활용된다(Minuchin & Fishman, 1981).

(1) 인지적 재구성

인지적 재구성은 가족이 문제 상황이나 관계, 행동을 기존과 다른 관점에서 바라보도록 돕는 기법이다. 이는 단순히 긍정적인 해석을 제시하는 것이 아니라, 가족이 선호하던 해석적 도식을 확장하거나 전환하도록 하는 심리적 개입이다. 해석이 달라지면 가족은 새로운 시각에서 문제를 바라보게 되고, 기존의 상호작용 패턴에서 벗어나 다른 방식의 상호작용을 시도할 동기를 갖게 된다. 그러나 이 과정에서 치료자도 완전히 자유로운 존재가 아니다. 미누친은 치료자를 '제한된 변화자(constrained changer)'라 명명했다. 치료자는 자신의 이론, 경험, 가치관, 그리고 가족의 구조에 의해 영향을 받으며, 가족 역시 치료자의 개입을 자신들의 기존 현실에 부합되도록 제한하거나 유도할 수 있다. 자신의 한계성을 인정한 가운데 치료자는 가족이 기존의 경직된 해석 외에도 다양한 의미와 가능성이 있다는 메시지를 전달해야 하며, 이를 위해 사용할 수 있는 전략은 다음과 같이 세 가지로 나뉜다.

- **보편적 상징 사용:** 모든 사람이 공유하는 상식이나 사회적 기대를 활용하여, 새로운 해석을 설득력 있게 제시한다. "모두가 알고 있듯이 장남은 책임감 있는 모습을 보이려고 하죠."
- **가족의 세계관 활용:** 가족이 가지고 있는 가치나 신념을 기반으로, 그들이 받아들일 수 있는 방식으로 해석을 제안한다. "당신은 자녀를 진심으로 아끼는 부모니까, 아이가 스스로 선택할 기회를 줄 수 있을 거예요."
- **전문가의 조언 형태로 개입:** 치료자의 전문성에 기반한 조언이나 통찰을 활용해, 가족의 현실에 대해 새로운 설명을 제시한다. "다른 가족 사례를 보면, 이런 상황에서는 일정한 거리 두기가 도움이 되더군요."

이러한 인지적 재구성은 단순히 '문제없음'을 말하는 것이 아니라, 가족의 해석 틀에 균열을 주고 새로운 상호작용 가능성을 열어주는 전략이다. 치료자는 자신의 리더십을 활용하여 해석의 방향을 조정하고, 가족이 고정된 현실 인식에서 벗어날 수 있도록 도와야 한다(Minuchin & Fishman, 1981).

(2) 역설적 개입(paradoxical intervention)

가족은 본질적으로 자율조절체계로, 내부에 불안정이나 위기가 생기면 스스로 균형을 유지하려는 경향이 있다. 가족 내에서 발생하는 증상, 예컨대 자녀의 만성적인 아픔이나 비행 행동은 겉보기에는 문제로 보이지만, 실제로는 가족 시스템 내의 긴장이나 갈등을 조절하는 기능을 수행하기도 한다. 증상이 가족의 항상성을 유지하는 도구로 기능하고 있다면, 단순히 그 증상을 제거하려는 개입은 체계의 저항을 불러일으킬 수 있다. 증상이 사라지면 그동안 가려졌던 근본적인 갈등(예: 부부 문제, 부모의 무력감 등)이 다시 드러나 가족체계는 오히려 더 불안정해질 수 있기 때문이다. 따라서 치료자는 이러한 저항을 정면으로 부딪쳐 보는, 역설적 개입을 통해 간접적으로 접근한다. 역설적 개입이란, 문제행동을 제거하려 하지 않고 오히려 그 행동을 지지하거나 지속하라고 요청함으로써, 가족 구성원들이 스스로 변화의 필요성을 인식하도록 유도하는 기법이다. 즉, 저항을 치료 도구로 전환하는 전략이다.

역설적 개입은 특히 장기화된 상호작용 패턴이나 변화에 대한 저항이 강한 가족에게 효과적이다. 이 기법은 가족의 균형을 인위적으로 흔들기보다는, 그들의 저항을 활용해 스스로 변화의 균형점을 찾아가도록 돕는 섬세한 치료적 전략이다.

(3) 가족의 강점 탐색(Strengths Exploration)

> 가족치료사들에게 다행인 것은 치료자들이 어떤 가족을 정상, 또 어떤 가족을 비정상으로 분류할 수 있는 가족 진단 유형을 개발하지 못했다는 것이다. 운이 따른다면 우리는 절대로 그것을 개발하지 못할 것이다(Minuchin & Fishman, 1981: 302).

상담심리 분야에서는 개인의 심리적 문제를 설명함에 있어, 종종 가족을 문제의 근원으로 간주하는 경향이 있다. 특히 선택적 기억과 결핍 중심의 내러티브에 기반하여, 가족 내 병리적 구조나 양육 실패, 기능적 왜곡이 강조되는 경우가 많다. 하지만 구조적 가족치료는 가족을 변화의 대상이자 자원으로 간주한다. 즉, 가족은 단지 문제를 유발하는 체계가 아니라, 구성원이 삶의 위기 속에서도 적응하고 생존할 수 있도록 도와 온 역동적인 단위체계로 이해된다. 가족은 상호 간의 돌봄, 양육, 정서적 지지 등을 통해 구성원들에게 안정감과 소속감을 제공해 왔으며, 이는 단절되지 않고 세대를 통해 전수되어 온 중요한 자원이다(Reiter, 2017). 구조적 가족치료는 이러한 가족의 '강점'을 강조한다. 여기서 말하는 강점이란 단순히 가족이 지닌 긍정적 특성이나 개인의 잠재력을 의미하는 것이 아니라, 가족체계가 위기 상황에서도 유연하게 재조직화되고, 기능을 조정하며, 서로의 역할을 조화롭게 맞추어가는 구조적 역량을 포함한다. 즉, 기능적 재조직화 능력, 회복탄력성, 정서적 유대, 가치와 문화의 세대 간 전수 등은 모두 가족이 지닌 중요한 강점으로 간주된다.

6. 평가와 전망

현대 한국사회는 가족의 형태와 기능 면에서 급격한 변화를 경험하고 있다. 전통적 핵가족 중심의 구조에서 벗어나 비혼, 1인 가구, 장기 분거가족, 다문화 가족, 노인 가족, 재혼 및 입양가정 등 다양한 가족 형태가 공존하게 되었으며, 이들 가족은 고유한 상호작용 양상과 구조적 긴장을 드러낸다. 가족은 이제 점차 특정 형태로 고정된 존재가 아니라,

다양한 구성과 역동을 가진 유동적 관계망으로 이해되고 있다. 이러한 변화는 전통적 가족치료 모델의 적용에 도전이 되기도 하지만, 동시에 새로운 해석과 개입의 가능성을 열어주기도 한다.

미누친은 초기부터 중산층 핵가족만을 임상 대상으로 삼지 않았다. 오히려 그는 비행 청소년, 빈곤층 가정, 다인종 가족 등 구조적으로 취약한 가족들과의 임상에서 이론을 발전시켰으며, 기존의 정상 가족 담론에서 벗어나 다양한 가족 형태가 기능적 구조를 재구성할 수 있음을 입증하려 했다. 즉, 그의 치료 접근은 기존의 '정상 가족' 이데올로기와 그 기준이 오히려 문제를 악화시킬 수 있다는 전제하에, 실질적이고 기능적인 구조 변화를 강조하였다. 미누친은 치료자 자신이 가족 내 위계를 재설정하거나 경계를 조정하는 주체로 개입하면서, 다양한 문화적 · 사회경제적 조건 속에서도 가족이 스스로 기능할 수 있는 구조를 찾아가도록 유도하였다.

구조적 가족치료는 가족을 하나의 체계로 보고, 하위체계, 경계, 위계라는 핵심 개념을 통해 가족 내 상호작용의 구조를 분석하고 변화시키는 치료 접근이다. 특정한 가족 형태를 '정상'으로 상정하지 않고, 각 가족이 가지고 있는 기능적 구조의 문제를 재조정함으로써 전체 가족의 적응과 변화를 이끌어 내는 데 중점을 둔다. 이 치료모델은 가족 구성원 간의 상호작용 패턴과 역할 분화, 경계 설정의 명확성을 중심으로 개입하며, 위계가 병리적으로 고착되어 있거나 상호작용이 기능적이지 않을 경우 구조적 개입을 통해 가족체계를 재조직한다.

현대 한국사회에서 구조적 가족치료는 여전히 유효한 분석 틀과 개입 전략을 제공한다. 예컨대, 맞벌이 부부의 육아 갈등, 다문화 가정 내 문화 간 갈등, 조손가정에서의 역할 혼란, 재혼가정의 경계 문제 등은 구조적 분석을 통해 핵심 역동을 이해하고 치료적 개입의 방향을 설정할 수 있게 한다. 또한, 하위체계와 경계 개념은 전통 핵가족 이외의 다양한 가족 유형에서도 건강한 거리와 기능적 관계를 재구성하는 데 활용될 수 있다.

다만, 구조적 가족치료를 현대 한국사회에 적용할 때는 몇 가지 유의할 점이 존재한다. 첫째, 가족 자체를 형성하지 않거나 기존과 다른 형태로 가족을 구성하려는 흐름이 증가하고 있는 가운데, 치료자가 가족의 정상성에 대한 고정된 전제를 갖고 개입할 경우 내담자에게 위화감이나 거부감을 줄 수 있다. 예를 들어, 비혼이나 비출산을 병리로 간주하기보다는, 그 선택 안에서 발생하는 가족 내 긴장과 경계를 조망해야 한다.

둘째, MZ세대를 중심으로 확산되는 개인주의적 가치관과 자율성의 중시는 수직적 위계를 강조하는 구조적 접근과 충돌할 수 있다. 이 경우 위계의 재구성보다는 수평적 상호 존중 구조 내에서의 경계 설정과 자율성 보장을 중심으로 하는 유연한 개입이 요구된다.

셋째, 문화적 정체성과 제도적 소수성이 결합된 가족의 경우, 구조적 개입이 문화적 민감성을 결여한 방식으로 이루어진다면 치료적 관계가 위협받을 수 있다. 치료자가 위계를 설정하고 경계를 조정하는 역할을 수행할 때, 그 개입이 강압적 통제나 문화적 동일화로 비치지 않도록 각별한 주의가 필요하다.

넷째, 구조적 가족치료는 태생적으로 가족이라는 체계적 단위를 중심으로 만들어진 이론이지만, 이론 그 자체가 편견을 내포하고 있다기보다는, 기존의 구조가 오늘날의 가족 다양성을 온전히 담기에는 협소할 수 있는 점에서 '구조적 한계'를 가질 수 있다. 그러나 그 기초 개념들은 오늘날의 비전통적 관계망이나 1인 가구에도 적용 가능하도록 충분히 확장될 수 있으며, 현대 임상에서는 실제로 그렇게 적용되고 있는 추세이다. 따라서 치료자와 이론가가 '가족'의 정의와 경계를 어떻게 재해석하느냐에 따라 구조적 가족치료는 여전히 유연하고 포용적인 틀로 기능할 수 있다.

이러한 점에서 구조적 가족치료는 여전히 변화하는 사회 속에서 강력한 도구가 될 수 있지만, 과거의 이론을 기계적으로 반복하기보다는 시대적 맥락과 문화적 다양성에 적응하는 형태로 확장되어야 한다. 치료자는 가족의 새로운 형태, 가치관, 문화적 정체성에 대한 감수성을 바탕으로, 기능적 구조의 회복을 위한 개입을 조율해야 하며, 이는 곧 구조적 가족치료가 원래 지향했던 '새로운 구조 만들기'라는 목적을 현대적으로 재해석하는 일이다. 결국, 구조적 가족치료는 정상성 회복이 아닌 적응성과 기능성을 중심으로 가족 구조를 재조직하려는 노력으로 이해될 수 있으며, 다양한 가족 형태가 공존하는 한국 사회에서 여전히 유의미한 치료적 접근이 될 수 있다.

7. 구조적 가족치료로 금쪽이네 만나기

1) 사례개념화

(1) 가족구조 평가

• 호소문제: 11세 딸(금쪽이)의 극단적인 어머니 거부, 등교 거부, 강박적 의례 행동, 정

서 불안, 발작적 감정 표현

- 하위체계 및 경계: 부모 하위체계의 기능 약화(부부간 정서적 소통 결여, 양육 및 치료적 연대 부족), 부모자녀 하위체계의 경직된 경계, 조부모의 과잉 개입과 정서적 의존
- 가족 간 삼각관계 및 동맹: 금쪽이-할머니 동맹 강화(어머니 배제), 아버지의 회피적 태도, 갈등상황에서 후퇴함으로써 가족 내 실질적 조율자 부재
- 가족 내 위계 구조의 혼란: 부모의 권위 약화, 자녀(금쪽이)가 정서적 권력을 일부 점유하는 구조

(2) 치료목표

- 부모 하위체계 강화 및 정서적 연대 회복
- 모-자 관계의 신뢰 재구축 및 경계 재조정
- 조부모의 양육 개입 감소 및 부부 중심 재구성
- 금쪽이의 강박적 행동의 감소와 정서 표현의 기능적 맥락 이해

2) 주요 개입

금쪽이네를 위한 개입 전략은 가족 구성원 각자의 관점을 존중하고 따뜻하게 연결되는 것에서 출발한다. 금쪽이와는 언어적 지시보다는 비언어적 공감과 놀이 · 예술 매체를 통해 신뢰를 형성하는 것이 효과적이며, 그의 분노와 회피 행동은 문제행동이 아니라 관계 회복을 위한 신호로 재해석될 필요가 있다. 더불어 가족구조의 재조정과 부모 코칭을 통해 건강한 감정 표현과 일관된 양육 방식을 지도하고, 부부간 감정 교류를 회복하기 위한 별도의 회기를 권장함으로써 가족 전체의 안정성과 협력 기반을 강화한다.

(1) 문제의 재정의를 위한 증상에 도전하기

아빠 ——||—— 엄마

본 사례에서는 금쪽이의 강박행동과 엄마 거부, 엄마의 양육능력 결여가 문제로 올라왔다. 구조적 가족치료사는 이 문제를 개인의 문제로 보지 않고 가족 상호작용 속에서 재정의해 나갈 것이다.

그런 다음 누가 잘못했는가를 따지는 것이 아니라 문제를 고착시키는 상호작용 패턴을

탐색할 것이다. 금쪽이가 등교 전 엄마를 극단적으로 거부하는 이상행동을 한 후 할머니에게 전화하여 엄마의 행동을 큰 문제를 고발하듯 전하고 있다. 아빠 역시 금쪽이의 문제를 양육하지 못하는 엄마 탓으로 돌리고 있다.

구조주의 치료사는 구조 중심의 탐색을 통해 행동이나 반응 방식이 어떻게 형성되었는지 조사할 것이다. 금쪽이의 증상은 3년 전부터 시작되었으며 ADHD, 결벽증, 강박증 등의 진단을 받고 약 먹고 상담도 받았다. 그런데 이런 증상이 엄마와의 관계에서만 나타난다는 것이다. 금쪽이는 왜 자신이 엄마를 싫어하는지에 대해서는 함구하고 있다. 이런 상태에서 아빠는 엄마의 무능이라고 지적하고 있으며 엄마는 집안에서 아내로도, 엄마로도 인정받지 못하고 있다. 엄마를 고발하는 전화와 문자를 받아 주는 대상인 할머니는 벨도 누르지 않고 가족을 방문할 수 있는 사람으로 보인다. 즉 가족의 경계 속에 들어와 있는 것이다. 가족의 식사 장면은 구조적 가족치료에서 강조하고 있는 실연의 장면을 잘 보여 주고 있다. 식사 중에 일어나는 이들의 대화와 행동을 통해 이 가족의 하위체계 경계와 위계질서가 무너졌음을 탐색하게 된다. 금쪽이가 좋아하는 반찬도 만들 줄 모르는 엄마, 고모의 의견을 빌려 아이를 다룰 줄 모르는 엄마라고 은근히 격하시키며 엄마로서의 권위는 점점 더 낙하하고 있다. 이에 대해 아빠는 바로잡기보다 이를 더 부추기며 아내에 대한 절망감을 아이 앞에서 표시하고 있다. 그 순간 할머니와 아빠와 금쪽이는 연합해서 엄마를 밀어 내고 있다.

아이의 반항과 투정에 지친 아내에게 인사도 하지 않고 자기 방으로 들어가 나오지 않는 남편의 모습, 아이들 앞에서 엄마를 노골적으로 무시하는 태도를 보여주는 남편의 태도 역시 이 가족의 문제를 보여주는 실연의 한 장면이다.

(2) 문제를 유지시키는 가족 구조에 도전하기

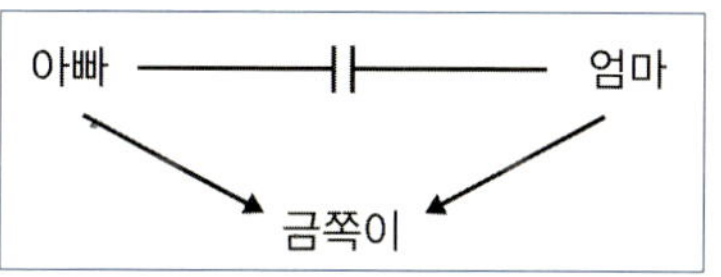

함구하고 있던 금쪽이가 카메라가 꺼진 후 마지막 던진 말이 이 사례의 실마리를 제공하고 있다. 할머니와 아빠가 무서울 때 엄마가 없었다는 말이다. 이는 표면에 드러나는 증상과는 매우 다른 상호작용이 이 집안에서 일어나고 있음을 암시하고 있다. 구조적 가족치료사는 합류를 통해 가족과 신뢰를 쌓아가며 이러한 증상이 개인의 문제가 아님을 드러내고 문제의 재정의를 시도할 것이다. 다시 말해 금쪽이의 행동과 엄마와의 관계에 집중된 이 사례의 초점을 부부간으

로 옮겨 볼 것이다. 이들 부부관계에 어떤 일이 생겼을까? 금쪽이의 출생과 할머니의 양육개입은 어떤 변화를 가져왔을까 하는 것 등이다. 이는 미누친이 주장한 가족구조의 변화가 일어났을 때 기존의 익숙했던 구조에서 벗어나 새로운 구조에 적응하는 노력이 필요하다는 점을 기억하게 한다. 즉, 부부 형성기에서 자녀 양육기로 넘어오면서 일어난 변화를 주목해 볼 필요가 있다. 또한, 엄마가 일을 하기 위해 할머니에게 혼나고 있는 금쪽이를 위로해 주지 못하고 출근할 수밖에 없었던 상황이 아이로 하여금 세상을 어떻게 바라보게 하였는지에 대한 탐색도 필요해 보인다. 초점 두기는 동일한 상황 속에서도 어떤 국면에 주의를 기울이느냐에 따라 치료의 방향과 효과가 달라질 수 있음을 보여주는 데 이때 치료자의 역할은 가족이 익숙한 패턴에서 벗어나 새로운 상호작용을 촉진하여 구조적 변화를 유도하는 것이다. 이러한 초점 두기를 위해 강화하기 기법이 이 가족에게는 필요할 것이다. 자기 표현과 주장을 어려워하는 엄마, 이에 반해 비판 모드로 대하는 할머니와 아빠의 태도가 어떤 문제를 가져올 수 있는지 가족들이 인식하기 위해서 반복과 강조를 통해 무시된 상호작용이 전면으로 부각해야 한다.

필요할 경우 치료자는 상호작용을 일시적으로 중단하거나 정지된 장면을 확대하여 분석할 수 있는데 식사 장면이 그 대표적인 것이 될 수 있을 것이다. 숨겨진 감정과 권력구조가 더욱 뚜렷하게 나타나고 있는데 이러한 역동을 부추기며 가족의 구조적 긴장을 상승시켜 '안전한 불편감'을 경험하게 할 수도 있다. 그러나 강화하기는 단순한 대립이나 감정 자극이 아니라, 치료적으로 통제된 환경 안에서 상호작용의 구조를 드러내고, 재조정할 수 있도록 조절하는 기술이라는 점을 치료자는 인식하고 언제, 누구에게, 어떤 강도로 개입할지를 세심하게 고려해야 하며, 특히 관계가 충분히 형성된 이후에 적용해야 한다. 가족들의 반대를 무릅쓰고 이 사례를 의뢰한 사람이 할머니라는 점을 인식하고 할머니의 노력이 긍정적인 평가로 이어질 수 있도록 하는 점도 놓치지 말아야 할 것이다.

무너진 위계질서 수립을 위해 아빠와 할머니가 엄마 편으로서 가족 내 하위체계와 경계 역할을 수행하는 방식, 그 영향력을 시각적으로 가족지도를 통해 보여줌으로써 가족들의 권력관계와 상호작용 패턴에 대한 인식을 공유하게 하고, 필요시 경계 재조정 개입으로 역할 충돌이나 과도한 유착을 조절한다.

호소하는 증상에 도전하며 단순히 금쪽이의 증상이나 엄마의 무능이 아니라 상호작용적인 관점을 지닌 재정의를 내리고 난 후 가족 내 권력구조와 하위체계 간 경계 문제에 도전하여 관계적 거리와 권력분포를 재조정한다. 즉, 경계선 조정, 현재의 균형 재조정,

상보성에 대한 교육 등이 개입되어야 한다.

건강한 가족의 가장 중요한 경계 중 하나는 부부 하위체계의 경계이다. 하지만 금쪽이 엄마와 아빠의 부부 하위체계는 갈등과 제 3자의 경계선 침범으로 매우 취약한 상태이다. 또한 금쪽이네 핵가족의 경계 역시 도전을 받고 있다. 할머니가 비밀번호를 직접 누르고 들어오는 장면이나 금쪽이 양육에 고모의 의견이 등장하는 것 등이 적어도 이 가족이 원하는 변화를 위해 조정되어야 할 부분으로 보인다. 가족 간에 서로 염려하고 조언하는 것은 좋으나 최종적인 권위가 자신의 엄마와 아빠에게 있으며 엄마와 아빠가 일관된 양육지침을 가지고 있음을 아는 것이 금쪽이와 가족에게 도움이 될 것이다. 할머니가 벨을 누르고 엄마가 문을 열어 드려야 들어올 수 있는 상황이 금쪽이에게는 어떻게 해석이 될까?

이러한 시도는 구조적 가족치료에서 주장하는 균형깨기의 기법에 해당할 것이다. 엄마의 감정 표현과 친밀해지기 위한 노력도 필요하지만, 엄마의 위계가 바로 서고 부부의 경계가 명확해지는 구조적 조정은 필수적으로 보인다. 균형깨기는 가족 내에서 권한이 약화되었거나 소외된 구성원과 치료자가 일시적 동맹을 맺어 가족 내 권력 구조의 균형을 흔들고 재조정하는 것을 목표로 하며, 이 사례에서는 엄마의 권한 회복을 통해 전체 가족이 더 건강한 기능적 구조로 재조직될 수 있도록 돕는 전략이다.

가족치료가 누구의 잘못인가를 따지는 것이 아니라 역기능을 가져온 상호작용과 구조를 바로잡는 것이라면 상보성 교육은 필수적이다. 상보성의 의미는 한 사람의 행동은 반드시 다른 사람의 반응 속에서 의미를 갖는다는 것이다. 즉 관계적 맥락 속에서 반복되는 패턴을 이해하자는 것이다.

(3) 금쪽이네 가족 인지도식에 도전하기

경계조정, 균형깨기, 상보성 교육 등을 통해 재구조화를 시도했다면 이제는 금쪽이네가 가지고 있던 가족 인지도식에 도전할 차례이다. 가족치료는 이 가족을 전혀 다른 모습으로 바꾸는 것이 아니라, 문제로 인해 왜곡되거나 경직되었던 가족의 기본 기능과 정체성을 회복시키는 작업이다. 이러한 의미에서 치료는 본질적으로 변화될 필요가 없는 것을 '되돌려 주는' 과정이며, 동시에 그 위에 굳어져 있던 현실관과 신념체계에는 도전한다.

인지적 재구성을 위한 전략으로 보편적 상징, 가족의 세계관, 전문가의 조언의 형태가 있다. 예를 들면, "모두가 알고 있듯이 아이들은 힘이 있다고 여겨지는 사람 편에 서게 되지요(보편적 상징)", "금쪽이를 위해서 최선을 다하고 있는 가족이기에 이런 변화도 기꺼이 하실 수 있을 겁니다(가족의 가치관)", "현재 금쪽이에게는 할머니와 아빠가 인정하고 존중받는 엄마가 필요해 보입니다(전문가의 조언)" 등등의 예가 될 수 있다. 인지적 재구성은 단순히 긍정적인 멘트가 아니라 변화를 위한 가능성의 징검다리를 만드는 역할을 해야 한다.

가족들이 현실에 대한 새로운 해석을 하도록 역설적 개입을 하기도 한다. 즉 문제 행동을 제거하기보다는 지지하고 지속하라고 요청하는 방법인데 이 사례의 경우 금쪽이에게 혼란형 불안정 애착 증세가 보이기에 치료자는 매우 신중해야 할 것이다. 예를 들어 금쪽이에게 1주일간 학교에 가지 말라고 하든가, 엄마가 절대로 금쪽이 방이나 금쪽이 근처에는 가지 말라고 하는 과제를 준다면 이는 역설적 개입이 될 수 있지만 이러한 개입의 전제 조건으로 금쪽이와 엄마 간의 신뢰관계, 치료자와의 신뢰관계 등이 확인되어야 할 것이다.

위와 같은 치료과정을 통해 치료자는 금쪽이네 가족의 강점을 강조해나가야 한다. 가족의 강점이란 단순히 긍정적 특성이나 잠재력을 넘어 가족이 위기 상황에서도 유연하게 대처하며 기능을 조정하고 서로의 역할을 조화시켜 나가는 역량도 포함된다.

(4) 종결을 위한 준비

금쪽이 가족 사례의 종결을 위해서는 금쪽이의 개별 행동 변화뿐 아니라, 가족 구조의 변화, 즉 경계의 명료화, 역할의 재조정, 감정 교류의 회복을 종결의 주요 지표로 삼는다. 치료 종결 이후에도 학교, 지역 상담센터 등 외부 지원 체계와의 연계를 고려하여, 변화의 지속성과 재발 방지를 도울 수 있도록 준비한다. 치료 종결 전, 치료자와 가족은 함께 설정한 목표들이 달성되었는지를 점검한다. 다음과 같은 질문들을 통해 종결 준비 여부를 확인할 수 있다:

- 금쪽이 부모의 부부 하위체계와 부모 하위체계는 강화되었는가?
- 부부는 부부만의 명확한 경계를 설정하고 있는가?
- 엄마의 부모로서의 권위 회복을 위해 아빠는 어떤 행동을 하고 있으며, 할머니는 이를 어떻게 지원하고 있는가?
- 금쪽이의 아침 등교 준비 행동은 어떠한 변화를 보였는가?
- 실제 등교 실적은 개선되었는가?

- 앞으로 유사한 상황이 발생할 경우, 부모는 어떤 대안을 가지고 있는가?

이러한 점검을 통해 가족은 변화된 구조를 일상생활 속에서 유지하고 확장할 수 있는 기반을 마련하게 된다.

요약

- 구조적 가족치료는 살바도르 미누친이 발전시킨 접근으로, 가족문제를 개인의 병리가 아닌 가족 구조의 왜곡과 상호작용의 고착에서 비롯된 것으로 본다. 미누친은 빈곤층과 이민자 가족을 대상으로 한 현장 경험을 바탕으로 가족의 위계, 경계, 역할을 재조직하는 치료 모델을 제시했으며, 후기에는 사회·문화적 맥락과 구조적 요인을 통합하는 방향으로 확장했다.
- 구조적 가족치료의 주요개념을 살펴보면 다음과 같다. 가족구조는 가족 내 상호작용의 틀로, 구성원의 역할·규범·권력 관계를 조직화하고 예측 가능하게 만드는 체계이다. 경계는 가족 구성원 간 상호작용의 한계를 규정하며, 명확한 경계는 건강한 독립성과 연결성을 가능하게 하지만 경직된 경계는 단절, 모호한 경계는 과도한 밀착을 초래한다. 하위체계는 가족 내 역할과 기능에 따라 구분된 단위로, 각자의 기능이 명확할 때 안정적으로 작동한다. 경계가 모호하거나 위계가 무너지면 역할 혼란과 권력 왜곡이 발생한다. 재구조화는 비기능적인 상호작용과 경직된 가족 구조를 더 유연하고 건강한 형태로 재조정하는 치료적 개입이다. 위계는 가족 내 권위와 책임의 질서를 의미하며, 부모가 적절한 지도력과 통제력을 행사할 때 가족은 안정적으로 기능한다. 동맹은 특정 과업을 위해 형성되는 건강하고 유연한 협력관계이며, 가족 기능을 강화한다. 반면 연합은 제3자를 배제하는 병리적 결속으로, 위계와 경계를 왜곡시켜 가족 균형을 해친다.
- 가족문제 발생과 치료 원리를 살펴보면, 구조적 가족치료는 개인의 문제가 아니라 가족이 변화에 유연하게 적응하지 못하거나, 경계가 왜곡되고 위계가 혼란스러워질 때 기능적 질서가 무너지고 증상이 나타난다고 본다. 치료의 초점은 과거 탐색이 아닌 현재의 상호작용 패턴을 변화시키는 것에 있다. 치료자는 가족의 강점과 자원을 활용하고, 비기능적인 구조를 재구조화하도록 돕는다. 증상을 병리가 아닌 관계 재조정의 신호로 재정의하며, 가족을 사회·문화적 맥락 속에서 이해하고 개입함으로써 더 유연하고 건강한 구조로 변화하도록 한다.
- 구조적 가족치료의 핵심 목표는 역기능적인 가족 구조를 재조정하여 건강한 상호작용과 유연성을 회복하는 것이다. 치료자는 단순한 관찰자가 아니라 무대감독이자 재구조화 촉진자로서 가족이 새로운 상호작용을 직접 경험하도록 이끌며, 경계를 조정하고 왜곡된 관계 균형을 교란하여 기능적인 구조로 변화시키는 역할을 수행한다.
- 구조적 가족치료의 치료기법을 살펴보면, 다음과 같다. 합류는 가족 내 정서적 리듬과 상호작용에 전략적으로 참여함으로써 개입의 정당성을 확보한다. 가족지도는 하위체계, 경계, 위계 등 구조적 요소를 시각화하여 개입 방향을 설정하고, 가족의 발달 단계와 구조적 특징을 고려해 현재의 기능과 취약성을 평가한다. 실연, 초점두기, 강화하기는 상호작

용 패턴을 드러내며 변화의 필요성을 자각하도록 한다. 경계, 균형깨기, 상보성 교육은 권력과 관계의 구조를 재조정한다. 인지적 재구성, 역설적 개입, 강점 탐색은 가족이 공유하는 경직된 현실관에 도전하고 새로운 시각으로 조명한다.

- 현대 한국사회는 가족 형태가 다양해지며 전통적 핵가족 중심의 구조가 해체되고, 이에 따라 가족치료 역시 새로운 해석과 개입이 요구되고 있다. 구조적 가족치료는 특정 가족 형태를 '정상'으로 보지 않고, 각 가족이 가진 구조적 문제를 재조정해 기능적 상호작용을 회복하도록 돕는 접근이다. 현대 사회에 적용할 때는 가족의 다양성과 문화적 맥락을 존중하며, 위계보다는 수평적 상호존중과 자율성을 중심으로 한 유연한 개입이 필요하다. 따라서 구조적 가족치료는 '정상성 회복'이 아닌 '적응성과 기능성 강화'를 목표로 현대적 의미에서 여전히 유효한 치료틀로 작용할 수 있다.

제7장

전략적 가족치료

어느 날, 헤일리를 찾아온 한 어머니는 성인이 된 아들이 직업도 없이 집에서 지내며, 자신의 말을 전혀 듣지 않는 상황에 대해 깊은 스트레스를 호소했다. 아들을 통제하려는 모든 시도는 실패로 돌아갔고, 어머니는 무력감을 느끼고 있었다. 헤일리는 어머니에게 뜻밖의 과제를 제시했다. “아들에게 매일 아침, '네가 오늘 하루 아무 일도 하지 않도록 내가 기도하고 있다'고 말하세요.” 이 역설적 과제는 아들의 심리적 균형을 흔들었다. 아들은 어머니가 자신을 통제하려는 새로운 방식이 있다고 느꼈고, 스스로 행동을 바꾸기 시작했다. 결국, 그는 직장을 찾아 나서게 되었고, 이전과는 다른 방식으로 책임을 지기 시작했다.

제이 헤일리(Haley, 1976)

1. 발달 배경 및 주요 인물

전략적 가족치료(Strategic Family Therapy)는 여러 학자와 임상가들의 연구와 실천 속에서 발전해 왔다. 인류학자 그레고리 베이트슨(Gregory Bateson)의 사이버네틱스와 의사소통 이론에서 출발하여, MRI(Mental Research Institute)의 문제해결 시도 분석, 밀턴 에릭슨(Milton Erickson)의 간접적 개입 전략, 살바도르 미누친(Salvador Minuchin)의 구조적 가족치료, 제이 헤일리(Jay Haley)와 클로에 마다네스(Cloe Madanes)의 실천적 · 인본주의적 확장에 이르기까지 전략적 가족치료의 철학과 기법은 발전해 왔다. 이는 전략적 가족치료가 단순한 문제해결을 넘어, 가족체계의 구조와 상호작용 패턴을 변화시키는 목표지향적이고 창의적인 개입 모델임을 보여주고 있다.

1) 정신연구소(MRI) 모델과 2차 변화 개념

전략적 가족치료의 이론적 기반은 1959년 미국 캘리포니아 팔로알토에 설립된 정신연구소(Mental Research Institute: MRI)에서 출발하였다. MRI는 그레고리 베이트슨의 사이버네틱스와 의사소통 이론에 뿌리를 두고 있으며, 돈 잭슨(Don Jackson), 폴 바츨라비크(Paul Watzlawick), 제이 헤일리 등을 통해 점차 세계적인 가족치료 연구소로 발전하였다(Nichols, 2019; Watzlawick et al., 1974). MRI 모델의 독창성은 문제를 보는 관점의 전환에서 비롯되는데, MRI 이론가들은 문제 자체보다는 문제를 해결하려는 시도가 오히려 문제를 지속시키는 악순환을 만든다는 점에 주목하였다. 다시 말해, 해결 전략 자체가 문제를 고착화하는 경우가 많으며, 이러한 시도는 종종 더 복잡한 문제를 낳는다는 것을 발견하였다(Watzlawick et al., 1974).

MRI 모델에서 주장하는 중요한 개념은 변화의 이중구조로서 변화를 1차 변화(first-order change)와 2차 변화(second-order change)로 구분해서 보았다. 1차 변화는 기존 체계 내에서 일어나는 기능적 조정에 불과하다. 이는 표면적인 행동의 변화로, 기본적인 규칙이나 상호작용 구조는 그대로 유지된다. 예를 들어, 자녀의 게임 시간을 줄이기 위해 부모의 잔소리나 훈계가 늘어나는 것과 같다. 2차 변화는 체계 자체의 규칙, 구조, 의미체계의 변화를 의미한다. 이는 가족이 문제를 바라보는 방식 자체를 변화시키며, 진정한 회복과 재조직화를 가능하게 한다. 예컨대, 부모가 자녀를 통제하려는 태도 대신 신뢰와 자율성의 틀에서 관계를 재구성하는 것이 2차 변화에 해당한다(Nichols, 2021; Watzlawick et al., 1974). MRI 모델은 이처럼 기존의 해결 시도를 해체하고, 전혀 새로운 틀에서 접근함으로써 문제를 구조적으로 재정의한다. 이 과정은 단순히 '무엇을 바꿀 것인가'가 아니라, '어떻게 문제를 보고 있는가'를 바꾸는 과정이다(Watzlawick et al., 1974).

이러한 방식은 이후 헤일리가 전략적 가족치료를 발전시키는 데 있어서 핵심적인 토대가 되었으며, '문제를 제거하는 것'이 아니라 '문제를 유지하게 하는 구조를 해체하는 것'이라는 관점은 전략적 개입 모델 전체의 철학적 기반이 되었다(Haley, 1976). 나아가 헤일리는 MRI의 이론과 기법을 전략적으로 발전시켜, 보다 체계적이고 목표지향적인 치료모델을 구축하였다.

2) 밀턴 에릭슨(Milton H. Erickson)의 간접적 개입 전략

에릭슨(Milton H. Erickson, 1901~1980)은 현대 단기치료와 전략적 가족치료에 큰 영향을 끼친 인물로, 인간은 이미 내면에 변화의 자원과 가능성을 가지고 있다는 관점을 바탕으로 치료를 전개했다(Zeig, 1980). 최면치료를 했던 그는 무의식을 단순히 억압된 내용의 저장소가 아닌, 치유와 창의적 문제해결을 위한 근원적 자원으로 보았다. 이에 따라, 치료자는 내담자의 무의식에 접근해 저항을 최소화하고, 자발적인 변화를 이끌어낼 수 있는 간접적이고 상징적인 개입을 설계해야 한다고 강조했다(Erickson & Rossi, 1979). 이러한 개입은 다음과 같은 기법으로 이루어졌다.

- 은유(metaphor): 직접적인 충고나 해석 없이, 유사한 이야기나 상황을 통해 내담자의 무의식적 통찰을 자극
- 역설적 지시(paradoxical directive): "잠들지 마세요", "싸우지 않도록 노력하지 마세요" 등의 지시는 내담자의 저항을 약화시키고 기존 행동 패턴에 혼란을 유도
- 혼란 기법(confusion technique): 내담자의 의식적 방어를 흐리게 만들어 최면적 몰입 상태로 이끄는 유도 방식
- 암시적 제안(suggestion): 직접적이거나 간접적인 언어를 사용하여 무의식을 설득하고, 스스로 변화하도록 유도

이처럼 에릭슨의 기법은 저항이 심하거나 통제 욕구가 강한 내담자에게 특히 효과적이었으며, 내담자가 변화를 자신의 선택으로 느끼도록 만들었다(Zeig, 1980). 이러한 간접적이고 비전통적인 지시 방식은 전략적 가족치료의 기법 발전에도 큰 영향을 주었고, 헤일리와 마다네스 등에게도 많은 영감을 제공했다.

3) 살바도르 미누친(Salvador Minuchin)의 영향

미누친과 헤일리의 전문가로서의 협업과 우정은 서로의 치료모델에 깊은 영향을 끼쳤다. 2007년 사망한 헤일리를 기리며, 미누친은 "나의 스승, 제이 헤일리(Jay Haley: My teacher)"라는 헌사를 쓰기도 하였다(Minuchin, 2007). 구조적 접근은 가족을 하나의 조직화된 체계로 보고, 그 안의 하위체계, 경계, 위계의 상태가 가족 기능에 중대한 영향을 미친다고 전제한다(Minuchin, 1974). 미누친은 가족문제의 근원을 구조적 불균형에서 찾았다. 즉, 가족 내 하위체계 간의 경계가 모호하거나 과도하게 경직되어 있을 때, 그리고 위계가 흐려져 있을 때 문제가 발생한다고 보았고(Minuchin & Fishman, 1981), 따라서 가족의 재구조화(restructuring)를 통해 문제를 해결하고, 가족의 적응성을 높이는 것을 목표로 하였다. 그는 치료자가 직접적으로 가족 상호작용에 개입하여 새로운 구조를 설계하는 활동적 개입자(active participant)의 역할을 강조하였다(Minuchin, 1974).

헤일리와 마다네스는 이러한 구조적 개념을 전략적 가족치료에 적극적으로 통합하였다. 헤일리는 특히 가족 내 위계의 회복과 역기능적 삼각관계(triangulation)의 해체에 주목하였다(Haley, 1980). 그는 부모 하위체계가 약화되어 있을 경우, 자녀가 부모의 갈등을 매개하거나 통제하는 역할을 수행하게 되며, 이로 인해 증상이 발생한다고 보았다. 예를 들어, 부모의 갈등을 회피하기 위해 자녀가 문제행동을 통해 관심을 집중시키는 경우, 헤일리는 자녀가 부모의 정서적 조율을 담당하는 역할에서 벗어날 수 있도록 부모의 연합을 강화하고, 자녀의 증상을 해체하는 방향으로 전략을 설계하였다(Madanes, 1991). 또한, 마

미누친(중)과 헤일리(우)

다네스는 미누친이 강조한 하위체계 간 경계 설정을 역설적 개입, 과제 부여, 역할 재배치 등의 전략으로 구현하였다. 예컨대, 부모가 자녀에게 너무 의존하고 있는 상황에서는, 치료자가 부모에게 '자녀 없이 데이트를 다녀오라'는 과제를 제시함으로써 부모 하위체계의 독립성을 회복하도록 유도할 수 있다.

두 접근은 모두 재구조화를 목표로 하지만, 구조주의는 구조를 직접 바꾸고 전략주의는 구조를 유지하는 규칙을 우회적으로 흔든다는 점에서 구별된다.

4) 제이 헤일리(Jay Haley)

제이 헤일리(Jay Haley)

헤일리(Jay Haley, 1923-2007)는 전략적 가족치료의 핵심적 설계자이자 실천가로 평가된다. 극작가를 꿈꾸던 그는 UCLA에서 연극학 학사 학위를 받고 이후 UC 버클리에서 도서관학 학사를, 스탠포드 대학교에서 커뮤니케이션 석사 학위를 취득하였다. 스탠포드에서 그레고리 베이트슨을 만나 베이트슨 프로젝트에 참여함으로써 가족치료의 탄생에 중요한 역할을 하였다. 이 프로젝트는 가족치료 역사상 가장 영향력 있는 논문 중 하나인 「조현병 이론을 향한 시도(Towards a theory of schizophrenia)」를 발표하였다(Bateson et al., 1956).

헤일리는 1962년 MRI에서 가족치료 학술지 『가족과정(Family Process)』의 창립 편집장을 맡았으며, 밀턴 에릭슨의 임상 사례를 대중에게 소개하는 데 기여하였다. 또한, 그는 위에서 언급한 바와 같이 미누친과 협력하여 구조적 가족치료 분야 발전에 영향력을 행사하였고, 1960년대 중반에는 필라델피아 아동지도 클리닉에서 활동하며 구조적 가족치료의 발전을 도왔다. 1977년 헤일리는 당시 부인이었던 클로에 마다네스와 함께 '워싱턴가족치료연구소(Family Therapy Institute of Washington, D.C.)'를 설립하며 전략적 가족치료의 중심인물로 활약하였다. 이 시기 그는 『문제해결치료(Problem Solving Therapy)』 등 가족치료 분야에 큰 영향을 끼친 저서를 출간하였다. 1990년대 이후에는 인류학과 심리치료 관련 영상을 제작하고, 캘리포니아 전문심리대학에서 연구와 교육을 이어갔다.

헤일리의 치료 접근법은 이론 중심이 아닌 임상에서의 창의적 지시와 실험을 중시하며, 내담자와 치료자 간의 합의를 바탕으로 다양한 해결책을 시도하고 평가해 치료목표를 달성하는 실용적인 방법이다. 그는 당시의 주류였던 정신역동 치료와 달리 '현재의 경험'을 중시하는 혁신적인 관점을 펼쳐 오늘날 심리치료 분야에 큰 영향을 미쳤다. 이러한 헤일리의 접근은 단기적이고 실용적인 치료 전략으로 자리 잡았고, 위기개입이나 기관 중심의 상담 장면에서 특히 효과적인 모델로 확립되었다(Haley, 1976; Nichols, 2021).

5) 클로에 마다네스(Cloe Madanes)의 인본주의적 확장

클로에 마다네스
(Cloe Madanes)

마다네스(Cloe Madanes, 1940~)는 아르헨티나 출신으로 전략적 가족치료의 창시자 중 한 명이다. 마다네스는 헤일리와 함께 전략적 가족치료의 핵심 개념들을 체계화한 이후, 이 모델을 인본주의적 요소로 확장하며 정서적·윤리적 차원을 통합하였다. 마다네스는 단순한 행동 교정이나 문제해결을 넘어 사랑, 연민, 보호, 유대감과 같은 감정적 요소들이 가족문제의 핵심 동력이라고 보았다(Madanes, 1981).

마다네스는 특히 아동과 청소년을 중심으로 한 개입에 강점을 보였으며, 아동이 증상을 통해 가족의 정서적 균형을 조절하려 한다는 점에 주목하였다(Madanes, 1980). 따라서 그녀는 치료자의 과제가 단순히 증상을 없애는 것이 아니라, 가족 내 사랑의 흐름을 회복하고 정서적 안정을 재구축하는 것이라고 보았다. 이와 같은 인본주의적 확장은 전략적 가족치료가 기계적 또는 처방적 접근으로 한정되지 않도록 하고, 치료의 정서적 깊이와 윤리적 감수성을 보완하는 데 크게 기여했다. 이는 오늘날 다양한 가족치료 통합 모델에서도 중요한 전통으로 계승되고 있다(Nichols, 2021).

2002년, 마다네스는 토니 로빈스(Tony Robbins)와 위험에 처한 아동의 보호와 건강한 양육을 위해 전략적 개입의 통찰을 적용하는 아동 인권 협의회(Council for the Human Rights of Children)를 공동 설립하였다. 이후 로빈스-마다네스 훈련 프로그램과 마다네스 연구소를 중심으로 전략적 가족치료의 교육과 보급에 중요한 역할을 해왔다.

2. 주요 개념

전략적 가족치료는 문제 중심적이고 현재 지향적인 접근으로, 증상이나 문제행동을 단순히 병리로 보지 않고, 가족체계 내에서 일정한 기능을 수행하는 전략적 행위로 이해한다. 언급한 바와 같이 이 접근은 헤일리와 마다네스에 의해 정립되었으며, 실천적이고 목표지향적인 개입을 통해 가족의 상호작용을 변화시키는 데 초점을 두고 있으며 그 주요 개념을 정리하면 다음과 같다.

1) 이중구속

이중구속(double bind)은 헤일리의 논문 「조현병 이론을 향한 시도」에서 처음 제안한 개념이다. 이는 중요한 관계 안에서 모순된 메시지를 동시에 받음으로써 어떤 반응을 해도 처벌을 피할 수 없는 상황을 의미한다. 이러한 메시지는 언어적 표현과 비언어적 신호 등 서로 다른 수준에서 발생하며, 상대방은 이 모순을 지적하거나 상황에서 벗어날 수 없기 때문에 지속적인 딜레마에 빠지게 된다(Bateson et al., 1956).

헤일리는 이중구속 개념을 가족체계 내 권력 구조와 의사소통 패턴의 문제로 재해석하였다(Haley, 1976). 그는 증상을 단순한 개인의 병리로 보지 않고, 가족 내에서 발생하는 모순된 메시지 상황에 대한 전략적 반응으로 보았다. 예컨대, 부모가 자녀에게 "네가 알아서 해라"라고 언어적 메시지를 전달하면서 표정이나 말투, 몸짓으로는 "부모에게 순종해야 마땅하다"라는 메시지를 전달하여 딜레마를 일으키는 상황이다. 이러한 딜레마 속에서 자녀는 증상을 통해 부모 간의 갈등을 완화하거나 가족 균형을 유지하려는 기능적 역할을 수행할 수 있다.

한편, 헤일리는 치료과정에서 이중구속을 역설적 개입에 활용하였다. 즉, 치료자가 내담자에게 "지금처럼 계속 싸우라"거나 "일주일 동안 변화하지 말라"와 같은 모순적인 지시를 하여 기존 의사소통 패턴을 깨고 새로운 행동 변화를 촉진하는 방식이다(Haley, 1976; Madanes, 1981). 이는 내담자가 저항하더라도 오히려 변화가 일어나도록 설계된 전략으로, 전략적 가족치료의 독창적인 특징이라 할 수 있다. 따라서 전략적 가족치료에서의 이중구속은 단순히 병리의 원인을 설명하는 이론적 개념에 그치지 않고, 가족 의사소통의 역기능을 이해하고 치료적 개입을 설계하는 핵심적인 틀로 기능한다.

2) 의사소통과 관계의 병리

전략적 가족치료에서 관계와 의사소통은 가족 내 문제의 핵심 원인으로 간주되는데, 왜냐하면 관계는 의사소통 방식에 따라 규정되며, 위계 혼란이나 비대칭 소통이 문제를 유발하기 때문이다. 가족이나 부부의 문제는 단순히 개인의 내적 갈등에서 비롯되는 것이 아니라, 가족 구성원 간에 반복적으로 이루어지는 의사소통 패턴과 권력 구조의 문제에서 비롯된다. 특히 가족 내 위계가 혼란스럽거나 불명확할 때 역기능적 상호작용이 나타나고, 이에 따라 증상이 발생한다고 설명한다. 따라서 '무엇을 말하는가'보다 '어떻게 말하는가'가 더 중요하다.

의사소통은 전달되는 내용과 내용을 담아내는 억양, 음색, 음조, 신체적 동작 등 비언어적 요소로 구성된다. 여기에 소통의 주체, 대상, 내용, 상황의 네 가지를 더해, 의사소통이 언제, 누가, 누구에게, 무엇을 말하는지까지 분석한다. 따라서 의사소통이 일어날 때 이러한 요소가 일치하지 않거나 모호하면 가족 내 위계에 혼란이 오고 관계 규정에 어려움이 생긴다. 헤일리는 관계를 의사소통을 통해 규정하며, 다음 세 가지 관계 유형을 제시한다(박태영, 2023).

(1) 대칭적 관계(symmetrical relationship)

권력과 지위가 비슷한 동등한 위치에서 상호작용하려는 관계이다. 경쟁, 주도권 다툼, 갈등이 쉽게 발생할 수 있다. 주로 동료나 친구 사이에서 나타난다. 또한, 부부가 대칭적 관계일 때 서로 결정권을 가지기 위해 싸움으로 번지기 쉽다. 지나친 대칭성은 갈등과 긴장을 야기할 수 있으므로 치료자는 위계를 조정하여 균형을 이루도록 한다.

(2) 보완적 관계(complementary relationship)

한쪽이 우월한 지위에서 지배하고, 다른 쪽이 종속적 위치에서 요구나 지시를 수용하는 관계로 안정적인 상호작용이 가능하지만 고착되면 불균형이 될 수도 있다. 전통적인 부모-자녀 관계, 교사-학생 관계 등이 그 예이다. 가족 내 기능적 위계가 적절히 형성되었는지를 진단하는 기준이 된다.

(3) 초보완적 관계(metacomplementary relationship)

겉으로는 보완적인 관계처럼 보이지만, 실제로는 한쪽이 다른 쪽의 반응을 조절하고 통제하는 역동이 나타나는 병리적 관계이다. 예를 들어, 부모가 자녀를 지나치게 도우며 통제하고, 자녀는 점점 무력감을 학습하며 의존성을 강화한다. 이러한 관계에서는 서로의 행동이 과잉 보완되어 문제행동이 고착될 수 있으며, 관계의 구조를 교란하는 전략적 개입이 필요하다.

대칭적 관계와 보완적 관계는 자연스럽고 기능적인 구조이지만 과도해지거나 고착되면 문제가 된다. 초보완적 관계는 한쪽이 상대의 행동 영역까지 조종하는 병리적 패턴을 보인다.

3) 가족체계의 항상성: 가족의 변화에 저항하고 항상성을 유지하려는 경향

전략적 가족치료에서는 가족이 기존의 상호작용 패턴과 관계 구조를 유지하려는 경향, 즉 항상성(homeostasis)을 중요한 치료개입의 초점으로 본다.[3] 그런데 헤일리와 마다네스는 이 항상성을 이해하고 다루는 방식에서 서로 다른 이론적 관점을 제시한다. 헤일리는 항상성을 가족 내 권력구조와 위계를 유지하려는 시도로 보았다. 그는 증상을 가족 구성원이 관계에서 통제권을 확보하기 위해 사용하는 전략으로 이해하며, 증상이 나타나는 배경에는 흔히 부모의 권위 약화나 역할 혼란이 존재한다고 보았다. 따라서 그는 치료에서 가족 내 위계를 재구조화하고, 명확한 지시(directive)와 과제 중심의 개입을 통해 부모의 권위를 회복시키고 문제 행동을 변화시키고자 하였다. 이러한 접근은 가족의 병리적 항상성을 깨고 새로운 질서를 도입하려는 전략이다. 반면, 마다네스는 항상성을 가족 구성원 간의 사랑, 보호, 희생의 표현 방식으로 이해하였다. 이러한 관점에서 전략적 가족치료의 목표는 증상을 보이는 개인을 직접 변화시키는 데 있지 않다. 치료자는 문제를 유지하는 순환적 상호작용의 고리를 파악하고 이를 교란하는 전략을 설계함으로써, 가족이 새로운 방식으로 상호작용하도록 유도한다. 이러한 치료적 개입은 단기적이고 행동 중심적으로

---

3) 구조주의 가족치료가 항상성을 경계와 위계로 조직된 가족 구조의 안정성 문제로 이해하는 데 비해, 전략적 가족치료는 증상과 상호작용 규칙이 어떻게 관계적 논리를 형성하고 유지하는지에 주목한다.

보일 수 있으나, 궁극적으로는 가족 체계의 규칙과 위계, 관계 조직이 재편되는 2차 변화를 목표로 한다. 이러한 맥락에서 전략적 가족치료의 치료 원리는 세 가지 핵심 원리와 이를 관통하는 2차 변화 관점으로 정리할 수 있다.

4) 위계 구조와 권력 왜곡

가족 내 위계가 불균형할 경우 문제가 발생한다. 전략적 치료자는 이 문제를 가족 구조를 올바른 위계로 재정렬함으로써 해결한다(Haley & Richeport-Haley, 2003). 예를 들어, "부모보다 청소년이 더 많은 권력과 통제력을 가진 불균형한 위계"가 존재하는 경우, 치료자는 부모가 더 강력해지도록 도우며 위계의 조직화를 회복시킨다. 그렇게 되면 청소년은 권력을 잃고 문제행동이 사라질 수 있다(Haley, 1976). 전략적 가족치료에서는 건강한 가족이란 명확한 위계와 역할 분담이 유지되는 체계라고 본다. 부모는 자녀 위에 위치하며, 세대 간 경계가 분명해야 한다. 그러나 가족 내 위계가 혼란스러워지면 문제가 발생한다. 예를 들어, 자녀가 한쪽 부모와 감정적 동맹이 되어 다른 부모를 배제하거나, 부모가 자녀의 행동을 통제하지 못하고 오히려 자녀에게 휘둘리는 상황은 구조적 왜곡을 보여주는 사례이다. 헤일리는 이러한 위계 혼란을 치료의 핵심 문제로 보았고, 마다네스는 권력의 흐름이 단순한 지배-복종이 아닌 정서적 책임과 보호, 희생의 의미를 포함한다고 보았다. 치료자는 위계 구조를 재정립하고, 세대 간 역할을 명확히 하도록 개입해야 한다.

3. 가족문제 발생과 치료 원리

전략적 가족치료는 가족문제를 개인의 내적 병리에서 찾기보다, 가족이라는 체계 속에서 반복되는 상호작용 패턴에서 기인한다고 본다(Madanes, 1991). 즉, 문제는 특정 개인에게 국한되지 않고, 가족 구성원 간의 의사소통, 권력구조, 역할 기대의 맥락 속에서 발생하고 유지된다. 전략적 가족치료에서 문제 발생을 보는 기본적인 관점은 다음과 같다.

- 역기능적 의사소통 패턴은 가족문제의 주요 원인으로 지적된다. 부모가 자녀에게 모순된 메시지를 주거나 말과 행동이 불일치할 때, 자녀는 혼란과 불안을 경험하고 증

상으로 반응할 수 있다. 베이트슨 등이 말한 '이중구속'은 이러한 현상을 잘 보여주는 데, 자녀가 언어적 · 비언어적 모순 속에서 벗어날 수 없는 딜레마에 갇히는 상황이다 (Bateson et al., 1956).

- 권력과 통제의 불균형은 가족 내 갈등을 증폭시킨다. 헤일리(1976)는 가족갈등의 본질을 '누가 누구를 지배하고 결정권을 가지는가'라는 문제로 보았다. 권력관계가 뒤엉키면 가족은 긴장 상태에 빠지고, 표면적으로는 개인의 증상처럼 보이는 문제가 실제로는 가족 전체가 공유하는 상호작용의 결과로 드러난다. 마다네스(1991)는 이러한 권력 다툼이 사랑, 보호, 충성심 같은 정서적 동기와 얽히면서 문제를 더욱 복잡하게 만든다고 설명한다.
- 증상의 기능적 의미에 주목한다. 전략적 가족치료는 증상을 단순한 병리 현상이 아니라, 가족체계가 항상성을 유지하기 위해 사용하는 전략적 행동으로 본다. 예컨대, 부부갈등이 격화될 때 자녀가 문제행동을 보이면 부모의 관심이 자녀에게 쏠리면서 갈등이 일시적으로 완화된다. 이처럼 증상은 가족 균형을 지탱하는 역할을 하며, 문제해결의 단서를 제공한다.

이러한 관점에서 전략적 가족치료의 목표는 증상을 보이는 개인을 직접 변화시키는 데 있지 않다. 치료자는 문제를 유지하는 순환적 상호작용의 고리를 파악하고 이를 교란하는 전략을 설계함으로써, 가족이 새로운 방식으로 상호작용하도록 유도한다. 이러한 치료적 개입은 단기적이고 행동 중심적으로 보일 수 있으나, 궁극적으로는 가족 체계의 규칙과 위계, 관계 조직이 재편되는 2차 변화를 목표로 한다. 이러한 맥락에서 전략적 가족치료의 치료 원리는 세 가지 핵심 원리와 이를 관통하는 2차 변화 관점으로 정리할 수 있다.

1) 현재와 행동 중심의 원리

전략적 가족치료는 문제의 원인보다는 현재의 관계 속에서 일어나는 상호작용과 행동 변화에 초점을 둔다. 헤일리는 내담자의 통찰이나 과거 탐색보다 '지금 당장 할 수 있는 변화'에 주목하며, 구체적인 과제와 지시를 통해 새로운 행동 경험을 만들어가야 한다고 보았다. 이러한 접근은 현재 지향성, 문제해결 중심, 행동 중심성이라는 세 가지 핵심 원리로 정리될 수 있다(Haley & Haley, 2003).

(1) 현재 지향성

과거의 원인 탐색보다 지금 당장 해결할 수 있는 관계문제에 집중한다. 헤일리는 과거의 트라우마나 죄책감에 머무르기보다, 현재 부부나 가족이 직면한 관계의 어려움에 집중해야 한다고 보았다. 특별한 상황이 아닌 한, 과거를 되짚는 데 시간을 쓰기보다는 앞으로 해결해야 할 과제와 행동 변화에 초점을 두어야 한다는 것이다.

(2) 문제해결 중심

치료자는 장기적이고 추상적인 목표보다 구체적이고 행동 중심의 목표를 설정하고, 즉각적이고 측정할 수 있는 변화를 추구한다. 이러한 단기 성과는 장기적 변화의 기반이 된다.

(3) 행동 중심성

통찰보다 새로운 행동 경험을 중시하며, 지시 · 과제 · 패턴 교란을 통해 행동 변화를 유도한다. 단순히 문제의 원인을 이해한다고 해서 변화가 일어나지 않는다는 것이다. 헤일리는 행동 변화와 상황 변화가 새로운 경험을 낳고, 이를 통해 인식이 변화한다고 보았다. 따라서 치료자는 가족이 다른 방식으로 행동하도록 과제를 부여하고, 그 경험을 통해 새로운 관계 패턴이 자리 잡도록 돕는다. 그는 변화가 일어나기 위해서는 사람들이 새로운 방식으로 행동하도록 강력하게 구조화된 경험(지시, 과제, 시련 등)을 해야 하며, 이를 통해 자연스럽게 기존의 역기능적 상호작용이 사라지고 새로운 관계 패턴이 자리 잡는다고 보았다. 즉, 변화를 유도하는 것은 '이해'가 아니라 '다르게 행동하도록 만드는 상황적 개입'이다. 구체적으로, 헤일리는 명확한 지시(directives), 과제(task assignments), 패턴 교란(pattern interruption), 상호작용 패턴의 재구조화(restructuring interaction patterns)와 같은 기술을 통해 사람들의 실제 상호작용을 변화시키고자 했다. 변화된 행동이 새로운 경험을 만들어내고, 이 경험이 다시 사람의 인식을 바꾸는 선순환이 생긴다고 본 것이다.

2) 상호작용과 재구조화의 원리

전략적 가족치료는 가족 내 문제를 개인의 결함이 아니라 관계의 상호작용 속에서 이해하며 증상과 갈등을 권력, 위계, 의사소통의 역동 속에서 기능적으로 해석하며, 이를 변화시키는 것이 치료의 핵심이라 보았다. 따라서 치료자는 순환적 상호작용의 고리를 분석하고, 권력 구조를 재조정하며, 증상의 관계적 의미를 재정의함으로써 새로운 상호작용을 만들어가도록 돕는다.

(1) 순환적 상호작용 분석

문제를 유지하게 하는 반복적 상호작용의 고리를 파악한다. 가족문제는 특정 개인이 아니라 반복되는 순환적 상호작용 고리 속에서 유지된다. 치료자는 문제를 고착시키는 의사소통 패턴, 권력 불균형, 역할 왜곡을 분석하고, 새로운 상호작용 규칙이나 역할 교환 과제를 제시하여 관계를 재구조화한다(Piercy et al., 1996).

(2) 권력과 위계의 조정

부모 하위체계 강화, 삼각관계 해체, 경계 조정을 통해 위계를 회복한다. 헤일리는 가족 갈등의 핵심을 권력과 통제의 문제로 보았다. 이에 따라 치료는 부모 하위체계의 강화, 역기능적 삼각관계 해체, 경계 재조정 등을 통해 가족 내 위계를 회복하는 데 중점을 둔다(Nichols, 2021).

(3) 증상의 기능적 이해

헤일리는 증상을 개인이 관계에서 통제권을 확보하기 위한 시도로 이해하였으며, 사람들이 의사소통을 통해 권력을 행사하려 하지만 통제에 실패할 때 증상이 나타난다고 보았다. 따라서 증상은 다른 방법이 효과를 발휘하지 못했을 때 선택되는 적응적 행동으로, 문제를 재정의함으로써 내담자가 그 상황을 스스로 통제할 수 있음을 인식하도록 돕는 것이 치료의 핵심이 된다. 반면 마다네스는 증상을 사랑, 보호, 희생을 표현하는 수단으로 보았다. 예컨대 자녀의 등교 거부는 부모의 갈등을 중재하거나 가족의 관심을 자신에게 모으기 위한 전략일 수 있다. 두 학자의 관점은 차이가 있지만, 공통적으로 증상을 단순히 제거해야 할 병리적 현상이 아니라 가족 관계를 유지하거나 변화시키기 위한 기능적 수단으로 이해한다는 점에서 일치한다. 따라서 전략적 가족치료는 증상의 맥락과 의미를 해체하여 그 이면의 메시지를 드러내고, 새로운 관계 변화를 이끌어내는 것을 목표로 한다(김용태, 2019).

3) 전략적 · 창의적 개입의 원리

전략적 가족치료는 내담자의 저항을 정면으로 맞서기보다, 역설적이고 창의적인 개입을 통해 자연스럽게 변화를 유도한다. 헤일리는 가족이 실제로 상호작용을 '행동으로' 재현하도록 이끌고, 그 안에서 즉각적이고 구체적인 변화를 만들어가야 한다고 보았다. 이러한 접근은 역설적 개입, 직접적 실연, 상징적 기법을 통해 가족이 새로운 경험을 하고 기존의 관계 패턴을 재구조화하도록 돕는다(Haley & Richeport-Haley, 2003).

- 역설적 개입과 증상 처방: 문제행동을 오히려 지시하거나 과장해 저항을 약화시키고, 증상의 불필요성을 드러낸다. 치료자는 가족의 실제 상호작용을 회기 중에 실연하게 하고, 실시간으로 개입한다. 이를 통해 추상적인 논의가 아니라 구체적 행동 변화를 경험하도록 한다.
- 직접 개입과 실연: 가족 상호작용을 회기 안에서 실연하고 즉각 개입한다.
- 창의적 · 상징적 기법 활용: 유머, 은유, 상상놀이, 상징적 과제 등을 활용해 경직된 상호작용을 교란하고 새로운 경험과 정서적 회복을 제공한다.

4) 2차 변화 원리(second-order change)

전략적 가족치료는 표면적 행동 변화에 머무르지 않고, 가족체계의 근본적 구조를 변화시키는 것을 목표로 한다. 헤일리는 단순한 증상 완화나 일시적 조정보다는 가족의 규칙, 위계, 통제 구조가 재편되는 '2차 변화'를 중시하였다. 이를 위해 치료자는 구체적인 지시와 과제를 통해 기존 상호작용을 교란하고, 가족이 새로운 관계 조직을 경험하도록 전략적으로 개입한다(Haley & Richeport-Haley, 2003).

(1) 1차 변화와 2차 변화 구분

전략적 가족치료에서 2차 변화는 단순한 행동 조정에 그치지 않고, 가족체계의 근본적 구조와 상호작용 패턴을 재편성하는 변화를 의미한다. 치료자는 문제가 발생하는 가족의 순환적 상호작용 고리와 권력 구조를 분석하고, 증상을 보이는 개인뿐만 아니라 이와 관련된 가족 전체의 관계 맥락에 개입한다. 1차 변화가 행동의 강도나 빈도만을 일시적으로 조정하고 기존 체계를 그대로 유지하는 데 그친다면, 2차 변화는 가족의 규칙, 역할, 위계, 통제 구조 자체가 재조직되는 것을 목표로 한다. 이를 통해 기존의 역기능적 상호작용이 중단되고, 가족 구성원은 새로운 관계 경험을 하게 된다.

(2) 실천적 개입 설계

치료자는 2차 변화를 유도하기 위해 겉보기에는 단순한 행동 지시나 과제를 활용하지만, 그 안에 기존 상호작용 규칙을 교란하고 새로운 조직화를 가능하게 하는 전략이 포함되어 있다. 예를 들어, 자녀가 자립을 시도하는 과정에서 반복적으로 실패하고 다시 부모에게 의존하게 되는 상황에서, 단순히 자녀의 행동만 조정하려는 1차 개입으로는 문제해결이 어렵다. 치료자는 부모가 자녀의 독립 과정에서 책임 있는 역할을 수행하도록 유도하고, 가족의 위계를 재편성함으로써 체계 자체의 변화를 도모한다.

(3) 치료 원리와 기법 연결

2차 변화 유도를 위한 지시, 과제, 실연, 구조 재조정 등이 기법으로 활용된다. 2차 변화는 전략적 가족치료의 핵심 원리로서, 단기적이고 행동 중심적인 개입을 통해 가족체계의 근본적 구조 변화를 이끌어내고, 문제행동의 근본적 소멸과 새로운 상호작용 패턴 정착을 목표로 한다. 이러한 접근은 가족을 단순히 증상 제거의 대상으로 보지 않고, 관계와 권력구조를 이해하고 재구성하는 치료철학을 반영한다.

4. 치료목표와 치료자 역할

1) 치료목표

전략적 가족치료는 개인의 병리를 교정하는 것보다 가족 상호작용의 변화를 통한 문제해결을 1차적 목표로 삼는다. 구체적으로는 다음과 같다(Haley & Richeport-Haley, 2003; Szapocznik & Hervis, 2020).

- **현재의 문제해결**: 과거 원인 탐색보다 지금 당면한 관계문제를 구체적으로 변화시킨다.

- **상호작용 패턴의 변화**: 가족이 반복하는 역기능적 상호작용 고리를 끊고 새로운 의사소통 방식을 창출한다.
- **권력구조와 위계의 회복**: 부모 하위체계를 강화하고, 삼각관계나 왜곡된 동맹을 해체하여 가족 내 균형을 회복한다.
- **증상의 재정의와 소멸**: 증상을 병리로 보지 않고 관계 유지의 기능적 행위로 이해하며, 그 필요성을 줄여 증상을 사라지게 한다.
- **단기적이고 측정 가능한 변화**: 장기적 통찰보다 즉각적이고 실천 가능한 변화를 통해 가족이 성취감을 경험하게 한다.

2) 치료자의 역할

전략적 가족치료에서 치료자는 치료과정을 주도하는 적극적 전략가이다. 치료자는 문제를 개인 내부의 병리로 보지 않고, 가족 상호작용과 위계의 붕괴 속에서 형성된 호소문제의 기능과 패턴 속에서 이해한다. 따라서 정보 수집에 치중하기보다, 현재 회기 속 행동과 의사소통을 탐색하며, 이를 변화시키는 구체적 전략을 설계하는 것이 핵심이다.

치료자는 가족과의 상호작용 과정에서 직접적인 지시와 구체적 과제를 통해 가족이 새로운 행동을 시도하도록 돕는다. 지시가 저항에 부딪힌다면 은유, 유머, 상징적 과제 등 간접적 기법을 활용하여 가족이 저항하지 않고 변화를 경험하도록 유도한다. 또한, 단순히 감정의 표현을 탐색하기보다, 행동과 의사소통의 구조적 변화를 통해 정서적 교류가 균형을 이루도록 돕는다.

특히, 치료자는 위계의 재조정에 중요한 역할을 한다. 부모-자녀 간 무너진 질서를 회복하고, 가족 내 불균형한 동맹이나 삼각관계를 해소하여 건강한 구조를 마련한다. 이 과정에서 치료자는 새로운 경험을 끌어낼 수 있는 실연(enactment)을 설계하기도 하며, 내담자가 자신의 사회적 맥락 속에서 실제로 적용할 수 있는 변화를 경험하도록 개입 전략을 세운다(Bartee & Lloyd, 2019).

- **전략가**: 문제를 개인의 내적 병리가 아닌 가족 상호작용의 패턴 속에서 진단하고, 변화 전략을 설계한다.
- **변화 설계자**: 순환적 상호작용, 권력 구조, 증상의 기능을 분석해 개입 계획을 세운다.

- **지시와 과제 부여자**: 가족에게 구체적 행동 지시(directives), 역설적 과제, 실연(enactment) 등을 제시해 새로운 경험을 유도한다.
- **구조 조정자**: 부모-자녀 간 위계를 재편하고, 삼각관계나 불균형한 동맹을 해체한다.
- **창의적 개입자**: 유머, 은유, 상징적 과제 등을 활용해 가족의 저항을 우회하고, 새로운 관계 경험을 창출한다.
- **변화 촉진자**: 행동 변화를 통해 가족이 새로운 인식을 얻고, 점진적이고 지속적인 변화를 경험하도록 돕는다.

전략적 가족치료의 목표는 '구체적 · 단기적 변화, 상호작용과 권력구조의 재편, 증상의 기능적 재정의'이며 이를 위해 치료자는 분석가이자 전략가, 과제 부여자, 구조 조정자, 창의적 개입자의 역할을 해야 한다.

> "치료과정에서 치료자가 주도적으로 상황을 이끌고, 각 문제에 맞는 구체적인 접근 방식을 설계한다면 그 치료를 전략적이라고 할 수 있다(Haley, 1973: 7)."

5. 치료기법과 개입의 실제

전략적 가족치료는 다양한 이론가와 임상가들의 경험 속에서 하나의 통일된 이론 체계라기보다는 실천 중심의 유연한 전략 설계와 직접적 개입의 반복적 보완 과정을 거치며 발전해 왔다. 이러한 이유로 핵심 기법들은 가족의 상황과 특성, 치료사의 전략에 따라 다양하게 적용될 수 있으므로, 한 권의 책이나 동일한 지침에 일관되게 정리된 경우가 드물다. 실제로 전략적 가족치료는 임상가가 현장에서 특정 상황에 맞는 전략을 창의적으로 설계하여 문제를 해결하는 접근이므로, 기법 자체가 정형화되어 있지 않고 실험적으로 발전되어 온 것이 특징이다. 이러한 점이 전략적 치료의 유연성과 강점이기도 하다. 중요한 것은 기법의 명칭 자체가 아니라, 그 기법이 실제로 가족 내 상호작용의 패턴을 어떻게 변화시키고 가족체계를 재조직하는가 하는 점이다.

전략적 가족치료는 행동 중심의 단기 개입을 출발점으로 삼되, 그 궁극적 목적은 가족체계에 내재한 규칙, 위계, 통제 구조를 재조직하여 지속할 수 있는 변화를 끌어내는 데 있다. 이 치료에서 핵심적인 개입 기술은 지시하기이며, 이는 겉보기에 단순한 행동 과제처럼 보이지만, 실제로는 가족의 상호작용 구조에 전략적으로 개입하는 도구로 기능한다.

지시는 단지 행동을 바꾸는 수단이 아니라, 내담자의 반응을 통해 가족체계에 대한 정보를 수집하고, 치료적 방향을 설정하는 진단적 수단이기도 하다. 내담자가 지시를 완전히 따르든, 일부만 수행하든, 심지어 거부하든, 그 반응 자체는 치료자가 가족 역동과 저항의 양상을 이해하는 데 유의미한 자료가 된다. 이에 따라 치료자는 지시의 내용, 난이도, 전달 방식을 유연하게 조정하며, 점진적으로 더 효과적인 개입을 설계할 수 있다. 전략적 가족치료에서 지시는 단순한 명령이 아니라, 복잡한 가족체계를 재구성하기 위한 전략적 수단이다. 지시는 직접적 지시(directive)와 간접적 지시(indirective)로 나눌 수 있다(〈표 7-1〉 참조).

〈표 7-1〉 직접적 지시와 간접적 지시

구분	직접적 지시(direct directive)	간접적 지시(indirect directive)
정의	명확하고 구체적으로 행동을 지시	간접적 방식(특히 역설)을 통해 변화 유도
전략	행동을 바꾸기 위한 직설적 과제 제시	은유적 개입: 저항을 활용한 역설적 개입
치료자의 태도	권위 있고 명확하게 지시	순응하는 척하거나, 치료자의 의도를 숨김
예시	"이번 주 아버지는 아이와 매일 10분 산책하세요."	"지금은 변화를 시도하지 말고, 계속 말다툼을 반복해 보세요." (역설)
예상 반응	순응하거나 저항할 수 있음	저항심을 교묘히 활용하여 오히려 변화 유도
사용 맥락	내담자가 과제로 주어진 행동을 조절할 능력이 있음	내담자가 저항이 심하거나, 변화에 대한 동기가 낮음

치료자는 가족의 반응을 면밀히 관찰하며 이 두 방식을 상황에 따라 융통성 있게 조합하여 활용한다. 지시는 결국, 가족 시스템 내에서 문제를 유지하게 하는 상호작용의 고리를 해체하고, 체계 전체에 긍정적인 변화를 유도하는 것을 목표로 한다. 다음에서는 이 두 가지 지시기법을 구체적으로 살펴본다.

1) 직접적 지시 기법

전략적 가족치료에서 헤일리는 내담자의 호소문제를 해결하기 위한 구체적이고 실천적인 개입을 '전략'이라고 보았다. 그는 통찰만으로는 변화가 충분히 일어나지 않는다고 보고, 반드시 행동 변화가 동반되어야 한다고 강조하였다(Haley & Richeport- Haley, 2007). 이에 따라 치료자가 내담자에게 구체적이고 명확한 행동을 지시하는 것은 핵심적이고 실용적인 기법으로 간주된다. 직접적 지시는 주로 다음과 같은 상황에서 활용된다.

- 치료자가 명확한 목표와 변화 방향을 설정한 경우
- 내담자의 기존 상호작용 패턴을 중단하거나 재구조화해야 할 필요가 있을 때
- 구체적인 행동 실험이나 가족 간 상호작용의 재배열을 시도할 때

이러한 지시는 단순한 충고가 아니라, 새로운 행동을 시도하게 하여 가족 내 역동에 변화를 유도하는 도구로 사용된다. 예를 들어, 부부가 갈등을 겪을 때, "말을 시작하기 전 10초 동안 침묵하라"는 지시는 감정 조절과 반응적 대화를 줄이는 데 유효할 수 있다.

직접적 지시는 다양한 형태로 제공될 수 있으며 이러한 지시의 효과는 치료자의 권위와 치료적 동맹, 내담자의 문제 행동의 강도 및 지속 기간, 지시의 반복성과 명확성, 내담자의 협력 의지와 치료 동기의 영향을 받는다(Haley & Richeport-Haley, 2003).

지시는 일반적으로 간단하고 구체적이며 실현 가능해야 하며, 반복적 실행을 통해 가족 시스템 내에서의 변화를 유도한다. 직접적 지시가 효과적이기 위해서는 다음의 단계를 점검해야 한다(Haley, 1987).

- **목표 설정**: 지시를 내리기 전, 치료자는 어떤 상호작용을 변화시키고 싶은지 명확한 목표를 설정해야 하며 이 목표는 구체적이고 관찰 가능하며, 현실적이어야 한다.
- **적절한 행동 선택**: 변화시키려는 상호작용이나 문제에 대해 적절하고 실천할 수 있는 과제를 설계한다. 가족의 문화적, 발달적 맥락과 역동을 고려하여 과제를 맞춤 설계하되 너무 크거나 막연한 과제는 지시의 효과를 떨어뜨릴 수 있다.
- **지시의 구체화**: 지시는 명확하고 구체적으로 전달되어야 하며, 내담자가 무엇을, 언제, 어떻게 해야 하는지 알 수 있어야 한다. 불분명하거나 추상적인 지시는 혼란을 초래

하거나 이행되지 않을 수 있다.

- 수행 가능성 점검: 내담자가 실제로 지시를 수행할 수 있는 상태인지 감정 상태, 시간 여유, 동기 수준 등을 고려하며 필요시 지시를 단순화하거나 역할극을 통해 리허설을 진행한다.
- 지시의 동기 부여: 내담자가 지시에 자발적으로 응하도록 지시의 이유와 기대 효과를 설명하고, 내담자의 저항이나 불안을 수용한다. 때로는 지시를 내담자의 언어로 재구성하거나, 선택권을 주는 방식으로 전달할 수 있다.
- 성과 점검 및 피드백 제공: 다음 회기에서 지시의 이행 여부를 반드시 확인하고 실천 여부, 어려웠던 점, 느낀 점 등을 피드백 받고, 필요하다면 지시를 수정하거나 보완한다. 지시가 이행되었을 경우 강화와 인정, 이행되지 않았을 경우 저항의 원인을 탐색한다.

이와 같은 단계는 치료자가 단순히 지시를 내리는 사람이 아니라, 변화의 설계자이자 조정자임을 보여준다. 이러한 단계를 염두에 두고 실행되는 직접적 지시 기법에는 다음과 같은 것들이 있다.

(1) 과제 제시

치료자는 가족 구성원에게 회기 외 시간 동안 수행해야 할 구체적인 과제를 제시함으로써 상호작용의 변화를 유도한다. 예를 들어, 부부에게 하루에 한 번 감정에 대해 이야기하는 시간을 갖도록 지시하거나, 부모에게 자녀의 긍정적인 행동을 하루에 세 번 이상 칭찬하도록 과제를 부여하는 식이다. 이러한 과제는 반복되는 상호작용 패턴에 변화를 주고, 새로운 방식의 관계 형성을 가능하게 한다(Haley, 1987; Nichols & Davis, 2021).

(2) 행동 연습 및 역할극

내담자가 새로운 방식으로 반응할 수 있도록 회기 중 역할극을 통해 행동을 연습하게 하는 기법이다. 이는 단순한 대화나 인식의 변화에 그치지 않고, 실제 행동으로 연결될 수 있도록 하는 데 목적이 있다. 예를 들어, 갈등상황에서 분노 대신 감정을 표현하는 대화를 사전에 연습함으로써, 내담자는 실제 상황에서의 대처 능력을 키우게 된다(Gehart, 2024; Madanes, 1980).

(3) 상호작용 재구성

기존의 상호작용 순서를 바꾸거나, 반응의 흐름을 조정하도록 지시하여 새로운 상호작용 패턴을 형성하게 하는 기법이다. 예를 들어, 부모 중 한 명이 자녀의 문제행동에 반복적으로 개입하던 상황에서, 다른 부모가 개입하도록 역할을 바꾸거나, 기존 대화 순서를 조정하도록 요청하는 방식이 있다. 이 과정은 단순히 상호작용을 관찰하는 것이 아니라, 치료자가 의도적으로 개입하여 구성을 변화시키는 점에서 직접적 지시로 간주된다(Gehart, 2024; Haley, 1987에서 재인용).

(4) 의도적 차단

치료자는 가족 내 상호작용 중 문제가 발생하는 순간을 포착하여, 그 상호작용을 의도적으로 중단시키는 지시를 내린다. 이로써 가족 구성원들은 무의식적으로 반복되는 반응을 인식하게 되고, 감정 조절이나 새로운 선택의 여지를 가지게 된다. 예를 들어, 부부가 언쟁을 시작하려는 순간 치료자가 "지금 멈추고 30초간 침묵해 보세요"라고 개입하는 것이 이에 해당한다(Haley, 1987).

(5) 시간 제한 대화

가족 간의 소통에서 특정 시간 안에 대화를 마무리하거나, 일정 시간 동안 감정 표현만 하도록 지시하는 방식이다. 이는 감정의 과잉 표현이나 말다툼으로 흐르는 기존 패턴을 차단하고, 더 명료하고 목적 중심적인 상호작용을 유도한다. 예를 들어, "갈등이 생길 때는 10분간만 이야기하고, 그 후에는 감정을 정리한 후 다시 이야기하십시오"라는 지시는 상호작용을 재조정하는 직접적 지시이다(Nichols & Davis, 2021).

(6) 균형깨기

패턴화된 행동을 중단시키기 위해 전혀 다른 방식의 행동을 도입하는 기법으로 특정 구성원의 입장을 지지하거나 편을 들어 기존의 권력구조를 재조정하는 것이다(Haley, 1987; Madanes, 1991).

이같이 전략적 가족치료에서는 치료자가 명확한 개입 의도를 가지고 내담자에게 특정 행동을 요구함으로써, 문제를 유지하게 하는 고착된 상호작용 패턴에 변화를 일으킨다.

이러한 직접적 지시들은 행동의 실천을 통해 변화를 만들어 내며, 전략적 치료의 핵심 기법으로서 중요한 역할을 한다.

2) 간접적 지시 기법

간접적 지시는 내담자가 직접적인 개입에 저항하거나 비협조적일 때 사용되며, 상징적이거나 역설적인 방식으로 변화의 동기를 자극한다. 이는 내담자의 저항을 우회하고, 무의식적 수준에서 변화를 일으키는 데 효과적이다. 다음은 간접적 지시의 방법으로서의 주요한 기법들이다.

(1) 역설 기법

역설 기법은 내담자나 가족이 보이는 문제 행동을 의도적으로 지지하거나 권장하는 방식으로 개입하는 전략이다. 예를 들어, 부부 갈등이 계속되는 상황에서 "그 갈등을 더 자주 하라"고 권유함으로써, 내담자가 오히려 자신이 하는 행동의 부조리함이나 문제성을 인식하고 변화를 결심하게 만드는 방식이다. 이 기법은 내담자가 스스로 통제권을 가지고 있다고 느끼게 하고, 저항을 최소화하면서도 변화의 동기를 유도할 수 있다는 장점이 있다. 다만, 신중한 판단과 정교한 의사소통이 필요하다. 역설적 개입은 그 효과가 내담자의 '순응'이 아니라 '저항과 선택'에서 발생한다는 점에서, 자율성이 전제되지 않으면 성립할 수 없다. Foreman(1990)은 역설이 본질적으로 비자발성과 강제성을 포함하는 기법이기 때문에, 내담자가 이를 따를 수도 있고 거부할 수도 있다는 선택권이 명확히 보장되어야 하며, 치료사는 이러한 선택을 내담자에게 되돌려주어야 한다고 강조하였다. 따라서 역설 기법은 치료자의 통제력을 강화하는 수단이 아니라, 내담자의 자율성과 책임성을 회복시키는 방식으로만 윤리적으로 사용될 수 있다.

- 역설적 지시: 역설적 지시는 내담자의 저항이 강하거나 치료자의 지시하는 권위가 작동하지 않을 때, 증상을 처방함으로써 오히려 변화 가능성을 열어 두는 전략적 개입이다. 예를 들어, 어떤 부부가 끊임없이 말다툼을 한다고 불평할 경우, 치료자는 부부가 하루 30분 동안, 예를 들어 오후 6시부터 6시 30분까지 반드시 다툴 것을 처방하는 것이다(Haley & Richeport-Haley, 2003).

- **저항 부추기기**: 저항이 높은 내담자에게는 저항을 부추기기도 한다. 치료자는 내담자의 행동을 '협조하지 않는다'라고 보지 않고 '저항이라는 방법으로 협조하고 있다'고 본다. 그 결과, 내담자는 어떤 행동을 하든지 결국 협조적인 것으로 여겨지는 이중구속 상황에 놓인다. 이와 비슷하게 저항하는 내담자가 미처 준비하지 못한 질문을 던지거나, 내담자에 대해 거짓된 사실을 말하여 좌절하게 만들고, 스스로 자신을 해명하기 위해 반응하도록 유도하기도 한다.
- **더 나쁜 대안을 제공하기**: 이 기법은 치료자가 내담자가 스스로 결정을 내리도록 돕는 방식이다. 더 나쁜 대안을 제공함으로써, 문제행동을 유지하는 것보다 그것을 포기하는 쪽이 더 쉬운 선택이 되도록 유도한다.
- **재발을 장려하기**: 이 기법은 재발을 치료 실패로 경험하지 않도록 정상화하고, 변화 과정에서 나타나는 후퇴를 탐색의 기회로 활용하도록 돕는 전략이다. 내담자에게 과거 상태로 다시 돌아가도록 요청하며, 이전에 얼마나 힘들었는지를 다시 느껴보라고 하며 자신이 놓친 것이 있었는지, 혹은 회복으로부터 어떤 변화가 있었는지를 파악할 수 있다고 여긴 것이다(Haley, 1973).

(2) 고행 과제 주기

내담자에게 증상을 유지하는 것보다 더 스트레스가 되는 고행의 과제를 부여함으로써, 내담자가 증상을 포기하도록 유도하는 기법이다. 이 과제는 실현 가능해야 하며 내담자나 주변에 해가 되지 않아야 한다. 고행의 목적은 내담자가 더 큰 고통을 회피하기 위해 증상 자체를 변화시키는 선택을 하도록 만드는 것이다.

고행 과제는 증상에 대한 처방과 유사하며, 단시간 내에 상당한 변화를 유도하고 내담자가 변화를 원한다면 그에 걸맞은 '고통스러운 노력'을 해야 한다는 개념에 기반한다. 예를 들어, 불면과 피로를 호소하면서 읽어야 할 책이 많다고 하는 남성에게, 치료자는 '잠옷으로 갈아입되 잠은 자지 말고 밤새 책을 읽으라'고 역설적으로 지시한다. 책을 읽을 때는 서서 읽어야 하고 이 과제를 3일간 지속하라고 지시한다. 이 남성 내담자는 결국 버티지 못하고 매일 밤 깊은 잠이 들었다고 한다. 이처럼 '고행 과제'는 문제 그 자체보다 더 큰 불편과 고통을 만들어내야 하며, 그 고통이 시스템 안에서의 변화를 유도한다(Haley & Richeport-Haley, 2003). [그림 7-1]은 고행 과제를 부여하는 순서이다.

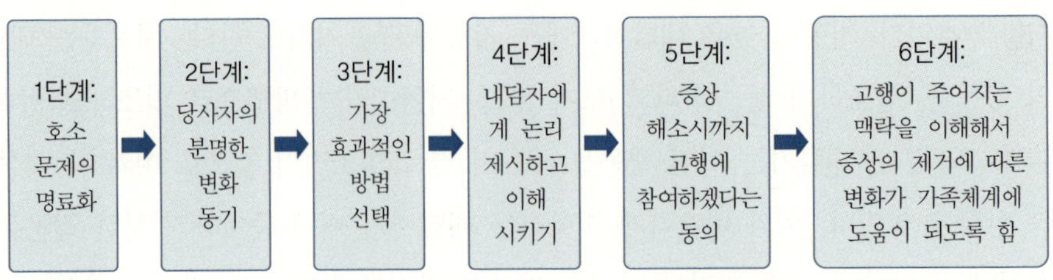

[그림 7-1] 고행 과제 부여의 과정

(3) 의사소통을 유도하는 비유 사용하기

증상이 또 다른 가족 구성원의 문제에 대한 은유일 수 있다는 생각은 치료자로 하여금 증상 자체에만 집중하지 않고, 관련된 다른 문제들을 통합적으로 해결할 수 있도록 이끌어 준다(Haley, 1976; Madanes, 1981). 치료자는 문제를 가족 내 상호작용의 특정 순서 및 맥락 속에서 파악하고, 이는 또한 다른 관계상의 상호작용에 영향을 줄 수 있음을 전제하여 변화 개입을 시도할 수 있다(Madanes, 1981). 비유는 내담자의 저항이 높거나, 문제를 감정적으로 받아들이기 힘들 때, 혹은 구조적 관계 패턴을 설명하거나 직접적인 해석이나 지시가 부담이 될 때, 효과적인 치료적 도구가 된다.

문제를 직접적으로 언급하면 불편함이나 저항이 유발될 수 있으므로, 적절한 비유는 간접적으로 접근하면서도 소통을 원활하게 한다. 비유는 내담자의 경계심을 자극하지 않으면서도, 치료자가 전달하고자 하는 메시지를 효과적으로 전달할 수 있게 해주는 상징적 표현이다(Watzlawick, Weakland & Fisch, 1974). 복잡하거나 민감한 가족문제를 쉽게 이해시키거나, 새로운 인식을 유도할 때 매우 유용하여 창의성과 상상력을 자극하고, 내담자가 자기 문제와 유사한 이야기를 통해 스스로 행동을 재구성하는 데 도움을 준다.

또 다른 예로, 자녀가 가족 내 '희생양'이 되어 모든 문제의 원인으로 비난받는 경우, "가족은 때때로 연극 무대 같다. 관객이 보기에 한 배우만 실수하거나 엉뚱하게 행동하는 것처럼 보여도, 실제로는 대본이나 무대 조명 등 여러 배경적 요인이 영향을 미칠 수 있다. 배우 한 명만 바꾼다고 연극이 잘 되지는 않는다. 전체 무대를 다시 살펴봐야 한다"와 같은 비유를 사용할 수 있다. 이를 통해 가족은 자녀의 문제 행동이 단순히 한 사람의 문제가 아니라 가족 시스템 안에서 발생한 역할의 결과임을 이해하게 된다(Watzlawick, Weakland, & Fisch, 1974).

(4) 가장 기법

마다네스는 가장된 행동을 하라는 지시를 통해 증상을 자발성과 책임감으로 전환시키는 독특한 전략을 사용했다. 가장하기는 내담자에게 자발적으로 특정 행동이나 증상을 '연기'하도록 요청하는 기법이다. 증상을 무의식적이며 통제 불가능하다고 받아들이는 것이 아니라 의식적으로 증상을 흉내 내보며 자신의 통제 아래에 있다는 느낌을 경험하는 것이 목적이다. 특히 아동이 '자신이 어쩔 수 없이' 하는 행동(예: 야뇨, 분노 발작, 두통)을 '의식적이고 통제된 방식으로' 연기하게 하여 그 증상이 자신이 통제할 수 있는 것이라는 인식을 심어주고 역설적으로 증상을 약화시키거나 없애도록 유도하는 데 유용하다. 치료자가 강요하는 게 아니라, 아동이 놀이처럼 받아들여 저항 없이 수행할 수 있게 한다. 예를 들어, 야뇨증으로 침대를 적시고 부모는 아이에게 벌을 주고 아이의 불안은 고조되고 자존감은 낮아지는 상황에서 마다네스는 아동에게 "오늘 밤에는 오줌을 일부러 싸보자. 네가 '이불에 오줌 싸기 챔피언'이라고 상상하면서 자보는 거야. 매일 밤 계획적으로 시도해 보고, 내일 아침엔 성공했는지 엄마한테 알려줘."라고 개입을 하였다(Madanes, 1981). 이는 아이에게 행동의 선택권과 통제력을 부여한 것이다. 몇 주 후 아이는 "이제 재미없다"고 하며 오줌을 싸지 않게 되었다. 야뇨라고 하는 증상은 무력함의 표현에서 능동적 놀이로 바뀐 뒤 자연히 소멸되었다고 한다. '가장하기'는 특히 아동의 증상이 가족 역동 속에서 강화될 때, 아동의 역할을 바꾸고 능동적인 참여자로 전환시키는 데 탁월한 전략이다.

(5) 재구성(reframing)

재구성은 제시된 문제의 의미를 바꾸어 가족이 문제를 다른 시각으로 바라보도록 하는 기법이다. 이는 가족이 기존에 해결할 수 없었던 문제를 새로운 관점에서 해결하도록 도와준다. 예를 들어, 자녀가 '문제아'라고 느끼며 학교와 가정에서 문제를 일으킨다고 보고하는 가족에게, 치료자는 그 문제의 뿌리가 부모의 결혼 문제에 있다는 것을 밝혀낸다. 아이의 행동을 '자기 희생'으로 재구성함으로써, 아이가 부모의 불행한 결혼생활에서 부모의 관심을 돌리기 위한 행동이라고 해석한다. 이렇게 문제를 재구성함으로써 원래의 문제행동이 다른 의미로 받아들여지며, 새로운 접근이 가능해진다(Watzlawick, Weakland, & Fisch, 1974).

전략적 가족치료는 아동·청소년의 행동 문제로 고민하는 가족을 돕는 데 효과적이다. 이는 문제의 원인보다는 문제가 어떤 과정을 통해 발생하는지를 중점적으로 다루는 체계적인 관점을 사용하고, 가족의 위계를 재조직하는 데 초점을 맞추기 때문에 다양한 문화적 배경을 가진 가족과의 작업에도 유익하다. 가족 구조의 위계를 재배열하는 기법은 다양한 문화권의 가족에게 널리 사용될 수 있다.

3) 개입과정

전략적 가족치료의 개입과정과 치료자의 진술이나 질문의 예를 정리하면 다음과 같다(Bartee & Lloyd, 2019: 237-238).

(1) 1단계: 라포 형성과 치료 동맹 구축

가족 구성원들과 라포를 형성하고, 강점과 성공 경험을 언급하며 협력적 분위기를 조성한다. 유머, 공감, 인정 등을 통해 저항을 줄이고 치료 동기를 강화한다. 가족 전체와 치료적 동맹 구축은 지시 기법을 사용하기 위해 매우 중요한 전제이다.

- "가족 모두가 열정이 있으신 것 같군요."
- "○○이가 엄마를 너무 사랑해서 일부러 문제행동을 하고 여기에 모시고 온 것 같아요."

(2) 2단계: 문제의 명확한 이해와 기대 탐색

가족 각 구성원이 인식하는 주요 문제를 명확히 규정하도록 돕는다. 구체적이고 행동 지향적인 방식으로 "무엇이 변화되기를 원하는가?"를 탐색하는 단계로 구성원 간에 문제 인식이 일치되도록 조율하고, 궁극적인 변화 기대를 도출한다.

- "각자가 생각하는 문제에 대해 이야기해 주세요."
- "문제가 해결되면 어떤 모습이기를 바라시나요?"
- "구체적으로 어떤 모습일까요?"
- "그때는 누가 다르게 행동하고 있을까요?"

(3) 3단계: 가족 역동의 평가

문제가 어떻게 발생했는가보다 어떤 기능을 하고 있는지에 초점을 두고 가족의 반복적 상호작용을 관찰하고 문제를 유지하는 순환적 패턴을 식별한다. 문제의 원인보다 기능에 초점을 맞추어, 문제가 가족체계 안에서 수행하는 역할을 평가한다. 가족구조, 위계, 의사소통 방식 등의 자료를 수집하여 전략 수립을 준비한다.

- "그동안 이 문제를 해결하려고 어떤 시도를 해보셨나요?"
- "무엇이 효과가 있었고, 무엇이 없었나요?"
- "○○이가 이제는 더 이상 어린아이가 아닌데 부모님이 아직도 아이 취급하는 것이 답답하다는 말이니?"
- "아빠가 ○○이가 한 말을 바로 잡으려고 하시는데 ○○이는 아빠 말을 듣고 있지 않는 것 같았어요. 집에서도 이런 일이 자주 일어나나요?"
- "그러니까, 정리하자면 이렇군요. 아들이 말썽을 부리면 아빠가 혼을 내고 엄마는 이 모습을 보고 울어요. 그러면 아빠는 혼내는 것을 멈추게 되죠. 즉, 이러한 상황을 통해 아들이 배우게 되는 것은 무엇일까요? 아들은 엄마와 아빠에 대해 어떤 생각을 하게 될까요?"

(4) 4단계: 목표 달성을 위한 전략

전략적 가족치료의 목표는 현재의 문제를 해결하는 것이다. 이를 위해 관찰된 패턴을 중단하기 위한 구체적인 전략을 설계하고 간결하며 측정 가능한 목표를 설정한다. 2차 변화를 촉진할 수 있도록 구성하되 부담되지 않는 범위로 한다. 가족이 이미 가지고 있는 자원을 활용하며, 각 구성원이 동의한 우선순위 기반의 실천 목표를 설정한다. 예를 들면, 각각 현재 가장 해결하고 싶은 문제 세 가지를 말해보도록 요청하여 공통되는 주제를 선정하고 우선순위를 결정한다. 문제 목록을 작성하여 치료자와 가족이 각각 한 부씩 보관하고 해결될 때마다 하나씩 지워 나간다.

- "현재 가장 해결하고 싶은 문제 세 가지를 적어 보시겠어요?"
- "적어본 문제들을 비교해 보시고 공통되는 것이 무엇인지 찾아보시겠어요?"
- "이 중에서 어떤 문제가 우선 해결되어야 한다고 보시나요?"

- "엄마와 큰딸이 이제 더 이상 가까운 관계가 아니라고 느끼는 것 같군요. 둘 중 누가 먼저 이 문제를 다뤄보고 싶나요?"

(5) 5단계: 변화의 확장

치료결과에 대해 직접적인 책임은 치료자의 몫이며 변화에 대한 공로는 내담자의 몫이다. 변화 확장의 주체는 내담자임을 상기시킨다. 만약 치료의 공로를 치료자에게 돌리게 되면 치료자를 의존하게 되고 내담자의 퇴행 가능성도 우려되기 때문이다. 내담자가 변화 주체임을 인지할 때 지속적인 2차 변화를 촉진한다. 내담자 자신을 책임 있는 존재로 여기도록 유도하는 것이 중요하다.

- "각자가 약속했던 것을 정말 잘해 오셨군요. 대체 어떻게 이렇게 하실 수 있었는지 누가 설명해 주시겠어요?"
- "이 문제는 꽤 어려웠을 텐데 어떻게 잘 넘기셨나요?"
- "이 모든 장애물에도 불구하고, 직장에서 잘 버티셨다는 말씀이군요. 이게 어떻게 가능했을까요?"

(6) 6단계: 종결

점진적인 종결을 위해 종결 전 가족의 새로운 상호작용 방식이 정착되었는지 점검하고, 유지 전략을 공유한다. 자립적 문제해결 능력을 갖추도록 돕고 치료자와의 관계는 가족에게 자원으로 존재하게 된다. 자기 효능감, 문제해결 능력, 미래 계획 등을 점검하고 강화하는 질문을 한다.

- "이번 치료를 통해 얻은 것 중에서 가장 잘 활용할 수 있을 것 같은 것은 무엇인가요?"
- "이제 비슷한 문제가 생긴다면, 어떻게 대처하실 계획인가요?"
- "가족 간의 관계에서 예전과 달라진 점은 무엇인가요?"
- "이번 경험이 가족에게 어떤 의미로 남을 것 같나요?"
- "앞으로도 도움이 필요하다고 느낄 때는 어떤 자원을 활용하실 수 있을까요?"

6. 평가와 전망

전략적 가족치료는 한국 가족의 특성과 문제에 일정 부분 효과적으로 적용될 수 있지만, 문화적 맥락에서 비롯되는 한계도 존재한다. 이 치료는 행동 중심의 단기 개입을 통해 문제를 해결하려는 실용적인 접근으로, 빠른 결과를 선호하는 한국 사회의 성향과 잘 맞는다. 특히 명확한 지시와 과제 중심의 개입 방식은 권위 지향적인 문화에서 내담자에게 오히려 안정감을 제공하고 치료자에 대한 신뢰를 형성하는 데 도움이 된다. 또한 가족 전체를 상호작용 체계로 보고 관계망 안에서 문제의 원인을 탐색하려는 관점은 가족 중심적인 한국 사회에서 실제적 변화를 만들기에도 효과적이다.

전략적 가족치료는 증상을 보이는 개인을 변화시키는 데 집중하기보다는, 그 증상을 생성 · 유지하는 가족 상호작용의 순환적 고리를 끊어내는 데 초점을 둔다. 이러한 시각은 한국 가족에서 흔히 나타나는 위계 혼란, 정서 억제, 삼각관계 같은 구조적 병리에 효과적으로 개입할 수 있게 한다. 또한 직접적인 감정 표현을 피하는 한국 문화 특성상, 전략적 가족치료의 간접적 · 역설적 개입은 저항을 줄이고 내담자의 부담을 낮추는 데 도움이 된다.

그러나 이러한 접근이 한국 사회에 효과적으로 적용되기 위해서는 몇 가지 문화적 민감성을 고려할 필요가 있다. 첫째, 전략적 가족치료에서 사용하는 유머 · 은유 · 역설 · 혼란 기법은 내담자의 문화적 배경과 언어적 민감성에 따라 오해되거나 불편하게 받아들여질 가능성이 있다. 특히 은유나 역설적 메시지를 명확하게 해석하는 데 익숙하지 않은 내담자에게는 이러한 개입이 '비꼼' 또는 '불분명한 지시'로 받아들여져 혼란을 초래할 수 있다.

둘째, 위계를 조정하거나 부모의 권위를 재구조화하는 개입은 전통적 유교 문화가 강한 가족에서 저항을 불러일으킬 수 있다. 특히 이미 경직된 위계를 가진 가족에서는 치료자의 지시가 부모의 권력을 강화하거나 전통적 권위관념과 충돌하여 치료적 동맹을 약화시킬 가능성도 있다. 따라서 위계 개입 시 '부모의 체면과 역할을 유지하면서도 기능적 변화를 돕는 방식'으로 문화적 조율이 필요하다.

셋째, 전략적 치료의 직접적 · 지시적 스타일이 내담자의 수동성이나 치료자 의존성을 강화할 위험이 있다. 지시적 개입이 편안하게 느껴지는 한국 문화적 맥락에서는 내담자가 스스로 선택하고 결정하는 과정이 약화될 수 있으며, 치료자의 권위를 과도하게 강조하는 관계가 형성될 위험이 있다.

넷째, 전략적 가족치료는 주로 행동 변화에 초점을 두기 때문에, 정서적 상처 · 애착 문제 · 수치심과 같은 감정의 층위가 충분히 다뤄지지 않으면 변화가 표면적 수준에 머물 수 있다. 특히 정서적 연결이 핵심인 갈등 상황에서는 역설적 개입만으로는 심리적 필요를 충족시키기 어려울 수 있다.

결국 전략적 가족치료는 한국 사회의 가족문제에 유용한 치료 모델이지만, 문화적 민감성을 함께 고려하지 않으면 한계에 부딪힐 수 있다. 따라서 전략적 개입과 함께 정서적 공감, 관계적 탐색, 위계에 대한 문화적 민감성, 내담자의 선택권 강화 등이 통합적으로 이루어져야 한다. 전략적 개입이 이러한 문화적 요소와 균형 있게 조율될 때, 한국 가족 상담에서 더욱 큰 효과를 기대할 수 있다.

7. 전략적 가족치료로 금쪽이네 만나기

1) 사례개념화

전략적 가족치료는 문제를 유지하게 하는 상호작용의 순환적 패턴에 주목하고, 증상을 가족 내 권력구조나 위계, 의사소통 방식의 산물로 본다. 이를 바탕으로 금쪽이 사례를 전략적 가족치료의 시각에서 개념화하면 다음과 같다.

(1) 표면상의 문제

금쪽이는 엄마에 대한 극단적인 거부 반응(접촉 회피, 통곡, '죽여 버리겠다'는 발언 등)을 보이며, 일상생활을 수행하지 못할 정도로 정서적 · 행동적 어려움을 겪고 있다. 그러나 이러한 증상은 엄마에게만 국한되어 있으며, 친구나 아빠와의 상호작용에서는 매우 안정적이고 기능적인 모습을 보인다. 엄마에 대한 거부 행동 뒤에 금쪽이는 할머니에게 전화하여 엄마의 행동에 대한 불만을 토로한다. 때문에 엄마가 문제의 원인으로 간주되고 있으며, 아빠와 할머니는 엄마의 양육 능력 부족을 지적하고 있다.

(2) 이면의 문제

하지만 표면상의 문제 이면에서는 의사소통의 위계와 권력 불균형에서 비롯된 순환적 행동 패턴이 탐색된다. 금쪽이-아빠-할머니가 삼각 동맹을 형성하여 엄마를 배제하며 이와 같은 현상은 가족 구성원 간 부적절한 경계 설정과 권위의 왜곡, 혹은 소외된 하위체계가 문제 유지에 역할을 할 수 있다. 엄마의 권위가 실종된 상태에서 금쪽이는 엄마를 무시하고, 물리적 · 정서적으로 철저히 배척한다. 심지어 전화기에 엄마 이름도 저장하지 않고, 엄마를 투명 인간처럼 취급한다. 이는 엄마가 가족 내에서 위계적 권위를 상실했음을 나타낸다. 증상은 가족 내 갈등을 은폐하거나 특정 가족원에게 권력을 집중시키는 수단으로 기능할 수도 있다. 아빠는 '엄마에게 기회를 줘야 한다'고 말은 하지만, 실제로는 엄마에 대한 비난과 회의로 정서적 지지를 거두고 들이는 이중 메시지를 전하고 있다. 이와 같은 태도로 금쪽이와의 연합을 더욱 강화하고 엄마의 양육 권위 회복을 방해하는 외부 연합의 역할을 한다.

전략적 가족치료의 관점에서 보면 금쪽이의 엄마 거부 증상은 가족 내 권력구조와 소통 패턴의 산물이며, 단지 개인 문제가 아니라 가족체계의 균형을 조절하려는 기능적 행동이다. 그 기능을 정리하면 다음과 같다.

- **힘의 균형 재조정:** 가족 내에서 자신의 위치를 확보하고자 '엄마를 밀어냄'으로써 아빠, 할머니의 주목과 권력을 획득하려는 전략이다.
- **갈등 회피의 전략:** 가족 구성원 간의 직접적 갈등(예: 부부갈등)을 회피하기 위해 증상을 통해 주의를 자신에게 집중시킨다. 이로 인해 가족은 '엄마 대 금쪽이'의 구조로 편향되며, 부부의 근원적 갈등은 회피된다.
- **문제 지속 구조:** 금쪽이의 문제는 단지 증상의 결과가 아닌, 전략적 소통의 일부로서 가족 내 특정 관계 패턴을 고정하고 유지하는 역할을 한다.

(3) 치료목표

전략적 가족치료사는 통찰이 아니라 행동의 변화를 추구하며 다음과 같은 행동 변화의 목표를 세울 것이다. 이러한 행동 변화는 1차 변화에 머물지 않고 2차 변화를 바탕으로 하고 있다. 즉, 상담의 목표는 증상이 더 이상 효과적인 전략이 되지 않게 만드는 것, 아이의 행동으로는 권력 이동이 일어나지 않게 만드는 것, 부모하위체계가 의사결정의 중심이 되게 하는 것이다. 이와 같은 상담사의 목표를 내담자와 의논하여 합의된 목표를 찾는다면 다음과 같을 수 있다.

- 금쪽이가 엄마를 신뢰하며 거부하지 않는다. 성실히 등교한다.
- 부부간의 친밀도가 향상되고 자녀를 위한 일관된 양육관을 바탕으로 원칙을 지키고 있다.
- 아빠와 할머니는 엄마의 권위를 인정하고 존중한다.
- 엄마는 자기주장 능력과 감정 표현능력이 향상되었다.

2) 주요 개입

이 사례에서 전략적 개입의 핵심은 아이를 변화시키는 데 있지 않고, 아이의 행동이 가족 체계를 움직이던 방식을 해체함으로써 증상이 더 이상 기능하지 않게 만드는 데 있다.

(1) 위계 재배치를 위한 지시: 엄마를 '대상'에서 '기준'으로 이동시키기

전략적 가족치료에서 첫 번째 핵심 개입은 엄마를 가족 내에서 공격과 비난의 '대상'으로 두는 구조를 해체하고, 다시 의사결정의 '기준'이 되는 위치로 이동시키는 것이다. 이 개입의 전략적 의도는, 아이가 엄마를 밀어냄으로써 얻고 있던 권력 이득을 차단하는 데 있다.

이를 위해 치료자는 가족에게 구조적 선언을 명확히 전달한다. 예컨대 "이 문제는 아이의 문제가 아니라 부모의 책임이다", "이 가정의 결정권은 부모에게 있다"와 같은 선언을 통해 문제의 소유권을 부모 하위체계로 이동시킨다. 특히 아빠에게는 명확하고 구체적인 지시가 내려진다. 아빠는 아이 앞에서 엄마의 결정을 수정하거나 완화하지 않으며, 엄마의 판단을 부모의 공동 판단으로 일관되게 지지해야 한다. 이 개입의 목적은 엄마를 설득하거나 변화시켜야 할 인물이 아니라, 권력이 다시 귀속되어야 할 위치로 재배치하는 데 있다.

(2) 삼각 동맹 차단을 위한 과제: 할머니 연합을 정지시키기

두 번째 핵심 개입은 금쪽이가 할머니와의 연합을 통해 우회적으로 권력을 획득하는 구조를 차단하는 것이다. 전략적 의도는 아이가 외부 연합을 활용해 부모 위계를 무력화하지 못하도록 만드는 데 있다.

이를 위해 치료자는 할머니에게 역할을 명확히 지시한다. 할머니는 아이 문제에 대해 판단하거나 조언하거나 중재하지 않으며, 오직 엄마의 결정을 따르는 역할만 수행하도록 제한된다. 동시에 구조적 차단이 이루어진다. 아이가 엄마에 대한 불만을 할머니에게 전달하는 통로, 예를 들어 전화나 메시지를 통한 접촉을 중단시킴으로써, 증상이 더 이상 보상과 지지를 생산하지 못하도록 만든다. 이 개입은 아이의 행동을 비난하거나 통제하기 위한 것이 아니라, 증상이 작동하던 관계적 통로 자체를 차단하는 전략이다.

(3) 증상 무력화 전략: '엄마 거부'의 효과 제거

세 번째 개입은 금쪽이의 '엄마 거부' 행동이 더 이상 가족 내 권력 이동을 만들어 내지 못하도록 무력화하는 것이다. 전략적 의도는 엄마를 거부하더라도 상황이 바뀌지 않는 경험을 반복적으로 제공하는 데 있다.

이를 위한 개입 원칙은 명확하다. 엄마는 아이의 공격적 언행에 정서적으로 반응하지 않으며, 아빠가 즉각 개입해 부모 위계와 구조를 유지한다. 이때 아이의 행동은 설명하거나 논의해야 할 주제가 아니라, 효과를 차단해야 할 대상으로 다루어진다. 전략적 가족치료의 핵심은 아이를 훈육하거나 설득하는 데 있지 않고, 증상이 더 이상 유용한 전략으로 기능하지 않는 환경을 조성하는 데 있다.

(4) 제한적 역설적 개입: 부모 대상 개입

이 사례에서 역설적 개입은 아이의 문제 행동을 직접 교정하기 위한 기법이 아니라, 부모의 개입 방식을 전환함으로써 증상이 가족 체계에서 수행해 온 기능을 약화시키는 간접적 전략이다. 이 사례에서 엄마 거부 행동은 아빠-할머니 연합을 강화하며 가족의 긴장을 조절해 왔기 때문에, 개입의 초점은 아이의 변화가 아니라 부모의 과잉 개입과 반복적 설득을 중단시키는 데 있다. 예를 들어, 치료자는 부모에게 "당분간 아이가 엄마를 거부하더라도 설득하거나 중재하지 말고, 문제를 해결하려는 시도를 잠시 멈추라"고 지시할 수 있다. 이는 아이의 행동을 방치하기 위한 것이 아니라, 그동안 증상을 통해 작동해 온 부모의 통제와 개입 패턴을 멈추게 하려는 역설적 지시이다.

이러한 개입은 아이에게 직접 적용되지 않으며, 반드시 부모를 대상으로 제한적으로 사용된다. 아이에게 증상을 더 하도록 요구할 경우 오히려 아이의 권력감과 통제감을 강화할 위험이 있기 때문이다. 부모가 개입을 멈추면, 아이의 증상은 더 이상 강한 반응이나 관계적 이득을 만들어내지 못하고 그 기능을 상실하게 된다.

(5) 부모교육의 위치: 전략 이후, 유지 단계 개입

감정 조절, 일관성 있는 반응, 칭찬과 강화, 명확한 경계 설정과 같은 부모교육은 중요한 개입이지만, 전략적 가족치료에서 이는 핵심 전략에 앞서 적용되지 않는다. 이러한 교육적 개입은 전략적 개입을 통해 가족 구조와 위계가 먼저 재편된 이후, 그 변화를 유지하고 일반화하기 위한 단계에서 효과를 발휘한다. 따라서 부모교육은 핵심 전략이 아니라, 변화된 가족 구조를 안정화시키는 유지 · 일반화 개입으로 위치 지워진다.

요약

- 전략적 가족치료는 문제 중심적·현재 지향적 접근으로, 증상을 개인의 병리가 아닌 가족체계 내 상호작용의 결과로 본다. 그 기원은 그레고리 베이트슨의 사이버네틱스와 의사소통 이론에서 출발해, MRI의 문제해결 시도 분석, 밀턴 에릭슨의 간접적 개입, 미누친의 구조적 가족치료, 그리고 제이 헤일리와 클로에 마다네스의 실천적·인본주의적 확장을 거쳐 발전하였다.
- 주요 개념을 살펴보면, 다음과 같다. 이중구속(double bind)은 모순된 메시지 속에서 어떤 선택도 자유롭지 못한 상황을 의미하며, 가족 내에서 증상이 이러한 딜레마에 대한 전략적 반응으로 나타난다고 본다. 의사소통과 관계의 병리는 가족문제를 개인의 내면보다 의사소통 구조의 왜곡에서 찾으며, 대칭적·보완적·초보완적 관계 유형의 불균형이 문제를 유발한다고 본다. 가족체계의 항상성(homeostasis)은 가족이 기존의 관계 질서를 유지하려는 경향으로, 치료자는 이 병리적 안정성을 깨고 새로운 질서를 형성하도록 개입한다. 위계 구조와 권력 왜곡은 세대 간 경계와 권력의 불균형을 의미하며, 건강한 가족은 명확한 위계와 역할 분담이 유지되는 체계로 본다.
- 가족문제 발생과 치료 원리를 살펴보면, 전략적 치료에서는 가족문제를 개인의 병리가 아닌 가족 내 반복되는 상호작용 패턴과 권력구조의 왜곡에서 비롯된 것으로 본다. 치료의 핵심 원리는 현재와 행동 중심성, 상호작용과 구조 재편, 전략적·창의적 개입, 2차 변화로 요약된다. 역설적 지시, 실연, 상징적 과제 등 창의적 기법을 통해 저항을 우회하고 실질적 변화를 촉진한다.
- 전략적 치료의 치료목표는 개인의 병리 교정보다는 가족 상호작용의 변화를 통해 문제를 해결하는 데 있다. 치료자는 가족의 변화를 설계하고 구체적인 지시와 과제를 부여하는 적극적 전략가로서, 위계 재조정과 관계 구조의 변화를 주도한다. 또한, 유머, 은유, 실연 등 창의적 개입을 통해 저항을 우회하며, 단기적이지만 실질적인 행동 변화를 이끌어내도록 돕는다.
- 치료기법을 살펴보면, 다음과 같다. 지시는 단순한 명령이 아니라 가족체계의 역동을 탐색하고 변화를 유도하는 전략적 수단으로, 직접적 지시와 간접적 지시로 나뉜다. 직접적 지시는 구체적 과제, 행동 연습, 상호작용 재구성, 의도적 차단 등을 통해 행동 변화를 촉진하며, 가족 내 고착된 상호작용 고리를 해체한다. 간접적 지시는 역설적 지시, 고행과제, 비유, 가장하기, 재구성 등을 활용하여 내담자의 저항을 우회하고 무의식적 변화를 이끈다.
- 전략적 가족치료는 행동 중심의 단기 개입과 명확한 지시를 통해 빠른 변화를 추구하기 때문에, 권위적이고 가족 중심적인 한국문화에 비교적 잘 맞는다. 그러나 간접적 기법은

문화적 차이로 오해를 불러일으킬 수 있으며, 위계 조정이나 감정 탐색이 부족할 경우 표면적 변화에 그칠 위험이 있다. 따라서 한국 사회에서 효과적으로 적용하기 위해서는 문화적 민감성과 정서적 공감을 보완한 통합적 접근이 필요하다.

Family Therapy

제8장

대상관계 가족치료

사람들은 배우자의 있는 그대로의 모습을 보고 결혼하지 않는다. 결혼하는 것은 자신이 마음속에 만들어낸 환상과 이미지와의 결합이다. 결혼의 진정한 모험은, 시간이 지나면서 배우자의 참된 모습을 발견해 가는 데 있다.

제임스 프라모(Framo, 1979)

가족치료의 초기 선구자들은 정신분석적 접근이 가지고 있는 개인주의적 한계에 반기를 들고, 인간의 심리적 문제를 개인 내적 요인보다는 가족이라는 관계망과 상호작용의 산물로 보았다. 이에 따라 1960년대와 1970년대 가족치료는 사이버네틱스와 체계이론의 토대를 바탕으로 관계적 · 구조적 접근에 무게를 두며 발전하였다. 그러나 1980년대에 접어들며 가족치료자들은 다시 개인의 내면세계와 심리적 역동에 관한 관심을 두기 시작하였다. 이때 주목받은 이론이 바로 대상관계이론(Object Relations Theory)이었다. 기존의 프로이트 이론이 인간 심리의 동기를 성적 · 공격적 본능으로 한정한 것과 달리, 대상관계이론은 인간은 근본적으로 관계를 추구하는 존재로 본다. 따라서 유아와 주 양육자(주로 어머니)와의 관계에서 형성된 내적 대상의 이미지와 자기의 이미지가 평생 인간관계에 영향을 미친다고 가정한다.

1. 발달 배경과 주요 인물

대상관계이론은 1940-50년대에 멜라니 클라인(Melanie Klein), 로널드 페어번(W. R. D. Fairbairn), 도널드 위니컷(D. W. Winnicott) 등을 중심으로 전개되었다. 이들은 초기 양육자와의 관계가 아동의 내적 세계와 자기 · 타인 표상 형성에 결정적 영향을 미친다고 보았다. 내면화된 대상, 투사와 분열, '충분히 좋은 어머니', 전이 대상 등과 같은 개념을 통해 개인의 관계 패턴과 정서적 어려움을 이해하는 틀을 마련했다.

1980년대 들어 이러한 이론은 대상관계 가족 · 부부치료로 확장되었다. 질 샤르프(Jill Scharff)와 데이비드 샤르프(David Scharff)는 전이와 역전이를 치료 관계에 적극적으로 활용하며, 가족 내 정서적 공간을 회복하는 개입법을 발전시켰다. 제임스 프라모(James Framo)는 원가족 면담을 통해 내담자가 과거 가족에서 미해결 과제를 인식하고 재평가하도록 돕는 접근을 제시했다. 이 시기 대상관계이론은 가족과 부부의 상호작용 및 다세대 관계 맥락 속에서 재해석되었다. 이후 제임스 도노반(James M. Donovan)은 대상관계이론을 단기 부부치료의 구조로 체계화한 임상가로, 실제 임상 장면에서 활용 가능한 명확한 개념 틀과 개입 모델을 제시하였다(Donovan, 2003).

1) 멜라니 클라인(Melanie Klein)

클라인(Melanie Klein, 1882~1960)은 대상관계이론의 창시자 중 한 명으로, 유아기의 환상과 초기 양육자(특히 어머니)와의 관계를 성격 형성과 심리발달의 핵심으로 보았다. 그는 인간이 출생 직후부터 중요한 외부 대상을 내면화하여 긍정적이거나 부정적인 이미지를 형성한다고 보았으며, 초기에는 대상을 전적으로 '좋은 대상(good object)'과 '나쁜 대상(bad object)'으로 분열하여 인식하지만, 발달이 진행되면서 양가적인 감정을 통합(integration)하게 된다고 설명하였다. 이러한 과정은 이후 모든 대인관계의 기초가 된다(Greenberg & Mitchel, 1983).

클라인은 분열(splitting), 투사적 동일시(projective identification), 편집-분열적 위치(paranoid-schizoid position), 우울적 위치(depressive position) 등 개념을 통해 초기 관계 경험이 성격 형성에 미치는 과정을 설명하였다. 예컨대, 투사적 동일시는 자신의 부정적 감정을 외부 대상에게 투사하고, 다시 그 대상을 통해 자신의 감정을 경험하는 과정으로,

부부 및 가족치료에서도 중요한 역동으로 이해된다(Klein, 1946). 또한, 그는 치료 상황에서 전이와 역전이를 중요한 단서로 보았다. 내담자의 전이를 통해 초기 내면화된 대상관계가 드러나며, 치료자는 자신의 역전이 반응을 활용하여 내담자의 무의식적 관계 패턴을 탐구하고 통합적 변화를 도모할 수 있다고 강조하였다(Greenberg & Mitchel, 1983).

2) 로널드 페어번(W. Ronald D. Fairbairn)

스코틀랜드 출신의 페어번(W. Ronald Fairbairn, 1889~1964)은 프로이트의 본능 중심·쾌락추구 모델에서 벗어나, 인간을 본질적으로 대상을 추구하는 관계 지향적 존재로 보았다. 심리적 문제의 핵심을 인간관계의 실패에서 찾으며, 내면화된 대상관계가 성인의 대인관계 패턴에 지속적으로 영향을 미친다고 보았다.

페어번은 자아를 '중심 자아(central ego)', '리비도적 자아(libidinal ego)', '반리비도적 자아(anti-libidinal ego)'로 구분하였다. 중심 자아는 좋은 대상과의 현실적 관계를 유지하는, 성숙하고 통합된 자아의 부분이다. 리비도적 자아(libidinal ego)는 충동 대상으로서의 엄마와 연결되며, 애정·위안·애착을 갈망하는 욕구가 충족되지 못해 고통스러운 집착과 매혹을 경험하는 자아이다. 이는 억압된 욕구와 간절한 바람의 자기 측면을 담고 있다.

반면 반리비도적 자아(anti-libidinal ego)는 거부 대상으로서의 엄마와 연결된 부분으로, 거절·실망·공격성의 내면화된 반응을 담고 있으며, 자기비난, 통제, 억압, 수치심을 유발하는 비판적 내부자아를 형성한다. 즉, 거부·비난·적대적 반응을 반복하는 자기 측면을 반영한다(Fairbairn, 1952).

실제 가족치료과정에서 이러한 내면화된 구조는 현재 가족관계 속에서 재연되며, 치료자는 이를 관찰하고 개입한다. 페어번은 치료목표를 내면화된 부정적 대상을 재구성하여 현실적이고 건강한 관계로 전환하는 것이라고 보았으며 이는 가족치료의 목표와도 일치한다. 가족치료에서는 이를 안전한 치료 공간에서 새로운 상호작용 경험을 제공함으로써 구현한다. 예를 들어, 대상관계 가족치료는 치료자와 가족 간의 전이·역전이를 활용하여 새로운 관계 패턴을 모델링하고, 애착 기반 접근이나 정서중심치료(EFT)는 부정적 상호작용을 애착 회복의 기회로 전환시킨다. 결국, 페어번의 이론은 가족치료가 내담자의 문제를 '관계 속에서 형성되고 관계 속에서 치유되는' 것으로 이해하는 데 중요한 이론적 토대를 제공하였다(Greenberg & Mitchel, 1983).

3) 도널드 위니콧(Donald Winnicott)

영국의 소아과 의사였던 위니콧(Donald Winnicott, 1896~1971)은 아동병원에서 40여 년간 근무하며 수많은 아이와 부모를 관찰했다. 그는 클라인과 함께 활동하면서도 독창적인 개념을 제시했으며, 아동 발달과 치료적 관계를 설명하는 그의 주장은 가족 역동을 이해하는 데 중요한 틀을 제공했다.

위니콧의 핵심은 발달과 치유가 관계 속에서 이루어진다는 점이다. 그가 남긴 유명한 말, "홀로 존재하는 아이란 없다(There is no such thing as an infant)"(Winnicott, 1960)는 아이의 심리발달이 항상 양육자와의 상호작용 속에서 형성됨을 강조한다. 그는 발달에 필요한 환경적 조건으로 '안아주기(holding)', '다루어주기(handling)', '대상제시(object-presenting)'를 강조했다. 아이는 이러한 과정을 통해 안전감을 경험하고 자기를 발달시킨다. 따라서 양육자의 역할은 완벽함이 아니라, 아이가 안전 속에서 자율성과 현실감을 키우도록 돕는 것이다(Winnicott, 1960).

위니콧의 '충분히 좋은 어머니(good enough mother)' 개념은 가족치료에서도 중요한 시사점을 갖는다. 이는 완벽한 보호가 아니라 점진적인 좌절을 허용함으로써 아이가 독립성과 현실감을 배우도록 하는 양육 태도를 말한다. 또한, 그가 제시한 '참 자기(true self)'와 '거짓 자기(false self)' 개념은 가족 내 개인의 자기표현 방식을 이해하는 데 도움을 준다. 거짓 자기는 가족 규범에 적응하기 위해 감정을 억제하거나 갈등을 회피하는 방식으로 나타나며, 치료자는 참 자기가 안전하게 드러날 수 있는 환경을 제공해야 한다. 이를 통해 가족 구성원은 진정한 자기표현을 경험하고 관계 속에서 자기 회복을 이룰 수 있다(Winnicott, 1965).

또 하나의 중요한 개념은 '전이 대상(transitional object)'이다. 이는 치료자가 가족치료에서 맡는 상징적 역할을 설명하는 데 유용하다. 치료실이라는 안전한 공간에서 치료자는 가족이 기존의 불안정한 관계 패턴을 벗어나 새로운 관계 경험을 시도하도록 돕는다. 실패와 좌절이 있더라도 이를 관계 회복의 기회로 전환할 수 있게 한다(Winnicott, 1953).

요약하면, 위니콧의 이론은 가족치료가 중시하는 안정적 환경, 관계 속에서의 자기 회복, 부정적 대상관계의 재구성 과정을 구체적이고 실천적으로 뒷받침해 주는 중요한 자산이 된다.

4) 데이비드 샤르프와 질 샤르프(David E. Scharff & Jill S. Scharff)

샤르프 부부는 대상관계 이론을 가족치료에 본격적으로 접목한 선구자들이다. 두 사람은 국제정신치료연구소(International Psychotherapy Institute: IPI)를 공동 설립하고, 미국은 물론 국제적으로도 가족치료, 부부치료, 정신분석 치료 분야에서 교육과 임상, 연구에 폭넓게 기여해 왔다(Scharff & Scharff, 1991). 샤르프 부부의 핵심 주장은, 가족 내 무의식적 대상관계가 개인의 심리적 문제와 가족 전체의 역동에 깊이 영향을 미친다는 점이다.

이들은 클라인, 위니콧, 페어번 등 영국계 대상관계 이론가들의 사상을 바탕으로 다음과 같은 가족치료 관점을 발전시켰다.

- 가족 구성원은 자신의 내면에 존재하는 불안, 상실, 분노, 두려움 등의 감정과 자아의 부분들을 다른 가족 구성원에게 투사하며, 이 투사된 감정과 자아가 상호작용함으로써 가족의 역동이 형성된다.
- 가족이 서로의 감정과 경험을 받아들이고 지지할 수 있는 '안아주기 능력'이 부족할 경우, 투사와 분열이 고착되어 가족 내 갈등이 더욱 심화될 수 있다.
- 치료자는 가족 구성원들이 투사된 감정과 자아 부분을 인식하고 자기 안으로 다시 통합할 수 있도록 '정서적으로 안전하고 수용적인 공간'을 제공해야 하며, 이 과정에서 치료자의 감정적 개입은 치료적 도구로 활용된다.
- 가족치료에서는 과거의 상처뿐만 아니라 치료실 안에서 현재 벌어지는 감정과 상호

데이비드 샤르프와 질 샤르프
(David E. Scharff & Jill S. Scharff)

작용을 적극적으로 탐색하고 해석해야 한다(Scharff & Scharff, 1991).

이러한 이론을 바탕으로, 샤르프 부부는 대상관계 가족치료의 구체적인 임상 접근을 개발하였다. 이들은 가족 내 특정 구성원의 증상이나 문제행동을 단순한 개인의 문제로 보지 않고, 가족 전체의 무의식적 갈등과 투사의 표현으로 간주한다. 따라서 치료에서는 가족 구성원 전체의 참여를 강조하고, 다양한 질문과 해석, 감정 명료화 기법 등을 통해 가족이 자기감정과 관계 양식을 자각하도록 돕는다(Scharff & Scharff, 2005). 또한, 치료실 내에서 실시간으로 발생하는 감정 교류에 주목하여, 가족이 '지금 여기'의 감정과 상호작용을 직접 경험하고 통찰할 수 있도록 한다. 이 과정에서 삼각관계, 분열, 연합 등 복잡한 가족 역동도 해석적으로 다루며, 무의식적인 상호작용 패턴을 밝혀내고 변화시킨다(Scharff & Scharff, 1991).

5) 제임스 프라모(James L. Framo)

제임스 프라모
(James L. Framo)

프라모(James L. Framo, 1922~2001)는 가족치료 분야에서 개인의 내면세계(intrapsychic processes)와 가족이라는 사회적 맥락(interpersonal context)을 연결하고자 한 대표적인 이론가이다. 그는 자신의 이론을 '개인적인 것과 사회적인 것을 연결하는 개념적 다리(a conceptual bridge between the personal and the social)'라고 표현하며(Framo, 1992: 111), 기존의 상담이 개인의 내면에만 집중하던 한계를 넘어 가족 관계망 속에서 개인을 이해하는 패러다임 전환을 이끌었던 인물 중의 하나이다.

프라모는 가족이 인간 존재를 형성하는 데 있어 가장 강력한 사회적 영향력을 지닌다고 보았고(Framo, 1979), '원가족 치료(Family-of-Origin Therapy)'라는 개념을 핵심으로 발전시켰다. 그는 부부나 가족 내 갈등과 친밀성 문제를 단순한 현재 관계의 문제로 국한하지 않고, 각 개인이 성장 과정에서 원가족과 맺었던 관계 패턴이 지금의 대인관계에서 반복되고 투사된다고 이해했다. 이런 맥락에서 프라모는 가족 내 심리적, 정서적 유산과 내면화된 대상관계(objects relations)에 주목하며, 변화의 지속을 위해 원가족 세션이 필수적임을 강조했다.

원가족 치료의 실제 임상에서는 부부를 함께 만나 현재 상호작용과 의사소통을 탐색한 뒤, 적극적인 의사소통 훈련을 실시하고, 이어서 각 배우자가 직접 부모 및 형제 등과 대면하는 원가족 회기를 통해 미해결된 감정과 내면화된 정서를 직면하고 재구성하도록 돕는다. 이를 통해 내면에서 치유와 변화가 일어날 수 있도록 한다. 프라모는 부부치료에서 공동치료자(co-therapist) 활용도 권장했으며, 특히 남녀 공동치료자의 조합을 통해 행동과 비언어 신호를 효과적으로 추적 · 관리할 수 있음을 강조했다.

프라모는 보웬의 다세대 가족치료 영향도 받았지만, 치료 초점 측면에서는 대상관계이론적 요소가 깊게 자리 잡고 있다. 그의 임상모델은 '내면화 - 재현 - 수정'이라는 대상관계적 메커니즘과 직결되며, 내면화된 대상이 가족관계 내에서 어떻게 반복 및 변화되는지 탐구한다. 결국, 프라모의 세대 간 가족치료는 대상관계이론과 가족체계이론의 융합적 성격을 띠며, 세대 간 정서 유산과 내면화 패턴을 직접적으로 다룸으로써 장기적이고 근본적인 변화를 추구한다.

프라모는 다양한 문화적 배경과 가족 구조를 병리화하지 않도록 주의할 것을 촉구하며, "문화를 제대로 알지 못하면 그 문화에서는 정상적인 행동도 병리로 오해할 수 있다"고 강조했다(Framo, 1982: 277). 그는 단기 변화보다 장기적이고 점진적인 변화를 지향하며, 부부치료 및 개인치료와 병행할 때 효과가 높다는 관점을 밝혔다. 그의 세대 간 가족치료는 대상관계이론과 가족치료의 융합이라는 특징 아래, 내면에 억눌린 감정과 기억을 재해석함으로써 변화와 성장의 가능성을 열어준다.

6) 제임스 도노반(James M. Donovan)

제임스 도노반(James M. Donovan, 1943~)은 미국의 심리학자이자 심리치료가로, 스탠포드에서 학사, 미시건 대학에서 임상심리학 박사학위(Ph.D.)를 취득하였다. 도노반은 대상관계이론을 단기 부부치료로 체계화한 대표적 임상가로서 전통적인 대상관계 부부치료가 지닌 깊이를 유지하면서도, 실제 임상 현장에서 활용 가능한 명확한 개념 구조와 개입 틀을 제시하고자 하였다. 그의 모델은 장기 정신분석적 부부치료와 구조적 · 전략적 부부치료 사이를 잇는 통합적 중간 모델로 평가된다(Donovan, 2003).

도노반은 '초점 삼각형(triangle of focus)'과 '갈등 삼각형(triangle of conflict)'이라는 두 개의 개념적 도구를 통해, 부부 갈등을 과거-현재, 개인-관계, 의식-무의식의 연결 구조 속에서 이해하였다. 초점 삼각형은 현재의 갈등 양식, 부부 각자의 성격 및 상호보완성, 원가족에서 형성된 대상관계가 어떻게 맞물려 현재의 반복적 갈등을 만들어내는지를 보여준다. 이는 프라모의 원가족 접근이 강조한 '과거 가족 경험'과, 샤르프 부부가 주목한 '현재 치료실 안의 정서적 상호작용'을 하나의 구조 안에서 통합하는 역할을 한다.

갈등 삼각형은 부부 갈등의 심리적 미시 구조를 설명한다. 여기에는 불안, 방어기제, 숨겨진 감정이 포함된다. 도노반에 따르면, 부부 갈등에서 표면적으로 드러나는 분노나 거리두기, 통제 행동은 실제 핵심 감정이 아니라, 더 근원적인 불안과 욕구를 감추기 위한 방어의 산물이다. 치료의 핵심 과제는 방어를 제거하는 것이 아니라, 방어 아래에 있는 관계 욕구와 두려움이 안전하게 인식되고 표현되도록 돕는 것이다.

임상적으로 도노반은 투사적 동일시가 부부 갈등을 유지하는 핵심 메커니즘이라고 보았다. 각 배우자는 자신의 내면에 존재하는 미해결된 대상관계를 상대에게 투사하고, 상대는 그 투사된 역할을 실제로 수행하게 된다. 이 과정에서 부부는 서로를 '현재의 배우자' 가 아니라, '과거의 중요한 대상' 으로 경험하게 된다. 치료자는 이 반복 구조를 해석하고, 과거 대상과 현재 배우자를 분리하도록 돕는 역할을 맡는다. 그는 치료자가 현재 부부 상호작용 속에서 일어나는 감정, 침묵, 회피, 통제, 좌절을 면밀히 관찰하고, 이를 즉각적으로 초점화하여 해석할 것을 강조하였다. 이러한 접근은 '지금-여기'의 상호작용을 중시하는 가족치료의 전통과, 내면의 대상관계를 다루는 정신분석적 깊이를 연결한다.

최근 연구들에서는 도노반의 모델이 성 문제, 친밀감 회피, 추구-회피 부부 패턴, 정서적 거리 문제를 다루는 데 특히 유용함이 보고되고 있다. 한국 부부를 대상으로 한 임상 연구에서도, 성기능 장애가 개인의 문제가 아니라 부부 상호작용과 원가족 대상관계, 그리고 사회문화적 맥락이 결합된 관계적 증상임을 이해하는 데 도노반의 틀이 효과적으로 활용되었다(Koh, Park & Park, 2023).

이 장에서는 가족과 부부를 '내면화된 대상의 장'으로 보는 대상관계치료의 관점에서, 전이와 역전이를 가족 전체와의 관계 속에서 다루며 치료적 변화를 이끌었던 샤르프 부부와 현재의 부부관계 문제를 원가족 관계에서 재경험하고 재구성하도록 돕는 원가족 세션을 체계화한 프라모의 모델, 도노반의 단기대상관계부부치료를 중점적으로 살펴보고자 한다.

2. 주요 개념

1) 대상, 자기 표상, 대상 표상

대상관계이론은 인간의 심리적 발달과 성격 형성을 설명하는 데 개인이 외부 세계, 특히 양육자와의 관계 속에서 내면화한 '대상'과 그 관계 패턴을 중심으로 설명하는 정신분석 이론이다. 여기서 '대상'과 '표상'은 이론의 핵심 개념으로서, 개인의 내면세계가 어떻게 구성되고 유지되는지를 설명하는 중요한 토대가 된다.

(1) 대상(object)

대상관계이론에서 '대상'은 일상적 의미의 물체(object)와는 달리, 심리적 의미에서 '정서적 중요성을 지닌 타인'을 의미한다. 일반적으로는 부모나 주요 양육자가 주요 대상(primary object)이 되며, 이후 발달과정에서 친구, 배우자, 자녀 등 다양한 인간관계의 인물들이 대상이 된다. 대상은 단지 현실에 존재하는 사람만을 지칭하는 것이 아니라, 개인의 마음속에 심리적 표상으로 내면화된 인물, 심상, 경험 모두를 포함한다(Klein, 1946).

클라인에 따르면, 유아는 생애 초기부터 자신을 둘러싼 인물들과의 관계를 부분대상(part-object)으로 경험한다. 예를 들어, 유아는 '좋은 젖(good breast)'과 '나쁜 젖(bad breast)'이라는 양가적인 경험으로 어머니의 가슴을 대상화하며, 이는 초기 관계 경험이 긍정적·부정적 감정으로 분열되기 쉬움을 의미한다. 점차 발달이 진행됨에 따라 유아는 부분대상을 통합하여 전체대상(whole object)으로서 어머니를 인식하게 된다. 이 과정은 정서적 안정감, 애착 형성, 자아 통합에 결정적 역할을 한다(Klein, 1952, 1957).

(2) 자기 표상(self-representation)

자기 표상은 개인이 스스로를 어떻게 인식하고 경험하는지를 나타내는 내면적 이미지 또는 심리적 상(象)을 의미한다. 대상관계이론에 따르면 자아(self)는 고정된 실체가 아니라, 중요한 타인과의 관계 경험을 반복적으로 내면화하면서 형성된 다층적 표상들의 집합으로 이해된다.

마가렛 말러(Margaret Mahler)의 분리-개별화 이론에 따르면, 유아는 초기에는 어머니와 융합된 상태에 있다가 점차 독립적인 자아감을 발달시킨다. 이 과정에서 양육자의 태도와 반응은 내면화되어 자기 표상의 기초가 되며, '나는 소중하다', '나는 사랑받을 가치가 있다'는 긍정적 표상 또는 '나는 버려질 것이다', '나는 무가치하다'는 부정적 표상으로 자리 잡을 수 있다(Mahler, 1975).

자기 표상은 상황에 따라 서로 다른 측면이 활성화될 수 있는 다중 구조를 지닌다. 예컨대, 어떤 맥락에서는 자신감 있고 유능한 모습이, 다른 맥락에서는 무력하고 의존적인 모습이 드러날 수 있다. 이러한 유연성은 정상 발달에서는 적응적 기능을 하지만, 병리적 경우에는 자기 표상 간의 통합이 미흡하여 경계선 성격장애와 같은 불안정한 자아상이 나타날 수 있다.

(3) 대상 표상(object representation)

대상 표상은 개인이 중요한 타인에 대해 마음속에 형성한 내면적 이미지 또는 심상이다. 즉, '어머니는 어떤 사람인가', '타인은 나를 어떻게 대할 것인가'에 대한 내면화된 기대와 감정의 총체이다. 이는 현실의 대상 그 자체가 아니라, 개인이 경험하고 해석한 관계의 심리적 재현물이다. 초기 양육 경험에서 대상 표상은 유아가 반복적으로 경험한 양육자의 반응패턴에 따라 형성된다. 예컨대, 일관되게 따뜻하게 반응해준 어머니에 대한 대상 표상은 '보호적이고 신뢰할 수 있는 타인'이라는 이미지로 자리 잡는다. 반면, 일관성 없는 혹은 냉담한 양육자는 '거부적이고 위험한 타인'이라는 부정적 대상 표상으로 내면화된다. 대상 표상은 단지 기억에 머무르는 것이 아니라, 향후 새로운 대인관계에서도 지속적으로 활성화되며 타인에 대한 지각과 행동방식을 규정한다(Kernberg, 1976; Mahler, Pine & Bergman, 1975).

대상관계이론에서 가장 중요한 점은 자기 표상과 대상 표상이 독립적으로 존재하지 않고, 서로 긴밀히 연결되어 있다는 점이다. 즉 '자기와 대상'을 하나의 쌍인 기본 단위로 받아들인다는 것이다. 예컨대, '나는 무능한 사람이고(부정적 자기 표상), 타인은 나를 비난할 것이다(부정적 대상 표상)'라는 쌍으로 존재할 수 있다. 이와 같은 내면적 쌍은 대인관계에서 쉽게 재현되어, 개인이 실제 관계 속에서 반복적으로 특정 역할과 감정을 경험하게 만든다(Kernberg, 1976). 성숙한 발달에서는 다양한 자기 표상과 대상 표상이 통합되고 융통성 있게 작동한다. 반면, 병리적 경우에는 분열된 대상 표상이 통합되지 못하고 고착되어, 대인관계의 왜곡, 감정 조절의 어려움, 자아통합의 취약성으로 나타난다. 따라서 정신분석적 치료에서는 내담자가 가진 왜곡된 자기 표상과 대상 표상을 탐색하고, 이를 보다 현실적이고 유연하게 재구성하는 과정이 핵심적 목표가 된다(Guntrip, 1968; Scharff & Scharff, 1991).

대상, 자기 표상, 대상 표상은 대상관계이론에서 인간 심리구조의 핵심적 구성요소로서, 인간은 초기 관계 경험을 통해 다양한 자기 표상과 대상 표상을 내면화하며, 이 표상들이 상호작용하여 성격 구조와 대인관계 패턴을 형성한다. 이를 이해하는 것은 임상적 진단과 치료뿐 아니라 인간관계의 심층적 이해에 필수적이라 할 수 있다.

2) 분열과 통합

분열은 유아가 감정적 경험을 감당하기 어려울 때 사용하는 초기 방어기제이다. 유아는 주 양육자의 행동이 일관되면 양육자를 '좋은 대상(good object)'으로 예측할 수 없을 때는 '나쁜 대상(bad object)'으로 분리하여 경험한다(Segal, 1964).

생후 초기의 유아는 인지적 미성숙으로 인해 양가감정, 즉 동일한 대상에 대한 긍정적 감정과 부정적 감정의 공존을 처리하기 어렵다. 이에 따라 좋은 경험과 나쁜 경험을 별개의 대상으로 구분하여 감정적 혼란을 피하려 한다. 이 과정에서 양육자에 대한 표상뿐만 아니라 자기 표상도 이분법적으로 나뉜다. 즉, '좋은 나(lovable self)'와 '나쁜 나(unlovable self)'가 분열되어 존재하게 된다. 분열은 초기에는 정서적 불안을 완화하고 관계의 예측 가능성을 확보하려는 적응적 기능을 수행한다. 그러나 분열이 장기간 지속되거나 지나치게 경직되면 자신과 타인을 전적으로 선하거나 악한 존재로 이분법적으로 인식하거나, 대인관계에서 극단적 평가를 하기도 하고 감정 조절 능력 미숙과 관계의 불안정성을 경험한다(Fairbairn, 1952).

한편, 통합은 개인이 좋은 대상과 나쁜 대상을 점진적으로 하나의 통일된 대상으로 이해하게 되는 심리적 과정이다. 이는 자아 발달과 함께 이루어지며 양육자와의 안정적 상호작용이 중요한 촉진 요인이다. 통합 과정에서 유아는 같은 대상 안에 긍정적 특성과 부정적 특성이 공존할 수 있음을 인식하게 되고, 일시적인 좌절이나 갈등이 관계 전체를 위협하지 않음을 이해하며, 자기와 타인의 결점과 장점을 균형 있게 수용하게 된다. 이러한 능력은 주 양육자가 일관되고 예측할 수 있는 양육을 제공할 때 촉진된다(Mahler, Pine, & Bergman, 1975). 양육자가 긍정적인 경험과 부정적 경험을 모두 감싸주며 감정의 조절을 도울 경우, 아동은 감정의 극단에서 벗어나 통합적 사고를 발달시킬 수 있다. 성숙한 통합이 이루어진 개인은 자기 자신과 타인을 복합적인 존재로 인식하고 수용할 수 있고, 대인관계에서 현실적이고 안정적인 애착 형성을 하고 감정의 양가성을 견디며 정서적 융통성 유지한다. 즉, 성숙한 성인은 타인의 장점과 단점을 모두 인정하면서 관계를 지속할 수 있으며, 갈등상황에서도 관계 전체를 부정하거나 상대방을 완전히 배제하지 않는다(Segal, 1964).

3) 내사와 내면화

대상관계이론에서 인간의 심리 구조는 외부 대인관계 경험이 반복적으로 내부 세계에 형성되고 저장되면서 발달한다. 이 과정에서 핵심적인 심리 기제가 바로 '내사(introjection)'와 '내면화(internalization)'이다. 두 개념은 상호 연결되어 있지만, 발달 단계와 기능 면에서 구분된다.

내사는 외부 대상을 마치 삼키듯이 자기 안으로 받아들이는 초기 심리 과정이다. 이때 받아들여지는 것은 실제 대상 자체가 아니라, 그 대상과의 관계 경험에 대한 표상이다. 내사는 주로 초기 발달 단계에서 나타나며, 부분 대상(예: '좋은 젖' 또는 '나쁜 젖') 수준에서 경험된다. 안정과 보호를 제공하는 좋은 대상을 내사하여 위안을 얻거나, 불안과 위협을 주는 나쁜 대상을 내사하여 통제하려는 방어를 수행한다. 내사의 특징은 순간적이고 방어적이며, 실제 대상 경험이 변형된 형태로 내부에 들어온다. 그 결과, 내사된 대상은 이후 투사와 상호작용하며, 자아 내부에서 관계 패턴을 재현한다(Klein, 1946).

내면화는 내사된 대상이 반복적인 관계 경험 속에서 점차 자아 구조의 일부로 통합되는 과정이다. 즉, 초기에는 방어적이고 단편적으로 받아들였던 대상 표상이 시간이 지나면서 보다 현실적이고 통합된 내적 대상으로 자리 잡는다. 이로써 대상을 상실하더라도 심리 내부에서 지속적인 관계를 유지할 수 있게 하며, 안정된 자기감(self)과 타인 표상을 형성한다(Fairbairn, 1952).

내면화는 발달적이며 구조적 변화가 수반되고, 자아, 초자아 등 성격 구조의 핵심 요소가 되며, 성숙한 내면화는 안정된 애착, 자기조절 능력, 건강한 대인관계의 기반을 마련한다. 반면, 반복적인 비난이나 거부 경험이 내면화되면 병리적 내면화가 일어난다. 이 경우 내적 세계에는 가혹한 비판자의 표상이 자리 잡아 자기 비난과 죄책감이 강화되거나, 좋은 대상과 나쁜 대상이 분리된 채 통합되지 못하여 불안정한 대인관계와 감정 조절의 어려움이 나타난다. 또한, 과도한 순응을 강요받은 경험이 내면화되면 '거짓 자기(false self)'가 강화되어, 진정한 자기표현이 억제될 수도 있다.

따라서 내사는 일종의 원초적 재료를 수집하는 과정이고, 내면화는 그 재료를 가공하여 심리 구조로 통합하는 발달적 과정이라고 볼 수 있다. 두 과정은 상호 연결되어 있으며, 건강한 내면화는 안정된 애착과 자기와 타인 표상의 기초가 된다. 중요한 점은 내면화가 단순히 성공과 실패로 나뉘는 것이 아니라, 얼마나 성숙하고 통합적인 내면화가 이루어졌는가가 발달과 정신건강을 좌우한다는 것이다.

4) 투사와 투사적 동일시

투사(projection)는 개인이 자신의 내면에 있는 수용하기 힘든 감정, 욕구, 자아의 부분(예: 분노, 두려움, 약함, 의존성 등)을 외부의 타인이나 대상에게 전가하는 심리적 과정이다. 즉, 자기 안의 받아들이기 힘든 부분을 자기 밖으로 밀어내어 타인이 가진 것처럼 지각한다. 예를 들어, 어린아이가 자신의 공격성을 인정하기 어려울 때, 부모가 자신을 싫어하거나 해칠 것이라고 느끼는 경우가 있다. 이 경우 아이는 자신의 분노를 부모에게 투사하여, 부모를 위험하거나 적대적인 인물로 지각한다. 대상관계이론가들은 투사가 정상 발달의 일부분이지만, 과도하거나 지속될 경우 현실과 대인관계의 왜곡을 초래한다고 보았다(Bion & Fairbairn, 1952).

투사적 동일시(projective identification)는 단순한 투사보다 훨씬 더 복합적이고 상호작용적인 심리 기제이다. 이 개념은 개인이 감당하기 어려운 내적 감정, 충동, 혹은 자기의 부정적인 측면을 타인에게 투사한 후, 상대방이 실제로 그 감정이나 상태를 느끼고 행동하게 만들도록 유도하는 일련의 심리적이고 대인관계적 과정으로 클라인(1946)에 의해 처음 개념화되었다. 클라인은 유아가 감정적으로 감당하기 힘든 자기의 부분(partial self)을 주 양육자, 주로 어머니에게 투사하고, 어머니는 실제로 이러한 감정 상태에 영향을 받게 된다고 보았다. 이로 인해, 어머니는 아기의 기대에 부합하는 방식으로 반응하게 되고, 이 상호작용은 다시 유아에게 되돌아가 관계적 패턴을 형성한다. 따라서 투사적 동일시는 단순히 자신의 내면을 외부에 '버리는' 행위가 아니라, 상대방이 그 투사된 내용을 '내면화하고 수행하게 되는' 상호작용적이고 관계적인 심리기제이다(Klein, 1946).

이후 윌프레드 비온(Wilfred Bion)은 투사적 동일시를 단순한 방어기제가 아니라 정서적 소통의 수단이자 치료적 관계 형성의 핵심 기제로 재정의하였다. 그는 내담자가 치료자에게 투사한 감정을 치료자가 수용하고 소화하여 다시 통합된 형태로 내담자에게 돌려줄 수 있을 때, 내담자는 자기 감정을 더 명확히 인식하고 통합할 수 있다고 보았다. 이는 치료적 변형과정의 핵심 요소로 이해된다.

투사적 동일시는 특히 대상관계 가족치료에서 매우 중요하게 다루어진다. 이 접근에서는 개인이 과거의 내면화된 대상(주로 부모나 유아기 애착 인물)에 대한 감정과 표상을 현재의 가족 구성원에게 무의식적으로 투사하고, 이 과정에서 상대방 또한 투사의 영향에 따라 특정 역할을 실제로 수행하게 되는 현상에 주목한다(Scharff & Scharff, 1991). 이러한 과정은 단순한 심리 내적 현상에 그치지 않고, 가족 전체의 상호작용 맥락 속에서 반복되며, 가족 구성원 간의 역기능적인 감정적 연합 또는 배척 구조를 형성할 수 있다. 이와 관련하여 쥬디스 시겔(Judith P. Siegel)은 투사적 동일시가 부부 갈등에서 가장 고통스럽고 반복적인 상호작용 패턴의 핵심 메커니즘이라고 보았으며, 특히 친밀한 관계일수록 과거의 상처와 감정이 더 강하게 재연된다고 강조하였다(Siegel, 2020).

투사적 동일시는 내면세계와 대인관계를 연결하는 심리적 가교로서, 정서적 소통, 방어기제, 관계 반복의 핵심 메커니즘으로 작동한다. 대상관계 가족치료에서는 이를 통해 과거의 내면 대상을 현재 가족 구성원에게 재현하고 있는 과정을 탐색하며, 가족 간의 감정적 얽힘을 해체하고 자율적 자기 표상 회복을 돕는다. 이 개념은 특히 부부·가족 갈등의 역동적 구조를 해석하고 개입하는 데 매우 유용한 틀을 제공한다.

5) 전이와 역전이

전이와 역전이는 심리치료과정에서 치료자와 내담자 간에 형성되는 핵심적인 심리 역동으로, 원래는 프로이트의 정신분석에서 출발하였으나 대상관계 이론에서 한층 심화된 개념으로 재해석되었다(Mitchell & Black, 1995; Scharff & Scharff, 1991).

전이는 내담자가 과거 중요한 대상(주로 부모나 주요 양육자)과의 관계 경험, 즉 내적 대상관계를 현재의 치료자에게 무의식적으로 재현하고 투사하는 현상을 말한다. 이러한 전이는 단순한 감정의 이동이 아니라, 과거 대인관계 패턴이 치료 장면에서 반복적으로 재연되는 과정이다. 내담자는 치료자를 보호적 대상으로 이상화하거나, 반대로 비판적인 대상으로 지각하며 분노나 불신을 투사할 수 있다(Klein, 1946). 때로는 분열이나 투사적 동일시와 같은 방어기제가 동반되어, 치료자를 특정 역할 속에 무의식적으로 끌어들이기도 한다(Ogden, 1979). 전이는 내담자의 심리 구조와 관계 양식을 이해할 수 있는 중요한 단서가 되며, 이를 적절히 다루는 과정에서 내담자는 새로운 통찰과 관계 패턴의 변화를 경험할 수 있다.

전이는 '초점적 전이(focal transference)'와 '환경적 전이(environmental transference)'로 구분된다. 초점적 전이는 치료자가 내담자에게 새로운 내적 대상이 될 때 발생하며, 이를 통해 내담자는 기존의 내적 대상관계를 재구성할 기회를 얻는다. 환경적 전이는 내담자가 과거 양육 환경에서 경험한 정서적 기억을 치료자에게 투사함으로써 발생한다(Scharff & Scharff, 1991).

역전이는 치료자가 내담자에게 자신의 무의식적 감정이나 내적 대상관계를 반응·투사하는 현상이다. 초기 정신분석에서는 이를 치료자의 전문성 결여로 보았으나, 대상관계 이론은 역전이를 치료자의 내적 대상관계가 내담자의 전이에 의해 자극을 받고 활성화되는 상호작용적 과정으로 이해한다(Heimann, 1950; Racker, 1968). 치료자는 내담자의 전이에 감정적으로 반응하면서, 자신의 과거 관계 경험이 치료 관계 속에서 드러나는 것을 경험할 수 있다.

대상관계이론은 전이와 역전이를 상호작용적이며 순환적인 과정으로 본다. 내담자의 전이는 치료자의 무의식적 경험을 자극해 역전이를 유발하고, 치료자의 역전이는 다시 내담자의 전이 반응을 강화한다(Searles, 1979). 이 과정은 과거 대인관계 패턴이 치료 장면에서 재현되는 기반이 되며, 치료자는 이를 민감하게 인식하고 해석하여 내담자가 새로운 관계 경험을 통해 내적 대상관계를 재구성하도록 돕는다. 이때 역전이는 치료자가 내담자의 무의식적 감정을 이해하는 중요한 자료가 될 수 있으나, 감정적으로 휘말릴 경우 치료적 개입이 방해받을 위험이 있다. 따라서 치료자는 자기관찰과 슈퍼비전을 통해 역전이를 탐색하고 관리하며, 이를 치료적 자원으로 전환한다.

대상관계 가족치료에서는 이러한 전이와 역전이 개념이 개인-치료자 관계를 넘어 다중 관계와 집단 역동 속으로 확장된다(Scharff & Scharff, 1987, 1991). 가족치료 장면에서는 한 구성원이 치료자뿐만 아니라 다른 가족 구성원에게도 전이를 보이는 '다중 전이'가 발생한다. 동시에 치료자도 각 구성원에게 서로 다른 감정 반응을 경험하는 '다중 역전이'를 겪을 수 있다.

3. 가족문제 발생과 치료의 원리

1) 가족문제의 발생 원인

(1) 내사와 투사에 의한 왜곡된 자기 · 대상 표상

개인은 성장 과정에서 부모 등 중요한 타인과의 관계 경험을 내면화하여 자기와 대상 표상을 형성한다(Fairbairn, 1952; Klein, 1946). 그러나 부정적이거나 모순된 관계 경험은 왜곡된 표상을 남기고, 이는 성인기 가족관계 속에서 반복적으로 재현된다(Winnicott, 1960).

(2) 내면화된 대상관계의 행동화

내면의 갈등(사랑 · 분노 · 의존 · 통제 욕구 등)이 현재 가족관계 속에서 투사나 동일시로 표현된다(Kernberg, 1976). 예를 들면, 아내는 '비난하는 어머니'의 이미지를 남편에게 투사하고, 남편은 그에 반응하며 실제로 거리를 두는 관계가 형성된다. 이러한 투사적 상호작용은 가족 간 정서적 거리를 확대하며 갈등을 지속시킨다(Scharff & Scharff, 1987).

(3) 부모 역할의 병리적 재현

완벽한 부모가 되려는 시도는 자신의 결함을 보상하려는 방어에서 비롯되어, 자녀에게 과도한 통제나 조건적 수용으로 나타난다(Framo, 1992). 반대로 방임적 부모는 관계 속 불안을 회피하며 정서적 단절을 초래한다. 이들은 모두 과거 내면화된 관계를 현재 가족 안에서 반복하는 것이다.

(4) 상호작용 패턴의 순환적 강화

한 개인의 내면적 투사와 반응이 다른 가족원의 방어와 맞물려, 문제적 상호작용이 순환적으로 유지된다. 예를 들면, 완벽주의적 통제는 자녀의 저항을 불러오고, 자녀의 저항은 부모의 비난을 강화하는 악순환으로 가족 전체가 상호의존적 병리 구조 속에서 고착될 수 있다(Bowen, 1978; Scharff & Scharff, 1991).

2) 치료의 원리

(1) 내면화된 대상관계의 재인식

가족 각자가 자신의 내면에 자리한 자기표상과 대상표상을 탐색하도록 돕는다. 부모는 자신의 성장 과정에서 형성된 '부모 이미지'를 인식함으로써, 자녀에게 투사하고 있던 감정이나 기대를 자각한다. 이를 통해 내면적 대상을 분화·통합하고, 감정의 현실적 표현이 가능해진다(Fairbairn, 1952; Klein, 1946).

(2) 투사적 상호작용의 해석과 재조정

치료자는 가족 간 상호작용 속에서 반복되는 투사와 동일시 과정을 포착하고 해석하며, 가족 구성원이 서로를 새로운 시각으로 바라보게 하여 상호작용 패턴을 변화시킨다(Kernberg, 1976; Scharff & Scharff, 1987).

(3) 정서적 재경험을 통한 관계 수정

치료적 장면에서 가족 구성원은 과거의 상처받은 관계를 다시 경험하지만, 이번에는 이해받고 수용되는 경험을 한다. 이러한 정서적 재경험을 통해 내면의 부정적 대상관계가 새로운 정서적 경험으로 대체된다(Framo, 1992; Winnicott, 1960).

(4) 통합적 가족 서사의 형성

각자의 내면 이야기와 가족 전체의 관계 역사를 통합하여, "우리는 서로에게 상처를 주었지만, 그 속에서도 연결되어 있었다"는 새로운 가족 서사를 만들어간다. 이를 통해 가족은 과거의 왜곡된 표상을 넘어, 새로운 관계적 의미를 재구성[4]한다(Framo, 1992).

대상관계 가족치료는 개인의 내면적 대상관계와 가족의 상호작용 패턴이 어떻게 서로 맞물려 문제를 유지하는지를 이해하고, 치료에서는 내면의 통합, 정서적 재경험, 상호작용의 재조정, 그리고 통합적 가족 서사 형성을 통해 새로운 관계적 현실을 만들어 가는 과정을 중시한다(Framo, 1992; Scharff & Scharff, 1991).

---

4) 새로운 관계의 의미 재구성은 내러티브 가족치료의 '이야기 재구성(White & Epston, 1990)'과 유사해 보이지만, 내면의 정서와 관계표상을 통합하는 심리적 과정을 의미한다는 점에서 차이가 있다.

4. 치료목표와 치료자의 역할

1) 치료목표

대상관계 가족치료의 목표를 한마디로 표현하면 '통합'이다. 내면화된 대상관계와 무의식적 정서 패턴을 현재 가족 상호작용 속에서 재구성하고 통합하는 것을 핵심 목표인데 구체적으로는 다음과 같이 정리할 수 있다(Becvar & Becvar, 2013).

- 내면화된 대상관계의 자각: 가족 구성원이 자신의 내면에 자리한 생의 초기 중요했던 타인과의 관계 경험이 현재 가족 내 상호작용 속에서 어떻게 반복되고 재현되는지를 인식한다.
- 자기표상과 대상표상의 통합: '좋은 대상-나쁜 대상', '좋은 나-나쁜 나'로 분열된 표상을 통합하여 자기와 타인을 보다 현실적이고 복합적인 존재로 수용한다.
- 정서적 유대와 연결의 회복: 가족 내에서 상처나 방어로 인해 단절된 정서적 관계를 회복하고, 안정적 애착과 친밀감을 경험한다.
- 새로운 관계 경험의 창출: 치료 상황에서 가족 구성원이 적절한 정서 경험을 통해 과거의 부정적 대상관계를 수정하고, 새로운 관계 방식을 학습한다.
- 투사와 전이의 자각 및 통합: 가족 구성원이 자신의 내적 갈등이나 감정을 타인에게 투사하거나 전이하는 과정을 인식하고 그 감정의 책임을 스스로 인식하고 감정적 자율성과 관계적 책임감을 회복한다.

2) 치료자의 역할

샤르프 부부에 따르면 치료자는 언어나 경험을 이론적으로 해석하는 데 집착하지 않고, 내담자와의 관계에서 수용적인 태도를 유지해야 하며, 이를 위해 불확실성과 모호함을 견디는 '소극적 능력(negative capability)'을 기르는 것이 중요하다고 주장한다. 이 소극적 능력이란, 섣불리 결론을 내리지 않고 의심과 신비의 상태에 머물 수 있는 힘을 뜻한다(Scharff & Scharff, 2006: 323). 프라모 역시 불확실성 수용 능력(tolerating uncertainty)을 핵심역량으로 강조했다(Framo, 1985). 이는 단순한 인내가 아니라, 가족 구성원의 내적 세계와 전이 · 역전이적 감정을 즉시 판단하거나 해결하려 들기보다는, 혼란과 불확실성 속에서 안정적 공간을 유지하며 관찰하고 받아들이는 자세를 의미한다.

이같이 인간 실존이 가지는 모호성과 불확실성을 견뎌내고자 하는 노력과 함께 대상관계 가족치료사는 다음과 같은 역할을 하게 된다.

(1) 정서적 안전망 제공자

- 비판과 평가를 최소화하여 가족이 감정을 솔직하게 표현할 수 있는 안전한 치료적 공간을 형성한다.
- 안아주기(holding)와 담아주기(containing)를 통해 감당하기 어려운 감정을 수용 · 정리 · 되돌려준다.

(2) 정서적 조율자

- 언어적, 또는 비언어적 메시지를 공감적으로 반영하여 내담자가 자신의 감정을 명확히 자각하고 조절할 수 있도록 돕는다.
- 가족 간의 정서적 긴장과 불안을 완화하고 새로운 정서 조절 경험을 제공한다.

(3) 무의식적 역동 탐색자

- 전이 · 역전이, 투사 · 투사적 동일시 과정을 세밀히 관찰하여 무의식적 관계 패턴을 진단하고 해석한다.
- 자신의 역전이 반응을 자각하고 이를 임상 자료로 활용한다.

(4) 과거와 현재의 연결자

- 원가족 회기를 활용하여 과거 경험에서 형성된 대상관계가 현재 가족관계에서 어떻게 반복되는지 드러낸다.
- 과거의 왜곡된 표상을 현재의 관계 속에서 수정할 기회를 마련한다.

대상관계 가족치료의 목표는 가족이 과거 내면화된 대상관계를 현재 관계 속에서 인식하고 재구성하여, 정서적 유대와 독립성을 동시에 회복하도록 돕는 것이다. 치료자는 단순한 중재자가 아니라, 정서적 안전망과 무의식적 역동 탐색자로서 가족과 함께 새로운 관계 경험을 창조하는 적극적 동반자 역할을 수행한다.

5. 치료기법과 개입의 실제

대상관계 가족치료의 대표 학자들은 모두 가족치료에서 무의식적 대상관계와 정서적 상호작용을 핵심 자원으로 본다. 샤르프 부부는 치료 기법을 고정된 절차나 규칙이 아니라, 임상 장면 속에서 관계적으로 자연스럽게 형성되는 심리적 반응으로 이해한다. 치료자는 단순한 관찰자가 아니라 가족과 정서적으로 상호작용하며, 이 과정에서 나타나는 전이와 역전이를 중요한 치료 자원으로 활용한다.

프라모는 내담자의 현재 가족문제를 이해하기 위해 원가족 경험을 직접 다루는 원가족 회기(family-of-origin session)를 강조하였다. 그는 과거 가족 내에서 형성된 대상관계가 현재 가족관계 속에서 재현된다고 보고, 이를 드러내고 재구성하는 과정을 치료의 중심에 두었다. 한편 도노반은 초점 삼각형과 갈등 삼각형을 통해 전이, 투사적 동일시, 방어, 원가족 역동 가운데 치료자가 어느 수준에 개입할 것인지를 조정할 수 있는 틀을 제시하였다.

치료자는 가족 구성원의 내면화된 대상관계를 탐색하고, 투사와 전이 과정을 다루며, 원가족 회기를 통해 반복되는 갈등의 뿌리를 확인하고 수정할 수 있도록 돕는다. 이러한 관계적 경험은 가족의 정서 패턴과 관계 구조를 명료화하고, 내면화된 대상관계를 재구성하여 건강한 정서적 연결을 회복하는 토대가 된다.

1) 치료적 태도(공통 기법)

대상관계 가족치료는 구체적 개입 이전에 모든 과정에 일관되게 작동하는 기본적 치료 태도를 강조한다. 이는 심리적 안전망을 형성하고, 이후 세부 개입의 효과를 뒷받침한다.

(1) 안전한 치료적 공간 형성

치료자는 가족이 심리적 위협 없이 감정을 표현할 수 있도록 비판과 평가를 최소화하고, 모든 발화를 존중하며 신뢰와 보호감을 제공한다. 여기에는 안아주기와 담아주기가 포함된다(Bion, 1962; Ogden, 2018; Winnicott, 1960).

① 안아주기

내담자의 정서를 신체적 · 정서적으로 수용하고 보호하는 과정이다.

- 환경적 안아주기: 상담실 전체 분위기와 세팅을 안정적으로 유지하여 가족 전체가 안전감을 경험하도록 하는 것이다. 예를 들면, 가족이 서로 언성을 높이며 갈등할 때, 치료자가 차분한 톤으로 대화를 구조화하고, 모두가 발언할 수 있는 규칙을 안내해 긴장을 완화하는 것이다.
- 초점적 안아주기: 특정 가족 구성원의 개별적 감정이나 요구를 정밀하게 수용하는 것으로 눈물을 참는 아버지에게 "지금 울고 싶으신 마음이 느껴지네요. 여기서는 괜찮습니다"라고 말하며 감정을 표현할 수 있는 안전한 공간을 제공하는 것이 그 예가 된다.

② 담아주기

가족이 감당하기 어려운 감정을 치료자가 대신 받아들이고, 의미 있게 소화해 다시 전달하는 과정이다. 어머니가 "아이 때문에 너무 화가 나요. 이 아이가 날 망치고 있어요"라고 폭발할 때, 치료자가 그 분노를 즉각 반박하지 않고 잠시 수용한 뒤, "지금 말씀 속에는 지치고 혼자가 된 듯한 외로움이 많이 담겨 있네요"라고 재구성하여 돌려주는 기법이 담아주기가 될 수 있다.

(2) 공감적 반영과 정서적 조율

공감적 반영과 정서적 조율은 안아주기와 담아주기가 언어적, 관계적으로 드러나는 임상적 표현이다. 언어적 · 비언어적 메시지를 민감하게 수용하고 공감적으로 되돌려줌으로써 내담자가 자신의 감정을 인식 · 조절하도록 돕는다. 만약 자녀가 "나 때문에 집이 다 엉망이 된 것 같아"라고 말하며 어깨를 축 늘어뜨릴 때, 치료자가 "지금 네가 가족에게 짐이 된다고 느껴서 무겁고 외로운 마음이 있는 것 같아"라고 반영해 준다면 아들은 자신의 감정을 명확히 인식하면서 안도감을 경험할 수 있을 것이다(Gehart, 2024).

(3) 메타커뮤니케이션

가족의 상호작용과 정서 반응을 '관계 바깥의 시선'에서 함께 탐색하여, 무의식적 반응을 자각하고 변화의 가능성을 넓히는 기법이다. 부모가 아이 성적 문제로 다투고 있는 장면을 예로 들어보자. 아버지는 "공부 좀 하라니까 왜 이렇게 게을러!", 어머니는 "당신은 맨날 잔소리만 하고 애 마음은 안 보잖아"라고 말하며 서로 목소리를 높인다. 딸은 고개를 숙이고 말이 없어진다. 이때 치료자가 "지금 이 방 안에서 일어난 일을 잠깐 같이 살펴볼까요? 아버지는 딸의 성적 때문에 답답한 마음을 강하게 표현하셨고, 어머니는 그런 표현이 아이에게 상처가 될까 걱정하면서 아버지를 막으셨어요. 그리고 그 순간, ○○학생은 아무 말도 하지 않고 고개를 숙였죠. 여러분이 대화할 때 이런 장면이 집에서도 자주 반복되나요? 만약 그렇다면, ○○는 이런 상황에서 어떤 기분일까요?"

이렇게 치료자가 메타커뮤니케이션으로 접근하는 것은 부모로 하여금 지금 일어난 상호작용이 단순한 '성적 문제'가 아니라, 부모 갈등이 아이에게 미치는 정서적 영향임을 자각하게 되고 자녀에게는 자신의 침묵이 '무관심'이 아니라, 부모 다툼 속에서 느낀 불안과 무력감 때문임을 표현할 기회를 제공한다. 이로써 가족은 구체적 사건(학교성적)에서 벗어나, 상호작용의 패턴을 객관적으로 탐색하는 계기를 경험한다(Greenberg & Mitchell, 1983; Ogden, 1989).

2) 임상적 초점

대상관계 가족치료에서 전이, 역전이, 투사적 동일시, 분열, 원가족 역동은 실제 임상 장면에서 분리되어 나타나기보다 서로 얽혀 동시에 작동한다. 따라서 치료자는 모든 역동을 한꺼번에 다루기보다, 현재 이 가족과 회기에서 무엇을 우선적으로 다룰 것인지를 판단하는 임상적 초점 설정이 필요하다.

이와 관련하여 도노반은 대상관계 이론의 핵심 개념을 유지하면서, 임상 장면에서 개입의 방향과 깊이를 조율할 수 있는 두 가지 조직 도구로 초점 삼각형과 갈등 삼각형을 제시하였다(Donovan, 2003).

초점 삼각형은 반복되는 가족·부부 갈등을 이해할 때 치료자가 어디에 초점을 둘 것인지를 안내하는 틀이다. 도노반은 표면적 싸움을 단순한 의사소통 문제로 보지 않고, ① 현재의 싸움이나 증상, ② 개인의 성격 특성과 방어적 관계 양식, ③ 원가족에서 형성된 대상관계의 내력이라는 세 수준이 동시에 작동한다고 보았다.

한편 갈등 삼각형은 갈등의 핵심이 숨겨진 감정(또는 관계적 욕구) - 불안 - 방어의 상호작용임을 보여주며, 이 구조가 현재 관계, 과거 원가족 관계, 치료관계라는 서로 다른 장면에서 반복·재연된다고 설명한다. 이러한 두 삼각형은 이후 ① 전이와 역전이, ② 투사적 동일시, ③ 분열과 통합, ④ 원가족 회기에서 개입의 우선순위와 초점의 깊이를 설정하는 기준으로 활용된다.

(1) 전이와 역전이 다루기

대상관계 가족치료에서 전이와 역전이는 가족의 내적 대상관계와 반복되는 상호작용 패턴을 파악하고 재구성하는 핵심 도구이다(Scharff & Scharff, 1987). 전이는 내담자가 과거 중요한 인물과의 관계에서 형성된 감정과 기대를 현재의 가족 구성원이나 치료자에게 재현하는 현상이며, 역전이는 치료자가 내담자와의 상호작용 속에서 경험하는 정서적 반응을 뜻한다. 치료자는 이를 단순한 방해 요소가 아니라, 무의식적 관계 패턴을 이해하고 개입하는 핵심 자료로 활용한다.

회기 중, 치료자는 '지금-여기'에서 나타나는 가족 구성원 간의 투사적 동일시와 그에 따른 감정 흐름을 세밀하게 관찰하고(Klein, 1946; Ogden, 1979), 자신이 느끼는 공감, 분노, 무력감 등의 역전이 반응을 자각하고 이를 통해 가족의 정서 구조와 관계 규칙을 진단한다(Heimann, 1950; Racker, 1968). 이러한 감정 자료는 가족의 내면적 경험을 이해하는 진단도구가 된다.

치료과정에서 치료자는 가족이 투사한 감정과 상상을 담아주기로 수용하고 이해 가능한 의미로 변형하여 되돌려 준다(Bion, 1962). 동시에 안정적이고 예측할 수 있는 안아주는 환경을 제공해 새로운 정서 조절 경험을 가능하게 한다. 이를 통해 가족 구성원은 자기와 타인 표상을 보다 현실적이고 유연한 방식으로 재조정할 수 있다(Winnicott, 1971).

전이는 임상적으로 초점적 전이와 환경적 전이로 구분된다. 초점적 전이는 부모, 형제, 배우자 등 특정 인물과의 과거 관계가 치료 장면 속에서 재현되는 양상이며, 환경적 전이는 과거 양육 경험의 정서 기억이 치료자나 치료 환경 전체에 투사되는 것이다. 치료자는 이러한 전이를 관찰하며, 기본적 태도에서 설명한 안아주기와 담아주기를 활용해 투사된 감정을 안전하게 수용하고 새로운 의미로 되돌려 줌으로써, 전이 경험을 치료적 자원으로 전환한다.

가족치료는 본질적으로 다중 전이와 다중 역전이가 교차하는 집단적 재현 공간이다. 구성원 각자는 부모나 형제, 주양육자와의 경험을 바탕으로 상이한 내적 대상을 치료실로 가져오며, 그 상호작용은 때로 정서적 감염과 역할 고착을 낳는다(Bion, 1961; Scharff &

Scharff, 1987). 치료자는 이러한 역전이 반응을 통해 가족의 정서 역량과 한계를 감지하고, 설명 · 모델링 · 경계 조율을 결합하여 가족이 과거에 왜곡된 자기-대상 이미지를 현재의 건강한 방식으로 재구성하도록 돕는다. 이를 통해 가족은 안전한 환경에서 새로운 정서 경험을 시도하고, 이를 일상 관계 속으로 확장해 지속 가능한 변화를 도모한다(Scharff & Scharff, 1991).

(2) 투사와 투사적 동일시 다루기

대상관계 가족치료에서 투사는 내담자가 받아들이기 어려운 감정, 욕구, 혹은 자아의 일부를 무의식적으로 타인에게 전가하는 방어기제이다. 가족치료 장면에서는 구성원이 자신의 불안, 죄책감, 분노 등을 다른 가족 구성원에게 투사함으로써 갈등이나 역할 고착이 지속되는 경우가 많다(Kernberg, 1975). 투사적 동일시는 단순한 투사를 넘어, 타인이 투사된 감정을 실제로 경험하거나 행동하게 만드는 상호작용적 현상으로, 내담자가 자신의 내적 상태를 타인에게 무의식적으로 전달하고, 그 결과 타인의 반응을 통해 자신의 자기-대상 표상이 강화되거나 재확인되는 과정을 포함한다(Klein, 1946).

치료자는 이러한 과정이 반복적이고 감정적으로 강력하게 나타날 수 있음을 인식하고, 가족 구성원들이 투사에 휩쓸리지 않도록 돕는다. 초기 단계에서는 투사된 감정을 즉시 해석하기보다, 안전하게 표현될 수 있는 치료적 환경을 조성하는 것이 중요하다 (Winnicott, 1965). 이후 내담자가 자신의 감정을 책임 있게 인식하도록 안내하며, 과거 경험과 현재 반응을 연결해 통찰을 촉진한다(Ogden, 1979). 투사와 투사적 동일시에 적용되는 주요 개입은 다음과 같다.

- **자기 감정 자각**: 치료자는 세션 중 느껴지는 짜증, 피로, 무력감 등이 내담자 또는 가족 구성원의 투사로 인한 것일 수 있음을 자각한다. 이러한 역전이 감정은 진단적 단서로 활용될 수 있다(Scharff & Scharff, 1987).
- **담아주기**: 치료자는 투사된 감정을 즉각 반응하거나 방어하지 않고, 내면에서 숙고한 후 의미 있는 형태로 되돌려 준다(Bion, 1962). 예를 들어, "선생님이 이 시간 동안 저와의 관계에서 거절당할까 봐 불안했던 것 같아요"라는 방식으로 표현할 수 있다.
- **기원과 의미 해석**: 투사와 투사적 동일시는 과거 부모나 양육자와의 미해결 감정 경험에서 비롯된다. 치료자는 이러한 반복 패턴을 현재-과거 맥락에서 연결하여 설명함으

로써 내담자의 통찰을 돕는다(Ogden, 1979).

• 감정 회수와 통합: 치료자는 내담자가 투사한 감정이나 자아 부분을 다시 자신 안으로 회수하고 수용하도록 지원한다. 이를 통해, 내담자는 왜곡된 렌즈로 타인을 보지 않고, 현실적 관계를 형성할 수 있는 역량을 갖게 된다.

(3) 분열과 양가감정 다루기

분열은 개인이 긍정적, 또는 부정적 대상 표상을 통합하지 못하고 양극단으로 나누어 인식하는 방어기제이다. 이는 '좋은 부모'와 '나쁜 부모'를 동시에 수용하지 못하는 형태로 나타나며, 가족 내 갈등과 정서적 불안을 심화시킬 수 있다(Kernberg, 1975; Klein, 1946). 반면 양가감정은 동일한 대상에 대해 사랑과 미움, 긍정적·부정적 감정을 동시에 느끼는 상태로, 분열이 완화될수록 더 뚜렷하게 드러난다(Ogden, 1979). 대상관계 가족치료에서는 가족 구성원이 분열된 표상을 인식하고, 상반된 감정을 동시에 수용할 수 있도록 돕는 것이 핵심 목표이다. 이 과정에서 공통 기법인 담아주기와 공감적 반영이 중요한 역할을 한다(Scharff & Scharff, 1987). 즉, 분열에서 출발하여 양가감정을 경험하고 수용하는 과정을 거쳐야만, 자기와 타인의 긍정적·부정적 측면을 통합할 수 있게 된다. 이러한 발달적 과정은 치료 장면에서 단계적으로 촉진될 수 있으며, 이것이 통합되어 가는 과정이다. 그 단계를 살펴보면 다음의 [그림 8-1]과 같다(Scharff & Scharff, 1987).

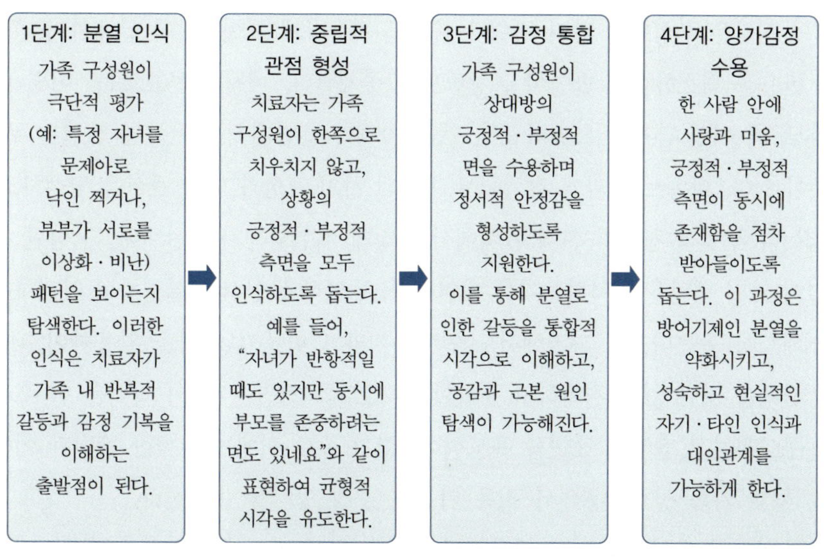

[그림 8-1] 통합의 단계

분열과 양가감정의 정도는 진단적이며 개입적 지표로 활용될 수 있다. 분열이 지속되는 경우 내담자는 관계에서 빈번하게 이상화하거나 평가절하를 하고, 감정 기복이 심하며 안정적 관계 형성이 어렵다. 치료자는 안전한 치료적 환경과 지속적 정서적 지지를 제공하여, 내담자가 감정의 양가성을 견디고 자기-타인의 복합성을 통합하도록 돕는다. 이를 통해, 자기 표상과 대상 표상이 현실적·통합적으로 수정되며, 가족 내 이해와 공감, 정서적 유대가 강화된다(Winnicott, 1965; Kernberg, 1975).

(4) 원가족 회기(family-of-origin session)

프라모(1987)는 원가족 회기를 통해 내담자의 과거 가족 경험에서 형성된 대상관계 패턴을 탐색하고, 현재 가족 갈등과 정서적 문제의 근원을 이해하는 데 초점을 두었다. 회기에는 가족 구성원 모두가 참여하며, 내면화된 자기 표상과 대상 표상을 드러내고, 반복적 갈등 및 투사적 동일시 패턴을 안전하게 재현하며 치료적 개입을 수행한다(Framo, 1992).

회기 전 준비로 치료자는 가족 구성원의 역할, 상호작용 패턴, 갈등 구조를 사정하고 목표를 설정한다. 이 과정에서 주요 목표는 과거 원가족 경험이 현재 갈등에 미치는 영향을 탐색하고, 안전한 감정 표현 공간을 확보하는 것이다. 안아주기와 담아주기 기법은 회기 내내 적용되어, 구성원이 격화된 감정을 경험할 때 치료자가 이를 수용하고 정리하여 안전하게 표현할 수 있도록 돕는다(Winnicott, 1960; Bion, 1962).

회기의 시작은 구성원이 과거 경험과 감정을 자유롭게 표현하도록 안내하며, 치료자는 방어적 반응을 최소화하고 발언이 존중받도록 중재한다. 예시 질문으로는 "어릴 때 어머니가 혼낼 때 어떤 감정을 느꼈나요?", "형제자매와의 관계에서 반복된 감정은 무엇인가요?" 등이 있다. 다음으로 과거 경험에서 형성된 자기 표상과 대상 표상을 탐색하고, 긍정적 경험이나 부정적 경험이 현재 관계에서 어떻게 재현되는지 관찰한다. 구성원 간 감정과 역할이 과거 패턴을 반복하는지를 확인하며, 투사적 동일시를 설명하고 안전하게 감정을 인식하도록 돕는다. 이 과정에서도 안아주기와 담아주기 기법을 활용하여, 내담자가 투사된 감정을 부담 없이 경험하고 통합할 수 있도록 지원한다. 이 작업을 한 후 격화된 감정을 구조화하고 솔직한 표현을 유도한다. 회기 종료 시에는 탐색한 패턴과 이해를 요약하고, 향후 가족 상호작용에서 적용 가능한 조정 방안을 논의한다.

원가족 회기의 핵심은 과거의 대상관계 경험을 현재 상호작용 속에서 안전하게 탐색하도록 설계함으로써, 투사적 동일시, 분열, 통합 과정 등 대상관계 핵심 개념을 관찰하고 조정하며, 반복적 갈등 패턴을 드러내고 새로운 관계 경험을 제공하는 것이다. 이를 통해, 내적 대상관계 재구성이 촉진되고, 가족 구성원은 과거 패턴을 인식하고 현재 관계에서 수정할 기회를 갖게 된다(Framo, 1992).

이후 도노반이 개념화한 갈등 삼각형의 관점에서 볼 때, 프라모의 개입은 과거 대상관계에서 형성된 감정-불안-방어의 구조가 현재 관계와 치료관계에서 반복되는 지점을 직접 다루는 실천적 개입으로 이해할 수 있다. 다만 도노반의 개념은 프라모의 원가족 회기를 대체하기보다, 치료자가 어느 장면에서 어떤 정서 구조를 다루고 있는지를 인식하도록 돕는 조직 틀을 제공한다.

대상관계 가족치료의 개입은 기법의 적용보다 치료자가 가족과 형성하는 정서적 관계 속에서 이루어진다. 치료자는 안아주기와 담아주기를 통해 안전한 치료 환경을 마련하고, 회기마다 전이와 역전이, 투사적 동일시, 분열과 통합, 원가족 역동 중 무엇이 가장 핵심적으로 작동하고 있는지를 임상적으로 판단하여 개입한다. 이러한 접근은 가족이 반복해온 정서 패턴을 '지금-여기'에서 경험하고 재조정하도록 돕는 데 초점을 둔다.

6. 평가와 전망

대상관계 가족치료는 개인의 내적 심리 구조와 가족 상호작용을 동시에 탐색하는 데 강점을 지닌다. 전통적인 정신분석이 개인 내 갈등에 치중했던 것과 달리, 이 모델은 가족이라는 관계 맥락 속에서 무의식적 정서와 내적 표상을 다룬다. 즉, 과거에 내면화된 자기-대상 관계가 현재 가족관계에 어떻게 재현되는지를 이해하고, 왜곡된 표상을 수정·통합하는 것을 핵심 목표로 삼는다.

구체적으로, 분열, 내면화, 투사적 동일시 등의 고전적 대상관계 개념을 가족치료에 적용함으로써, 가족 구성원 간의 욕구, 방어기제, 무의식적 감정을 총체적으로 이해할 수 있다. 치료과정에서 가족 구성원은 원가족에서 형성된 왜곡된 대상 표상을 발견하고, 이를 현재 가족 내에서 긍정적이고 균형 잡힌 표상으로 재구성하게 된다. 이러한 과정은 미해결된 갈등이 세대 간에 연쇄적으로 전달되는 것을 차단하는 데 중요한 역할을 하며, 궁극적으로 성숙하고 현실적인 자기·타인 인식을 가능하게 한다.

또한, 대상관계 가족치료는 정서적 유대와 자율성을 동시에 강화하는 데 초점을 둔다. 치료자는 안전한 치료적 환경을 제공하며, 안아주기와 담아주기, 공감적 반영 등을 통해 가족이 억압된 감정을 안전하게 탐색할 수 있도록 돕는다. 가족 구성원은 치료과정 속에서 정서적 안정감과 상호 신뢰를 경험하면서도, 독립적 정체성과 자율성을 회복할 수 있다. 특히 투사적 동일시는 단순히 방해 요인이 아니라, 치료적으로 활용 가능한 기제로 간주된다. 내담자가 감당하기 어려운 감정을 투사하면, 치료자는 이를 담아내고 해석하며 다시 통합되도록 돕는다. 이러한 특성은 한국 가족의 심층적 정서 이해와 세대 간 갈등 예방 측면에서 효과적이고 실용적인 접근법으로 평가된다.

그러나 대상관계 가족치료는 몇 가지 분명한 한계를 지닌다. 첫째, 이 모델은 높은 수준의 치료자 전문성과 풍부한 임상 경험, 자기성찰 능력에 크게 의존한다. 전이, 역전이, 투사적 동일시와 같은 복잡한 개념을 적절히 다루지 못할 경우, 가족의 저항이나 역기능을 오히려 강화할 위험이 있다. 따라서 숙련되지 않은 치료자에게는 적용이 쉽지 않은 모델이다.

둘째, 문화적 한계가 있다. 서구 심리이론의 영향을 받은 이 모델은 독립성과 분화를 강조하는 경향이 강하다. 반면 한국 사회는 전통적으로 가족주의적·위계적 구조가 뿌리 깊게 자리 잡고 있어, 이러한 문화적 특성과 충돌할 수 있다. 예를 들어, 부모 권위가 강하게 작동하는 가족에서는 전이·역전이 분석이 저항이나 불편을 유발할 수 있으며, 가족 갈등을 표면화하는 과정에서 오히려 사회적·문화적 규범과 충돌할 위험이 있다. 따라서 한국 사회에서는 모델의 핵심 원리를 유지하되, 문화적 맥락과 가족 구조를 고려하여 개입 강도와 해석 방식을 유연하게 조정할 필요가 있다.

대상관계 가족치료는 억압적 관계 경험이 내면화되어 반복되는 과정을 탐색하는 데 강점을 지니지만, 전통적으로 사회적 불평등·성 역할 규범·가부장적 권력 구조 같은 외부 요인을 직접적으로 다루는 데는 상대적으로 한계가 있었다. 예컨대 성차별이나 세대 간 불평등이 가족 역동을 강화하는 경우, 이를 단순히 내면 표상의 문제로 환원하는 것은 충분하지 않다.

그럼에도 불구하고, 이 모델은 사회 정의적 시각을 접목할 수 있는 토대를 제공할 수 있을 것이다. 억압적 관계 경험을 내면화의 산물로 이해하는 과정에서, 치료자가 사회문화적 맥락을 함께 해석한다면 내담자는 자신이 경험한 차별과 억압을 자각할 수 있다. 이는 내담자가 자기 목소리를 회복하고, 더 정의로운 관계를 재구성하는 데 기여할 수 있다.

한국 사회에서 다문화가족은 언어, 인종, 종교, 문화적 차이로 인해 갈등과 고립을 경험하기 쉽다. 대상관계 가족치료는 애착과 내면화라는 보편적 발달 과정을 기반으로 하므로, 문화적 차이를 넘어 이해할 수 있는 틀을 제공한다는 점에서 강점을 가진다.

특히, 분열과 양가감정을 통합하는 과정은 다문화가족이 이중 정체성을 수용하고 통합하는 데 매우 유용하다. 예컨대, 부모와 자녀가 서로 다른 문화적 배경을 가지고 있을 때, 양가적 감정을 인식하고 수용하도록 돕는 것은 정체성 혼란을 완화하는 데 기여한다. 또한, 안아주기와 담아주기 기법은 언어적 한계를 넘어 정서적 안전감을 형성할 수 있어 다문화가족 상담에서 중요한 개입 자원이 된다. 치료자가 문화적 서사와 경험을 존중하고, 비언어적 매체나 다문화 감수성 교육, 문화 간 중재 전략을 활용한다면 이 모델은 다문화가족에게도 효과적으로 확장될 수 있다.

1980년대 이후 대상관계이론은 정신분석과 가족치료를 결합하여 다세대적 심리 역동을 깊이 있게 탐구하는 틀을 제공해 왔다. 이 모델은 기존의 구조적 · 전략적 · 행동적 가족치료가 상대적으로 소홀히 했던 무의식적 정서, 내적 표상, 애착의 심층적 차원을 다룸으로써, 가족문제를 단일 개인의 병리로 환원하는 접근을 극복했다.

앞으로의 전망은 다음과 같이 정리할 수 있다. 첫째, 1인 가구, 비혼, 다문화가족 등 현대적 가족구조에 맞추어 개입 강도와 치료 방향을 유연하게 조정해야 한다. 둘째, 언어적 제한이 있는 아동 · 청소년, 장애인, 다문화가족을 위해 비언어적 매체를 활용하여 내적 표상과 투사적 동일시 과정을 탐색할 필요가 있다. 셋째, 과정 연구, 정량적 연구, 장기 추적 연구를 통한 실증적 근거 확대가 필요하다.

결론적으로, 대상관계 가족치료는 심리적 깊이와 관계 통합성, 변화의 지속성에서 강점을 가지는 모델이다. 그러나 문화적 조정과 치료자 숙련도, 실증 연구 기반의 보완이 필수적이다. 투사적 동일시, 내면화, 전이 · 역전이 등 핵심 개념을 가족 단위에서 다룸으로써, 이 모델은 현대 한국 사회의 다양한 가족 구조와 가치관을 반영한 통합적 가족치료 모델로 발전할 가능성을 가지고 있다.

7. 대상관계 가족치료로 금쪽이네 만나기

1) 사례 개념화

대상관계 가족치료는 개인의 발달 초기 경험에서 형성된 내면화된 대상관계가 현재의 가족 상호작용 속에 어떻게 반복하여 나타나는지를 이해하고, 이를 수정하는 것을 목표로 한다. 본 사례는 초등학생 '금쪽이'와 그 가족의 호소문제를 대상관계 가족치료의 핵심 개념과 개입으로 접근하여 본 것이다.

(1) 사례 개요

- 내담자: 금쪽이, 어머니, 아버지, 할머니
- 주 호소문제: 금쪽이의 극단적 엄마 거부, 공격적 언행, 분노조절 어려움, 학교생활 부적응
- 기존의 치료 경험: 정신과를 방문하고 ADHD, 강박증에 대한 치료를 받았으나 효과가 없었고 최근 우울증 진단도 받았음.
- 배경: 금쪽이의 어린 시절 주양육자는 할머니였음. 할머니는 금쪽이를 사랑해 주셨지만, 할머니와 아버지의 훈육으로 인해 금쪽이는 공포를 느낄 때가 있었음. 하지만, 엄마는 출근해야 해서 자신을 보호해 줄 수 없는 존재로 기억하고 있음. 아버지는 정서적으로 거리를 두는 태도, 어머니는 애정 표현과 감정 조절의 어려움이 보이며, 할머니는 양육에 적극적으로 개입하여 어머니의 권위를 약화시키고 있음.

(2) 사례 이해

① 문제의 본질: 내면화된 대상관계의 왜곡과 재연

금쪽이는 초등학교에 재학 중인 아동으로, 최근 지속적인 분노 폭발, 공격적 언행, 학교생활 부적응 등의 문제가 보고되었다. 금쪽이의 극단적인 엄마 거부, 공격성, 감정 조절의 어려움 등은 단순한 통제력 부족이 아니라, 분열된 엄마 표상과 왜곡된 상태로 내면화된 대상관계가 가족관계 속에서 반복적으로 재연되는 현상으로 이해된다. '좋은 엄마'와 '나쁜 엄마'가 통합되지 못한 채, 위협적 · 거부적인 표상이 강화되어 왔다.

- 금쪽이는 엄마를 '무섭다', '없어졌으면 좋겠다', '죽여버리고 싶다'는 등의 강한 부정적 정서로 표현한다. 이는 엄마에 대한 분열된 내면 표상에서 비롯된 감정으로, 통합된 애착 대상이 아닌 위협적이고 거부적인 내적 엄마상이 형성되어 있음을 시사한다.
- 이러한 부정적 엄마상은 금쪽이의 내면에 분리-개별화 실패의 경험으로 고착되어 있으며, 엄마와의 상호작용은 투사적 동일시를 통해 반복된다.

② 금쪽이의 내면 구조와 방어 기제

금쪽이는 자신이 감당하지 못한 감정을 엄마에게 투사하고, 그 감정을 엄마가 실제로 표현해 내도록 무의식적으로 압박하는 '투사적 동일시' 기제가 관찰된다. 금쪽이는 자신의 분노와 거부감을 어머니에게 전가하며, 어머니가 실제 무기력하고 혼란된 상태를 보이도록 한다. 이를 통해, 금쪽이는 자신의 부정적 엄마상을 현실에서 재확인하고 내면 표상을 강화한다. 금쪽이의 분노와 거부감을 반복적으로 받는 엄마는 실제로 무기력하고 혼란스러운 모습을 보이며, 자책하거나 침묵하게 되고, 이는 금쪽이의 내면에 있는 '무능하고 상처 주는 엄마'를 엄마가 실제로 수행하게 만들며, 결과적으로 금쪽이는 스스로의 내면 표상을 현실에서 확인하게 된다. 이처럼 금쪽이는 자신의 부정적 정서를 엄마에게 투사하고, 이를 통해 내면화된 부정적 엄마상(대상표상)을 강화하는 순환 구조에 놓여 있다.

- 부모의 대상관계 패턴이 세대 전수됨: 어머니는 자신의 원가족에서 경험한 애착 결핍과 정서 차단을 재현하고, 아버지는 회피적 관계 패턴으로 안정적 정서 기반 제공에 실패했을 수 있다. 할머니의 개입은 어머니와 금쪽이의 '모-자 관계 형성'을 방해하며 세대 간 부정적 대상관계가 유지된다. 이러한 모든 가설 위에서 사례를 탐색하고 검증한다.
  - 엄마는 정서 표현과 관계 형성에 서툰 모습으로, 자신의 어린 시절 애착 결핍이나 정서적 차단이 금쪽이와의 관계에 재현되었을 가능성이 크다. 엄마의 애정 표현이 서툴거나 감정 조절이 미숙한 모습은 금쪽이에게 안정된 양육 대상으로 인식되기 어려웠을 수 있다.
  - 아빠는 명백히 감정적으로 거리를 두며, 관계적 중립 혹은 회피의 태도를 보인다. 이는 엄마에게도, 금쪽이에게도 안정된 대상의 역할을 수행하지 못하며, 결과적으로 금쪽이가 엄마에게 과도하게 정서적으로 매달리거나 반대로 과격하게 밀어내는 이

중적 관계 양상을 보이게 만든다.

- 할머니의 개입은 엄마의 정체성과 양육 권위를 훼손하는 방향으로 작용하며, '모-자' 간 안정된 대상관계 형성을 더욱 어렵게 만든다.

• **금쪽이의 애착과 분리-개별화 과정의 왜곡**: 대상관계이론에서 자녀의 건강한 정서 발달은 안정적 애착과 그로부터의 분리-개별화를 통해 이뤄진다. 그러나 금쪽이의 경우, 엄마는 초기 애착의 안전기지가 되어주지 못했고, 분리-개별화 시기에도 정서적으로 '안전한 틀' 없이 양육자가 통제하거나 단절한 경험이 있었을 가능성이 있다. 그 결과, 금쪽이는 엄마를 내면화된 '불안정한 대상'으로 인식하며, 이 대상을 밀어내거나 공격함으로써 자기 방어를 하고 있다.

(3) 치료목표

• 가족 내 정서적 안전기반이 구축된다.
• 엄마와 아빠는 자신들의 원가족 경험과 현재 양육태도가 연계되어 있음을 인식하고 이를 바탕으로 부모가 일관성 있는 양육관을 수립하고 금쪽이를 양육할 수 있다.
• 금쪽이의 정서 조절 능력과 긍정적 자기상이 강화되어 엄마를 거부하지 않고 함께 하는 시간이 증가하며 등교 거부가 사라진다.
• 부부 · 가족 상호작용 패턴이 건강하게 재구성되고 할머니의 개입이 줄어든다.

2) 주요 개입

(1) 초기 단계: 관계 안전기반 형성 및 문제 구조 파악

초기 단계의 핵심 과제는 금쪽이와 부모의 불안정한 정서를 견뎌낼 수 있는 안아주기 환경을 치료 장면 안에 형성하는 것이다. 이를 통해 가족은 공격이나 통제 없이 감정과 욕구를 표현할 수 있는 관계적 안전기반을 경험하게 되고, 치료자는 그 위에서 반복되는 상호작용 패턴과 대상관계 구조를 탐색한다.

이 과정에서 치료자는 감정 반영과 재명명을 통해 가족의 분노 · 불안 · 좌절과 같은 원초적 정서를 먼저 담아주기를 하며, 감정이 행동화나 상호 비난이 아닌 말과 관계 안에서 표현되도록 돕는다. 특히 비난-방어-반격으로 이어지는 의사소통 패턴과, 금쪽이의 문제 행동이 부모 갈등과 맞물려 나타나는 지점을 관찰한다.

치료자는 어머니의 호소를 재명명하여, 금쪽이의 행동을 통제해야 할 문제로 보기보다 불안정한 대상관계 속에서 나온 관계적 신호로 이해하도록 돕는다. 이는 부모가 다시 아이의 감정을 담아줄 수 있는 정서적 대상으로 자리 잡게 하는 중요한 전환이다.

동시에 치료자는 부부 회기를 통해 자녀 문제를 상호 비난의 대상이 아니라 공동의 양육 과제이자 정서적 책임으로 재정의한다. 이는 부모 하위체계의 안아주기 기능을 회복시켜, 금쪽이가 더 이상 증상을 통해 가족의 불안을 떠안지 않아도 되는 조건을 마련한다. 또한 할머니의 개입을 조율하여 세대 간 경계를 명확히 하고, 어머니가 일차적 안아주기 대상으로 자리 잡을 수 있도록 준비함으로써 모자 간 직접 관계 회복의 토대를 형성한다.

(2) 중기 단계: 내면화된 대상관계 수정 및 세대 전이 다루기

중기 단계에서는 금쪽이의 내면화된 부정적 엄마상을 재구성하고, 부모의 원가족 경험과 현재 양육행동 간의 연결고리를 탐색한다. 금쪽이와 엄마 사이에 일어나는 투사적 동일시의 순환구조를 차단하고 변화시키는 접근들이 개입된다. 금쪽이와 엄마의 관계 재구성 회기를 마련하고 가족놀이치료나 상징 작업을 병행해 엄마상을 '좋은 측면과 실수하는 측면이 공존하는 통합 표상'으로 변화시킨다. 부정적 엄마 표상을 약화시키기 위해 '안전한 실패 경험'을 반복 제공한다. 프라모의 원가족 회기는 세대를 걸쳐 전수되는 역동을 인식하는 데 매우 중요한 기회가 될 것이다. 원가족 탐색 회기에서 금쪽이 엄마와 아빠는 각각 아동기 애착 결핍과 부정적 관계 경험이 있다면 이를 재경험하고 표현하여 현재 양육에 투사되던 부정적 대상관계를 인식하고 수정한다. 치료자는 전이・역전이 분석을 통해 금쪽이의 불신・반항이 부모관계의 재연일 수 있음을 해석해 줄 수 있다. 또한, 의사소통 훈련을 통해 금쪽이의 감정을 정확히 인식하고 반응하도록 돕는다. 중기 단계의 주요 개입은 다음과 같다.

① 금쪽이 - 엄마 관계 재구성을 위한 회기

② 가족놀이치료・상징 작업 병행: 금쪽이가 엄마를 '좋은 측면과 실수하는 측면이 공존하는 인물'로 재인식하도록 돕는다.

③ '안전한 실패 경험' 제공: 엄마가 금쪽이의 분노를 받아들이고 회복하는 경험을 반복한다.

④ 전이・역전이 분석을 통해 금쪽이가 치료자에게 보이는 불신과 반항이 사실상 부모

와의 관계 경험에서 비롯된 것임을 가족에게 해석해 준다. 이 과정에서 금쪽이는 자신의 분노가 단순한 '나쁜 행동'이 아니라 이해될 수 있는 감정임을 경험하게 한다.

⑤ 부모 원가족 회기

⑥ 엄마와 아빠가 자신의 아동기 애착 결핍 경험을 재경험하고 표현하게 한다.

⑦ 부모-자녀 관계에 투사되던 부정적 대상관계를 수정한다.

⑧ 의사소통 훈련

⑨ 순환질문, 감정확인 재명명 등의 기법을 통해 부모가 금쪽이의 감정을 정확히 인식하고 반응하도록 지도한다.

(3) 종결 단계: 변화의 통합과 유지 계획

종결단계의 주요 개입은 다음과 같다.

① 종결 단계에서는 그동안 형성된 긍정적 변화를 가족의 일상 속에 내면화하도록 한다.

② 금쪽이에게서 보이는 분노의 빈도와 강도가 줄고, 부모와 놀이·대화를 원하는 빈도가 증가하고 있는지 확인한다.

③ 어머니는 자녀의 마음을 먼저 묻고, 아버지는 자녀의 감정에 공감하는 정도에 긍정적 변화가 있는지도 검토한다.

⑤ 금쪽이네가 갈등상황에서 어떻게 흥분하지 않고 대화할 수 있었는지 서로의 이야기를 들어본다. 필요하다면 갈등 재발 방지를 위해 가족갈등 신호 체크리스트를 만들고, 이를 활용하여 갈등이 고조되기 전에 대화하는 방안을 논의한다.

⑥ 금쪽이 엄마와 아빠는 '비난 대신 감정표현', '즉각적 해결 대신 감정 유예'라는 원칙을 생활 속에서 실천하기로 합의한다.

⑦ 마지막 회기에서는 각 가족 구성원이 치료 전후의 변화를 공유한다. 아버지는 "금쪽이가 예전보다 웃는 얼굴이 많아졌다"고 말하고, 어머니는 "이제는 아이의 마음을 먼저 묻는다"고 표현한다. 금쪽이는 "엄마, 아빠랑 더 자주 놀고 싶다"고 하며 치료실을 웃으며 나간다.

요약

- 대상관계 가족치료는 개인 문제를 가족이라는 관계망 속에서 이해하며, 초기 정신분석의 개인주의적 한계를 보완하고자 1980년대 이후 내면세계와 심리역동에 대한 관심이 커지면서 부각되었다. 클라인, 페어번, 위니캇은 초기 양육 경험 속에서 형성되는 내적 표상, 분열, 충분히 좋은 어머니, 참 자기와 거짓 자기 등의 개념을 제시하였다.
- 샤르프 부부는 이러한 개념을 가족치료에 접목하여, 전이와 역전이를 치료적 자원으로 활용하고 가족이 정서적으로 안전하게 상호작용할 수 있는 공간을 마련하는 임상적 접근을 발전시켰다. 프라모는 원가족 면담을 통해 과거 관계 패턴이 현재 가족과 부부 관계 속에서 재경험·재구성될 수 있도록 체계화하였다. 이후 도노반은 대상관계 부부치료를 단기 임상에 적용 가능한 구조로 정리하며, '깊이'와 '실천성'을 연결하는 모델을 제시하였다.
- 대상관계이론은 인간의 성격과 관계 발달을 '내면화된 자기와 타인의 표상 간 상호작용'으로 이해한다. 유아는 초기의 부분대상 경험을 통해 자기 표상과 대상 표상을 형성하고, 발달이 진행되며 이들이 통합되어 안정된 자아를 이룬다.
- 대상관계 가족치료의 주요개념을 살펴보면, 다음과 같다. 분열은 좋은 대상과 나쁜 대상을 분리해 불안을 조절하는 초기 방어기제이며, 통합은 이 둘을 하나의 전체로 수용하여 현실적인 관계를 가능하게 한다. 내사와 내면화는 외부 대상을 내면에 받아들이고 자아 구조 속에 통합하는 과정으로, 안정된 자기감과 관계 지속성을 형성한다. 투사와 투사적 동일시는 자신의 부정적 감정을 타인에게 전가하거나 타인이 실제로 그 감정을 느끼게 만드는 상호작용적 방어기제이다. 전이와 역전이는 내담자와 치료자 사이에서 과거 관계 패턴이 재현되는 현상으로, 치료자는 이를 인식·해석함으로써 내담자가 새로운 관계 경험을 통해 내적 대상을 재구성하도록 돕는다.
- 대상관계 가족치료는 고정된 절차보다 실제 가족 상호작용에 주목하며, 치료자가 가족과 정서적으로 연결되어 전이·역전이를 통해 왜곡된 자기-대상 인식을 자각하도록 돕는다. 치료자는 안전한 공간을 마련하고, 공감적 반영, 정서 조율, 안아주기, 담아주기, 메타커뮤니케이션을 활용하여 감정 표현과 새로운 관계 경험을 지원한다. 도노반의 틀에서는 이러한 '지금-여기' 상호작용을 초점화하되, 갈등 양식-부부 특성-원가족을 연결해 이해하고, 불안-방어-숨은 감정의 순서로 개입 초점을 잡는다.
- 개입 핵심은 전이와 역전이, 투사와 투사적 동일시를 다루는 것이다. 내담자가 과거 감정을 현재에 재현하는 전이를 활용하고, 치료자는 자신의 역전이를 통해 가족의 정서 구조를 이해한다. 또한, 가족이 감정을 전가하거나 실제로 체험하게 만드는 과정을 담아주고 통합하도록 돕는다.

- 치료의 초기에는 무의식적 패턴 탐색과 안전한 환경 조성을, 중기에는 내적 대상 재구성과 관계 기술 습득을, 종결에서는 변화 유지와 가족 자율성 강화를 목표로 하여 지속 가능한 관계 형성을 지원한다.
- 대상관계 가족치료의 치료목표는 '통합'으로, 왜곡된 자기-대상 표상을 자각하여 재구성하고 분열이나 투사, 투사적 동일시로 고착된 정서 패턴을 완화하여 양가감정을 성숙하게 수용하며, 원가족에서 비롯된 반복 연쇄를 차단하고 정서적 유대와 자율성의 균형을 강화하는 것이다.
- 치료자는 적극적 참여자로서 안전한 공간을 마련하고 공감적 반영과 정서 조율을 제공하며, 원가족 회기와 메타커뮤니케이션을 통해 과거-현재를 연결하며 새로운 상호작용과 역할 변화를 촉진한다.
- 대상관계 가족치료는 내면화된 관계 경험을 현재 가족 상호작용 속에서 재구성 · 통합하여 정서적 유대와 자율성을 강화하며 분열 · 투사적 동일시 · 전이 · 역전이 개념을 활용해 왜곡된 자기-타인 표상을 현실적 관계로 수정하도록 돕는다. 한계로는 치료자 의존성, 연구 기반 부족, 문화적 충돌 가능성이 있지만, 사회정의적 관점에서 억압 · 차별의 내면화를 탐색하고, 다문화가족의 정체성 통합에도 강점을 가진다. 앞으로는 다양한 가족 형태와 문화에 적합한 개입, 통합적 접근, 실증 연구 확대로 발전 가능성이 크다.

인지행동 가족치료

네가 자주 떠올리는 생각들이 너의 신조가 된다. 영혼은 생각들로 채워지기 때문이다.

마르쿠스 아우렐리우스(Kraunes, 2024)

1. 발달 배경 및 주요 인물

인지행동치료(cognitive behavioral therapy: CBT)는 행동주의(behaviorism)와 인지치료(cognitive therapy)가 결합한 치료이다(Epstein, 2024; Nichols & Davis, 2016). 행동주의의 주요 인물로는 B. F. 스키너(B. F. Skinner)가 있다. 1930~40년대에 스키너는 행동은 그 행동의 결과에 의해 강화 또는 소거된다는 '조작적 조건형성'을 밝혀낸다. 또한, 1960년대에 들어 앨버트 반두라(Albert Bandura)는 사회학습이론을 통해 인간은 자신이 직접 보상과 처벌을 경험하지 않아도 타인의 행동을 관찰함으로써 그 행동을 모방 학습할 수 있음을 밝혔다. 1960~70년대에 앨버트 엘리스(Albert Ellis)와 아론 벡(Aaron Beck)은 행동 변화를 위한 인지 변화의 필요를 역설하고 각각 합리적 정서행동치료(rational emotive behavior therapy: REBT)와 인지치료를 개발하였다.

이러한 인지행동치료는 가족치료 분야에 적용되었다. 1970년대에 제럴드 패터슨(Gerald Patterson)은 행동주의 원리를 부모-자녀 관계에 적용하였다. 그는 인센티브 차트를 활용하여 아동의 친사회적 행동을 강화하였다. 또한, 무시하기와 타임아웃 같은 훈육

기법으로 아동의 문제행동을 소거하였다. 이러한 접근은 오리건 부모훈련모델이라는 근거기반실천으로 발전하여 세계 각국에서 실행되고 있다. 인지행동치료는 1980년대를 전후하여 커플치료 분야에 적극적으로 적용되었다. 닐 제이콥슨(Neil Jacobson)을 중심으로 한 학자들은 사회학습이론과 사회교환이론에 기초해 커플 의사소통을 훈련하는 데 치료의 초점을 두었다(Jacobson & Margolin, 1979). 제이콥슨은 이후 배우자의 특성을 있는 그대로 받아들이는 '수용'의 요소를 추가하여 앤드루 크리스텐슨(Andrew Christensen)과 함께 통합적 행동 커플치료(Integrative Behavioral Couple Therapy: IBCT)를 발전시켰다. 초기 행동주의 커플치료는 커플관계에서 행동뿐 아니라 인지, 정서와 같은 내면 경험 또한 중요하다는 인식이 있었지만, 커플의 인지, 정서를 어떻게 구체적으로 평가하고 개입할 것인지에 대한 구체적인 방안은 가지고 있지 않았다(Epstein, 2024). 1980년대 들어 아론 벡의 동료 노먼 엡스타인(Norman Epstein)은 인지치료를 커플치료에 본격 적용하였고(Epstein, 1982), 이후 도널드 보컴(Donald Baucom), 프랭크 다틸리오(Frank Dattilio)가 함께 인지행동 커플·가족치료를 지속 발전시켰다(Baucom & Epstein, 1990; Dattilio & Padesky, 1990). 이들은 개인의 인지 그 자체보다 가족원들의 관계 역동에서 인지, 정서, 행동 간에 복잡하게 나타나는 상호 영향을 파악하고 개입하는 것을 강조하였다. 즉, 인지가 일방적으로 정서와 행동에 영향을 미친다는 단선적 인과관계보다 인지, 정서, 행동 간의 쌍방향적인 순환적 인과관계를 강조하였다(Epstein, 2024). 또한, 유리 브론펜브레너(Urie Bronfenbrenner)의 생태체계 모델을 수용하여 확대가족, 직장, 지역사회, 사회적 차별 등의 맥락적 요인의 영향을 가족이 인지, 행동, 정서적으로 어떻게 다루는지에 관심을 두었다(Epstein & Baucom, 2002).

제럴드 패터슨
(Gerald Patterson)

노먼 엡스타인
(Norman Epstein)

프랭크 다틸리오
(Frank Dattilio)

2. 주요 개념

1) 조작적 조건형성

조작적 조건형성은 어떤 행동의 결과에 의해 행동 변화 즉, 학습이 일어나는 것을 의미한다. '스키너의 상자'로 유명한 장치에서 지렛대를 누르면 먹이를 얻게 되는 결과를 통해 쥐는 지렛대를 누르는 행동을 학습한다. 여기서 '강화(reinforcement)'는 보상이 되는 '강화인(reinforcer)'을 통해 어떤 행동을 하게 만드는 것을 의미한다. 강화에는 '정적 강화(positive reinforcement)'와 '부적 강화(negative reinforcement)'가 있는데, 정적 강화는 행위자의 어떤 반응 후에 보상을 강화인으로 제공하는 것이다. 부적 강화는 어떤 반응 후에 싫어하는 '혐오 자극(aversive stimulus)'을 제거해 주는 것이다. 싫어하는 자극이 사라진다는 점에서 긍정적 결과이므로 이 또한 강화의 일종이 된다. '처벌(punishment)'은 행위자가 어떤 행동을 할 때 그 행위자가 싫어하는 자극(처벌인: punisher)을 제공하는 것을 말한다. 이때 행동과 그 뒤따르는 결과를 '수반성(contingency)'이라고 한다. 가족 구성원들은 서로의 행동에 특정 방식으로 반응함으로써, 상대의 행동을 강화하거나 소거하기도 한다. 이러한 상호 반응이 반복되면서 가족관계 안에는 특정한 상호작용 양상이 선순환 또는 악순환의 형태로 지속되는 순환적 과정이 형성된다(Epstein, 2024).

'상호 강화(reciprocal reinforcement)'는 어떠한 문제행동에 대해 다른 가족원이 보인 특정 반응이 상호 모두에게 강화로 작용하는 경우를 말한다. 예를 들어, 사탕을 달라고 분노 발작을 보이는 아이에게 부모가 굴복하고 사탕을 내어주게 되면, 사탕을 얻은 아이에게만 보상이 주어진 것이 아니다. 부모 또한 아이가 조용해진다는 보상을 받게 된다. 이러한 상호강화 때문에 부모들은 자녀의 문제행동을 강화하는 반응을 선택하게 된다.

2) 관찰학습

관찰학습은 직접적 혹은 간접적으로(예: 미디어) 타인의 행동을 관찰함으로써 정보, 기술, 행동을 습득하는 것을 의미한다(APA, 2007). 관찰학습은 행위자가 직접 경험하지 않아도 타인이 행동하고 대가를 치르는 것을 관찰하는 것을 통해 행동을 학습할 수 있다는 것을 보여준다. 타인이 보상을 얻는 것을 보면 타인의 행동을 모방하게 된다. 특히, 인간은 원가족에서 많은 가족 행동을 관찰, 모방학습하며 성장하게 되며 이는 의식적으로 자각되지 않는 경우가 많다(Dattilio, 2010).

3) 관계 인지

가족관계에 작동하는 인지는 다섯 가지가 있다(Baucom et al., 1989). 첫째부터 셋째는 특정 상황에서 작동하며, 넷째와 다섯째는 특정 상황과 상관없이 관계에 내재해 있는 인지를 말한다.

첫째, '선택적 주의/인식(selective attention/perception)'은 인간은 상호작용에 존재하는 무수한 자극에 모두 집중할 수 없고 특정 자극에만 선택적으로 주의 집중하는 것을 말한다.

둘째, '귀인(attribution)'은 추론으로 가족관계에서 가족 행동의 원인을 어디로 돌리는지의 개념이다. 가령 퇴근 후 TV만 보는 남편의 행동을 '자신에 대한 무관심'으로 귀인할 수도 있지만 '직장 업무에 따른 소진'으로 귀인할 수도 있다.

셋째, '기대(expectancy)'는 귀인처럼 추론의 일종으로 어떤 상황에서 상대가 특정하게 반응할 것을 예측하는 것을 말한다. 예를 들어, 아버지에게 자신의 솔직한 속내를 드러내면 수용하기보다 크게 화낼 것이라고 기대하게 되면 자녀는 아버지와의 소통을 기피하게 된다.

넷째는 '기준(standard)'으로 관계나 가족 행동이 어떤 모습이어야 한다고 믿는 신념을 말한다. '남편은 내가 바라는 것을 구체적으로 말하지 않아도 알아야 한다'라는 기준을 가진 가족과 '마음을 알려면 서로 말해 주어야 한다'라는 기준을 가진 가족의 관계 양상은 다를 것이다.

다섯째는 '가정(assumption)'으로 관계나 가족원이 실제 어떠하다고 믿는 신념을 의미한다. 예를 들어, '아내는 솔직하지 못한 사람이다'라고 가정하는 남편은 매사에 아내를 의심하고 감시할 수 있다.

기준과 가정은 '도식(schema)' 혹은 '인지 구조(cognitive structure)'의 주요 요소로 도식은 "개인이 세계의 작동 방식과 그 안에서의 자기 위치에 대해 오랫동안 비교적 안정적으로 내면화해 온 기본적 가정"(Epstein et al., 1988: 13)을 말한다. 도식은 원가족, 문화 전통, 미디어, 이전 연애나 다른 관계 경험, 현재 가족관계 등을 통해 형성, 변화될 수 있다. 애착이론가들이 말하는 애착유형도 일종의 도식이다. 가족원은 상호작용을 통해 가족관계나 문화, 사회 등에 대한 공통된 신념을 형성하기도 하는데, 이를 가족도식(family schema)이라 한다(Dattilo, 2005, 2010). 특히 이러한 가족도식이 원가족의 강력한 영향 하에 형성되는 다세대 과정의 산물임을 강조할 때 다세대 도식(transgenerational schema)이라 한다. 원가족에서 형성한 이러한 다세대 도식은 의식, 무의식 수준 모두에서 형성된다. 부부는 각자 성장 과정에서 형성한 가족도식을 토대로 현재 가족의 가족도식을 형성하며 자녀 양육에도 반영한다.

이러한 인지들은 상호 연결된다. 예를 들어 '아이는 우리를 싫어한다'라는 가정이 '아이가 말이 줄은 것은 우리를 싫어하기 때문이다'라는 귀인을 낳고 이 귀인은 다시 기존 가정('아이는 우리를 싫어한다')을 강화한다. 이 강화된 가정은 아이가 우리를 좋아한다는 단서보다 우리를 싫어하는 것 같은 단서에만 선택적 주의를 기울이게 만든다. 그리고 우리를 싫어하니 가족 모임을 위해 외출하자는 제안에도 부정적으로 반응할 것이라는 기대를 가지게 되어 아이에게 가족 모임을 하고 싶은지를 물어보지조차 않을 것이다.

4) 자동적 사고와 인지적 오류

자동적 사고는 우리 머릿속에 스쳐 지나가 주의를 기울이지 않는 한 자각이 어려운 생각을 말한다(Dattilio & Epstein, 2003). 자동적 사고는 자각이 어려운 만큼 사고 안에 비합리적이고 역기능적인 요소가 존재해도 대응하거나 수정하기 어렵다. 이 자동적 사고는 정서 반응에 상당한 영향을 주는데 비합리적이고 역기능적인 사고는 일반적으로 부정적 정서를 야기한다. 이렇게 자동적 사고 안에 비합리성이 내재한 경우를 인지적 왜곡(cognitive distortion) 혹은 정보처리 오류(information-processing error)라 한다. 이러한 오류를 통해 인식, 귀인, 기대, 가정, 기준의 왜곡이 발생한다. 〈글상자 9-1〉에서 보듯 인지행동치료사들은 일반적인 자동적 사고의 오류를 분류한다. 이러한 자동적 사고의 오류들은 상호 배타적인 것은 아니며, 상호 유사한 오류도 있다. 따라서 자동적 사고의 오류를 명확히 구분하는 것이 분류의 목적이 아니며, 개인의 사고에 비합리성이 있을 수 있음을 이해하고 이를 포착하는 능력을 배양하기 위한 것이 목적이다.

글상자 9-1 일반적 인지적 오류(Dattilio & Epstein, 2003)

- **임의적 추론(arbitrary inference)**
  - 충분한 증거 없이 맺어진 결론으로 타당하지 않은 귀인이나 기대와 관련됨
  - 예: 아내가 직장에서 30분 늦게 도착할 때 남편은 '그녀는 나 몰래 무언가를 하는 것이 틀림없어'라고 결론 내림
- **독심술(mind reading)**
  - 자의적 추론의 일종으로, 상대와 직접 의사소통 없이 상대의 생각과 감정을 안다고 믿음
  - 예: 남편은 아내가 유독 조용한 것을 보고 '그녀는 우리 결혼이 불행하다고 느끼고 있어. 그리고 나를 떠나는 것을 생각하고 있는 게 틀림없어'라고 결론 내림
- **선택적 추상화(selective abstraction)**
  - 정보를 받아들일 때 특정 세부 사항은 크게 받아들이고 다른 중요 정보는 무시하는 것. 터널 시각(tunnel vision)과 유사
  - 예: 엄마는 아들이 아침 인사에 대답하지 않자 '저 아이는 날 무시해'라고 생각함. 하지만 아들은 그녀가 부엌에 들어설 때 엄마를 위해 식탁을 치우고 있었음
- **과잉일반화(overgeneralization)**
  - 특수 맥락 속에서 일어난 특정 사건을 다른 맥락의 여러 상황에 보편적으로 확대함
  - 예: 토요일 저녁에 나가 놀 수 없다는 말을 듣자 청소년 자녀는 '부모님은 어떤 사회 활동도 못하게 해'라고 결론 내림
- **의미 확대, 축소(magnification, minimization)**
  - 어떤 사건이 객관적 실제보다 더 큰 중요성이나 더 작은 중요성이 있다고 판단하는 것
  - 예: 아들이 학교에서 싸워 가벼운 징계를 받은 것을 듣고 아버지는 '이 일은 매우 심각한 일이야! 이 아이는 비행 청소년이 되고 있는 게 분명해!'라며 격분함
- **개인화(personalization)**
  - 불충분한 증거에도 불구하고 외부 사건을 자신과 연관시키거나 자신이 원인이라고 판단함
  - 예: 엄마가 자신이 기대했던 것보다 가족들이 저녁을 많이 먹지 않자 '가족들이 내가 만든 음식을 싫어해'라고 생각함. 하지만 사실 가족들은 너무 피곤하거나 속이 안 좋아 그랬던 것임
- **이분법적 사고(dichotomous thinking)**
  - 어떤 경험을 상호 배타적인 극단적 범주로 분류하는 것(예: 성공 대 실패)
  - 예: '상위 20%에는 들어야 성공적인 학생이지'라는 기준을 가진 아빠에게 자녀가 "저 30% 성적 받았어요"라고 하자 "넌 실패자야"라고 말함
- **꼬리표 붙이기(labeling)**
  - 과거 특정 경험에 기초해 스스로나 타인에 꼬리표 붙이는 것

- 가족의 재정 계획을 작성하는데 아내가 몇 가지 실수를 하자 남편이 '덜렁이'라고 별명 붙임. 이후 아내의 잘하는 면보다 덜렁거리는 모습에만 초점을 두고 아내를 대함

• 이중 기준(double standard)
- 자기평가와 타인평가에 적용하는 기준이 다름
- 예: 자신의 잘못에 관대하지만, 가족원의 잘못에 대해서는 엄격한 기준 적용

• 예언자적 오류(fortune telling)
- 충분한 근거 없이 미래 일을 단정하고 확신하는 것. 미래에 대해 극단적인 부정적 예측을 하는 경우를 '파국적 결말의 오류(catastrophizing)'라고 함
- 예: '아빠에게 내가 받은 상처를 솔직히 말하면 무척 화내실 거야. 그러니 시도하지 말자'

• 감정적 추론(emotional reasoning)
- 막연히 느껴지는 감정에 근거하여 결론 내리는 것
- 예: '내 감정이 거절당한 기분이니까 엄마는 나를 거절하려는 의도로 말한 것이 틀림없어'

3. 가족문제 발생과 치료의 원리

1) 의사소통과 문제해결 능력 부재

스트레스를 경험하는 가족은 그렇지 않은 가족에 비해 서로의 생각과 감정을 공유하는 의사소통과 어떤 문제를 해결하는 것에 대한 지식과 기술이 부족하다. 또는 지식과 기술이 있더라도 가족관계의 여러 이슈로 인해 그 지식과 기술을 실천하는 데 어려움을 겪을 수도 있다. 인지행동 가족치료는 이렇게 정서·사고의 공유와 문제해결 능력이 부족한 가족을 위해 공감적인 의사소통과 문제해결 대화를 코칭한다. 이때 효과적인 의사소통 기술을 심리교육 한 후 여러 주제에 대해 가족이 대화하게 하고 코칭하는 방식을 사용하기도 하고, 사전 심리교육 없이 다양한 주제에 관한 대화 속에서 자연스럽게 기술을 습득하도록 돕기도 한다.

2) 부정적 상호작용의 과잉과 긍정적 상호작용의 부재

의사소통 행동 외에도 가족은 다양한 상호작용을 주고받는다. 여기에는 도구적 행동(예: 가사 수행하기)도 있고 상대의 감정에 영향을 미치는 것을 목적으로 하는 정서적 행동(예: 선물 주기)도 있다. 스트레스를 경험하는 가족은 더 많은 부정적 행동을 하고, 더 적은 긍정적 행동을 한다. 또한, 스트레스 가족은 상대의 부정적 행동에 부정적 행동으로 반응하는 상호성을 보여 갈등 고조로 이어지는 경우가 많다. 이러한 부정적 상호작용과 긍정적 상호작용은 상호 연관되나 어느 정도 독립적이다. 따라서 인지행동 가족치료는 긍정적 가족 행동의 빈도는 높이고, 부정적 가족 행동의 빈도는 낮추는 이중 전략을 사용한다.

엡스타인과 보컴(2002)은 특히 거시적 수준의 행동 패턴을 조정하는 것을 강조한다. 많은 가족에게 의미 있고 관계 만족에 영향을 주는 행동 패턴은 경계 설정(예: 의사소통 및 활동 공유 정도), 권력/통제, 관계 투자, 친밀감 형성, 사회적 지지 등의 다양한 차원에서 관찰된다. 이 다양한 차원에서 가족원의 욕구 충족이 이루어질 수 없게 만드는 부정적 상호작용 패턴, 즉, 상호 공격, 요구 - 철수, 상호 회피, 상호 비관여 패턴들도 관심의 대상이 된다. 엡스타인과 보컴(2002)은 다양한 차원의 가족 패턴(예: 경계 설정)을 잘 다루기 위해 이러한 부정적 상호작용 패턴을 먼저 완화해야 함을 강조한다.

3) 비효과적 훈육 사용

스트레스를 겪는 가족은 자녀의 문제행동에 비효과적 훈육으로 대응함으로써 문제행동과 비효과적 훈육이 상호 증가하는 악순환에 빠진다(Forgatch & Patterson, 1998). 이러한 비효과적 훈육의 대표적인 것이 체벌이다. 체벌은 자녀의 즉각적 행동 수정을 낳는 장점으로 인해 부모에게 매력적인 통제 방법으로 인식될 수 있지만, 체벌을 사용하면 체벌을 사용하지 않는 낮은 강도의 훈육에는 자녀가 반응하지 않게 될 수 있다. 또한, 연구에서 체벌은 자녀의 외현화, 내재화 문제 모두에 부정적 영향을 미친다고 알려져(Gershoff, 2002), 장기적으로 자녀문제를 악화시킬 수 있다. 신체 체벌이 아닌 고함이나 모욕 등의 심리적 폭력과 결부된 강압적 훈육의 경우에도, 자녀는 낮은 강도의 훈육 방법에는 반응하지 않게 되고, 장기적으로 문제행동은 강화된다. 또한, 명료한 한계를 설정하지 않는 허용적 양육도 문제행동을 소거하지 못한다.

인지행동 가족치료에서는 문제행동 시 부모들이 체벌, 심리적 폭력을 동반한 강압적 훈육이나 허용적 양육 같은 비효과적 훈육을 사용하는지 점검한다. 그리고 즉각 보상 제공, 효과적 지시, 이유 설명, 나 전달법(I-statement), 간단명료한 질책, 토큰 경제/인센티브 차트(칭찬 스티커), 특권 철회, 타임아웃 같은 효과적이고 다양한 훈육 체계를 아이의 발달수준과 기질을 고려하여 구축하게 돕는다.

4) 신념체계와 자동적 사고의 왜곡

부적응 가족은 관계 인지(선택적 주의, 귀인, 기대, 기준, 가정)의 왜곡을 많이 경험한다. 예를 들어, 엄마의 무반응을 엄마가 무심코 한 것이 아니라 악의적 의도를 가지고 한 것으로 귀인하면 자녀는 상당한 분노를 느끼고 거칠게 반응할 수 있다.

이러한 인지는 자동적 사고에 반영된다. 자동적 사고의 많은 오류는 부정적 정서를 유발하고, 이는 부정적 상호작용으로 이어진다. 다섯 가지 인지 중 귀인에 관한 연구가 많이 이루어졌는데, 부적응 가족은 다른 가족원의 부정적 행동을 그들의 성격, 부정적 의도, 이기적 동기, 사랑의 결여로 귀인하는 경향이 있다. 반면에 다른 가족원의 긍정적 행동은 그들의 성격이 아닌 외재적 요인으로 귀인하는 경향이 있다.

가정과 기준은 도식 혹은 인지적 구조로 볼 수 있다. 이 가정과 기준에서 선택적 주의, 귀인, 기대 같은 특정 상황에서의 인식과 추론이 발생한다. 스트레스를 겪는 가족은 관계에 부정적 영향을 미치는 비합리적이고 역기능적인 기준과 가정을 가지고 있는 경우가 많으며 이는 다른 인지에까지 파급효과를 미쳐 역기능적 상호작용을 유발한다.

이렇게 부적응 가족은 적응적으로 사고하지 않아 부정적 정서와 행동에 취약하게 되므로, 인지행동 가족치료는 가족이 인지영역을 잘 다룰 수 있게 돕는다. 이를 위해 가족들이 자신의 인지를 관찰하고 알아차리도록 돕는다. 그리고 어떤 인지가 가족관계에서 중요하게 작동하고 있다면 그 인지의 타당성과 유용성을 점검하는 과정을 거친다. 이와 관련해 인지에 대한 심리교육이 진행되거나 '역기능적 사고 기록지'(〈표 9-1〉 참조) 같은 구조화된 접근이 사용될 수도 있다. 혹은 특별한 구조화된 접근 없이 상담 과정에서 자연스럽게 관계에서 문제가 되는 인지를 포착하여 질문과 토론을 통해 그것의 타당성이나 유용성을 점검하게 할 수도 있다.

〈표 9-1〉 역기능적 사고 기록지 예(Dattilio, 2010)

기분이 안 좋아지고 있다고 느낄 때 자문하세요. '지금 내 머릿속에 무슨 생각이 스쳐 지나가지?' 떠오른 생각이나 이미지를 자동적 사고 칸에 재빠르게 적어 보세요.

날짜 시간	상황	자동적 사고	감정	왜곡	대안적 반응	결과
	다음을 묘사 1. 불쾌한 감정으로 이끈 사건 2. 불쾌한 감정으로 이끈 일련의 생각, 상상, 회상 3. 스트레스를 유발한 신체 감각	1. 감정이 일어나기 전에 나타난 자동적 사고 적기 2. 자동적 사고에 대한 확신 수준(0~100%)	1. 구체적 감정 적기 2. 감정 정도(0~100%)	1. 이분법적 사고 2. 과잉 일반화 3. 터널시각 4. 감정적 추론 5. 꼬리표 붙이기 6. 개인화 등	1. 자동적 사고에 대한 합리적 반응 적기 2. 대안적 반응에 대한 확신 수준(0~100%)	1. 자동적 사고에 대한 확신 재평가(0~100%) 2. 감정 적고 감정의 정도 적기(0~100%)
	남편과 나는 거실을 꾸미고 있었는데 남편이 테이프 활용에 너무 예민하게 굴어 짜증났음	1. 왜 저렇게 예민해? 왜 그냥 적당히 흘려보내지 못해? 2. 90%	1. 흥분, 불안 2. 70%	의미 확대, 터널 시각	1. 어쩌면 이건 그냥 남편이 우리 집을 더 예쁘게 보이게 하려는 방식일지 몰라. 그냥 스스로 통제하고 있다는 느낌도 줄 거야. 그게 꼭 나쁜 건 아니잖아. 그냥 좀 더 편하게 받아들일 필요가 있겠어. 왜 나는 이런 사소한 일에 예민하게 반응할까? 2. 70%	1. 50% 2. 불안과 흥분 감소(30%)

대안적 반응 찾기에 도움 되는 질문들:
1. 이 자동적 사고가 사실이라는 근거는 무엇일까? 반대로, 사실이 아니라는 근거는 무엇일까? 2. 이 상황을 다르게 설명할 가능성은 없을까? 다른 해석은 가능한가? 3. 가장 나쁜 일이 일어난다면 그게 무엇일까? 그 일을 나는 감당할 수 있을까? 반대로, 가장 좋은 결과는 무엇일까? 가장 가능성이 큰 결과는 무엇일까? 가장 현실성이 높은 결과는? 4. 이 상황에서 내가 할 수 있는 현실적인 행동은 무엇일까? 이 생각을 그대로 믿으면 내게 어떤 영향이 있을까? 이 생각을 바꾸면 어떤 점이 달라질 수 있을까? 6. 만약 누군가([사람 이름])가 나처럼 생각하고 있다면, 나는 그 사람에게 뭐라고 말해줄까?

5) 정서 경험과 표현의 문제

인지행동 가족치료가 정서를 다루지 않는다는 일반적 오해가 존재하지만 실제로는 정서 개입을 강조한다. 엡스타인과 보컴(2002)은 가족관계에서 정서 경험이 결여된 사람과 정서 경험이 과잉된 사람을 구분한다. 정서 경험이 결여된 사람은 자신과 타인의 감정을 모니터링하지 않는 경향이 있다. 이들은 주로 정서 경험과 표현을 억압하지만 어떤 경우 갑자기 파괴적 방식으로 자신의 정서를 표출할 수 있다. 이들은 정서 경험과 표현에 대해 원가족이나 현 관계에서 학습한 왜곡된 인지를 가질 수 있다(예: 원가족에서 '감정 표현은 위험하다'라고 학습). 정서 표현이 억압된 사람의 가족원은 진실한 의사소통 결여에 좌절할 수 있고, 다른 가족원은 요구하고 그 사람은 철수하는 요구-철수 패턴의 악순환이 생성될 수도 있다.

반면 상당히 강한 정서를 경험하고 정서 조절에 어려움을 겪는 사람도 있다. 이들은 강한 부정적 정서에 사로잡혀 갈등을 강화할 수 있다. 이러한 조절되지 않은 정서는 원가족 경험이나 정신병리(예: 경계선 성격장애), 과거 경험 때문에 영향받을 수 있다. 이들은 자신의 욕구를 충족시키기 위해 강하게 정서를 발산하는데 이들의 가족은 이에 공격적으로 반응하거나 철수하기 때문에 이들은 결국 원하는 것을 얻지 못한다.

이렇게 정서 경험과 표현 양식이 가족관계에 많은 영향을 미치므로, 인지행동 가족치료는 가족이 어떻게 정서를 다루는지 주시한다. 그리고 가족원이 극단적이지 않고 유연하고 적응적인 정서 양식을 체득하게 돕는다. 감정이 억압되어 자각하지 못하고 표현도 억제되어 있으면, 보다 감정을 잘 인식하고 효과적으로 표현하게 돕는다. 반대로 감정에 압도되어 부정적 감정을 발산하는 가족은 자신의 감정을 포착, 조절하게 하고 보다 부드러운 방식으로 표현하게 돕는다.

4. 치료목표와 치료자 역할

1) 치료목표

인지행동 가족치료는 일반적으로 내담자의 호소문제를 치료목표로 삼으며 이러한 호소문제 경감을 위해 가족의 인지, 행동, 정서를 다루는 다양한 세부 목표를 세운다. 이러한 치료목표는 초기 측정, 평가를 통해 세워지며 내담자와의 논의 과정을 거쳐 확정된다.

먼저, 인지행동 가족치료는 호소문제의 해결을 궁극적 목표로 한다. 정신분석이나 보웬 모델처럼 장기 목표를 설정하고 점진적으로 접근하기보다 호소문제를 명확히 정의하고 그 문제에 집중해 단기로 접근하는 경향을 보인다. 호소문제는 가족관계 향상(예: 부모-자녀 관계 증진)일 수도 있고 특정 가족원의 심리, 사회적 증상일 수도 있다(예: 아내의 알코올중독).

둘째, 인지행동 가족치료는 의사소통 역량 강화를 목표로 한다. 의사소통은 크게 감정과 생각을 공유하는 일반적 대화 혹은 공감적 대화가 있고, 특정 가족 이슈에 대한 합의점을 찾는 의사결정 혹은 문제해결 대화가 있다. 가족은 상호 간에 깊은 친밀감을 경험하기 위해 도구적이고 피상적인 대화를 넘어 감정과 생각을 나누는 깊은 대화가 필요하다. 또한, 가족 내외로 발생하는 무수한 문제와 갈등을 해결하기 위해 효과적인 문제해결 대화를 하여 협력적 한 팀으로 기능할 필요가 있다.

셋째, 인지행동 가족치료는 비(非) 의사소통 행동, 즉 일상에서의 도구적 행동이나 표현적 행동에서 부정적 상호작용은 최소화하고 긍정적 상호작용은 극대화하는 것을 목표로 한다. 가족은 신체, 심리적 폭력을 비롯한 일체의 부정적 행동을 줄인다. 또한, 부정적 행동의 소거만으로 가족 내 애정, 친밀감, 즐거움 등의 긍정 정서가 생성되는 것은 아니므로 다양한 차원에서 긍정적 상호작용이 증가하도록 돕는다.

넷째, 인지행동 가족치료는 합리적이고 적응적인 인지를 가지는 것을 목표로 한다. 이를 위해 가족문제를 야기하는 역기능적 신념 체계나 자동적 사고의 오류를 포착하고 이를 관계에 도움이 되는 방식으로 유연하게 수정한다.

마지막으로, 인지행동 가족치료는 극단적 정서 양식을 수정한다. 감정을 억압하여 경험하지 못하고 잘 표현하지 못하는 가족이나, 반대로 감정에 지배되고 압도되어 이를 파괴적으로 발산하는 가족에게 자신의 감정을 관찰하고 인식하게 돕고 안전하고 효과적으로 표현하게 돕는다.

부부와 만날 때는 부부가 서로 다른 목표를 가질 수 있다. 특히 '혼합 의제(mixed agenda)'라 불리는, 한 명은 관계향상을 목표로 하고 다른 한 명은 상담에 양가적이고 관계 미래에 회의적인 상황이라면, 초기 몇 회기를 '분별 회기(discernment session)'로 하고 목표를 관계 향상이 아닌 상담 방향(관계 향상, 관계 결별, 혹은 무변화) 결정으로 설정해야 한다(Doherty, Harris, & Wilde, 2015; Epstein & Falconier, 2024).

관계문제 정의와 치료목표 설정에서 가족 간 이견은 자주 발생한다. 치료자는 관계 이슈에 대한 주관적 경험을 질문하고 각각의 경험에 대한 공감적 이해를 촉진하고 문제를 다른 관점에서 보게 해야 한다. 이때 체계론적 관점이 도움이 된다. 예를 들어, 부부 한 명은 자율성을 목표로 하고 싶고 다른 한 명은 정서적 연결감을 목표로 하고 싶을 때 외적으로는 상반된 목표지만 체계론적 관점에서는 이는 상호강화를 일으키는 순환적 요구-철수 패턴을 반영하는 모습일 수 있다. 이렇게 문제를 패턴으로 인식하게 하면 서로의 목표가 상호 배타적이지 않은 공동의 문제라는 이해가 생긴다. 이렇게 되면 서로의 욕구를 모두 충족시키는 만족스러운 상호작용 패턴을 개발하는 것이 공동목표로 설정될 수 있다(Epstein & Falconier, 2024).

2) 치료자 역할

인지행동 가족치료에서 치료자는 근본적으로 가족과 협력하는 동반자의 역할을 한다. 상담의 방향을 강요하지 않고 가족과의 협의 속에서 과정을 이끌어 간다. 치료자는 가족의 말을 경청하고 공감적으로 반영하고 진실하고 부드럽게 의사를 표현하며 합리적 사고와 적절한 정서 조절을 보이는 모델 역할을 수행한다. 경우에 따라서는 필요한 지식과 기술을 제공하는 교사이자 코치의 역할을 하기도 한다. 치료자의 역할을 좀 더 구체적으로 설명하면 다음과 같다(Epstein & Falconier, 2024).

첫째, 치료자는 가족원이 서로의 관점, 정서, 경험을 깊이 이해하여 공감, 동정심, 상호 친밀감을 경험하게 돕는다.

둘째, 기계적 중립 역할을 넘어 누구의 편을 들지 않으면서도 가족원 모두의 관점과 경험을 깊은 수준에서 이해하여 모두와 연결되고 편이 되어야 한다. 이를 위해 필요시 내담자가 실제로 치료자를 그렇게 느끼는지 묻고 피드백을 받아야 한다.

셋째, 가족원이 똑같은 자기표현 기회를 가질 수 있도록 회기 내 발화 시간 분배를 적절히 해야 한다. 개인회기 중심 사례에서도 가족원 간 회기 수 분배를 신경 써야 한다.

넷째, 치료자는 회기 내에서 긍정적 상호작용을 늘리고, 부정적 상호작용은 제지하는 식으로 가족원들의 행동을 관리하고 통제해야 한다.

다섯째, 치료동맹 확립을 위해 치료자에게는 호기심, 비 판단적 자세, 존중, 도덕성, 자신감, 문화적 민감성 등의 역량과 자질이 필요하다.

여섯째, 치료자의 자기(self-of-the-therapist)를 이해하고 통제하는 것이 필요하다. 자신의 과거사나 현재 관계에서의 이슈가 있으면 치료자는 내담자의 목표가 아닌 자신의 정서적 욕구를 충족하는 것으로 상담을 이끌게 된다. 따라서 치료자는 자신이 취약한 주제, 상황, 내담자 특징을 탐색하고 내담자에 대한 정서 반응을 모니터링해야 한다. 그리고 자신의 욕구가 아닌 내담자의 욕구를 돕는 반응을 해야 한다. 또한, 정서 반응을 관리하기 위해 스스로가 상담이나 지도 감독을 받을 필요가 있다.

이 밖에도 치료자는 인지행동 가족치료의 구조화된 접근이 경직되어 보이지 않도록 내담자와 건강한 라포를 형성할 필요가 있고 협력적 자세로 내담자들과 목표, 과제, 활동에 대해 지속 합의하며 상담을 진행해야 한다. 나아가 학습이론을 기초로 내담자가 스스로 학습할 수 있는 능력이 있음을 인지하고 그들이 상담이 종결 후에 자립할 수 있도록 교육하고 훈련해야 한다.

5. 치료기법과 개입의 실제

1) 측정과 피드백

인지행동 가족치료는 초기 측정을 강조한다. 측정은 개인, 가족, 환경의 강점 및 문제점을 역사적, 발달적 맥락에서 파악하는 것을 목적으로 한다. 그리고 치료개입의 목표가 될 가족 상호작용의 인지, 행동, 정서적 요소를 파악한다. 인지행동 가족치료는 다중 측정 방법을 지향하는데, 가족 면담, 질문지, 개인 면담, 행동 관찰, 가계도가 대표적 방법이다 (Dattilio & Epstein, 2003).

가족 면담은 가족의 호소문제를 각각의 가족원에게 직접 듣는 시간이다. 또한, 그 호소문제의 형성, 유지에 기여하는 가족과정을 직접 관찰하고 관련 질문을 하는 시간이다. 치료자는 가족의 관계역사와 개인(예: 어린 시절 학대의 영향), 가족, 환경의 스트레스원을 파악하여 가족에 대한 가설을 세운다. 치료자는 호소문제와 관련 있는 가족원을 되도록 많이 만나기를 원하지만 모든 가족원의 참석을 강요하기보다 참석 동기가 있는 가족원을 먼저 만나며, 필요한 경우 불참 가족원을 참여시키기 위해 참여 내담자들과 협력한다.

질문지도 활용된다. 질문지는 보통 가족, 개인 면접 전에 내담자가 작성하도록 하며,

질문지 응답에서 미진한 부분은 면접에서 보완 질문한다. 질문지는 면접을 통해 파악되지 않을 수 있는 다양한 이슈를 효율적으로 파악하게 한다는 점에서 유용하다. 개별 척도의 규준점수나 임상 절단점이 있는 경우 이를 통해 가족의 해당 영역에서의 기능 수준을 쉽게 파악할 수 있다.

개인면담도 실시된다. 개인들은 개인면담에서 자신의 정신병리나 과거 트라우마, 그리고 현재 가족에서의 폭력 같은 더 사적인 정보를 공개하는 경향이 있다. 이러한 과정을 통해 개인의 기능 수준을 파악하여 개인치료가 가족치료와 더불어 실시되어야 하는지 판단할 수 있다. 기본적 원리는 높은 수준의 정신병리가 있는 경우 가족상담을 유예하고 개인치료를 먼저 실시하는 것이 적절할 수 있고 관계상담을 진행하더라도 개인회기 중심으로 진행하는 것이 적절할 수 있다. 중도 이하의 정신병리가 있는 경우 가족상담과 병행하는 치료를 할 수 있으나, 이때도 개인의 회기 내 반응을 면밀히 관찰하면서 가족상담에 적절한 상태인지 파악해야 한다. 개인 면접에서는 비밀이 폭로되기도 하는데 가족치료자는 사전에 가족원에게 다른 가족원의 웰빙에 영향을 주는 비밀은 비밀이 유지될 수 없음을 알려주어야 한다.

다음으로, 행동관찰법이 있다. 비구조화된 행동관찰은 치료과정 내내 회기 내 가족과정을 관찰하는 것을 통해 이루어진다. 구조화된 관찰을 진행하기도 한다. 가족 면접에서 10분간의 대화를 통해 특정 가족 이슈를 해결해 보라고 요구하며, 치료자는 녹화를 하고 상담실을 떠나 있는다. 관찰된 상호작용은 가족 상호작용의 전형으로 이해되지 않으며 하나의 표본으로 이해된다. 따라서 가족 관찰은 치료과정에서 지속되며, 상호작용에 대한 가설도 지속 수정된다.

마지막으로, 가계도를 활용할 수도 있다(Dattilio, 2010). 가계도 활용을 통해 삼각화나 융합 등의 가족 역동과 역사를 알 수도 있고 정신병리가 어떤 가계 계보를 가지는지 확인할 수도 있다. 무엇보다 가계도를 작성하는 과정에서 가족들이 정보를 얻기 위해 원가족을 방문할 수도 있는데 이때의 만남이 치료에서 긍정적으로 기능하는 경우가 많다.

이렇게 초기 회기를 거치며 다중 방법으로 가족을 측정하고 가설을 반복 수정하는 정제 과정을 통해 일차적인 사례개념화를 완성한다. 치료자는 내담자와의 협력 정신에 입각해 강점, 호소문제, 스트레스원, 가족 패턴 등의 측정 결과를 내담자에게 피드백하고 논의를 통해 치료목표와 계획을 수립한다. 이 시기 변화에 대한 두려움 등 장애물로 작용하는 요소가 있다면 가족들과 어떻게 하면 장애물을 약화시킬 수 있을지 논의한다.

2) 인지행동치료에 대한 교육

인지행동치료는 내담자와의 협력적 관계를 강조하기 때문에 치료자가 사용하는 모델과 개입에 대해 내담자들이 분명히 이해하도록 한다. 이를 위해 회기 내 교육을 진행하기도 하고 관련 서적을 읽기를 권고하기도 한다. 이러한 교육 접근을 통해 내담자들은 자신의 행동, 인지, 정서에 관해 책임 의식을 가지게 된다. 치료자는 합의된 목표를 달성하기 위해 상담을 구조화할 것임을 알려주고 내담자가 준수해야 할 회기 안팎에서의 행동 규칙을 설명한다.

3) 행동 변화 개입

행동 변화 개입은 기술적 요소가 없는 개입(행동 변화 안내, 행동 계약)과 기술을 훈련시키는 기술 기반 개입으로 구분된다. 행동 변화에 대한 개입은 가족의 정서 분위기 전환을 위해 치료 전반부에 더 많이 활용된다(Epstein & Baucom, 2002).

(1) 기술적 요소가 없는 개입

① 행동 변화 안내(guided behavior change)

'행동 변화 안내'는 자연스러운 문답이나 부드러운 제안을 통해 내담자가 자신의 욕구와 목표 달성을 위해 필요한 행동 변화를 고안하고 실행하도록 돕는 과정이다(예: "어떻게 하면 두 분의 관계가 개선될까요?", "이제 서로의 욕구를 이해했다면, 두 분 모두의 욕구를 충족시키기 위해 어떻게 행동하면 좋을까요?")(Epstein & Baucom, 2002). 이 접근은 기술적 절차 없이 진행된다는 점에서 기술 기반 개입과 구별된다. 또한, 후술할 행동 계약과 달리 구조화 수준이 낮아 가족 구성원들이 다른 가족원의 노력을 보다 자발적이고 긍정적인 것으로 해석할 가능성이 크다는 장점이 있다.

대체로 치료 초기의 가족관계는 부정적 행동의 과다와 긍정적 행동의 결핍으로 특징지어진다. 따라서 치료 시작점에 가족 내 전반적인 부정적 분위기를 전환하고 긴장을 낮추기 위해, 치료자는 "당신이 가족들과 좀 더 긍정적이고 존중하는 방식으로 상호작용하려 한다면, 무엇을 바꾸겠습니까? 무엇을 더 하고, 무엇을 덜 하시겠습니까?"와 같은 질문을 활용해 긍정적 행동을 늘리고 부정적 행동을 줄이는 방향을 유도한다.

행동 변화 안내는 친밀감, 신뢰, 자율성, 위계, 성관계, 가사 관리, 개인의 정신병리(예: 광장공포증) 등 가족관계의 특정 영역을 다루는 데에도 활용될 수 있다(예: "어떻게 행동하면 두 분 사이의 친밀감이 높아질까요?"). 특히 치료가 진행되면서 관계에서 중요한 이슈와 영역이 부각되기 시작하면, 앞서 제시한 일반적인 접근에서 이러한 구체적 접근으로 전환할 필요가 있다. 이 과정에서 해당 영역과 관련된 행동 선택을 돕기 위해 심리교육을 제공할 수도 있으며(예: 친밀감을 높이는 행동의 예 교육), 필요하다면 가족 내에 습관화된 행동 양식이 원가족에서 어떻게 학습되었는지에 대해 다세대적 관점에서 탐색할 수 있다(Dattilio, 2005). 또한, 긍정적 행동은 회기 중에도 적극적으로 장려되는데, 예를 들어 가족이 서로에 대한 감사의 마음을 표현하도록 하여 친밀감과 신뢰를 강화하게 할 수 있다.

행동 변화 안내는 인지 변화 개입과 연계하면 효과적이다(Dattilio, 1998; Epstein & Baucom, 1998). 예를 들어, 가족 경계의 기준을 '자녀에 대한 개입과 간섭은 연령 발달을 고려하여 조정해야 하며, 특히 청소년기에는 이전보다 더 많은 자율성과 사생활을 허용해야 한다'와 같은 적응적 기준으로 수정한 뒤, "이 새롭게 수정한 기준과 조화를 맞추려면 어떻게 행동을 변화시켜야 할까요?"와 같이 질문하여 인지 수정과 행동 수정의 정합성을 높일 필요가 있다.

② 행동 계약

행동 계약은 다른 가족원에게 바라는 행동을 적어 교환하는 것이다(Azrin, Naster, & Jones, 1973; Stuart, 1971). 여기서 단순히 내가 원하는 행동이 아니라 다른 가족원이 잘할 수 있는 행동 중심으로 목록을 적는다. 혹은 원하는 행동들을 적은 후, 부담 없이 실천 가능한 행동을 다른 가족원이 선택하게 한다. 다른 가족원을 기쁘게 할 것 같은 자신의 행동을 목록에 적기도 한다. 이때 나를 기쁘게 하는 상대의 행동이나 상대를 기쁘게 할 나의 행동을 떠올리기 어려워하면, 가족에게 일주일간 가족원의 어떤 행동이 나를 기쁘게 했는지를 목록으로 만들어 오라고 한다. 그리고 이를 회기에서 함께 검토함으로써 서로가 서로에게 바라는 행동에 대한 이해를 구체화한다. 여기서 상대가 하나의 긍정적 행동을 먼저 시도할 때만 자신도 긍정적 행동을 시도하는 식의 계산적 교환이 발생하는 것을 경계해야 한다. 상대의 실천 여부를 떠나, 자신의 존엄성, 책임성이라는 내재적 동기에 기초하여 다른 가족원이 바라거나 다른 가족원을 기쁘게 할 것 같은 행동을 실천하도록 독려한다(Epstein & Baucom, 2002). 행동계약은 청소년 자녀의 문제행동 개선을 위해서도 사용된다(Alexander & Parsons, 1973). 이때 가족들이 회의를 통해 가족규칙을 정하는 방식을 사용할 수도 있다(Patterson & Forgatch, 1987). 정해진 계약이나 규칙은 자주 상기하도록 잘 보이는 곳에 부착하여 '자극통제(stimulus control)'하는 것이 좋다. 생성된 행동 변화 계약이나 가족규칙은 이행 여부에 따라 보상, 처벌을 제공할 수도 있다.

인지 재구조화 작업을 선행했다면, 유연하게 수정된 신념과 조응하는 새로운 행동을 목록에 반영하여 인지 변화와 행동 변화를 통합할 수 있다(Dattilio, 2010). 이때 '수용(acceptance)'의 관점도 중요한데, 가족원이 오랜 세월 형성해 온 행동 습관이나 인지 전체를 변화시키기는 현실적으로 어렵다는 사실을 받아들이고 상대의 행동과 인지가 관계에 나름 긍정적으로 기여한 바가 있다는 점을 수용하게 만드는 것이다.

③ 가족 스트레스와 대처

엡스타인과 보컴(2002)은 가족 스트레스 및 대처 이론(McCubbin & McCubbin, 1989)을 흡수한다. 지속적 환경 변화에 따라 가족 내외로 발생하는 다양한 가족 스트레스원에 적절히 대처하는 것이 가족의 적응에 중요 요인이 되기 때문이다. 치료자는 가족의 스트레스와 개인, 관계, 환경 특성을 종합적으로 고려하여 가족들이 적절한 자원과 대처 기술을 활용하여 효과적으로 스트레스원에 반응하게 돕는다. 아래 〈글상자 9-2〉에서는 스트레스 상황에서 가족에게 지침이 되는 사회적 지지와 공동대처 전략을 담고 있다(Esptein & Falconier, 2024). 치료자는 이를 심리교육한 후 가족의 대처 양식을 돌아보게 하고 가족이 원하는 가장 적절한 대처 양식을 구축하게 돕는다. 이러한 대처에 대한 가이드라인은 보편적이면서도 자녀 양육, 경제적 스트레스, 가정폭력 등의 개별 스트레스에 따라 상이할 수 있으므로 이에 대한 자세한 가이드라인은 엡스타인과 팔코니어(2024)의 저서를 참고하길 바란다.

글상자 9-2 스트레스 시 사회적 지지와 공동대처(Epstein & Falconier, 2024)

1. 가족원 일인이 스트레스 상황일 때 다른 가족이 사회적 지지 제공하기
   - 상대의 과업을 대신 맡아 스트레스 경감 돕기(예: 설거지 대신 해주기)
   - 상대가 정서적으로 지지받고 있다고 느끼도록 이해와 인정 제공하기
   - 상대가 긍정 정서와 이완을 경험하도록 스킨십 등 활용(예: 안아주기, 손 잡아주기, 마사지 등)
   - 문제해결을 실제로 돕기(예: 필요 정보 찾아주기, 솔루션 제안, 문제 제거 위해 특정 행동하기)

2. 가족 전체가 스트레스 상황일 때 공동으로 대처하기

- 서로의 감정을 이해하고 인정하는 대화 나누기
- 문제를 다른 관점에서 보기 위한 리프레이밍(예: '재앙'이 아닌 '성장을 위한 도전'으로 의미화)
- 긍정 정서를 경험하도록 다양한 스킨십 등 사용
- 긍정 정서를 경험하고 유대감, 연결감을 강화하기 위한 공유활동(예: 함께 음악 감상, 데이트, 산책, 코미디 영화 감상 등)
- 문제해결 방안 찾기 위해 협력하기(예: 문제해결 대화 기술 사용)

3. 비효과적인 공동대처 방식

- 상호 비난
- 문제에 대한 비관적 대화
- 불안 같은 서로의 부정적 정서 강화
- 결정한 대처 전략에 양가감정을 갖거나 억지로 해당 대처에 참여하는 것
- 언어적 메시지와 비언어적 메시지의 불일치적 사용

(2) 기술 기반 개입(Epstein & Baucom, 2002)

① 의사소통 훈련

표현, 경청 의사소통 훈련은 가족이 서로의 감정과 생각을 깊이 이해하도록 돕기 위해 즉, 공감적 대화를 하도록 돕기 위해 사용된다. 이러한 공감적 대화는 문제의 해결 자체를 목표로 하지 않고 심층적 이해를 목적으로 하므로, 의사결정 대화(문제해결 대화)와 구분된다. 치료자는 유인물을 활용하거나 구두로 화자, 청자 기법에 대한 교육을 제공한다(〈글상자 9-3〉 참조). 이때 교육 내용은 간결해야 하며, 강의식이 아닌 대화·토론식으로 진행되어야 한다. 기법은 가족에게 이질적으로 느껴지지 않도록 맞춤식으로 유연하게 적용되어야 한다. 예컨대, '공감적 반영'은 가족이 일상에서 흔히 쓰는 방식이 아니므로, 상황에 맞게 사용 빈도를 조절하고 그 표현이 그 가족의 말투와 분위기에 자연스럽게 어우러지도록 도와야 한다.

글상자 9-3 생각, 정서를 나누는 공감적 대화의 기본 규칙

화자의 규칙

- 주관성 강조: '(적어도) 내 생각에는', '내가 느끼기에는' 표현
  - 자신의 생각, 감정이 절대적 사실이기보다 주관적 이해임을 밝혀 화자가 틀릴 수 있다는 겸손한 태도 상대에 전달
- 상대를 비난하거나, 상대의 감정과 생각을 짐작해 말하지 않고, 나 자신의 감정과 생각만 말하기
  - 상대를 비난하지 말고, 상대의 행동이나 상황을 객관적으로 묘사하고, 화자의 솔직한 감정과 생각 말하기
  - 생각뿐 아니라 감정도 말하되 강한 감정을 발산하지 말고 구체적인 감정 단어를 사용해 표현하기
- 감정과 생각 구체적으로 말하기
  - '좋다', '나쁘다'처럼 피상적으로 말하기보다 '슬펐어', '민망했어'와 같이 구체적으로 말하기
- 부드러운 감정으로 말하기
  - '화났어' 같은 강한 느낌의 감정을 되도록 '속상했어', '섭섭했어'와 같은 부드러운 감정으로 말하기('화났어'라는 말을 아예 사용하면 안 된다는 의미는 아님)
- 부정적 감정과 생각을 표현할 때 긍정적 감정과 생각을 함께 표현하기
  - 가령, 나 전달법(I-statement) 사용 전에 상대에 대한 공감이나 감사, 칭찬을 충분히 제공하기 ("요즘 ~한 상황으로 힘들다는 걸 알아. 그런데도 그걸 이겨내려고 애쓰고 있다는 것도 알아. 그 점에서 참 고마워. 그런데, (이후 나 전달법 사용)")
- 되도록 짧게 말하기
  - 하나의 감정과 생각을 잘 전달 후, '또', '그리고' 등의 표현으로 여러 이야기를 계속해서 늘어놓지 않고 상대가 반응할 기회를 먼저 주기
  - 길게 말하면 청자의 집중이 떨어지고 청자는 화자의 말을 기억하고 이해하기 어려워짐
- 상대 반응을 살피며 말하기
  - 상대 반응을 살피며 조심스럽게 이야기하고 상대를 크게 자극할 이야기나 표현은 순화시켜 표현하거나 언급하지 않기
- 적절한 타이밍에 말하기
  - 상대가 질 높은 대화를 하기에 필요한 에너지가 있는 상태인지 먼저 살피거나 묻고 대화 시작하기

• **요구할 것은 긍정적으로, 구체적으로 기술하기**
  - 상대에 요구할 것이 있으면 최대한 구체적으로 기술하며 '~하지 마'의 부정적 문장이 아닌 '~해줄래?'의 긍정적 문장 사용하여 기술하기

청자의 기술(공감적 경청)

• **상대가 어떤 생각과 감정을 느낄 권리가 있음을 존중하고, 상대의 말을 경청한다는 것을 언어적, 비언어적으로 표현하기**
  - 청자의 경청을 목소리('응'), 얼굴 표정, 몸짓 등으로 다양하게 표현하기

• **상대 이야기를 들으며 상대의 관점에서 상황을 바라보려 노력하기**
  - 나의 말할 차례를 기다리거나 나의 감정, 생각에만 몰두하지 않고, 상대에 대한 이해에 집중하기

• **공감적 반영과 피드백 받기**
  - 상대의 상황과 생각과 감정에 대해 이해한 바를 요약하여 말해주고 제대로 이해했는지 피드백 받기
  - 청자의 기술 훈련에서 가장 강조되는 요소("~해서 ~하게 느꼈다는 것처럼 들려. 내가 이해한 것이 맞아?")

• **인정하기**
  - 상대의 반응이 비현실적이고 비합리적이라고 설득하지 말고, 상대가 왜 그러한 감정을 느꼈는지 이해할 수 있다고 말하기

• **화자의 말을 끊지 않고 화자가 말을 마치고 나에게 발언권이 주어질 때를 기다리기**
  - 화자의 말이 지나치게 길어지지 않는 이상 인내심 가지고 기다리기

출처: Epstein & Baucom(2002); Epstein & Falconier(2024).

치료자는 내담자 가족의 코치이면서 그들이 관찰 모방학습을 할 수 있도록 시범을 보이는 모델 역할을 한다. 치료자는 상대적으로 긍정적인 주제(예: 내가 바라는 3년 후 가족의 모습)에서 훈련을 시작하고 코칭을 제공한다. 그리고 약한 갈등 주제나, 가족원이 생태환경이나 과거로부터 받은 스트레스에 관한 주제로 옮겨 간다. 가족들이 이러한 주제에 대해 좋은 향상을 보이고 정서 조절에 대한 이해와 그 능력이 향상되면 점차 어려운 갈등 주제로 이동한다. 특히 높은 갈등 주제를 다룰 때는 대화 중 가족이 정서적으로 폭발될 가능성이 있는

데 치료자는 미리 그 조짐을 알아차리고 내담자에게 정서 조절을 연습할 좋은 기회라고 하고 호흡 등으로 이완시키면서 진행한다. 이때 치료자 자신의 이완감 유지가 중요하다.

치료자는 공감적 대화를 코칭할 때 두 가지 수준을 탄력적으로 오간다. 하나는 미시적 접근으로, 내담자의 발화·표정·억양 등 작은 행동을 즉시 코칭하는 방식이고, 다른 하나는 거시적 접근으로, 부부의 반복되는 대화 패턴 같은 상위 구조를 짚어 주는 방식이다. 대화의 전후에는 시범을 자주 보여 모델링하며, 진행 중에 필요시 잠시 멈추어 즉각 피드백을 주거나, 대화가 마무리된 뒤 회고적으로 코칭한다. 특히 초기에는 잘한 점을 먼저 강화한다. 가족들은 이 대화가 구조화된 훈련이면서 동시에 실제 가족 이슈를 다루는 실제 상황임을 지각하게 되므로 자연스럽게 정서 경험이 활성화된다. 기술이 향상되면 치료자는 중간 개입 빈도를 줄여 대화의 자연스러운 흐름을 허용하고 대화 형식보다 내용으로 초점을 옮긴다. 대화 중 인지나 정서가 두드러지면 행동 개입을 인지, 정서 개입으로 전환하거나 통합하며, 새로운 대화 기술 습득을 가로막는 인지적, 정서적 장애가 발견되면 이를 탐색하고 개입한다.

② 문제해결 훈련(Epstein & Baucom, 2002; Epstein & Falconier, 2024)

문제해결 대화는 의사결정 대화나 갈등해결 대화로 불리기도 한다. 문제해결 대화의 방법은 〈글상자 9-4〉에 정리되어 있다(Epstein & Baucom, 2002; Forgatch & Patterson, 1989). 이 문제해결 대화는 부부 이슈와 부모-자녀 갈등 모두에 활용된다. 치료자는 구두나 유인물로 문제해결 대화 방법을 교육한다. 그리고 회기 중 가족의 실제 문제해결을 코칭한다. 치료자는 방관적 자세보다 효과적 문제해결이 이루어질 수 있도록 적극적으로 개입하고 코칭을 제공하여 그들이 해당 문제에 대해 해결점에 이를 수 있을 뿐 아니라 그 과정에서 문제해결 대화의 방법을 학습하고 자신들이 한 팀으로 기능할 수 있다는 효능감을 경험하도록 돕는다. 문제해결 대화는 특히 행동 변화 계약으로 다루기에 복잡한 이슈나 상황에 많이 활용된다.

글상자 9-4 **가족문제에 대한 문제해결 대화기술**

1단계: 문제 정의하기

• 문제가 무엇인지 구체적인 행동 용어 사용하여 진술하기

– '당신의 이기심 해결' → '가사 분담에 대한 조정'

- 크고 복잡한 문제를 몇 개의 작은 문제로 나누고, 한 번에 하나씩만 다루기
  - '재정관리' → (1) 신용카드 사용 규칙 (2) 소비 전 배우자에게 동의 구하는 금액 가이드라인 정하기 (3) 여행경비 마련 방법 등
- 가족원 모두 문제 진술에 동의하고, 이를 논의하기 원하는지 확인하기
  - 해당 문제에 대한 문제의식이 전혀 없는데 (주로 가족원 간 권력 차이로 인해) 수동적으로 논의에 참여하는 것 지양하기

2단계: 이슈의 중요성과 자신의 욕구 명확하게 하기

- 그 문제가 중요한 이유를 명확히 밝히고, 문제와 관련해서 바라는 욕구 분명히 하기
  - 위에서 설명한 생각, 감정을 나누는 공감적 대화가 진행되는 단계로, 이 문제가 중요한 이유를 밝히며, 자신의 필요와 욕구를 분명히 밝히기
  - 또한, 이 문제의 해결이 가족 공동의 이익의 관점에서도 중요함을 피력하기

3단계: 가능한 해결책들 제안하고 논의하기

- 가족원 모두의 필요와 욕구를 고려하여 해결책 브레인스토밍하기
  - 섣부르게 가족원의 해결책을 판단하지 말고 자유롭게 의견을 낼 수 있는 개방적 가족 분위기 조성하기
  - 특히 억압된 가족원이 마음 놓고 자기주장을 할 수 있도록 돕기
- 이 단계에서 성공적이지 못했던 과거 경험을 검토할 수 있으나 예민한 이슈면 과거 초점 지양하기

4단계: 해결책 결정

- 브레인스토밍 통해 생성된 해결책들의 장단점을 논의하여 실현 가능하고 가족원 모두 동의할 수 있는 해결책 정하기
- 가족원 모두 만족하는 해결책이 없다면 서로 조금씩 더 양보하는 새로운 양보안 만들기
- 양자택일 이슈에서 가족원이 팽팽한 대립을 보이면 상대를 설득하기보다 2단계로 돌아가 서로의 욕구와 감정을 이해하는 데 집중할 것
- 해결책을 구체적이고 행동을 묘사하는 용어로 정리하고 글로 분명하게 적기
- 해결책을 분명히 따르고자 하는 의도가 없다면 해결책 수용하지 않기
  - 억지로 수용하는 경우(권력 차이, 갈등 회피 성격, 자기주장 부족, 언어 구사력 부족 등) 해결책은 잘 지켜지지 않을 뿐만 아니라 관계에도 안 좋은 영향 미칠 수 있음

5단계: 시험 기간 설정 및 수정

- 해결책을 실행할 길지 않은 시험 기간 정하기
- 시험 기간이 있을 것임을 대화 시작점부터 상호 인지하면 문제해결 대화가 용이해짐
- 시험 기간 동안 해결책 시도 후 가족들과 해결책 평가하고 적절하게 수정하기

4) 인지 변화 개입

인지 변화 개입 시 치료자의 태도가 중요하다. 치료자는 특정 가족원이 다른 가족원들 앞에서 비판받는다고 느끼지 않도록 안전한 분위기를 조성해야 하며 가족원의 인지와 그것의 형성 배경에 공감적 반응을 보여야 한다. 또한, 인지적 왜곡은 모든 인간에게 나타나는 보편적 현상이라고 정상화해야 한다. 만약 어떤 가족원이 인지개입에 과도하게 방어적이면 개인회기를 가져야 하며 개인회기 횟수는 치료동맹의 균형을 위해 가족원 간에 공평하게 할당되는 것이 좋다.

(1) 구조화된 측정과 비구조화된 측정

인지개입은 치료자가 협력적 자세로 내담자 가족의 세계관과 정보처리 과정을 함께 탐색하고 관계 적응을 어렵게 하는 세계관과 정보처리 과정을 보다 적응적인 것으로 다듬어 가는 과정을 말한다(Dattilio & Epstein, 2003). 인지개입에서 인지 측정에는 구조화된 측정과 비구조화된 측정이 있다. 구조화된 측정은 인지적 오류를 설명한 문서나 '사고 기록지' 등을 통해 인지를 파악하는 것이다. 비구조화된 측정은 내담자의 신념과 사고를 상담 과정 중 자연스럽게 파악하는 것이다. 내담자들이 말로 직접 자신의 신념과 사고를 이야기하는 경우도 있고, 내담자의 언행에 간접적으로 반영되는 경우도 있다. 예를 들어, "말씀 듣다 보니, 아버님은 '감정은 삶에서 불필요하다'라는 생각을 가지신 것 같습니다. 맞나요? (예) 그럼 그것에 관해 이야기를 나눠 볼까요? 혹시 성장 과정에서 이런 생각을 가지게 된 연유가 있을까요?"와 같은 문답은 비구조화된 방식으로 인지를 탐색하는 것의 일례이다. 특히 관계 갈등에서 중요하게 작동하는 도식(예: 관계 안에서 정서와 애정 표현에 대한 기본 신념)의 경우 그 도식이 원가족에서 부모의 어떤 영향 속에 형성되었는지를 파악하여 부부가 서로의 역사를 경청하고 각자의 도식의 형성 배경을 이해하게 하는 것이 중요하다. 이때 필요하다면 부모를 회기에 초청하여 원가족에서 도식 형성을 함께 탐색하는 접근도 효과적일 수 있다(Dattilio, 2005, 2010).

(2) 일반적 인지개입

인지 변화를 위해 먼저 자동적 사고와 인지적 오류에 대해 교육한다. 교육은 밝은 분위기에서 대화식으로 진행하여 가족들이 인지 왜곡이 병리적인 것이 아니라 누구에게나 나타나는 보편적 현상임을 인식하게 돕는다. 또한, 교육은 치료자가 내담자의 생각을 논박하는 것이 아니라 함께 점검하는 것이라는 인지개입의 의도를 분명하게 하는 데 도움이 된다. 그다음 <표 9-1>의 역기능적 사고 기록지를 활용하여 내담자에게 일상 중 관계 스트레스를 경험할 때 스쳐 지나간 자동적 사고 및 관련된 정서, 행동을 기록해 보라는 숙제를 내준다. 이 작업으로 가족들은 자신의 인지를 자각하는 데 익숙해질 뿐 아니라 인지, 정서, 행동이 상호 연결되어 있음을 깨닫기 시작한다. 이러한 상호연결성의 깨달음은 자신의 인지를 조절하는 것을 통해 자신의 정서와 행동도 다스릴 수 있다는 자각으로 이어진다. 가족들이 이러한 기록을 적어 오면 함께 검토하고, 더 긍정적인 정서, 행동 반응을 낳을 수 있는 대안적 사고를 탐색한다. 이 작업을 치료 초기에 몇 회기에 거쳐 진행하면 가족들은 자동적 사고의 오류를 찾고 점검하는 기술이 증가한다. 어떤 내담자들은 인지적 오류의 종류를 외우고 기억하는 것을 어려워할 수 있다. 하지만 이 경우에도 자신의 생각에 오류가 있을 수 있다는 자각은 일반적으로 증가하며, 이를 통해 감정적 반응은 감소하고 사려 깊은 반응은 증가하게 된다.

사고기록지라는 구조화된 접근을 통해 가족들이 인지적 자각과 수정에 익숙해지기 시작하면 보통 비구조화된 접근으로 이동한다. <글상자 9-5>에서처럼 '소크라테스식 질문'으로 해당 신념이나 사고의 지지 근거와 반박 근거를 탐색하는 작업을 한다. 여기서 접근의 구조화 수준은 가족의 특성과 선호를 반영하여 결정한다. 치료동맹이 잘 형성되어 있다면 문답이 아닌 상담자 자신의 견해를 부드럽게 제공하는 형식으로 내담자의 신념이나 사고를 수정할 수도 있다. 하지만 이 경우에도 협력적 자세를 견지하는 것이 중요하다(Dattilio, 2005). 기준이나 가정 같은 도식에 대해서는 해당 신념을 가지고 가족관계를 맺어갈 때의 장단점을 고려하게 한 후 보다 장점이 많은 적응적인 신념으로 수정하게 돕는다(Epstein & Falconier, 2024).

글상자 9-5 **사고와 신념의 재구조화에 도움 되는 소크라테스식 질문**

- 당신의 생각을 지지하는 증거는 무엇인가요? 어떤 점에서 그렇게 생각하시죠?
- 당신의 생각을 반박하는 증거에는 무엇이 있을까요?
- 당신의 자동적 사고에서 발견할 수 있는 인지적 오류의 유형이 있나요?
- 당신의 기존 생각과 다르게 생각해 볼 수는 없을까요?
- 당신이 그 신념을 가지고 살아갈 때 당신의 삶이나 가족관계에 어떤 이익이 있나요?
- 당신이 그 신념을 가지고 살아갈 때의 단점과 손해에는 어떤 것이 있나요?
- 당신의 생각이나 신념을 어떻게 수정하면 보다 가족관계와 생활에 도움이 될까요?

일반적으로 가족관계에서 중요한 인지를 치료자가 먼저 주도적으로 다룰 수도 있다. 가령 가족들이 부정적 행동에만 '선택적 주의 집중'하는 것을 다룰 수도 있고, 가족갈등에 대해 '파국적 결말'의 '기대'를 가져 문제해결을 회피하는 것을 다룰 수도 있다. 가족원의 어떤 행동을 '나에 대한 무시'가 아닌 '어떤 것에 대한 두려움' 때문에 나타난 행동이라고 '귀인'을 수정할 수도 있고, '상대는 신뢰할 수 없다'라는 신뢰에 대한 '가정'을 작업할 수도 있다. '꼭 말로 알려주지 않아도 사랑하면 내가 원하는 것을 알아야 한다' 같은 비합리적 '기준'이나 가족 간의 경계나 위계에 대한 비합리적 기준 등도 작업 대상이 된다(Epstein, 2024).

치료자는 가족과 역기능적 인지를 대체할 대안적 신념, 사고를 찾은 후 그 인지를 어느 정도 믿는지를 0~100점 척도에서 확인할 필요가 있다. 만약 그 대안에 대한 신뢰가 자신의 기존 생각을 상회하지 않으면 정서, 행동을 변화시키는 대안적 사고의 힘은 제한된다.

가족과 인지 재구조화를 진행할 때는, 먼저 신념이 가장 깊게 뿌리내린 가족원과 작업을 시작하는 것이 효과적이다(Dattilio, 2010). 한 가족원의 도식을 재구조화하려면 상당한 시간이 소요되므로, 이 과정이 끝난 후 다른 가족원과도 동일한 방식으로 작업할 것임을 상담 과정 중간중간에 알려 주어, 상담자가 특정 가족원을 편든다는 오해를 방지할 필요가 있다. 또한, 깊이 자리 잡은 도식을 변화시키는 것보다 인식, 기대, 귀인, 자동적 사고를 변화시키는 작업이 상대적으로 용이하므로, 치료 초기에는 이러한 변화를 우선 시도하는 것이 바람직하다(Dattilio, 2005). 특히, 치료 초기에 가족문제의 원인을 특정 가족원의 이기심이나 성격적 결함으로 돌리는 기존 귀인을, 상호 공격, 요구-철수, 상호 회피, 상호 비관여 등 악순환적 상호작용 패턴에 고착되어 발생하는 것으로 재귀인하는 것이 중요하다(Epstein & Baucom, 2002). 한편, 고령의 가족원과 작업할 때는 전 생애에 걸쳐 형성된 기저 신념과 행동 습관을 급격히 변화시키는 것이 현실적으로 어려움을 염두에 두고 접근해야 한다(Dattilio, 2010).

(3) 기타 기법

기타 기법에는 먼저 '행동 실험(behavioral experiment)'이 있다. 예를 들어, 나의 특정 행동에 다른 가족원이 어떻게 반응할 것이라는 '기대' 신념을 실제 그 행동을 해봄으로써 검증해 보는 것이다. 예를 들어, 부정적 감정을 표현하면 자신이나 가족이 정신적으로 무너질 것이라는 도식을 가진 어머니의 경우, 부정적 감정의 표현이 과연 정말로 그렇게 치명적인

지 시험해 보기 위해 가족 앞에서 한 번쯤 울어보는 시도를 해볼 수 있다(Dattilio, 2005).

가족들의 과거 사건에서의 인지, 정서에 대한 회상을 돕기 위해 심상 작업이나 역할놀이를 해볼 수도 있다. 이러한 방법은 가족의 반응을 재점화할 수 있고 이 과정에서 치료자는 가족 패턴에 개입할 수 있다. 역할놀이는 한 번 진행 후 맡은 역할을 바꾸는 것을 통해 다른 가족원의 감정과 인지에 대한 공감 수준을 높이는 데에도 유용하다. 심상 기법은 관계에서 학대 기억이 있는 가족에게는 주의 깊게 사용되어야 한다. 또한, 역할놀이도 자신의 부정적 정서를 다루는 능력이 부족한 가족에게는 사용되어서는 안 된다. 심상작업은 인지 변화에도 사용될 수 있다. 가령 '우리 가족은 불행한 가족이다'라는 가정을 한다면, 행복했던 가족 기억을 떠올려 보는 심상 작업을 통해 자연스러운 인지 변화가 가능해질 수 있다.

'하향 화살표(downward arrow)' 기법도 사용된다. 자동적 사고에 비해 강렬한 정서, 행동 반응을 보일 때, 자동적 사고 아래 내재한 심층 사고를 포착하는 기법이다. 이 기법은 내담자의 파국적 결말의 오류를 담은 기대나 내담자의 핵심 신념(도식)을 파악하는 데 유용하다. 이때 "그 일이 정말 일어나면, 그것은 어떤 의미를 가지죠?"나 "그 일이 일어나면 무슨 일이 생기나요?" 같은 형태의 일련의 질문을 던지면 내담자는 일련의 대답을 통해 자신이 가장 두려워하고 스트레스를 주는 생각을 발견하게 된다. 예를 들어, "내 아내가 매력적인 남자와 이야기하는 것이 불안해요"라고 하는 남편에게 하향 화살표 기법으로 일련의 질문을 하면 결국 "그녀는 나보다 훨씬 재미있는 사람을 찾을 거고 저를 떠날 거예요"라는 파국적 기대가 드러난다. 그러면 치료자는 개인과 가족이 이러한 파국적 사고의 타당성을 평가하고 대안적 사고를 형성할 수 있도록 안내한다(Epstein & Falconier, 2024).

마지막으로, 가족관계에서의 스트레스를 효과적으로 다루기 위해 긍정적인 자기 진술(self-statement)을 의도적으로 연습하는 스트레스 면역(stress inoculation) 훈련을 할 수도 있다(Epstein, 2024). 이는 스트레스 상황에서 행동과 정서의 조절에 도움이 될 인지 즉, 자기 진술을 고안하고 이를 스트레스 상황 전후에 실제로 머릿속에서 내면 대화로 사용하는 것이다. 예를 들어, 가족과 갈등 대화를 예측하고 그에 대비하는 자기 진술("이제 조금 있으면 아이와 이야기를 나눌 건데 이번에는 흥분하지 말고 차근차근 이야기하자")을 하게 하거나, 스트레스 상황에서 감정에 압도될 때 정서 수용과 표현의 자기 진술("화나는 건 자연스러워. 하지만 발산하지 말고 말로 차분히 전달하자")을 하게 돕는 것이다.

5) 정서 변화를 위한 개입

정서에 대한 과소 경험, 표현을 하는 가족원에 대해서는 첫째, 정서 경험에 대한 부정적 신념을 수정하고 부정적 정서 경험을 정상화한다(Dattilio & Epstein, 2003; Epstein & Baucom, 2002). 둘째, 정서 표현에 대한 부정적 기대 신념을 수정한다. 연약한 감정을 드러내는 것을 중심으로 한 정서 표현이 파국적 수준의 비난을 야기하는 것은 아님을 경험하게 돕는다. 심지어 연약한 감정이 아닌 분노라 하더라도, 분노를 크게 발산하지 않고 말로 적절히 표현할 수 있다면 분노 자체는 관계에 큰 영향이 없다는 것을 알려준다(Gottman & Krokoff, 1989). 셋째, 하향 화살표 기법으로 마음 깊은 곳에 있는 생각과 연약한 감정을 파악하게 한다. 넷째, 정서 자각을 위해 심리, 신체적 단서를 조기에 알아차리도록 한다. 다섯째, 내담자의 정서를 고양하는 표현, 단어를 치료자가 반복한다. 여섯째, 내담자가 회피하려고 주제 전환을 시도할 때 정서 고양 주제에 다시 집중하게 하고 계속 감정에 머물러 있기를 독려한다. 여섯째, 정서 반응을 유발하기 위해 중요한 관계 이슈에 대한 심상작업이나 역할놀이를 실시한다. 일곱째, 마음챙김 명상으로 자신의 감정을 자각, 수용하도록 돕는다. 특히 이들은 정서를 충분히 경험하는 데 익숙하지 않기 때문에 정서 변화를 위한 개입을 할 때 치료자가 속도를 조절하고 서두르지 않는 것이 중요하다(Dattilio, 2010).

강한 정서를 경험하고 이를 표출하는 과잉 정서반응의 가족원에 대해서는 첫째, 가족들이 스트레스 주제에 관한 생각과 감정을 효과적으로 나눌 수 있는 양질의 시간과 공간을 정하도록 돕는다(Dattilio & Epstein, 2003). 둘째, '부정적 감정은 발산하는 것이 좋다'는 신념을 '부정적 감정은 발산하기보다 말로 적절히 표현하는 것이다'와 같은 적응적 신념으로 대체하고 정서를 건설적으로 표현하는 자기주장 기술을 향상시킨다. 셋째, 복식호흡, 유산소 운동 등 다양한 이완법 훈련을 통해 정서 조절을 코칭한다. 넷째, 분노 표출을 유발하는 자신의 역기능적 신념을 부드럽게 반박하는 자기 진술 내면 대화(예: '분노를 터뜨리면 순간 기분은 시원하겠지만 장기적으로 많은 걸 잃게 돼')를 사용하게 한다. 다섯째, 강한 정서를 일으키는 자동적 사고를 모니터링하고 수정하게 한다. 여섯째, 분노 표출 대신 연약한 감정을 드러내는 것을 통해 가족, 타인으로부터 사회적 지지를 끌어내도록 돕는다. 일곱째, 마음챙김 명상으로 부정적 감정과 그 감정을 유발하는 사고를 조기 자각하고 수용하게 돕는다. 여덟째, 다른 가족원들이 상대의 강한 부정적 정서 자체를 평가절하하지 말고 그 정서의 가치를 인정하고 수용하게 하고 의사소통 가이드라인을 따라 이해와 공감을 제공하게 돕는다(Epstein & Baucom, 2002).

6) 자녀 문제행동 개입

(1) 문제행동 분석

자녀 문제행동의 개입을 위해 먼저 '기능분석(functional analysis)'을 수행한다(Schlinger Jr. & Normand, 2013). 기능분석은 문제행동의 전후 맥락을 파악하는 것을 말한다. 어떤 문제행동과 관련하여 그것을 유발한 어떤 선행 자극이 있었는지, 그리고 그 문제행동의 발생 후 그 문제행동에 대해 어떤 결과가 뒤따랐는지를 분석하는 것이다. 부모들은 자신들이 문제행동을 자극하고 있었고, 문제행동이 발생한 후에도 이를 강화하고 있었다는 것을 자각하지 못하는 경우가 많다. 따라서 문제행동을 소거하기 위해 이에 대한 분석이 선행되어야 한다.

기능분석에서는 일반적으로 ABC 모델이 활용된다. 여기서 A는 '선행 사건·조건(antecedent)', B는 '행동(behavior)', C는 '결과(consequence)'를 의미한다. B와 C의 관계는 일반적으로 '수반성'이라 불리며, ABC 모델은 여기에 선행 사건·조건(A)에 대한 분석을 추가로 포함한다. ABC 모델을 적용한 예는 〈글상자 9-6〉에 제시되어 있다. 기능분석 후에는 문제행동 이후의 부모 반응(C)을 수정하는 '수반성 관리(contingency management)'가 주요 개입 초점이 되지만, 경우에 따라 선행 사건·조건(A)에 개입하기도 하는데, 이를 일반적으로 '자극 통제'라고 한다. 예를 들어, 아이의 취침 시간이 10시 이후로 늦어짐에 따라 9시 이후 신체 피로로 인한 아이의 짜증이 느는 경우, 선행 조건인 취침 시간을 9시로 앞당기는 것이 아이의 짜증이라는 문제행동을 약화시키는 효과적 전략이 될 수 있다.

글상자 9-6 **기능분석 ABC 모델의 예**

A(선행 사건/조건): 엄마가 놀이 공간을 정리하라고 함
B(문제행동): 유아가 소리를 지르며 분노 발작을 함
C(결과): 엄마가 "알았어. 엄마가 하면 되잖아"라고 하며 대신 놀잇감을 정리함

→ 문제행동으로 엄마의 지시에 따르지 않을 수 있게 되었으므로 문제행동이 강화됨

(2) 긍정적 강화

자녀문제를 다루기 위해 일차적으로 긍정적 상호작용을 통해 부모-자녀 간 애착관계를 복원하는 것이 우선시 된다. 예를 들어, 매일 15분 자녀와 놀이시간을 가져 즐거운 경험을 축적시킨다(Patterson & Forgatch, 1987). 이러한 애정적인 가정 분위기의 토대 위에 문제행동을 다루는데 주로 (긍)정적 강화를 사용한다. 부부관계에서와 마찬가지로 부모-자녀 관계에서도 문제가 증가함에 따라 강압이 가족 상호작용을 지배하게 된다. 즉, 다른 사람의 행동을 통제하기 위해 처벌적 반응을 하는 것이다(예: 고함치기, 고압적 태도 보이기, 체벌하기 등). 따라서 가정의 전반적 분위기를 보상을 중심으로 한 긍정적 강화로 변화시킬 필요가 있다. 이때 강화인은 아이의 연령, 기질, 선호에 따라 다르나, 가장 보편적인 것은 부모의 관심·주의, 칭찬, 인정, 긍정적인 비언어적 표현(예: 미소) 등의 사회적 강화인이다. 문제행동 대신 자녀가 하기 바라는 행동을 명확히 정의하고 그 행동을 하면 사회적 강화인으로 강화한다. 반대로 문제행동을 하면 관심·주의를 주지 말고 '무시하기(ignoring)'를 해 그 행동을 소거한다. 사회적 강화인 외에도 비사회적 강화인(사탕 같은 물질적 보상이나 TV 시청 같은 활동적 보상)도 있다. 문제 자녀에게는 비사회적 강화인이 더 효과적일 수도 있다. 청소년에게는 일반적으로 용돈이 가장 효과적이다.

올바른 보상은 반드시 자녀에게 매력적으로 느껴져야 하므로, 자녀 욕구에 대한 이해와 자녀와의 협상이 필요하다. 특히 청소년 자녀와는 행동 계약을 수립하면 좋으며(Stuart, 1971) 이를 위해 회기 내에서 청소년 가족의 문제해결 대화·회의를 훈련시키기도 한다(Forgatch & Patterson, 1998). 보상은 행동이 나타났을 때 즉각 하는 것이 좋으나 보상물을 구비하고 있기 어려울 수 있어 '토큰 시스템(token economy)', 소위 '칭찬 스티커' 같은 인센티브 차트를 많이 활용한다(Christophersen et al., 1972). 일정 이상의 상점이 누적되면 보상이 주어지며 때로는 처벌로 주어진 상점이 철회되기도 한다. '조성(shaping)'은 최종 목표 행동을 작은 단계로 나누고, 성취하기 쉬운 행동부터 보상하여 점차 어려운 행동으로 발전시키는 기법을 말한다. 예를 들어, '숙제 완료'라는 최종 목표를 위해 처음에는 단순히 책상에 30분 앉아 있어도 보상을 제공한다. 이 행동이 정착되면, 책상에 30분 앉아 있으면서 숙제를 10분 수행하는 조건으로 높인다. 이런 식으로 점차 보상 기준을 높여, 최종적으로는 숙제를 모두 완료했을 때만 보상이 주어지도록 한다. 이후 목표 행동이 안정적으로 유지되면, 규칙적 보상을 '간헐적 보상(intermittent reinforcement)'으로 전환하여 보상 횟수를 점차 줄여간다. 마지막으로, 목표 행동이 습관화되면 이제 더 보상을 제공하지 않는다.

(3) 효과적 요구

문제행동의 수정을 위해 부모의 요구나 지시 자체가 효과적이어야 한다. 효과적 요구는 다음의 특징을 가진다. 첫째, 지시 횟수와 문제행동은 상관관계를 가지므로, 요구 빈도를 줄이고 꼭 필요한 요구만 하는 것이 중요하다. 특히 요구에 대한 인내심이 부족한 청소년의 경우, 이 점이 더욱 중요하다. 둘째, 성난 감정이 아닌 예의를 갖추고 유쾌하게 지시한다. 성난 감정은 불쾌한 반응을 유발한다. 유쾌하게 지시하는 것이 적절하지 않은 상황에서는 단호하지만 침착하고 이성적으로 요구한다. 셋째, 의문문("고양이 먹이를 줄 수 있겠니?")보다 명령문("고양이 먹이를 주렴")으로 말한다. 분명히 해야 하는 일이면 선택의 여지를 주지 않는다. 넷째, 타이밍이 중요하다. 자기가 좋아하는 일에 빠져 있거나 너무 피곤할 때는 적절한 때가 아니다. 다섯째, 요구는 한 번에 하나씩 한다. 많은 요구는 자녀로 하여금 순종하고 싶지 않게 만든다. 여섯째, 구체적으로 요구하여 오해의 소지를 없앤다("적당히 귀가하거라"가 아닌 "열 시까지 귀가하거라"). 일곱째, 긍정적 요구를 한다. "하지 마라"는 언쟁을 유도하므로 "하라"를 사용한다. 예를 들어 두 형제가 싸울 때 싸우지 말라고 소리를 지르거나 잘잘못을 가리느라 싸움에 말려드는 대신 한 명은 안방에서 숙제하고, 한 명은 방을 치우라고 식으로 건설적 요구를 한다. 마지막으로 설교나 강의 대신 간단명료하게 열 마디 이내로 요구한다. 설교나 강의식 요구는 설전으로 이어진다. 만약 깊은 대화와 토의가 필요하면 나중에 별도의 시간을 낸다.

요구 · 지시했을 때 이에 따르지 않는 경우, 즉, 불순종 행동은 구체적으로 정의해야 한다. 보통 10~15초 이내에 요구에 따르지 않으면 불순종으로 본다. 자녀가 순종하더라도 불평하면서 하는 것도 불순종으로 본다. 하지만 이러한 불평의 태도는 무시하기가 가장 좋다. 이후 순종 행동 자체가 증가하고 나서 태도를 고치도록 요구할 수 있다.

(4) 훈육 방법

훈육 원칙으로는 먼저 전술한 바처럼 가정에 사랑과 존중이 있어야 한다. 둘째, 정적 강화가 훨씬 더 많이 이루어져야 한다. 셋째, 훈육의 일관성이 중요하다. 넷째, 부모 간 사전 논의를 통해 처벌의 선택에 동의가 있어야 한다. 다섯째, '긴 훈계(lecture)'는 죄책감을 유발하여 행동 변화를 유도하는데, 애착이 잘 형성되어 있고 사회화가 잘 되어 있는 경우가 아니라면 죄의식만 불러일으키고 행동 변화에 실패하게 된다. 여섯째, 흥분하지 않고 차분해야 한다. 일곱째, 가벼운 처벌의 잦은 사용이 극단적 처벌의 사용보다 효과적이다. 여덟째, 문제행동 후 즉각 처벌한다. 아홉 번째, 완수하지도 못할 처벌 위협은 사용하지 않는다. 열 번째, 모든 행동을 다루기보다 가장 중요한 문제 한두 가지에 전념한다.

문제행동 중 부모의 관심·주의를 얻기 위해 하는 행동(예: 투덜거림)이 아닌 그 행동 자체가 재미있어 하는 행동의 경우 부모의 무시하기만으로 문제행동이 소거되지 않을 수 있다. 보통 부모는 하지 말라는 명령을 반복하다 소리 지르며 위압적으로 행동을 제압하는 강압적 훈육을 사용한다(Patterson & Forgatch, 1987). 이때 명령을 반복하는 것 자체가 비효과적이다(Forehand et al., 1976). 그리고 끝내 소리 지르며 제압하면 이는 소리 지르기 전 부모의 부드러운 혹은 중립적 지시에는 아이가 따르지 않게 하여 부모는 심리적 폭력에 가까운 강압적 양육을 계속 사용할 수밖에 없게 된다. 또한, 체벌을 하는 것은 아동 발달에 광범위한 부정적 영향을 미치고 법적으로도 금지되기 때문에 적절하지 않다. 이때 사용할 수 있는 훈육법이 보상·특권 철회, 처벌, 타임아웃이다. 보상·특권 철회는 자녀의 사회적, 물질적, 활동적 보상 또는 인센티브를 철회하여 훈육하는 방식(예: 오늘 TV 시청 금지)이다. 처벌은 5분 집안일, 벌금 내기처럼 자녀가 하기 싫어하는 일을 하게 하는 것이다. 자녀에게 처벌과 특권 철회 중 선택하라고 할 수도 있다.

'타임아웃(time-out)'(Wolf, Risley, & Mees, 1963)은 '타임인(time-in)'의 반대말로 타임인은 즐겁고 보상적인 공간을 말한다. 타임아웃은 즐겁고 보상적인 공간에서 벗어나 지루한 공간에 놓여지는 것을 말한다. 즉 보상이 철회된 지루함의 처벌이 있는 곳이다. 타임아웃은 타임인의 토대 위에 구축되는데, 이는 전술한 정적 강화를 중심으로 가정 내 일반적인 부모-자녀 상호작용이 긍정적이고 따뜻해야 타임아웃을 할 수 있음을 의미한다. 타임아웃의 일반적 절차는 〈글상자 9-7〉에 기술되어 있다. 타임아웃은 말을 점차 알아듣기 시작하는 24개월 전후 걸음마기에 시작하여 청소년기 전까지 사용하는 것이 일반적이다. 타임아웃 시간은 연령에 따라 일 분씩 증가하지만, 보통 오 분을 최대로 한다. 포가치와 패터슨(Forgatch & Patterson, 1998)은 역할놀이를 통해 부모에게 먼저 타임아웃을 훈련시키고, 이후 자녀를 회기에 초대해 역할놀이를 통해 부모와 자녀 모두에게 타임아웃을 훈련시켰다.

글상자 9-7 **타임아웃 훈육법**

타임아웃 절차

1. 지시를 한다.
2. 아이가 지시에 따르지 않으면 '~ 하지 않으면 타임아웃 의자에 갈 거야'라고 한다.
3. 아이가 지시에 따르면 칭찬하고, 따르지 않으면 자극이 적은 지루한 공간에 타임아웃 의자를 놓고 앉힌다.
4. '~를 하라 했는데 하지 않아 타임아웃 의자에 앉이야 해. 내려오라 할 때까지 앉아 있으렴'한다.
5. 타임아웃 의자에서 하는 언행은 일체 무시한다. 아이를 무시하면서도 곁눈질로 아이를 모니터링한다.
6. 시간이 경과하면 '이제 ~를 할 준비가 되었니?'라고 묻고 '예'라고 답하면 아이를 내려오게 하고 그 지시를 이행하게 한다. 이행하면 칭찬을 제공한다.

- 타임아웃 가기를 거부하면 유아의 등 뒤에서 아이를 통나무 안 듯 안아 안전하고 신속하게 타임아웃 의자에 앉힌다. 혹은 상대적으로 지루한 타임아웃 방을 지정하여 그곳에 1분간 있게 하고 다시 앉으라고 한다. 혹은 의자에 가지 않는 시간이 늘어남에 따라 타임아웃 시간을 1분씩, 최대 10분까지 추가한다. 타임아웃 시간이 10분이 되었는데도 앉지 않으면 사전에 정의된 TV 보기와 같은 특권을 철회한다고 밝히고 부모는 그 장소·상황에서 물러난다. 학령기부터는 안고 이동하는 것이 힘들기 때문에 후자의 방법을 주로 사용한다.
- 아이가 의자에서 너무 소란스럽게 하면 시간이 종료했더라도 어느 정도 조용해질 때까지 타임아웃 시간을 연장한다. 조용해지면 지체없이 가 타임아웃을 종료한다. 아이가 의자에 서거나 의자에서 몸이 많이 벗어나는 이탈 행동을 하면 타임아웃 방에 1분간 있게 한다.
- 타임아웃 시 소리 지르기나 강한 분노 발산 등의 심리적 폭력을 병행하는 것은 적절하지 않다. 타임아웃의 핵심은 지루함을 주고 자기 행동의 논리적 결과를 알려주는 것이기 때문에 부모는 로봇처럼 중립적이고 무미건조한 말투를 유지해야 한다. 정서 조절이 부족한 부모면 역효과가 날 수 있다.

출처: Forgatch & Patterson(1998); McNeil & Hembree-Kigin(2010).

(5) 공동양육

위에서 기술한 전통적 양육행동 중심의 접근은 개인의 개별 양육행동을 다루지만 부모 사이의 공동양육(co-parenting)을 다루지는 않는다. 앱스타인과 팔코니어(2024)는 건강한 공동양육을 촉진하는 제언을 한다. 행동 개입으로는, 첫째, 부부간 양육행동의 불일치가 있을 때 전술한 화자, 청자의 의사소통 기술과 문제해결 기술을 사용하여 관련 이슈를 효과적으로 풀게 한다. 이는 주로 아이가 없을 때 부부 만의 대화를 통해 이루어진다. 이때 공동대처를 심리교육하고(〈글상자 9-2〉) 양육 스트레스에 대처하기 위한 적절한 방식을 선택하도록 가이드한다. 만약 아이와 함께 있을 때 우발적으로 상호 불일치가 나타날 때는 이를 아이에게 개방적 의사소통을 교육하는 기회로 삼고 효과적으로 갈등을 관리하는 모델링을 한다. 둘째, 책이나 비디오 등의 자료를 추천하여 양육행동에 대한 심리교육이 이루어지게 한다. 치료자는 이러한 심리교육을 통해 학습한 양육행동을 연습하게 하고 이에 대해 피드백을 제공하고 코칭한다. 인지적으로는 서로의 양육행동이나 자녀의 문제행동에 대한 귀인, 비현실적인 가정, 기준, 기대, 그리고 선택적 인식 등 역기능을 일으키는 공동양육 관련 인지를 포착하고 수정하게 돕는다. 또한, 정서적 개입으로 마음챙김이나 신체적 이완법, 자기 진정 전략을 훈련시키고 적절한 정서표현을 돕도록 의사소통 훈련을 진행한다. 무엇보다 부모의 양육 행동이 효과적으로 이루어지기 위해 부부관계, 핵가족관계, 확대가족 관계, 직장 등의 생태체계에서 어떤 스트레스원이 발생하고 있고 이에 잘 대처하고 있는지를 파악해야 한다. 그렇지 않으면 부모는 적절한 양육행동을 할 심리, 신체, 관계적 자원을 상실하게 되고, 다른 체계의 스트레스로부터 축적된 부정적 정서가 자녀와의 관계에 유입되게 된다.

6. 평가와 전망

인지행동치료는 미국의 부부·가족치료사들(Northey, 2002)과 심리치료사들(Psychotherapy Networker, 2007)이 가장 많이 사용하는 모델이며 여러 성과연구를 통해 효과를 입증한 대표적인 근거기반모델이다(Lebow & Snyder, 2022). 이러한 보편성은 인지행동치료의 이론과 개입의 명료성, 체계성에 근거한다. 보상과 처벌을 중심으로 행동의 형성과 소거를 설명하고, 그것에 내재한 신념 체계와 정보처리의 문제를 밝혀내고, 이와 긴밀히 연관된 정서 경험과 표현을 체계적으로 다룰 수 있다는 점에서 인지행동치료는 접근이 용이한 선명한 치료이다. 특히 전통적인 다른 가족상담 모델들이 가족체계의 가족과정 분석에는 뛰어나지만, 가족의 행동, 인지, 정서 반응의 변화를 돕는 구체적인 기술은 부족할 수 있는데, 인지행동 가족치료는 이에 대한 보완이 될 수 있고(Dattilio, 2010), 인지, 행동, 정서라는 현대 과학의 기본적인 개념틀 안에서 다른 모델과의 절충, 통합이 용이할 수 있다(Dattilio,

2005; Epstein, 2024).

그러나 인지행동 가족치료에도 몇 가지 한계점이 존재한다. 첫째, 이론과 실천이 고도로 체계화되고 구조화되어 있는 만큼, 상담자가 치료를 기계적으로 진행할 우려가 있다. 즉, 가족의 내면세계나 관계 역동에 충분한 관심을 기울이기보다, 심리교육이나 매뉴얼 중심 활동에 의존하여 일방적이고 지시적인 방식으로 개입할 가능성이 있다. 특히 인지와 정서를 종합적으로 고려하지 않고 일방적으로 피상적 행동 변화에만 천착하면 내담자의 저항을 유발하고 내담자 가족의 회복율에도 한계를 보일 수 있다(Forgatch & Patterson, 1998).

둘째, 인지행동 가족치료는 미시적인 문제행동의 강화 체계를 분석하는 데는 유용하지만, 이를 전체 가족체계의 맥락에서 통합적으로 조망하지 못할 위험이 있다. 물론 인지행동 가족치료자들은 가족체계이론을 주요 이론 중 하나로 수용하고 있다(Dattilio & Epstein, 2003; Epstein, 2024; Epstein & Falconier, 2024). 그럼에도 불구하고, 인지행동치료는 여전히 선형적 인과관계에 기반한 접근이라는 평가를 받기도 한다(Lebow, 2020). 특히 인지행동치료는 개인치료에서도 많이 활용되고 있기 때문에, 개인치료 중심으로만 훈련된 인지행동 치료사들의 경우, 특정 가족원의 행동 · 정서 · 인지에 미시적으로만 접근하고 가족 전체 체계와 생태체계를 간과할 가능성이 있다.

이러한 인지행동 가족치료의 한계점은 이 모델을 사용하는 데 있어 가져야 할 주의점을 환기한다. 인지행동 가족치료를 사용하는 치료사는 기계적이고 일방적으로 매뉴얼을 적용하지 말고 내담자 가족과의 치료적 관계라는 기본기에 충실해야 한다. 즉, 가족에게 효과적인 의사소통을 훈련하는 것처럼, 치료사 스스로 내담자와의 소통에서 공감적이고 진실한 대화를 하여 의사소통의 본을 보여야 한다. 또한, 치료적 의사결정에 있어서도 평등한 관점에서 가족원들의 욕구가 잘 반영될 수 있도록 상호 대화를 통해 조율하며 조심스럽게 치료를 진행해야 한다. 더 나아가 지나치게 미시적인 분석과 개입에만 골몰하지 않고 전체 가족과 환경의 맥락에서 가족원의 반응을 조망해야 한다. 예를 들어, 매일 직장 스트레스를 토로하는 남편과 이를 듣기 싫어하는 아내가 있을 때, 이들이 이미 충분한 의사소통 기술을 학습한 상태라면, 문제는 지식의 부재나 기술의 오용이 아니라 그 관계의 구조적 맥락에서 발생하는 것일 수 있다. 이때 가족체계이론을 통해, 아내가 남편과 직장 상사 간의 삼각관계에 고정적으로 연루된 심리적 부담으로 공감적 대화의 기술 사용에 실패한다는 통찰을 얻으면 기술의 습득과 사용만을 종용하는 것을 지양할 수 있다. 따라서 인지행동 가족치료가 지닌 세부적 행동 기능분석의 강점을 살리면서도, 이를 체계이론의 관점 안에서 통합적으로 활용하도록 조율하는 것이 바람직하다(Park & Epstein, 2020).

마지막으로, 인지행동치료를 한국에서 적용할 때 문화적 민감성이 중요하다. 치료사는 서구문화와 한국문화의 상대적 차이를 이해해야 하며 한국문화 또한 계층, 민족, 종교, 지역, 학력, 장애 등의 다양성의 차원에 따라 복잡하게 하위문화화되어 있음을 인지해야 한다(박우철, 김수지, 2015). 예를 들어, 말하지 않아도 통하는 것을 강조하는 '이신전심'의 한국문화에서 '부부는 서로의 욕구를 언어적으로 표현하지 않아도 정확하게 알아차리고 이를 충족시켜야 한다'는 기준이 가족도식으로 자리 잡고 있을 수 있다. 이러한 한국 부부들에게 선명하고 개방적인 의사소통을 강조하는 인지행동 가족치료의 접근이 불편하거나 어렵게 느껴질 수 있으므로 치료사는 이를 유념하여 내담자 가족에게 의사소통 코칭을 하기 전에 혹시 있을 수 있는 이 신념을 먼저 다루고 조심스럽게 접근할 필요가 있다. 또 다른 예로, 상대의 눈을 똑바로 쳐다보지 않는 것이 오히려 예의 있는 행동으로 해석될 수 있는 한국문화에서 미국과 같은 수준으로 눈맞춤을 하도록 코칭하는 것이 적절하지 않을 수도 있다. 적절한 눈맞춤이 상대의 긍정적인 의사소통을 촉진하는 기능을 한다는 것을 가족과 충분히 토의한 후 한국문화에서 자연스러운 수준으로 눈맞춤을 하도록 안내할 필요가 있다. 요약하면, 한국문화 그리고 그 안에서의 하위문화에 따라 보편적인 행동, 인지, 정서의 양상이 서구의 것과 상당히 다를 수 있다. 따라서 치료사는 일방적 자세보다 내담자 가족이 속하는 문화의 자리에 함께 서서 충분한 대화를 통해 새로운 가족 문화를 만들어 가려고 노력해야 한다.

7. 인지행동 가족치료로 금쪽이네 만나기

1) 사례 개념화

(1) 행동

가족 내에서는 거시적 수준의 부정적 상호작용 패턴이 관찰된다. 대표적으로, 남편이 아내에게 지속적으로 변화를 요구하고, 이에 대해 아내가 방어적으로 반응하며 철수하는 '요구-철수' 패턴이 나타난다. 이러한 상호작용은 부부관계에 국한되지 않고, 상담센터의 치료자와 아내, 시어머니와 아내의 관계에서도 반복적으로 확인된다. 요구-철수 패턴에 고착된 아내는 무기력을 경험하며, 가정 내 도구적 역할(예: 가사)은 수행하지만, 정서적 지지나 애정 표현과 같은 표현적 행동은 잘 수행하지 못한다.

가족 내 또 다른 요구-철수 패턴도 관찰된다. 할머니, 아빠, 엄마가 반복적으로 아이에게 "학교에 가"라고 요구하고, 아이(금쪽이)는 이에 대해 방어하고 저항하는 반응을 보인다. 이러한 상호작용이 강화되면서, 문제의 근본 원인을 '엄마'로 인식하는 귀인 경향이 심화되고, 엄마에게 변화를 요구하는 첫 번째 요구-철수 패턴 역시 더욱 강화된다. 이와 함께, 상호 부적 강화 현상도 나타난다. 자녀가 분노 발작을 보이면, 엄마는 더 요구하지 않고 굴복하게 되고, 이로 인해 자녀의 분노 발작은 강화된다. 동시에, 엄마의 굴복은 딸의 분노 발작이라는 혐오 자극을 제거하므로 엄마의 굴복 행동도 강화된다.

부정적 상호작용 패턴은 문제 형성의 초기 단계에서도 나타났다. 아이가 어릴 때 보인 할머니와 아빠의 강압적 양육은 아이의 강박 행동을 유발했고, 이에 무기력을 느낀 엄마는 상황을 회피하게 되었다. 이 회피는 아이에게 엄마의 심리적 유기로 해석되었고, 이는 아이의 불안과 강박 행동을 더욱 악화시켰다. 결과적으로 아이의 행동은 할머니와 아버지의 통제적 행동을 심화시켰고, 그에 따라 엄마의 도피 반응도 반복되고 고착되었다.

미시적 수준에서 살펴보면, 가족 내에서는 감정과 생각을 공유하는 공감적 대화나 문제 해결을 위한 의사결정 대화의 역량이 부족하다. 건강한 대화를 이끌어내는 데 필요한 구체적인 지식과 기술의 결핍은 앞서 언급한 부정적 상호작용 패턴과 맞물려, 가족관계를 더욱 악화시킨다. 예컨대, 거실에서 이루어진 부부의 공동양육을 위한 대화조차 이러한 문제해결 대화 능력 부족으로 인해 원활하게 이루어지지 않는다. 이러한 대화 역량의 결핍은 부부관계는 물론, 부모-자녀 관계 전반에 걸쳐 나타난다.

의사소통뿐 아니라 일상적인 가족 내 행동의 측면에서도, 긍정적 행동보다 부정적 행동의 빈도가 높게 나타난다. 특히 친밀감, 애정, 신뢰 등 부부관계에서의 핵심 정서와 신념이 형성되도록 돕는 긍정적 행동이 전반적으로 결여되어 있다.

자녀의 문제행동과 관련해서도 훈육 체계는 제대로 기능하지 못하고 있다. 자녀가 학교에 가지 않거나, 부모에게 분노를 표출하며 고성을 지르는 등의 심리적 폭력에 가까운 행동이 통제되지 않고 있다. 그럼에도 불구하고, 부부는 하나의 양육 팀으로서 공동대처 체계를 갖추지 못하고 있으며, 이러한 비효율적 훈육은 둘째 자녀에 대한 훈육 장면에서도 동일하게 나타나고 있다.

(2) 인지와 정서

인지적 측면에서 보면, 가족 내에는 다수의 역기능적 기준과 가정이 관찰된다. 그중에서도 가족 내 경계와 권력에 대한 도식이 핵심적으로 작용한다. 특히 시어머니를 중심으로 한 확대가족과의 관계는 갈등을 더욱 복잡하게 만들고 있으며, 가족 구성원들은 '확대가족과의 경계는 약해도 된다'는 기준에 따라 행동하는 경향을 보인다. 이는 곧 '우리 가족은 핵가족이 아니라 조부모를 포함한 확대가족이다'라는 가정이 작동하고 있음을 시사한다. 또한, 권력에 대한 도식에서도, 가족 구성원들은 '부부 간 권력 차이는 문제가 되지 않는다', 또는 '학령기 자녀와 어머니 사이의 위계는 중요하지 않다'와 같은 신념을 가지고 있으며, 이러한 신념은 가족 내 상호작용에 부정적인 영향을 미치고 있다.

귀인 양식에서도 역기능적 특성이 나타난다. 가족은 자녀의 문제행동을 자녀 개인의 문제로 귀인하고, 궁극적으로는 '문제의 원인은 엄마에게 있다'는 방향으로 해석하는 경향이 있다. 이에 따라 자녀도 '문제는 내가 아니라 엄마다'라는 인지적 귀인을 형성하고, 엄마를 비난하는 태도를 보인다. 한편 3년 전 분가 당시, 가족 내에는 '문제의 원인 중 일부는 제대로 양육하지 못한 할머니에게 있다'는 귀인이 일정 부분 존재했을 가능성이 있다. 이에 엄마는 '이제부터는 내가 제대로 해보겠다'는 결심으로 분가를 시도했을 수 있으며, 그 결과 시어머니 연합(할머니, 아빠, 아이)과 며느리 간에는 '문제의 책임은 내게 있지 않다'는 귀인 경쟁이 형성되어 있는 것으로 보인다.

기대에 대한 인지에서도 전반적으로 부정적 기대가 형성되어 있다. 남편은 아내는 변하지 않을 것이라는 비관적 신념을 갖고 있으며, 아내 역시 자녀가 자신을 받아들이지 않기 때문에 변화는 불가능하다는 무력감을 경험하고 있다. 치료자가 변화를 유도하더라도, 아내는 자녀가 이를 거부할 것이라는 부정적 기대를 갖고 있으므로, 지시에 따르지 않거나 수동적인 태도를 보인다.

정서적 측면에서는 가족 내 만성화된 불안 수준이 높으며, 이로 인해 부정적 감정으로 상황을 부정적으로 해석하는 감정적 추론의 오류가 두드러지게 나타난다. 만성적인 부정적 정서는 구성원들이 서로의 긍정적인 면을 인식하지 못하고, 부정적인 특성에만 선택적으로 주의를 기울이게 한다. 자녀는 강한 감정을 자주 발산하며, 정서 조절 능력의 향상이 필요함을 시사한다. 아버지와 할머니 또한 과거에 자신이 설정한 강박적 기준에서 벗어나는 상황에서 격한 분노나 폭력적 반응을 보였으며, 이는 정서 조절의 어려움을 반영한다. 반면 아내는 자신의 감정을 명확히 지각하거나 표현하지 못하고 감정을 억압하는 경향을 보인다. 예컨대, 겉으로는 시어머니에게 "네"라고 대답하지만, 표정이 어둡고 고개를 숙이는 모습은 언어적 표현과 비언어적 태도 사이의 불일치, 즉 비일치적 의사소통의 대표적 사례로 해석될 수 있다.

마지막으로, 자녀의 "학교에 가면 화장실에 있을 생각이었다"라는 진술에서 볼 때, 학교생활에 대한 스트레스 요인이 존재할 가능성이 있다. 수업에 집중하지 못하는 행동은 학교가 자녀에게 보상이 아닌 '지루함'이라는 처벌의 공간으로 인식되고 있음을 시사한다. 이 경우 자녀는 학교에 가지 않기 위한 전략으로 엄마를 명분 삼아 이용하고 있을 가능성이 있으며, "엄마 때문"이라는 귀인은 학교 회피 행동을 정당화하는 도구가 되어, 자녀의 엄마에 대한 비난을 강화하는 악순환을 만들어낸다.

2) 주요 개입

(1) 행동 개입

치료 시작점에 가족 긴장 완화를 위해 행동 변화 안내를 사용해 가족의 긍정적 행동을 늘리고, 부정적 행동을 감소시킨다. 가족의 전반적 분위기가 다소 전환되면 이후 고착된 부정적 행동 패턴을 점진적으로 약화시키기 위해 내담자가 기존 가족 패턴의 대안 행동을 생각해 보고 시도할 수 있도록 유도한다. 치료자는 "그 패턴이 일어나는 상황에서 어떻게 다르게 행동하면 기존의 패턴이 흔들릴 수 있을까요?"와 같은 질문을 통해 자연스러운 행동 변화를 이끈다. 파괴적 패턴이 점차 약화되면 경계, 위계, 친밀감, 애정, 신뢰, 수용, 사회적 지지 등 이 가족의 근본 이슈와 욕구를 다루는 구체적인 행동 변화를 함께 모색한다(예: "어떻게 하면 확대가족과의 경계를 더 분명하게 할 수 있을까요?").

기술 기반 개입으로는, 감정과 생각을 깊이 있게 주고받는 공감적 대화에 대한 심리교육을 제공할 수 있다. 이후 치료자의 중재와 코칭하에, 가족원들이 긍정적·부정적 대화 주제를 실제 연습하도록 돕는다. 특히, 긍정적 주제를 중심으로 정서를 표현하고 공감대를 형성한 뒤, 그 안정감을 바탕으로 갈등이나 어려운 이야기를 나눌 수 있도록 유도한다. 치료자는 이 과정에서 심리적 안전감을 조성하고, 가족이 깊이 있는 상호 이해에 도달할 수 있도록 가교 역할을 하며, 이러한 대화 방식을 자연스럽게 체화할 수 있도록 이끈다.

갈등 이슈에 대해서는 문제해결 대화를 활용하여 구체적인 결론이나 실천 가능한 합의에 이를 수 있도록 중재한다. 특히 부부 회기에서는 효과적인 훈육 방식을 중심으로 훈육

체계의 재구성을 지원한다. 기능분석을 통해 자녀의 문제행동을 강화하는 부모 행동(예: 분노 발작에 대한 어머니의 굴복)이 무엇인지 파악하고, 그 대신 사용할 수 있는 대안 행동을 고안하도록 돕는다. 특히, 인센티브 차트를 사용하여 긍정적 강화를 중심으로 자녀의 행동 수정을 유도하고, 어머니와의 애착 강화를 위해 둘만의 시간을 가지되 아이가 좋아하는 활동을 하게 한다. 애착 관계가 강화되고 긍정적 강화가 상호작용의 중심이 되면 처벌이나 타임아웃 같은 훈육을 도입한다. 자녀가 청소년기를 1~2년 앞두고 있으므로 타임아웃을 단기로 사용하거나 용돈과 집안일, 특권 철회를 중심으로 훈육한다. 자녀가 참여할 수 있는 주제에 대해서는 가족 전체 회기에서 가족회의 형식의 대화를 통해 자녀가 문제해결 대화를 연습하고, 이를 통해 가족 전체가 효능감을 경험하도록 돕는다. 이때 가족회의에서 도출된 해결 방안을 행동 계약 형식으로 정리하고, 이를 모니터링하여 보상을 제공한다. 또한, 점진적으로 목표 행동에 도달할 수 있도록 조성(shaping)의 원칙을 적용한다.

(2) 인지·정서 개입

가족이 인지, 정서, 행동 간의 관계를 이해할 수 있도록 간단한 심리교육을 제공한다. 이후 사고 기록지와 인지 왜곡 목록 등을 활용해 이러한 개념에 익숙해지고 자신의 상황에 적용해 볼 수 있도록 돕는 훈련을 진행한다.

자녀 문제를 개인의 결함으로 귀인하는 접근에서 벗어나, 요구-철수와 같은 가족 내 상호작용 패턴에 귀인할 수 있도록 질문, 묘사, 해석 등의 기법을 활용해 가족이 해당 패턴을 자각하도록 돕는다. 이러한 통찰과 귀인의 변화는 비난, 방어, 철수 행동의 감소로 이어질 수 있다. 특히, 자녀는 어린 시절 엄마의 출근을 '심리적 유기'로 경험했는데, 치료자는 과거의 상호작용 맥락(예: 할머니·아빠-엄마-자녀) 속에서 엄마의 내면적 인지·정서적 경험을 드러낼 수 있다(예: "엄마가 너를 외면하려던 게 아니라, 사실 엄마도 무섭고 괴로웠었어"). 이를 통해 자녀의 트라우마적 귀인을 수정하고, 용서와 화해로 이어질 수 있도록 돕는다. 필요시 할머니나 아빠의 폭력적 행동으로 인한 트라우마에 대해서도 인지적 개입을 병행한다.

부부관계에서는 비난과 방어가 개인의 인격 문제라기보다는 부정적 상호작용 패턴의 결과임을 이해하도록 돕고, 각자의 원가족 경험을 탐색하여 비난이나 회피 행동을 낳게 한 도식이 어떻게 학습되었는지를 인식시켜 상호 공감의 기반을 마련한다. 또한, 경계, 위계, 친밀감 등에 대한 가족 내 신념 체계(가족도식)를 원가족 성장의 맥락에서 점검하고, 더 적응적인 신념을 형성할 수 있도록 지원하고 새로운 신념 변화에 조응하는 행동 변화에 대해서도 논의한다. 한편, 가족 구성원들은 서로에게 꼬리표를 붙이는 경향 때문에 상대의 강점을 인식하지 못하는 경우가 많다. 이를 완화하기 위해 긍정적 특성과 과거의 긍정적 경험(예: "아내가 따뜻하게 수용해 주었던 기억")을 심상 기법 등을 통해 떠올리게 하여, 신념의 재구성을 유도한다.

정서 개입의 측면에서는 마음챙김 명상 등을 통해 감정 인식을 높이고 불안을 완화하도록 돕는다. 아버지와 자녀에게는 감정을 비난이나 폭력이 아닌 언어로 표현하는 기술을, 어머니에게는 억압된 감정을 인식하고 표현하는 역량을 기를 수 있도록 지원한다. 또한, 정서 표현에 대해 부정적인 신념이 있는 경우, 이를 보다 유연하게 재구성하도록 돕는다. 특히 감정 표현이 억제된 아내나, 자신의 진실한 감정을 숨기고 있는 자녀에게는 과거의 트라우마와 관련된 사건을 다루며 심상 작업이나 역할놀이 등을 활용해 감정을 재경험하고 적절히 발산할 수 있도록 지원한다.

요약

- 인지행동 가족치료는 스키너의 조작적 조건형성, 반두라의 사회학습이론, 엘리스와 벡의 인지치료를 토대로 발전하였다. 이후 패터슨이 부모훈련모델을, 엡스타인, 보컴과 다틸리오가 인지행동 가족치료(CBFT)를 발전시켰다.
- 인지행동 가족치료의 주요 개념에는 조작적 조건형성, 관찰학습, 관계 인지, 자동적 사고와 인지적 오류가 포함된다. 스키너의 조작적 조건형성은 강화·처벌·수반성·상호강화 개념을 통해 가족 간 상호작용 패턴을 설명한다. 관계 인지는 선택적 주의·귀인·기대·기준·가정으로 구분된다. 자동적 사고의 인지적 오류는 부정적 정서를 유발하고 왜곡된 상호작용을 강화하는데, 대표적 오류로 임의적 추론, 과잉일반화, 이분법적 사고 등이 있다.
- 인지행동 가족치료는 의사소통·문제해결 기술 부족을 보완하기 위해 공감적 대화와 문제해결 훈련을 코칭한다. 가족의 부정적 상호작용을 줄이고 긍정적 행동을 강화하며, 거시적 행동 패턴(예: 상호공격, 요구-철수 등)을 완화하는 데 초점을 둔다. 비효과적 훈육(체벌, 강압적·허용적 양육)을 점검하고, 보상·명료한 지시·타임아웃 등 효과적 훈육 기법을 지도한다. 인지적 왜곡과 자동적 사고를 탐색, 수정하며, 정서 경험의 억압이나 과잉을 조절하여 가족이 더 적응적인 인지·정서양식을 체득하도록 돕는다.
- 인지행동 가족치료는 내담자의 호소문제해결을 단기 목표로 삼고, 의사소통·문제해결, 긍정적 상호작용, 합리적 인지, 적응적 정서 조절을 세부 목표로 둔다. 치료자는 가족과 협력하는 동반자로서 공감적 경청과 모델링을 통해 관계 이해와 변화를 촉진하며, 교사, 코치의 역할도 수행한다. 치료자는 공정한 발화 기회 제공, 긍정적 상호작용 촉진, 자기관리와 문화적 민감성을 바탕으로 치료동맹을 형성하고 가족의 자립적 학습을 돕는다.
- 인지행동 가족치료는 가족 면담, 질문지, 개인 면담, 행동관찰, 가계도 등 다중 방법을 통해 초기 측정과 사례개념화를 하고, 이를 내담자에게 피드백하여 치료목표를 협의한다. 또한, 치료모델과 개입에 대해 심리교육을 제공해 내담자가 자신의 인지·행동·정서에 대한 책임 의식을 갖고 상담에 협력하도록 돕는다.
- 행동 변화 개입은 행동 변화 안내, 행동계약, 스트레스 대처 전략 등을 통해 부정적 상호작용을 줄이고 긍정적 행동을 늘리도록 돕는다. 기술 기반 개입으로는 의사소통 훈련과 문제해결 훈련이 있으며, 가족이 공감적 대화와 협력적 문제해결 기술을 학습하도록 코칭한다.
- 인지 변화 개입은 구조화·비구조화 측정을 통해 자동적 사고·도식·신념을 탐색하고, 소크라테스식 문답으로 대안적 사고를 형성한다. 추가 기법으로는 행동 실험, 심상, 역할놀이, 하향 화살표, 스트레스 면역 훈련 등이 있으며, 이는 가족의 왜곡된 인지를 수정하

고 정서, 행동 변화를 촉진한다.

- 정서를 과소 경험 · 표현하는 가족원에게는 정서에 대한 부정적 신념을 수정하고, 정서 자각 · 표현 훈련, 마음챙김 등을 통해 정서를 안전하게 경험, 표현하도록 돕는다. 과잉 정서반응 가족원에게는 적응적 신념과 적절한 자기주장 기술을 훈련하고, 이완법 · 자기 진술 · 사고 수정 · 마음챙김 등을 활용해 정서를 조절하고 건설적으로 표현하도록 돕는다.
- 자녀 문제행동 개입은 기능분석(ABC 모델)을 통해 문제행동의 전후 맥락을 파악하고 수반성 관리를 한다. 긍정적 강화와 효과적 요구 · 훈육법(보상 · 특권 철회, 타임아웃 등)을 중심으로 개입하며, 부모의 일관된 태도와 사랑, 존중의 분위기가 전제된다. 또한 공동양육을 촉진하여 부모 간 불일치를 조율한다.

제10장

해결중심 가족치료

어려운 상황에 처한 사람에게 정말 필요한 것은 이전과는 다른 무언가를 하는 것이다.

스티브 드 셰이저(de Shazer, 1985)

1980년대 이후 포스트모더니즘과 사회구성주의의 등장으로 가족치료에서는 체계의 구조적 · 객관적 측면에 초점을 맞춘 치료 경향에서 내담자의 주관적 현실세계와 언어적 상호작용에 보다 주안점을 두는 변화가 나타나게 되었다. 이러한 변화 속에서 새로운 치료모델로 등장한 것이 해결중심 치료, 내러티브 치료, 협력적 모델 등이다. 이 장에서는 해결중심 가족치료를 포함한 속칭 '포스트모던 가족치료모델'이라고 불리는 치료모델들의 등장 배경을 간략히 정리하고 해결중심 가족치료에 대한 소개를 이어가도록 한다.

1. 발달 배경 및 주요 인물

1) 포스트모던 가족치료 모델의 등장

포스트모던 가족치료 모델의 발전에는 현대 철학, 언어학, 문화비평과 같은 다양한 학문이 바탕이 되었으며, 가족치료자들 또한 그러한 사상의 영향을 받아 새로운 모델을 출범시키게 된다. 그리고 그 중심에는 포스트모더니즘(post-modernism), 구성주의(constructivism)와 사회구성주의(social constructionism)가 있다. 각각에 대해서는 제3장에서 보다 상세한 설명이 되어 있으며, 여기에서는 간략하게 정리하여 제시한다.

포스트모더니즘은 근대성이 지닌 이성 중심주의, 보편적 진리, 대서사에 대한 회의가 20세기 중후반 사회·문화적 변화 속에서 심화되며 등장한 사조이다. 포스트모더니즘의 사상적 분위기는 상담 및 치료분야에도 스며들기 시작했는데, 그것이 가족치료에 접목되면서 가족치료 분야의 패러다임 전환이 일어나게 된다. 이는 소위 전문가인 치료자들만이 가족을 진단하고 해법을 찾을 수 있는 것이 아니라는 생각, 더 나아가 내담가족의 자율성과 그들만의 의미에 주목하는 변화를 낳았다. 포스트모더니즘이 표방하는 다원주의와 상대주의는 치료과정에서 내담가족의 경험을 더 폭넓게 이해하고, 내담가족이 자신의 경험을 스스로 해석하고 재구성할 수 있는 공간을 제공하게 된다.

인지 생물학에 뿌리를 둔 구성주의 인식론에서는 누구나 동의할 수 있는 '진실'과 '현실'이 객관적으로 존재하는 것이 아니라, 대상에 대한 인식은 각 개인이 갖는 인식의 틀에 따라 다를 수 있다는 점을 받아들인다. 이런 인식론을 취하는 가족치료 이론가들은 초창기 가족치료 모델들의 핵심이론인 가족체계론을 유지하면서도 체계를 하나의 실재(reality)로서 보다는 상호작용의 구성물(construct)이자 의미체계로 이해하는 입장을 취하고 있다. 구성주의 인식론에 이르면 가족의 현실은 하나의 실체가 아니라 구성원의 수 만큼 다양한 구성물로 존재하게 된다.

구성주의 인식론에서 더 나아가 사회구성주의에 이르면, 그러한 현실이 사회적 상호작용과 언어적 교환을 통해 사회적으로 구성되고 재구성되는 것이라고 보게 된다. 단어의 사용 방식이 현실을 구성하는 중요한 힘이 되므로 치료과정에서 치료사는 언어 사용에 주의를 기울이게 되고, 어떤 단어를 어떤 관점을 가지고 사용하느냐가 치료의 성과에 중요한 영향을 미치게 된다. 이런 언어 사용의 중요성은 후기가족치료 모델에서 질문기법을 정교하게 발달시키게 된 맥락이 된다.

마지막으로, 포스트모던 가족치료 모델은 내담가족을 치료의 대상으로 보는 것이 아니라 치료사와 동등한 협력자로 보는 협력치료 모델을 지향한다. 이 협력치료 모델은 앤더슨과 굴리시안(Anderson & Goolishian, 1988)이 발전시킨 것으로서 특정한 기법이나 틀 없이 치료자가 내담자와 공감적인 대화를 통해 새로운 의미를 찾는 과정에 초점을 두는 접근 방식이다. 그들은 내담자의 관점과 치료자의 관점이 각각 존재한다고 보는 포스트모더니즘 관점과, 그것이 협력적 대화를 통해 사회적으로 구성되어 간다고 보는 사회구성주의 관점을 취한다. 이 모델에서는 치료자의 '알지 못함의 자세(not-knowing posture)'를 중시했다.

이와 같은 내담자와의 협력적 모델은 '2차 사이버네틱스(second-order cybernetics)' 개념과 맥을 같이 한다. 고전적 가족치료 모델은 대상으로서의 내담가족의 상호작용 패턴을 이해하는 데 가족체계의 부분들 간의 피드백에 초점을 둔 사이버네틱스 원리를 활용하였다. 그러나 협력적 모델에서는 내담자 가족체계 안의 사이버네틱스뿐 아니라, 치료자와 내담가족 간의 상호작용까지 자기-관찰의 대상으로 두게 되면서 2차 사이버네틱스 개념이 생겨나게 되었다.

2) 해결중심 가족치료의 발전 과정과 주요 인물

해결중심 가족치료(Solution-Focused Family Therapy)는 1980년대 초 미국 위스콘신주 밀워키에 위치한 단기가족치료센터(Brief Family Therapy Center: BFTC)에서 그 기초가 확립되고 발전되었다. 센터를 설립한 연구팀은 문제의 원인을 파악하고 분석하는 전통적 치료법 대신, 문제해결에 집중하는 치료기법을 고안했다. 해결중심 가족치료는 짧은 시간 내에 실질적인 변화를 이끌어 내는 데 초점을 두었으며 내담자의 자원과 강점을 활용하는 데 주력하였다. 초창기 모델 개발을 위해 연구팀은 임상 현장에서 관찰된 실제 사례를 바탕으로 귀납적 방법을 활용하여 치료모델을 체계화하고, 이를 다양한 상황에 적용해 가며 모델을 발전시켰다.

드 셰이저와 김인수 박사 부부

해결중심 가족치료의 창시자는 스티브 드 셰이저(Steve de Shazer, 1940~2005)와 인수 김버그(Insoo Kim Berg, 1934~2007, 한국명 김인수) 부부라고 할 수 있다. 드 셰이저는 위스콘신 대학에서 사회복지 석사학위를 받고 의사소통이론과 전략적 가족치료의 중심이었던 캘리포니아주 팔로알토의 정신건강연구소(Mental Research Institute: MRI)에서 수련을 받았다. 한국 출신인 버그는 위스콘신 대학교에서 사회복지 석사, 이후 시카고 가족연구소와 메닝거 재단을 거쳐 역시 MRI에서 훈련을 받았다. 해결중심 가족치료가 가족체계론의 상호작용 맥락을 중시하는 것과 단기적인 해결책 모색에 집중하는 데에는 모델 창시자들의 이와 같은 훈련 배경이 관련되어 있다.

1975년 드 셰이저는 문제와 해결책의 구성을 치료전문가의 고유역할이라고 보던 전략적 가족치료의 입장을 벗어나 내담가족을 치료의 동반자로 참여시키는 단기치료 모델을 구상하게 된다. 이러한 생각의 변화를 통해 그는 1978년 위스콘신 주 밀워키에 몇 명의 동료들과 함께 단기가족치료센터(Brief Family Therapy Center: BFTC)를 설립하게 되었다. 초기 연구는 주로 사례연구 형태로 이루어졌으며, 내담자가 경험한 긍정적인 변화와 그 과정을 상세히 기록했다. 이 과정에서 1984년에는 예외질문, 기적질문, 척도질문, 대처질문의 4개 질문기법이 개발되었다(Cade & O'Hanlon, 1993). 또한, 연구팀은 내담자가 단 몇 회의 치료 회기만으로도 긍정적인 변화를 경험할 수 있다는 것을 입증했다(Franklin et al., 2011). 이러한 사례연구는 해결중심 치료의 이론적 기초를 확립하는 데 기여했다.

드 셰이저는 여러 저서(de Shazer, 1982; 1985; 2019)를 통해 해결중심 치료의 이론적 기초를 제공했다. 탁월한 임상가였던 버그는 전 세계를 다니며 치료사들을 훈련시키는 일을 하였으며 1988년, 자신의 저서 『해결을 위한 면접』(De Jong & Berg, 2015) 등을 통해 해결중심 치료의 실제 기법을 임상 현장에 적용하는 구체적인 방법을 제시했다. 이들은 1982년부터 자신들의 새로운 치료모델에 대해 '해결중심 단기치료(Solution-Focused Brief Therapy)', '해결중심 가족치료', '해결중심 치료' 등의 명칭을 사용하기 시작하였다(de Shazer & Berg, 1997).

해결중심 단기치료 혹은 해결중심 가족치료는 앞서 언급한 포스트모더니즘과 사회구성주의 이외에도 가족체계론과 MRI의 단기전략적 가족치료, 밀턴 에릭슨(Milton Erickson, 1901~1980)의 치료 방법 등의 영향을 받았다. 밀턴 에릭슨은 최면치료를 내담자 치료에 활용하였고 내담자의 강점을 문제해결에 활용하는 창의적이고 협력적인 치료를 지향함으로써 1950년대에 많은 치료자들을 매료시켰다. 드 셰이저는 에릭슨의 최면치료를 공부하

밀턴 에릭슨(Milton Erickson)

였으며, 내담자가 가진 것을 치료에 활용하며 문제의 원인을 찾아 교정하려 하지 않는 에릭슨의 치료방식을 자신의 모델에 적용하였다. 이는 해결중심 가족치료에서 내담자의 강점과 자원을 활용하며, 변화시킬 수 없는 것보다 현재와 미래에 초점을 두는 것으로 반영되게 되었다. 드 셰이저와 버그의 사후에도 해결중심 가족치료는 여러 학자와 임상가에 의해 계승, 발전되고 있는데 주요 인물로는 미셸 위너 데이비스(Michele Weiner-Davis), 빌 오한론(Bill O'Hanlon), 이본 돌란(Yvonne Dolan), 이브 립치크(Eve Lipchik) 등이 있다.

해결중심 가족치료는 1990년대와 2000년대에 걸쳐 전 세계적으로 확산되었으며, 다양한 언어로 번역된 책과 연구들이 출판되었다. 해결중심 가족치료가 한국에 소개된 것은 1987년이다. 이후 관련 전공 교수들과 정신과 의사들이 주축이 되어 가족치료 연구모임을 결성하여 이를 중심으로 해결중심 가족치료를 실시해 오다 1996년 '단기가족치료센터 한국지부'가 설립되었고 2002년 한국 단기가족치료 연구소로 개명하였다. 2011년에는 해결중심치료학회가 창립되었다.

2. 주요 개념

1) 해결중심적 대화

통상 치료에 오는 내담자들은 자신들이 경험하는 문제의 어려움을 호소하는 데 대화를 집중하지만, 해결중심 치료에서는 내담자의 관점을 문제가 아닌 해결을 향하도록 하는 의도적 대화를 하게 된다. 해결중심 치료에서 고안된 예외질문, 기적질문 등 여러 형태의 질문은 문제를 묘사하거나 문제의 원인을 생각하는 데 초점을 두기보다는 해결과 변화에 초점을 두고 있다. 이런 질문들을 활용하여 해결에 초점을 맞추는 대화 방식을 '해결중심적 대화'라고 한다.

2) 강점 관점

강점 관점은 내담가족의 결핍이나 문제, 병리보다는 강점과 잠재력에 초점을 두는 관점이다. 이 관점은 단순히 병리나 문제가 '없어지는 것'을 건강한 것으로 보지 않고, 문제와 한 개인 혹은 가족의 강점과 잠재력이 공존한다는 가정을 한다. 그러므로, 내담자(가족)는 현재 문제를 경험하고 있지만 이와 동시에 그들만의 강점이 존재한다고 보고 그 강점을 활용하여 문제해결에 이르도록 이끈다.

3) 알지 못함의 자세

'알지 못함의 자세(not-knowing posture)'의 개념을 수용하는 해결중심 가족치료에서는 전문가로서의 치료자가 내담가족의 상황과 문제를 더 잘 알 수 있다는 가정을 거부한다(〈글상자 10-1〉 참조). 어느 하나도 내담가족에게 물어보지 않고 치료자가 예단할 수 있는 것은 없다고 본다. 협력적 치료의 철학을 가진 해결중심 치료에서는 치료사가 아니라 내담가족 스스로가 자기 문제의 전문가임을 인정한다.

글상자 10-1 **'알지 못함의 자세'란?**

알지 못함의 자세(not-knowing posture)는 협력적 언어체계 모델(collaborative language systems model)의 창시자인 앤더슨과 굴리시안(Anderson & Goolishian, 1992)에 의해 제시된 개념이다. 이 개념은 전통적인 치료자 중심의 치료방식에 대한 도전이며, 상담자가 다음과 같은 태도를 갖추는 것을 말한다.

첫째, '모른다는 것'은 내담자의 삶에 대한 겸손과 존중의 출발점이다. 치료자는 내담자의 삶, 의미, 경험에 대해 이미 알고 있다고 가정하지 않으며, 관계적 민감성과 진정한 호기심을 가진다. 둘째, '알지 못함'은 진정한 대화를 가능하게 한다. 치료자가 먼저 해석하거나 진단하지 않고, 내담자의 말과 의미에 집중하며 질문을 통해 탐색한다. 이러한 태도는 내담자가 스스로 자신의 문제를 새롭게 이해하고, 변화의 가능성을 발견하게 도와준다. 셋째, 치료자와 내담자는 수직적 관계가 아니라 수평적, 협력적 관계이며, '지도자'나 '해결자'가 아니라, 이야기를 함께 만들어 가는 내담자의 동반자이다.

4) 저항에 대한 개념과 내담자 유형

해결중심 치료에서는 전통 심리치료에서 말하는 저항(resistance) 개념을 수용하지 않는다. 내담자의 자발성이 준비되지 않은 상태에서 치료사 자신의 계획에 따라 속도를 내게 될 때 내담자는 비협조적인 태도로 변하게 되는데, 해결중심 치료에서는 이를 내담자의 저항이라고 보지 않고 치료자가 내담자와의 협력성을 잘못 파악하여 진행한 것으로 이해한다. 이런 점에서 해결중심 치료에서는 내담자를 '방문형', '불평형', '고객형' 등 세 가지 유형으로 범주화하여 내담자의 수준에 맞춘 개입을 하도록 하기도 한다.

3. 가족문제 발생과 치료의 원리

1) 가족문제 발생의 원리

해결중심 가족치료에서는 가족체계가 가진 역기능적 상호작용 패턴 등이 문제 발생의 맥락이 된다는 것을 부정하지는 않는다. 그러나 일단 발생한 문제를 해결하는 방식에 있어서 내담가족이 경험한 적이 있는 '문제가 없었던 예외상황'을 확대하는 방식을 쓰기 때문에, 문제발생의 근원이 되는 가족체계의 원리보다는 문제가 발생하지 않을 때의 체계의 작동과정에 더 관심을 두고 있다.

이 이론에서는 특정 가족이 현재 시점에서 문제를 둘러싼 악순환에서 빠져나오지 못하는 근저에는 중첩되는 스트레스로 인한 가족의 소진과 무력감, 낮아진 문제해결 능력 등이 자리하고 있다고 이해한다. 이런 상황에서 가족들은 문제에 대처할 수 있는 자율성과 자기조직력을 상실하고 타율적으로 누군가가 문제를 해결해주기를 기다리며 침체에 빠져 있는 상태가 된다.

2) 치료의 원리

(1) 기본 가정

다음에 제시된 해결중심 가족치료의 기본 가정들은 이 모델의 근간을 구축하는 치료철학이다. 해결중심 가족치료의 구체적인 기법들을 효과적으로 적용하기 위해 치료사는 이러한 가정들을 자신의 치료 신념으로 내면화할 필요가 있다. 가정은 다음의 11가지로 요약된다(Berg & Miller, 2001).

① 긍정적인 측면에 초점을 둔다.

문제의 해결을 위해서는 문제 자체에 초점을 맞추는 것보다는 긍정적이고 문제해결이 가능한 측면에 초점을 맞출 때 바람직한 변화가 일어나기 쉽다.

② 예외상황은 해결의 실마리를 보여준다.

예외상황은 우연이건 의도한 것이건 문제가 나타나지 않은 경험을 말하는 것으로서, 예외상황은 내담자가 가진 자원이나 강점, 상황적 특성 등에서 비교적 적절성이 높은 문제해결의 실마리를 찾게 해준다는 점에서 예외상황을 상세히 탐색하는 것이 중요하다.

③ 변하지 않고 그대로 머무는 것은 아무 것도 없다.

개인이나 가족의 문제를 둘러싼 상황의 흐름은 계속 살아서 움직이고 있다. 이 살아있는 체계의 흐름을 바람직한 변화의 방향으로 틀어주는 것은 그 흐름을 타고 점차 큰 변화를 낳는 기틀이 된다.

④ 작은 변화는 큰 변화를 유도해낸다.

문제를 해결하는 방향으로 작은 변화를 시도하면 체계의 생성적(generative) 특성으로 인해 큰 변화가 유도된다. 작은 변화가 큰 변화를 이끌어낸다는 신념을 가질 때 작은 변화를 시작할 동기를 가질 수 있게 된다.

⑤ 사람은 자기 문제를 해결하기 위해 필요한 능력과 자원을 가지고 있다.

모든 인간은 고유의 강점을 가지고 있어 이것을 문제해결에 활용할 수 있다. 치료사의 역할은 내담자가 자기 자원과 능력을 자각하여 문제해결에 활용할 수 있도록 돕는 것이다.

⑥ 의미는 반응 속에 있다.

이 말은 특정 사건에 관해 가족원이나 주요 타자들이 어떤 반응을 하는지에 따라 그 사건의 의미가 만들어진다는 뜻이다. 이렇게 만들어진 의미(예를 들면, "며느리가 8시까지 잔다니 게으르다!")는 일관되고 지속적인 상호주관성의 맥락 속에서 마치 객관적 진실과 같은 힘을 가지게 된다.

⑦ 의미와 체험의 변화는 상호작용 속에서 일어난다.

예를 들어, 게으른 여자라는 자기 개념을 내재한 여성과 그 남편의 공동회기에서 치료사가 남편에게 "아내가 너무 일찍 일어나지 않아서 어떤 점이 편한가요?"라고 질문을 하게 되면 내담부부는 아내의 8시 기상이 가지는 긍정적인 측면도 보게 되면서 아내의 자기 개념에 작은 균열을 낼 수 있다.

⑧ 내담자가 자기 문제의 전문가다.

치료사들이 받은 교육과 훈련은 내담자를 이해하는 일반론이지만, 내담자 각각이 경험하는 문제와 상황, 의미, 강점 등에 대해 치료사는 무지하다. 그러므로 치료자는 내담자가 자기 문제와 해결책에 대해 가진 경험을 최대한 수용하여 이것을 해결에 활용하도록 해야 한다.

⑨ 상황에 대한 정의는 행동과 순환한다.

앞의 예에서, 8시 기상을 게으르다고 정의하면 아내는 그 정의에 맞추어 행동한다. 자신은 게으른 사람이니 설거지를 미루게 된다. 그 반대로, 설거지를 미루다 보니 게으른 사람이라는 자신에 대한 정의를 더 강화하게 된다. 그러므로, 치료에서는 상황에 대한 정의에 변화를 일으키거나 행동의 작은 변화를 통해 상황 정의를 변화시키는 방법을 구사할 수 있다.

⑩ 내담자는 항상 치료에 협조하고 있으며 변화에 대한 자신의 생각을 보여준다.

모든 내담자는 긍정적 변화를 원하고 있으며 문제해결을 위해 나름대로의 방법으로 노력하고 있다. 만일 내담자가 협조하지 않는다는 느낌이 든다면 그것은 내담자가 치료사와 다른 변화 속도나 변화 전략을 가지고 있기 때문이므로 치료사는 이에 대해 내담자에게 물어보아야 한다.

⑪ 치료사와 내담자/내담가족은 치료목표와 치료 노력을 공유하는 사람들이다.

해결중심 가족치료는 치료에 응하지 않으려는 사람을 치료체계에 억지로 포함시키지 않는다. '지금 상황에 관심이 있는 사람'을 치료에 초청하며 이 참여자들과 치료사는 치료체계의 구성원이 되어 치료목표와 노력을 공유하면서 함께 변화를 만들어가게 된다.

(2) 치료원리

이상의 치료철학에 기반하여 진행되는 해결중심 가족치료는 다음과 같은 치료 원리들을 가진다.

① 병리적인 것 대신 건강한 것에 초점을 둔다.

해결중심 치료는 병리적인 것, 또 그것의 원인이 되는 문제적 상호작용 등에 초점을 두지 않고 강점, 자원, 내담자의 성공 경험 등 건강한 것에 초점을 둔다.

② 내담자의 강점, 자원, 심지어 증상까지도 발견하여 치료에 활용한다.

증상을 치료에 활용하는 것은 치료사의 노련함을 필요로 한다. 불평형 내담자들은 다른 사람을 잘 관찰하는 강점이 있는데, 관찰을 통해 자기 통찰에 이를 수 있도록 과제를 부여하는 것 등이 증상을 치료에 활용하는 것이다.

③ 탈이론적, 비규범적이며 내담자의 견해를 존중한다.

해결중심 가족치료를 포함한 후기 모델들은 정상가족이나 문제 발생의 원리에 대한 이론을 구축하지 않는다. 이는 모든 내담자의 삶이 가지는 개별성과 내담자의 주관성을 존중하기 때문이다. 이런 탈이론적, 비규범적인 치료사의 태도는 내담자와 협력적으로 문제를 풀어나가는 협력적 모델로 귀결될 수밖에 없다.

④ 간단하고 단순한 방법을 먼저 사용한다.

해결중심 가족치료는 복잡한 문제라고 복잡한 방법이 필요하다고 보지 않는다. 작은 변화가 또 다른 변화를 가져온다는 체계변화의 생성적 원리를 기초로 해결중심 가족치료는 간단하고 작은 변화를 통해 체계의 건강한 흐름을 발생시키는 방식으로 개입한다.

⑤ 변화는 불가피하다.

누구에게나 변화는 삶의 일부이며 변화하지 않는 것은 없다는 가정하에, 치료사는 이 변화를 긍정적인 방향으로 이끌어 해결책 구축으로 이어지게 한다. 이를 위해 치료사는 삶의 다양한 변화 중 어떤 변화가 문제를 조금 더 완화하는 방향이었는지 질문을 통해 세심히 검토하게 한 후 나아지는 방향에 더 집중할 수 있도록 하는 전략을 쓰게된다.

⑥ 현재에 초점을 맞추며 미래지향적이다.

해결중심 가족치료는 내담자의 과거의 어려움과 그로 인한 결손보다는 그 극복과정에서 발견되는 내담자의 강점에 초점을 둔다. 또한, 이 모델은 현재의 변화 경험을 추적하고 확장하여 재경험할 수 있도록 하는 동시에, 미래의 문제가 해결된 모습 등을 시각화, 구체화하면서 해결책을 찾는다.

⑦ 내담자와의 협력관계를 중요시한다.

해결중심 가족치료에서는 치료사가 가진 전문성으로 내담자를 압도하고 이끄는 것을 지양한다. 치료사는 알지 못함의 자세를 가지고 내담자 고유의 경험과 강점, 예외상황 등을 끌어내고 지지한다. 이에 따라 내담자는 더 성숙한 주체성과 자율성을 가지고 자기 삶의 문제들을 해결하는 역량을 키워갈 수 있다.

4. 치료목표와 치료자 역할

1) 치료목표

해결중심 가족치료의 치료목표는 철저히 내담자가 원하는 목표로 정해진다. 많은 경우 내담자들은 두리뭉실하고 추상적이며 달성하기 어려운 어떤 모습을 목표로 말한다. 내담자들의 소망을 좀 더 구체적이고 명확하며 달성을 위한 동기부여가 되는 목표로 만들어가는 가는 데는 치료사의 조력이 필요하다. “이 치료를 통해 무엇이 조금이라도 달라지면 여기 온 것이 보람있었다고 말할 수 있을까요?”라는 ‘보람질문’으로 목표 설정을 시작하면 좋다. 잘 설정된 목표는 내담자와 치료사 간 치료 동맹을 높이며 목표지향적인 회기 진행에 큰 도움이 된다. 해결중심 가족치료에서 목표를 세울 때의 원칙에 대해서 〈글상자 10-2〉를 참고하도록 한다.

글상자 10-2 **해결중심 가족치료에서 목표 설정의 원리**

해결중심 가족치료에서는 다음과 같은 원리를 적용하여 목표 설정을 하도록 권장한다.

① 내담자에게 중요한 것으로 하기

해결중심 가족치료에서는 내담자가 치료를 통해 얻어가고 싶은 것이 무엇인지를 직접적으로 질문하여 그것을 목표로 삼는다. 치료자의 진단을 기초로 치료자가 중요하게 생각하는 것을 목표로 삼는 기존의 방식과는 대조된다.

② 구체적이며 행동적인 것으로 표현하기

목표가 달성되었는지 여부를 명확하게 확인하기 위해서 목표는 구체적이고 행동적으로 표현되는 것이 좋다. 예를 들어, '화목한 가정'이라는 목표보다는 '집을 들어오고 나갈 때 7/10 이상 서로 아는 체하는 가족'이라는 구체적인 목표가 더 낫다.

③ 문제행동의 소거보다는 원하는 긍정적 행동의 시작으로 하기

예를 들어, "서로 싸우지 않았으면 해요"라는 목표를 내담자가 말하면, "싸우지 않는 대신 어떻게 되었으면 하나요?"라고 다시 물어 문제행동이 소거된 후의 긍정적 행동을 그려보게 하는 것이 좋다.

④ 지금-여기에서 시작될 수 있는 것으로 하기

해결중심 가족치료에서는 목표를 최종 목적지라기보다는 첫 시작 단계로 본다. 치료사는 장기적 목표를 이야기하는 내담자에게 더 단기적이고 성취 가능하며 당장 시작될 수 있는 것을 목표로 삼을 수 있도록 유도할 필요가 있다.

⑤ 현실적이고 성취 가능한 작은 것으로 하기

목표는 현실적이고 성취가능한 작은 목표가 좋다. 왜냐하면, 쉽게 성취할 수 있어야 성공 경험을 만들어낼 수 있고 이 성공 경험이 내담자의 변화 동기를 더 높이게 되기 때문이다.

⑥ 목표 수행을 힘든 것으로 인식하기

이는 전략적 가족치료의 역설적 방법을 도입한 것이다. 목표 수행이 어려운 일이라고 치료사와 내담자 모두 인식하는 것이 목표에 대해 더 도전하고 노력할 것이라는 가정하에 목표 수행이 쉽지 않은 것임을 강조하게 하는 것이다.

출처: Berg & Miller(2001); Walter & Peller(2001).

2) 치료자 역할

해결중심 가족치료에서 치료사는 권위자나 전문가가 아니라 내담가족과 함께 치료팀의 일원으로 존재한다. 내담가족에 대하여 호기심을 가진 '알지 못함의 자세'로 경청하고 수용하는 자세를 가진다. 치료사의 전문적 역할이 발휘될 부분은, 문제중심적 관점와 타율성과 의존성을 가지기 쉬운 내담가족에게 내담자 본인이 문제해결의 열쇠를 쥐고 있는 사람이며, 자신에게 그렇게 해결할 수 있는 자원과 강점, 성공의 경험이 있다는 것을 인식시키고, 내담자의 관점을 희망적이고 해결지향적인 관점으로 유도하기 위한 영향력을 발휘하는 데 있다. 이때 치료자는 〈글상자 10-3〉과 같은 대화 방식을 활용하여 내담자와의 협력적 관계를 강화해 나간다.

글상자 10-3 해결중심 치료자의 협력적 대화 요령

- 해결중심 치료자는 경청과 공감, 요약, 개방형 질문의 사용, 침묵의 활용 등과 같은 일반적인 면담 요령에 더하여 다음과 같은 면담 기술로 협력적 대화를 이어간다.
- 내담자가 사용하는 핵심 용어를 반복해준다. 예를 들어 "엄마가 나를 딸로 안 보잖아요" 라는 말에 이어 치료사는, "그럼 만일 엄마가 너를 딸로 보게 되면 지금과는 뭐가 달라질까?"라는 질문에서 내담자가 사용한 동일한 언어를 사용함으로써 내담자의 준거틀을 인정하고 존중하는 효과를 거두게 된다.
- 치료사는 내담자를 자주 칭찬해줄 필요가 있다. 예를 들면 "그렇게 우울감이 심한데 어떻게 저를 만나러 오실 수가 있었나요?"와 같은 간접적 방법을 활용하여 내담자의 동기, 구체적인 행동, 강점 등에 초점을 맞춘 칭찬을 한다. 이는 내담자가 자신의 강점을 인식하고 역량과 주체성을 회복하는 데 도움이 되는 의도된 행동이다.
- 내담자의 불평을 '변화에 대한 욕구'로 바꾸어주는 기술을 사용한다. "엄마가 엄마같지도 않아요"라는 딸의 불평을 치료사는 "음, 너는 엄마가 '엄마처럼' 바뀌었으면 좋겠다는 거구나"라고 바꾸어 읽어주는 것이 그 예라고 할 수 있다. 치료사는 이런 식의 개입을 통해 내담자의 변화 주체로서의 인식을 강화시키고자 한다.
- 치료사는 내담자의 참여 수준의 자발성, 변화 동기 등을 고려하여 내담자의 속도에 맞춘 협력적 관계를 잘 유지해야 한다. 치료사가 자신의 개입계획을 우선하느라 내담자와의 협력을 깨트리게 될 때 치료의 과정과 성과 모두에 부정적인 영향을 미치게 된다.

5. 치료기법과 개입의 실제

1) 치료의 과정

해결중심 단기치료는 짧은 기간 내에 효과적인 변화를 이끌어내는 것을 목표로 하며 일반적으로 3회기에서 5회기 정도 소요되고, 치료가 8회기를 넘는 경우는 드물다(Iveson, 2002). 각 회기는 메시지 전달을 포함하여 약 50분 정도 소요된다. 어떤 경우는 한 회기만으로 개입이 충분한 경우도 있다. 만약 3회기 이후에도 전혀 개선이 없는 경우, 해결중심 단기치료가 적절한 접근법이 아닐 가능성이 있다. 그러나 초기 세 회기 동안 정보의 대부분이 수집되기 때문에, 이 정보는 보다 전통적인 접근법의 사정 자료로 전환하는 데 유용하게 사용할 수 있다.

해결중심 가족치료는 첫 회기 치료와 2회기부터의 치료과정이 조금 다르므로 첫 회기 치료와 2회기부터의 치료를 나누어 소개한다.

(1) 첫 회기 치료

첫 회기 치료에서 가장 중요한 것은 내담자와의 협력적 관계를 구축하는 것과 치료목표를 설정하는 것이다. 첫 회기는 다음과 같은 절차로 진행되는 것을 권장하고 있다(de Shazer et al., 1986).

① 치료구조와 절차 소개

내담자에게 치료과정을 간단히 소개하고, 녹음이나 녹화에 대한 허락을 포함한 사전 동의를 받는다. 내담자에 대한 간단한 배경정보를 얻는다. 정보를 가급적 간략히 얻게 하는 것은 내담자에 대한 선입견을 최소화하기 위해서이다.

② 문제 진술

내담가족의 불평이 무엇인지를 구체적이고 상세하게 질문한다. 그러나 문제에 관한 이야기로 전체 회기가 뒤덮이지 않도록 어느 정도 파악이 되면 예외탐색으로 넘어간다.

③ 예외 탐색

'첫 치료 전 변화에 대한 질문'으로 시작하여 내담자들에게 일어난 예외상황이 있는지를 탐색한다.

④ 치료목표 설정

보람질문이나 기적질문, 척도질문, 관계성 질문 등을 활용하여 가족원 각각의 치료목표와 가족 전체를 아우르는 포괄적 목표를 설정한다. 앞서 설명한 목표 설정의 원칙을 고려한다.

⑤ 해결책 정의

목표가 성취된 후의 삶, 내담자가 원하는 척도 점수(예를 들어 '7점')가 되었을 때의 구체적인 삶의 모습, 목표가 달성되었음을 알 수 있는 표식이 무엇인지를 파악하도록 한다.

⑥ 메시지 작성

치료사는 5~10분 정도, 내담가족을 떠나 관찰팀과 만나 가족에게 줄 메시지를 만들고 작성한다(팀이 없을 경우는 치료사 혼자 다른 방에서 메시지를 만든다).

⑦ 메시지 전달

5분 이내로 짧게 메시지를 전달함으로 치료를 끝낸다. 다음 시간 약속 등 행정 관련 일은 회기 직후에 별도로 하도록 한다.

(2) 첫 회기 후의 치료

두 번째 회기부터는 첫 회 치료에서 설정된 목표가 얼마나 달성되고 있는지 확인하면서 이것을 더 잘 유지하고 발전시키는 데 초점을 두게 된다. 이를 위해 치료사는 EARS라는 원리를 가지고 치료에 임한다. EARS는 문제에 대한 '예외를 끌어내기(eliciting)', '이끌어낸 예외를 확대하기(amplifying)', '예외를 통해 나타나는 성공과 강점을 강화하기(reinforcing)', '다시 시작하기(start again)'의 영어 약자를 딴 축약어이다.

① 예외 끌어내기

치료사는 두 번째 회기를 시작하면서 "지난번 치료 이후로 어떤 것이 좀 좋아졌는지요?" 라는 변화, 즉 문제가 없거나 줄어든 예외상황을 끌어내는 질문으로 시작한다.

② 예외를 확대하기

예외를 확대한다는 것은 긍정적인 변화에 대해 '언제, 누가, 어디서, 어떻게'라는 구체적인 질문을 던짐으로써 예외를 중심으로 여러 측면으로 탐색하고, 그 변화에 대한 주변의 반응 등도 질문하는 것이다. 이는 예외가 일어난 맥락에 대한 내담자의 관찰과 통찰을 확대하기 위함이다.

③ 강화하기

변화를 강화한다는 것은 변화한 것에 대한 인정과 가치부여를 하는 것을 의미한다. 치료사의 격려, 놀랍고 믿기 어렵다는 반응, 인정과 칭찬 등을 하면서 "그런 예외 행동이 좀 더 자주 일어나려면 어떤 노력을 계속해야 할까요?", "만약 이렇게 3개월이 지속된다면 3개월 후의 가족에게서는 어떤 변화가 일어나 있을까요?" 등과 같은 질문을 활용하여 예외 상황이 더 자주 발생할 수 있도록 유도한다.

④ 다시 시작하기

마지막으로는 "또 좋아진 것이 무엇이지요?"라는 질문을 하면서 앞의 EAR과정을 다시 시작한다.

(3) 치료 종결하기

치료과정에서 척도질문 등으로 회기마다 내담자에게 진전 정도를 묻게 되고, 내담자의 목표 수렴 정도를 파악하면서 자연스럽게 종결 결정을 하게 된다. 마지막 회기에는 지금까지의 변화를 확인하고 견고히 하면서 다음과 같은 견고화 질문(정문자 외, 2017: 169)으로 종결 후의 내담자들을 준비시킬 수 있다(〈글상자 10-4〉 참조).

- 예전으로 돌아간다면 다시 무엇을 해야 할까요? (재발 상황에 대한 질문)
- 주요한 퇴보를 막기 위해 무엇을 해야 할까요? (재발 예방을 위한 질문)

• 이런 변화 양상을 지속시키기 위해서 무엇을 해야 할까요? (변화의 지속, 유지를 위한 질문)

글상자 10-4 **해결중심 가족상담의 실제를 익히기 위한 교육자료**

• 『해결중심 가족치료 사례집』(정문자 외, 2006)
이 사례집에는 해결중심 가족치료로 접근한 실제 사례를 진행한 회기 축어록이 제시되어 있어 질문기법들을 적용하는 데 도움이 된다.

• 『아동과 청소년을 위한 해결중심상담』(Berg & Steiner, 2009)
아동·청소년을 대상으로 해결중심 가족치료 접근을 할 때 활용하기 좋은 다양한 놀이기법들이 소개되어 있다.

• 놀이를 활용한 이혼가족의 해결중심단기치료 사례연구(김유숙, 2003)
가족놀이기법을 활용하여 이혼가족을 개입한 상세 내용이 실린 논문이다. 해결중심적 질문과 놀이기법이 적절히 조화된 개입의 좋은 예를 볼 수 있다.

• 한국단기가족치료연구소 발행 치료 동영상 자료
해결중심 가족치료를 보급하는 핵심 기관인 본 연구소(홈페이지 https://brieftherapy.kr)를 통해 치료 동영상 자료를 구해서 반복 시청하는 것이 도움이 된다.

2) 해결책 구축을 위한 질문기법

드 셰이저(2019)를 포함한 해결중심 가족치료 학자들은 치료를 내담자와 치료사 간에 협력적으로 해결책을 구축하는 과정으로 보았다. 이를 위해 해결중심 가족치료 연구자들은 귀납적 방법을 사용하여 다음에 소개되는 다양한 전략적 질문기법들을 개발하였다. 이 질문기법에는 해결중심 가족치료의 기본철학이 고스란히 녹아있으므로, 질문하는 치료사의 태도와 관점이 이 기본철학과 일치할 수 있어야 질문의 효과가 살아날 것이다.

(1) 첫 치료 전 변화에 관한 질문

많은 내담자가 치료를 신청할 무렵에 문제가 가장 심각하다가 치료를 기다리는 동안에 심각도가 약간 감소하는 경향이 있는데, 드 셰이저와 버그는 이러한 치료 전의 변화에 관심을 가지고 관찰하였다. 이것을 근거로 내담자의 잠재 능력과 자신들이 인식하지 못하고 있던 해결책을 탐색하는 것에 초점을 둔 질문이 '첫 치료 전 변화에 관한 질문'이다. 이 질문을 하게 되면 호소문제의 힘든 부분에 쏠려있던 내담자의 관점이 긍정적 변화 쪽으로 방향 전환되게 되는 효과가 있다. 질문의 예는 다음과 같다.

- "치료를 신청하고 기다리시는 시간 동안 혹시 어떤 변화가 조금이라도 있었나요?"
- "어떻게 그런 변화가 생길 수 있었을까요?"

(2) 보람질문

보람질문은 치료의 결과로 어떤 상태가 된다면 치료가 보람 있다고 생각하게 될지를 내담자에게 질문하는 것이다. 이 질문은 내담자의 기대와 욕구를 명확하게 하면서 치료목표를 설정하는 데 도움이 된다. 질문의 예는 다음과 같다.

- "혹시 무엇이 좀 달라지면 여기 와서 치료받기를 잘했다고 생각하실까요?"
- "오늘 힘들게 오셨는데, 치료가 끝났을 때 어떤 변화가 있으면 치료가 보람 있었다고 생각하실까요?"

(3) 예외질문

예외란 내담자가 문제로 생각하고 있는 행동이 일어나지 않았던 경우나 우연적인 성공사건을 말한다. 예외질문은 내담자가 인지하지 못했던 예외를 찾아내어 이것이 어떻게 일어나게 되었으며 어떤 상호작용의 연쇄를 만들어 내는지에 대해 생각해 보게 하여, 이 예외상황을 의도적으로 반복해서 일어나도록 만들기 위해 활용된다. 만일 예외상황이 가까운 시점에 발생하지 않았다고 한다면 좀 더 먼 과거까지 시간을 확장하여 찾아볼 필요가 있다. 다음과 같이 질문한다.

- "두 분이 매일 싸우신다고 말씀하셨는데, 혹시 싸우지 않은 날은 없었나요?"
- "그날은 어떻게 해서 싸우지 않으셨을까요? 다른 날과 뭐가 달랐나요?"
- "그날 싸우지 않고 그 대신 무엇을 하셨나요?"

(4) 기적질문과 가상질문

내담자가 자신의 호소문제와 관련하여 어떤 긍정적인 변화도 일어나기 힘들다는 부정적인 사고에 사로잡혀있을 경우 사용하는 질문으로 기적질문이 있다. 기적질문은 내담자의 관점을 변화시키는 것을 주목적으로 하는데, 문제와 분리하여 해결된 상태를 상상하도록 하여 변화하기 원하는 것을 스스로 발견하게 하고 문제에 대한 집착에서 벗어나게 한다. 내담자는 기적질문에 응답하는 과정에서 작은 변화를 통해 기적을 만드는 사람이 자기라는 것을 인식하게 된다. 이러한 내적 과정은 변화 동기를 갖게 만든다. 기적질문은 다음과 같은 내용으로 천천히, 그리고 진지하게 진행하여 내담자 또한 진지하게 기적 상황을 상상해 볼 수 있도록 한다.

- "밤에 잠자는 동안 기적이 일어나서 지금 여기에 가지고 온 문제가 해결되었다고 합시다. 하지만 잠자는 동안에 기적이 일어났기 때문에 무슨 일이 생겼는지는 아무도 모릅니다. 내일 아침에 일어났을 때 당신은 무엇을 보고 기적이 일어난 것을 알 수 있을까요?"

기적질문 이후에 나온 대답에 대해서는 기적이 일어났을 때 나타나는 행동들이 관계 안에서 상호연관되어 있음을 인식할 수 있도록 다음과 같은 추가적인 질문을 활용할 필요가 있다.

- "따님이 그렇게 아침 인사를 한다면 어머니 · 아버지는 어떻게 반응하실까요?"
- "어머니가 따님에게 다정하게 아침식탁을 준비해주면 따님은 어떤 마음이 드실까요?"
- "세 분 사이에 뭐가 또 달라져 있을까요?"

기적질문이 일반적으로 치료 초기에 사용되고 이후에 반복적으로 사용되지 않는 반면, 이보다 좀 더 간략한 형태의 '가상질문'은 치료과정에서 필요하면 언제든지 사용하는 질문이다. "만일 지금 이 문제가 없다고 한다면 당신 생활은 지금과 무엇이 다를까요?" "만일 동생이 여기에 있다면 형의 행동은 어떻게 달라질까요?" 등은 가상질문의 예이다.

(5) 척도질문

척도질문은 내담자가 자신의 문제의 심각성, 문제해결의 가능성, 정서적 친밀도, 변화를 위해 투자할 수 있는 노력, 목표에 가까워진 정도 등을 수치로 표현하도록 하는 질문 기법이다. 척도질문을 통해 내담자와 치료사는 더 명확한 소통을 할 수 있게 되고, 치료를 통한 진보를 확인하기 쉬워진다. 또한, 목표행동에서 '1'점 나아진 상태를 묘사하게 함으로써 작은 중간목표를 설정하기가 쉬워진다. 척도질문에서는 긍정적인 상태를 10점, 부정적인 상태를 1점 등으로 표현한다. 척도질문을 다음과 같이 다양하게 활용할 수 있다.

- "문제가 가장 심각한 상태를 1점이고, 목표가 달성된 상태를 10점이라고 한다면, 지금 당신의 상태는 몇 점입니까?"
- "이 과제를 하시겠다고 했는데, 이 과제를 하기 위한 노력을 10점 만점에 몇 점 정도 하실 것 같나요?"
- "무엇을 보면 이제 8점이구나 하실까요?"

(6) 대처질문

아무런 예외상황도 일어나지 않았고, 상황이 절망적이라고 보는 내담자에게는 대처질문을 활용할 수 있다. 대처질문은 그런 절망적 상황에서도 내담자가 무언가를 하고 있었음을 알게 해주고, 그것이 내담자의 강점과도 관련이 있다는 통찰을 하게 하여 그것을 활용하여 해결 구축으로 이끌 수 있는 전환이 된다. 다음과 같이 질문한다.

- "상황이 그렇게 힘드신데도 어떻게 여기까지 오실 수 있었나요?"
- "그 어려운 상황을 어떻게 버텨내고 계실까요?"
- "아무도 안 만나고 집에만 계시는게 어떤 점에서 도움이 되셨을까요?"

(7) 관계성 질문

관계성 질문은 내담자가 문제에 사로잡힌 자신만의 관점에서 벗어나서 다른 사람의 관점에서 상황을 보도록 하여 내담자의 강점, 혹은 문제 상황의 의미나 또 다른 방면의 해결책 등을 발견할 수 있도록 돕는 질문이다. 예를 들면 다음과 같이 질문한다.

- “만일 돌아가신 어머니께서 지금 여기 상담에 참여하고 계신다면 선생님께 어떤 조언을 주실 것 같으신가요?”
- “만일 따님에게, 엄마의 어떤 점 때문에 엄마가 이 상황을 돌파할 거라고 생각하는지 물어보면 무어라 말할까요?”

(8) 악몽질문

기적질문과 반내되는 형태의 질문이 악몽질문이다. 어떤 예외상황도, 어떤 기적도 일어나지 않을 것이라는 부정적인 사고에 사로잡혀있는 내담자에게는, 뭐라도 하지 않으면 파국에 이를 것이라는 점을 자극하여 뭔가 나아지기 위한 노력을 하도록 자극할 수 있다. 이 질문이 가지는 부정적인 색채 때문에 이 질문은 내담자와의 관계가 잘 형성된 후에 사용하는 것이 좋다. 악몽질문 이후에는 기적질문의 경우와 마찬가지로 추가질문을 통해 해결 지향적으로 이끈다. 이때 다음과 같이 악몽질문을 사용한다.

- “오늘 밤 잠든 사이에 악몽을 꾸게 됩니다. 지금 가지고 오신 모든 문제가 최악으로 치달아 훨씬 더 어려운 상황이 발생하는 꿈입니다. 그런데, 이런 악몽이 실제로 현실화된다고 생각해 보세요. 내일 아침에 무엇을 보게 되면 이 악몽이 현실이 되었다는 것을 아시겠습니까?”

(9) 간접적 칭찬을 위한 질문

내담자의 강점을 인식시켜주고 칭찬하는 것은 해결중심 가족치료사가 해야 할 중요한 역할이다. 직접적인 칭찬이 내담자에 대한 치료사의 평가를 내포하는 경향이 있다면, 지금 소개하는 간접 칭찬을 위한 질문은 내담자의 강점과 좋은 동기 등에 방점을 찍어주는 질문 방법으로 치료적 효과가 크다. 다음과 같이 질문할 수 있다.

- “아이의 마음을 열기 위해 그렇게 할 수 있다는 걸 어머니는 어떻게 아셨어요?”
- “부부관계 개선을 위해 내가 하고 있는 노력을 남편분이 아셨네요. 남편분은 아내가 어떤 사람이길래 그런 행동을 할 수 있다고 생각하세요?”
- “엄마가 ‘좋은 엄마’가 되려고 어떤 점을 노력하시는 것 같아요?”

(10) "그 외에 또 무엇이 있나요?" 질문

이 질문은 여러 상황에서 내담자의 생각을 끄집어내는 촉진의 효과를 가지는 질문이다. 내담자의 해결책, 노력, 강점, 성공 경험 등 긍정적인 것들을 하나의 답변만을 듣고 지나가지 말고, 또 무엇이 더 있는지 충분한 시간을 두면서 질문할 때 내담자의 사고는 더 풍부해지고 해결책 구축의 가능성이 더 풍부해진다. 다음과 같이 다양하게 활용할 수 있다.

- "따님이 어린 시절 공부도 잘 하고 재능이 많았다는 거군요. 또 어떤 게 생각나시나요? 따님이 가진 장점은요?"
- "지난주에 아침 산책을 했다고 했는데, 또 다른 어떤 것을 했을까요?"
- "아침 산책하고 나면 뭔가 제대로 시작한 것 같은 느낌이라 도움이 된다고 했는데, 또 다른 어떤 좋은 점이 있던가요?"

3) 치료적 피드백: 메시지 주기

해결중심 가족치료에서는 메시지 주기라는 독특한 치료적 피드백 절차가 있다. 치료사는 40~45분 정도의 면담을 마친 후 일방경 뒤에서 내담가족을 지켜보고 있던 치료팀과 협의하기 위해 일방경 뒤로 온다. 그동안 내담가족은 치료 내용을 생각하면서 조용히 기다린다. 5~10분 정도 후 돌아온 치료사는 치료팀과 논의한 내용을 내담가족에게 메시지로 전달한다. 치료팀이 별도로 없는 경우에도 치료사가 다른 방으로 잠시 이동하여 내담가족에게 줄 메시지를 작성하는 시간을 가진 후 다시 치료실로 돌아가는 형식이 도움이 된다. 이 메시지의 형식 자체가 내담가족에게 미치는 영향력이 있다.

메시지는 칭찬, 연결문, 과제의 순서로 일정한 형식을 갖추어 전달된다. 칭찬은 내담자의 강점, 노력, 의도와 동기 등에 대한 긍정적 평가이다. 연결문은 뒤에 나올 과제와 연결해주는 문장으로, 치료자가 제안하는 과제를 설정하는 근거가 된다. 과제는 치료자가 줄 수도 있고 내담자에게 선택권을 줄 수도 있으며 특히 내담자의 준비 정도에 따라 다르게 제시된다(〈표 10-1〉 참조).

〈표 10-1〉 치료자-내담자 관계유형에 따른 과제와 메시지

	예외 여부 (방법)	과제/메시지	
방문형	X	과제 없음	① 칭찬 ② 재방문 격려
불평형	X	생각/관찰과제	"…이 원하시는 …(행동, 사건 등)이 일어나면 잘 관찰하셨다가 다음 치료시간에 알려주세요."
	O (우연적)		예외 행동 주시
고객형	X	실행과제	가정하여 행동하기
	O (의도적)		예외 행동을 계속/더 많이 할 것

출처: 정문자 외(2025), p. 301의 표를 재편집함.

치료에 대한 동기나 문제의식이 전혀 없는 '방문형' 내담자의 경우 치료에 온 것을 칭찬하고 다시 한번 더 와 줄 것을 격려하도록 한다. 문제의식이 있지만, 자신이 그 문제에 관여되어 있다고 생각하지 않고 타인의 변화에만 관심이 있는 경우를 '불평형' 내담자라고 분류한다. 이들은 문제의식이 크고 다른 사람의 행동에 대한 관찰력이 좋은 강점을 가지고 있으므로, 문제와 관련하여 생각하고 관찰하는 과제를 주면 좋다. 혹시 예외상황의 경험이 있다면 그 예외 행동이 또 일어나는지, 언제 일어나는지 잘 관찰해오라고 하면 좋다. 문제의식도 있고, 문제가 개선되기 위해 자신이 함께 변화해야 한다는 자각이 있는 내담자를 '고객형' 내담자라고 분류한다. 이들 중 예외상황을 발견하지 못한 사람에게는 '마치 ~한 것처럼 행동하기' 과제를 주어 의도적으로 예외상황을 경험해 보게 할 수 있다. 예외상황을 의도적으로 만들어 본 경험이 있는 경우는 그 행동을 지속적으로 더 많이 하도록 과제를 줄 수 있다.

6. 평가와 전망

해결중심 가족치료는 그 효과성뿐 아니라 실용적인 치료라는 점이 큰 장점으로 꼽히는 치료방법이다. 먼저, 효과성에 있어서는 일반적인 부부치료, 가족치료뿐 아니라 가정폭력, 성 학대문제, 성 치료, 그리고 아동 행동장애, 자살충동 환자, 알콜 중독, 조현병 등 정신건강 문제에 이르기까지 광범위한 문제에 대하여 유의미한 치료 효과가 있다는 것이 효과검증 연구 결과 밝혀진 상태이다(Nichols, 2017).

실용성에 있어서 이 접근은 원인 제거보다는 해결책에 초점을 두는 단기지향적 개입이지만 효과에 있어서 다른 치료모델과 비견할만하다는 점에서 치료사들뿐만 아니라 교육기관, 복지기관, 요양기관 등의 내담자 개입 업무를 하는 관련 실무자들에게도 환영을 받고 있다. 또한 코칭 형식의 질문기법들을 활용하여 문제 발생의 초기에 내담자 스스로 자기 조력을 할 수 있도록 책이나 스마트폰 앱 등으로 개발하여 활용될 가능성이 매우 큰 편이다. 이로 인해 해결중심 가족치료는 한국뿐 아니라 전 세계적으로 가장 많이 사용되는 심리치료 접근이 되었다(서진환 외, 2004; Trepper et al., 2006).

국내에서 해결중심 가족치료는 복지 및 치료의 영역에서 매우 활용도가 높은 접근방법으로 알려져 있다(서진환 외, 2004; 최성재 외, 2013). 또한, 해결중심 치료의 효과성을 입증하는 다수의 연구 결과가 발표되면서, 이 접근법은 점점 더 많은 치료사에게 채택되었다. 해결중심 가족치료는 정신질환, 알코올 및 약물 중독, 부부문제, 외상과 학대 치료 등에서 유용하게 활용되고 있다.

특히, 해결중심 가족치료는 내담자와의 협력적 관계가 구축되고 함께 해결책을 찾아 나간다는 철학에 기초하고 있는데, 이를 위해서는 치료사의 공감 어린 경청과 내담자가 처한 현실에 대한 깊은 이해가 동반되어야 한다. 이런 경청과 이해의 태도와 능력이 결여되어 있을 때 내담자는 치료사가 몇 가지 질문기법을 가지고 가볍게 접근한다는 인상을 받을 수 있다. 혹은, 치료사의 반응에서 '내 말을 들으려 하지 않고 해결책만을 강요한다'라고 느낄 수 있게 된다. 이것이 간혹 해결중심 가족치료가 '해결이 강요된(solution-forced) 치료'라고 비판받는 이유가 된다.

또 다른 비평으로는, 해결중심 가족치료가 문제의 원인을 건드리지 않기 때문에 보다 근본적인 치료가 되지 못하고 표면적인 해결에 머무를 수 있다는 것이다. 이런 점은 인지행동치료나 현실치료, 구조적 가족치료, 전략적 가족치료 등 인지와 행동, 상호작용패턴을 주요 개입 목표물로 삼는 치료들에 해당될 수 있는 비평이다. 인지와 행동, 상호작용패턴 등에 직접 개입하는 단기치료모델들은 당면 문제해결 경험이 축적되면서 내담자의 보다 근원적인 이슈들이 점차 완화된다고 보는 입장을 취하고 있으며, 어떤 치료모델을 선택하느냐 하는 것은 치료사와 내담자들의 선택 문제라고 할 수 있을 것이다.

질문기법을 익히는 것이 전부라면 해결중심 가족치료만큼 배우기 쉬운 치료기법도 없다. 그러나 각 질문기법이 지향하는 그 치료원리들이 적용될 수 있도록 하기 위해서는 다른 모델과 마찬가지로 지속적인 수련이 필요하다. 해결중심모델을 피상적으로 활용하면서

이 모델이 가볍고 비효과적이라고 일축하는 치료사가 없기를 바란다. 해결중심 가족치료가 나타내는 효과를 볼 때마다 치료사의 언어 사용 하나하나가 내담자가 경험하는 현실을 바꾸어놓을 수 있다는 구성주의와 사회구성주의의 철학이 가지는 무게를 생각하게 된다.

해결중심 가족치료가 기반하고 있는 포스트모더니즘과 내담자에 대한 '알지 못함의 자세'는 이 치료를 익히는 상담사들에게 문화적 감수성을 기본 소양으로 요구한다. 내담자가 가지고 있는 문화에 호기심으로 다가가며 알지 못함의 자세를 유지하고 내담자의 강점과 결부된 예외상황들을 찾아 나가는 것은 하나의 기법이라기보다는 상담사의 태도와 철학에 가깝다고 보아야 할 것이다.

7. 해결중심 가족치료로 금쪽이네 만나기

1) 사례개념화

금쪽이의 등교 거부와 엄마 거부 증상과 관련하여 해결중심 치료사가 관심을 가지는 부분은 금쪽이 가족이 현재의 어떤 맥락에서 이 문제를 스스로 해결해내지 못하고 더 악화시켜가고 있는지, 가족이 가진 강점이 활용되지 못하는 맥락이 무엇인지에 대한 것이다.

가족체계론적 관점을 지닌 해결중심 가족치료사는 현상을 다음과 같이 순환론적으로 이해한다. 금쪽이의 증상의 '원인'은 아빠나 할머니가 보는 것처럼 엄마의 무심함 '때문'이 아니다. 금쪽이의 기질적 예민함, 어린 시절 대리(할머니) 양육과 그때 경험한 엄한 훈육의 경험 등이 증상의 발생 맥락이 되긴 하지만 이것에도 크게 주목하지 않는다. 엄마의 무심함과 가족 안에서의 소외라는 현재의 현상은 금쪽이의 증상을 둘러싼 가족 상호작용의 결과인 동시에 금쪽이의 증상을 유지, 악화시키는 원인으로 작용하는 순환적인 모습을 보인다. 이런 순환고리는 금쪽이의 증상을 해결보다는 악화시키는 쪽으로 움직여가고 있다.

해결중심치료사가 초점을 두는 부분은 금쪽이네가 현재 경험하고 있는 무력감과 높은 긴장감이다. 이 무력감과 긴장으로 인해 해결을 위한 건강한 소통이 되지 않고, 문제해결자로서의 가족원의 자율성과 유능성이 저하되어 있는 상태이다. 이전에 시도해 보았던 해결책, 즉 금쪽이를 잘 보듬어 보려는 엄마의 여러 노력, 치료사가 내준 과제를 잘 수행하지 못했었던 엄마의 실패 경험, 이에 대한 남편의 비난, 엄마의 '무능력'과 '게으름'에 대한 아빠와 할머니의 직간접적 비난, 힘들 때 전화하는 금쪽이를 편들어 주는 할머니의 행동 등이 상황을 악화시키고 있기 때문이다. 특히, 문제의 중심으로 지목되고 있는 엄마는 거의 정신적 와해 상태라 '난 모르겠어'를 연발하며 자책과 방어, 우울에 휩싸여있다. 가족원 모두가 해결점을 찾지 못하고 있는 동시에 이러한 비난과 원망, 억울함과 당황스러움 등의 강렬한 정서로 인해 해결을 위한 차분한 대화가 불가능한 상태이다.

2) 주요 개입

해결중심 모델을 활용하여 본 사례를 상담할 때 상담자는 내담가족이 가진 강점을 활용하여 그 가족 스스로 경험해 보았던 '예외상황'을 발견하게 하고 확장하는 작업에 주력하게 된다. 이를 통해 문제해결 주체로서의 내담가족의 자율성을 회복시키고 해결에 대한 희망의 에너지를 키우며, 작은 변화를 확장함으로써 체계의 건강성 회복을 통한 문제해결에 이르게 한다.

치료사는 첫 만남에서, 내담자들의 부모로서의 수고, 아동의 장점 등을 칭찬하고 격려하면서 긍정적 분위기에서 회기를 시작한다. 아동의 등교 거부와 엄마 거부 증상과 관련된 호소문제를 비교적 간결하게 청취하고 바로 이어, 어떤 작은 변화가 일어난다면 상담에 오기를 잘했다고 생각할지에 대한 '보람질문'을 통해 내담자의 지향을 '해결' 쪽으로 이끈다. 이에 대한 내담자들의 대답이 쉽게 나오지 않을 가능성이 있다. 왜냐하면, 내담자들은 문제에 압도되었고, 여러 가지를 시도해 보았으나 문제가 나아지지 않았던 경험 때문에 좌절감과 무력감을 경험하고 있으므로, 치료사 쪽에서 해결책을 주었으면 하는 바램을 가지고 있다. 그런 한편, 역설적으로, 치료사가 처방해 주는 해결책으로 실제 문제해결이 될 것인지에 대한 불신도 가지고 있기 때문이다. 보람질문에 대해 아빠는 '엄마가 금쪽이를 돌보는 방법을 알게 되었으면 좋겠다', 엄마는 '지금으로서는 어떻게 해야 할지 모르겠는데, 어떻게 해야 할지 조금이라도 알게 되면 좋겠다'라고 하고, 금쪽이는 '엄마가 나를 안 힘들게 하면 좋겠다'라고 말할 수 있다. 이 경우, 치료사는 이런 상이한 치료목표를 '엄마와 금쪽이 사이가 편안해지도록 엄마, 아빠, 금쪽이 사이에 소통과 도움이 필요한 상태이군요. 서로가 원하는 것, 좋은 아이디어 등에 대한 소통이 좀 필요하다는 말씀이죠?'라고 가족체계의 언어로 재구성한다.

현재의 소통과 도움의 정도를 척도질문으로 질문했을 때, 여러 관계 중에서 아마도 엄마와 금쪽이 사이의 소통과 도움 점수가 가장 낮을 것이다. 이 경우 그 점수를 1점이라도 높이기 위해 어떤 변화가 있으면 좋겠다고 생각하는지 질문을 던질 수 있다. 작은 변화의 시발점을 찾기 위한 질문이다. 아빠가 '엄마가 금쪽이하고 친밀한 시간을 좀 더 가져야 한다'라고 추상적인 대답을 하게 될 경우 치료사는 그 친밀한 시간을 가질 수 있도록 아빠가 도와줄 수 있는 것은 무엇인지 질문할 수 있다. 이를 통해 아빠의 행동과 엄마가 금쪽이를 보살피는 행동에서의 '지혜' 정도가 연동되고 있음을 알게 될 수 있다. 그리고 아주 작은 행동이라도 그 작은 변화의 시발점이 될 수 있는 행동을 이전의 예외상황을 추적해 찾아냄으로써 변화의 실마리를 찾을 수 있다.

어떤 예외상황도 발견하기 힘들고, 문제에 매몰된 가족들의 관점이 완강할 경우 치료사는 '기적질문'을 통해 문제가 해결된 상태를 가정하고 일어나는 선순환의 상호작용의 한 단서를 찾아내어 그것을 확장함으로써 해결을 추구할 수 있다.

가족원 각자에게 질문을 할 때, 예를 들어 금쪽이에게 질문을 했을 때 금쪽이가 모르겠다거나 대답을 거부할 경우, "어머니, 만일 금쪽이가 ~하다면 뭐라고 말을 했을 거라 생각하시나요?"라고 '관계성 질문'을 던짐으로써 상호 간의 이해와 서로 간의 소통을 촉진할 수 있고, 아직 '고객형'에 이르지 못한 가족원이 부담을 느끼지 않고 회기 안에서 가족 소통의 경험을 하도록 이끌 수 있다.

회기의 후반기에는 잠시의 휴식시간을 가진 후, 내담가족에게 치료사의 메시지 전달을 하게 된다. 첫 회기 메시지는 가족의 해결 노력을 격려하고 칭찬하며, 가족의 강점을 짚어 주고, 가족원마다 그들의 동기 수준에 적절한 과제 혹은 '한 번 더 가족회기에 참석해 달라'라는 부탁을 할 수 있다.

2회기부터는 '지난주 동안 어떤 점이 조금이라도 달라졌는가'라는 질문으로 시작하게 되고, 조금이라도 달라진 부분이 있다면 그 부분과 관련된 가족체계의 움직임을 '순환질문'을 통해 파악하는 과정을 통해 한 부분의 변화가 다른 여러 부분과 연결되어 있다는 것을 확인시킨다. 그리고 그와 관련된 강점, 변화의 노력 등을 칭찬하여 강화한다. '또 다른 변화가 있었는지?'라는 질문과 그에 이은 예외상황에 대한 확장 질문 등을 통해 해결을 찾아가고 내담자의 강점을 찾아 짚어 주는 방식으로 회기가 진행될 수 있다.

치료는 3회기 정도의 짧은 가족치료로 끝날 수도 있고, 부부, 모녀, 부녀 혹은 조모가 포함된 하위체계 등의 다양한 하위체계별로도 회기가 구성되면서 가족원의 자율성과 자긍심, 긍정적 정서 등을 높이는 방식으로 지속될 수 있다.

요약

- 해결중심 가족치료는 드 셰이저와 버그 부부에 의해 1980년대에 발전된 대표적인 포스트모던 가족치료이론 중 하나이다. 이 치료는 MRI 학파 체계이론의 바탕 위에서 포스트모더니즘과 사회구성주의 등 시대 철학의 영향을 받아 협력적이며 해결을 지향하는 모델로 발전하게 되었다. 또한, 이전의 가족치료이론과는 달리 내담자와 치료자 간의 협력적 관계를 추구하며 문제해결을 위한 내담자 고유의 능력과 자율성, 내담자 스스로 찾아낸 해결책 등에 강조점을 두고 있다.
- 해결중심 가족치료는 내담자의 병리적인 부분보다는 강점과 자원에 주목하고 그것을 활용하여 해결책을 찾는 데 주안점을 둔다. 또한, 간단하고 단순하지만 성취 가능한 작은 변화를 통해 내담자들이 원하는 목표에 이르게 하는 방법을 사용한다. 치료는 비교적 단기 회기 안에 완료되며, 각 회기 말미에는 메시지를 전달하는 특별한 순서를 두어 내담자의 강점을 칭찬하고 과제를 부여하면서 내담자와의 협력적 관계를 공고히 한다.
- 해결보다는 문제 지향적인 사고에 사로잡힌 내담자들의 관점을 해결지향적으로 바꾸고 혹시 있었을 수도 있는 예외적인 해결의 경험을 찾고 그 경험을 확장하기 위해 기적질문, 예외질문, 대처질문 등 특별히 고안된 질문기법을 활용한다.
- 첫 회기는 내담자와의 관계설정과 목표 설정에 초점을 두게 되고, 2회기부터는 이전 회기 이후에 나타나는 예외상황을 찾아내고, 그 예외상황을 확장, 강화하는 방식의 개입을 지속적으로 해나가게 된다.
- 해결중심 가족치료에서 치료자는 전문가적인 입장을 견지하기보다는 내담자에 대해 '알지 못함의 자세'를 가지며 해결중심적 대화를 활용하여 내담자와 한 팀이 되어 문제해결을 찾아나가는 협력자로 존재한다.
- 해결중심 가족치료에서 가장 중요한 것은 질문기법들의 단순 나열이 아니라 그 질문기법을 포함하는 치료철학을 내면화한 치료자의 성숙한 태도이다. 치료자에게는 내담가족의 고유성과 자율성, 유능성을 믿고 존중하며 그들에게 내재된 해결책을 이끌어내고자 하는 태도, 내담자의 문제지향적 관점을 해결지향으로 이끌어갈 수 있는 영향력을 가질 수 있는 신념이 필요하다.
- 해결중심 가족치료가 내담가족의 근본적인 문제를 치유하기에는 너무 표면적인 해결에 치중되어 있다는 비판도 제기되지만, 해결중심 가족치료는 다양한 임상과 복지의 영역에서 오늘날 가장 많이 활용되는 모델 중 하나로 자리 잡았으며, 그 효과성과 실용성에 있어서 여전히 좋은 평판을 유지하고 있다.

제11장

내러티브 가족치료

치료자가 할 수 있는 가장 강력한 일은 풍성한 이야기가 만들어지는 데 기여하는 것이다.

마이클 화이트(White, 2010)

1. 발달 배경 및 주요 인물

내러티브 가족치료는 1980년대 후반부터 1990년대 초반에 마이클 화이트(Michael White)와 데이비드 엡스턴(David Epston)에 의해 개발된 치료모델로서 현재 가족치료뿐 아니라 개인치료에서도 활발하게 사용되고 있다. 먼저 내러티브 가족치료가 발달하게 된 철학적, 사회적 배경에 대해서 살펴본 후, 주요 인물인 화이트와 엡스턴의 업적을 중심으로 살펴보고자 한다.

1) 발달 배경

내러티브 가족치료는 앞 장의 해결중심 가족치료와 마찬가지로 포스트모더니즘과 사회구성주의, 협력적 치료모델 등과 같은 시대적 조류의 영향을 받았다. 해결중심치료가 체계론적 상호작용의 관점에서 미시적 해결책 모색에 초점을 둔 것과 달리, 내러티브치료(narrative therapy)에서는 문화와 사회적 억압에 대한 인식을 강조한 거시적 입장에서 접근하며, 병리 중심의 전통적 치료전문가들의 관점에 대한 저항이 더욱 강조된다. 내러티브치료는 단순한 상담 기법을 넘어선 하나의 철학적·사회적 전환의 산물로 이해할 수 있다. 이 접근의 발달은 당시의 지적 흐름, 특히 포스트모더니즘, 사회구성주의, 그리고 푸코(Michel Foucault)의 담론 이론과 깊은 관련이 있다.

우선, 내러티브치료는 포스트모더니즘[1]의 영향을 강하게 받았다. 내러티브치료는 포스트모던 철학을 통해 주변인들이 경험하는 지식과 해석에 눈을 돌리게 되고, 이런 철학은 내담자의 지배적 이야기(dominant story)를 절대화하지 않고, 의미 구성의 주체로서의 내담자를 존중하는 것으로 내러티브치료에 반영된다. 둘째, 사회구성주의(social constructionism)[2]의 관점에서 사회문화적 담론의 억압적 힘에 주목한다. 사회구성주의 관점은 내러티브치료가 문제를 개인 내부의 병리로 환원하지 않고, 그것이 형성되고 유지되는 언어적·사회적 맥락에 주목하도록 이끈다. 셋째, 내러티브치료는 푸코의 권력과 담론 이론에 기반하여, 개인의 정체성이 특정 사회·문화적 담론 속에서 구성되며, 이는 종종 통제와 억압의 수단으로 작용할 수 있음을 비판적으로 고찰한다. 푸코의 사유에 따르면, 권력은 단지 억압적이거나 외부적으로 작용하는 것이 아니라, 언어와 지식을 통해 개인을 규정하고 자기인식을 형성하는 내면화된 방식으로 작동한다. 내러티브치료는 이를 반영하여, 내담자가 자신을 규정짓는 지배적 담론과 이야기들을 해체하고, 그동안 주목받지 못했던 삶의 경험과 의미를 중심으로 새로운 정체성을 재저작(re-authoring)할 수 있도록 한다. 결국, 내러티브치료는 인간 경험의 복잡성과 다양성을 인정하고, 변화와 치유를 가능하게 하는 언어와 이야기의 힘을 강조하는 접근으로 자리매김한다. 이는 단순한 기법의 전환이 아니라, 상담과 치료에 대한 근본적인 패러다임의 변화를 반영하는 중요한 이론적 진보라고 할 수 있다.

내러티브치료에 가장 영향을 많이 미친 초기 가족치료 전통으로는 후기 밀란학파를 들 수 있다. 고전적 가족치료 이론들이 내담가족의 역기능적인 행동 패턴에 초점을 두는 반면, 내러티브 가족치료는 가족원들이 가진 자기패배적인 이야기, 즉 의미에 초점을 두는데, 이 부분에서 후기 밀란학파의 영향을 볼 수 있다. 후기 밀란학파는 순환질문이라는 기법을 개발했는데, 이 순환질문은 질문을 통한 탐색적 대화, 기존 이야기의 해체, 관계적 인식의 확장이라는 측면에서 내러티브치료에 영향을 준 것으로 평가된다. 순환질문은 한

1) 포스트모더니즘에 대한 설명은 2장을 참고한다.

2) 사회구성주의에 대한 설명은 2장을 참고한다.

개인이 타인의 관점을 상상하도록 유도함으로써, 가족 내 관계적 인식을 확장한다. 이는 내러티브치료에서 내담자가 기존의 이야기로부터 벗어나 새로운 관점과 의미를 탐색하도록 돕는 원리와 일맥상통한다. 또 순환 질문은 가족 구성원 간 인지의 차이를 인식하게 하며, 이는 궁극적으로 기존 이야기의 구조를 해체하는 효과를 지닌다. 이는 내러티브치료가 내담자의 삶을 특정 방식으로 규정하는 문화적 · 사회적 담론을 해체하고, 그 속에서 선호하는 이야기(preferred story)를 구성하는 방향과 공통점이 있다(〈글상자 11-1〉 참조).

글상자 11-1 내러티브 관점에서의 순환질문(circular question)

순환질문은 본래 후기 밀란학파가 가족체계 내 관계적 패턴을 드러내기 위해 만든 것이지만, 내러티브 치료에서는 그 기능을 '관계 속에서 만들어진 문제 이야기'를 해체하고 새로운 의미·대안을 공동 구성하는 방향으로 확장할 수 있다. 즉, 질문의 구조는 비슷하더라도, 의도가 '관계 패턴 탐색'에서 '문제 담론 해체와 대안적 이야기 만들기'로 조금 이동한다.

- **내러티브치료적 순환질문 예시(기존 방식의 순환질문을 내러티브 관점에서 수정)**
  - 기존: "어머니는 당신이 방문을 닫고 있을 때 그것을 어떤 의미로 받아들이는 것 같나요?"
    수정: "어머니가 그렇게 받아들이는 배경에는 어떤 가족 이야기나 기대가 있다고 생각하시나요? 그 이야기 속에서 당신은 어떤 역할로 그려져 있었나요?"
  - 기존: "내가 화가 났다는 것을 제일 먼저 아는 사람은 누구인가요?"
    수정: "당신의 화를 가장 먼저 알아차리는 사람은, 그 순간에 당신이 무엇을 중요하게 생각하는 사람이라고 느낄까요?"
  - 기존: "어머니는 아버지의 걱정을 어떻게 이해하고 있다고 생각하십니까?"
    수정: "어머니가 아버지의 걱정을 이해하는 방식은 가족이 서로 지켜온 어떤 가치나 전통과 연결되어 있을까요?"

2) 주요 인물

내러티브 가족치료의 창시자인 마이클 화이트(Michael White, 1948~2008)와 데이비드 엡스턴(David Epston, 1944~)은 각각 호주와 뉴질랜드 출신의 가족치료사이다. 이들은 1981년 호주가족치료학회에서의 만남을 시작으로 이후 긴밀한 교류를 하면서 내러티브 가족치료의 모델을 구축해나갔다. 1980년대 동안 지속되었던 이 두 사람의 공동작업은 1990년, 『이야기 심리치료 방법론(Narrative means to therapeutic ends)』(White & Epston, 2015)

마이클 화이트와 데이빗 엡스턴(Michael White & David Epston)

이라는 내러티브 치료의 주요 저술로 이어지게 되었다.

고등학교 졸업 후 기술 직종의 일을 하던 화이트는 비교적 늦은 나이에 사회복지실천을 공부하고, 1979년 애들레이드 아동병원에서 정신건강 사회복지사로서의 경력을 시작했다. 그는 이때 벌써 아동의 증상보다는 아동 자체에 대한 관심, 유머의 활용, 가족과의 공조 등에서 비롯되는 치료적 효과에 주목하면서 자기만의 치료철학을 펼쳐갔고, 이러한 치료 사례가 앞서 언급한 1981년도 호주 가족치료학회에서 발표되었을 때 엡스턴의 주목을 끌었던 것이다. 1983년, 그는 자기 고향 애들레이드에 덜위치센터(Dulwich Centre)를 설립하여 사람들이 세상을 구성하는 방법과 인간을 비인간화시키는 사회적 제도 등에 관심을 둔 자신만의 치료 관점을 발전시켜 나갔다. 그는 치료사로서의 비교적 초창기부터, 처음에 배웠던 행동 패턴 중심의 체계적 모델을 벗어나, 자신만의 치료 세계를 구축해 나가고 있었다. 이후 화이트는 세계를 다니며 역동적으로 새로운 치료방식인 내러티브 가족치료를 전하였으나, 2008년 60세의 나이에 갑자기 작고하였다. 그의 마지막 저술인 『내러티브 가족치료의 지도(Maps of narrative practice)』(White, 2010)는 내러티브 가족치료의 실제를 배우고자 하는 학생들의 좋은 지침이 되고 있다. 그가 세운 덜위치센터와 애들레이드센터(Adelaide Narrative Therapy Centre)는 지금도 내러티브 가족치료사들의 훈련과 교류의 센터이며 많은 내러티브 가족치료 관련 출판물들을 생산해 내고 있다.

엡스턴은 캐나다 출신으로 대학에서 사회학을 전공한 후 뉴질랜드로 이주하여 인류학 석사를, 영국에서 사회복지실천을 공부하였다. 이후 그는 뉴질랜드 오클랜드의 한 병원에서 선임사회복지사로 활동하였다. 현재는 오클랜드 소재 가족치료센터(Family Therapy Center)를 기반으로 활동하고 있다. 엡스턴은 화이트의 갑작스런 사망으로 한 때 고비를 맞기도 하였으나, 현재는 전 세계에 내러티브 가족치료 교육 및 훈련 네크워크를 조직하면서 내러티브 가족치료 후학 양성을 위해 노력하고 있다. 그는 사회학, 인류학, 문학 등에 조예가 있어 내러티브 가족치료 개발과정에서, 주로 철학적 이론적 부분에 기여했던 화이트를 보완하여, 문학적 요소와 치료적 대화의 텍스트 발전에 기여하였다(이선혜, 2020). 그는 특히 새로운 이야기를 유지하기 위한 지지 공동체의 필요성을 중시하여 내담자들의 모임인 '자조 연맹'(예: 뉴질랜드 반섭식장애자 연맹)[3]의 발전을 도왔다(Nichols & Davis, 2017). 치료과정 중 내담자에게 편지를 쓰는 일도 그가 개발하고 즐겨 하던 내러티브 가족치료의 기법이었다.

화이트와 엡스톤 외에도 『이야기치료: 선호하는 이야기의 사회적 구성(Narrative therapy: The social construction of preferred realities)』(2009)이라는 책으로 잘 알려져 있는 질 프리드먼(Jill Freedman)과 진 콤스(Gene Combs)는 미국 일리노이주 에반스턴에서 활동하는 저명한 내러티브 가족치료 학자이다. 이들은 전략적 가족치료사이자 사회활동가로 일하던 중 화이트 등과 교류하면서 내러티브 가족치료의 발전에 기여하였다. 캐나다 밴쿠버에서 밴쿠버 반섭식장애 연맹을 세운 스테판 마디간(Stephan Madigan)(Nichols & Davis, 2017)도 기억할만한 인물이다. 데이빗 덴보로(David Denborough)는 한국 치료자들도 즐겨 쓰는 '생명나무 그리기 기법'을 시작한 사람으로(김유숙 외, 2013), 현재 덜위치센터에서 활동하고 있다. 그는 특히 집단적 내러티브 가족치료와 공동체 복원을 위한 작업에 중점을 두는 작업을 하고 있다.

내러티브 접근은 2000년도를 전후하여 '이야기치료'라는 이름으로 국내에 소개되기 시작하였다. 마이클 화이트는 2001년과 2004년 두 번의 내한 워크숍을 했고 2007년 세 번째 내한 워크숍은 그해 봄 그의 갑작스런 죽음으로 안타깝게 성사되지 못하였다. 이후에도 호주 덜위치센터와 애들레이드센터와의 협력하에 여러 강사가 내한하여 워크숍을 진행함으로써 한국 내 내러티브 가족치료의 확산에 기여하였다. 이러한 저변 확대의 노력이 결실을 맺어, 2011년 한국이야기치료학회(현 한국내러티브상담학회)가 창립되었다.

3) 개인이 치료 중이나 치료 후에 지속적 절제와 행동 변화를 실천하도록 돕는 지원 공동체인 중독의 '자조모임'과는 달리, Epston의 자조연맹은 치료의 연장선에서, 사람들이 문제와의 관계를 재구성하고 사회적 낙인에 맞서도록 돕는 서사 공동체이다.

2. 주요 개념

1) 내러티브 혹은 이야기

내러티브 가족치료에서 '내러티브(narratives)'와 '이야기(stories)', '설명(accounts)'이라는 세 가지 용어는 동일한 의미로 사용된다(이선혜, 2020). 내러티브치료에서 '내러티브(혹은 이야기)'는 사람들이 자신의 삶을 이해하고 설명하는 '일종의 정신적 구조화 과정'(Ricoeur, 1984, 이선혜, 2000: 32에서 재인용)으로 본다. 각 개인은 자신의 경험을 모종의 해석과정을 거쳐 이야기의 형태로 구성하며, 이를 통해 자신의 삶에 의미를 부여한다. 즉, 내러티브는 개인이 시간, 공간, 타인이라는 복합적 맥락 속에서 자기 삶을 표현하고 자신의 존재를 정의하는 과정이자 결과물이다(이선혜, 2020). 이렇게 만들어진 이야기는 개인의 삶에 대한 해석 틀이 될 뿐 아니라 개인이 그 이야기에 부합되는 행동을 선택할 수 있게 만드는 힘을 지닌다고 본다(Bruner, 1986).

2) 지배적 이야기와 대안적 이야기

지배적 이야기는 개인이 자신의 삶에 대해 갖고 있는 주된 이야기로, 이는 개인적 경험을 그런 방식으로 해석하게 만드는 사회적·문화적 '담론(discourse)'에 의해 강화된다. "공부를 못하니 내 인생은 보나 마나 실패야"라는 개인의 지배적 이야기는 사실 학력이 중시되는 한국사회의 담론과 깊은 관련이 있다. 이 지배적 내러티브는 개인의 삶을 규정짓고 제한할 수 있다. 반면, 대안적 내러티브는 이러한 지배적 내러티브에 도전하고, 새로운 의미를 부여하는 다른 이야기들이다. 예를 들면, "학교 공부는 힘들지만, 그림을 그릴 때 나는 누구보다 몰입하고 성취감을 느낀다"와 같은 것이다. 치료사는 개인이 대안적 내러티브를 풍부하게 하고 선호하는 이야기를 선택하여 변화의 주체가 될 수 있도록 하여 개인이 가져온 호소문제를 스스로 극복할 수 있게 이끈다.

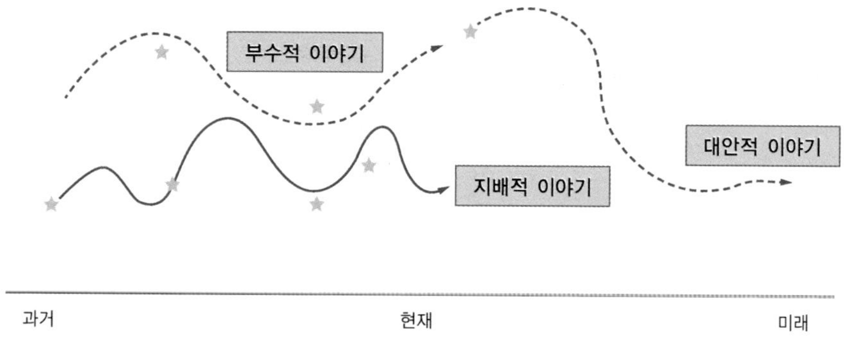

[그림 11-1] 지배적 이야기와 대안적 이야기

출처: 정문자(2025), p. 320.

3) 행동 영역과 정체성 영역의 이야기

내러티브치료에서 '행동 영역의 이야기'와 '정체성 영역의 이야기'는 개인의 경험과 삶을 이해하는 데 중요한 두 가지 차원을 설명하는 개념이다. 이 두 가지 영역은 서로 연결되어 있으며 이 두 영역을 오가는 질문을 통해 내러티브 치료자는 개인의 대안적 이야기를 확장하고 강화해 나가게 된다.

행동 영역의 이야기는 개인이 구체적인 상황에서 무엇을 했는지, 어떤 결정을 내렸는지, 어떤 행동을 취했는지에 대한 이야기이다. 예를 들면, "엄마가 아빠에게 맞고 있을 때 내가 아빠에게 대들었다"와 같은 것이다. 정체성 영역의 이야기는 개인이 자신의 정체성, 자기 이해, 가치관, 믿음, 지향성에 관해 이야기하는 것을 말한다. 이는 "나는 누구인가?", "나는 어떤 사람인가?", "내 삶의 의미는 무엇인가?"와 같은 질문을 포함한다. 앞의 예에서, 치료사는 "너에게는 무엇이 중요하기 때문에(혹은, 너는 어떤 사람이길래) 그렇게 대들 수 있었을까?"와 같은 질문을 하고, 내담자는 이에 답을 하는 과정에서 정체성 영역의 이야기를 발전시켜 나가게 된다. 정체성 영역의 이야기는 개인의 자기 이해와 자존감을 변화시키는 데 중요한 역할을 한다([그림 11-2] 참조).

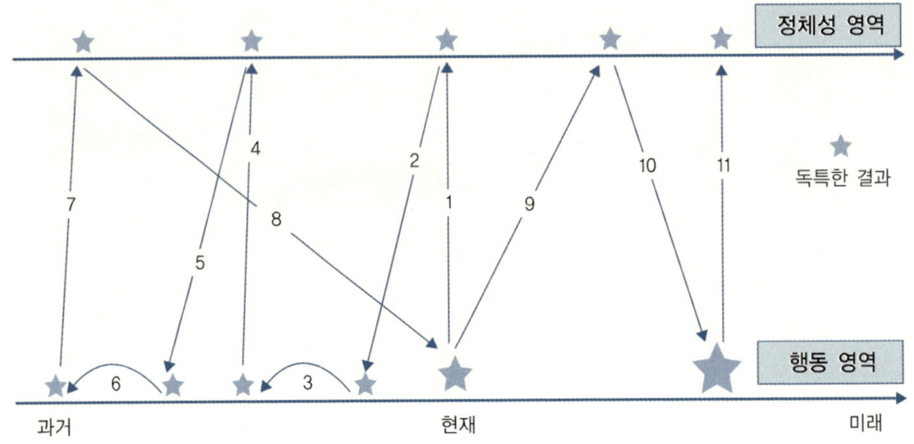

[그림 11-2] 행동영역과 정체성 영역의 이야기를 오가며 재저작 대화가 이루어짐
출처: 정문자(2025), p. 333.

4) 실재에 대한 해체적 관점

실증주의는 실재(reality)를 관찰자와 분리되어 객관적이고 독립적인 것으로 존재하는 것으로 이해한다. 그러나 사회구성주의는 실재라는 것이 사실은 인간의 사회적 상호작용과 담론을 통해 구성되는 것이라고 본다. 즉, 현실은 개인들이 사회적, 문화적 맥락에서 의미를 부여하고, 이를 통해 공동으로 구성하는 결과물이라는 것이다. 이 관점에서 현실은 고정적이지 않으며, 시대와 문화에 따라 변할 수 있다. 따라서 사회구성주의자들은 하나의 '진리'가 아닌 다수의 '진리들'이 공존할 수 있다고 믿는다.

이들은 '지식'이라는 것이 불변의 진리가 아니며, 인간들이 사회적으로 협상하고 동의한 결과라고 하는 잠정적이고 가변적인 지식 개념을 가지고 있다. 예를 들어, 무엇이 '죄'이며, 무엇이 '정상 가족'인지에 대한 것도 모두 언어를 통한 사회적 상호작용과 담론의 영향을 받는 가변적 실재라고 본다(〈글상자 11-2〉 참조). 우리가 진리라고 알고 있는 것들이 사회적 구성물이라고 보게 될 때 치료자는 내담자를 옭아매고 있는 신념의 문화적 뿌리를 해체할 수 있다고 보게 된다. 언어 사용의 중요성을 인식한 상담자는 개인의 이야기 재구성을 위해 언어적 상호작용을 적극적으로 활용하게 된다(Nichols & Davis, 2017).

글상자 11-2 **푸코의 '담론'과 데리다의 해체주의**

내러티브치료는 개인의 이야기가 사회적 담론과 권력 구조에 의해 형성된다는 푸코(Michel Foucault)의 담론 개념과, 의미의 유동성과 텍스트의 다층성을 강조하는 데리다(Jacques Derrida)의 해체주의를 중요한 이론적 배경으로 삼고 있다.

푸코는 사회적 현실이 언어를 통해 구성된다는 점을 강조하며, 권력이 어떻게 지식과 담론을 통해 개인을 규제하고 통제하는지를 탐구한다. 담론(discourse)이란 특정한 주제나 분야에 대해 사회적으로 공유되고 규정된 언어적 표현, 생각, 관습의 체계로, 사람들이 그 주제를 이해하고 의미를 형성하는 방식을 정의하게 된다. 담론은 권력 관계와 연결되어 있으며, 특정 시대와 문화에서 무엇이 진리로 받아들여질지를 결정하는 역할을 한다(Foucault, 1972).

내러티브치료는 이러한 푸코의 담론 개념을 수용하여, 개인의 삶에서 지배적인 내러티브가 사회적 담론에 의해 구성된 것임을 인식하도록 돕는다. 즉, 내러티브치료는 내담자가 자신의 문제가 단순히 개인적인 실패나 결함에서 비롯된 것이 아니라, 특정한 사회적 담론과 권력 구조에 의해 형성된 것임을 이해하도록 한다(Morgan, 2013).

해체주의(deconstructionism) 철학은 근대 실증주의 철학이 상정하는 '고정된 의미'를 해체하고, 텍스트의 다의성과 의미의 유동성을 강조한다(Derrida, 1976). 내러티브치료는 이러한 해체주의의 개념을 받아들여, 클라이언트의 삶의 이야기를 단일한 진리나 해석으로 규정하지 않는다. 오히려 내러티브치료는 모든 이야기가 다양한 해석 가능성을 가지고 있으며, 동일한 사건도 여러 다른 이야기로 재구성될 수 있다는 점을 강조한다. 이런 철학에 기반하여 내러티브 치료는 개인이 가졌던 기존의 고정된 내러티브를 해체하여 대안적인 이야기를 구성하는 출발을 할 수 있게 되는 것이다(White & Epston, 1990).

5) 내러티브치료의 인간관

서구 심리학은 마음 깊숙이 핵심 자기(core self)를 가지고 독립적으로 기능하는 인간을 이상적 인간으로 본다. 인간행동의 근본은 내면의 자기(정체성)에 있고 문제행동은 근본적 구조의 왜곡이나 결함에서 오는 것으로 이해하였다. 그러나 내러티브치료가 기초하고 있는 푸코나 데리다의 후기구조주의(Post-Structuralism)에서는 인간을 상호작용 속에서 구성되는 관계적 자기(relational self)로 존재한다고 이해한다. 그리고 정체성의 개념도 '관계 속에서의 정체감(relational sense of identity)'를 강조한다. 즉 인간 정체성은 사회환경과 대인관계 속에서 지속적으로 변화해 나가는 것으로 자신이 가진 삶의 목적, 신념이 언어를 통해 공유되는 과정에서 형성되는 것임을 강조한다. 개인의 성격이나 정체성을 심리검사나 내적 성찰 등으로 파악해 낼 수 있다고 보는 것과는 상반된 입장이다.

근대적 인간관은 예를 들어 정신건강 문제를 가진 환자를 문제와 동일시하고 주변화시키며, 치료의 '대상'으로 보게 만든다. 인간을 관계적 자기로 이해할 경우 개별 개인의 책임성에 원인을 귀인하기보다는 사회적 힘의 영향력에 눈을 돌리게 되므로 치료에서 다른 사람과의 상호작용과 연대를 활용하게 된다. 또한, 문제가 내면의 결함에서 나온다고 보지 않으므로 개인과 문제를 분리하는 접근을 취하게 된다. 이렇게 할 때 개인은 '자기 삶의 주체로서의 의식(personal agency)'을 확보할 수 있게 된다.

3. 가족문제 발생과 치료의 원리

1) 내러티브치료의 기본 전제

내러티브 가족치료의 근간이 될 수 있는 기본 전제는 다음과 같이 정리된다(이선혜. 2020; Mann & Russell, 2004). 이 전제들을 이해하기 위해서는 앞 절에서 설명한 다양한 철학적 관점에 대한 이해가 필수적이다.

첫째, 인간은 해석하는 존재이다. 인간은 자신에게 일어나는 삶의 사건들을 특정한 틀을 가지고 해석하면서 살고, 그 해석 결과는 자기 삶의 현실이 된다.

둘째, 경험은 사회적으로 구성된다. 개인이 경험을 해석하는 틀은 어느 정도는 사회적 담론의 영향을 받는다. 따라서 각 개인이 가진 경험은 독특한 동시에 사회적이다.

셋째, 정체성은 사회적으로 구성되고 재구성된다. 인간의 정체성은 고정적이고 내면 깊숙이 존재하는 어떤 것이 아니며 타인과의 상호작용 속에서 만들어져 가는 가변적인 것이다. 그러므로 치료를 통해 구성된 대안적 정체성은 타인들과 공유되고 인정받는 경험을 통해 온전히 내담자의 것이 될 수 있다.

넷째, 사람과 문제는 별개다. 근대심리학의 인간관에서는 문제를 개인 내면에 존재하는 '자기'의 역기능 때문으로 보게 되며, 이때 개인은 치료받아야 할 수동적인 대상으로 전락한다. 그러나 문제와 사람을 별개로 보게 되면 내담자가 자신과 문제를 분리하면서 자신의 정체성을 재발견하여 문제로부터 회복되는 주체적 변화를 찾아가게 된다.

다섯째, 이야기는 삶이고 삶은 곧 이야기다. 사람은 자기 삶을 특정 사건들을 선택하고 연결한 이야기로 기억한다. 개인의 삶의 이야기는 그 인생의 주제와 주인공의 정체성에 대한 잠정적 결론이 담겨 있다. 그런 의미에서 개인의 삶의 이야기는 살아온 이야기이면서 동시에 살아갈 이야기의 기초가 된다.

여섯째, 삶은 복합적인 이야기다. 한 개인의 삶의 이야기는 다양하고 여러 겹이다. 어떤 사람이 자신의 삶은 이제 희망이 없다고 이야기할지라도 그것은 그의 전체 이야기의 일부에 불과하다. 그러므로 치료사는 개인의 다양한 이야기를 발굴하고 재구성하는 일로 개인을 돕는다.

일곱째, 인간은 능동적인 행위자이다. 인간은 항상 무언가를 지향하면서 산다고 본다. 그러므로 별 의미 없이 지나간 어떤 행동도 사실은 개인의 지향성을 드러내게 된다. 지향성과 목적의식은 거기에 걸맞는 행동을 낳고 그 행동은 다시 지향을 강화하는 상호작용적 과정이 존재한다. 치료사는 개인의 문제와 다른 독특한 결과가 어떤 지향성과 연결되어 있는지를 찾도록 돕고 또 그 지향성이 어떤 다른 행동을 낳는지를 함께 찾아가면서 개인의 능동적 행위자로서의 이야기를 구축해 나가게 된다.

2) 가족문제 발생의 원리

내러티브치료에서는 고전적 가족치료이론에서 말하는 역기능적인 경계선과 삼각관계, 역기능적 의사소통 패턴 등의 개념을 수용하지 않는다. 이들은 정상과 비정상을 가르는 기준은 '힘이 있는 사람들'에 의해 만들어져 왔다는 푸코의 입장(Foucault, 1972)을 수용한다. 내러티브치료에서는 어떤 개인이나 가족이 가진 문제 중심의 지배적 이야기가 문제를 유지하고 악화시키는 중요 기제라고 본다.

사람들은 사회적 담론의 영향을 받아 자신 혹은 가족이 경험하는 어떤 상황을 자신에게 불리한 방법으로 해석해 나갈 수 있고 이것이 문제의 시작이 된다. 이와 같은 해석이 축적되면 개인이나 가족은 자신들의 이야기를 점차 '문제 이야기'와 그에 걸맞는 정체성으로 내면화하게 되고, 나아가서 문제 이야기를 '진실'이라고 믿게 된다. 이렇게 '문제가 포화된 이야기(problem-saturated story)'를 가진 개인과 가족은 점차 그 문제 이야기에 맞추어 매일의 삶을 살아나가면서 부정적 정체성은 강화되고 변화를 위한 주체성을 상실해 가게 된다고 본다.

3) 치료의 원리

내러티브치료는 문제 이야기가 개인이나 가족의 상황을 악화시키고 변화의 동기를 약화시킨다고 본다. 따라서 치료의 핵심 원리는 문제 이야기를 변화시켜 개인이 자기 문제를 해결하는 주체로서의 자리를 회복하도록 돕는 데 있다. 즉, 내담자가 문제 이야기를 해체하고 보다 생산적인 이야기를 재구성하도록 지원하는 것이다. 이렇게 형성된 대안적 이야기, 혹은 내담자가 선호하는 이야기에 담긴 긍정적 정체성은 내담자가 변화의 주체로서 자율성과 동기를 발휘하게 하며, 이는 실제적인 변화를 이끌어 낸다.

이러한 내담자의 지배적 이야기 해체와 대안적 이야기 구성을 위해 치료 현장에서는 다양한 대화 기법이 활용된다. 내러티브치료는 창의적이고 다채로운 대화 방식을 통해 개인과 가족이 새로운 이야기를 만들어 가고, 이를 통해 다른 정체성을 발견하도록 돕는다. 이러한 이야기의 변화는 결국 개인이 자기 삶의 주체로서의 의식을 회복하는 데 기여한다.

4. 치료목표와 치료자 역할

1) 치료목표

내러티브치료에서는 문제 자체의 해결 여부는 치료목표가 아니다. 대신 개인의 정체성을 '결함 있는 존재'라는 생각으로부터 '독특성과 존엄성을 가진 변화의 주체'로 회복시키는 것에 치료목표를 둔다. 넓은 의미에서 내러티브 가족치료의 목표는 내담자가 선호하는 현실과 정체성의 구현이라고 볼 수 있다(Freedman & Combs, 2009). 따라서 내러티브치료에서 목표 설정 작업의 핵심은 '선호하는' 현실과 정체성을 정의하는 것이다. 즉, '문제를 없애는 것'이 목표가 아니며, 내담자가 바라는 현실과 인생의 방향을 찾아가는 것이 목표 설정의 과정이라고 할 수 있다.

2) 치료자 역할

(1) '탈중심적이나 영향력 있는' 치료자

내러티브 가족치료에서 치료자는 한마디로 표현하자면 '탈중심적이나 영향력 있는(decentered but influential)' 사람이다(White, 2010). 이들은 어떤 선입견이나 전문지식의 틀을 가지고 개인을 그 틀에 맞추어 이해하려 하는 것을 금기시하며, 개인의 생각과 행동에 대해 호기심을 갖고 존중하는 자세로 경청한다. 이렇게 전문가로서의 정답을 가지고 개인을 대하지 않는다는 점에서 '탈중심적'이라는 표현을 쓴다. 그러나 치료자는 개인이 스스로는 도달하기 힘든 부분으로까지 내담자의 사고를 확장하여 독특한 결과를 찾아내고 거기에 의미를 부여하며 대안적 이야기를 구성해나가는 과정을 돕는 비계(scaffold)를 제공하는 '영향력 있는' 사람이다(〈글상자 11-3〉 참조). 개인의 대안적 이야기 구축을 촉진하는 방향으로 영향력을 발휘한다는 점에서 치료자는 이야기의 공동저자라고도 볼 수 있다(White, 2010).

내러티브치료를 위해서는 치료자 스스로 사회의 지배적인 이야기들에 대해 해체와 재구성을 해낼 수 있는 능력을 갖추어야 한다. 치료사는 늘 자신의 관점을 점검하면서 은연중에 당연시해 온 많은 가치관이 사회적 힘에 의해 구성되었을 수 있다는 것과 그로 인해 불이익을 받는 사람들이 있다는 것에 깨어있을 필요가 있다(이선혜, 2008).

글상자 11-3 비고츠키의 근접발달영역과 내러티브치료의 비계 설정

비고츠키(Vygotsky & Cole, 1978)는 아동이 환경과의 상호작용을 통해 스스로 인지 구조를 확장해간다는 피아제의 인지발달이론을 거부하고, 아동은 더 숙련된 사람들과의 상호작용을 통해 새로운 지식을 습득하게 된다고 보았다. 그리고 숙련자의 이런 도움이 아동이 '스스로 해결할 수는 없으나 누군가의 도움을 받으면 해결 가능한' 근접발달영역(zone of proximal development: ZPD)으로의 발달을 촉진한다고 보았다. 이때 숙련자에 의해 제공되는 도움 과정을 비계 설정(scaffolding)이라 했다. 또한, 비계 설정은 학습자가 점점 더 독립적으로 과제를 수행할 수 있도록 도움의 정도를 조정해 나가는 것이라 하였다. 내러티브치료에서는 개인이 자신의 대안적 이야기 구성을 해나가는 데 있어서 치료자의 조력이 그 과정을 촉진하여 점차 개인이 대안적 이야기 구성에서 유능하게 만드는 것을 '비계 설정'이라고 부르고 있다.

(2) 상담회기 진행의 특성

이러한 공동저작을 위해 치료자는 매우 유동적이면서도 비전통적인 방식으로 회기를 이끌어 나간다. 내러티브치료에서는 내담자와 상담자의 협력적인 관계가 중요하므로, 첫 만남부터 내담자를 한 개인으로 존중하고 호기심을 가지고 접근하며, 그가 가진 재능과 장점에 주의를 기울인다. 통상 있는 초기 사정 과정과 사례개념화 과정을 상담 초기에 따로 배치하지 않는다. 처음부터 이루어지는 대화 과정이 본격적 치료과정이라고 할 수 있다. 치료자와의 대화를 통해 처음에는 빈약한 이야기가 점차 풍부한 이야기로 발전한다. 동시에 '문제 이야기'는 해체되고 재구성되며, 대안적 정체성이 구성되어 간다. 경우에 따라서는 1~2회기에 종결되기도 하고, 여러 차례의 회기로 이어지기도 한다. 회기의 간격도 통상 일주일이라는 관념에 얽매이지 않는다. 회기 길이도 외부증인집단을 초대하는 경우에는 2시간을 초과하기도 한다. 상담자가 내담자와 회기와 회기 사이에 이메일 등을 주고받는 치료적 문서의 활용도 전통적 상담모델에서는 그리 권장되지 않는 형태이다.

치료자는 내담자의 이야기를 해체하고 재구성하고자 하는 목적을 가지고 의도된 질문을 던지면서 내담자의 생각을 이끌어간다. 내담자는 이런 치료자의 질문이 낯설어서 당황하기도 한다. 이때 치료자가 의도적으로 던지는 길잡이가 되는 질문의 방향을 화이트는 '지도(map)'라는 은유를 써서 표현하였다(White, 2010). 사례마다 지도의 어떤 부분들을 부각하여 길을 개척해나가야 하는지에 대한 판단은 치료자의 융통성 있는 지도 활용 능력에 달려있다.

5. 치료기법과 개입의 실제

내러티브 가족치료의 질문이나 기법의 명칭은 언어유희를 하듯이 새롭게 조어된 것들이 많다. 재저작(re-authoring), 회원재구성(remembering), 정의예식(definitional ceremony) 같은 기법의 명칭이 그러하다. 화이트와 엡스턴 등은 이러한 기법들을 만들면서 사람들이 상용하는 단어와 표현 하나하나에 스며있는 의미들에 주의하면서, 새로운 시각으로 기존의 단어들을 '해체'하고 '재구성'한 것 같이 보인다. 이런 자세는 언어를 통해 사회적 실재를 구성한다고 보는 사회구성주의 철학의 면모를 보여주는 부분이다.

각 대화 기법은 화이트가 '지도'라고 은유한 것으로, 사례의 특성에 따라 선별적, 탄력적으로 적용할 필요가 있으며, 질문의 순서나 방식 등은 기계적으로 적용하기보다는 내담자의 상황과 맥락에 맞출 필요가 있다. 실제 면담에서 이 질문들은 내담자와의 대화가 대안적 이야기 구성으로 나아갈 수 있도록 길을 잃지 않게 하는 훌륭한 길잡이 역할을 한다.

1) 외재화 대화(입장말하기 I)

외재화(externalization) 대화란 문제와 그 문제로 인해 어려움을 겪고 있는 개인을 분리시키고, 그 문제가 내담자에게 미치는 영향을 평가해봄으로써 문제와 내담자와의 관계를 다시 생각해보기 위해 진행되는 대화이다. 이 대화는 네 가지 단계의 대화로 이루어져 있는데, 이 과정을 입장말하기 I이라고 칭한다. 이 대화를 통해 내담자가 자신과 문제와의 관계에 대해 나름의 입장을 정리하는 단계에 이르기 때문에 붙여진 이름이다. 이 대화는 상담 초기에 내담자가 경험하는 문제를 상담자가 이해하고, 내담자가 지향하는 상담의 목표를 설정하는 데 도움이 된다.

내러티브치료에 대해 비판적인 입장을 취하는 사람들의 경우 문제에 대한 외재화 대화가 문제에 대한 내담자의 책임성을 회피하게 만든다고 보기도 하지만, 화이트는 이에 대해, 오히려 외재화 대화를 통해 내담자가 문제로부터 '거리두기'를 하게 되었을 때 변화의 주체로서 역할을 더 잘할 수 있게 된다고 설명하고 있다.

(1) 단계 1: 문제에 대한 경청과 외재화하기

치료자는 먼저 내담자가 가지고 온 문제를 구체화한 후에 그 구체화한 문제에 이름을 붙여보도록 한다. 이 과정에는 이미지와 상상력도 동원될 필요가 있다. 예시문에서 제시된 것처럼 문제를 '검은 구름'으로 하여 질문을 해나가는 과정에서 여성 내담자는 우울증상을 자신과 분리된 객관적 대상으로 관찰하고 묘사할 수 있게 된다. 즉, '우울한 나'에서 벗어나 검은 구름을 관찰하고 통제하려는 주체로서의 첫걸음을 내딛게 하는 것이다. 문제에 대해 외재화한 후 외재화한 문제를 별도의 한 대상으로 바라보면서 그 문제의 구체적인 양상, 문제에 대한 개인의 경험 등을 탐색할 수 있다. 필요한 경우 치료자는 외재화 작업을 돕기 위해 외재화한 대상을 그려보도록 하거나, 피규어나 카드 그림 등에서 비슷한 걸 골라보라고 할 수도 있다(〈글상자 11-4〉 참조).

글상자 11-4 **외재화 대화**

다음은 부부상담에서의 외재화 대화를 보여준다.

치료자: 아내분께서 상담을 신청하셨다고 했는데, 어떤 어려움을 경험하고 계시는지요?

아내: 제가 우울증이 너무 심해요. 최근에는 아예 집안일을 하는 것도 어려울 정도로요. 제가 이렇게 우울하니 부부관계도 엉망이고요.

치료자 많이 힘드시겠어요. 저는 아내분이 경험하시는 그 기분의 어려움을 정확하게는 잘 모르겠습니다만, 혹시 아내분이 경험하시는 그 증상에다가 어떤 이름을 붙여본다면 뭐라고 부를 수 있을까요?

아내: 네? 제 우울증에다가 이름을 붙여보라고요? … 좀 이상하긴 하지만, 제가 느끼는 경험을 비유해보자면 '검은 구름'이라고 부르겠어요. '검은 구름'.

치료자: 네, 검은 구름요. 좋습니다. 그럼 이제 제가 그 검은 구름에 대해서 좀 여쭤보겠습니다. 검은 구름은 얼마나 크고 무거운가요?

아내: 그건 늘 같은 크기가 아니예요. 크고 무거워질 때는 저를 덮고 눌러서 꼼짝달싹 할 수 없게 할 정도로 압도적이죠. 하지만 좀 작아지고 가벼워질 때도 있어요.

치료자: 그럼 언제가 그 검은 구름이 가장 무겁고 커지는 때인가요?

아내: 아침 시간요. 대부분 아침시간에 제일 무겁고 커지고요, 또 좀 안좋은 일이 있거나 하면 갑자기 엄청난 무게와 크기로 나를 짓눌러요.

(2) 단계 2: 문제의 영향에 대한 탐색

이 단계는 문제가 개인, 그의 관계, 일상 등에 어떤 영향을 미치는지를 탐색하는 것이다. 질문 방식은 '검은 구름'처럼 외재화한 문제를 별도의 의지를 가진 주체로 표현하는 방식을 쓴다. 예를 들면, "그 검은 구름이 커지면 선생님의 일상을 어떻게 방해하나요?" "검은 구름이 선생님과 남편 사이를 어떻게 갈라놓나요?" 대화가 이 단계에 이르면 자연스럽게 내담자는 "우울한 나 때문에 남편과의 관계가 엉망이 되었다"(문제의 내재화)라는 표현이 "검은 구름이 나와 남편의 관계를 엉망으로 만들어 놓고 있다"(문제의 외재화)라고 표현하고 생각하게 된다. 이외에도 검은 구름으로 인해 자신이 경험한 삶에서의 다양한 영향에 대해 탐색할 수 있도록 치료자는 여러 방면에서 질문을 던지게 된다(〈글상자 11-5〉 참조).

글상자 11-5 문제의 영향 탐색 대화

치료자: 그렇게 검은 구름이 아내분을 짓누르게 되면 아내분은 어떻게 달라지나요?
아내: 일단 아무 것도 못해요. 남편이 말을 걸어도 못 들은 척 하고 전 침대에서 나오지 않아요. 검은 구름 때문에 나는 형편없는 여자가 되어 버렸어요.
치료자: 검은 구름이 아내분과 남편분의 사이에서 무슨 일을 하고 있는 걸까요?
아내: 그 녀석은 저랑 남편의 사이를 갈라놓으려고 작심을 한 것 같아요.

(3) 단계 3: 문제의 영향에 대한 자기 입장 정리

이 단계는 2단계에서 생각해 보았던 '문제로 인해 개인이 받는 일상과 관계에서의 영향'이 개인에게 괜찮은지를 물어보는 질문이다. 문제와의 관계에 있어서 내담자가 삶의 주체로서 자신의 위치를 정해보도록 하는 작업이다. 예를 들어, "짙은 검은 구름이 선생님과 남편이 자꾸 서로를 피하도록 한다고 하셨는데, 검은 구름이 이렇게 하는 것이 괜찮으세요?" 이런 식의 질문을 던지는 것이다. 내담자는 "괜찮지 않죠, 정말 지긋지긋해요", "어느 정도는 괜찮지만, 늘 그런 건 힘들어요" 등과 같이 대답할 수 있다(〈글상자 11-6〉 참조).

글상자 11-6 문제의 영향에 대한 자기 입장 정리 대화

치료자: 검은 구름이 남편분과의 사이를 갈라놓으려는 꿍꿍이를 느끼시는군요. 이 검은 구름의 꿍꿍이가 아내분은 어떻게 느껴지시나요? 검은 구름이 이렇게 하도록 내버려두는 것에 대해 어떤 입장이세요?
아내: 당연히 너무 싫어요. 검은 구름을 우리 집에서 몰아내고 싶어요.

(4) 단계 4: 자기 입장에 대한 이유 설명하기

이 단계는 내담자가 어떤 이유에서 단계 3에서의 답변과 같은 입장을 가지게 되었는지를 묻는 질문이다. 이 질문에 대한 답변에서 내담자의 삶의 목적, 열망, 가치, 지향성 등이 나타나게 된다. 예를 들어, "검은 구름이 남편과의 사이를 가로막는 것이 너무 싫다고 하셨는데, 혹시 그런 입장을 가지게 되신 이유를 물어봐도 될까요?, 그건 혹시 선생님이 어떤 것을 중요하게 생각하기 때문에 그런 걸까요?" 등과 같다. 그러면 내담자는 "저는 남편이 힘든 것을 보는 게 고통스럽거든요"라고 답할 수 있고, 몇 번의 추가 질문을 통해 치료자는 내담자가 남편에게 도움을 줄 수 있는 아내가 되고자 한다는 지향성을 발견하도록 이끌 수 있다(〈글상자 11-7〉 참조).

글상자 11-7 **자기 입장에 대한 이유 설명 대화**

치료자: 왜 그런지 궁금하네요. 검은 구름을 왜 집에서 몰아내고 싶으신 건지요?
아내: 검은 구름 때문에 제가 생각하던 삶을 못 살고 있어요. 아직 신혼이고 꿈꾸던 삶이 많았는데 검은 구름이 내 삶을 덮치는 바람에 남편에게 잘해주고 싶은데 그러지도 못하고…. (눈물을 짓는다.)
치료자: 결혼생활을 잘하고 싶으시고 남편에게도 좋은 아내가 되고 싶기 때문에 그렇다는 거군요.
남편: 이런 말 정말 처음 들어요. 전 아내가 저에게 마음을 닫았다고 생각했는데….
치료자: 두 분 모두 검은 구름의 꿍꿍이를 잘 따돌리고 좋은 부부관계를 만들어가고 싶다는 말로 들리네요.

2) 독특한 결과와 그 영향을 조명하는 대화(입장말하기 II)

'독특한 결과(unique outcome)'란 문제 이야기와 대조가 되는 사건을 말하는데, 내담자의 주된 문제 이야기와는 잘 맞지 않기 때문에 간과되고 잊힐 법한 예외적 사건이지만, 삶을 다른 시각으로 다시 돌아볼 때 찾아낼 수 있는 긍정적인 사건이라는 의미에서 '빛나는 사건(sparkling event)'라고 부르기도 한다. 해결중심 대화에서 '예외상황'이라고 부르는 것과도 유사할 수 있으나, 해결중심 대화가 특정 문제에 대한 예외상황을 찾는 것이라면 독특한 결과는 특정 문제보다는 내담자의 문제 이야기로는 설명되지 않는 사건을 말하는 것이라고 할 수 있다. 이 대화 또한 앞서 소개한 외재화 대화와 같은 구조의 네 가지 단계의 대화로 이루어져 있다. 마찬가지로 대화를 통해 독특한 결과와 내담자와의 관계에 대해 입장을 정리하는 결과를 낳기 때문에 이 대화를 '입장말하기 II' 대화라고도 한다.

(1) 단계 1: 독특한 결과에 대한 경청과 외재화하기

이 대화는 내담자가 조금이라도 문제를 통제하였거나 자기에 대한 부정적 고정관념에 반하는 행동을 한 것을 탐색하면서 시작된다. "아내분은 검은 구름을 집에서 완전히 몰아내버리고 싶다고 하셨는데 혹시 그런 노력을 좀 해보신 적이 있으실까요?"와 같은 질문이 그것이다. 내담자가 어떤 독특한 결과를 찾아내게 되면 그 찾아낸 독특한 결과 또한 외재화한다. 그 다음 외재화하여 이름을 붙인 그 독특한 결과에 대해 자세한 탐색을 시작한다. 꼭 문제를 약화시키기 위한 내담자의 노력만 독특한 결과가 되는 것은 아니다. '우울한 여자'라는 내담자의 정체성과는 결을 달리하는 어떤 사건도 독특한 결과 혹은 빛나는 순간이 될 수 있다(〈글상자 11-8〉 참조).

글상자 11-8 **독특한 결과에 대한 외재화 대화**

치료자: 아내분은 검은 구름을 집에서 완전히 몰아내 버리고 싶다고 하셨는데 혹시 그런 노력을 좀 해 보신 적이 있으실까요?

아내: 일단은 정신과 병원에 가고 약을 먹었어요. 병원 가는 게 죽기보다 싫었지만 그래도 남의 눈 따위는 신경쓸 겨를도 없었죠. 여기 상담에도 그래서 오는거구요.

치료자: 그렇죠, 그렇죠. 검은 구름의 영향력에서 벗어나려고 이렇게 어렵지만, 진단을 받고 약을 먹고 상담도 오자고 하는 아내분의 행동에 걸맞는 이름을 붙여본다면 뭐라고 할 수 있을까요?

아내: 글쎄요…. 잘 모르겠어요.

남편: 혹시 제가 이름을 붙여볼까요? 전 그게 '불도저' 같아요.

치료자: 어떤 점에서 그럴까요?

남편: 아내는 연애할 때부터 한번 마음먹은 것은 어려움이 있어도 끝까지 포기하지 않는 성격이었거든요. 결혼하고 생각처럼 아이가 안 생기고 불임시술 시작하고 그러면서 갑자기 저렇게 힘들어졌어요. 아내가 하도 무기력해서 잊고 있었는데 아내가 혼자서 정신과를 가고 이 상담도 오자고 한 것을 생각해 보니 아내의 그 '불도저'가 여전히 살아있어서 그런 것 같아요.

치료자: 아내분도 정신과를 혼자의 결정으로 찾아간 그 행동을 '불도저'라고 이름 붙이는 게 괜찮으신가요?

아내: 네…. 그렇게 볼 수도 있겠네요.

치료자: 그럼, 이 불도저가 검은 구름이 가정을 엉망으로 만드는 와중에도 역할을 하고 있네요. 아내분, 이 불도저는 어떤 존재예요?

아내: 이 불도저는 평온한 시기보다는 위기를 느낄 때 내게 나타나 주는 것 같아요. 평소 때는 존재를 잘 모르겠는데, 어떤 일이 절대로 그렇게 되어서는 안 되겠다고 생각하면 마침내 나타나서 자기 일을 해요. 이번에도 그런 것 같아요. 누가 뭐래도 자기 일을 해요.

(2) 단계 2: 독특한 결과의 영향에 대한 탐색

이 단계는 독특한 결과가 개인, 그의 관계, 일상 등에 어떤 영향을 미치는지를 탐색하는 것이다. 질문 방식은 외재화한 독특한 결과가 주체가 되도록 다음과 같이 진행한다(〈글상자 11-9〉 참조).

글상자 11-9 독특한 결과의 영향 탐색 대화

치료자: 이 불도저가 나타나면 어떤 일들이 일어나나요? 최근이나 아니면 더 이전의 경험이라도 괜찮으니 말씀해 보세요.

아내: 음~ 결혼 전에 공무원 시험공부를 할 때요, 경제적으로도 어려운 상황에서 일하면서 공부를 할 때 몇 번 낙방하면서 정말 힘들었거든요. 그때 불도저가 저를 이끌어주어서 합격하도록 힘을 낼 수 있었어요.

치료자: 아! 그랬군요. 남편분도 이런 부분을 가리켜서 불도저라는 이름을 붙여준 게 아닐까 싶네요. 그런가요, 남편분?

남편: 맞아요. 또 결혼할 때도 어머니가 반대하셨지만 포기하지 않고 어머니가 마음을 돌리실 수 있도록 노력해서 결국 결혼에 골인하였을 때도 이 불도저가 역할을 했던 거 같아요. 불도저는 포기하지 않아요.

(3) 단계 3: 독특한 결과의 영향에 대한 자기 입장 정리

이 단계는 독특한 결과로 인해 개인이 받는 일상과 관계에서의 영향에 대해 가지는 개인의 입장을 정리해 보도록 하는 것이다(〈글상자 11-10〉 참조).

글상자 11-10 독특한 결과의 영향에 대한 입장 정리 대화

치료자: 그럼 두 분에게 각각 여쭤볼게요. 불도저가 검은 구름에 대항하여 하고 있는 역할에 대해 두 분은 어떤 입장이신가요? 평범한 일인가요, 특별한 일인가요, 반가운 일인가요, 어떠신가요?

남편: 당연히 너무나 반가운 일이죠.

아내: 저도 그래요. 다행이라고 생각해요.

(4) 단계 4: 자기 입장에 대한 이유 설명하기

이 단계는 어떤 이유에서 단계 3에서의 답변과 같은 입장을 가지게 되었는지를 묻는 질문이다. 독특한 결과를 계기로 하여 가능해진 현실이 내담자에게 어떤 의미인지, 내담자의 꿈, 희망, 선호, 가치와 어떤 관련이 있는지를 질문한다. 이때 주의할 것은 새로운 사실의 결과나 잠재적 의미, 가능성에 대해 상담자 쪽에서 지적하거나 칭찬하거나 긍정적 결론을 도출해내려고 노력하지 않는 것이 좋다는 점이다. 상담자의 그러한 태도는 상담자의 역할이 중심적이 되게 만들고 가족 이야기의 영향력을 상대적으로 약화시키는 결과를 낳기 때문이다(〈글상자 11-11〉 참조).

글상자 11-11 **자기 입장에 대한 이유 설명하기 대화**

치료자: 남편분은 그 일이 반가운 일이라고 하셨고, 아내분은 더 나아가 다행스럽다고 말씀하셨어요. 불도저의 출현이 왜 두 분에게 그런 의미를 가지게 되었는지 궁금하네요. 먼저 아내분 이야기를 듣고 싶네요.

아내: 검은 구름이 저를 짓누르면서 부터 저뿐 아니라 남편의 삶도, 결혼생활도 다 절망스럽게 보였어요. 그런데 지금 이야기를 나누면서 그래도 예전에 작동했던 불도저가 여전히 정말 필요할 때는 작동하고 있다는 걸 깨닫고 나니 끝은 아니구나 싶어서 다행이라 생각했어요.

치료자: 아내분이 무엇을 소중하게 여기기 때문에 그 상황을 다행스럽다고 생각하는 걸까요?

아내: 음…. 내가요? 뭘 소중히 여겨서 그걸 다행스럽다고 느낀다고요? 음…. 아마도 저는 저와 남편의 건강한 삶, 그리고 건강한 결혼생활 이런 걸 소중히 여겨서인 것 같은데요….

치료자: 그러시군요. 남편분은 어떠세요?

남편: 아내가 나의 삶과 결혼생활을 소중히 여긴다는 말을 듣는 것 자체가 제게는 참 고마운 경험입니다.

3) 재저작 대화

재저작 대화는 내담자의 문제 이야기를 대안적 이야기 혹은 선호하는 이야기로 다시 쓰는 작업 전반을 말한다. 재저작 대화는 독특한 결과를 찾는 것에서 출발하게 된다. 앞서 개념 설명(p. 359)에서 행동 영역의 이야기와 정체성 영역의 이야기에 관해 설명한 바 있는데, 이 두 가지 영역의 이야기를 씨실과 날실처럼 왔다 갔다 하면서 이야기를 짜나가는 과정을 거친다. 치료자는 독특한 결과를 중심으로 행동 영역과 정체성 영역에서 어떤 일이 일어났고 어떻게 일어났으며 그것이 어떤 의미를 갖는지에 관해 과거와 현재, 미래를 넘나들면서 여러 가지 질문을 던지게 된다. 여기서 행동 영역의 이야기는 사건, 상황,

순서, 시간, 줄거리 등에 관한 것이고, 정체성 영역의 이야기는 지향상태, 가치, 내면 상태, 깨달음, 교훈, 지식 등에 관한 이야기를 말한다. 재저작 대화가 더 무르익을수록 한 개인의 '얇고 빈약했던' 대안적 이야기는 더 '풍부하고 두터운' 이야기로 확장되어 나가게 된다(〈글상자 11-12〉 참조).

글상자 11-12 행동 영역과 정체성 영역을 오가는 재저작 대화[4)]

치료자: 남편분께 여쭤볼게요. 아내분의 불도저가 활약하던 모습에 대한 기억을 한 가지 말씀해주시죠. 결혼 전 일이어도 되고, 또 조금 더 가까운 과거 일도 괜찮습니다(독특한 결과 찾기 질문).

남편: 음… 저희가 결혼이 좀 늦어서 아이가 잘 안 생겼습니다. 시험관 시술을 시작했는데 여간 힘든 게 아니었어요. 하지만 아내가 그 어려운 과정을 불평 한 번 하지 않고 꾹 참아내는 것을 보고 정말 대단하다고 생각했어요(행동영역).

치료자: 아내분도 그걸 기억하시죠?

아내: 네, 하지만 그 길 말고는 다른 길이 없으니 누구라도 그렇게 했을 거예요.

남편: 아냐, 당신은 참 대단했어.

치료자: 지금 말씀하신 아내의 그런 모습은 아내에 대해 어떤 걸 말해 주는 것 같나요?

남편: 아내는 꼭 해야 하는 일은 어떤 어려움이 있어도 잘 견디고 이겨내는 사람입니다(정체성 영역).

치료자: 아내분, '이건 꼭 해야 해'라고 하면서 어려움을 견뎌냈던 또 다른 기억이 있으실까요? 오래된 기억도 괜찮습니다.

아내: 음, 이런 것도 될지는 모르겠는데, 예전에 회사 생활할 때 동료와 사이가 틀어졌었는데, 같은 팀으로 일을 해야 하는 상황에서, 정말 죽기보다 싫었지만, 제가 먼저 사과하고 화해를 청한 적이 있었어요(행동 영역).

치료자: 그렇게 했던 건 아내분이 어떤 것을 소중하게 여기시기 때문에 그랬던 것일까요?

아내: 음… 전 제게 맡겨진 일을 최대한 책임 있게 해내는 것을 중요하게 생각해요. 책임감이랄까. 그래서 그랬던 거 같아요(정체성 영역).

(중략)

치료자: 오늘 말씀을 나누면서 제가 아내분의 여러 가지 이야기를 알게 되었네요. 불도저 같은 끝까지 포기하지 않는 인내와 책임감 같은 이런 것을 아내분이 소중히 여기고 자기 삶에서 이루어 나가고 있다는 것을요.

아내: 오늘 말씀 나누면서, 검은 구름의 힘 때문에 까맣게 잊고 지냈던 이야기들을 떠올려 봤어요. 내가 나름대로 열심히, 책임 있는 삶을 살아왔다는 것을 알게 되었어요.

---

4) 행동영역과 정체성 영역 대화에 대해서는 [그림 11-2]를 참고할 것.

4) 회원재구성 대화

회원재구성 대화는 개인의 정체성이 주변 사람들과의 관계를 통해 만들어진다는 철학을 배경으로 한다. 개인주의적 가치관에서 언급되는 정체성은 인간 삶에 대한 근대적 이상(자제, 자립, 자기실현 등)을 중시하지만, 내러티브 가족치료에서 말하는 정체성은 인생클럽을 통해 회원과 공동으로 생산하는 다중적이고 복합적인 성격의 것이다(White, 2010). 원래 회원재구성이라는 용어는 문화인류학자인 마이어호프(Myerhoff, 1986)에 의해 사용되었는데, 후에 White가 중요한 인물에 대한 그의 회상 방식을 치료에 활용하게 되면서 인생 회원들을 재구성 한다는 의미를 추가하였다(이선혜, 2020). 내러티브 가족치료에서 '회원'이란 내담자의 과거나 현재, 미래의 삶에 중요한 위치를 차지하면서 내담자의 정체성 구성에 영향력을 행사하는 사람이나 존재를 말한다. 회원재구성 대화는 내담자로 하여금 중요한 사람(혹은 책의 주인공, 애완동물, 인형 등 포함)과의 관계가 자신의 정체성과 미래 모습에 어떻게 관련되는지를 생각할 수 있게 한다.

회원재구성 대화는 내담자의 특정 모습을 기억하는 인생 중의 어떤 사람을 떠올리는 것으로 시작한다. 예를 들면, "아내분, 아내분이 이렇게 잘 참아내고 책임감이 있는 사람이라는 것을 또 누가 알고 계시나요?"와 같은 질문으로 시작한다. 만일 그것이 아내의 어머니라면, 어머니는 아내에게 '회원'이다. 다음 단계에서는 이 '회원'이 아내의 삶에 어떻게 기여했는지에 대해 묻는다. 예를 들면, "어머니가 아내분의 책임감 있는 모습을 아신다는 것을 어떻게 알게 되었어요?", "어머니가 이웃분에게 '우리 애는 그렇게 책임감 없는 애가 아니랍니다. 제가 알아요' 이렇게 항변하셨을 때, 그게 아내분에게는 어떻게 다가왔어요?"라는 등의 질문을 할 수 있다. 이를 통해 '회원'과의 관계가 내담자의 삶에 어떤 영향을 미쳐왔고 앞으로도 미칠 것인지에 대해 생각해 볼 수 있다.

여기서 한 단계 더 나아가 당시에 내담자가 '회원'에게 어떤 기여를 했는지도 묻는다. 예를 들면, "어머니가 딸에 대해 그런 항변을 하시고, 이웃분이 따지는 것을 멈추는 경험을 돌이켜보면, 책임감이 큰 딸을 두었다는 것이 어머니에게는 어떤 의미가 있었을까요?"와 같은 질문이다. 이 마지막 단계는, 내담자가 '회원'으로부터 어떠한 기여를 받았을 뿐 아니라 내담자의 존재와 삶이 '회원'의 삶을 더 풍요롭게 만들었다는 점, 서로가 서로에게 힘이 되고 의미가 된다는 점을 강조한다. 이 회원재구성 대화는 단순한 수동적 회상이 아니라, 내담자가 인생에서 의미 있는 인물과 의도적으로 만나도록 돕는다. 나아가 이러한 만남은 가족이나 중요한 타인들과의 관계 속에서 이루어지므로, 개인의 새로운 정체성이 가족·관계망 안에서 함께 목격되고 지지될 수 있다. 이는 내담자의 변화가 단지 개인적 차원에 머무르지 않고, 가족의 상호작용 패턴 속에서 더욱 확고히 자리 잡도록 하며, 결과적으로 가족 전체의 서사에도 긍정적인 변화를 촉진한다.

5) 정의예식

'정의예식'은 대안적 이야기가 어느 정도 무르익었을 때, 내담자의 '선호하는 이야기'를 다른 사람들이 의도적으로 듣고 반응하게 해 내담자의 선호하는 이야기가 사회적으로 인정받는 경험을 갖도록 하는 의식이다. 이 정의예식은 '외부 증인(outside witness)' 혹은 '반영팀[5]'이라 불리는 제삼자 한 명 이상을 상담실로 초대하면서 시작된다. 이때 외부 증인은 친구나 선생님 등 주변의 의미 있는 사람들이나 혹은 유사한 어려움을 가졌던 치료사의 과거 내담자 중에서도 선택될 수 있다. 정의예식은 다음의 순서로 진행할 수 있다.

(1) 말하기(telling)

먼저 치료자는 주인공인 내담자를 면접하면서 내담자가 선호하는 자기 삶의 이야기를 말하도록 한다. 이때 외부증인들은 청중이 되어 그 이야기를 경청한다.

(2) 다시 말하기(retelling)

그다음에는 서로 역할을 바꾸어, 외부증인들이 방금 들은 내담자의 이야기에 대하여 무엇을 들었고 그것이 자신에게 어떤 의미로 다가오는지 이야기한다. 이때 치료자는 일정한 면담의 지침을 따라 외부증인을 면접하며 이끌고 내담자는 청중이 된다.

(3) 다시 말하기의 다시 말하기(retelling of retelling)

그다음에는 다시 역할을 바꾸어 상담자의 질문에 따라 내담자가 방금 들은 외부증인들

5) 내러티브치료에서 반영팀(reflecting team) 또는 반영집단은 외부 증인과 하는 역할에 있어 매우 유사하나, 반영팀은 외부증인보다는 치료자나 전문가집단 위주로 구성된다는 통념이 있다. 반영팀은 주로 상담자, 치료자 등 전문가집단으로 구성되며, 집중적으로 내담자 이야기를 경청하고 다시 말하는 과정을 통해 치료적 반응을 제공한다. 반대로 외부증인집단은 내담자의 지인, 가족, 인생클럽 회원, 또는 지역사회 구성원 등 일반인이 포함될 수 있어 내담자와 보다 생활 밀착적이고 다양한 시각을 제공할 수 있다.

의 이야기를 들은 소감을 치료자의 인도를 따라 말하게 한다.

(4) 다시 말하기의 다시 말하기의 다시 말하기(retelling of retelling of retelling)

위의 과정을 어느 정도 거친 후, 맨 마지막에는 주인공과 청중을 포함한 모든 참여자가 함께 모여 정의예식 전체에서 경험한 것들을 이야기한다.

정의예식은 참여한 사람들 서로의 삶이 연결되도록 하여 모두가 정의예식 이전과 다른 지점에 도달하게 된다. 그리고 이 모든 과정은 주인공 내담자의 이야기가 가진 의미를 한층 깊고 분명하게 만들어주게 된다.

6) 치료적 문서의 활용

치료자가 내담자에게 보내는 편지나 이메일, 상담회기 중에 했던 메모나 축어록의 일부, 변화를 남기기 위해 써놓은 서약서나 증서, 체크리스트, 중요한 순간에 대한 사진 기록이나 그림 등 치료적 문서의 형식에는 제한이 없다. 그러므로 치료자들은 창의성을 발휘하여 문서들을 치료에 활용할 필요가 있다. 문서는 치료자가 만들 수도 있고(〈글상자 11-13〉, [그림 11-3] 참조) 내담자가 만들도록 할 수도 있다. 다양한 형태의 문서를 활용하고 회기와 회기 사이에 치료자의 편지를 활용하는 것 등은 상담의 효과를 높이고 유지시키는 데 크게 기여하는 것으로 알려져 있다.

글상자 11-13 **상담자가 작성하는 치료적 문서의 유형**

상담자가 만들어 낼 수 있는 치료적 문서의 유형을 폭스(Fox, 2015)는 4가지로 정리하고 있다.

첫째, 회기 기록용 편지: 상담에서 오간 중요한 대화나 변화의 단서를 기록하여 내담자에게 전달하는 유형

둘째, 지식과 인정의 문서: 내담자가 보여준 중요한 기술, 신념, 정체성 등을 요점만 따로 기록하여 전달하는 유형

셋째, 소식 문서: 내담자의 긍정적 변화나 성취에 대한 내용을 주변 가족, 친구, 공동체에 알림으로써 사회적 지지와 피드백을 촉진하는 유형

넷째, 통과의례 문서: 치료 종료 시점에 새로운 정체성과 변화를 공식화하고, 공동체의 인정과 축하의 의미를 부여하는 유형

아래 문서는 마약 문제를 가졌던 내담자 캐롤이 직접 작성하여 주변 사람들에게 회람한 편지글이다.

캐롤을 아는 여러분께

6월 11일, 저는 맨디와의 말다툼 이후 깊은 절망감에 빠져 약을 과다복용하고 싶은 마음이 들었습니다. 하지만 저는 스스로를 진정시켰습니다. 10까지 숫자를 세며 담배를 많이 피웠고, 대략 15분 정도 걸렸습니다. 이런 방식으로 진정한 건 처음이었어요. 저는 정말 대단한 기분이 들었고, 앞으로도 스트레스를 받을 때마다 이 방법을 기억하고 활용하고 싶습니다. 그렇게 된다면 다시는 약을 과다복용하는 일은 없을 거예요.

혹시 제가 스트레스를 받고 있는 것 같거든, 다정하게 알려주시고 '너는 스스로를 진정시키는 법을 알고 있어'라고 상기시켜 주세요.

감사합니다.

캐롤

[그림 11-3] 내담자가 작성한 치료적 문서 예시

출처: Fox(2015).

6. 평가와 전망

내러티브 가족치료는 그 철학적 기반이나 면담의 기법 등에서 가히 획기적인 치료모델이며 운동이다. 초창기에 내러티브 가족치료는 기존의 치료사들이 가장 많이 배우고 싶어 하는 매력적인 치료모델로 손꼽혔다면(이선혜 외, 2005), 현재 시점에는 효과성과 타당성의 평판을 이겨낸 확립된 모델로 수용되고 있는 편이다.

내러티브 가족치료는 그 철학적 지향이 가지는 귀결성으로 인해 문화와 가치와 제도의 파괴적인 영향, 공동체의 회복, 사회적 갈등의 해소 등으로 그 관심을 확장해가고 있다. 한 예로 2000년대 들어서면서 내러티브 가족치료는 호주 원주민 커뮤니티 간의 갈등 회복 및 치유과정에 그 원리를 적용해오고 있다(Denborough, 2014). 이뿐만 아니라, 내러티브 가족치료는 정신병동 입원 환자들, 거식증 환자들, 정신분열증 환자들, 성폭력 피해자, 동성애자나 양성애자, 노숙자 등 사회적 담론에서 변방인으로 거론되는 사람들의 긍정적 삶의 힘을 끄집어내어 주체적 삶을 살게 하는 중요한 도구로 활용되고 있다(이선혜 외,

2018; Nichols & Davis, 2017). 이 점이 내러티브 가족치료가 오늘날의 치료 영역에서 보여주는 가장 독특한 기여 중의 하나라고 생각된다.

내러티브 가족치료가 이룬 또 다른 기여는 치료사들이 '내담자를 어떤 존재로 보고 치료에 임하느냐'라는 관점에 미친 영향이다. 내러티브 가족치료에서는 내담자를 내적 문제를 가진 치료 대상으로 보지 않고 고유성을 가진 한 개인이자 변화의 주체로 보면서, 치료사의 조력을 통해 변화 동기와 대처방법을 점차 회복할 수 있는 존재로 본다. 이런 내담자에 대한 관점과 내담자와 협력해나가는 치료자의 태도 부분은 전통적인 체계론적 치료모델을 가지고 있는 치료자들에게도 심각한 철학적 모순 없이 받아들여지는 부분이다.

그러나 체계론적 접근을 기본으로 하는 가족치료자들은 내러티브 가족치료가 사이버네틱스 모델을 경시하는 점을 우려한다. 내러티브 가족치료는 가족의 실제 상호작용의 패턴이나 순환고리 등에는 관심이 없고, 어떤 사건이나 행동에 부여하는 의미에만 관심을 가지는 것처럼 보이기도 한다. 따라서 '내러티브 가족치료를 체계론적 가족치료라고 할 수 있는가?'라는 질문이 나오게 된다. 내러티브 치료사는 이 질문에 답하기 위한 노력을 해야 할 것이다.

내러티브 가족치료는 해결중심치료와 마찬가지로 '인지'를 중심으로 전개되는 치료이다. 정서와 행동보다는 인지의 확장에 중점을 둔다는 점에서는 그러하다. 전통적인 인지치료가 '정답'을 가지고 내담자를 이끌어가는 편이라면 내러티브 가족치료는 내담자의 생각을 확장시켜 자신의 이야기를 다시 만들게 한다. 그러므로 내러티브 가족치료를 인지치료라고 분류하는 것은 내러티브 가족치료가 가진 풍부함을 모두 삭제하는 결과를 낳을 수 있다.

내러티브 가족치료는 근거기반 치료를 중시하는 오늘날의 치료 분위기에서는 불리한 점이 있다. 치료모델 자체가 가지는 자발성과 창의성으로 인해 치료 포맷을 정형화시키기 어려운 탓에 효과성 검증 연구가 쉽지 않다는 한계도 있다. 그러나 아마 사회구성주의 철학에 기초한 내러티브 가족치료자들은 '근거'라는 실증주의적 철학에 기초한 기준 자체를 거부할지도 모른다.

내러티브 가족치료는 치료사들에게 매력적인 아이디어들을 제공해 주지만, 그것을 실제로 치료회기에서 구현하려면 상당한 문학적 상상력과 표현력이 필요하다고 보기도 한다. 그러나 질문기법과 내러티브 가족치료를 이끌어 나가는 '지도'를 달달 외운다고 할지라도, 치료사 스스로 사회적 담론과 지배적 이야기에 대한 해체적 사고를 할 줄 모른다면 진정한 내러티브 가족치료를 하기 어렵다. 내담자가 간과했던 독특한 순간들을 길어 올려 이야기의 그물을 짜나가는 조력자가 되기 위해 치료사는 내담자의 문제 이야기에 영향을 미치는 기존 문화에 저항하면서 내담자와 함께 노력해야 한다.

7. 내러티브 가족치료로 금쪽이네 만나기

1) 사례개념화

내러티브 가족치료에서는 내담자가 가지고 있는 지배적인 이야기가 내담자가 가진 정체성의 부정적인 부분에만 주목하게 하여 문제를 유지하고 악화시키는 기제가 된다고 본다. 지배적 이야기는 사회적 주요 담론에서 힘을 얻어 가족 안에서 재생산되는 경우가 많은데, 본 사례의 경우 할머니, 남편, 딸은 모두 엄마 내담자를 무능력하고 노력하지 않으며 정이 없는 나쁜 엄마라고 하는 '이야기'를 강화 재생산해 내고 있다. 치료사는 '무능력하고 별로인 엄마'라는 지배적 이야기가 현재 문제의 핵심이라고 개념화할 수 있다.

엄마 내담자가 자신이 가진 '아이가 끔찍하다(너무나 소중하다는 표현)'라는 특별한 모정을 가지고 있는 자신의 다른 모습을 주장할 수 없을 만큼 내담자를 옥죄어 오고, 내담자의 자율적이고 유능한 엄마로서의 모습을 무력화시키고 있다. 엄마는 지배적 이야기와 비슷한 행동을 하게 되고, 딸 또한 저렇게 '별로'인 엄마와 엮이고 싶지 않다는 기피를 통해 자신과 엄마의 관계를 더욱 악화시켜 가고 있다. 남편도 시어머니도 자신들이 엄마를 점점 더 무력화시키는 이야기를 확대 재생산하고 있다는 인식이 없다. 이대로 가면 이 엄마는, 자신의 무력함을 보상하기 위해 둘째인 아들에게 과도한 관심을 쏟을 수 있고, 이는 또 다른 문제를 만들어 낼 것이다.

2) 주요개입

치료자는 가족을 통해 금쪽이 엄마에게 확대 강화된 지배적 이야기를 해체하고 대안적 이야기를 사회적으로 구성해 나가는 전략을 구사하는 것이 바람직할 것이다. 치료자는 일단 부부 혹은 할머니까지 포함한 3인을 치료실로 불러 엄마의 무력감과 자괴감, 슬픔의 마음을 외재화시키고 그 마음에 이름('모름이')을 붙여본다. 대화의 단계를 거쳐 그 '모름이'가 만들어 내는 딸과의 관계, 남편이나 시어머니와의 관계, 자신의 삶에 미치는 영향 등을 살펴볼 수 있도록 한 후, '모름이'로부터 벗어나고 싶은 엄마 내담자의 지향성과 욕구 등 대안적 정체성(좋은 엄마, 따뜻한 엄마, 딸과의 사랑의 관계, 남편으로부터의 사랑과 인정 등)을 살펴볼 수 있게 한다.

그 대안적 정체성에 부합하는 엄마 내담자의 구체적인 행동이나 사건을 남편, 시어머니, 친정어머니 등이 협력하여 찾아주고, 그런 행동이나 사건이 가리키는 내담자의 정체성을 찾아 나감으로써 내담자의 대안적 이야기 혹은 선호하는 이야기를 점점 두텁게 만들어나간다. 이 이야기 만들기에 엄마 내담자의 친구나 직장동료가 참여하여 엄마 내담자의 다른 관계에서의 모습을 말해 주는 것도 대안적 이야기 구성에 도움이 될 것이다. 또 친정 부모 등이 온라인, 혹은 편지 등으로 참여하여 대안적 이야기 구성에 도움을 줄 수도 있다.

선호하는 이야기가 튼튼해져 가면, 그 이야기의 변화 과정을 남편과 상담자, 엄마 내담자가 함께 '말하기' 방식을 통해 나누고, 그것을 녹화하거나 하여 딸과 시어머니에게 전달하는 방법도 정의예식의 또 다른 방법으로 생각해 볼 수 있다. 그러면 '다시 말하기'를 위해 딸과 할머니는 자신들의 '다시 말하기'를 녹음하거나 해서 다시 남편과 엄마 내담자에게 들려줄 수 있을 것이다. 이런 방식의 간접적 소통이 2~3차례 반복되어도 좋을 것이다.

치료실에서 나눈 이야기의 핵심 요지들(특히, 구체적 사건/행동과 그와 관련된 내담자의 긍정적 정체성 부분)을 중심으로 치료자의 피드백을 카드와 같은 치료적 문서로 만들어 활용해도 좋을 것 같다. 이때 치료자와 아내 내담자, 남편 내담자 사이의 삼각관계에 주의하여, 문서 수신자는 아내와 남편 두 사람으로 하고, 남편과 아내 모두 이메일 답신을 공통 이메일로 하는 것도 좋을 것이다.

치료의 후반에는 서로를 돕고 사랑하는 가족으로서의 정체성을 구성하고 확대하는 가족 협동화 작업 후 협동화에 이름 붙여보기 작업, 가족 안의 두 여성(엄마와 딸)을 원하는 모습으로 꾸며주기, 그다음에는 두 남성(아빠와 아들)을 원하는 모습으로 꾸며주기 같은 미술 활동을 통해 가족으로서의 유대와 하위체계를 강화하는 놀이적 개입도 추천할 만하다.

요약

- 내러티브치료는 화이트와 엡스턴에 의해 1990년대에 확립된 포스트모던 가족치료모델의 대표적 치료 이론이다. 내러티브치료는 임상모델로서는 후기밀란모델, 협력적 대화치료 등의 영향과 철학적 사조로는 사회구성주의와 포스트모더니즘, 푸코의 담론이론 등의 영향하에 개발되었다.
- 이들은 '삶의 이야기'가 가지는 힘에 주목하면서, 사회의 지배적 담론 등의 영향을 받은 '문제로 포화된 이야기'가 내담자의 삶을 지배하면서 내담자는 그 이야기가 가리키는 문제적 정체성에 걸맞는 삶을 살아나가게 되는 것이 문제 발생 및 유지의 기제라고 보았다.
- 내러티브치료의 치료목표는 내담자의 선호하는 이야기 구성과 그에 걸맞는 내담자의 긍정적인 정체성 회복에 있다. 그러므로 이들은 내담자의 문제해결에 초점을 맞추기보다는 내담자가 가진 '지배적 이야기'를 해체하고 대안적 이야기, 더 나아가 내담자가 '선호하는 이야기'를 재저작하는 것으로 개입한다.
- 내러티브 치료자는 내담자와 대화를 통해 새로운 이야기를 구성해 나가는 공저자의 역할을 하게 되며, 그는 '탈중심적이지만 영향력이 있는' 입장을 가지고 내담자의 삶에 호기심과 존중의 태도로 접근한다.
- 내러티브치료의 실제에서는 구체적인 대화 기법들이 탄력적으로 활용되게 되는데, 문제를 외재화 시키고, 문제에 대한 내담자의 입장과 그 이유를 말하게 함으로써 문제를 내담자와 분리한 후 그 문제를 해결하는 주체로서의 내담자의 정체성을 탐색하는 외재화 대화법, 독특한 결과를 찾아 그것과 관련된 내담자의 정체성을 찾아가면서 대안적 이야기를 두텁게 만들어 가는 재저작 대화, 회원재구성 기법, 그리고 정의예식 등의 기법을 활용한다. 또한, 다양한 치료적 문서를 활용하여 개입의 효과를 높인다.
- 내러티브치료는 사회문화적 차원에서 내담가족이 경험하는 주변화 현상과 '다른' 경험에 주목하면서, 임상가들로 하여금 가족원 개개인에게 미치는 사회문화적 힘을 해체하고 재구성해 낼 수 있는 다문화적 역량을 요구한다. 또한, 내담자들이 어떤 정신병리의 범주로 일반화되는 것을 거부하며 개인이 가진 독특함과 고유성, 존엄성을 인정하고 그것을 발견하고 활용하고자 하는 태도로 내담자를 대한다. 이런 태도 혹은 철학이 내러티브 치료자들이 갖추어야 할 가장 중요한 덕목이며, 이런 철학에 기반하지 않은 단순한 대화 기법의 적용이 효과를 발휘하기는 어렵다.

Family Therapy

제12장

통합적 접근과 공통요인

가족치료에서의 통합을 향한 움직임은 소리 없는 혁명이며, 실용적인 기류의 흐름이다.

제이 르보우(Lebow, 1997)

이 장에서는 가족치료 분야에서 거론되는 통합적 접근과 공통요인에 대해서 알아본다. 이 두 주제는 1990년대 말부터 제기되었으나, 2000년대 이후 더 크게 주목을 받고 있다(Gehart, 2024; Hanna & Ball, 2025).

1. 통합적 접근

다음에서는 가족치료에서의 통합적 접근에 어떠한 배경이 있는지 알아보고, 통합을 구성하는 방법에 대해서 살펴본 후, 통합에서의 장점과 문제점을 짚는다. 이어서, 통합이 이루어진 구체적인 모델을 제시한 후, 마지막으로 통합의 실천에 대해서 생각해 본다.

1) 배경

가족치료를 실천하는 데 나타나는 큰 경향은 사례에 개입할 때, 치료모델을 적용하는 접근 방식에서 가족치료자들의 입장이 두 갈래로 나뉜다는 것이다. 즉, 사례에 대해 특정 모델에 의한 접근을 지지하는 사람들과 모델들을 통합해서 접근하는 것을 지지하는 사람들로 나누어진다. 전자의 입장인 사람들은 대개 하나의 치료모델에 초점을 두고, 그 모델의 기본 가정이나 치료 개입법을 엄격하게 따르고 배타적인 공동체를 만든다. 반면, 후자의 입장인 사람들은 최상의 개입이 꼭 특정 치료모델을 고수하는 것에서 나오지 않으며, 상황에 따라 여러 모델을 쓸 수도 있고 여러 기법을 함께 결합해서 쓸 수도 있다고 생각한다. 이러한 후자의 입장을 지니는 사람들은 가족치료의 현장에서 통합적이고 포괄적으로 접근하는 것이 내담자에게 더 유리하다고 생각한다. 이들에 따르면, 임상 현장에서의 개입을 둘러싼 결정은 사례의 성격과 호소문제에 따라 내담자와의 작업을 효과적으로 진행할 수 있는 가장 적절한 개념과 개입 전략을 탐색함으로써 이루어져야 한다(Pinsof, Breunlin, Russell, & Lebow, 2011; Sprenkle, Davis, & Lebow, 2021). 따라서 이러한 입장을 지니는 치료자들은 변화를 위한 개입과정에서 여러 다른 이론과 전략들을 혼용한다.

가족을 어떻게 변화시킬 것인가에 대해 초점을 맞추고 있는 가족치료 현장에서, 앞에서 이야기한 것처럼 한편에서는 하나의 치료모델을 지지하고 그 모델에 충성도가 아주 높은 사람들이 있는가 하면, 또 다른 한편에서는 통합적 접근이 주는 유익한 점을 강조하는 사람들이 있다. 이러한 가운데, 통합되지 않은 하나의 모델을 훈련받은 치료자가 더 우월하다는 주장이 펼쳐지기도 하기만(Dickerson, 2010), 통합적 접근의 효과성을 지지해 주는 연구결과들에 힘입어, 통합적 접근은 최근 임상가들의 실천에서 뚜렷한 경향으로 자리 잡아 가고 있다(Gehart, 2024; Lebow, 2019a, 2019b, 2023; Lebow & Diamond, 2019; Hanna & Ball, 2025).

특정 모델 지지자들은 치료에서의 특정 측면을 강조하는 독특한 방법을 강조해 '브랜드화'하면서 자신들 모델의 우수성을 부각하기도 한다(Piercy, 2020). 물론 이러한 입장을 지닐 때의 장점들도 있다. 우선, 인간 조건의 어느 한 측면을 강조하는 모델은 같은 측면을 강조하는 사람들을 어울리게 만들고, 그 사람들에게 편안함을 제공한다. 자신의 이념과 선호하는 치료모델 프로그램이 잘 들어맞는다고 생각하면 사람들은 그러한 치료 진영에 머물게 되고, 그 치료모델을 선택하는 사람들과 주로 어울리면서 자신들의 세계관을 강화할 것이다. 이와 더불어, 특정 접근법은 마케팅에 유리할 수 있다(Lebow, 2023: 55). 이러한 접근법은 매력적인 명칭으로 불리고, 그 접근법을 손쉽게 쓸 수 있도록 만들어진 간결한 매뉴얼이나 책이 출판되며, 집중적으로 정보를 제공하는 워크숍과 프로그램이 기획되어 참가자들을 '훈련'시킨다. 특정 모델을 선택할 때의 이러한 이점들은 그 모델의 영향력과 선택 가능성을 극대화하는 데 기여해 왔다.

그런데, 흥미로운 사실은 가족치료의 복잡성으로 말미암아, 가족치료 분야에서 주요 모델의 대부분은 어느 정도 통합 성향을 가지고 있다는 것이다(Lebow, 2023: 55). 제1세대 가족치료 모델 중에서 구조적 가족치료나 MRI 단기치료와 같은 '순수한' 모델이 있기도 하지만, 사실상 대부분의 가족치료 모델은 체계론적 관점과 다른 여러 개념을 통합했다. 예컨대, 네이선 애커먼(Nathan Ackerman)은 체계이론과 정신분석을, 머레이 보웬(Murray Bowen)은 정신역동이론, 체계이론과 초기 인지치료를 통합해 자신들의 모델을 창안하였다. 그리고 그 이후 많은 가족치료 모델들도 방법과 요소를 통합하였다. 예를 들면, 다차원적 가족치료(Multidimensional Family Therapy)는 구조적 모델, 인지·행동 모델, 그리고 인간발달에 중점을 둔 요소들을, 기능적 가족치료(Functional Family Therapy)는 행동치료와 전략적 모델을, 통합적 행동 커플치료(Integrative Behavioral Couple Therapy)는 행동치료, 인지치료, 그리고 정서중심 접근법을 통합하였다.

이러한 경향과 더불어, 특정 접근의 개입 범위를 확대하려는 시도도 이루어져 왔다. 기존의 방법을 포함하여, 보다 효과적이고 포괄적인 방법으로 발전시키는 노력이 행해졌다(Lazarus & Messer, 1991). 그러한 대표적인 예가 행동치료 모델에 인지적 전략이 추가된 인지행동치료이다. 마인드풀니스(mindfulness) 치료법들도 대부분 통합된 모델에 다른 여러 가지 요소를 포함하여 만들어졌다. 이 치료법들과 유사한 변증법적 행동치료(Dialectical Behavioral Therapy)는 정신역동적 모델과 행동치료를 통합하였다.

치료 현장에서 '통합(integration)'과 '절충(eclecticism)'은 치료학파들의 개념과 개입의 적용을 설명하기 위해 서로 유사한 개념처럼 사용되지만, 이 둘 사이에는 아주 중요한 개념적 차이가 있다. 통합은 메타 수준에서의 골격을 만들고, 그 안에서 아이디어와 전략적 요소들이 서로 어떻게 어울리는지를 설명함으로써 보다 광범위하게 혼합시켜가는 것을 전제로 한다. 예컨대, 윌리엄 핀소프(William M. Pinsof) 등이 개발한 '통합적 문제중심 메타틀작업(Integrative Problem Centered Metaframeworks: IPCM)'(Breunlin et al., 2011; Pinsof et al., 2011)이 여기에 속한다. 이에 비해, 절충은 원칙적으로 실용적인 목적을 위해 사용하는 방식에 가깝다. 이것은 개입하는 사례에 기반해서, 서로 다른 모델에서 사용하는 구성요소들을 하나의 개념적 틀 안에서 정리하지 않은 채 사용하는 방식을 일컫는다.

일반적으로, 심리치료는 이론, 전략, 개입 등 여러 단계로 구성되기 때문에 그 진행 과정에 많은 요소와 방식이 전개될 수 있다. 따라서 때로는 그 개입 방식으로 통합을 사용했는지 아니면 절충을 사용했는지 판별하기가 어려울 수 있다. 예를 들어, 하나의 접근법이 한 학파의 이론적 틀(예: 보웬의 다세대 치료모델)을 채택하면서, 개입 전략으로는 다른 모델들의 방법을 사용하면서 절충적인 방식을 선택할 수 있다. 이러한 방식은 이론적 모델 수준에서의 통합을 하고 있지는 않지만, 개입 전략으로는 다른 치료모델을 끌어들일 수 있다. 예를 들어, 통합적 행동 커플치료는 행동 치료의 이론적 개념을 기반으로 하지만, 심리치료 분야에서 경험적이고 인본적인 접근들의 중심에 있는 '수용(acceptance)'을 통합해 정서적 요소를 강화하고 있다(Christensen et al., 2020).

근래 가족치료 분야를 포함하여, 심리치료 분야 안에서 통합적 접근에 대해 더 많은 사람이 관심을 기울이고 있다(최연실, 2017; Hanna & Ball, 2025; Reiter, 2025; Rivett & Buchmüller, 2025). 한 델파이 연구(Norcross et al., 2022)가 이들 분야에서 고전적인 이론적 모델 추종을 넘어서서 통합적 접근을 채택하고자 하는 이러한 경향을 실증적으로 보여주었다. 그 연구에서 조사대상이 된 56명의 치료 전문가들은 향후 10년간 가장 인기 있을 치료접근으로 통합적 치료를 거론한 바 있다.

2) 통합의 근거와 유형

(1) 통합의 근거

다음과 같은 측면들이 가족치료 안에서 통합을 지향하는 패러다임 전환에 근거를 제공하였다(Lebow, 2023: 59-60).

① 포스트모더니즘의 시대적 요구

가족치료 안에서 통합을 지향하는 경향은 단일한 치료모델들이 주장하고 있는 무한 가능성을 회의한다. 이 점에서 단일한 가치나 관점의 절대성에 의문을 품고 한계를 지적하는 포스트모던적 이해와 맥을 같이 한다. 모더니즘에서는 중심적 위치를 차지하는 단일한 해결책이 모든 문제를 해결할 수 있다는 낙관주의적 사고가 존재했다. 하지만 포스트모더니즘은 이러한 단일한 모델이나 해결책이 전능하다고 보지 않는다.

② 각 치료모델 간 교류와 의사소통의 향상

전통적으로 가족치료 분야에서는 임상가가 교육, 훈련과 실천에서 자신의 '주 모델(host model)'을 선택하고, 그 이론적 모델의 범주 안에 머무르는 것이 자연스럽게 여겨지고 권장되었다. 이 과정에서 자신이 훈련받은 모델의 '숭배'가 일어나고, 훈련받은 모델에 대한 도전과 논쟁은 드문 일로 간주되기도 했다(Lebow, 2023: 59). 하지만, 이러한 상황은 점차 변모하여, 오늘날에는 상담 커뮤니티의 활성화로 인해 서로 다른 접근법 간 훈련과 상담 실천에 대한 자료나 아이디어 교환이 빈번히 이루어지고 있다. 서로 다른 학문과 이론 배경을 가진 치료자들이 여러 단체에서 만나고 같이 활동함으로써 임상적 효과성을 높이는 정보와 방법론이 활발하게 교류되고 있다.

③ 연구 결과의 지지

과학적 연구의 증가로 인해 연구 결과의 축적이 이루어지고 있는데, 연구 결과들은 한 가지 치료법으로만 개입하는 것이 임상적 효능에서 한계가 있음을 보여주었다(Lambert, 1992; Sprenkle et al., 2021; Wampold, 2001). 상담이나 심리치료의 연구 결과들은 특히 '공통요인(common factors)'의 중요성(예: 치료동맹)을 강조한다. 이와 더불어, 연구 결과들은 특정 상황에 대해 다양한 개입법을 시도할 때 치료적 효과가 크다는 것을 입증해 왔다. 특히, 각종 장애(약물사용장애, 식이장애, 불안, 조현병, 우울)에 대한 실증적 연구들은 이러한 장애문제 치료에 있어 학파를 한정해서 독점적으로 개발한 배타적 전략을 사용하는 방식이 치료의 효과에 한계가 있다는 결과를 보여주었다.

④ 사례 포용성과 개입 선택의 확장 능력

통합적 접근은 사례를 좀 더 종합적으로 그리고 포괄적으로 보고자 하므로, 임상에서의 변화과정을 파노라마식으로 볼 수 있게 한다. 이를 통해 사례 개념화에 있어서 사례들 사이의 미묘한 차이를 설명할 수 있으며, 필요한 개입법을 선택하는 데 있어 폭을 확장할 수 있다. 그 결과, 통합적 접근을 하게 되면 치료자가 내담자에게 적절하고 잘 맞는 치료법을 쉽게 찾을 수 있게 되므로, 내담자가 치료를 수용할 가능성을 높여 주고, 결과적으로 치료의 효과성을 증진한다.

⑤ 현장에서의 다양한 실천에 대한 요구

심리치료 현장은 항상 실용적이고 다수의 개입법을 사용하는 다양한 임상 실천을 요구한다. 상담을 통한 심리·정서적 지원뿐만 아니라 필요한 자원을 연결해주는 사례관리가 출현하면서 정신건강 관리 서비스 제공의 범위도 확장되고, 지역사회나 국가 등에서 상담이나 사례관리 등에 자금을 지원하는 경우가 늘고 있다. 따라서 이러한 상담이나 사례관리 등에 관련되는 임상가는 광범위한 내담자에게 적절한 치료를 제공해 주어야 할 필요성이 증가하고 있다. 이처럼 개입할 내담자의 범위가 넓어지면, 폭넓은 대상을 포섭할 수 있는 다양한 실천이 필요하다.

(2) 통합의 유형

심리치료 분야에서 실천되는 통합의 방식으로는 다음과 같이 이론적 통합, 기술적 절충, 공통요인, 동화 등 네 가지 유형이 있다. 이러한 유형은 개인치료와 가족치료 모두에서 유사하게 찾아볼 수 있다(Lebow, 2016, 2023).

① 이론적 통합(theoretical integration)

기존의 학문적 이론이나 모델들을 기초로 해서 실천을 위한 메타 수준에서의 통합적인 이론을 만들어내는 유형이다. 이미 통합이 이루어진 상위 모델의 형태를 취하고 있는데, 폭넓게 적용되는 광범위하게 대상화된 접근과 구체적 증상이나 대상 중심으로 적용되는 특정 문제에 맞춘 접근 등 두 가지 형태가 있다(〈표 12-1〉 참조).

〈표 12-1〉 이론적 통합으로 개발된 모델들

구분	내용
광범위하게 대상화된 접근	• 통합적 문제중심 치료(Integrative Problem Centered Therapy) • 메타틀작업(Metaframework) • 통합적 문제중심 메타틀작업(Integrative Problem Centered Metaframeworks) • 내담자 지향의 성과를 기반으로 하는 임상 작업(Client-directed Outcome Informed Clinical Work) • 내적 체계 치료(Internal Systems Therapy) • 회복탄력성 접근(Resilience Approach) • 정서중심치료(Emotion Focused Therapy) • 치료적 팔레트(Therapeutic Palette)

특정 문제에 맞춘 접근	• 청소년 물질남용에 대한 다차원적 가족치료(Multidimensional Family Therapy) • 청소년 비행과 약물남용에 대한 기능적 가족치료(Functional Family Therapy) • 다체계적 치료(Multisystemic Therapy) • 청소년 물질남용에 대한 단기전략적 가족치료(Brief Strategic Family Therapy) • 조현병과 양극성장애에 대한 심리교육(Psycho-education) • 아동 성 학대에 대한 처치 • 건강문제를 경험하는 가족을 위한 생물 · 심리 · 사회적 치료(Bio-psycho-social therapies) • 통합적 커플치료(Integrative Couple Therapy) • 통합적 행동 커플치료(Integrative Behavioral Couple Therapy) • 가정폭력에 대한 커플치료 • 가정폭력에 대한 다커플 집단치료 • 포스트모던 성 치료 • 기타 커플치료 • 특정 문화에 맞춘 치료들

② 기술적 절충(technical eclecticism)

실제 임상 상황에서 많이 채택되는 통합의 유형이라고 할 수 있다. 이론적 모델에 기반을 두기보다 주로 실용적인 목적에서 치료모델에 있는 다양한 기술을 통합하는 방식이다. 임상가가 전략적인 차원에서 특정 상황이나 문제에 대해 가장 효과적인 작업을 위한 알고리즘과 개입법을 만드는 것이다. 이 유형의 예로는 아동과 청소년 우울에 대한 나딘 캐슬로우(Nadine J. Kaslow)의 생물 · 심리 · 사회적 치료(Kaslow & Racusin, 1994)와 산드라 스티스(Sandra M. Stith) 등의 배우자 학대 및 친밀한 관계에서의 폭력 개입 모델(Stith & Rosen, 1990) 등이 있다.

③ 공통요인(common factors)

이 유형은 성공적인 치료를 위한 기반이 되는 여러 치료모델에 있는 공유된 기본 속성을 중심으로 통합을 시도한다. 이러한 공통요인의 대표적인 예는 치료동맹이나 희망의 생성이다. 이러한 통합을 실천하기 위해서는 공통요인에 대한 인식을 높이고, 모델들에서 이러한 요인들을 파악해 내는 작업이 필요하다. 이러한 공통요인 중심 접근에는 강력한 입장과 온건한 입장이 있다. 철저한 공통요인 접근을 주장하는 전자의 입장에는 스콧 밀러(Scott Miller) 등(Miller et al., 1997, 2010; Miller & Duncan, 2000)이 있고, 특정 모델의 가치도 인정하면서 공통요인도 수용하는 중도적 자세를 취하는 후자의 입장에는 더글라스 스프렝클(Douglas Sprenkle) 등(Sprenkle & Blow, 2004; Sprenkle et al., 2021)이 있다.

④ 동화(assimilation)

이 유형은 자신이 기본으로 삼는 이론적 모델을 바꾸지 않고, 여기에 주요 다른 이론적 모델에서 가져온 다른 접근법을 접목하는 것이다. 예를 들면, 인지행동치료에 마인드풀니스를 통합하는 것 같은 것이다(Hayes, 2004). 동화 유형을 취하는 접근의 핵심은 통합을 전혀 새롭고 다른 방식으로 변화시키지 않는 것이다. 예를 들어, 인지행동치료 안에 통합된 마인드풀니스는 이완훈련과 집중훈련을 위해 사용하는 수단적 방식으로 간주된다(Gehart, 2012).

이 네 가지 유형은 이론적 치료모델의 중요성에 대해서는 서로 다른 입장이지만, 각 유형은 공통적으로 나름대로의 유용성이 있다. 따라서 대부분의 통합적인 접근 방식은 각 유형의 일부 측면을 포함한다. 즉, 이론적 통합, 절충과 동화를 통해 전략과 기술을 함께 사용할 수 있는 실용적 노력, 그리고 어느 정도는 공통요인에 대해 주의를 기울이고 있다. 이처럼 통합적 접근을 실현하는 방식에는 여러 가지 형태가 있는데, 그 각각의 방식이 모두 의미가 있다고 할 수 있다. 분명한 사실은 현장에서는 이 모든 통합적 방법이 편협하게 하나의 기반을 고집하는 방법보다 더 많이 적용될 가능성이 있다는 것이다. 변화를 위한 최고의 길과 방법이 오직 하나만 있다고 믿는 것은 그것이 비록 특정한 내담자의 상황에 기인한 것일지라도 제한적인 성격을 가질 수밖에 없다. 목표에 다다르는 길은 적어도 한 가지 이상의 길이 있고, 다양한 방법을 쓸 수 있는 상황이라면 여러 방법을 사용하는 것이 유익할 것이다.

3) 통합의 장점과 문제점

통합적 접근은 효과적이며 많은 이점도 지니고 있지만, 주의가 필요한 결점도 잠재되어 있다. 다음에서는 이러한 통합을 사용할 때의 장점과 해결해야 할 문제점 혹은 약점을 소개한다(Lebow, 2023: 60-68).

(1) 장점

통합적 접근에는 다음과 같은 장점이 있다.

① 통합적 접근은 광범위한 이론적 근거에서 도출된다.

통합적 접근은 정교한 방식으로 인간의 경험을 설명하고 인간 행동의 범위도 더 잘 설명할 수 있다. 일반적으로 각 치료모델은 인간의 경험을 거의 단일한 틀로 보는 경향이 있지만, 다차원적인 인간 경험 중에 하나만을 기반으로 사례 개념화를 한다면 매우 제한적인 것이 될 수 있다. 치료에 있어서 다양한 이론들 사이의 관계성을 이해하는 통합적 임상가들은 편협하게 훈련받은 임상가들보다 더 광범위하게 살펴볼 수 있을 것이다.

② 통합적 접근은 가족치료에 유연성을 더하고 효용성과 치료의 수용 가능성을 증진할 수 있다.

통합적 치료자의 열린 자세는 각각의 사례에 관한 문제 형성과 해결을 위해 다양한 치료의 선택안을 만들어 낼 수 있다. 치료자는 자신의 세계관에 쉽게 구속될 수 있다. 특정 유형의 문제만을 찾는 치료자들에게는 자신이 추구하던 유형의 문제들만 보일 확률이 높다. 제시된 문제와 문제해결에 가장 적합한 관점이 무엇인가를 고려하는 것과 어떤 개입 유형이 가장 효과적일까 하는 질문에 답하는 것이 중요한데, 이에 대한 답은 사례마다 다를 것이다. 통합적 임상가들은 잠재적 해결 방법의 대안을 찾아 변경하는 것이 가능하다. 따라서 개인들이 제시하는 호소문제와 치료목표를 가장 효과적으로 처리할 수 있는 상담 개입을 할 기회가 많아진다. 이와 같은 개입 방법의 변경은 탐색을 위한 대안적 수준(예: 행동, 체계, 정신역동)에서 이루어질 수도 있고, 또는 상담에 참석하는 구성원의 변화(예: 원가족을 모이게 하기, 자녀의 참석이나 제외, 개인, 집단, 부부, 가족 양식의 활용)에서 이루어질 수도 있다. 이러한 유연성은 효과성을 극대화할 수 있다.

③ 통합적 접근은 좁은 범위에 초점을 맞추고 있는 접근보다 넓은 내담자층에 적용이 가능하다.

통합적 접근은 참석하는 내담자 유형, 치료 세팅, 사용 가능한 시간 등을 고려하여 기술과 목표를 조절할 수 있다. 이러한 치료 방법의 적용 범위는 내담자가 치료자를 선택하는 방식을 고려해 볼 때 더욱 중요하다. 내담자와 치료자가 서로 맞는 사람끼리 만나야 한다는 문제는 상담받기 원하는 내담자가 미리 광범위한 치료자의 리스트를 가지고 거기서 선택할 수 있다면 효과적으로 해결될 수 있을 것이다. 만약 그럴 수 있다면 내담자들은 자신들이 가지고 있는 어려움을 해결하는 데 적합한 훈련을 받은 가장 적절한 치료자를 찾아낼 수 있을 것이다. 하지만, 불행하게도 이 정도의 지식을 가지고 서비스를 찾는 경우는 거의 없거나 매우 제한적으로 존재한다. 요약하자면, 내담자와 치료자들이 적절하게 연결되는 경우는 별로 없다는 것이다. 결국, 치료자들은 다양한 내담자들이 가지고 오는 광범위한 사례를 보게 될 것이기 때문에, 그렇다면 결국 치료자의 유연성이 중요해질 수밖에 없다.

④ 통합적 치료자는 문제의 발달 배경과 변화에 대한 자신의 개념과 성격 특성에 더 잘 맞추어 치료를 제공할 수 있다.

통합적 치료자는 접근법의 지속적인 발전 노력을 통해, 여러 이론적 모델에서의 기술을 인위적으로 접목한 것으로서의 치료가 아닌 유기체적 적합성을 개발해 나갈 수 있다. 이러한 적합성은 몇 가지 중요하고 긍정적인 영향을 미친다. 치료자들은 자신들에게 가장 잘 맞는 개입 전략을 제공하게 마련인데, 그러면 치료 기술도 뛰어나고 효과성도 증가하게 된다. 더 나아가 치료자의 성격에 가장 잘 맞는 실천방법을 선택하면 치료 결과에서 중요하게 여겨지는 공통요인(예: 공감, 긍정적인 고려)의 영향을 극대화할 가능성이 크다.

⑤ 통합적 치료자는 개별 접근의 주요한 이점들을 결합할 수 있다.

가족치료에서 각 이론적 모델은 특정한 강점을 지닌다. 행동치료는 내담자의 기술과 역량을 강화하는 데 유용하다. 정신역동적 접근과 다세대적 접근은 유전적 통찰과 무의식적 과정에 대한 이해를 강조하고, 과거의 영향력을 탐색하는 데 효과적이며, 치료자-내담자 관계의 본질에 대해 통찰하게 한다. 또한, 경험적 접근은 정서와의 재결합을 촉진한다. 통합적 관점을 취하는 치료자들은 특정한 치료모델이 가진 이러한 각 강점을 자유롭게 활용할 수 있다.

⑥ 통합적 치료자는 변화를 위한 전략을 선택할 때 객관성을 더 많이 고려한다.

치료자가 정해진 특정 치료모델에 대한 충성도가 높고 그 모델을 중심으로 사용하는 경우, 대개 현장 사례에 대해 그 모델 사용이 적절한지를 따지는 데 많이 투자하지 않는 경향이 있다. 하지만, 통합적 치료자들은 특정 기법의 적절성과 연관된 문헌을 탐색하고 실험하는 데 있어서 자유롭다. 인지적 부조화로 인한 관점 오염의 위험이 적고 결과적으로 정보처리 능력이 향상될 수 있다.

⑦ 통합적 치료자는 효과성이 입증된 새로운 기술을 쉽게 수용하고 적용한다.

심리치료는 끊임없이 새로운 접근과 기술이 소개되고 발전하는 분야이다. 통합적 접근을 취하는 치료자는 특정한 하나의 모델에 고착되어 있지 않고 폭넓은 시야를 가진 덕분에 이러한 접근과 기술에 더 쉽게 개방적인 자세를 취하고 받아들일 수 있어서 계속 진화해 나가는 과정을 거칠 수 있다.

⑧ 통합적 접근은 훈련상의 장점을 지닌다.

통합적 접근에서의 훈련은 단일 학파의 훈련보다 광범위한 경험을 제공한다. 통합적 관점을 습득한 훈련생들은 여러 단일 모델의 방법들에 익숙해지고, 접근법 간의 유사점과 차이점에 대한 이해도가 향상되며, 다른 치료자와 개념에 대한 소통 능력도 좋아진다. 통합적 접근의 훈련은 또한 치료자가 개방적인 태도를 지니게 하는데, 각 치료적 접근의 장점과 유익함을 알기 때문에, '옳다', '그르다'라고 하는 비생산적인 논쟁을 피하게 된다. 이러한 과정은 또한 치료전문가로서 지녀야 할 비판적 능력을 발전시킨다. 모든 접근 방식에는 장점이 있다고 가정하지만, 그 어느 접근도 신성 불가침적이거나 비판의 여지가 전혀 없는 것이 아니다. 치료자가 통합적 관점을 지니도록 실시하는 교육에는 반드시 다양한 전략과 기술, 철학, 융통성 있는 개발의 촉진, 정보력이 포함된다.

(2) 문제점

앞에서 언급한 통합적 접근의 장점 목록을 생각하면, 가족치료가 왜 아직도 경쟁모델을 뛰어넘어 완전한 확장을 이루지 못했는가 의아해질 수 있을 것이다. 이 의문점에 대해서는 몇 개의 응답이 가능할 것이다. 우선, 임상가로서 통합을 이루어 나가는 발달과정이 생각보다 단순하지 않기 때문이다. 둘째, 그동안 가족치료 안에서 많은 사람이 제한된 모델로 훈련받았고, 자신이 받은 훈련모델에 충성하고 의리를 지키고자 했다는 것이 그 이유가 될 수 있다. 셋째, 통합적 접근이 과연 정말로 유익한가 하는 질문을 제기하는 사람들이 있다(Dickerson, 2010; Simon, 2012). 단일 모델을 중심으로 삼고 접근하는 것과 비교할 때, 통합적 접근은 앞에서의 응답과 관련되는 모든 측면을 포함하여 다음과 같은 잠재적 문제점이 있을 수 있다.

① 통합적 접근은 이론적 근거, 엄격한 개념 정리, 인간의 상태와 상담을 개념화하는 연결고리가 약하다.

현실적으로 운영되는 통합 방식을 볼 때, 때로는 이 비판이 정당화될 수 있다. 일부 절충적 방식은 중심이 없이 일시적으로 유행하는 여러 기법을 모아서 사용하는 방식을 취하기도 하였다. 하지만, 오늘날의 통합적 접근은 이러한 우려를 염두에 두고 통합의 실천 노하우에 대한 고민을 많이 하고 있으며, 개입을 위한 명확한 알고리즘을 제시하고자 노력하고 있다.

② 통합적 접근에는 심리치료 학파에서 발견되는 일관성이 부족하다.

이것은 일부 방법의 문제라 할 수 있다. 이 문제는 어떤 상황에서는 매우 특별한 의미가 있는 전략이 다른 상황에서는 아주 다르게 적용될 때 두드러진다. '통합적 접근'이라는 말 자체가 복잡함을 의미하며, 따라서 단순한 방법을 사용할 때의 치료과정보다 내담자와 치료자가 더 노력할 필요가 있을지도 모른다. 하지만 주의를 기울이면 이 문제를 극복할 수 있다. 통합적 치료자라고 해도 나름대로 명확한 로드맵의 맥락에서 상담한다.

③ 통합적 접근은 모든 어려움을 해결한다는 웅장한 목표를 설정하고, 유토피아적 견해를 제안한다는 비판을 받아왔다.

치료 결과에 대한 완벽주의적 태도를 지니고, 수많은 목표를 이루고자 하는 의욕을 가진 치료자라면 치료과정에서의 사용 수단을 풍성하게 담고 있는 거대한 도구 상자가 주어질 때, 많은 것을 이루려 좇을 것이고, 그러다 보면 초점을 잃을 수 있다. 그러나 오늘날 대부분의 통합적 접근은 이 점에 있어서 매우 엄격한 경향이 있다. 통합적 접근을 사용하는 연구 결과를 통해, 이러한 통합적 모델에서 목표 설정이 오히려 비통합적 접근들보다 간단하거나 단순할 수도 있다는 옹호론이 제기되기도 한다(Pinsof et al., 2011).

④ 통합적 접근법은 복잡하고 습득하기가 어려울 수 있다.

통합적이고 절충적인 접근은 제한된 관점을 가진 접근보다 복잡한 치료적 선택을 하게 된다. 치료자들은 다양한 개념, 전략, 기술 등을 포함한 로드맵을 만들어내고 따라갈 능력이 있어야 한다. 이 복잡성을 극복하기 위한 전략 계획의 필요성은 절실하다. 그러나 치료자는 일반적으로 다양한 접근 방식을 학습하고 개입법을 선택하는 노력과 헌신을 기꺼이 받아들일 뿐 아니라 이러한 기회를 환영하기까지 한다. 통합적 접근의 프로그램은 이러한 치료를 실천하는 상황에서 능숙해질 수 있도록 상담사들을 훈련하는 자연스러운 경로가 된다.

⑤ 심리치료 분야의 발전에 있어서 통합은 이론과 실천의 발전 가능성을 감소시킨다.

이 같은 문제점이 지적되는 이유는 통합적 접근의 방법론들이 주로 실천학파 안에서 개발되었기 때문이다. 하지만, 이러한 우려를 뒷받침할 근거는 별로 없다. 통합적이고 절충적인 방법의 개방성은 새로운 이론과 기술 개발을 위한 새로운 실험을 만들어 내기 때문이다. 또한, 지금은 대부분의 치료적 전략이 탐구된 시대이기도 하다. 오히려 기존의 모델을 연구하고 통합해 가는 과정을 통해 새로운 모델의 발전 가능성이 커질 수 있다.

⑥ 가족치료의 효능에 대한 증거는 구체적인 실천방법을 통해 나타나는데, 통합적 치료의 영향력에 대한 증거는 아직 제한적이다.

이러한 비판은 그럴만한 사실적 근거가 있다. 연구비 지원의 구조는 이미 연구되었고 입증된 치료만 지원하는 순환적인 성격이 있기 때문이다. 일반적으로 연구기금은 통합적 접근을 위해 작성하기에는 어려운 장애 중심 처치(disorder-centered treatment) 매뉴얼을 요구하는 경향이 있다. 따라서 치료자들이 일반적으로 시행하는 통합이 연구될 가능성이 크지 않다. 하지만, 가족치료의 현장에서 통합적 접근을 사용한 가족치료의 효과성에 대한 증거가 나타나고 있는데, 기능적 가족치료(Sexton & Alexander, 2005)나 다차원적 가족치료(Liddle, 2009)과 같은 통합적 모델이 그 예이다.

⑦ 통합적 접근은 특수 기술을 요구하는 어렵고도 특별한 문제를 성공적으로 다룰 수 있을 만큼 구체적이지 않다.

어떤 문제들은 광범위한 치료법보다 구체적인 치료법이나 특수한 프로토콜을 잘 따름으로써 성공적으로 치료될 수 있는 것이 사실이다. 그러나 이러한 특정 문제를 위한 효과적인 치료 방법에서 최첨단의 통합적 치료도 정확하게 도출될 수 있을 것이다. 통합적이라고 해서 특정 내담자에게 가장 효과적인 특정한 전략이 있다는 증거를 무시하는 것은 아니다. 최상의 통합은 사례 개념화와 치료계획을 형성해 가는 가장 효과적인 방법을 도출해내는 것에 기반을 두고 있다.

4) 통합의 실천

가족치료라는 하나의 분야 안에서 통합적 실천에 대한 새로운 합의를 어떻게 이룰 수 있을 것인가? 그러한 이슈를 다루기 위해 우선해서 할 수 있는 일은 지금이 가족치료의 실천에서 과도기라는 것을 인식하는 것이고, 통합적 실천의 새로운 규범을 모색하면서도 특정한 모델이나 접근의 지지자들에게 함께 여지를 줄 수 있는 '두 가지 모두(both/and)'의 자세를 허용하는 것이다. 통합을 이루기 위해서 방법을 융합하는 것이 발전일 수도 있지만, 그렇다고 해서 다양한 접근들의 실천을 제한하거나 축소해서는 안 된다. 특수한 모델들은 그러한 실천모델들을 선택한 헌신적인 추종자들이 있다. 결국, 통합적인 접근과 좀 더 좁게 초점을 맞춘 접근 둘 다에 대한 존중이 필요하다. 통합적 실천이 또 하나의 치료모델로 생각되어서는 안 되며, 가장 효과적인 방법에 대한 '치료 전쟁'의 또 다른 경쟁자로 생각되어서도 안 된다. 통합적 방법은 그 자체가 광범위하게 다양하다. 또한, 통합은 특수한 방법이라기보다, 일차적으로 과정에 관한 것이다.

(1) 통합의 실천을 위한 도식

다양한 실천의 여지가 있다고 가정할 때, 통합적 실천이 어떻게 더 발전할 수 있으며, 통합적 실천가로서 기술을 개발하고자 하는 임상가를 어떻게 지원할 수 있을까? 가족치료에서의 통합적 실천을 구성하기 위한 대안적인 4가지 도식이 제안되는데, 이것들은 서로 중복되는 점들이 있다(Lebow, 2023: 331-333).

① 도식 1: 다양한 공식화와 개입 전략에 맞는 포괄적인 틀을 제시한다.

앞에서 여러 번 언급된 '통합적 문제중심 메타틀작업(IPCM)' 같은 이론틀(Breunlin et al., 2011; Pinsof et al., 2011)을 제시하는 것이다. 이러한 도식 내에서 메타 이론들은 하나 또는 두 개의 선호되는 개입 전략들을 구분하지 않고 개입을 위한 행렬(matrix)로 제시한다. 이러한 모델들은 사례 공식화에 따라 사례별로 가장 적절하고 효과적인 개입을 선택하기 위한 알고리즘과 지침을 제공한다. 핀소프 등은 IPCM을 발전시켜 '통합적 체계치료(IST)'[1]로

1) 통합적 체계치료(Integrative Systemic Therapy: IST)는 개인 · 부부 · 가족의 치료를 하나의 통합적 틀 안에서 설명하고 실행하려는 시도로서 다양한 치료모델(정신역동, 인지행동, 체계 요인 등)의 공통요인을 도입하고 치료과정 중에 역동적으로 조정하는 것을 중시한다. '문제중심(problem-centered)' 접근과 '메타틀작업(metaframeworks)'이라는 개념을 합친 것이다. 사람의 문제는 개인만이 아니라 관계와 환경 속에서 생긴다고 가정하며, 치료자는 단순히 한 가지 방법만 쓰는

발전시켰으며(Pinsof et al., 2018), 톰등은 통합의 틀로 대인관계 패턴 분석에 기초한 'IP 스코프(IPscope)'[2]를 제안했다(Tomm et al., 2014).

② 도식 2: 통합적 실천의 특수한 모델인데, 개입을 위한 특정한 방법을 지정한다.

구체적인 문제를 표적으로 한 증거기반 치료 중 많은 것이 이 범주에 들어맞는다. 앞에서 언급한 바 있는 특정 문제에 맞춘 접근들이 여기에 속한다. 예컨대, 청소년 물질남용에 대한 다차원적 가족치료, 청소년 비행과 약물 남용에 대한 기능적 가족치료와 다체계적 치료, 청소년 물질남용에 대한 단기전략적 가족치료(Henggeler et al., 1998; Liddle et al., 2005; Sexton & Alexander, 2005; Szapocznik & Williams, 2000) 등이다. 이러한 방법들은 대개 두세 가지의 특수한 접근들의 요소를 공통요인 원리와 합치는 통합적인 틀을 임상가들에게 제시한다. 이러한 처방적 치료접근들은 개입 전략의 특정 조합이 전통적 학파 안에서 이루어졌던 개입보다 더 광범위한 이점이 있음을 임상가들에게 보여준다.

③ 도식 3: 치료자는 주로 하나의 특수한 틀의 맥락에서 작업하지만 다른 전략들의 측면을 혼합하여 동화시킨다.

하나의 예는 일차적으로는 일련의 경험적 전략을 포함하지만, 또한 다른 요소들도 포함하는 정서중심 커플치료(Johnson, 2008)이다. 정서중심 커플치료(Emotionally-Focused Couple Therapy: EFCT)는 애착이론에 기반을 두고 체계론적 관점에서 경험적 모델의 전략을 사용한다. 이러한 도식은 하나의 중심 이론틀을 가지고 있지만, 개입 전략으로서 다른 방법들을 섞어서 통합한다.

④ 도식 4: 치료자가 자신만의 개인화된 실천방법을 만든다.

이 도식은 실제에서 가장 자주 접할 수 있지만, 제이 르보우가 그의 책(Lebow, 2023)에서 제시한 것 외에는 연구가 별로 이루어지지 않았다. 이 도식은 치료자가 다양한 출처에

게 아니라, 상황에 따라 여러 도구를 꺼내 쓰는 의사 같은 역할을 한다고 보며, 문제를 해결하는 데 도움이 되는 방법이라면 다 활용할 수 있다는 태도를 취한다.

2) IP스코프(IPscope)는 일종의 '관계현미경'으로서 사람들이 대화하거나 행동할 때 반복되는 상호작용 패턴을 잘 볼 수 있도록 돕는 도구로 개발된 것이다. 대인관계의 상호작용에서는 WIP(웰니스 패턴), PIP(병리화 패턴), HIP(치유 패턴), TIP(변혁 패턴), DIP(악화 패턴), SCIP(사회문화적 패턴) 등 여섯 가지 패턴이 있는데, 치료자는 대화를 보면서 이 패턴들을 찾아내고, PIP나 DIP의 나쁜 흐름을 HIP나 WIP의 좋은 흐름으로 바꿀까를 고민하면서 TIP를 사용해 변화의 순간을 만드는 질문이나 행동을 사용한다.

서 끌어낸, 자기가 가장 성공적으로 수행했고 가장 편안히 여기는 전략들로 이루어진 개인적 접근방법을 만들어 내는 것이다. 그러한 방법들은 치료자에게 가장 개별적으로 맞춰지지만, 사실상 치료자에게는 가장 어려운 방법이기도 하다. 이러한 자신만의 개인화된 실천방법의 개발은 자신의 전문적 경력과정에 걸쳐 상당히 공을 들여야 할 '인생 프로젝트(life project)'라고 할 수 있다.

이 4가지의 도식은 서로 다르기는 하지만, 차이점보다는 공통점이 더 많다. 이러한 도식들 각각은 접근 방식을 뛰어넘는 가족치료에 대한 메타 수준의 실천과 지식을 요구한다. 실제 상담을 할 때 거의 모든 경우(특히 도식 1과 4)에서는 치료자가 어떤 개입 전략을 선택할지 의사결정을 하게 된다. 여기에서는 개념적 목적을 위해 4가지 도식들로 제안했지만, 그 4가지 도식들은 서로 혼합되어 있고 중복되는 지점들이 있다.

5) 개인화된 처치 방식

(1) 개인화된 처치 방식의 형성

통합적 실천을 위한 4가지 도식은 각 가족치료자가 효과적인 통합을 실천할 수 있도록 돕는 잠재적인 경로를 제공하지만, 이 기술을 배우는 가족치료자 또는 학생들은 어떻게 통합을 잘 해내는 실천 방식을 수립하고 유지할 수 있을까? 다음에서는 르보우의 제안을 바탕으로(Lebow, 2023), 치료자가 통합적 접근을 실천하는 가장 효과적이고 간결한 방법을 소개한다. 이 논의의 대부분은 치료자가 자신의 실천모델을 형성하는 도식 4의 관점에서 이루어진다. 그러나 통합적 치료자는 다른 세 가지 도식에서도 실천방법을 선택하고 변용시킬 수 있으므로, 이 지침들은 통합을 위한 다른 도식들의 맥락에서도 적용할 수 있다.

개인화된 처치 방식을 논할 때, 몇 가지 주의가 필요하다. 첫째, 자기 자신의 통합을 개발하는 것은 초보 치료자를 위한 과업이 아니다. 경력의 초보 단계에서 통합적 실천을 추구하고자 하는 치료자들은 우선 확립된 통합적 모델 안에서 생각하고 작업하며, 경력의 처음 몇 년 동안에는 숙달하고 싶은 영역에 대한 계획을 세워 자신이 해낼 수 있는 최상의 실천방법에 도달하도록 하는 것이 좋다. 초보 치료자로서 시작 단계는 어렵고 임상적 결정은 너무 많은 측면을 가지고 있으므로, 치료자들은 경력 초기에 섣불리 자신의 작업 방법을 만들어 내려고 시도해서는 안 된다.

둘째, 치료자들은 평생 변하지 않는 하나의 방법만을 취하는 것이 아니다. 치료자들은 거의 항상 경력이 발전해 감에 따라 접근을 바꾸게 되고, 삶의 다른 단계들에 더 잘 들어맞는 방법을 추구하게 된다. 올린스키와 론네스타드(Orlinsky & Ronnestad, 2005)의 심리치료자 발달에 관한 연구는 치료자가 생애주기에 걸쳐 변화하고, 연령·경험에 상관없이 치료자가 개입의 효과성을 의식하는 데 주요한 요인은 바로 이 계속해서 성장해 간다는 의식임을 보여준다.

이러한 주의사항을 고려하면서 물어야 할 핵심적인 질문은 "어떻게 하면 치료자가 그러한 방법을 가장 잘 형성하고 개발할 수 있을까?" 하는 것이 된다. 이 목적에 도달하는 데는 여러 방식이 있지만, 목적을 가진 의도적인 접근이 도움이 된다.

(2) 개인화된 처치 방법을 형성하기 위한 지침

다음에서는 르보우가 제안한 가족치료에서의 개인 실천모델의 형성에 대한 구체적인 지침을 제시한다(Lebow, 2023: 336-354). 이러한 지침들은 통합적 실천을 구성하기 위한 과정을 제안하는 것을 목표로 하는데, 수년간 숙련된 통합적 실천가들이 작업하는 방식을 관찰해온 경험에 기반을 두고 있다. 여기에서는 일관성과 의도성(2개), 포함 내용(5개), 방법과 관점의 추가(3개), 체계론적 고려(1개), 처치의 단계(1개), 치료자의 역할(4개), 특정 사례에 맞추기(3개), 통합적 방법의 구축(4개)을 중심으로 총 23개의 지침을 제시한다(〈표 12-2〉 참조).

〈표 12-2〉 가족치료에서의 개인 실천모델의 형성에 대한 구체적인 지침

구분	내용
일관성과 의도성	• 지침 1: 치료자는 자신의 방법을 명확하고 일관되게 하는 것을 목표로 한다. • 지침 2: 치료자는 자신의 치료 공식화와 일치하는 실천방법을 찾는다.
무엇이 포함되어야 하는가	• 지침 3: 치료는 공통요인을 기반으로 하고 이를 강화하는 작업이다. • 지침 4: 체계이론은 필수적인 구성개념이다. • 지침 5: 이러한 필수적인 성분들 외에도, 핵심적인 가족 개념과 전략을 도출하고 조합한다. • 지침 6: 치료자는 요소 목록에서 개념, 전략 및 기법의 조합을 자기 나름대로 구성할 수 있다. • 지침 7: 치료자의 작업 모델에서 변화를 위한 틀을 모두 사용해야 하는 것은 아니다.

방법과 관점을 추가하기	• 지침 8: 개념과 기법을 추가하는 것이 반드시 더 큰 효과로 이어지지 않는다. 처치의 측면 간 부정적 상호작용 가능성도 고려하고 신중하게 모니터링되어야 한다. • 지침 9: 문제는 여러 수준(정신내적, 신경생물학적, 행동적, 인지적, 정서적, 핵가족적, 친족체계적, 다세대 가족적, 그리고 거시체계적)에서 동시에 나타난다. 어느 한 수준만을 강조하지 않는다. • 지침 10: 가족치료에서 주요한 방법으로 사용되는 요소의 수는 제한되어야 한다.
체계론적인 고려사항	• 지침 11: 개입 전략을 선택할 때 커플·가족치료자는 누가 참여해야 하는가에 대해서 뿐만 아니라 무엇이 행해져야 하는가에 대한 상당히 중요한 선택을 해야 한다.
처치의 단계	• 지침 12: 처치의 각 공식적 단계는 처치가 진행됨에 따라 초점이 맞춰져야 하고, 처치 계획은 각 단계를 강조할 필요가 있다.
치료자의 역할	• 지침 13: 기법(techniques)은 치료적 기술(therapeutic crafts)을 대체할 수 없다.[3] • 지침 14: 가족치료의 훈련은 기법과 이론을 가르칠 뿐만 아니라 치료자의 치료적 자세를 분명히 강조해야 한다. • 지침 15: 통합적 치료자는 개인적 가치와 가족치료에 고유한 윤리적 문제를 조율해야 한다. • 지침 16: 가족치료자가 된다는 것이 무엇을 의미하는지 다루어야 한다.
특정 사례에 맞추기	• 지침 17: 필수적 단계는 협력적 처치목표를 설정하는 것이다. • 지침 18: 각 사례에 대해, 치료자는 가족과 협력해서 사례 공식화와 일치하는 구체적 목표를 가장 잘 달성할 수 있는 전략을 선택해야 한다. • 지침 19: 특정한 개입 전략을 선택할 때, 치료자는 그 개입 전략이 내담자에게 수용될 가능성과 자원과 같은 실용적인 요인들을 고려해야 한다.
통합적 방법의 구축	• 지침 20: 통합적 접근을 시도할 때, 치료자는 어느 정도 제한된 범위의 개입으로 최적화시켜야 한다. • 지침 21: 통합적 접근은 정적이지 않고 진화하는 것이며, 상황에 개방되어 있음을 인식해야 한다. • 지침 22: 개념과 전략은 신중하게 핵심 모델에 추가되어야만 한다. • 지침 23: 훈련은 통합적 개념과 개입 전략에 더 명시적으로 초점을 맞추고 통합을 향한 경로를 제안해야 한다.

2. 공통요인

다음에서는 앞에서의 통합적 접근에서도 거론되었던 공통요인에 대해서 개인치료와 가

3) 치료자가 사례에 개입할 때 어떻게 치료적 기술(therapeutic crafts)을 실제로 구사하는가가 각 치료모델에서 이론적으로 제시하는 기법(techniques)보다 중요함을 의미한다. 즉 의도된 어떤 기법보다 실제로 그 기법을 구현해내는 치료자의 기술이 더 중요하다.

족치료로 나누어 전반적으로 살펴본 후, 가족치료에서 공통요인과 더불어 치료모델도 왜 여전히 필요한지 논의한다.

1) 개인치료에서의 공통요인

다음에서는 개인치료 분야에서 시작된 공통요인 논의에 대해 먼저 살펴본 다음, 개인치료에서의 공통요인에 대한 대표적인 모델을 소개한다.

(1) 개인치료에서의 공통요인 논의

개인치료에서의 공통요인에 대한 논의는 커플·가족치료보다 훨씬 긴 역사를 지니고 있다(Sprenkle et al., 2021). 가장 결정적인 계기는 제롬 프랑크(Jerome Frank)의 연구가 마련했을 것이다. 그는 심리치료의 본질이 심리치료의 중심에 있는 희망의 생성과 인간관계의 참여에 있다고 제안했고, 많은 치유가 바로 그것 때문에 일어났다고 보았다(Frank, 1973). 한편, 프랑크의 작업과 나란히, 칼 로저스(Carl Rogers)는 '내담자중심치료(Client-Centered Therapy)'를 제시하면서, 치료 방법에 상관없이 성공적 치료를 위한 핵심 조건들을 만들어냈다. 로저스의 견해에 따르면, 성공적인 심리치료는 치료자가 공감해주고, (내담자에 대해) 긍정적인 관심을 지니며, 말과 행동이 일치하고, 진실한가에 달려 있다(Rogers, 1952). 이후 개인치료는 로저스의 연구를 바탕으로, 치료동맹에 많은 초점을 두었다. 이 작업은 처음에는 정신분석적 심리치료와 같은 특정한 형태의 치료에서 초점을 맞췄지만, 치료 전반으로 확대되었다.

개인치료 분야에서 공통요인에 대한 논의를 본격화한 사람은 마이클 램버트(Michael Lambert)이다. 그는 공통요인의 작용을 내담자 요인, 치료자 요인, 관계적 요인을 포함하도록 확장했다. 내담자 요인(client factors)은 내담자 내부에 존재하며, 내담자의 연령, 문화, 내담자의 변화에 대한 동기, 성격과 같은 고려사항을 포함한다. 치료자 요인(therapist factors)은 치료자의 사람됨이라는 특성을 포함한다. 관계적 요인(relational factors)은 내담자와 치료자의 상호작용을 포함한다. 심리치료 전반에 걸친 다양한 연구 결과의 분석에서, 램버트는 내담자 요인이 처치 성과에서의 가장 큰 차이를 설명하고, 관계적 요인과 치료적 요인은 그 다음이라고 밝혔다(Lambert, 1992).

또한, 메타분석과 문헌고찰 모두에서 심리치료에서의 성과의 차이를 가져오는 데 있어

치료동맹과 같은 공통요인이 이론적 치료모델보다 더 많이 기여하는 것으로 밝혀졌다(Wampold, 2001). 마찬가지로, 처치 성과를 가져오는 데 있어 심리치료 모델들 간 차이를 조사한 연구 결과에서 임상적으로 유의미한 차이가 거의 발견되지 않았다(Luborsky et al., 1975). 메타분석 비교에서, 레스터 루보르스키(Lester Luborsky)와 동료들은 가장 큰 치료 효과를 결정하는 중요한 요인은 특정 연구에서 선호되는 치료모델에 대한 임상가의 헌신이라는 것을 발견했다(Luborsky et al., 1999).

이러한 논의를 통해, 심리치료 분야에는 치료적 변화를 가져오는 데 있어서 '치료모델을

〈표 12-3〉 치료적 변화에 대한 두 입장

치료모델 중심의 변화	공통요인 중심의 변화
변화에 대한 1차적 설명	
• 각 모델 내에서의 독특한 요소와 변화의 메커니즘을 강조	• 모든 효과적인 심리치료에 걸쳐 있는 공통적인 변화 메커니즘을 강조 • 모델은 공통요인이 작동하는 수단이라고 봄.
메타포	
• 의학적: 처치를 의료 절차 및 약물과 유사한 것으로 간주함.	• 맥락적: 치료를 '둘러싼' 신뢰, 동맹, 그리고 충성심과 같은 특성들이 치료의 독특한 측면보다 더 중요하다고 믿음.
변화에서의 치료자 역할	
• 누가 그것을 제공하느냐보다 시행되는 치료를 강조함.	• 치료를 제공하는 사람의 자질과 역량이 치료 그 자체보다 더 중요하다고 주장함.
변화에서의 내담자 역할	
• 보다 치료자 중심적 • 치료가 협력적으로 이루어질 수는 있지만, 치료자가 어떤 특정한 방식으로 치료하는 것을 더 중시함. • 내담자가 치료자가 의도하고 권하는 방식으로 움직여야 더 치료 효과가 있다고 봄.	• 보다 내담자 중심적 • 특정한 방식으로 치료를 하는 것은 덜 중요하고, 내담자의 욕구나 세계관에 맞추어 치료하는 것을 더 중시함. • 내담자가 자신의 목적을 위해서라면 치료에서 제공되는 것이 무엇이든 독특하면서도 자기에게 맞는 방식으로 움직여야 더 치료 효과가 있다고 봄.
문화 속에서의 위상	
• 대부분의 기금이 지원되는 연구(예: NIH 연구)는 이러한 입장을 강조함. • 다수의 목소리를 대표하며, '승인된' 치료 목록을 옹호함.	• 기금 제공기관들은 이러한 입장을 덜 강조함. • 소수 의견을 대표하며, '승인된' 치료 목록에 반대함.

출처: Sprenkle et al.(2021), p. 23.

중시하는 입장'(치료모델 중심)과 '공통요인을 중시하는 입장'(공통요인 중심)의 두 갈래가 존재하게 되었다. 이 두 입장은 변화에 대한 1차적 설명, 메타포, 변화에서의 치료자 역할, 변화에서의 내담자 역할, 문화 속에서의 위상이라는 측면에서 차이가 있다(〈표 12-3〉 참조).

이후, 미국심리학회의 심리치료분과는 실제 상담에 관련된 요인들에 관한 연구 문헌을 고찰해 요인들의 목록을 제시했다. 이 분과에서 선행연구들(Norcross & Lambert, 2011; Norcross & Wampold, 2011)을 통해 찾아낸 성공적인 심리치료의 요인들은 치료동맹, 집단 심리치료에서의 응집성, 공감, 목표 합의와 협력, 긍정적 관심, 일치성, 내담자 피드백 수집, 동맹파열의 복구와 역전이 관리 등이었다(Lebow, 2023: 177).

(2) 공통요인 모델

다음에서는 램버트의 공통요인 모델과 왐폴드의 공통요인 모델에 대해서 살펴본다(Gehart, 2024: 114-115).

① 램버트의 공통요인 모델

가장 유명하게 인용되는 공통요인 모델은 램버트의 연구에 근거를 두고 있다([그림 12-1] 참조). 심리치료의 성과 연구를 고찰한 후, 램버트는 성과 분산(변화가 특정 변수에 기인하는 정도)이 4개의 요인에 기인하였다고 평가하였다(Lambert, 1992).

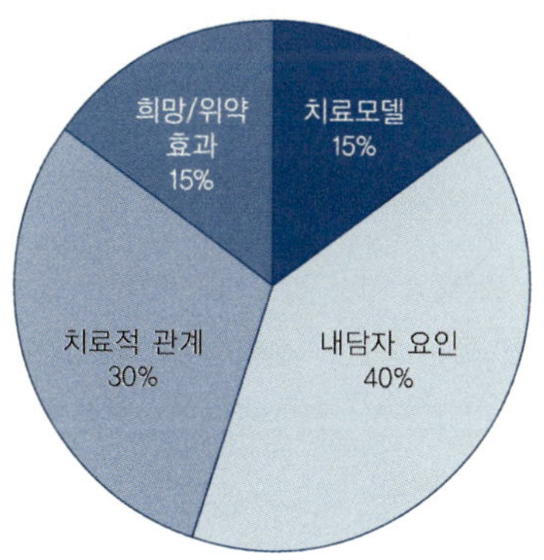

[그림 12-1] 램버트의 공통요인 모델

출처: Gehart(2024), p. 114.

- 내담자 요인(약 40%): 내담자 동기와 자원
- 치료적 관계(약 30%): 내담자가 평가한 치료적 관계의 질
- 치료적 모델(약 15%): 치료를 위한 치료자의 특정 모델과 사용된 기법
- 희망/위약 효과(약 15%): 치료가 도움이 될 것이라는 내담자의 희망 수준과 믿음

이러한 백분율은 기존 연구를 면밀하게 분석한 잘 알려진 측정치이고, 종종 사실로서 인용되기는 하지만, 이 백분율 수치가 실제 연구를 통해 생성된 것이 아님을 상기할 필요가 있다. 이 백분율은 정확한 비율이라기보다 치료자들이 내담자를 도울 수 있는지를 비판적으로 검토하도록 고취하는 일반적 연구 추세로 고려되어야 할 것이다(Gehart, 2024: 114).

② 왐폴드의 공통요인 모델

브루스 왐폴드(Bruce E. Wampold)는 램버트의 연구와 유사한 메타분석을 행하였으나, (한 모델을 일반적인 '평소처치 집단' 혹은 '무처치통제 집단'과 비교하기보다) 두 개 이상의 실제 치료모델을 비교하는 유일한 연구를 진행하였다(Wampold, 2001)([그림 12-2] 참조).

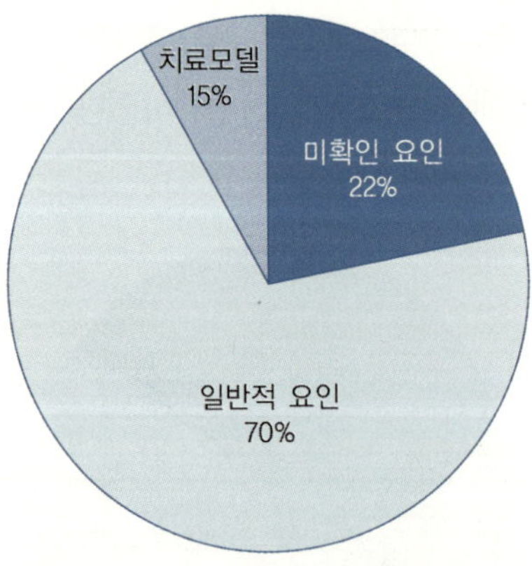

[그림 12-2] 왐폴드의 공통요인 모델

출처: Gehart(2024), p. 115.

- 일반적 요인(70%): 치료동맹, 기대, 희망
- 미확인 요인(22%): 확인된 변수에 관련되지 않는 분산
- 치료모델(8%): 특정 치료모델의 고유한 기여(램버트 모델에서의 15%와 비교됨.)

더 나아가, 왐폴드의 연구는 치료모델 간 공통요인(일반적 요인)이 특정 치료모델의 고유 요인보다 긍정적인 치료성과에 더 많이 기여함을 제시한다. 그가 여러 치료모델에 두루 걸쳐 살펴본 연구는 일반적 요인 또는 공통요인이 치료성과에 가장 큰 영향을 미친다는 것을 보여준다. 비록 이 결과가 연구의 한계(Sprenkle & Blow, 2004)나 다른 요인들에 기인한 것일 수 있을지라도, 이것은 현재까지는 공통요인이라는 주제에 대한 최상의 정보라고 할 수 있을 것이다(Gehart, 2024: 115).

(3) 개인치료의 중요 공통요인

다음에서는 개인치료의 중요 공통요인인 내담자 요인, 치료적 관계, 치료모델의 이론 특수요인, 희망과 위약 효과에 대해서 살펴본다.

① 내담자 요인(client factors)

램버트의 연구는 지지관계망을 만들고 사용하도록 내담자를 격려하고, 치료과정에서의 내담자 동기와 참여를 증가시키는 것 같은 내담자 자원을 활성화하는 중요성을 강조한다(Lambert, 1992). 치료자가 제공하는 기법과 통찰이 무엇이든 간에 내담자가 그것을 자기에게 맞추거나 이용하는 능력 때문에 치료모델은 대부분 똑같이 잘 작용한다(Tallman & Bohart, 1999). 내담자 요인은 다음과 같이 두 개의 일반적인 범주로 묘사된다(Miller et al., 1997).

- 내담자 특성: 변화에 대한 내담자 동기, 치료와 변화에 대한 태도, 변화에의 헌신, 개인적 강점, 자원(인지적 · 정서적 · 사회적 · 경제적 · 영적)과 증상의 지속성
- 치료 외적 요인: 사회적 지원, 지역사회 참여, 우연한 생활사건

② 치료적 관계(therapeutic relationship)

램버트와 왐폴드의 두 연구에서 모두 치료적 관계의 질은 성과를 예측하는 데 있어 특정 모델보다 더 중요한 것으로 나타나는데, 이 결과는 심리치료 분야 내의 전통적인 지혜와 상당히 맞아떨어지는 것이다. 효과적인 관계에서, 치료자는 내담자의 동기 수준, 내담자의 목표를 향한 작업을 도모하고, 순수하고 판단하지 않는 태도를 보여준다. 특히 흥미로운 결과는 내담자의 관계 평가가 치료자의 평가보다 더 긍정적인 성과와 관련된다는 것

이다(Miller et al., 1997).

치료적 관계의 중요성에 대한 분명하고도 일관된 증거에도 불구하고, 특히 증거기반 치료(EBT)의 성과연구(outcome research)는 치료적 관계를 요인에서 빼기 때문에 효과적 처치에 미치는 치료자의 역할을 흐리게 만든다(Miller et al., 2007). 아마도 이것은 치료적 관계를 충분히 조작화하거나 측정하기가 쉽지 않아서이거나 혹은 아마도 연구자들이 과학적으로 더 선명한 설명(관계가 아니라 처치가 그것을 했다는 설명)을 원하기 때문에 그럴 것이다. 이유가 무엇이든 증거기반 치료 문헌은 치료적 관계의 중요성을 저평가하는 것처럼 보인다. 하지만, 공통요인 연구는 이 중요한 요소에 치료자의 관심을 되돌려 놓고 있다. 관계변수에 면밀하게 주의를 기울이고자 하는 치료자들은 매주 관계를 모니터링하는 회기평가척도(Session Rating Scale: SRS)와 같은 측정도구를 사용할 수 있다.

③ 치료모델: 이론 특수요인(theory-specific factors)

이론 특수요인은 처치에서의 성과, 즉 변화를 일으키기 위한 어떤 치료모델에 고유한 요인들로서 치료모델 특유의 기법 등이 그 예가 될 수 있다. 치료모델에 충실한 치료자들은 이러한 요인들에 초점을 맞춰 내담자에게서 변화를 일으키고자 한다. 이 요인들은 치료자와 '제3자지불' 당사자(예: 국가, 지자체, 보험회사 등)가 중요하게 고려하는 것이다. 하지만, 램버트의 연구와 측정치가 나타내듯이, 치료모델의 기법 중요성은 대개 치료적 관계 중요성의 반 정도밖에 되지 않는다. 그러나 그것은 치료자들이 상당한 통제력을 갖는 영향력 있는 요인이기는 하다.

④ 희망과 위약(placebo) 효과: 기대

희망과 기대, 또는 위약 효과는 치료가 그들의 문제를 해결할 것이라고 믿는 내담자의 신념을 가리킨다. 램버트의 이 요인에 대한 강조는 치료적 과정에서 흔히 간과되기 쉬운 측면을 인식하게 해주었다(Blow et al., 2007). 이를 인식함으로써, 치료자는 희망을 불어넣도록 더 의식할 수 있게 되는데, 이것은 특히 초기 회기들에 결정적으로 중요하다.

2) 가족치료에서의 공통요인

(1) 가족치료에서의 공통요인 논의

1970년대 말 이전에 가족치료의 공통요인에 대한 논의는 제한적이었다. 하지만, 몇몇 예외들이 있었다. 1978년에 앨런 거먼(Alan Gurman)은 서로 다른 치료들이 공유하고 있는 매개적 목표와 궁극적 목표를 강조하면서 가족치료들에 걸쳐 있는 공통점을 설명했다. 궁극적 목표는 예컨대 커플의 만족도를 개선하거나 내담자의 우울증을 개선하기 위해 치료에서 추구하는 주요 성과를 나타낸다. 매개적 목표는 모든 가족 구성원의 참여 또는 가족 구성원 간의 의사소통 개선과 같은 궁극적 목표에 도달하도록 돕기 위해 치료가 초점을 맞추는 중간목표이다(Gurman, 1978).

1990년대부터 시작해 2000년대 들어, 가족치료 분야에서 공통요인에 관한 관심이 본격화되었다(Blow et al., 2007; Sprenkle & Blow, 2004; Sprenkle et al., 2021). 공통요인 주창자들은 치료의 효과성이 특정한 이론의 독특한 구성요소보다는 모든 이론에서 발견되는 핵심 요소와 더 관련된다고 주장한다. 그러한 논의를 훨씬 더 단순화시키면, 이론적 모델 간 차이보다 유사성이 더 중요하다는 것이다. 이러한 입장은 심리치료 분야 성과연구의 메타분석에 의해 지지되고 있다. 이 연구들에서 혼동을 주는 변수들(치료자의 치료모델 충성도, 비교집단, 성과 측정)을 통제하면, 심리치료 전반(Lambert, 1992; Wampold, 2001)이나 특별히 가족치료 분야(Shadish & Baldwin, 2002)에서 모두 한 이론적 모델이 다른 이론적 모델보다 더 우월하다는 것을 지지해주는 증거가 희박하다.

스프렝클 등의 연속적인 연구(Blow et al., 2007; Sprenkle & Blow, 2004; Sprenkle et al., 2009)가 가족치료의 공통요인에 대한 논의를 확대했다(Gehart, 2024). 스콧 밀러(Scott Miller) 등은 공통요인의 향상에 완전히 집중시킨 '극단적인 관점(extreme perspectives)'을 제시했으나, 스프렝클 등은 치료모델의 가치를 허용하면서도 공통요인의 중요성을 강조하는 '온건한 관점(moderate perspectives)'을 제시한다(〈표 12-4〉 참조).

스프렝클과 에이드리언 블로우(Adrian Blow)는 공통요인 접근이 치료자에게 이론적 치료모델을 포기할 것을 요구하지 않고, 대신 그 모델의 목적을 다르게 이해하도록 요구한다고 지적한다(Sprenkle & Blow, 2004). 공통요인 주창자들은 이론적 치료모델의 구조화된 처치를 사용하는 것은 치료자들에게 일관되게 공통요인을 실현하도록 하면서, 치료과정에서 내담자로부터 신뢰를 얻게 해준다고 말한다. 이러한 관점으로 볼 때, 치료모델은 내담자의 문제를 해결하는 '하나밖에 없는 옳은 길'이라기보다는 치료자의 효과성을 증가시키는 하나의 수단으로서 더 잘 이해될 수 있다.

〈표 12-4〉 공통요인에 대한 극단적 관점 대 온건한 관점

극단적 관점	온건한 관점
• 한 치료모델의 처치가 다른 치료모델의 처치만큼 치료적 효과가 좋다고 믿음. 즉, 치료적 효과에서 모든 처치가 비슷하다고 봄.	• 한 치료모델의 처치를 다른 치료모델의 처치와 비교해서 더 낫다고 하기보다 효과가 있는 치료모델 처치들이 있다고 봄.
• 치료모델은 중요하다고 보지 않음.	• 치료모델은 공통요인이 작동하는 장치로서 중요하다고 믿음.
• 치료적 관계가 전부라고 주장함.	• 치료적 관계는 중요하지만, 내담자를 돕는 하나의 측면에 불과하다고 말함.
• 임상실험을 평가 절하함.	• 임상실험이 가치있다고 평가하며, 실현 가능한 경우 공통요인을 연구하는 데 사용할 것을 장려함.
• 공통요인과 특정 치료모델의 처치 중 어느 것이 중요한가에 있어서 '둘 중 하나'라는 입장이며, 공통요인이 더 중요하다고 봄.	• 공통요인과 특정 치료모델의 처치 중 어느 것이 중요한가에 있어서 '둘 다'라는 입장이며, 공통요인과 특정 치료모델의 처치를 모두 중요하게 여김.

출처: Sprenkle et al.(2021), p. 119.

(2) 가족치료에 고유한 공통요인

공통요인 논의는 개인치료에서 먼저 시작되었다. 전통적으로 개인치료에서 논의되었던 공통요인은 앞에서 언급한 바 있다. 개인치료의 공통요인에는 이외에도 치료동맹, 치료자의 사람됨, 목표 설정, 긍정적이지만 현실적 기대 지니기, 변화의 단계에 주의 기울이기, 내담자의 피드백 등이 있다(Lebow, 2023).[4)]

가족치료자들은 이러한 개인치료에서 시작된 고전적인 공통요인을 가족치료로 확장해 사용하기도 하였으나, 가족치료에 적용할 수 있는 관계적 작업에 고유한 공통요인을 찾아내는 연구를 꾸준히 진행해 왔다(한지수, 최연실, 2021; 한지수, 오서현, 최연실, 2022). 다음에 살펴볼 가족치료에 고유한 4개의 대표적인 공통요인은 문제의 관계적 개념화, 역기능적 관계 패턴의 중지, 직접적인 처치 체계의 확대, 치료동맹의 확대 등이다(Karam & Blow, 2020, 2023; Sprenkle & Blow, 2004; Sprenkle et al., 2021).[5)]

4) 개인치료의 공통요인으로 치료적 관계, 동기, 교정적 경험, 통찰, 자기효능감 등 다른 요인들을 제시하는 학자들도 있다(Bailey & Ogles, 2023).

① 문제의 관계적 개념화(relational conceptualization)

문제가 되는 어려움을 관계적 측면에서 개념화하는 것인데, 이는 심리내적(개인) 문제이든 심리간적(대인) 문제이든 간에 광범위한 관계적 맥락이 고려되는 것을 의미한다(오청미, 최연실, 2025). 이 요인은 정신장애가 '한 사람 안에서' 일어나는 상태라는 DSM의 견해와 뚜렷한 대조를 이룬다. 따라서 관계치료의 성격을 갖는 가족치료는 문제가 내재된 더 큰 체계를 구성하는 다양한 하위체계 간 상호작용, 특히 그 상호작용이 반복되는 주기에 특별한 주의를 기울인다.

② 역기능적 관계 패턴(dysfunctional relational patterns)의 중지

관계적 치료 개입은 대개 역기능적 관계 패턴을 방해하는 것을 목표로 한다. 치료모델 간 주요한 차이 중의 하나는 그 모델이 이러한 패턴을 구체적으로 어떻게 바꾸느냐지만, 대부분의 가족치료는 모델 선호와 상관없이 인지적, 행동적, 그리고 정서적 개입을 사용하여 역기능적인 관계 패턴이나 상호작용 주기를 깨뜨린다.

③ 직접적인 처치 체계(directive treatment system)의 확대

가족치료는 대개 문제에 관련되는 의미 있는 다른 사람들을 포함하기 위해 (치료실 안에 있는) 직접적인 처치 체계를 확대하고자 한다. 즉, 가능하면 IP보다 더 많은 사람이 치료에 참여하도록 권한다. 직접적인 처치 체계 안에서 관련된 더 많은 사람을 보고자 하는데, 이는 기본적으로 가족치료의 핵심적인 힘이 상담실에서 직접 살아 움직이는 체계 안에 있다고 믿기 때문이다. 하지만 이와 더불어, 가족치료자들은 치료에 참여하지 않는 사람들을 포함하는 간접적인 처치 체계에도 주의를 기울이고, 사례개념화를 할 때 이러한 간접적인 처치 체계도 고려하여 상담을 진행하고자 한다.

④ 치료동맹(therapeutic alliance)의 확대

가족치료는 개인치료와 달리 여러 개의 치료동맹이 존재한다. 치료자와 가족체계 전체의 동맹, 치료자와 가족 내 각 하위체계 간 동맹, 가족 내 각 하위체계끼리의 동맹 등 다

5) 르보우는 가족치료에 고유한 다른 공통요인을 거론하기도 한다. 그가 제시한 것은 관계적 틀과 다중체계적 초점 유지하기, 개인 · 커플 · 가족 회기 형식 혼합하기, 회기 관리하기, 과제 주기, 긍정적인 가족 과정에 참여시키기, 치료의 길이와 강도, 변화의 지속성 강화하기, 내담자 문화에 맞추어 조정하기, 공유된 메타수준 과정 등이다(Lebow, 2023).

양한 치료동맹이 존재한다. 이처럼 커플, 가족과 작업하는 것은 전체로서의 체계라는 목표에 대해 작업하면서도 (종종 갈등 중인) 체계 구성원들과의 개별적이고 강한 동맹을 유지하는 복잡한 과업을 요구한다.

3) 치료모델의 필요성

공통요인 논쟁을 따라가다 보면, 자연스럽게 이론적 치료모델이 여전히 필요한가의 질문을 제기할 수 있다. 스프렝클과 블로우가 말했듯이, 어떤 치료자는 이론이 별로 중요하지 않다는 '도도새 평결(dodo bird verdict)'[6)]에 기대고 있다. 하지만, 이에 대해, 스프렝클과 블로우가 취하는 보다 온건한 입장은 "모델들은 공통요인들이 작동하는 장치이기 때문에 여전히 중요하다(Sprenkle & Blow, 2004: 126)"고 강조한다.

이러한 온건한 입장을 따르면, 이론은 초보 임상가나 숙련 임상가에게 모두 여전히 중요한 역할을 하지만, 처음에 기대했던 그 역할은 아니다. 이론은 내담자가 그들이 증상을 완화하고 문제를 해결하도록 돕는 체계를 제공하기보다, 치료자가 내담자를 돕도록 하는 하나의 수단이 될 수 있다(Gehart, 2024: 117). 따라서 이론은 내담자가 아니고 치료자에게 가장 많이 관련되는 것이다.

이론은 치료자에게 그들이 내담자에 대해 얻는 정보를 해석하는 체계를 제공해서, 그들이 유용한 것을 말하고 행할 수 있게 한다. 그것은 또 치료자가 내담자와 어떻게 가장 잘 관계 맺고 반응하는지를 알도록 도와준다. 이론이 없다면, 치료자는 정보, 정서, 어려운 행동들의 바다에서 길을 잃기가 쉬울 것이다. 이론은 내담자가 치료자에게 가져오는 수많은 어려움을 다루는 체계적인 방식을 알려준다. 따라서 치료자가 한 이론적 치료모델을 선택하는 것은 심리치료라는 '거친 물결'을 항해하는 데 도움이 된다. 앞으로의 연구는 어떤 모델이 어떤 내담자에게 더 잘 작동하는지 구체적인 환경을 찾아내는 것일 수 있다.

---

6) 루보르스키와 동료들은 다양한 이론적 치료모델이 내담자에게 미치는 영향을 분석했다. 연구 결과, 모든 이론적 치료모델이 평균적으로 동일한 수준의 효과를 보이갔는 것으로 나타나, 그들은 치료의 본질이 모델에서 강조된 특정한 방법에 있는 것이 아니라 모든 좋은 처치의 바탕이 되는 공통요인에 있다고 결론지었다. 그들은 이러한 결과를 두고, "모든 사람이 이겼고, 모든 사람이 상을 받아야 한다"는 『이상한 나라의 앨리스』에 나오는 도도새의 이야기를 가져와 '도도새 평결'이라고 이름 붙였다(Luborsky et al., 1975).

요약

- 가족치료를 실천하는 데 있어서, 통합에 대해 가족치료자들은 특정 모델을 지지하는 사람들과 통합적 접근을 시도하는 사람들, 두 입장으로 나뉜다. 흥미로운 사실은 가족치료의 복잡성으로 말미암아, 가족치료 분야에서 주요 모델의 대부분은 어느 정도 통합 성향을 가지고 있다는 것이다. 최근에는 통합적 접근에 관한 관심이 증가하고 있고, 이에 따라서 특정 모델의 접근을 넘어서서 보다 효과적이고 포괄적인 방법으로 발전시키는 노력이 행해지고 있다.
- 치료 현장에서 '통합'과 '절충'은 서로 유사한 개념처럼 사용되지만, 이 둘 사이에는 아주 중요한 개념적 차이가 있다. 통합은 메타 수준에서의 골격을 만들고, 그 안에서 아이디어와 전략적 요소들이 서로 어떻게 어울리는지를 설명함으로써 보다 광범위하게 혼합시켜 하가는 것을 전제로 한다. 이에 비해, 절충은 원칙적으로 실용적인 목적을 위해 사용하는 방식에 가깝다. 이것은 개입하는 사례에 기반해서, 서로 다른 모델에서 사용하는 구성요소들을 하나의 개념적 틀 안에서 정리하지 않은 채 사용하는 방식을 일컫는다.
- 가족치료 안에서 통합으로의 패러다임 전환에 근거를 제공한 것은 포스트모더니즘의 시대적 요구, 각 치료모델 간 교류와 의사소통의 향상, 연구 결과의 지지, 사례 포용성과 개입 선택의 확장 능력, 현장에서의 다양한 실천에 대한 요구 등이다.
- 심리치료 분야에서 실천되는 통합의 방식으로는 이론적 통합, 기술적 절충, 공통요인, 동화 등 네 가지 유형이 있는데, 이러한 유형들은 개인치료와 가족치료 모두에서 유사하게 찾아볼 수 있다. 이 네 가지 유형은 이론의 중요성에 대해서는 서로 다른 입장이지만, 공통된 유용성이 있다.
- 가족치료에서의 통합적 접근은 효과적이며 많은 이점을 가져오기도 하지만, 주의가 필요한 결점이 잠재되어 있다.
- 가족치료에서의 통합적 접근을 실천하기 위해서, 다양한 공식화와 개입 전략에 맞는 포괄적인 틀을 제시하기, 개입을 위한 특정한 방법을 지정하기, 한 특수한 틀의 맥락에서 작업하면서 다른 전략들을 혼합하고 동화시키기, 개인화된 처치 방법을 형성하기 등 대안적인 4가지 도식이 제안된다.
- 개인화된 처치 방법을 형성하기 위한 지침은 통합적 실천을 위한 것으로서 수년간 숙련된 통합적 실천가들이 작업하는 방식을 관찰해온 경험에 기반을 두고 있다. 이 지침은 일관성과 의도성, 포함 내용, 방법과 관점의 추가, 체계론적 고려, 처치의 단계, 치료자의 역할, 특정 사례에 맞추기, 통합적 방법의 구축을 중심으로 제시된다.
- 심리치료 분야에서는 치료적 변화를 가져오는 데 있어서 '치료모델을 중시하는 입장'과 '공통요인을 중시하는 입장'의 두 갈래가 존재한다. 이 두 입장은 변화에 대한 1차적 설

명, 메타포, 변화에서의 치료자 역할, 변화에서의 내담자 역할, 문화 속에서의 위상이라는 측면에서 차이가 있다.

- 개인치료에서의 일반적인 중요 공통요인은 내담자 요인, 치료적 관계, 치료모델의 이론 특수요인, 희망과 위약 효과 등이다.
- 가족치료의 공통요인에 대해서는 '극단적 입장'과 '온건한 입장'이 존재한다.
- 가족치료에 고유한 대표적인 공통요인은 문제의 관계적 개념화, 역기능적 관계 패턴의 중지, 직접적인 처치 체계의 확대, 치료동맹의 확대 등이다.
- 가족치료에서의 공통요인에 대한 보다 온건한 입장은 치료모델은 공통요인이 작동하는 장치이기 때문에, 여전히 중요하다는 것이다. 이에 따르면, 치료모델은 치료자가 내담자를 돕도록 하는 하나의 수단이 될 수 있으므로, 내담자가 아니고 치료자에게 가장 많이 관련되는 것이다.

Family Therapy

3 가족치료의 실제

제3부에서는 가족치료의 실제와 관련된 내용을 다룬다.

먼저, 제13장에서는 가족사정과 가족치료과정을 살펴본다. 체계론적 사정이 가지는 특성과 구체적인 사정 방법, 그리고 가족사정을 포함한 가족치료의 초기, 중기, 종결기까지의 진행과정은 어떻게 전개되며 각 단계에 따라 치료자는 어떤 작업을 해야 하고, 이때 유의할 점은 무엇인지 등 임상 실제에 도움이 되는 실질적인 조언을 포함한 설명을 제공한다. 체계론적 평가는 체계론적 개입을 위한 기본이 되며, 가족사정은 치료 초기에만 필요한 것이 아니라 치료 종결기까지 필요한 지속적 과정인데, 이러한 지속적 평가를 포함하여 치료 기간 동안의 진행 방법과 주의점이 제시된다.

제14장에서는 가족치료사 발달 및 가족치료 윤리에 관한 내용을 다룬다. 치료자 개인은 가장 중요한 치료적 도구이므로, 가족치료사가 인간적, 전문적, 윤리적인 면에서 성숙되는 것은 가족치료의 성공을 위해 필수적이다. 따라서 이 장에서는 치료사의 자기성찰, 치료사 태도, 치료사의 소진 관리 등 체계론적 가족치료사가 갖추어야 할 인간적 발달에 대하여 논의한다. 또한, 가족치료사의 발달 단계, 가족치료사가 갖추어야 할 핵심역량 등을 중심으로 전문적 능력에 대한 부분을 살펴본다. 가족치료사가 갖추어야 할 전문가 윤리 능력도 매우 중요하므로, 가족치료사 윤리강령의 의미를 되짚어 본 후, 윤리 관련 이슈들을 다루어 봄으로써 가족치료사들의 윤리적 역량을 키우는 데 중점을 둔다.

마지막으로, 제15장에서는 한국과 글로벌 차원에서의 가족치료 발달 상황, 그리고 가족치료의 현재 추세를 살펴봄으로써 가족치료의 확산과 동향을 파악한다. 미국 등 서구를 중심으로 시작된 가족치료는 이제 전 세계적 차원에서 실시되는 인적 서비스로 자리를 잡고 있다. 한국의 정신건강 분야에서 가족치료의 위상과 비중은 나날이 성장해 가고 있으며, 한국은 아시아권 가족치료에서 중심적인 위치를 구축해 가고 있다. 이 장에서는 이러한 한국 사회에서의 가족치료 도입과 전개 상황, 그리고 현황을 전반적으로 살펴본다. 또한, 그간 잘 다루어지지 않았던 비서구 국가들에서의 가족치료 상황을 조명해 봄으로써, 글로벌 차원에서의 가족치료 확산과 발전을 살펴본다. 끝으로, 가족치료의 전문적·학문적 차원에서 나타나는 최근의 경향과 현재의 양상 등을 살펴봄으로써 가족치료의 동향을 파악하고 앞으로의 발전을 전망한다.

제13장

가족사정과 가족치료과정

커플이나 가족을 치료할 때 사정을 잘한다는 것은 호소문제에 관한 탐색을 하는 동시에 그 문제가 지목된 환자의 내면에만 존재한다는 가족의 확신에 도전하는 것을 말한다. 치료자는 질문과정을 통해 관심의 초점을 가족의 관계 패턴으로 넓혀간다.

마이클 니콜스(Williams et al., 2019)

1. 가족사정

1) 가족사정의 개념과 특성

(1) 가족사정의 개념

가족사정(family assessment)이란 가족이 호소하는 문제에 대하여 체계론적 관점에서 정보를 수집, 종합, 분석하여 증상을 둘러싼 가족체계를 파악하는 일련의 과정이다. 가족사정과 가족평가(family evaluation)를 유사한 개념으로 보는 경우도 있으나, 가족평가는 사정을 통해 얻은 정보들을 종합하는 치료자의 통합적인 결론이라고 볼 수 있다. 가족사정이라는 구체적인 방법을 통해서 내담가족에 대한 종합적인 가족평가가 이루어진다. 개인치료에서는 주로 초기 면담과 심리검사 등을 통해 사정이 이루어지는데, 가족사정은 다수의 가족원으로 구성된 가족체계를 대상으로 하는 것이므로 개인치료에서의 사정과는 여러 가지 면에서 다른 특성이 있다.

가족사정은 치료 초기에 끝나는 것이 아니라 가족과의 첫 면담부터 종결에 이르기까지 지속적으로 이루어지는 과정이기도 하다. [그림 13-1]은 가족사정이 치료과정 전반을 통해 어떻게 이루어지고 있는지를 보여준다. 초기 회기에서는 가족사정을 위한 정보가 집중적으로 수집되고 사례개념화가 이루어지면서 개입이 시작된다. 개입이 진행되는 동안에는 치료과정이 목표에 수렴되며 효과적인 치료가 될 수 있도록 매회기 내담자와 치료자에 의한 치료과정 평가가 필요하다. 종결기에는 치료 종결을 위한 내담가족의 준비도나 치료의 성과에 대한 평가가 필요하다.

가족평가는 치료 개입의 지도(map)라 할 수 있는 사례개념화(case conceptualization)의 바탕이 된다. 사례개념화는 내담가족의 진정한 문제가 무엇인지, 문제가 발생하고 유지, 악화되는 가족체계의 맥락은 무엇인지, 그리고 그 문제를 어떻게 개입하는 것이 좋을지 등의 내용으로 구성된다(Reiter, 2016). [그림 13-2]는 치료과정 중에 가족사정과 사례개념화 그리고 사례개념화에 기반한 개입 간에 지속적인 상호작용이 일어나는 것을 도식화 한 것이다.

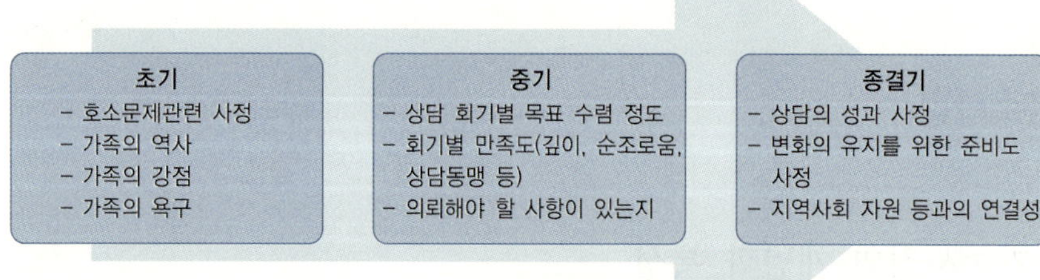

[그림 13-1] 치료과정에 따른 가족사정

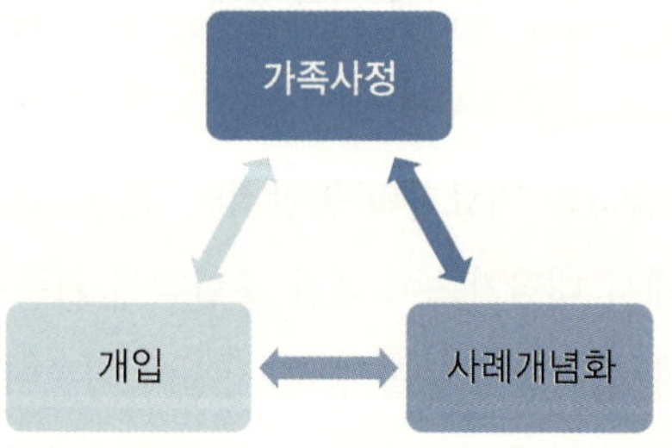

[그림 13-2] 가족사정과 사례개념화, 개입 간의 순환적 관계

(2) 가족사정의 특성

가족체계론에 기초한 가족사정은 개인 심리평가와 다른 다음과 같은 특성이 있다.

첫째, 가족사정은 평가의 단위가 개인이 아니라 가족체계이므로 개인 심리검사나 면담 등을 통해 개인을 진단하고 평가하는 일보다 다층적이고 복잡하다. 가족원 각자의 생각과 행동, 이인 체계(dyad), 삼인 체계(triad) 등과 전체 가족의 순환론적 작동 기제, 가족원 각자 혹은 가족 전체가 부여하는 의미 등 가족사정에서 고려해야 하는 측면은 다층적, 다면적이다.

둘째, 가족원 중 누구의 정보를 가족에 대한 정보로 볼 수 있는가의 문제가 있다. 어떤 현상에 대한 가족원 각각의 보고는 서로 다른 경우가 있고, 그런 차이 자체가 이 가족이 치료실을 찾은 이유가 될 수도 있다. 이러한 차이는 가족원의 심리검사에서도 마찬가지로 나타난다. 동일 현상(예: 가족관계 문제 징후)에 대해 가족원 각각이 다른 점수를 보고할 경우 누구의 보고를 가장 중요하게 보아야 하는지, 혹은 전체 가족원의 평균점수를 취할지, 아니면 가족원 간의 점수 차이 자체를 중요한 정보로 보아야 하는지 등에서 단순한 답을 내기가 어렵다.

셋째, 가족사정은 현재의 가족 경계를 넘어서는 폭넓은 관점을 취하면서도 개인적 특성을 간과하지 않는다. 다세대적인 맥락과 생태체계적 맥락은 가족사정에서 중요시되는 현 호소문제의 발생 맥락이다. 그러나 개인의 기질적, 생물학적, 심리적 특성이 체계에 미치는 영향에도 초점을 둘 필요가 있다(Williams et al., 2019).

넷째, 가족사정은 사정과 개입이 맞물려 있는 경우가 많다. 치료사의 순환질문은 사정을 위한 것이기도 하지만 가족원들의 선형적 사고를 순환적 사고로 바꾸어주는 개입의 효과를 가진다. 이로 인해 가족원들은 문제를 둘러싼 가족 상호작용의 흐름을 자각하게 되고 그 체계의 흐름에 자신이 기여하는 바를 알게 되는 결과를 낳는다.

2) 가족사정의 내용

가족사정은 호소문제에 대하여, 그리고 가족체계 및 외부체계에 대하여 다음과 같은 내용으로 이루어진다.

(1) 호소문제

① 문제의 양상

문제는 언제, 어디서, 어떤 상황에서 일어났는가? 문제는 지금까지 지속적으로 반복되는가, 혹은 심해졌는가, 혹은 개선된 경험이 있는가? 등 문제의 양상과 역사에 대하여 파악한다.

② 문제에 대한 각 가족원의 견해

문제에 대한 견해는 가족원마다 다를 수 있다. 가족원 각각에게 문제에 대한 견해를 물어보아야 한다. 치료에 오지 않은 가족원이 있을 경우 "만일 남편이 여기 있다면, 어떤 점이 문제라고 말씀하실까요?"와 같은 관계성 질문을 활용하여 부재자의 견해를 생각해 보게 한다.

③ 문제에 대한 각 가족원의 의미체계

문제가 문제가 되는 사람이 있고, 별로 문제가 되지 않는 사람이 있다. 동일한 정도의 문제에 대해 사람마다 그 심각도가 다르게 인식되기도 한다. "따님의 등교 거부 때문에 누가 가장 속상해 하시나요?", "따님이 등교 거부 하는 상황을 아버님은 어떤 의미로 받아들이시나요?"와 같이 질문한다.

④ 각 가족원의 변화에 대한 기대

문제를 둘러싼 가족 구성원 각자의 변화 기대와 욕구를 확인해야 한다. 문제해결과 관련하여 상대에게 하는 기대도 파악하고, 참여하지 않은 가족원의 기대와 욕구도 관계성 질문을 통해 생각해 보게 한다.

(2) 가족체계 및 외부체계

① 가족 기능

가족 기능은 가족 내에서 수행되어야 할 역할과 책임이 제대로 작동하는지를 평가하는 영역으로, 다음과 같은 영역에 대하여 사정한다.

- **의사소통**: 가족 간 의사소통의 명확성, 빈도, 정서적 수용성 등을 평가한다. 회피적,

공격적, 이중적 메시지가 존재하는지 등을 살펴본다.

- 역할 분담: 각 구성원이 가족 내에서 맡고 있는 기능적 역할(부양, 보호, 지도 등)과 심리적 역할(중재자, 희생양 등)이 적절한지 평가한다.
- 정서적 반응성: 가족 간 정서 교류의 정도와 질, 서로의 감정을 얼마나 공감하고 수용하는지를 살펴본다.
- 애착과 유대감: 가족 구성원 간에 정서적 연결감, 소속감, 친밀감 등이 충분한지를 확인한다.

② 문제행동이 수행하는 기능

문제행동이 가족 항상성 유지를 위해 어떤 기능을 수행하고 있는지를 파악한다. 예를 들어, 청소년 자녀의 반항적 태도가 부모 간 갈등을 외면하게 하는 기능을 할 수도 있고, 가족 내 긴장을 분산시키는 역할을 할 수도 있다.

③ 가족 신념 및 규칙

가족은 고유한 신념 체계와 명시적 · 암묵적 규칙을 가지고 있으며, 이는 가족 기능에 강력한 영향을 미친다. 예를 들어, '가족은 절대 남에게 약한 모습을 보여선 안 된다'는 신념, '아버지가 결정권자'라는 규칙 등은 가족원의 감정 표현과 자율성에 영향을 미칠 수 있다.

④ 가족발달주기 및 전환기 문제

상담자는 가족이 어느 발달 단계에 있는지 파악하고, 해당 단계에서의 과업 수행 여부를 평가한다. 또한, 발달 단계 전환기의 스트레스에 대해서 파악해야 한다.

⑤ 특별한 생활사건과 만성적 어려움

가족이 경험한 위기 상황이나 상실의 경험, 건강문제, 관계의 문제, 직업적 어려움, 법적 문제 등 비예측적인 생활사건이 호소문제와 관련이 있는지 파악한다. 또한, 장애나 질병, 학대, 중독 등의 만성적인 어려움이 호소문제와 관련이 있는지 파악한다. 이 과정에서는 스트레스 대처방식, 가족 구성원의 정신건강 상태, 그리고 사회적 지지 체계 여부도 함께 평가해야 한다.

⑥ 다세대적 가족환경

유전적·생물학적 요인, 다세대적 관계 역동, 계층과 경제적 환경, 세대 간 반복되는 중독관련 문제, 정신건강 문제, 가족 문화 등이 호소문제와 관련이 있는지 파악한다. 동거 혹은 비동거 양가 부모, 형제, 그리고 친인척 등이 문제와 어떻게 연관되어 있는지 파악한다.

⑦ 외부 체계와의 관계

가족이 외부 체계(학교, 직장, 지역사회, 종교, 복지기관 등)와 맺는 관계를 함께 살펴봐야 한다. 생태도를 활용하면 가족과 외부 환경 간의 자원 교환 관계, 긴장, 지지 수준 등을 시각화할 수 있다. 이러한 맥락은 특히 취약계층, 이민가정, 위기 상황의 가족 등을 이해하는 데 도움이 된다.

⑧ 가족의 강점과 회복력

치료자는 반드시 가족이 가진 강점, 자원, 유연성, 회복탄력성도 파악해야 한다. 가족이 과거에 위기를 어떻게 극복했는지, 서로를 어떻게 지지하는지, 의미 있는 전통이나 가치관이 무엇인지 등을 확인하면, 치료 계획을 세울 때 긍정적 자원을 활용할 수 있다.

3) 가족사정의 방법

가족사정을 위해서는 다양한 방법이 활용되는데 주로 면담과 관찰, 가계도와 가족연대기 등이 주로 사용되며, 이외 투사검사를 포함한 심리검사나 놀이 및 매체를 활용하는 방법이 있다.

(1) 면담

가족치료의 사정 방법 중 가장 보편적으로 활용되는 것이 면담이다. 체계론적 사정을 위해 치료사는 순환질문, 과정질문, 관계성 질문 등을 숙지하고 잘 활용할 필요가 있다.

① 순환질문

순환질문(circular question)은 문제를 둘러싼 순환적 관련성에 대한 질문으로 밀란 학파에서 체계이론에 기반해 발전시킨 기법이다. 순환질문은 가족을 하나의 상호작용하는 체계로 보고 그 안에서의 순환적 관계를 드러내는 데 목적이 있다. 순환질문은 한 사람의 행동이 다른 사람에게 어떤 영향을 주는지를 탐색하고, 그것이 다시 어떻게 원래 사람에게 되돌아오는지를 알아볼 수 있다. 따라서 관계를 다각도로 비춰보게 하며, 한 구성원이 다른 구성원의 관점을 추측하도록 유도한다. 이 질문은 정보 수집뿐 아니라 개입적 효과도 있어, 가족의 고정된 인식을 흔들고 새로운 해석 가능성을 열어준다. 〈글상자 13-1〉은 순환질문의 다양한 방식을 보여주고 있다.

글상자 13-1 **순환질문의 예**

- "아버지가 화를 내시면, 어머니는 어떻게 반응하시나요? 그리고 어머니의 반응을 보고 아이들은 어떤 생각을 할까요?"
  → 행동의 파급효과를 가족 전체 흐름 속에서 탐색할 수 있다.

- "당신이 늦게 귀가했을 때, 누가 가장 먼저 눈치를 챘고, 그 사람이 어떻게 행동했나요?"
  → 행동과 감지, 반응의 순환 구조를 드러낸다.

- "당신이 보기에, 동생은 엄마와 아빠 중 누구의 편에 더 가까운 것 같나요? 그 이유는 뭐라고 생각하세요?"
  → 관계 속 연합(coalition)이나 정서적 거리, 인식을 탐색

- "요즘 들어 가족 분위기가 조금 달라졌다고 느끼셨다면, 누가 제일 먼저 그런 변화를 느꼈고, 그 후 다른 가족들의 반응은 어땠나요?"
  → 체계 내의 변화와 그에 대한 각자의 감지 및 반응 경로를 확인하는 질문

- "엄마가 걱정할 때 아버지는 어떤 반응을 보이시나요? 그리고 그런 아버지의 반응이 엄마에게는 어떤 의미로 다가오나요?"
  → 감정과 반응의 순환성, 상호작용의 의미 해석에 집중하는 질문

- "아들이 학교에 가지 않는 날은 학교에 간 날과 집에서 보내는 시간에서 어떤 차이가 있나요?"
  → 차이를 탐색하는 질문

- "그 차이에 대해 누가 제일 잘 알고 있나요?"
  → 문제에 대한 감지에 있어서의 차이를 탐색하는 질문

② 과정질문

과정질문(process question)은 가족 구성원들이 상호작용이나 상황에 대한 인식, 감정, 태도를 반성적으로 인식하도록 돕기 위한 질문이다. 이를 통해 가족이 자동적으로 반복하고 있는 상호작용 패턴을 중단시키고, 그것을 '메타 수준'에서 인식하게 함으로써 변화의 가능성을 열어주게 된다. 이 질문은 상담실에서의 지금 - 여기의 상황을 대상으로 이루어질 수도 있고, 과거의 특정 사건이나 반복된 가족 상호작용을 대상으로 하기도 한다.

예를 들어, 현재 상담 상황에서 과정질문을 사용한다면 "지금 이 대화를 나누면서 어떤 감정이 드시나요?" (감정에 대한 질문), "방금 어머니께서 말씀하실 때 아버지께서 고개를 돌리셨는데, 그 순간 무슨 생각이 드셨어요?" (비언어적 상호작용을 의식화시키는 질문), "지금 서로를 바라보지 않고 말씀하시는데, 두 분 모두에게 어떤 의미가 있을까요?" (현재의 행동에 대한 의미 탐색을 유도하는 질문) 등이 있다. 가족 내 상호작용을 대상으로 과정질문을 적용한 예는 〈글상자 13-2〉에 제시되어 있다. 여기서 치료자는 딸과 어머니 사이의 감정이 격화되는 반사반응의 교류를 과정질문을 통해 인식시키고 있다.

글상자 13-2 과정질문의 예

치료사: 어머니께서 딸에게 짜증을 냈던 상황을 좀 상세히 들려주세요.

어머니: 딸이 방을 치우지 않아서 화가 났어요. 몇 번을 얘기해도 듣질 않으니 짜증이 나더라고요.

치료사: 짜증이 났다고 하셨는데 짜증이 났을 때 어머니는 **어떤 생각**이 드셨나요?

어머니: '내가 왜 이런 간단한 말도 안 듣는 딸을 두었을까' 하는 생각이 들었어요. 제가 **무시당하는 느낌**이었달까요.

치료사: 그렇군요. 따님, 어머니가 말씀하셨던 이 상황에서, 어머니가 화를 내셨을 때 **어떤 느낌**이 들었나요?

딸: 솔직히 말하면 무섭기도 했고, 제가 항상 **못난 사람처럼 보인다**는 생각이 들었어요.

치료사: 딸이 그런 느낌을 받았군요. 그 순간, 딸이 느낀 감정은 어머니에게 **어떻게 전달**되었을까요?

딸: 잘 모르겠어요. 저는 **말을 안 하고 방에 들어갔으니까** 어머니가 제 마음을 모르셨을 거예요.

치료사: 그렇다면 어머니가 **딸의 감정을 이해하기 어려운 상황**이었을 수도 있겠네요. 어머니, 딸이 방에 들어가셨을 때, **어떤 생각**을 하셨나요?

어머니: 제가 **너무 강하게 말했나** 싶었어요. 하지만 방에 들어가 버리니 **더 답답**하더라고요.

③ 관계성 질문

관계성 질문(relationship question)은 다른 사람의 생각, 의견, 반응 등에 관하여 질문하는 것인데, 치료에 참여하지 않은 사람의 생각, 의견, 반응 등에 대해 치료에 참여한 면접 대상자가 생각하고 이해하는 데 도움을 준다. 이를 통해 질문을 받은 사람은 자기중심적 생각에서 벗어나 전체 가족체계 안에서 그 사람을 볼 수 있게 되며, 그 결과 좀 더 적절하고 균형 있는 선택을 해나갈 수 있다. 만일 "남편이 여기에 있다면, 어떤 부분이 좋아지면 부부관계 회복에 도움이 된다고 말할까요?" 같은 질문이 그 예이다. 또 다른 관계성 질문의 방식은 질문받은 개인이 스스로를 다른 사람의 시각에서 볼 수 있도록 만들어준다. "만일 아들에게 지난주 동안 엄마의 어떤 점이 달라졌는지 물어본다면 아들은 뭐라고 말할까요?"와 같은 방식이다.

(2) 관찰

① 가족원의 자연스러운 행동 관찰

치료자는 가족원들이 회기 중 드러내는 자연스러운 행동을 통해 가족원의 상호작용 행동을 체계론적으로 읽어내는 능력이 필요하다. 체계 파악을 위해 눈여겨볼 부분은 다음과 같다.

- 치료실에 들어와 앉는 순서와 자리 배치는 어떠한지
- 누가 어디에 앉을지, 누가 먼저 대답할지를 누가 지도하는지
- 치료사의 질문에 누가 가장 먼저 답하는지
- 누가 누구를 대신하여 답하는지
- 누가 누구의 말에 고개를 끄덕이고, 또 누구는 반대나 부정적 감정을 드러내는지
- 친밀감과 유대, 혹은 건조함과 분열이 느껴지는 하위체계는 무엇인지

② 실연을 통한 관찰

치료실에서의 자연스러운 행동 관찰로는 실제 문제가 일어났을 때의 가족 상호작용을 알기 어려울 수 있다. 이때 문제의 최근 상황(예: 부부간 말 다툼)을 치료실에서 재연해보도록 하여 관찰할 수 있는데, 이것을 실연(enactment)이라고 한다.

특정 주제를 주고 정해진 시간 부부가 대화를 실연하게 하고 그때의 부부 상호작용을

관찰하는 방법도 있다. 해당 상호작용을 녹화한 후 훈련된 평정자가 그 대화를 주어진 지표에 따라 점수화하는 코딩체계가 커플 사정에서 유용하게 활용되고 있는데, 〈글상자 13-3〉은 이러한 부부 상호작용 관찰 코딩체계 중 하나인 MICS에 대한 설명을 담았다.

글상자 13-3 **부부 상호작용 관찰 코딩체계 MICS**

MICS(Marital Interaction Coding System)는 부부간의 의사소통과 상호작용을 분석하기 위해 Heyman 등에 의해 고안된 행동 관찰 코딩체계이다(Heyman et al., 1995). MICS는 부부간 상호작용을 긍정적 행동(문제해결, 지지 표현, 공감), 부정적 행동(비난, 방어적 태도, 회피), 중립적 행동으로 나누어 시간 단위와 상호작용 단위로 나누어 코딩하는 체계로서, 이 코딩을 하기 위해서는 일정한 관찰자 훈련이 필요하다. MICS-G(Marital Interaction Coding System-Global)는 기존의 MICS를 더 간소화하고 효율적으로 사용하기 위해 개발된 코딩체계이다. MICS는 세부적인 행동 단위에 초점을 맞춘 데 비해, MICS-G는 더 전체적인(global) 수준에서 부부의 상호작용을 평가하는 방식으로 관찰 및 코딩 과정의 효율성을 높이고, 적용 가능성을 확장하기 위해 만들어졌다.

출처: 박우철(2019).

(3) 가계도와 가족연대기

① 가계도

가계도는 가족 구성원 간의 관계, 세대 간의 상호작용 패턴, 중요한 사건 등을 시각적으로 표현한 도구이다. 가계도에는 3세대 이상의 가족원과 가족구조, 가족관계(예: 친밀, 단절 등), 직업, 학력, 종교, 문화적 배경, 거주지, 질병, 중독, 폭력 등의 문제가 기재된다. 내담가족에게 상세 내용을 물어가면서 진행하게 되는데, 치료 초반에 가족에 대한 세부사항을 말하기 꺼려하는 내담자들에게 가계도 작성의 유익함을 설명하여 내담자의 참여를 이끌어내는 것은 가족치료사의 주요 역량 중 하나이다(권혜영, 조은숙, 2023).

가계도를 통해 치료사는 세대 간 반복되는 갈등, 의사소통 문제, 감정적 거리, 만성불안의 흐름 등을 발견할 수 있다. 또한, 가계도는 역기능적 관계와 가족원 간의 융합이나 단절, 삼각화 등의 관계 역동, 그리고 가족에게 영향을 미친 주요 사건 등을 일목요연하게 도식화시켜 보여줌으로써 현재 문제에 영향을 준 다세대적 맥락을 이해하는 데 용이하다.

가계도를 작성할 때 정보 탐색은 동거가족에서 출발하여 확대가족과 가족 외부체계까지로 넓혀 나가고, 현재 가족관계에서 사건의 과거 역사를 추적하는 데로 나아가며, 간단하고 무난한 질문에서 대답하기 어렵거나 불안을 일으키는 질문으로 점차 심화시켜 나가는 것이 바람직하다(McGoldrick et al., 2011). [그림 13-3]은 가족치료 분야에서 일반적으로 통용되는 가계도의 기호를 나타내고 있으나, 이것이 절대적 기준은 아니다. 가계도를 작성하면서 치료사는 다음과 같은 질문에 대한 답을 찾으려고 한다([그림 13-4] 참조).

- 가족사에서 현재의 문제에 영향을 끼친 의미 있는 사건과 영향은 무엇인가?
- 그로 인한 가족 구성원 간의 스트레스와 관계 과정에 대한 영향은 무엇인가?
- 가족관계 과정에 영향을 주는 불안의 내용은 무엇인가?
- 불안이 어떤 과정을 거쳐 현재 핵가족 과정에 영향을 주어 문제를 심각하게 만드는가?

② 가족연대기

가족연대기(family chronology)는 가족 구성원들의 주요 사건과 시간의 흐름을 함께 기록한 도구로, 가족의 역사와 발달 과정을 강조한다. 가계도와 함께 가족연대기를 고려할 경우, 시간적 흐름에 따라 가족들이 어떤 경험을 하였는지를 통찰하는 데 도움이 된다. 가족연대기를 통해 치료사는 내담자의 원가족 경험에서 부모의 이혼 시점, 이사나 실직, 출생과 사망의 시점, 자녀 독립의 시점 등과 가족원의 개인적인 발달 단계 등이 맞물리면서 발생하는 결과들에 대해 더 깊은 통찰을 가질 수 있다(〈글상자 13-4〉 참조).

글상자 13-4 내담자 미경의 가족연대기

1960. 미경의 부모 서울에서 결혼
1961. 5월 군사 쿠테타, 부 병역 문제로 직장에서 면직처리되며 재판 진행
1962. 미경씨 출생
1963. 모가 조부의 병원 입원 수발로 힘든 중 임신하여 낙태 시도
1964. 미경의 동생 철수씨 출생
1966. 미경의 둘째 동생 미정씨 출생, 부의 직업 불안정으로 가정 형편 최악
미경씨, 시골의 친척집으로 보내짐 (6개월 간)
1969. 미경 초등학교 입학, 미경 모, 집에서 부업 시작
(후략)

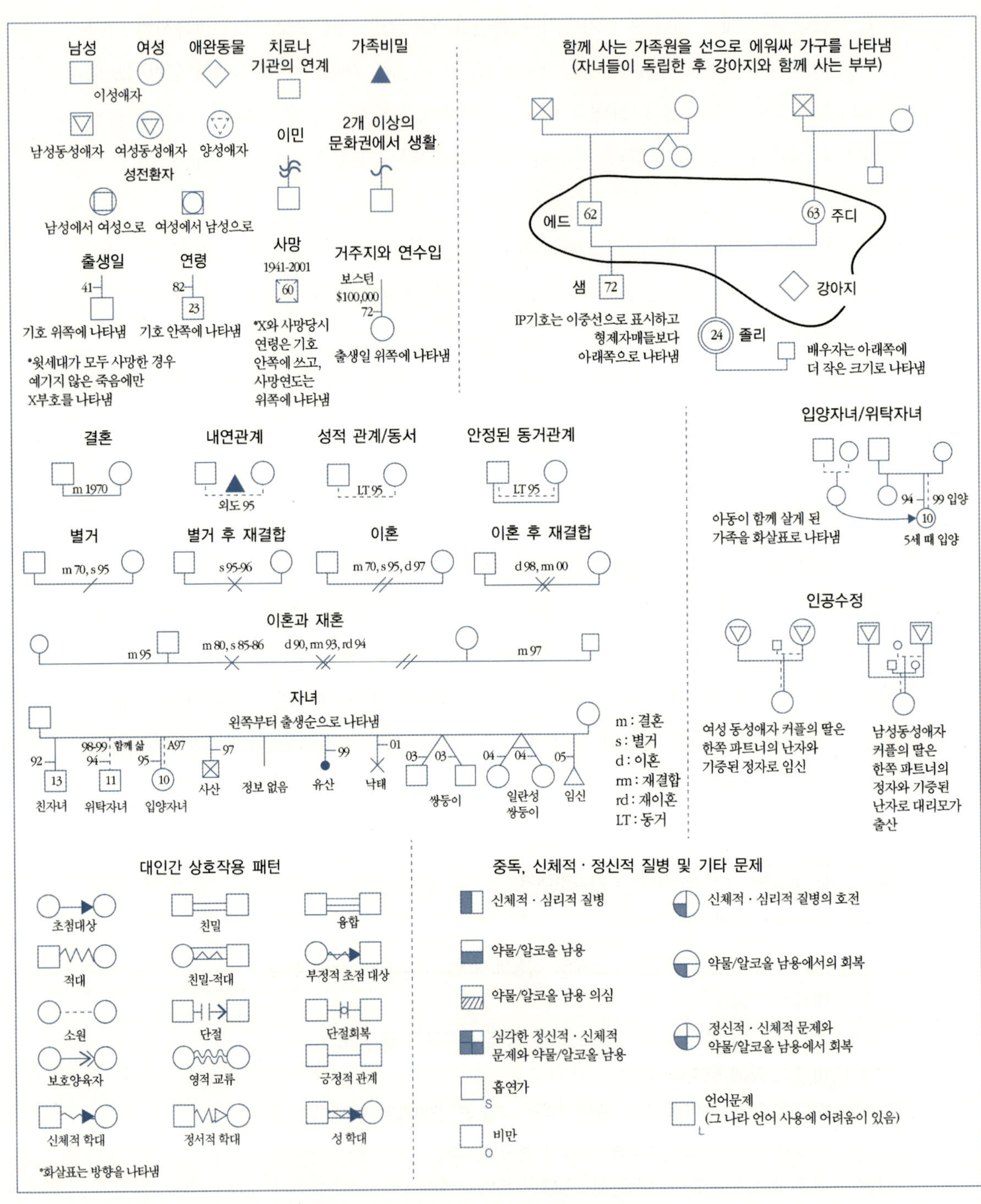

[그림 13-3] 가계도 표준기호

출처: McGoldrick, Gerson & Petry(2011).

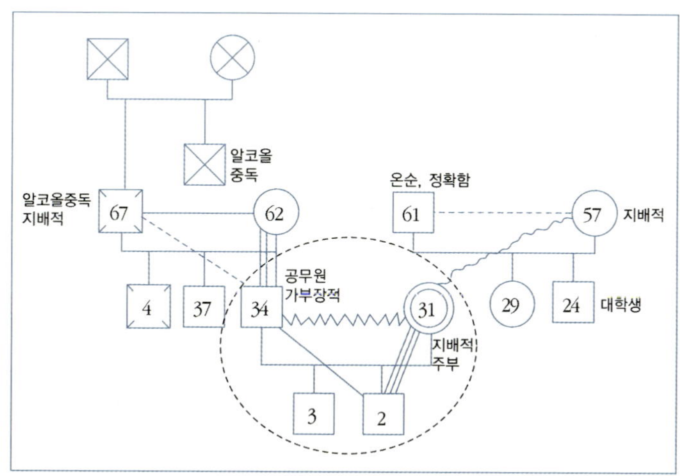

[그림 13-4] 가계도 예시

출처: 김유숙 외(2017), p. 150.

(4) 심리검사 및 척도의 활용

가족을 사정할 때 심리검사를 활용하는 경우는 개인치료에 비해 많지 않다. 그러나, 정신건강 문제가 의심되거나, 개인의 성격적 특성이 관계에 어떻게 반영되는지 등을 알아보기 위해 심리검사가 필요한 경우도 있다. 이때 심리검사의 해석은 한 개인의 내면 특성이 가족원의 관계 패턴 및 체계의 기능과 어떻게 상호작용하는지에 대한 해석으로 이루어지는 것이 바람직하다. 많지는 않지만 부부 등 2인 체계의 특성에 초점을 맞춘 PREPARE/ENRICH 같은 검사도구도 개발되어 있으나, 대부분 심리검사의 단위는 개인이다.

① 개인 심리검사

가족상담사들은 체계의 파악에 주안점을 두기 때문에 일반적으로 개인 심리검사를 잘 사용하지 않는다. 그러나 가족원의 관계문제에 정신건강 문제 등이 복합적으로 얽혀 어려움이 있을 경우에는 미네소타 다면적 인성검사(MMPI-2)나 문장완성검사(SCT) 등의 검사를 필요에 따라 활용할 수 있다. 가족사정에서 개인 심리검사 결과는 관계적 관점에서 재해석될 필요가 있다. 개인 심리검사 결과를 가족사정에서 체계론적으로 해석하고 활용하는 방법은 〈글상자 13-5〉를 참고한다.

글상자 13-5 개인심리검사의 체계론적 해석과 활용

사례: 불안정한 아내와 고립된 남편

[가족 상황 및 심리검사 결과]
- 38세 여성 내담자가 초등학생 자녀 2명, 남편과 함께 가족상담에 참여하였다.
- 여성의 MMPI 검사결과는 임상척도에서는 2번척도(D, 75), 3번척도 (Hy, 73)가 높게 나타났고, 4번척도 (Pd, 60), 8번척도(Sc, 60)는 다소 높은 편이었다.
- 타당도 척도에서는 L척도가 65로 다소 높았으나 K척도는 40으로 높지 않았다.

① 개인적 해석

- 이 여성은 우울감과 신체화된 정서 고통, 내면의 억압과 불만, 자신을 긍정적으로 보이려는 방어적 태도가 혼재된 상태로 보인다.
- 겉으로는 단정하고 무난해 보일 수 있으나, 실제로는 무기력감, 정서적 고립감, 삶의 만족도 저하를 겪고 있을 가능성이 크다.
- 대인관계에서 감정을 직접 표현하지 못하고 신체적 증상이나 피로로 호소할 수 있다.

② 면담 및 관찰자료를 통합한 상호작용적 해석

- 아내 내담자는 가족 내 갈등이나 불만을 직접 표현이 아닌 신체 증상, 무기력, 감정적 위축으로 간접 표현할 가능성이 크다.
- 이때 남편이 무반응하거나 회피하게 되면 무기력이나 눈물 등 신체화된 반응을 통해 관계를 재조정하려는 시도를 반복할 가능성이 있다.
- 자녀에게 "엄마는 힘들어. 네가 엄마 말 잘 들어야 해"라고 말하며 자녀와 유착을 강화하여 정서적 지지원을 확보한다.
- 남편은 아내의 반복되는 우울 호소에 대해 "또 시작이야"라는 반응을 보이며 정서적으로 더 후퇴하게 되고, 이는 '아내의 무기력 강화 → 남편의 회피 → 아내의 신체화'라는 순환 구조로 이어진다.

③ 개입

이 사례에 대하여 상담자는 다음과 같이 개입할 수 있다.

- 아내의 우울 및 무기력 표현을 '자신의 감정을 표현하는 방식'이라고 재해석하고 감정을 언어화할 수 있도록 이끈다.
- 남편의 정서 회피가 갈등을 해소하지 못하게 만드는 점을 설명하고, 정서 코칭과 '반응 훈련'을 진행한다.
- 부부 상호작용 구조를 시각화하여 정서 표현-회피-신체화의 악순환을 인식 시킨다.
- 자녀와의 유착에 대한 피드백을 주고 분화 작업을 시킨다.

출처: 안미옥(2025).

② 커플관계 검사

- PREPARE/ENRICH-CV 검사: 이 검사는 커플의 관계 강점과 약점을 평가하고 개선하기 위한 심리검사로, 1977년 미네소타 대학의 올슨(Olson) 박사와 동료들에 의해 개발되어 발전되어오다가, 2008년 내담자 맞춤형 PREPARE/ENRICH-CV(customized version) 검사로 발전했다. 부부가 각각 동일한 문항에 응답하며, 긍정적 부부 의견 일치 점수(Positive Couple Agreement: PCA)를 통해 커플의 강점 영역과 성장 필요 영역이 구분된다. 한국어판 타당화, 표준화 작업을 거쳤으며, 온라인 검사와 채점으로 즉각적으로 종합 평가서가 생성되어 상담에서 활용할 수 있다(Oh & Cho, 2019)(〈글상자 13-6〉 참조).
- 한국판 결혼만족도 검사(K-marital satisfaction inventory: K-MSI): Snyder가 개발한 결혼만족도 검사의 개정판(Snyder, 1997)에 기초하여 한국에서 표준화한 검사(권정혜, 채규만, 1999, 2011)이다. 총 160문항의 지필검사이며, 결혼생활의 만족도, 의사소통, 공격적 행동, 시간과 경제적 주제 공유, 성 만족, 성역할 태도, 원가족과 배우자의 원가족의 관계, 자녀와의 갈등 양상 등을 파악할 수 있다.

글상자 13-6 PREPARE/ENRICH-CV 검사

검사의 장점

- 커플관계를 측정하는 다면적 검사인 PREPARE/ENRICH-CV 검사는 정확한 커플 진단에 기초한 커플치료를 가능하게 하는 검사도구인 동시에, 검사를 기반으로 개입을 할 수 있는 워크북 등이 제공된다. 커플의 강점과 성장 필요 영역 이외에도, 성격, 관계역동, 원가족 및 현 가족의 응집성과 적응성, 스트레스 등 커플관계에 영향을 미칠 수 있는 다양한 측면에 대한 검사결과를 종합적으로 파악할 수 있는 장점이 있다.

적용가능 집단

- 연애 중인 커플, 약혼커플, 동성커플, 다문화커플, 신혼기 및 유자녀 커플

제공 정보

- 커플의 핵심 영역별 강점과 성장 필요 영역
- 의사소통, 갈등해결, 성격/습관 문제, 재정관리, 성적 기대 및 애정표현, 자녀와 양육, 종교와 영성, 가족 및 친구와의 관계, 역할기대, 결혼에 대한 기대 등 다차원적 커플 관계를 보여줌
- 관계 역동 프로필: 각 파트너의 자기 주장성과 지배성, 자신감, 회피 등 관계역동
- 개인 스트레스 지표

• 파트너 각자의 SCOPE 성격검사[1] 결과
• 커플의 현재 관계와 원가족의 응집성과 적응성 유형
• 맞춤형 상담 워크북과 토론 질문

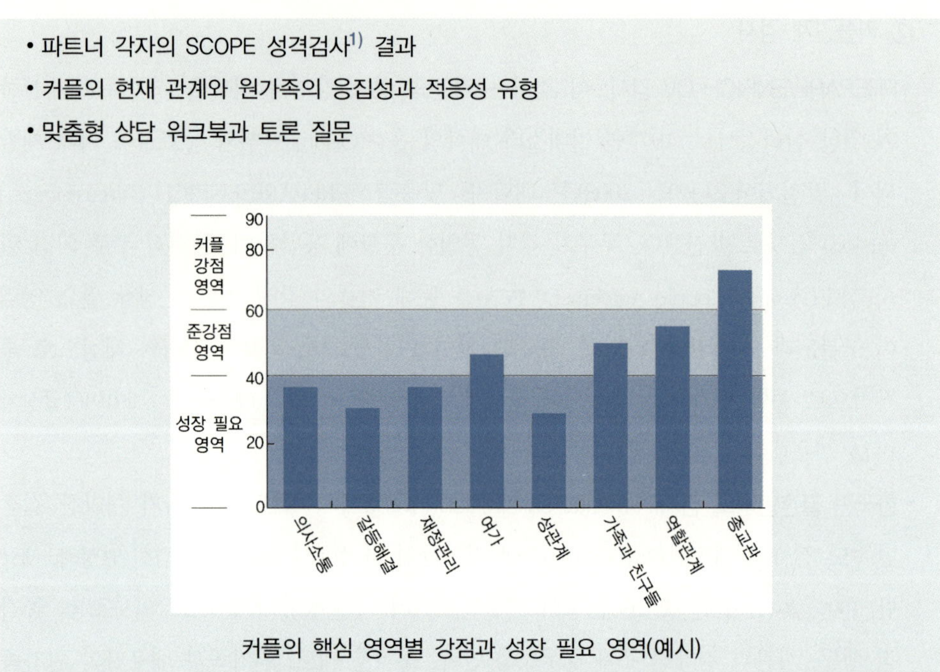

커플의 핵심 영역별 강점과 성장 필요 영역(예시)

그림출처: Olson, Olson-Sigg,& Larson(2011), p. 51.

참고: https://www.prepare-enrich.com

③ 가족체계에 대한 검사

• **가족응집성 및 적응성 척도(FACES)**: 가족기능을 평가하는 Olson의 순환모델(Circumplex model)에 기초하여 만들어진 척도이다(김수연, 1997). 가족응집성은 가족원 간의 유대와 연결이 어느 정도인지를 나타내는 것이며, 가족적응성은 가족규칙의 유연성과 적절성을 나타내는 것이다. 이 척도는 표준화된 척도가 아니지만, 가족 전체의 기능을 보여주기 때문에 유용하다. 앞서 소개한 PREPARE/ENRICH-CV 검사에 이 FACES 척도가 포함되어 있다.

• **가족사정척도(FAD)**: 엡스틴(Epstein) 등의 가족사정척도(family assessment device: FAD)는 가족상담과 가족연구에서 널리 사용되는 자기보고형 측정도구로, McMaster 모델(Epstein, Bishop & Levin, 1978)에 기반하여 가족기능을 평가한다. 이 척도는 1983년 Epstein 등에 의해 개발되었으며, 문제해결, 의사소통, 가족 역할, 정서적 반응성, 정

1) SCOPE 성격검사는 5요인 성격모델(Five Factor Model)을 기반으로, 개인의 5대 성격 특성(사교성, 변화, 조직성, 배려, 정서적 안정성)을 평가하는 검사이다.

서적 개입, 행동 통제 등 6개 영역과 총괄 기능 등 총 7개 하위척도로 구성된다. FAD는 보통 각 가족 구성원이 개별적으로 응답하며, 60개 문항 또는 축약형으로 구성된 버전을 통해 가족 내 인식 차이도 확인할 수 있다.

- 동적 가족화(KFD): 내담자를 포함한 가족원이 무언가를 하는 모습을 그리도록 하여, 가족원의 행동, 스타일, 상징, 역동, 인물상의 특징 등을 근거로 개인이 지각한 가족 관계와 가족 상호작용의 특징을 평가하는 투사적 검사이다([그림 13-5] 참조).

[그림 13-5] 동적 가족화의 예시

(5) 놀이나 매체를 활용한 사정 방법

가족사정을 위해 놀이나 매체를 활용하는 방법도 다양하게 활용되고 있다. 놀이가 가진 은유의 힘과 편안함, 경험적 측면 등이 이러한 사정 방법의 장점이다.

- 가족조각: 가족조각(family sculpting)이란 가족의 관계역동을 사람의 몸이나 피규어 등을 활용하여 공간에 조각처럼 묘사해보는 방법이다. 개인이 느끼는 가족원 간의 거리감, 위계, 이미지 등을 직관적으로 표현하는 경험적 방법이다.
- 가족놀이 가계도: 피규어를 활용하여 가계도를 만들어보는 방법이다. 동물, 사물 등으로 가족원을 표현해볼 수 있고, 각 가족원 간의 관계를 피규어로 표현해보는 방법 등 다양하게 응용할 수 있다. 가계도에 색채를 활용하여 크레용이나 색지 등을 붙여 그것으로 가족원 각자에 대한 감정과 지각을 표현해보는 방법도 많이 활용된다([그림

13-6] 참조).

- **가족 협동화**: 가족원들이 각자 한 가지 색의 크레용을 잡고 말없이 순서대로 돌아가면서 그림을 완성해 나가는 방법이다. 혹은, 온 가족이 함께 동시적으로 한 개의 그림을 완성하도록 하되 말은 하지 않거나 혹은 말을 하게 하는 방법 등 다양하게 변형하여 사용한다.
- **가족 이야기 만들기**: 가족원이 퍼핏 인형 등을 사용하여 처음과 중간, 나중이 있는 이야기 연극을 만들도록 한다. 그 연극 안에서 가족의 문제가 은유적으로 나타나기도 한다.

[그림 13-6] 가족놀이 가계도

출처: https://www.psychotherapy.net/video/family-genograms

2. 가족치료의 과정

가족치료는 개인치료에 비해 비교적 단기 회기 안에 효과적인 치료 성과를 내는 치료로 미국의 경우 치료는 평균 12회기 정도가 진행된다(AAMFT, 2025). 한국의 경우 공공센터에서 진행되는 가족치료는 이보다 조금 짧은 회기가 주어진다. 가족치료라 하지만 처음에는 개인으로 시작해서 가족원이 참여하게 되기도 하고, 가족이 함께 시작했으나 중간에는 개별 가족원과의 치료가 혼합되기도 한다. 처음부터 끝까지 개인 내담자를 대상으로 체계론적 치료를 할 수도 있으며, 또 어떤 경우는 매회기 가족 공동회기로 진행하기도 한다. 미국의 경우 가족치료사가 진행하는 치료의 절반은 일대일로 진행되며, 나머지 절반은 부부/커플회기와 가족회기 또는 개인회기의 조합으로 진행되고 있다(AAMFT, 2025). 이러한 가족치료의 전반적인 실행 방식을 염두에 두고, 가족치료의 접수면담과 초기, 중기, 종결기 치료의 과정별 개입 특성을 간략히 살펴보자.

1) 초기 단계

(1) 접수 면담

가족치료는 치료를 요청하는 전화나 방문 면담으로 시작되며, 이 첫 접수면담은 향후 치료 참여의 기반이 되므로 중요하다. 접수면담을 하는 치료사가 이후의 치료를 진행하는 경우도 있고 그렇지 않은 경우도 있는데, 이 경우 접수면담을 하는 치료사는 이후 치료를 진행할 치료자에게 면담의 내용을 잘 전달할 필요가 있다.

접수면담에서는 치료의 일반적인 과정을 설명하고 호소문제에 대한 개략적인 정보, 내담가족에 대한 정보 등을 수집한다. 치료사 측에서 내담자에게 연락 가능한 전화번호를 받을 때 사무실이나 집보다는 가급적 개인 휴대전화번호를 기입하도록 하여 비밀보장과 관련된 부분에 문제가 생기지 않도록 한다.

접수면담에서는 내담자에게 첫 면담에 참여할 사람과 날짜, 시간, 장소를 구체적으로 안내한다. 치료사는 모든 가족원이 참여할 수 있도록 권할 필요가 있는데, 내담자들은 종종 그것을 불편하게 여기며 내담자가 거부하는 것을 강제할 도리는 없다. 다만, 모든 가족 구성원의 이야기를 듣는 것이 개입의 방향 설정과 효과성에 도움이 될 수 있다는 점을 명확하게 전달할 필요가 있다. 하지만 가족 공동회기에 대한 견해는 치료사마다 차이가 있어서, 먼저 개인을 만난 후 문제와 관련된 하위체계 구성원들을 점차 치료에 포함하면서 전체 가족원을 만나는 방식으로 치료를 전개할 수도 있다.

내담가족 안에 위기개입이 필요한 상황이 있는지도 주의해서 살핀다. 가정폭력 문제, 중독 문제, 정신건강 문제 등 위기개입이 필요한 경우 적절한 서비스에 연결해야 하며, 가족이 함께 치료받는 것이 적절한지에 대해 판단해야 한다([그림 13-7], 〈글상자 13-7〉 참조).

접수상담기록지

접수번호: -

<table>
<tr><td>일시</td><td colspan="2">20 . . .</td><td>상담시각</td><td>시 분</td><td>접수자</td><td></td></tr>
<tr><td rowspan="2">대상자</td><td>성명</td><td></td><td>성별</td><td>□ 남 □ 여</td><td>연령</td><td>세</td></tr>
<tr><td>주소</td><td colspan="3"></td><td>연락처</td><td></td></tr>
<tr><td rowspan="4">상담신청 내용분류</td><td>가족 문제</td><td colspan="5">□ 원가족갈등(고부갈등/장서갈등/조손갈등) □ 친지갈등(친척과의 갈등)
□ 부양/간병갈등 □ 세대차이
□ 역할분담/기대 □ 종교파이 □ 가족죽음 □ 기타( )</td></tr>
<tr><td>부부 문제</td><td colspan="5">□ 부부관계갈등(일상생활(습관)차이갈등) □ 의사소통문제 □ 성격차이
□ 가치관갈등 □ 종교갈등
□ 별거 □ 재혼 □ 사별 □ 남편외도 □ 아내외도 □ 배우자의심
□ 배우자폭력 □ 중독 □ 가출/행방불명 □ 법률문제 □ 경제문제
□ 부부성생활 □ 출산/낙태/불임/입양 □ 기타( )</td></tr>
<tr><td>자녀 문제</td><td colspan="5">□ 부모-자녀갈등(의사소통) □ 자녀간 갈등
□ 자녀양육방식 차이 □ 자녀성격문제
□ 주의력결핍/과잉행동장애 □ 학업/진로 □ 일탈 및 비행
□ 대인관계 □ 이성교제 □ 학교폭력 □ 정신건강 □ 자녀성문제
□ 자녀학대 □ 자녀패륜 □ 기타( )</td></tr>
<tr><td>개인 문제</td><td colspan="5">□ 정신건강 □ 우울 □ 자살 □ 성격 □ 대인관계 □ 사회부적응
□ 외상후 스트레스 □ 인터넷 중독 □ 기타중독 □ 경제
□ 폭력/성폭력 □ 개인가치관 □ 기타( )</td></tr>
<tr><td>상담유형</td><td colspan="6">□ 이혼전후상담 □ 부부상담 □ 부모자녀상담 □ 그 외 가족상담
□ 개인상담 □ 집단상담</td></tr>
<tr><td>상담내용</td><td colspan="6"></td></tr>
<tr><td>상담가능 시간</td><td colspan="6"></td></tr>
<tr><td>비고</td><td colspan="6"></td></tr>
</table>

[그림 13-7] 접수면담 기록지 예시

출처: 한국건강가정진흥원(2023), p. 130.

글상자 13-7 가족치료 초기에 파악해야 하는 사정 항목들

1. 현재 문제나 증상/지속 기간
2. 현재 문제로 인해 파급된 위험(예: 자살, 신체적 학대, 이혼이나 별거, 중독, 정신적 문제 등)
3. 가계도
4. 문제의 원인에 대한 각 가족원의 관점
5. 문제의 대처방법: 가족이 현재의 문제를 어떻게 다루었는지, 어떤 방법과 방어기제를 사용하였는지 기술
6. 가족문제에 대한 인식: 가족 안에서 통용되는 신화 혹은 가치가 현재의 문제와 어떻게 연관되고 있는지 확인할 수 있도록 작성
7. 가족관계 위기 징후 척도/가족스트레스 척도/가족 사정 척도/가족관계 척도/부부관계 만족도/가족 응집력과 적응력 점수/부모양육태도 등에 대한 평가의견 제시
8. 외부지원에 대한 반응
9. (필요시) 정신건강 진단 결과

출처: 한국건강가정진흥원(2023), pp. 153-155.

(2) 첫 회기 면담

첫 회기 면담의 목표는 가족과의 치료적 협력관계를 구축하고 가족의 호소문제에 대한 기초적 가설을 세우는 것이다. 내담가족과의 치료동맹은 치료의 성과를 가늠하는 가장 중요한 공통요인으로 알려져 있다(한지수 외, 2024). 가족과의 치료동맹은 모든 가족원과 각각 존중하고 공감하는 태도로 관계를 맺는 것에서 출발하며, 가족 전체가 가지고 있는 문화와 행동방식을 존중하는 데서 시작한다. 첫 회기에 치료사는 가족들에게 자기 소개를 하고 참여한 가족원들 개개인을 존중하는 태도로 관계를 맺는다. 가족원들의 행동방식을 존중하면서 가족체계에 자연스럽게 합류하는 것이 필요하다. 가족원들은 치료에 와서 비난받을 것에 대한 두려움도 가지고 있으므로 편안한 분위기로 가족을 맞이하고, 가족원이 가진 장점과 치료에 온 변화동기, 가족이 가진 건설적인 상호작용에 대한 격려와 칭찬이 필요하다.

앞으로 이루어질 치료에 대하여 가족원들은 궁금하기도 하고 불안하기도 하므로, 가족원 중 누가 언제 치료에 참여하게 되는지에 대한 안내를 포함하여 향후 이루어질 치료에 대한 안내를 한다. 비밀보장의 제한사항에 대한 설명을 포함한 치료(상담) 동의서를 가족원과 함께 작성한다. 치료사는 내담자의 호소문제가 치료를 통해 다루기에 적절하다고 생

각되면 치료에 대한 계획을 내담가족과 공유하면서 치료 계약을 맺도록 한다.

참여 가족원들로부터 호소문제를 청취할 때에는 주도적으로 말하는 사람에게 집중하기보다는 모든 참여 가족원들이 각자의 견해를 이야기할 수 있도록 한다. 첫 회기에 불참한 가족원들의 목소리를 간과하지 말고 관계성 질문 등을 통해 회기 안에서 그 목소리가 들리도록 할 필요가 있다.

호소문제를 체계론적 관점에서 구체화하고 문제해결을 위해 가족원들이 시도했던 해결책에 초점을 맞춘다. 문제와 관련하여 왜 이러한 역기능적인 패턴이 지속되게 되었는지에 대한 가설을 형성해 가도록 한다. 첫 회기에 호소문제의 양상과 문제의 역사, 문제와 관련된 가족체계를 탐색하게 되는데, 이를 위해 가계도를 첫 회기에 그리기도 하지만, 시간이 부족할 경우는 두 번째 회기로 넘기는 것도 괜찮은 방법이다.

치료를 통해서 어떤 기대를 하는지 가족원 각자에게 물어보도록 하여 치료목표 설정을 위한 토대를 잡아가도록 한다. 가족원 간에 상충되는 목표가 있다면 목표의 차원을 개인 차원에서 가족체계의 차원으로 높여 가족원 공통의 목표가 설정될 수 있도록 도움을 준다.

부부치료의 경우, 남편과 아내를 각각 잠시 면담할 필요가 있는데, 이는 가정폭력이나 외도 등 상대 배우자와 함께 있는 경우 말하기 힘든 문제가 있는지를 파악하기 위함이다. 유아나 아동이 참여한 경우에는 놀잇감이나 미술도구 등을 활용하여 편안하게 해주고 어린 가족원들도 자신들의 목소리를 낼 수 있도록 배려한다([그림 13-8] 참조).

초기 상담기록지

1. 접수사항

사례번호		상담자	
상담일시	년 월 일 시 분 ~ 시 분	상담방법	□ 면접상담 □ 사이버상담 □ 방문상담 □ 전화상담
상담유형	□ 이혼전후상담 □ 부부상담 □ 부모자녀상담 □ 그 외 가족상담 □ 개인상담		

2. 주요내용

	성명	관계	성별
내담자	※ 여러 명일 수 있음		□ 남 □ 여
			□ 남 □ 여
			□ 남 □ 여
내담자 호소문제(주제)			
상담목표 (내담자와 합의된 목표)			
상댐계획			
상담내용			
가계도	※ 작성법과 예시(부록)		

[그림 13-8] 사례개념화를 위한 초기 상담기록지 예시

출처: 한국건강가정진흥원(2023), p. 144.

(3) 초기 단계 개입 방법

첫 회기 이후의 초기 단계에서 치료사는 문제에 대한 가설을 세우고 문제해결을 위한 작업을 시작한다. 이제 초점은 가족의 행동과 신념에 도전하는 것에 맞추어진다. 그러나 이러한 도전과 '문제에 대한 재정의(reframing)'는 가족원에 대한 치료자의 존중과 공감적 태도와 함께 진행되어야 한다. 누구든 자신의 말이 경청되고 이해받았다고 느껴야만 자신의 생각을 재고하기 쉬운 법이다.

개입을 위해서는 치료실의 분위기가 편하고 부드러워야 하는데, 치료 초기에는 이것이 쉽지 않다. 이를 위해 유머와 은유의 사용을 권장한다. 유머는 긴장을 파괴하며 긍정적 기분을 유발시키는 데 도움이 되며, 은유는 직면하기 어려운 현실을 다면적으로 바라볼 수 있게 하는 지혜를 준다. 수치심이 발달된 내담가족에게는 비슷한 문제를 경험한 치료자의 자기노출이 도움이 되는 경우도 있으나, 지나칠 경우 부작용을 주의해야 한다.

가족의 호소문제에 대한 가설을 보다 정교하게 세우기 위해, 즉 사례개념화를 하기 위해 회기가 진행되면서 가족의 상호작용 패턴, 가족규칙, 삼각관계, 경계선, 다세대적 과정 등에 관한 사정을 한다. 가족체계에 대한 사정에서 어디에 초점을 둘지에는 치료사가 가진 이론적 지향이 적용된다.

호소문제를 선형적, 인과론적 관점으로 보고 있는 가족들이 순환론적, 체계론적 관점으로 문제를 볼 수 있도록 재정의하고, 가족원 모두가 문제의 유지와 악화에 기여하고 있는 부분이 있음을 보게 하여, 치료에 동기 부여될 수 있도록 해야 한다. 심각한 갈등으로 문제해결적 대화가 어려운 가족의 경우 '치료실에서 나눈 이야기는 다시 치료실에 와서 지속하도록' 규칙을 정해 주는 것이 좋다. 치료실에서는 치료자가 중재 역할을 하기 때문에 어려운 주제의 이야기를 기능적인 방식으로 나눌 수 있었지만, 가족원들끼리 동일한 작업을 시도하다가 더 좌절하게 되는 경우가 있다. 과제를 부여하는 경우, 가족의 동기 수준에 맞추어 제시하는 것이 필요하다.

2) 중기 단계

치료가 중기에 이르게 되면 이제 치료사가 중재자 역할을 하는 것에서 서서히 물러나고 가족원들 간에 건설적인 상호작용을 직접 할 수 있도록 격려하는 것이 필요하다. 그러나 가족원들끼리의 직접적인 대화가 불안과 부정적 감정을 고조시킬 경우에는 치료자가 중재적 역할을 하면서, 감정을 가라앉히고 현재의 역기능적 소통에서 가족원들 각자의 역할을 생각해 보도록 할 필요가 있다. 치료사가 가족 전체가 아닌 한 명의 가족원, 혹은 하위체계를 따로 만날 때 전체 가족에 대한 모습을 항상 염두에 두어 가족체계 안에서의 개인 혹은 부분을 보려는 노력을 지속해야 한다.

내담가족과의 관계가 편해지면서 회기의 긴장이 느슨해지고 회기가 치료목표에 수렴하지 않는 경우가 생기지 않도록, 매회기 치료목표가 무엇인지 인식하면서 융통성 있는 회기 진행을 할 필요가 있다. 또한, 호소문제와 관련된 가족 기능이 향상되어가고 있는지를 지속적으로 평가하면서 치료를 진행해야 한다.

치료사는 '내가 어떤 한 내담자의 편을 들고 있지는 않은가?'라는 자기성찰을 지속적으로 해야 한다. 가족치료에서는 치료사의 역전이 문제가 어떤 치료보다도 중요한 주제로 대두되는 편이다(엄영숙, 정연득, 2021). 치료사는 역전이 예방을 위해 치료사 자신의 가계도와 이와 관련된 내적 역동에 대해 검토하면서 필요하다면 슈퍼비전을 받아야 한다. 또한, 치료 회기 사이에 가족원 한 명과 이면적 교류를 하는 것은 특별한 경우를 제외하고는 피해야 한다. 자칫하면 가족원 한명과 삼각관계에 휘말릴 우려가 있다. 치료사는 가족원 모두에게 변화에 따른 책임을 동등하게 분배하고 있는지 늘 자신을 살필 필요가 있다.

3) 종결 단계

종결 단계에서는 가족의 호소문제가 종결할 정도로 개선되었는지에 대한 평가가 우선된다. 치료사와 가족원들이 모두 종결하는 것에 만족하는 상황일 때 종결을 결정한다. 어떤 가족의 경우는 지속적으로 서비스에 남고 싶은 불안을 보이기도 하는데, 더 이상의 임상적 개입이 필요치 않다는 판단이 있다면 치료는 종결하고 가족에게 필요한 지역사회 서비스와 연결해 주는 것이 필요하다. 이러한 지역사회 자원과의 연결은 치료 마지막 회기보다는 이전에 이루어져서, 가족이 의뢰된 서비스(예를 들면, 부부 프로그램, 청소년 자녀의 활동 프로그램, 생활보조인 지원 등)에 잘 정착하고 있는지를 피드백 받을 수 있는 시간적 여유를 두는 것이 필요하다.

재발에 대한 대책을 논의하는 것도 종결의 중요한 부분이다. 앞으로 비슷한 문제가 다시 발생하게 되었을 때 어떻게 극복할 수 있을지에 대하여 가족과 함께 논의하는 시간을 가진다. 내담가족이 원할 경우, 후속치료를 일정 시간 후로 약속하는 것이 필요할 수도 있다.

가족 스스로 자신들이 어떤 문제로 왔으며 어떤 깨달음과 변화의 과정을 거쳤는지를 돌아보는 시간은 변화를 다지고 가족의 미래에 대한 긍정적인 전망을 공유하는 좋은 기회가 된다. 가족들의 이런 마무리를 위해 치료적 문서 활용이나 정의예식과 같은 내러티브 치료의 기법을 활용해 보는 것도 도움이 될 것이다.

요약

- 가족사정이란 가족의 호소문제를 둘러싼 가족체계를 파악하는 일련의 과정으로서 가족사정을 통한 가족평가는 호소문제에 대한 진단과 개입의 지도라고 할 수 있는 사례개념화의 중요한 자료가 된다.
- 가족사정의 상당한 부분이 가족치료의 초기에 이루어지지만, 상담과정에 대한 평가, 종결을 위한 평가 등을 위해서 가족사정은 상담 회기 전반에 걸쳐 지속되는 과정이다.
- 가족체계론에 기초한 가족사정은 개인 심리평가와 다른 특성이 있어 가족사정은 심리검사 도구보다는 면담과 관찰에 주로 의존하게 된다. 치료자는 면담을 통해 호소문제와 호소문제를 둘러싼 가족체계의 기능, 그리고 가족의 생활사건 및 다세대적 가족 환경 등을 사정한다.
- 순환질문, 과정질문, 관계성 질문 등을 잘 활용하는 것은 가족체계를 사정하는 데 도움이 된다. 내담가족이 회기 중에 보이는 상호작용을 관찰하거나, 실연을 관찰하는 것을 통해서도 사정을 위한 정보를 얻는다.
- 개인치료에서의 사정이 심리검사에 의존하는 정도에 비해 가족치료에서는 검사도구의 활용이 차지하는 비중이 낮다. 검사도구가 가족이나 커플 단위의 측정이기보다는 개인의 응답으로 나타나기 때문에 척도나 심리검사 도구를 활용하여 나타나는 점수에 대하여 체계론적이고 관계적인 해석을 하는 것이 필요하다. KFD나 SCT 등의 투사적 검사, mmpi 등의 개인 심리검사 등도 필요하다면 활용되나 검사의 충분한 필요성이 없는 관성적 활용은 지양된다. 놀이활동이나 미술 등의 매체를 활용한 사정 방법도 유용하게 활용되고 있다.
- 가족치료는 전화접수부터 접수면담, 그리고 첫 회기에 이르는 치료의 초기 단계를 거쳐, 본격적인 개입이 이루어지는 중기 단계, 치료를 통한 변화를 검토하고 변화의 유지 전략 및 외부 자원과의 연결로 치료를 마무리하는 종결 단계로 치료의 과정이 이루어진다.
- 초기 단계에는 내담가족과의 합류가 이루어지면서 호소문제를 둘러싼 가족체계에 대한 사정과 목표 설정이 이루어진다.
- 중기 단계에는 내담가족에 대한 본격적인 개입이 일어나는데, 치료자의 역할이나 개입기술은 가족치료 이론에 따라 다양하게 구사될 수 있다.
- 종결 단계에는 상담의 목표달성에 대한 평가가 이루어지고 변화의 유지 및 확대 전략이 논의되며 종결 후의 문제 재발에 대한 예방적 조치를 하게 된다.

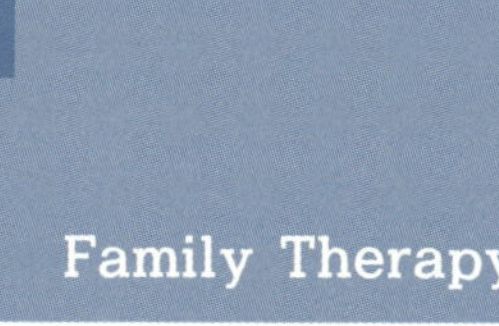

Family Therapy

제14장

가족치료사 발달과 윤리

나는 나 자신의 상처와 공명함으로써 내담자에게 공감하고, 그 공감을 통해 내담자를 읽고, 나의 모든 것을 동원하여 그에게 다가가야 함을 깨달았다. 우리가 자신의 상처를 성장과 깊은 연결로 뻗어 나가고자 하는 기회로 받아들이려 한다면, 우리가 한계라고 생각했던 것을 넘어 변화하고 성장할 수 있다. 이것이 나의 치료작업의 철학적 · 영적 기반이다.

해리 아폰테(Aponte & Kissil, 2016)

가족치료는 치료사라는 인간을 도구로 하여 이루어지는 전문적 서비스이다. 그러므로 치료사 개인이 인격적 · 전문적 측면에서 지속적으로 발달하고 성숙하는 것이 필요하다. 이를 위하여 치료사의 자기 관리와 지속적인 교육 훈련이 필요하다. 또한, 치료사의 상담 및 치료 업무는 내담가족의 체계 내부로 들어가서 변화를 일으키는 사적인 행위이기 때문에 이를 위한 치료사의 윤리적 기준 준수 능력, 즉 윤리 능력이 필수적이다. 이번 장에서는 가족치료의 전달 도구로서의 가족치료사 개인의 발달과 전문가 윤리에 대하여 알아본다.

1. 가족치료사 발달

1) 가족치료사 발달과 핵심역량 및 정체성

(1) 가족치료사 발달 개념

가족치료사의 발달 개념을 이해하기 위해 먼저 개인치료의 영역에서 이루어진 치료사 발달과 관련된 논의를 소개하고자 한다. 치료사 발달이란 인간의 생애적 발달과 마찬가지로 한 사람의 치료사가 전문가로 성장해 가는 과정을 말한다. 치료사의 균형 잡힌 발달은 전문적 자질과 인성적 자질 두 가지 측면의 균형이 중요한데, 전문적 자질은 상담이라는 전문적 활동을 수행하는 데 필요한 지식과 기술을 의미하며, 인성적 자질은 치료사로서 갖추어야 할 기본적 태도나 품성이라고 할 수 있다. 마찬가지로, 가족치료사의 발달 또한 가족치료사로서 가져야 할 전문적, 인성적 자질의 발달을 의미하며, 전문적 자질에는 개인 내담자를 넘어서서 가족체계를 사정하고 개입할 수 있는 지식과 실천적 기술이 포함된다.

'한국 상담사를 위한 발달수준 평가척도'를 개발한 심홍섭(1998)은 상담사의 발달을 '상담 대화기술', '사례 이해', '알아차리기', '상담 계획', '인간적 · 윤리적 태도' 등이 좀 더 나은 수준으로 향상되는 것이라고 개념화하고 있다. 여기에서 상담 대화기술, 사례이해, 상담계획 등은 전문적 자질에 해당된다고 볼 수 있으며, 치료사의 자기 인식으로서의 알아차리기와 인간적 · 윤리적 태도는 인간적 자질에 해당한다고 볼 수 있겠다. 한편, '한국 가족상담사 발달 평가척도'(권혜영 외, 2025)에서는 가족치료사들의 전문적 자질로서 '내담자(가족)의 문제 이해와 사정', '가족상담적 개입기술 및 과정 관리'와 인간적 자질로 '전문가 윤리'와 '가족상담사의 정체성' 영역을 포함하고 있다.

(2) 가족치료사 핵심역량

핵심역량(core competencies)은 주로 직업훈련 분야에서 사용되는 용어로서 특정 직무를 성공적으로 수행하는 데 요구되는 지식, 기술, 능력 등을 말하는 것이다. 핵심역량 개념의 도입은 해당 업무를 수행하기 위한 전문가를 양성할 때 어디에 초점을 두어야 할지를 명확하게 해준다는 점에서 전문가 교육과 훈련의 내용과 방향에 획기적인 영향을 주고 있다. 가족치료사의 핵심역량이란 가족치료사로서의 전문적 직무수행을 위한 필수 능력을 일컫는 것이다. 미국부부가족치료학회(AAMFT)는 2003년도부터 가족치료사 핵심역량을 확립하여 치료사 교육 및 훈련에 적용해 오고 있다.

AAMFT의 가족치료사 핵심역량(AAMFT, 2004)은 총 6개 영역 128개의 역량으로 구성되어 있다. 이 6개 영역은 '치료 시작', '임상 평가 및 진단', '치료 계획 및 사례관리', '치료 개입'이라는 치료의 순서에 따른 영역과 '법적 문제와 윤리 및 규정', '연구 및 프로그램 평가' 등의 추가적 2개 영역으로 구성되어 있다. 이후 AAMFT는 정신건강, 의료 등 다양한 분야에 종사하는 가족치료사의 부문별로 핵심역량을 추가적으로 개발해오고 있다. 한국에서도 가족치료사 핵심역량에 대한 연구가 가족치료 슈퍼바이저들을 대상으로 이루어졌다. 한국 가족치료사의 핵심역량은 '문제 이해와 사정', '가족상담 계획 및 과정 관리', '가족상담적 개입', '전문가 윤리' 등 총 4개 영역, 44개 항목으로 구성되어 있으며(권혜영, 조은숙, 2023), 핵심역량의 세부 항목은 〈표 14-1〉에 수록되어 있다. 가족치료사를 양성하는 교육 훈련의 장에서는 이 핵심역량 항목들을 교육 및 훈련의 구체적 목표로 삼을 필요가 있다.

〈표 14-1〉 한국 가족치료사 핵심역량 항목들

영역	하위 영역	역 량
문제 이해와 사정	체계론적 문제이해	• 문제 이해에 필요한 가족상담(가족치료), 가족관계(가족학), 인간발달 및 가족생활주기, 이상심리 등의 제반 지식을 이해하고 있다. • 내담자의 문제 인식에 영향을 미치는 사회문화적 담론의 영향력을 이해하고 있다. • 가족치료 이론을 적용하여 내담자가 처해있는 맥락적, 체계론적 역동을 파악할 수 있다. • 사정 결과를 종합하여 문제에 대한 가설을 세울 수 있다.
	체계론적 사정기술	• 문제의 맥락을 이해하기 위해 내담자(가족)의 (신체 · 심리 · 사회적 · 문화적 · 영적 영역) 전반적인 발달과정을 파악할 수 있다. • 내담자(가족)의 호소문제를 각 가족원의 관점에서 재조명할 수 있다. • 내담자(가족)의 강점, 회복 탄력성 및 자원을 평가할 수 있다. • 평가도구를 활용하여 가족역동을 평가할 수 있다. • 내담자와 관련된 다양한 사정 자료를 체계론적으로 통합하여 평가할 수 있다.
가족 상담 계획 및 과정 관리	상담 구조화	• 내담자에게 개인정보 관련 동의서, 상담 비용, 치료사-내담자의 권리와 책임 등에 대해서 설명할 수 있다. • 내담자가 개인이더라도 가족치료적인 접근으로 문제를 이해하고 사정할 수 있다. • 호소문제에 따라 가장 효과적으로 다룰 수 있는 상담모델 및 상담기법을 알 수 있다. • 내담자(가족)의 요구와 사정 결과를 상담목표 및 계획에 통합할 수 있다. • 상담목표의 우선순위를 내담자와 합의하여 정할 수 있다. • 상담 초기-중기-종결의 흐름을 파악하고 수정 · 보완하며 계획할 수 있다.

	상담 과정 관리	• 위기요인을 파악하고 응급상황에 잘 대처할 수 있다. • 상담목표와 계획, 개입에서 수정이 필요한 시점을 인식하고 수정할 수 있다. • 개입에 대한 내담자의 반응을 반영할 수 있다. • 흐름 속에서 목표에 부합하는 상담회기가 진행되고 있는지를 평가할 수 있다. • 상담 종결 시점에 상담 결과를 평가할 수 있다. • 내담자와 합의하여 종결할 수 있다. • 상담의 지속, 종결, 혹은 외부로의 의뢰를 결정할 수 있다.
가족 상담적 개입	상담 과정에 대한 자기 인식	• 치료사 자신의 가족경험이 상담 진행에 미치는 영향을 인식하고 관리할 수 있다. • 내담자(가족)와의 적절한 경계를 확립 및 유지할 수 있다. • 내담자(가족)에 대한 판단적 태도가 있을 시 자각할 수 있다. • 치료사 자신을 체계의 일부로 인식하고, 상담관계에서 자기(self)를 사용할 수 있다.
	내담자(가족)의 주체적 참여촉진	• 내담자(가족)의 성장 가능성을 볼 수 있다. • 내담자(가족)가 스스로 문제를 인식하고, 해결책을 찾도록 도울 수 있다. • 내담자(가족)가 자신의 필요를 스스로 알아가도록 도울 수 있다. • 내담자(가족) 특성(예: 성별, 연령, 사회경제적 지위, 문화)에 따라 상담방식과 기법을 적용할 수 있다.
	관계에 대한 체계론적 통찰 유도	• 중요한 사건에 대하여 가족 구성원 각자의 경험을 확인시킬 수 있다. • 내담자(가족)로 하여금 문제를 둘러싼 관계의 순환고리를 이해하게 할 수 있다. • 가족원들 간의 상호작용을 실연시킬 수 있다. • 상담과정에서 관계 질문을 활용하여 상호작용을 확인할 수 있다. • 상담 중에 가족 간에 나타나는 강렬한 긴장, 불안, 혼란을 완화시켜 참가자의 안전감을 높일 수 있다.
	내담자(가족)와 협력적 관계형성	• 내담자에게 상담 개입의 근거를 명확히 설명할 수 있다. • 상담에 대한 내담자(가족)의 자율성을 존중한다. • 내담자(가족)와 건설적인 상담 관계를 수립하고 유지해 나갈 수 있다.
전문가 윤리	전문가 윤리 실천	• 가족치료의 직업윤리와 실천 기준을 알고 있다. • 가족치료를 진행하는 과정에서 윤리적, 법적 딜레마가 발생할 때, 윤리적 결정을 내리는 절차를 알고 적절한 조치를 취할 수 있다. • 슈퍼비전이나 상담이 필요한 경우를 알고 있으며, 그 경우에 동료 또는 슈퍼바이저와 상의할 수 있다. • 자기 슈퍼비전, 동료 슈퍼비전, 전문 서적 구독 및 지속적인 교육활동을 통해 전문성 개발을 추구한다.
	전문가들과의 협력	• 상담에 관련된 유관기관과 협력하고, 필요시 내담자를 의뢰(연계)할 수 있다. • 상담에 관여된 사람들(예: 팀, 슈퍼바이저, 사례에 관련된 다른 분야의 실무자)의 다양한 관점을 존중한다.

출처: 권혜영, 조은숙(2023).

(3) 가족치료사 전문직 정체성의 발달

가족치료가 가지는 체계론적 접근 방식과 2인 이상 내담자의 합동회기 등 상담 양식의 특성으로 인해 가족치료사는 개인상담을 하는 치료사들과는 차별화되는 전문직으로서의 역할과 정체성이 발달된다. 즉 "나는 가족치료 전문가야", "나는 체계론적 관점으로 체계 속의 사람과 관계성을 볼 줄 알고 거기에 개입할 줄 아는 전문가야"라는 치료사로서의 정체성이 발달되는 것이다. 미국의 경우, 가족치료 분야의 전문가는 부부 및 가족치료사(marriage and family therapist: MFT)라고 불리며 이는 개인치료와 상담을 담당하는 심리학자(Psychologist)나 전문상담사(Professional Counselor)와는 구별되는 별도의 전문직으로 분류된다.

가족치료사의 정체성 형성에는 가족상담 경험이 쌓여가는 것, 가족치료와 관련된 특정 지식과 전문기술의 지속적인 학습 등이 중요한 역할을 한다. 또한, 치료사 개인의 일상에서 더 성숙한 관계 맺기를 노력하면서 일상과 치료 장면에서 나타나는 자신에 대한 성찰의 노력 등은 전문직 정체성 발달에 도움이 된다(노미화, 최연실, 2018b). 또한, 가족치료사들의 정체성은 근무하는 환경과 사회 인식, 상담관련 제도와 법 등의 영향을 받게 된다. 가족치료사를 전문직으로 인정할 수 있는 법과 제도적 장치를 만드는 것은 가족치료사 전문직 정체성을 위해서도 중요하다.

2) 가족치료사 발달 단계와 교육 및 훈련

(1) 가족치료사 발달 단계별 특성과 과업

인간발달을 단계별로 나누어 볼 때 각 단계별 특징과 그 단계에 필요한 발달 과업을 알 수 있는데, 치료사의 발달도 발달 단계의 개념을 적용할 때 단계별 특성과 주요 발달 과업이 있다. 치료사 발달 단계에 초점을 둔 이와 같은 연구들은 치료사의 발달 시기별 특성에 맞추어 교육과 훈련을 제공할 수 있는 토대가 되었다.

개인치료 분야에서 치료사의 발달에 대한 이론으로는 스톨텐베르그(Stoltenberg)와 델워스(Delworth)의 통합발달모델(Stoltenberg & McNeil, 2010), 스코볼트와 뢴네스타드(Skovholt & Rønnestad, 1995)의 생애발달모델 등이 꼽힌다. 반면, 가족치료 분야에서는 치료사 발달 모델이 명확하게 제시된 바는 없다. 그러나 여기서는 스톰과 스프렌클(Storm & Sprenkle, 2002)이 21세기 체계론적 치료사를 양성하기 위한 전문성 개발과 교육적 프레임워크를 제시한 연구에 기초하여 3단계 발달모델을 잠정적으로 구성해 보았다(〈표 14-2〉 참조).

〈표 14-2〉 가족치료사의 발달 수준별 특성

단계	특징	주요 어려움	발달과제
초기 단계	가족상담의 기본 원리와 핵심 개념 습득, 가족체계 이해 및 상담실습 시작, 치료적 관계 형성에 집중	가족관계의 복잡성 이해의 어려움, 내담자 저항, 기본 기술 부족, 상담 실수에 대한 불안	가족체계 평가 및 진단, 치료적 관계 형성, 상담계약 체결, 실수에 대한 자기성찰 경험
중간 단계	다양한 가족상담 모델 적용, 내담자·가족 간 상호작용 중재, 상담목표 설정과 평가·기록 역량 강화	윤리적 딜레마, 가족역동 조정의 어려움, 치료적 개입 효과에 대한 불확실성	효과적 상담목표 설정, 공식적 평가 및 기록 관리, 다양한 모델의 융합 활용
성숙 단계	가족상담에서 높은 전문성, 독자적 상담철학 정립, 복잡한 가족문제에 통합적 접근, 가족성원 성장 지원	새로운 문제와 예측불가 상황, 전문성 소진, 자기주도적 성장 지속의 어려움	복잡한 문제의 통합적 해결, 후배 상담사 지도, 자기 효능감·전문성 유지

출처: Storm과 Sprenkle(2002)이 제시한 가족상담사의 성장 구조와 핵심 프레임워크를 바탕으로 구성함.

초보 가족치료사는 가족치료의 기본 원리와 핵심 개념 습득, 가족체계 이해와 치료적 관계 형성에 집중하지만 여러 가지 미숙함으로 불안을 느끼는 상태이다. 이들은 가족체계 평가 및 진단, 치료적 관계 형성, 상담계약 체결, 실수에 대한 자기성찰 등을 지속적으로 하여 치료사 발달을 증진시킬 필요가 있다. 중간단계 치료사는 다양한 가족치료 모델을 적용할 줄 알고 내담자·가족 간 상호작용을 중재할 줄 알며, 상담목표 설정과 평가·기록 역량이 강화된 상태이나 여전히 윤리적 딜레마와 가족역동 조정의 어려움을 느낀다. 성숙 단계에 접어들면, 높은 전문성과 독자적 치료철학이 정립되며, 복잡한 가족문제에 통합적 접근을 할 줄 알게 되며, 후배 치료사를 지도하는 입장에 서게 된다. 그러나 이들에게도 전문성의 소진과 자기주도적 성장 지속의 어려움이 있다.

(2) 가족치료사 발달수준에 맞춘 슈퍼비전

가족치료사의 발달수준에 맞추어 슈퍼비전의 방식도 조정되어야 한다. 슈퍼바이저는 교육자로서, 코치로서, 멘토로서 그리고 관리자로서의 역할을 가지는데(Morgan & Sprenkle, 2007), 치료사의 발달수준에 맞추어 이러한 슈퍼바이저의 다중적 역할은 조정될 필요가 있다. 스톰과 스프렌클(2002)의 논의를 바탕으로 치료사 발달단계별 슈퍼비전의 초점을 정리하면 다음과 같다. 초보치료자에게는 지시적 · 교육 중심의 슈퍼비전이 필요하다. 기본 이론 · 기술을 명확하게 가르치고, 구체적인 피드백과 시연(모델링) 및 단계별 가이드를 즉각적이고 직접 제공하는 것이 중요하고 이들의 불안을 고려하여 심리적 지지도 필요하다. 중간단계의 치료사에게는 상호작용적 · 반영적 슈퍼비전이 필요하다. 치료사의 자율성과 판단력을 키우기 위해 토론, 사례분석과 그룹 슈퍼비전의 활용이 효과적이다. 내담자와의 상호작용을 자기관찰 · 분석하게 하며, 피드백을 바탕으로 자기성찰과 임상 논리 개발을 유도하는 것이 좋다. 성숙 단계의 치료사에게는 협력적 · 자기주도형 슈퍼비전이 적절하다. 어려운 사례에 대한 컨설팅 위주의 슈퍼비전으로서, 슈퍼비전의 역할은 지원 및 전문적 발달에 대한 도전과 성장을 촉진하는 방향으로 전개된다.

3) 가족치료사 발달을 위한 다차원적 노력

(1) 이론 및 실천에 대한 치료사의 지속적 학습

전문 가족치료사로 성장하는 과정에서 치료사 개인의 '지속적인 학습'은 필수적이다. 많은 전문직이 회원의 자격 유지 조건으로 보수교육을 명문화하고 있는 것은 그런 이유이다. 슈퍼비전은 치료사의 발달에 가장 큰 영향을 미치는 요소 중 하나이다. 자격증 취득을 위한 요건 채우기의 슈퍼비전에서 나아가, 꾸준하고 지속적인 슈퍼비전을 통해 인격적, 전문적, 윤리적 성숙을 도모하는 것이 필요하다.

(2) 치료사의 자기성찰과 자기 반영성 훈련

치료사 개인의 삶에서, 즉 핵가족과 원가족 내에서 가족 구성원으로서, 상담실에서 치료사로서, 그리고 일상적 사회관계에서 가족체계론의 관계역동 개념을 체화하면서 적용해보는 자기성찰의 태도가 습관화될 필요가 있다. 경험적으로 체득한 이론의 힘은 든든한 토대를 가진다. 자기성찰 능력을 함양하기 위해 치료사는 원가족 경험을 포함한 자신의 관계 경험과 감정을 되돌아보는 작업이 반드시 필요하다. 또한, 상담 후 내담자에 대한 자신의 반응을 돌아보는 과정을 통해 자기성찰의 많은 부분이 이루어진다. 슈퍼비전은 치료사 자신의 관계 경험이 자신의 실천에 미치는 영향에 대하여 통찰할 수 있게 한다. 보웬은 자신의 분화 경험을 토대로, 제자들에게 자신의 원가족으로 돌아가서 분화되는 경험을 하도록 종용한 바 있다. 치료사들의 체계론적 교육분석 또한 원가족과의 분화 작업에 도움이 된다.

또한, 치료사가 속해있는 문화에 함몰되지 않기 위하여 치료사가 다문화 역량(multicultural competency)을 키우는 것도 중요하다. 여기서 다문화란 결혼이민자에 대한 문화적 민감성만을 의미하는 것이 아니며 치료사가 속한 젠더, 계층, 문화, 교육, 민족, 종교 등과 상이한 상황에 있는 내담가족을 편견 없이 개입할 수 있는 역량을 말한다. 이러한 다문화적 역량 또한 치료사의 자기성찰 능력의 중요한 하위영역이 된다.

치료사의 이와 같은 자기성찰 능력을 기반으로 하여 상담 진행 중에 내담자와의 관계를 성찰하면서 즉시 자신의 행동을 적절히 변화시켜 나갈 수 있는 역동적인 능력을 치료사의 자기 반영성(self reflexivity)이라고 한다. 치료 중 가족치료사는 내담자(가족)와 자신의 관계 역동을 관찰하면서 그 관계 역동을 치료에 도움이 되는 방향으로 조절해나갈 수 있어야 한다. 슈퍼비전에서는 치료사의 자기성찰이 치료에서의 자기 반영성으로 실천될 수 있도록 치료사와 사례 내담자(가족)와의 관계성에 주의를 기울일 수 있는 지도가 포함되어야 한다(〈글상자 14-1〉, 〈글상자 14-2〉 참조).

글상자 14-1 치료사의 자기성찰과 자기 반영성

치료사의 자기성찰(self reflection)과 자기 반영성(self reflexivity)을 구별할 필요가 있다. 자기성찰이란 치료사가 치료과정 중의 자신의 사고, 감정, 행동 등을 관찰하면서 '지금 무슨 일이 일어나고 있는지'를 자각하는 과정을 말하며, 자신의 감정과 반응이 어디에서 비롯되었는지를 이해하는 데 초점이 맞춰져 있다.

이와 비교하여, 자기 반영성이란 이러한 자기성찰을 기초로 치료자로서의 행동을 의도적으로 변환시키는 역동적 능력을 말한다. 치료사는 자기성찰의 결과에 기초하여 실시간으로 자신과 내담자와의 관계를 치료적으로 유지할 수 있는 행동을 선택하게 되는데 이것을 치료사의 반영적 실천이라고 한다. 자기성찰이 치료사 내면에 초점을 맞춘 것이라면, 자기 반영성은 치료적 관계와 맥락을 더 고려한 체계론적 자기 인식(systemic self awareness)(Rivett & Buchmuller, 2025)이라고 볼 수 있다.

글상자 14-2 치료사 인격 훈련 프로그램(POTT)

치료사의 개인적 성숙을 도모하기 위해 마련된 구조화된 프로그램 중에는 드렉셀(Drexel) 대학의 해리 아폰테가 만든 치료사 인격 훈련(person of the therapist training: POTT) 프로그램(Aponte & Kissil, 2016)이 있다. 이 프로그램은 치료사의 개인적 경험과 자기 인식을 강조하는 심리치료 훈련 접근법으로 치료사의 개인적 삶의 경험, 가치관, 상처, 그리고 관계 패턴이 치료과정에서 중요한 역할을 한다는 개념을 기반으로 한다.

여기서 치료사는 자신의 상처를 치료적 도구로 활용하는 방법을 배우며, 내담자와의 '진정성 있는 관계 형성'을 할 수 있도록 성장한다. 또한, 치료사의 인종, 문화, 성별, 사회경제적 배경 등이 치료과정에서 영향을 미칠 수 있음을 인식하고 다양한 문화적 요소를 고려하여 내담자를 이해하고 치료개입을 조율하도록 훈련한다.

(3) 치료사의 소진 관리

치료사는 상담의 도구로서 자신의 심신을 건강하게 관리할 필요가 있는데, 이러한 자기관리가 적절치 못할 때 치료사의 소진 현상이 나타난다. 치료사 소진(therapist burnout)은 치료사가 지속적으로 심리적, 정서적 에너지를 소모하면서 겪게 되는 극심한 피로감, 무력감, 직무 만족도 저하 등을 말한다. 이는 치료사의 정서적 탈진, 비인간화된 태도, 개인적 성취감의 저하 같은 증상으로 나타나므로, 적절한 예방을 위한 조치가 필요하다. 치료사 소진을 예방하기 위해서는 개인과 조직 차원의 균형 있는 노력이 필요한데, 개인적으로는 자기 돌봄, 감정 인식, 슈퍼비전 활용, 전문적 경계 설정 등을 통해 정서적 에너지를 관리할 수 있다. 조직적으로는 적절한 업무 분배, 정기적인 교육, 정서적 지원, 안전한 근무 환경 조성 등이 중요하다.

(4) 가족치료 전문가 공동체의 노력

가족치료사로서의 발달을 위한 개인의 노력은 전문가 공동체를 통해 지지와 격려, 실제적 도움을 주고받음으로써 더욱 공고해진다. 가족치료사들의 전문가 공동체에는 학·석사 및 박사과정의 학우들과 교수진 등이 있다. 교육기관은 치료사 발달의 가장 기본적인 토양을 제공하므로, 교육기관은 핵심역량에 초점을 둔 좋은 교육과정과 교육내용, 적절한 임상 훈련 프로그램을 통해 치료사들의 발달을 지원한다. 임상 실습과 심화 워크숍 등은 다양한 전문 연구소나 센터를 통해서 실시되기도 하는데, 이러한 전문 연구소나 센터들은 각 임상 이론에 대한 전문성과 심화 훈련 기회를 제공한다는 점에서 대학과의 협력을 통해 임상가들의 발달을 돕는 중요한 한 축을 담당한다. 전문학회들은 치료사의 교육 훈련 기회 제공, 치료사 자격관리 및 보수교육, 치료사의 권익 보장을 위한 대외협력, 치료사 윤리교육과 윤리감독 등 치료사들이 임상에서 전문성을 가지고 활동할 수 있는 제반의 지원을 하게 된다.

2. 가족치료사 윤리

가족치료사의 윤리란 치료사가 상담 및 치료 행위 전반에 걸쳐 내담자에게 유익함을 더하고 해를 끼치지 않는 방향으로 행동할 수 있게 하는 규준으로서 일반적인 사회윤리에 더하여 전문가로서의 바람직한 행동 방식을 지향한다. 이러한 치료사 윤리는 치료사들의 전문직 공동체에서 '윤리강령(code of ethics)'을 통해 구체적으로 전달된다. 여기서는 한국가족치료학회의 윤리강령을 기준으로 가족치료의 주요 윤리 원칙을 살펴볼 것이다. 그리고, 윤리강령의 적용으로서 가족치료 임상에서 부딪히는 윤리적 쟁점 사안 몇 가지를 생각해 보고, 마지막으로 윤리적 판단이 필요한 사안이 발생할 때 활용할 수 있는 의사결정의 원칙을 보기로 한다.

1) 가족치료 윤리의 특이성

가족치료는 개인뿐 아니라 가족 혹은 커플이라는 체계를 치료 대상으로 하기 때문에, 개인치료에서 적용되는 윤리와는 다른 특이성이 있다. 이로 인해 어떤 사항이 개인치료에서는 문제가 되지 않지만, 가족치료에서 중요한 윤리적 쟁점이 되는 경우들이 있다.

첫째, 가족치료는 개인치료에 비해 치료 장면에서의 대인 간 역동이 한결 복잡하다. 치료사와 1명의 내담자 사이의 2인 역동에 비해 치료사를 포함하여 3명 이상이 포함된 합동회기의 경우 임상장면에서 다양한 심리적 역동이 발생하게 되며, 치료사가 이러한 역동을 관리함에 있어서 중립성을 잃게 되면 내담자들에게 좋은 서비스를 할 수 없게 된다. 그러므로 치료사의 역전이, 가치관 문제 등에 대한 보다 세심한 주의가 요구된다.

둘째, 회기 중 혹은 회기 사이에 일어나는 사건에 대한 통제력이 개인상담에 비해 덜하다. 가족의 공동회기 동안에 가족원들은 이전에 언급되지 않았던 민감한 이야기들을 하거나, 관계 역동이 이전과 달라지는 경우가 있는데, 이런 것이 회기와 회기 사이의 가족생활에서 격화된 갈등이나 공격행동 등으로 나타날 가능성이 있으므로, 이를 예방하기 위해서는 치료사의 주의가 요구된다. 갈등 수준이 높은 가족의 경우 '회기 중에 나온 이야기에 대하여 회기 간에 따로 언급하지 말고, 상담실에 와서 이야기를 이어가도록 한다'라는 규칙을 미리 줄 필요도 있다.

셋째, 가족치료는 체계에 새로운 투입이 가해지는 과정이므로 개별상담보다 좋든 나쁘든 상담의 단기적 영향이 개별상담에 비해 크다. 이는 치료사의 윤리적 판단이 부족하였을 경우에 초래될 부정적인 영향 또한 클 가능성이 있으므로, 가족치료사의 즉각적이며 전문적인 윤리적 판단 능력이 필요하다.

넷째, 개인적인 정보가 공동회기에서 어떻게 다루어져야 하는가 하는 문제가 있다. 내담자가 여러 명인 공동회기에서는 전문가 이외의 다른 참가자에게 개인적인 정보가 노출되게 되는데, 합동회기와 더불어 개별 면담이 진행될 경우, 개별 면담에서 나온 정보들에 대하여 다른 가족원에게 비밀을 지켜야 하는지에 대하여도 치료사마다 다소 다른 의견을 가지고 있는 경향이 있다.[1)]

2) 가족치료사의 주요 윤리 원칙

한국가족치료학회에서는 9개 범주의 치료사 윤리강령을 제시하고 있는데, 여기서는 각각의 범주별로 윤리강령의 내용을 설명하고자 한다.

(1) 내담자에 대한 책임

가족치료사는 내담자와 가족의 복지를 최우선의 목표로 설정해야 하며, 내담자에게 유익한 경우에만 상담 관계를 지속한다는 원칙을 가진다. 또한, 내담자의 배경적 특성(예: 인종, 성, 종교, 사회경제적 지위 등)으로 인한 차별을 하지 않아야 하며 내담자의 신뢰나 의존성을 부당하게 이용해서는 안 된다. 내담자와의 다중관계로 인해 내담자의 권익이 침해되지 않도록 예방조치를 취해야 하며 내담자와의 성적 접촉 등의 행위는 금지된다. 내담자의 자기결정권을 존중해야 하며, 치료사가 내담자에게 적절한 도움을 줄 수 없을 경우, 다른 서비스로 의뢰할 필요가 있다.

(2) 비밀유지

가족치료사는 내담자의 사생활과 비밀을 보호하고 존중할 의무를 가진다. 슈퍼비전 등을 위해 상담회기의 녹음·녹화를 할 경우에는 이에 대한 사전 동의를 반드시 받아야 하며, 일정 시간 이후에 폐기하여 그 관리에 주의한다. 그러나 자신 혹은 타인을 해칠 위험

1) [그림 14-1]의 사전동의서 내용 중에 '가족치료에서의 비밀보장' 파트가 한 예시가 될 수 있다.

이 있는 경우, 그 외 생명과 안전과 관련된 위기상황 혹은 법원의 공개 명령 등이 있을 시에는 내담자의 동의 없이 최소한의 정보를 공개할 수 있음을 사전 동의서([그림 14-1] 참조) 작성 과정에서 내담가족에게 알릴 필요가 있다.

(3) 전문가로서의 능력과 품위 유지

가족치료사는 높은 수준의 전문적 능력과 품위를 유지할 책임이 있다. 여기에는 치료사의 지속적 발달을 유지하는 것, 임상 능력에 제한을 주는 개인적 문제와 갈등을 해결해야 할 책임, 수련생이나 피고용인, 연구대상자를 윤리적 기준에 맞게 대우하는 것, 내담자와의 적절한 경계 설정, 범법행위나 치료사의 품위를 손상하는 행위를 하지 않는 것 등이 포함된다. 또한, 자신의 능력 범위를 벗어난 치료행위나 자문 등을 해서는 안되며, 이해 충돌 문제가 발생할 수 있는 법적 평가를 하지 않아야 한다. 여기서 법적 평가란 법적 판단을 위해 요구되는 특정인에 대한 치료사의 견해를 공식화하는 것을 말한다. 예를 들면, 양육권 다툼이 있는 부모에 대해 부모로서의 적합성에 대한 치료자의 견해와 같은 것이다.

(4) 수련생·교육생·피고용인에 대한 책임

가족치료사 중 교육자 및 슈퍼바이저로 활동하는 사람들, 자신의 휘하에 피고용인을 둔 사람들의 경우는 수련생 · 교육생 · 피고용인을 부당하게 이용하지 않으며, 책임감을 가지고 지도 · 교육 · 성장시키는 역할을 수행해야 한다. 여기에는 수련생 · 피교육생 · 피고용인 등과의 다중관계로 인한 피해를 막기 위한 예방조치, 부당한 대우 금지, 비밀보장, 대상에 대한 합리적인 평가 등을 제공할 책무가 포함된다.

(5) 연구 대상자에 대한 책임

가족치료사들은 임상 연구에 임할 때 연구대상자들의 존엄성과 복지를 존중하며, 연구를 수행할 때 법적 · 전문적 기준을 지켜야 한다. 여기에는 연구대상자들이 연구 참여를 철회할 자유를 존중할 것, 연구대상자들로부터 수집한 사적인 정보에 대한 비밀유지 등이 포함된다. 그리고 이에 더하여 표절과 같은 저작권에 대한 침해 금지 등 일반적인 연구윤리의 항목들이 여기에 포함된다.

상담 동의서

(상담) 상담이란 상담을 신청한 본인(이하 내담자)이 상담전문능력을 갖춘 상담자에게 현재의 어려움이나 도움 받고 싶은 내용을 말하는 것으로 상담자와 내담자가 그 어려움이나 문제를 해결해 가는데 적극적으로 협력하는 과정입니다. 내담자는 적극적으로 상담과정에 참여할 때 상담의 효과는 더 커질 수 있습니다.

(내담자의 자율권) 내담자는 상담을 시작, 진행, 중단할 권리가 있으며, 이에 대해 상담자와 협의, 협조하는 것이 도움이 됩니다. 상담 계획이나 방법, 종료시점 등에 관해서 궁금할 때는 상담자에게 언제든지 문의하실 수 있습니다.

(상담의 구조) 상담은 주 1회 50분 기준이며 6회기를 기본상담으로 진행되며, 기본회기를 연장할 때는 평가를 통하여 최대 10회까지 연장할 수 있습니다. 상담 약속 시간 변경 시 적어도 하루 전에 센터로 변경 여부에 관한 연락을 해주셔야 합니다. 사전 연락이 없이 상담 약속 시간에 늦을 경우에는 상담 약속 시간에 한해서 상담을 받으실 수 있습니다. 단, 2회 이상 상담을 취소할 경우 상담이 조기 종결됩니다.

(상담료) 본 센터에서 진행되는 상담은 무료이나, 심리검사 등은 실비가 청구될 수 있습니다.

(비밀보장) 상담자와 내담자는 상담내용에 관해서 상담자와 내담자의 동의 없이는 어떠한 내용도 발설하지 않을 것을 약속합니다. 단, 급한 위기상황(자살, 자해 또는 살해, 폭력과 관련된 위험 등)이라고 판단될 경우나 법이나 규정이 정하는 범위(법원 및 경찰서의 요청 등)에서는 비밀보장이 지켜지지 않을 수도 있습니다.

(가족치료에서의 비밀보장) 가족치료는 내담자 개인이 아니라 가족 전체를 내담자로 봅니다. 따라서 가족 구성원 개별 면담에서 나온 정보도 가족 전체의 치료과정에서 다뤄질 수 있습니다. 상담자는 특정 가족 구성원의 비밀을 무기한 보관하거나 다른 가족에게 숨겨주는 역할을 하지 않습니다. 필요할 경우 상담자는 내담자가 안전하게 가족과 그 내용을 나눌 수 있도록 돕습니다.

(기록, 녹음(화)에 관한 사항) 본 센터는 내담자와 상담자의 안전을 위하여 CCTV를 통해 녹화하고 있습니다. 더불어 상담자가 더 나은 상담을 위한 슈퍼비전, 사례회의의 기초자료로 사용하기 위해 기록 및 녹음을 하고 있습니다. 혹 다른 목적(연구 등)을 위해서 사용하고자 한다면 사전에 내담자의 동의를 구할 것이며, 비밀보장을 위하여 녹음, 녹화된 자료는 상담 종결 이후 6개월 내에 폐기(단, 본 센터는 공공기관으로 기록된 문서는 5년 이내)됩니다. 위의 사항을 원하지 않을 경우 거절할 수도 있습니다.

(개인정보 제공 동의) '공공기관의 개인정보 보호에 관한 법률' 등에 의하여 개인정보를 수집 및 이용하기 위해서는 본인의 동의가 필요합니다. 본 센터에서 제공하는 다양한 프로그램과 정보를 받기 위하여 본인의 개인정보를 제공하는 데 동의합니다.

위 사항들을 읽고 충분히 이해하였으며, 상담받는 것에 동의합니다.

상담일자 ____________________

내담자____________________(서명)

상담자____________________(서명)

[그림 14-1] 사전 동의서 예시

출처: 한국건강가정진흥원(2023), p. 135에 '가족치료에서의 비밀보장' 부분을 저자가 추가함.

(6) 비대면 상담 및 수련감독에 대한 책임

기술의 발전과 더불어 온라인으로 진행되는 비대면 상담 및 슈퍼비전의 기회가 많아지고 있는데, 이러한 비대면 임상에서 지켜야 할 윤리강령이 중요해졌다. 특히, 내담자의 인지적, 정서적 상태가 이런 비대면 매체 치료에 적합한지에 대한 전문적 판단이 필요하며, 치료사(혹은 슈퍼바이저)는 비대면 매체 사용시 발생할 수 있는 상담 및 슈퍼비전 효과의 장단점과 자료 유출 등의 기술적 한계에 대하여 미리 설명할 필요가 있다. [그림 14-2]에 제시된 비대면 화상 가족상담 동의서의 내용을 통해 비대면 상담에서 유의해야 할 점이 무엇인지 살펴볼 수 있다.

비대면 화상 가족상담 동의서

가족센터에서는 비대면 화상 가족상담을 진행하고자 하며, 비대면 화상 가족상담은 컴퓨터, 스마트폰 등을 활용해 실시간 화상으로 진행하는 상담을 의미합니다.

1. (화상 상담) 본인은 온라인 플랫폼을 통해 비대면 화상 가족상담에 참여하는 것을 동의합니다.
2. (상담 진행) 상담자와 참여 가족은 상담 상황에 따라 협의 후 비대면에서 대면으로 또는 대면에서 비대면으로 상담이 변경될 수 있음을 동의합니다.
3. (상담 장소 및 안전) 화상 가족상담은 비밀보장이 되는 독립된 공간 확보와 소음의 방해를 최소화할 수 있는 공간에서 상담을 진행할 것을 동의합니다(걸어 다니거나 운전하며 이동 중, 공공장소 등 안전하지 않은 곳에서는 상담할 수 없음).
4. (상담 안전) 화상 가족상담 시 사전 안내 없이 갑자기 자리를 벗어나거나, 전원/화면을 끄지 않습니다. 이로 인해 참여 가족의 안전에 위협이 될 수 있고, 상담에 집중하기 어려울 수 있기 때문에 이러한 일이 발생할 경우, 상담 참여가 어려울 수 있다는 것을 동의합니다.
5. (상담 시간) 화상 가족상담은 상담자와 사전 약속된 시간에 매주 1회 50분 기본 상담으로 진행되며, 상담 시작 후 20분간 시스템에 접속하지 않을 시 상담 취소로 간주되어 회기 수가 차감됩니다. 부득이한 사정으로 상담 진행이 어려울 때는 1일 전까지 센터로 연락을 줄 것이며, 일정 및 기타 준수사항이 지켜지지 않는 경우가 2회 반복되면 자동으로 상담이 종결됨을 동의합니다.
6. (상담 에티켓) 화상 가족상담 시 상담자와 상담 참여 가족 모두 카메라에 얼굴이 다 나올 수 있도록 디지털 기기를 고정하여 켜두어야 하며, 상담 중에는 간단한 음료 외에 다른 음식물은 섭취하지 않는 것이 도움이 됩니다. 상담 자세는 눕지 않고 바른 자세로 앉으며, 편안한 복장이지만 단정한 모습으로 참여하는 것이 도움이 됩니다.
7. (상담 구조) 화상 가족상담의 경우 유무선 데이터가 연결된 환경에서 원활하게 진행이 가능하며, 데이터 사용 시 요금이 부과될 수 있으며 이에 따른 비용은 본인이 부담할 것을 동의합니다. 비대면 화상 가족상담 방법은 줌(zoom)을 기본으로 하며, 상담자와 논의하여 다른 화상방법을 사용할 수 있습니다.

8. (비밀보장) 상담자와 참여 가족은 상담내용에 대해서 서로의 동의 없이 어떠한 내용도 발설하지 않을 것을 약속합니다. 단 위기상황(자살, 자해 또는 살해, 학대상황이나 폭력과 관련된 위협 등)이라고 판단될 경우나 법이나 규정이 정하는 범위 (법원 및 경찰서의 요청 등)에서는 비밀보장이 지켜지지 않을 수도 있음을 알고 동의합니다. 본 센터는 사고 및 자살 관련하여 어떠한 책임도 지지 않습니다.
9. (상담 기록) 본인은 실시간 쌍방향 화상 가족상담 진행 시 상담 화면을 촬영 또는 캡처, 녹음, 녹화하여 보관하거나 공유. 배포하지 않음을 동의하며, 상담화면을 공개하거나 유출하는 경우, 그에 따른 민사형사상의 책임을 지게 될 것을 동의합니다.
10. (상담 기록물) 본 센터의 상담기록물은 법적 효력이 없습니다. 상담 기록 확인은 센터의 '상담 확인서'(내담자 간략 정보, 상담 기간, 회기 수만 표기)만 발급 가능하며, 상담일지는 비공개로 따로 제공하지 않습니다. 상담 기록 보관 및 폐기는 공공기록물법에 따라 기관에서 정한 연한에 따르나, 5년 이내 보관을 원칙으로 합니다.
11. (상담 자료) 본 센터는 상담을 위해 기록 및 녹음을 하고 있으며, 다른 목적(연구 및 슈퍼비전, 사례회의 자료로 사용)을 위해 사용하고자 한다면 사전에 상담자는 내담자의 동의를 구할 것이며, 원하지 않을 경우 내담자는 거절할 수 있습니다.
12. (상담자 보호) 화상 가족상담 중 내담자의 언어 및 행동의 표현이 상담자로 하여금 심리적 위협 및 성적 수치심 등을 야기할 경우 상담자의 주관적 판단에 의해 상담이 종결될 수 있습니다.
13. (내담자 자율권) 내담자는 상담을 시작, 진행, 중단할 권리가 있으며, 이에 대해 상담자와 협의, 협조하는 것이 도움이 됩니다. 상담 계획이나 방법, 종료 시점 등에 관해서 궁금할 때는 상담자에게 언제든지 문의하실 수 있습니다.
14. (개인정보 제공 동의) 화상 가족상담에서의 모든 자료와 영상정보는 개인정보 보호법과 정보통신망법에 따라서 철저하게 보호되며, 모든 자료는 상담 목적으로만 활용됩니다. '공공기관의 개인정보 보호에 관한 법률' 등에 의하여 개인정보 수집 및 이용하기 위해서는 참여 상담 가족 모두 각자 동의서를 작성하셔야 하며 만 14세 미만의 경우 법정대리인의 동의가 필요합니다.
15. (신원확인) 화상 가족상담에서 내담자의 신원확인을 위해 상담 시 신분증(주민등록증, 운전면허증 등) 제시를 요구할 수 있으며, 주민등록번호 뒷부분을 가리고 화상으로 정확하게 보여줄 것을 동의합니다.

화상 가족상담에서의 모든 자료와 영상정보는 개인정보 보호법과 정보통신망법에 따라서 철저하게 보호되며, 모든 자료는 상담 목적으로만 활용됩니다. 참여 상담 가족 모두 각자 동의서를 작성하셔야 하며 만 14세 미만의 경우 법정대리인의 동의가 필요합니다.

[그림 14-2] 비대면 화상 가족상담 동의서 예시

출처: 한국건강가정진흥원(2023), pp. 141-142.

(7) 전문가로서의 의견 진술에 관한 책임

가족치료사는 면접 · 컨설팅 · 평가 · 보고 · 사정 등의 형태로 법이 적용되는 범위 안에서 공식 · 비공식적으로 의견을 진술할 수 있다. 또한, 법적 증언을 해야 할 다양한 상황을 고려하여 높은 수준의 전문적 증언을 할 수 있어야 한다. 의견 진술은 반드시 객관적 자료에 근거해야 하며 공정하고 독립적인 의견 진술이 되도록 애써야 한다. 아울러, 이해 충돌의 문제를 고려하여 내담자였던 사람을 대상으로 평가를 하지 않도록 해야 한다. 전반적으로 가족치료를 실시하는 것과 공식, 비공식 평가 사이에 명확한 구분을 해야 한다는 원칙이 적용된다.

(8) 다른 전문직과의 관계

가족치료사는 협력관계에 있는 다른 분야 전문직의 권리와 책임을 존중하며, 전문직의 공동목표를 발전시키기 위한 활동에 참여하고 가족치료 전문가로서 자신의 능력 · 교육 · 훈련 · 경험을 정확하게 제시할 수 있어야 한다. 여기에는 가족치료사의 홍보나 출판에서의 정직성, 다른 상담 서비스를 이용하는 내담자에 대한 중복 서비스가 이루어질 때의 주의와 협력 체계 구축, 다른 전문가들과의 협력과 비윤리적 행위에 대한 시정의 노력, 전문가로서 지역 공동체를 위한 활동에 참여하는 것 등이 포함된다.

(9) 윤리 문제의 해결

가족치료사는 치료사로서의 윤리강령을 준수하여야 하나, 위반 사례가 발생하여 제소되면 학회 윤리위원회, 혹은 필요시 특별 위원회 등을 통해 조사 및 징계 조치가 이루어지게 되며 치료사들은 이에 협력해야 한다. 그러나 징계 등은 윤리 기준 준수를 위한 최후의 방책이며, 학회 윤리위원회와 슈퍼바이저 등은 윤리교육과 사례 중심의 윤리 소양 훈련을 통해 예방적 노력을 충분히 하는 것이 바람직하다.

3) 사례를 통해 보는 가족치료 분야의 윤리적 쟁점

이제 가족치료에 있어서 윤리적 쟁점이 생길 수 있는 몇 가지 예시들을 통해서 윤리강령이 각 상황에서 어떻게 적용될 수 있는지를 알아보자.

(1) 개인회기와 공동회기가 혼재할 때의 가족원 간 비밀 유지 문제

글상자 14-3 개인회기와 공동회기가 혼재할 때의 가족원 간 비밀 유지 문제

40대의 부모와 청소년인 큰아들(민수) 세 사람이 함께 가족상담에 참여하고 있었다. 민수는 학교 부적응으로 자퇴를 고민하면서 등교를 못하고 있는 상황이다. 상담 초반에는 참여 가족원 모두가 공동 회기를 진행하였다. 이후 민수와의 개별 면담 회기때 민수는 자신이 최근 들어 자살을 심각하게 생각하고 있으며, 그 이유는 아버지가 자신을 훈육할 때 하는 체벌과 모욕적인 언사가 자신을 비참하게 만들기 때문이라는 것이다. 아버지는 엄마에게도 화가 나면 손찌검과 심한 말을 하기 때문에 엄마도 상처가 많다고 했다. 치료사는 부드러워 보이는 민수의 아버지에게 그런 면이 있다는 것을 알고 내심 놀랐는데, 민수는 자신이 이런 말을 했다는 것을 부모에게 절대 말하지 말아 달라고 치료사에게 간곡히 요청하였다. 치료사는 이런 민수의 말에 어떻게 반응하는 것이 좋을까?

위의 〈글상자 14-3〉에서 제시된 사례에는 몇 가지 윤리적 원리가 충돌하고 있다. 첫째, 내담자의 비밀을 보호하는 것은 내담자를 보호하기 위한 기본적 윤리 원칙이며 치료사를 믿고 어려운 문제를 털어놓는 내담자와의 신뢰 관계 유지에 필수적이라는 점이다. 둘째, 가족 전체의 안전과 기능 회복을 위해 해당 정보를 가족과 공유하거나, 아버지의 행동에 개입할 필요가 있을 수 있다. 특히 가정폭력과 자살 위험이 수반된 상황이라면, 그것은 비밀유지의 예외사항이 될 수 있다.

이 윤리적 딜레마 상황에서는 내담자의 안전이라는 부분이 우선적으로 고려되어야 하며, 이를 위해서는 비밀유지를 할 수 없게 된다. 여기서 폭력의 정도와 위험 수준 등이 사정되어야 할 필요가 있다. 그리고 폭력에 대한 외부개입이 필요하다고 생각되면, 치료사는 내담자의 연령과 발달 단계에 맞는 언어로 폭력과 자살 위험 등에 대한 정보를 부모와 공유할 필요성을 내담자에게 의논할 수 있을 것이다. 이렇게 내담자와 의논하는 이유는 내담자가 모르는 상황에서 정보공개가 이루어질 경우에 생길 수 있는 내담자의 충격을 최대한 낮추고 상담자와의 신뢰 관계를 손상시키지 않기 위해서이다. 만일 치료사의 전문적 판단으로 볼 때 폭력이나 자살 위험이 급박하고 중대한데도 불구하고 내담자가 공개를 거부할 경우에는 치료사의 판단에 의거하여 필요한 도움을 얻기 위해 공개를 하는 것이 필요하다. 다만, 가족기능의 회복이라는 상담의 목표가 훼손되지 않도록 조심스럽고 정중한 방법으로 치료사의 우려를 가족들과 공유하는 것이 필요할 것이다.

(2) 내담자에 대한 치료사의 평가 문제

글상자 14-4 내담자에 대한 치료사의 평가 문제

치료사 김씨는 남편과의 긴 갈등 끝에 소송 이혼의 과정 중에 있는 아내 내담자를 상담하고 있다. 치료의 목표는 이혼 과정에서 우울과 불안 등의 정신적 어려움을 얻게 된 아내 내담자를 정서적으로 지원하고 건강한 이혼을 할 수 있도록 돕는 것에 있었다. 이혼 과정 중이라서 그런지는 몰라도, 아내의 심리검사 결과와 상담 중 보인 모습은 매우 불안정하고 우울한 상태였다. 치료사는 아내 내담자가 5살 딸에 대한 양육권을 간절히 원한다는 것을 알고 있고, 그 양육권과 관련하여 이혼할 남편 측과 합의가 이루어지지 않은 상태라는 것을 알고 있었다. 상담이 한창 진행되고 있던 즈음에 아내 내담자는 치료사에게, 자신의 이혼 사례를 담당하는 법원 조사관에게 자신이 엄마로서의 역할을 하기에 충분하다는 의견을 내 달라는 부탁을 받게 된다. 치료사는 이 의견을 법원 조사관에게 낼 수 있을까?

위의 〈글상자 14-4〉에서 제시된 사례에서는 일단, 한 내담자에 대해서 치료와 평가 두 가지를 동시에 할 수 없다는 윤리적 지침을 생각해야 한다. 즉, 내담자가 엄마 역할을 하기에 충분한지에 대한 평가를 엄마를 치료했던 치료사가 하는 것은 이해충돌의 여지가 있다는 것이다. 치료사는 내담자의 간절한 소망을 알기에 객관적 판단을 하기 어려울 수 있기 때문이다. 하지만 내담자인 아내의 입장에서는 상담을 받기 시작할 때 이미 그러한 긍정적 평가를 치료사가 해줄 것을 내심 기대하였을 수 있다. 그러므로 양육권 분쟁에 연루되어 있는 내담자를 상담할 때에는 치료사의 역할을 심리적 지원에 국한해야 하고 공식적 평가 등은 제공할 수 없음을 미리 언급할 필요가 있다.

또한, 치료사들이 어떤 사안에 대한 견해를 요청받았을 경우에는 반드시 객관적이고 타당한 자료에 근거하여 견해를 제시할 필요가 있는데, 치료사가 가진 심리검사 자료에서는 심리적 안정성이 있다고 보기 힘든 상황이므로, 만일 예외적으로 법원의 명령에 의해 평가를 제공해야 할 상황이 된 경우라면, '내담자의 간절한 소원'의 영향을 배제하고 객관적이고 타당한 소견을 제시하는 것이 바람직하다.

간혹, 소송 이혼에서 상대방인 남편 측 변호사나 아내 본인의 변호사 등이 아내 내담자의 상담과 관련된 정보를 질문해 오는 경우가 있는데, 이 경우 반드시 아내 내담자의 서면 동의를 득한 후에 정보를 제공하도록 하는 것이 필요하다. 만일 부부상담이 진행되었던 적이 있다면 두 사람 모두의 서면 동의가 필요하다.

(3) 공공상담 내담자를 다른 치료 서비스로 연계할 때의 문제

글상자 14-5 공공상담 내담자를 다른 치료 서비스로 연계할 때의 문제

지역 가족센터 전문상담사 박 선생은 미자 씨를 6회기 동안 상담하게 되었다. 미자 씨는 자녀 양육문제로 상담에 왔고, 목소리도 크고 강한 인상으로 남편이나 자녀에 대해 불만과 편견이 많은 모습을 보여 치료사에게는 조금 힘든 내담자였다. 5회기 즈음에야 치료사는 내담자의 원가족 역사와 힘들었던 결혼 역사에 비추어 내담자를 훨씬 깊이 이해하게 되었으나 해당 센터에서 허락된 회기는 오직 1회기밖에 남지 않았다. 그때까지도 양육과 관련된 내담자의 문제는 본격적으로 다루어지지 못했으나 치료사는 이제야 사례개념화가 보다 분명하게 되면서, 상담을 본격적으로 진행할 수 있을 것 같았다. 센터에서 허락된 회기 안에 제대로 된 개입을 하지 못하고 이 상담을 종료하는 것에 대해 어떻게 생각하는가? 만일 상담을 지속해야 한다면 어떤 식으로 이 상담을 지속할 수 있을까?

위의 〈글상자 14-5〉에서 제시된 사례에서 치료사는 자신의 역전이 문제 등으로 인해 내담자에 대한 사정과 사례개념화를 제대로 하지 못함으로써 회기를 낭비하는 결과를 낳았다. 5회기가 다 되어서야 내담자와의 진정성 있는 관계 형성이 되게 되었는데 공공센터에서 허락된 회기는 오직 1회기밖에 남지 않았다. 이때 문제를 파헤쳐만 놓고 제대로 된 개입을 하지 못하고 중도 하차할 경우 생길 수 있는 부작용이 우려된다. 센터의 정책에 따라야 한다는 원칙과 내담자의 복지라는 두 가지 윤리 원칙이 충돌한다.

이때는 무리하게 종결하는 것보다는 치료사의 재량하에 내담자에게 상담을 제공할 수 있는 다른 방안을 찾을 필요가 있다. 이는 내담자의 복지를 최우선으로 하고 적절한 서비스를 제공하기 위해 노력해야 하는 치료사 윤리 원칙에 따르는 것이다. 가족센터 안에서 회기 연장을 할 수 있는지를 알아보아야 하고, 불가능하면 센터 외부 상담으로 사례를 연결하는 것이 필요하다. 동일한 치료사가 그 사례를 맡는 것이 바람직할 것이다. 다만, 이 경우 내담자가 가족센터 외부에서 상담이 지속되는 것을 원하는지에 대한 서면 동의가 필요하며, 이 사례를 센터 외부로 가져가서 상담을 지속하겠다는 보고를 공공센터에 해야 한다. 그리고 센터 외부에서 상담이 이루어질 경우, 그 상담은 공공센터의 책임을 완전히 벗어나는 치료사 개인의 책임하에 이루어진다는 것을 서면 동의를 받아, 상담과 관련된 문제의 책임소재를 분명히 하는 것이 필요하다.

만일 센터 외부의 다른 치료사에게 이 사례를 연계해 줄 경우에는 이해충돌을 방지하기 위해 내담자에게 복수의 치료사를 추천해서 내담자에게 선택의 기회를 주는 것이 필요하다. 그리고 필요하다면 내담자의 동의하에 지금까지의 상담 진행 과정을 연계된 치료사와 공유할 수 있도록 하는 것이 치료의 효율성을 위해 필요하다.

(4) 치료사의 가치관이 치료에 영향을 주는 경우

글상자 14-6 치료사의 가치관이 치료에 영향을 주는 경우

박 씨 부부는 남편의 외도문제로 부부치료를 받게 되었다. 남편은 아내에게 치료를 권하면서 정작 자신은 혼외관계를 청산할 생각도 이혼할 생각도 없었다. 이에 치료사는 부부치료를 중단하고 부부 각자를 개인치료로 만나기로 했는데 남편은 3회기 만에 치료를 중단했다. 그 후 남편은 다른 치료사를 찾았는데 첫 상담에서 "이혼할 생각이 없으면 혼외관계를 정리하라"는 담당 치료사의 말을 듣고 다시는 치료를 받지 않았다. 한편 아내는 남편과 한집에 살면서 종전과 같이 인터넷 쇼핑몰 사업을 계속했으나 점차 공사를 분리하여 남편에게 별거를 요구했으며 이혼 절차, 친권, 양육권, 면접권 등에 관해 변호사와 상담하기에 이르렀다. 이 모든 과정 동안 아내는 지속적으로 처음 치료사에게 상담을 받고 있었다. 이 경우, 윤리적으로 무엇이 문제이며 치료사는 어떻게 해야 했을까?

위의 〈글상자 14-6〉의 사례에서 부부치료를 맡았던 치료사는, 혼외관계를 유지하면서 현재의 부부관계도 유지하고자 하는 남편 내담자의 태도를 고려할 때, 이 사례를 부부치료로 하기에는 무리가 있다고 판단하고 있는데, 이는 옳은 판단이다. 기본적으로 부부치료는 외도나 폭력이 현재 진행형이며 멈추려는 의사가 없는 경우에는 적절치 않으며 이 경우는 남편과 아내를 각각 개인치료로 이끌되, 가급적 각각 다른 치료사가 남편과 아내를 만나는 것이 바람직하다. 이는 내담자 각자의 비밀보호 문제가 복잡하며 한 치료자가 각 배우자를 동시에 만나게 될 경우, 발생할 수 있는 내담자-치료자와의 관계에서의 역동 등을 고려해야 하기 때문이다. 그리고 개인치료를 통해 두 사람이 부부치료를 받을 준비가 되었을 때에 부부치료를 시작하는 것이 바람직하다. 그러나 치료자에 따라서는 다시 부부치료로 돌아갈 것을 고려하여 한 치료자가 각 배우자를 각각 개인치료 하는 것에 장점이 있다고 보기도 한다.

그런데 이 사례의 남편은 치료사와 3회기 만에 치료를 중단하고 아내는 계속 치료를 받게 되었다. 어쩌면 치료사가 혼외관계와 결혼을 동시에 유지하고자 하는 남편의 가치관에 동의하지 못하면서 남편과의 치료동맹이 잘 형성되지 못했던 것은 아닌가 추측해 볼 수 있다. 그리고 그 남편은 다른 치료사에게서도 자신의 딜레마에 대한 공감을 받지 못한 채 치료 서비스로부터 이탈하게 되었다. 반면 아내 내담자는 처음 만났던 치료사로부터 이혼 과정 내내 안정적인 정서적 도움을 받으면서 이혼 후의 삶을 준비할 수 있게 되었다.

부부 사례에서 외도자나 가정폭력 가해자 등 치료사의 가치관에 위배되거나 혹은 역전이를 불러일으키는 내담자를 판단하고 정죄하는 태도, 혹은 피해자의 편을 드는 태도 등은 모든 내담자를 공평하고 중립적으로 대하여야 한다는 윤리 원칙에 위배되는 것이다. 특히 개인치료에서 남편 내담자를 꾸짖고 돌려보낸 치료사의 행동은 윤리적이라고 볼 수 없다. 만일 자신의 가치관으로 인해 그 내담자를 있는 모습 그대로 수용하기 힘들다면 정중히 양해를 구하고 다른 치료사에게 의뢰하는 것이 맞을 것이다. 예단하고 배척하는 것보다 속사정을 들어보는 열린 대화에서 내담자의 변화는 시작되기 때문이다. 치료사가 남편 내담자와 치료동맹을 잘 형성하여 남편 내담자가 외도관계를 정리하고 부부관계 회복을 위한 부부치료에 임할 수 있도록 하거나, 그 반대로 이혼할 결심을 할 수 있도록 하는 것 모두 치료를 통해 얻을 수 있는 내담자의 유익이다. 이 사례는 치료사의 가치관 등으로 인해 내담자에게 돌아갈 유익을 심각하게 저해할 수 있음을 보여준다.

4) 윤리적 딜레마 상황에서의 의사결정 모형

윤리적 딜레마(ethical dilemma)는 치료 장면에서 치료사가 '무엇이 윤리적으로 더 옳은 선택인지, 혹은 누구의 권리를 우선해야 할지 결정하기 어려운 상황'에 처했을 때 발생한다. 이때, 어떤 선택을 하더라도 장단점이 있고, 어떤 선택을 하더라도 이와 배치되는 다른 가치나 원칙은 침해될 수밖에 없는 경우가 많아 선택의 우선순위를 결정해야 한다. 실제로 가족치료에서 윤리적 딜레마나 문제 상황에 직면했을 때, 체계적이고 책임감 있는 결정을 내리기 위해서는 복잡한 의사결정이 필요하다. 윤리적 의사결정 모형으로 보편적으로 활용하고 있는 키치너(Kitchener, 2000)의 의사결정 모형을 기초로 의사결정의 순서를 소개하면 다음과 같다([그림 14-3] 참조).

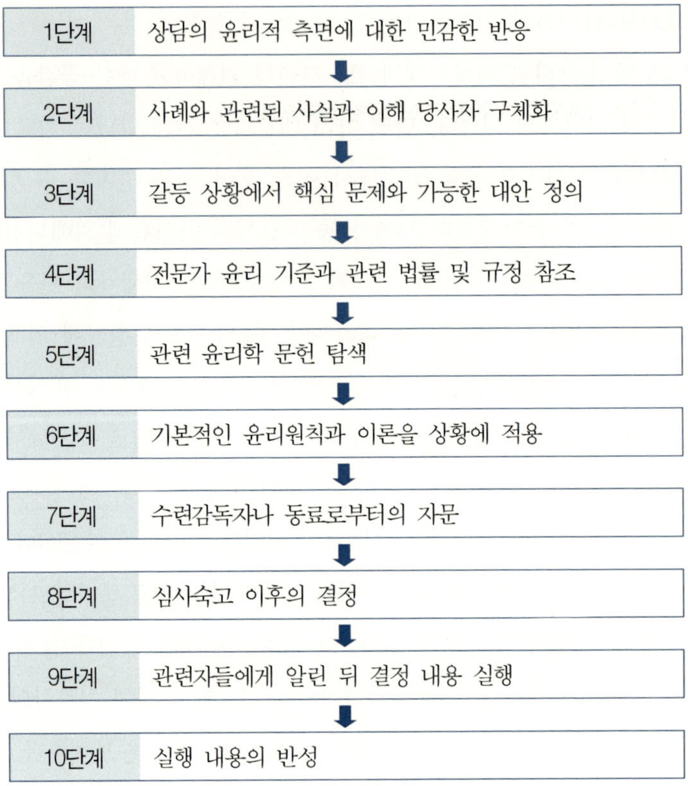

1단계	상담의 윤리적 측면에 대한 민감한 반응
2단계	사례와 관련된 사실과 이해 당사자 구체화
3단계	갈등 상황에서 핵심 문제와 가능한 대안 정의
4단계	전문가 윤리 기준과 관련 법률 및 규정 참조
5단계	관련 윤리학 문헌 탐색
6단계	기본적인 윤리원칙과 이론을 상황에 적용
7단계	수련감독자나 동료로부터의 자문
8단계	심사숙고 이후의 결정
9단계	관련자들에게 알린 뒤 결정 내용 실행
10단계	실행 내용의 반성

[그림 14-3] 키치너의 윤리적 의사결정 모형

출처: 강진령 외(2009), p. 58.

1단계는 치료사가 잠재적인 윤리적 갈등상황을 알아차리고 정의하는 것이다. 치료에서 윤리적 판단이 필요한 부분이 있음을 감지해내는 윤리적 민감성은 치료사가 윤리적 의사결정을 하는 데 있어서 가장 기본이자 기초가 되는 중요한 능력이다.

2단계는 사례와 관련된 사실과 이해 당사자를 구체화하는 것이다. 현재 윤리적 문제와 관련된 상황의 구체적인 정보를 파악하고 관련자가 누구인지를 구체화한다.

3단계는 갈등 상황에서 핵심 문제와 가능한 대안을 정의하는 것이다. 관련 사실들과 이해 당사자가 명확해지고 나면 해당 사례에서 주된 논제가 무엇인지를 정리하고 그에 대한 가능한 대안이 무엇인지를 파악해 본다. 여기서 논제라 함은, 이 상황에서 '미성년자의 비밀을 보장할 수 있는 수준은 어디까지인가?', '내담자에게 가장 이익이 되는 것은 무엇인가?' 등과 같은 질문들이다. 그리고 치료자는 이에 대한 다양한 대안들을 브레인스토밍할 필요가 있다. 이 시점에서 믿을만한 동료들로부터 자문을 받아 적절한 대안 목록을 만들었는지 점검받을 필요가 있고, 대안들에 대한 문서화된 기록을 남기는 것이 좋다.

4단계는 전문가 윤리 기준과 관련 법률 및 규정을 참조하여 대안들에 대하여 그 윤리 기준들이 어떻게 적용될 수 있을 것인지를 검토한다. 상담사의 윤리규정 뿐 아니라 더 큰 범위의 법률과 규정들과도 상충되는 부분이 없는지 검토해야 한다.

5단계는 해당 윤리적 딜레마와 관련된 문헌을 검토하는 것이다. 유사한 윤리적 문제를 경험한 치료사나 연구자들의 경험을 탐색하기 위해 전문서적이나 논문 등을 참고해본다.

6단계는 기본적인 윤리원칙과 이론의 상황 적용 단계이다. 이 단계에서 치료자는 윤리강령의 기저에 있는 기본적인 윤리원칙들을 각 상황에 적용한다. 이 때 여러 원칙들 간에 충돌이 생길 수 있다. 이러한 상충되는 결과들을 어떻게 조정할지에 대해서는 앞 단계에서와 같이 여러 학자들과 유경험자들의 견해를 참고한 판단을 내릴 수밖에 없다.

7단계는 수련감독자나 동료로부터의 자문을 받는 단계이다. 윤리적인 갈등 상황은 내담자와 상담자 모두를 지적, 정서적으로 지치게 할 수 있으며, 이 상황에서 동료나 슈퍼바이저의 자문은 정서적 지지뿐 아니라 더 넓은 관점과 충분한 자료로 윤리적 판단을 할 수 있도록 도움을 줄 수 있다.

8단계는 심사숙고 이후의 결정 단계이다. 이전 단계에서 자료 수집은 종료되었고, 이 단계에서는 수집된 정보를 가지고 개인적으로 숙고하는 진지한 과정이 시작된다. 가장 윤리적인 대안을 선택하고 그 대안을 실행하기 위한 계획을 세워야 한다.

9단계는 관련자들에게 알린 뒤 결정 내용을 실행하게 된다. 이것이 단순한 것처럼 보이지만 의사결정보다 그것을 수행하는 것이 더 어렵다. 윤리적인 용기가 필요한데, 이를 위해서는 윤리적인 실행을 하는 평소의 도덕적 수련이 필요하다.

10단계는 이렇게 실행한 윤리적 행동에 대한 반성을 한다. 경험에 대한 반성은 진정한 통찰을 제공하기 때문이다. 이런 과정을 거쳐 치료자는 점차 윤리적인 면에서 성장해 나가게 된다.

요약

- 치료사 발달이란 한 사람의 치료사가 전문가로 성장해 가는 과정을 말한다. 치료사의 발달은 전문적 자질과 인성적 자질 두 가지 측면의 균형이 중요하며, 특히 가족치료사의 전문적 발달에는 개인 내담자를 넘어서서 가족체계를 사정하고 개입할 수 있는 지식과 실천적 기술이 포함된다.
- 가족치료사의 핵심역량은 가족치료사가 갖추어야 할 전문적 발달의 지표를 제공한다고 볼 수 있으며, 핵심역량 개념을 적용한 치료사 교육과 훈련이 필요한 상황이다.
- 가족치료사의 발달 단계는 개인 상담자의 발달 단계적 특성과 발달과업을 상당 부분 포괄하면서 체계론적인 평가와 개입 능력, 체계론적 자기 인식이라는 차원이 더해진다.
- 슈퍼바이저는 교육자로서, 코치로서, 멘토로서 그리고 관리자로서의 역할을 가지는데 치료사의 발달수준에 맞추어 이러한 슈퍼바이저의 다중적 역할은 조정될 필요가 있다.
- 가족치료사의 발달을 위해서는 이론 및 실천에 대한 치료사의 지속적 학습, 치료사의 자기성찰과 자기 반영성 훈련, 치료사의 소진 관리, 그리고 가족치료 전문가 공동체의 노력 등 다양한 방면의 지속적 노력이 필요하다.
- 가족치료사의 윤리란 치료사가 내담자에게 유익함을 더하고 해를 끼치지 않는 방향으로 행동할 수 있게 하는 규준으로서 치료사 공동체에서 윤리강령을 통해 구체적으로 전달된다.
- 가족치료는 가족 혹은 커플이라는 체계를 치료 대상으로 설정하고 있으므로, 개인치료에서는 문제가 되지 않으나 가족치료에서 중요한 윤리적 쟁점이 되는 경우들이 있어 주의를 필요로 한다.
- 대표적으로 살펴본 한국가족치료학회의 윤리강령에서 가족치료사의 주요 윤리원칙은 내담자에 대한 책임, 비밀유지, 전문가로서의 능력과 품위 유지, 수련생·교육생·피고용인에 대한 책임, 연구대상자에 대한 책임, 비대면 상담 및 수련감독에 대한 책임, 전문가로서의 의견 진술에 관한 책임, 다른 전문직과의 관계, 윤리 문제의 해결 등의 영역을 중심으로 제시한다. 또한, 개인회기와 공동회기가 혼재할 때의 가족원 간 비밀유지 문제, 내담자에 대한 치료사의 평가 문제, 공공상담 내담자를 다른 치료 서비스로 연계할 때의 문제, 치료사의 가치관이 치료에 영향을 주는 경우 등의 윤리적 이슈도 제기된다.
- 윤리적 치료를 위해서는 매우 복합적이고 통합적인 의사결정과 실행의 과정이 내포되는데, 의사결정의 모형을 통해 윤리적 의사결정의 순서를 살펴볼 수 있다.

Family Therapy

제15장

가족치료의 확산과 동향

인간이 외부 세계나 우주의 근원을 탐구하려 하면 할수록, 그 탐구는 필연적으로 탐구자 자신에 대한 반성적 성찰로 돌아오게 된다.

그레고리 베이트슨(Keeney, 1983)

이 장에서는 가족치료의 전 세계적인 확산과 동향을 살펴본다. 먼저, 가족치료가 도입된 이래 한국 사회에서의 발전을 살펴본 후, 글로벌 차원에서 가족치료가 전 세계적으로 보급되고 전개되는 양상과 더불어, 가족치료의 현재 동향을 전문적 · 학문적 차원에서 짚어보고자 한다.

1. 한국에서의 가족치료 발달

다음에서는 한국에서의 가족치료 발달을 도입과 전개 과정을 중심으로 고찰한 후, 가족치료의 현황을 살펴보고자 한다.

1) 한국에서의 가족치료 도입과 전개

한국에 가족치료가 처음으로 소개된 것은 1970년대 후반이므로, 이제 한국에서 가족치료의 역사는 반세기 가까이 이르게 되었다. 이같이 한국에서 가족치료가 소개된 시점은 그 이전이나 본격적으로 대학 학부나 대학원 석·박사과정의 정규 교육과정으로 개설된 것은 1980년대이다. 정문자 외(2025: 65-67)의 연구에서는 한국 가족치료의 발달과정을 생성기(1970년대 후반 이후), 발아기(1980년대 중반 이후), 개화기(1990년대 중반 이후), 성장기(2000년대 이후), 확장기(2010년대 이후) 등 다섯 시기로 구분하고 있다. 다음에서는 이 내용을 참고하여 연대별 시기 구분에 따른 한국 가족치료의 발전과정을 다섯 시기로 나누어 살펴보고자 한다(〈표 15-1〉 참조).

〈표 15-1〉 한국 가족치료의 발전과정

구분	내용
1970년대 후반~1980년대 중반	• 현대적 의미의 학문·전문 분야로서 가족치료가 한국에 도입된 시기 • 한국에서 가족치료의 출범은 외국에서 가족치료를 공부한 학자들에 의해 주도됨. 이들이 학부와 대학원에서 가족치료 과목을 가르치거나 임상 현장에서 내담자 가족을 만나면서 국내에서 가족치료가 점차 알려지는 계기를 만들게 됨. • 외국의 저명한 가족치료 학자들의 저술이 번역되고, 가족치료 관련 주제가 대학원에서 학위논문으로 작성되기도 하였으며, 특히 주로 미국의 가족치료 전문가들이 내한하여 진행하는 워크숍 등이 개최되어 가족치료에 대한 이해와 인식이 생겨나기 시작함.
1980년대 후반~1990년대 중반	• 1988년에 한국 가족치료의 전문조직으로서 주축이 되는 '한국가족치료학회'가 출범. 그 이전부터 다학제적 접근으로 가족치료를 연구했던 일군의 학자와 임상가들의 연구모임이 바탕이 됨. • 초창기 한국에서의 가족치료를 주도했던 학자들과 임상가들의 배경은 정신의학, 심리학, 사회복지학, 간호학 분야였고, 그 이후 가족학, 아동학, 교육학, 목회상담학 등의 배경을 가진 학자들과 상담자들이 가세함. • 아울러, 다른 학문 분야에서도 가족치료와 관련된 학회 창립이 이루어졌음. 1989년에는 주로 가족학 분야의 연구자들을 주축으로 해서 '한국가족학연구회'(1995년 '한국가족관계학회'로 명칭 변경)에서 가족상담에 대한 학문적 접근을 시도하였으며, 1991년에는 정신의학과 상담 관련 교수들이 '가족치료연구모임'을 결성했음. • 가족치료 교육의 성과: 가족치료 관련 교과목(예: '가족치료', '가족상담')이 여러 대학의 정규 교육과정에서 개설되어 가족치료의 이론과 실제에 대한 학습이 이루어졌음. 이 당시의 가족치료 교육은 주로 특정 가족치료모델을 중심으로 진행되었음.

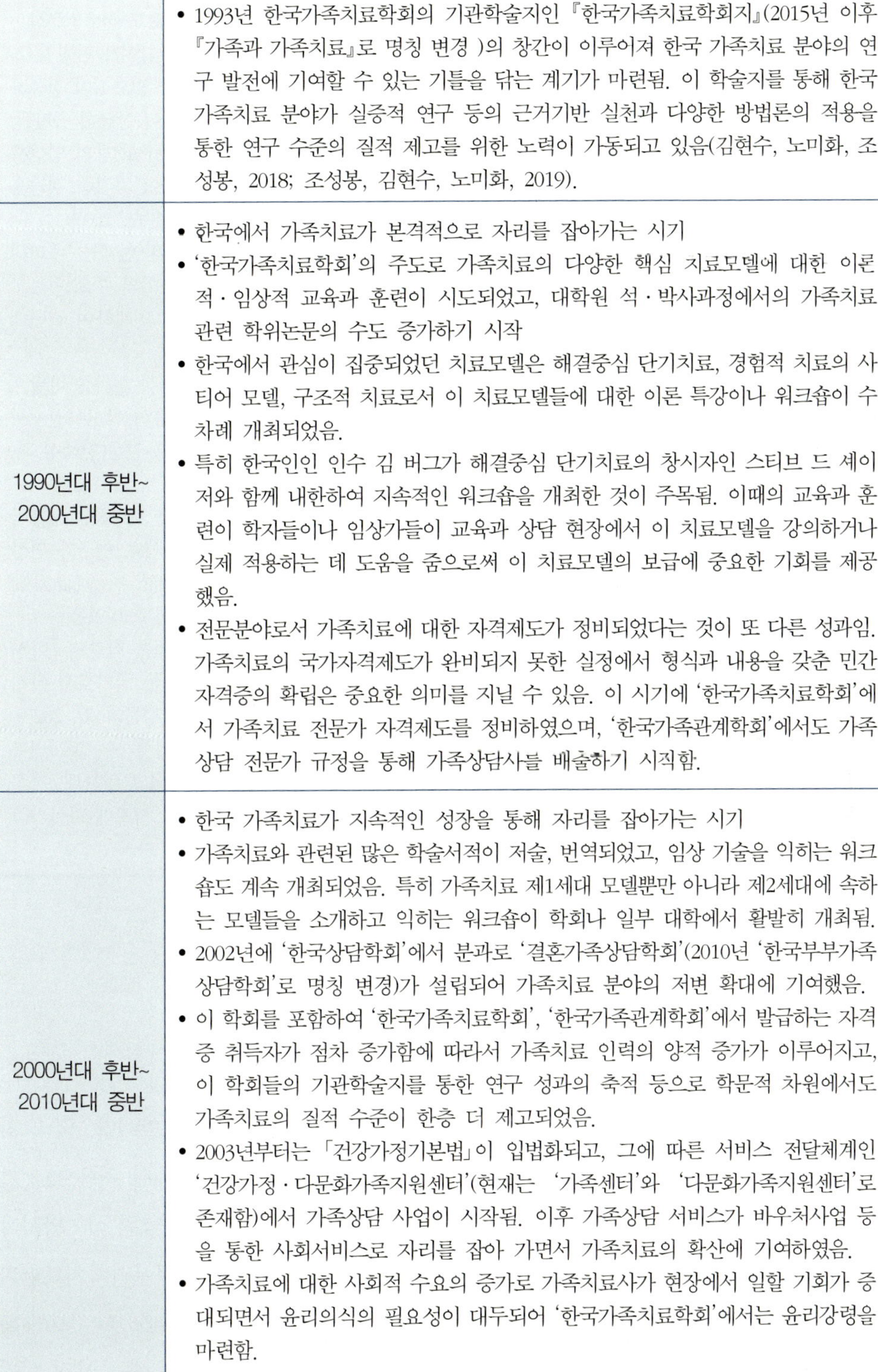

	• 1993년 한국가족치료학회의 기관학술지인 『한국가족치료학회지』(2015년 이후 『가족과 가족치료』로 명칭 변경)의 창간이 이루어져 한국 가족치료 분야의 연구 발전에 기여할 수 있는 기틀을 닦는 계기가 마련됨. 이 학술지를 통해 한국 가족치료 분야가 실증적 연구 등의 근거기반 실천과 다양한 방법론의 적용을 통한 연구 수준의 질적 제고를 위한 노력이 가동되고 있음(김현수, 노미화, 조성봉, 2018; 조성봉, 김현수, 노미화, 2019).
1990년대 후반~ 2000년대 중반	• 한국에서 가족치료가 본격적으로 자리를 잡아가는 시기 • '한국가족치료학회'의 주도로 가족치료의 다양한 핵심 치료모델에 대한 이론적 · 임상적 교육과 훈련이 시도되었고, 대학원 석 · 박사과정에서의 가족치료 관련 학위논문의 수도 증가하기 시작 • 한국에서 관심이 집중되었던 치료모델은 해결중심 단기치료, 경험적 치료의 사티어 모델, 구조적 치료로서 이 치료모델들에 대한 이론 특강이나 워크숍이 수차례 개최되었음. • 특히 한국인인 인수 김 버그가 해결중심 단기치료의 창시자인 스티브 드 셰이저와 함께 내한하여 지속적인 워크숍을 개최한 것이 주목됨. 이때의 교육과 훈련이 학자들이나 임상가들이 교육과 상담 현장에서 이 치료모델을 강의하거나 실제 적용하는 데 도움을 줌으로써 이 치료모델의 보급에 중요한 기회를 제공했음. • 전문분야로서 가족치료에 대한 자격제도가 정비되었다는 것이 또 다른 성과임. 가족치료의 국가자격제도가 완비되지 못한 실정에서 형식과 내용을 갖춘 민간 자격증의 확립은 중요한 의미를 지닐 수 있음. 이 시기에 '한국가족치료학회'에서 가족치료 전문가 자격제도를 정비하였으며, '한국가족관계학회'에서도 가족상담 전문가 규정을 통해 가족상담사를 배출하기 시작함.
2000년대 후반~ 2010년대 중반	• 한국 가족치료가 지속적인 성장을 통해 자리를 잡아가는 시기 • 가족치료와 관련된 많은 학술서적이 저술, 번역되었고, 임상 기술을 익히는 워크숍도 계속 개최되었음. 특히 가족치료 제1세대 모델뿐만 아니라 제2세대에 속하는 모델들을 소개하고 익히는 워크숍이 학회나 일부 대학에서 활발히 개최됨. • 2002년에 '한국상담학회'에서 분과로 '결혼가족상담학회'(2010년 '한국부부가족상담학회'로 명칭 변경)가 설립되어 가족치료 분야의 저변 확대에 기여했음. • 이 학회를 포함하여 '한국가족치료학회', '한국가족관계학회'에서 발급하는 자격증 취득자가 점차 증가함에 따라서 가족치료 인력의 양적 증가가 이루어지고, 이 학회들의 기관학술지를 통한 연구 성과의 축적 등으로 학문적 차원에서도 가족치료의 질적 수준이 한층 더 제고되었음. • 2003년부터는 「건강가정기본법」이 입법화되고, 그에 따른 서비스 전달체계인 '건강가정 · 다문화가족지원센터'(현재는 '가족센터'와 '다문화가족지원센터'로 존재함)에서 가족상담 사업이 시작됨. 이후 가족상담 서비스가 바우처사업 등을 통한 사회서비스로 자리를 잡아 가면서 가족치료의 확산에 기여하였음. • 가족치료에 대한 사회적 수요의 증가로 가족치료사가 현장에서 일할 기회가 증대되면서 윤리의식의 필요성이 대두되어 '한국가족치료학회'에서는 윤리강령을 마련함.

2010년대 후반~ 현재	• 대학 정규 교육과정에서의 가족치료 전공 개설의 확산, 관심 치료모델의 전문화·분화와 국제화 흐름에의 참여, 정신건강 사업에서의 가족치료 참여가 특징임. • 가족치료에 대한 사회적 수요 등의 증대로 인해 전문인력 확충 필요성이 점증하는 가운데, 대학에서의 가족치료 관련 전공이나 교과목의 개설이 상당히 증가함. 본격적인 가족치료 전공 커리큘럼에서의 교육 이후 학회나 연구소 등의 임상훈련을 통해 실제 상담 개입 역량을 강화한 가족치료 전공자들이 자격증 취득을 통해 현장에서 활동하는 인력으로 배출되고 있음(최연실, 조은숙, 2017). • 2010년대 들어서 '사티어변형경체계치료학회', '이야기치료학회'(현재는 '내러티브치료학회'로 명칭 변경), '해결중심치료학회' 등 가족치료 분야의 주요 치료모델들과 관련해서 학회 창립이 이루어졌음. 이 학회들은 서로 연계하여 격년으로 공동학술대회를 개최하는 등의 협력을 취하고 있음. • 한국의 가족치료는 국내적으로 이룬 가족치료의 학문적·전문적 성과를 바탕으로 국제교류나 협력에서 중요한 지위를 구축해 가고 있음. 특히 아시아권에서는 상당히 모범적인 가족치료의 위상을 확립한 국가로 꼽히고 있음(전혜성 외, 2018). • 그간 한국과 일본 양국 중심으로 이루어지던 사례회의가 대만을 포함하는 'KJT국제사례회의'로 발전해 가고, 아시아지역에서 이루어지는 가족치료 연구와 임상활동을 국제적으로 연계하고 교류하는 '아시아가족치료학회(Asian Association of Family Therapy: AAFT)'가 성장해 가는 데 한국이 주축을 이루고 있음. • 한국은 아시아지역 가족치료의 학문적·임상적 성과를 담아내는 학술지 『아시아가족치료저널(Asian Journal of Family Therapy)』을 발간하는 국가로서 아시아지역의 가족치료를 선도하는 공고한 지위를 차지하고 있음(정문자 외, 2025). • 근래 한국 사회에서는 정부 차원에서 정신건강의 중요성을 인식하여 2024년부터 보건복지부 주관으로 '전국민 마음투자 지원사업'이 시행되고 있는데, 가족치료 분야도 여기에 참여하여 중추적 정신건강 분야의 위상을 확보해 나아가고 있음.

2) 한국 가족치료의 현황

(1) 교육·훈련

한국에서 가족치료가 대학이 정규 교과목으로 채택된 것은 1970년대 말이다. 국내 최초로 1979년에 이화여자대학교 대학원 사회사업학과(현재 사회복지학과)에서 처음으로 가족치료가 전공선택 교과목으로 개설되었다. 이후, 여러 대학의 학부나 대학원 석·박사과정에서 가족치료나 관련 교과목이 개설되었다. 미국의 경우에는 '미국부부가족치료학회(AAMFT)'가 운영하는 '부부가족교육인증위원회(Commission on Accreditation for Marriage and Family Therapy Education: COAMFTE)'가 가동되고 있는데, 한국의 경우에는 아직 이러한 체제를 갖추지는 못하고 있다.

가족치료가 임상 분야이기 때문에 석·박사 교육과정에는 이론 교과목 외에 실습(practicum), 현장실습, 슈퍼비전 등이 포함되어 있기도 하며, 학생들의 교내 인턴십을 제공하기 위해 대학 부설 가족상담실이 운영되는 경우도 있다(Min & Choi, 2024). 대학원 재학 중이나 졸업 이후, 학회, 사설 연구소나 센터 등에서 제공하는 교육 및 훈련 프로그램에 참여하는 경우도 있다(최중진, 고정은, 2018; 최지원, 김수지, 2018).

(2) 가족치료 관련 법과 정책

한국 사회에서 심리사회적 서비스를 제공하도록 하는 다양한 관련 법들이 제정되고 있는데, 이 법들의 조항에서 '가족지원', '가족상담'을 지칭하는 경우들이 있다. 현재 국내 「정신건강복지법」에서 정신건강전문요원으로 명시된 직종은 정신건강임상심리사, 정신건강간호사, 정신건강사회복지사와 정신건강작업치료사 등이다(엄태완, 2025: 17). 그러나 실제 현장에서 상담 관련 서비스, 특히 가족문제에 개입하는 상담 서비스를 제공하는 범위에는 가족치료사를 포함하는 경우가 많다.

현재 한국에서 가족상담 및 지원에 대한 가장 직접적이고 포괄적인 내용을 언급하는 법률은 「건강가정기본법」이다(정문자 외, 2025). 이 법이 제정되던 당시의 사회적 요구는 사회안전망으로서의 가정의 지위를 확보하고 지원을 강화함으로써, 사회적 비용을 절감하고자 하는 것이었다. 이 법의 제1조를 보면, "가정문제의 적절한 해결 방안을 강구하며, 가족 구성원의 복지증진에 이바지할 수 있는 지원정책을 강화함으로써 건강가정 구현에 기여하는 것을 목적으로 제정되었다"고 밝히고 있다. 이 법과 가장 관련성이 높은 정부 부처는 성평등가족부이고, 성평등가족부 산하의 서비스 전달체계로서 가족상담 및 치료적 지원을 가장 본격적으로 실시하는 기관은 전국에 설립된 '가족센터'('다문화가족지원센터')와 '한부모지원센터'이다. 가족상담은 이 센터들의 주요 사업 중 하나로서 가족들을 1차 대상으로 하여 기능 회복을 위한 다양한 심리·정서적 지원을 제공하는 서비스이다.

「건강가정기본법」 외에 가족상담 및 치료적 지원과 관련되는 법에는 「한부모가족지원법」, 「노인복지법」, 「아동복지법」, 「가정폭력범죄의 처벌 등에 관한 특례법」, 「성폭력범죄의 처벌 등에 관한 특례법」, 「아동학대 범죄의 처벌 등에 관한 특례법」 등이 있다. 법률로는 「아동·청소년의 성 보호에 관한 법률」, 「자살 예방 및 생명존중문화 조성을 위한 법률」, 「가정폭력방지 및 피해자 보호 등에 관한 법률」, 「성폭력방지 및 피해자 보호 등에 관한 법률」, 「정신건강 증진 및 정신질환자 복지서비스 지원에 관한 법률」, 「학교폭력 예방 및 대책에 관한 법률」 등이 있다. 그리고 제도에는 협의이혼하는 부부에게 이혼 결정을 재고할 기회를 주고, 이혼 과정에서 자녀의 복리가 우선 고려되도록 하는 취지에서 실시되는 '이혼숙려기간제도'가 있다(정문자 외, 2025).

(3) 자격제도

현재 한국에서는 가족치료와 관련해 국가 차원에서의 자격제도가 갖추어 있지 않다. 그러한 현실에서 민간 차원의 학회에서의 자격제도가 운영되고 있다. 가족치료 관련 자격제도를 운영하는 학회는 '한국가족치료학회', '한국가족관계학회', '한국상담학회 분과 부부가족상담학회' 등이다. 학회별로 배출하는 자격 명칭과 등급을 살펴보면, '한국가족치료학회'는 부부가족상담전문가 슈퍼바이저, 1급, 2급이 있고, '한국가족관계학회'는 가족상담사 슈퍼바이저, 1급, 2급이 있으며, '부부가족상담학회'는 부부가족상담 수련감독급, 1급, 2급 전문상담사가 있다. 이 학회들은 각각의 자격 기준을 제시하고 있는데, 소정의 자격시험과 자격심사를 거쳐 요건이 충족될 때 자격증을 발급한다(정문자 외, 2025).

(4) 가족치료의 실행 현장 및 제공 서비스

한국에서의 가족상담 서비스 제공기관은 나날이 확대되어 가고 있다. 이러한 기관은 가족치료 전공자가 경력을 개발하여 진로와 취업을 모색하는 직장으로서의 의미와 전문조력직 인력으로서의 서비스를 제공하는 현장으로서의 의미를 지니기도 한다. 먼저, 공공부문을 살펴보면, 서비스 전달체계(예: 광역, 지역 '가족센터'), 복지관(노인 · 여성 · 장애인 · 종합), '정신건강증진센터', '청소년상담복지센터' 등이 대표적이다. 다음으로 민간 부문을 살펴보면, 개인(및 공동) 사설 상담센터, 기업형 사설 상담센터, 연구소, 사회적 기업, 사단법인 (상담)복지기관 부설 상담센터, 여성단체 부설 상담기관, 기업 산하 상담센터, 대학부설 가족상담센터, 의료기관 부설 가족상담센터, 종교기관 부설 상담센터 등이 있다(최연실 외, 2019).

이들이 제공하는 서비스의 내용을 살펴보면, 기관에 따라 회기 수, 상담 기간, 주로 다루는 개입문제 등에 차이가 있다. 또한, 가족치료가 다학제적인 분야이므로, 상담 서비스를 제공하는 치료자의 전공 배경, 이들이 취득한 학위 수준이나 개입 시 주로 사용되는 가족치료 모델에서 편차가 나타난다(최빛내, 최우정, 최연실, 2018; 최중진, 고정은, 2018; 최지원, 김수지, 2018).

2. 글로벌 차원에서의 가족치료 발달

현대적 의미의 가족치료는 서구사회를 중심으로 발전하였지만, 이제 가족치료는 전 세계적으로 성장해 가는 학문 · 전문 분야이다. 하지만, 현재까지 글로벌 차원에서의 가족치료 발전 상황에 관한 연구는 활성화되지 않은 실정이다. 그러한 상황에서 세계적 차원에서 가족치료 발전을 개관하는 귀중한 자료를 제공하고 있는 연구(Sim & Sim, 2020)가 있으므로, 이 책에서는 가족치료의 발전 상황이 어느 정도 알려진 서구 국가들 외의 국가들을 중심으로 한 그들의 연구를 중심으로 살펴보고자 한다.

1) 서구 외 가족치료의 역사

앞에서 언급하였지만, 가족치료가 1950년대에 발달한 이래, 글로벌 차원에서의 가족치료 발달에 대한 분석이 별로 없었다. 지금까지는 오스트레일리아, 뉴질랜드, 유럽, 미국과 영국에서의 가족치료 발달만 알려져 왔다. 하지만, 실제로는 아프리카, 아시아, 남미, 중동, 러시아에서도 가족치료가 실시되고 있다. 이러한 지역에서도 가족치료에 대한 정부의 인식이 증가하고 있으며, 가족치료를 위한 공공기금 조성, 가족치료의 전문조직, 교육 및 훈련, 서비스 실천, 지역센터 설립 등이 이루어지고 있다.

흥미로운 사실은 일반적 인식과 달리, 비서구국가들에서도 서구국가들로부터 가족치료가 도입되기 오래전부터 가족과 부부와 함께 일하는 것이 어떤 형태로든 이미 시작되었다는 것이다. 예컨대, 브라질에서는 가톨릭교회가 커플과 신혼부부의 상담을 시작하였고, 인도에서는 정신과 의사가 1954년에 외래 가족치료병원에서 가족치료 프로그램을 실시한 것으로 알려져 있다. 그 외의 국가들(예: 아르헨티나, 남아프리카, 이스라엘, 일본, 대만 등)에서도 사회서비스 및 정신건강 전문가들이 가족 내 어려운 문제의 해결을 위해 가족치료를 실시해 왔다.

체계적인 가족치료 훈련을 받기 위해 외국으로 가는 것은 1970년대 이래 개발도상국가의 전문가들 사이에서 흔한 일이었다. 예를 들어 칠레, 페루, 멕시코의 전문가들이 영국,

독일, 프랑스, 이탈리아와 미국 등지로 가거나, 1980년대 홍콩, 싱가포르에서 전문가들이 가족치료 훈련을 위해 영국과 미국으로 갔다. 결과적으로, 이러한 국가들에서는 서구의 영향을 상당히 받은 가족치료가 출현하였다. 하지만 다른 나라들에서는 그 나라의 선구자들이 열정적이고 비전 있는 지도자로서 가족치료 발달에 중요한 역할을 하기도 했다. 예컨대, 칠레와 아르헨티나 등에서는 심리학자와 정신과 의사들이 정치적으로 민감한 환경을 바라보면서 가족들의 치료를 위한 연구모임을 갖기도 하였다.

글로벌 차원에서 가족치료가 확산된 또 다른 방식은 가족치료 교수자들이 가르치기 위해 국제적인 교수 투어를 하는 것이었다. 1970년대 이래 서구에서의 많은 대가 치료자들이 세계를 여행하였다. 예를 들자면, 카를로스 슬러즈키(Karlos Sluzki)는 1970년에 아르헨티나에서 처음으로 가족치료 사례회의를 개최하였으며, 버지니아 사티어(Virginia Satir)는 1983년에 홍콩에서 300명의 참여자들에게 2일간 워크숍을 제공하였다. 그 이후 해결중심치료의 창시자인 스티브 드 셰이저(Steve de Shazer), 인수 김 버그(Insoo Kim Berg)와 스콧 밀러(Scott Miller) 등이 홍콩, 한국을 방문하였고, 살바도르 미누친(Salvador Minuchin)도 홍콩을 방문한 바 있다. 인수 김 버그는 여러 차례 내한하여 워크숍을 진행하였고, 그 외 해리 아폰테(Harry Aponte), 레슬리 그린버그(Leslie Greenberg), 모니카 맥골드릭(Monica McGoldrick), 마이클 화이트(Michael White)도 한국의 가족치료자들을 위한 강연이나 워크숍을 실시하였다.

세계적으로 소개된 가족치료 모델을 대략 살펴보면, 러시아에서는 밀란 체계 모델, 해결중심치료, 내러티브치료가, 중국, 홍콩, 이스라엘, 싱가포르과 대만에서는 보웬의 다세대 모델, 정서중심치료, 내러티브치료, 사티어 모델, 구조적 모델, 해결중심치료가 많이 알려졌다.

2) 글로벌 차원에서의 가족치료 발달의 맥락

비서구 지역에서의 가족치료 발달을 이해하기 위해서는 정책이 형성되는 방식을 이해하고, 정부 지원과 가족치료를 개발시키려고 일하는 사람들이 맞닥뜨리는 문화적 도전의 영향을 검토하는 것이 중요하다.

(1) 가족치료 발달에 미치는 정책의 영향

관련 정책이 가족치료 발달을 촉진하므로, 정책이 없으면 가족치료가 잘 성장하지 못하는 경향이 있다. 비서구 국가들을 살펴볼 때, 1993년에 칠레 정부는 보호가 필요한 사람들에 초점을 맞춰 가족의 특징과 도전을 연구하는 다학제적 위원회를 만들었는데, 가족치료사는 그 위원회의 일원이 되었다. 정책이 가족치료의 발달을 지원하는 보다 분명한 예는 한국이다. 한국에서는 「건강가정기본법」의 시행을 통해 공공 부문에 가족복지 서비스의 전달체계를 확립했고, 그 서비스의 일환으로 가족상담이 시행되는 모범적인 예를 보여준다(Lee et al., 2013). 정부가 가족을 강화하는 명시적인 사회정책을 수립한 싱가포르에서는 1990년대 후반 이후 가족치료가 성장해 왔고, 중국에서는 2007년에 '부부가족상담사(Marriage and Family Counselor: MFC)'가 인적자원·사회안전부에 의해 인증되었다. 말레이시아에서는 결혼과 이혼에 관한 「무슬림규제법」을 제정해 최소한 3개월 전에 커플이 상담을 받도록 요구하고 있다.

(2) 정신건강/의료 영역과 가족치료 실천

정부가 정신건강 정책을 공표하고 시행하는 것, 그리고 재정 자원을 제공하는 것은 가족치료의 발달에 중요하다. 서구에서와 마찬가지로, 병원은 공공기금으로 가족치료가 시행되는 중요한 터전이다. 하지만, 전 세계적으로 의료 분야가 가족치료를 인정하는 것은 아직 제한적이다. 예를 들어, 에쿠아도르에서는 심리학자들과 정신과 의사들이 처음에 우려 섞인 시선으로 가족치료를 바라보았고, 아르헨티나에서는 아동병원 등에서 아동이 문제의 한 부분이 되는 한에서만 가족치료가 제공되었다. 페루에서는 커플·가족상담에 관한 관심이 해마다 늘어나는데도 불구하고, 공립정신병원의 가족치료팀은 대개 정신과 의사들이 운영해왔다. 브라질과 칠레에서도 병원에서 가족치료를 시행할 권리는 주로 정신과 의사들과 심리학자들에게 주어져 왔다. 일본에서의 상황은 더 엄격하다. 대만에서는 많은 정신과 의사가 해외에서 훈련을 받고 가족치료 훈련을 받았고, 의료보험을 통해 가족치료에 대한 '제3자지불'이 가능한 법제를 만들었다. 하지만 일선 병원에서 가족치료를 장려하지 않는 문제가 노출되고 있다.

한편, 홍콩에서는 2002년 가족체계 간호프로젝트의 시작으로 병원에서 가족치료를 하는 긍정적인 변화가 있었고, 페루에서는 지난 10년 동안 정부의 지원으로 가족치료가 관련 부처 산하 의료기관에서 실시되었으며. 이스라엘에서는 공립 가족치료클리닉이 정부 지원으로 운영되었다.

(3) 문화적 신념, 도움 추구 행동과 가족치료에 대한 태도

가족의 체계적 특성에 초점을 맞춘 가족치료는 집단주의 사고와 사람들 간 상호연결을 강조하는 문화권 내에서 호소력을 갖는다. 예를 들어, 멕시코에서의 가족치료는 1970년대 중반 이후로 계속 발전해 왔다. 가족은 멕시코의 원주민 문화들 내에서, 그리고 모든 수준의 사회에서 소중히 여겨지고 단결시키는 개념이다. 인도에서는 중국처럼 정신건강 상담/치료와 관련한 사회적 오명이 광범위하게 확산되어 있다. 많은 인도 사람은 사람들 내에서나 가족체계 안에서 변화는 일어날 수 없고 오히려 사태는 예정되어 있다(운명주의 의식)고 믿는다. 따라서 잘 알지 못하는 누군가에게 공식적인 종류의 상담이나 치료받는 것을 긍정적으로 여기지 않고, 전통적인 치유자나 치유방법을 사용하는 경향이 있다.

3) 가족치료 전문조직과 실천의 현황

전 세계 지역 국가들에서 가족치료의 지속적인 발전은 가족치료 전문조직의 확립을 포함한 제도화의 덕분이다. 글로벌 차원에서의 가족치료 발달을 검토할 때, 더 큰 맥락 내에서 제약요인과 촉진요인을 고려하면서, 가족치료 전문조직, 교육과 훈련, 실천을 탐색해야 한다.

(1) 전문조직

전문학회나 협회의 조직은 각국의 가족치료 발달에 중요한 기념비가 된다. 이러한 학회나 협회는 정기적인 뉴스레터 발행, 연례회의 주관, 훈련 워크숍 후원, 그리고 때로는 전문적인 가족치료 저널 출간을 수행한다. 이스라엘은 1977년에 서구 국가 밖에서 가장 빨리 전문조직을 출범시켰다. 그리고 1980년대에 아시아에서는 한국, 일본, 남미에서는 아르헨티나, 칠레, 에콰도르, 1990년대에는 브라질, 중국, 인도, 페루, 그리고 싱가포르에서 전문조직이 결성되었다. 2000년대 들어와서는 남아공, 앤티가 바부다, 바하마, 피지, 아프가니스탄, 부탄, 카자흐스탄, 네팔 등에 전문조직이 생겼다. 그리고 비서구 국가의 개인 중에는 '미국부부가족치료학회(American Association of Marriage and Family Therapy: AAMFT)'나 '세계가족치료학회(International Family Therapy Association: IFTA)'의 회원으로 등록된 사람들도 많이 있다.

(2) 공식교육과 훈련

자국 내에서 공식적인 가족치료 교육과 훈련 프로그램을 갖춘 국가들은 남미에서 아르헨티나, 브라질, 칠레, 에콰도르, 페루, 그리고 멕시코이다. 아시아에서는 한국, 홍콩, 타이완, 싱가포르, 방글라데시, 그리고 중동에서 이스라엘이 있다. 교육 프로그램 중 해외 의존도가 높은 국가의 예를 들면, 아르헨티나와 페루의 프로그램에 의존하고 있는 아프리카 국가들이다. 관련 학위 프로그램을 제공하는 국가들에는 튀르키예, 케냐 등이 있다. 홍콩 폴리텍대학교는 프로그램 인증을 위한 '미국부부가족치료학회(AAMFT)'의 '부부가족교육인증위원회(Commission on Accreditation for Marriage and Family Therapy Education: COAMFTE)'에 등록되어 있다.

한편, 많은 국가에서 가족치료 교육과 훈련은 보웬의 다세대치료, 정서중심치료, 내러티브치료, 사티어치료, 해결중심치료, 그리고 구조적 치료 등 다양하게 나타나면서도 분절화되어 있다. 대만의 경우, 많은 지역 훈련 프로그램이 한 명의 주요한 훈련자에 의해 조직되고, 지역 훈련 프로그램의 대부분은 특정한 접근에 제한되어 있으며, 일본도 복수의 이론이나 모델을 포함하는 훈련 프로그램이 그리 많지 않은 편이다. 한국에서는 사티어치료, 내러티브치료, 해결중심치료에 초점을 둔 학회 조직이 전체를 아우르는 큰 조직인 '한국가족치료학회(Korean Association of Family Therapy: KAFT)'와 별도로 구성되어 있다.

(3) 실천적 이슈

많은 국가에서는 아직도 가족치료가 전문직으로서 충분히 인정받고 있지 못한 상황이다. 즉 아직도 가족치료가 다른 정신건강 분야의 맥락에서 다른 전문직에 의해 행해지고 있어서 가족치료가 독립된 전문직이 되지 못하고 있다. 세계적으로 가족치료를 하는 5개의 전문직군은 상담사, 심리치료사, 정신과의사, 심리학자와 사회복지사이다. 일부 국가에서는 특정한 전문직만이 가족치료를 하는데, 방글라데시(임상심리학자), 브라질과 칠레(심리학자와 정신과 의사)가 그러한 경우이다. 홍콩, 일본, 한국, 대만과 몇몇 남미국가들에서는 상담사, 심리학자와 사회복지사 외에도 가정의, 간호사, 직업치료사와 같은 의료직종이 가족치료를 행하고 있다. 전반적으로, 글로벌 차원에서 어떻게 정신건강에서의 성장을 도모하고 전문직을 더 잘 지원할 것인가에 대한 요구가 커지고 있어서, 다양한 정신건강 부문 사이에서 가족치료의 중요성에 대한 인식은 점차 증가하고 있다.

서구 국가들을 포함하여, 세계 여러 국가에서 가족치료는 체계론적 관점에서 개인, 커플과 가족의 정신건강과 관계 이슈에 대한 조력을 제공하고 있다. 하지만, 독특한 문화적 · 사회적 환경으로 인해 가족치료사들이 부가적인 서비스를 제공하기도 한다. 예컨대, 몇몇 아시아 국가들에서는 가족치료가 약물남용(홍콩, 말레이시아), 도박중독(마카오, 싱가포르), 게임중독(한국, 싱가포르)을 다루고 있고, 정신건강 문제에 부가해서 가정폭력(인도, 일본, 말레이시아, 싱가포르, 페루, 러시아, 키르기스스탄)을 주요한 이슈로 다루기도 한다. 특히, 일본과 한국(Lee et al., 2013)의 경우는 학교폭력과 관련해서 가족치료가 조력을 제공하는 사례들이 많이 있다. 전 세계에 걸쳐, 가족치료는 개인, 커플, 가족과 지역사회의 역량과 회복탄력성 구축과 잠재력 실현에 큰 가능성을 지닌 분야로 평가받고 있다.

(4) 이식이냐 지역화이냐의 문제

세계적 차원에서 가족치료의 확산은 주로 서구적 가족치료의 개념, 이론과 임상 모델의 수출을 포함한다. 정신건강과 관계문제의 체계론적 개념화는 개인 병리에 초점을 두는 전통적 관점보다 집단주의적 사회 가치에 더 잘 부합하는 듯이 보이기도 한다. 그러나 서구의 가족치료 사고를 수입해서 지역적인 문화에 변용시키는 것이 필요하다는 비판적인 견해가 점차 대두되고 있다(Reiter, 2025: 333). 예를 들어, 대만에서 가족치료 발달은 외국 이론과 기법을 수입해서 지역의 가족들에게 충분한 수정 없이 적용되었기 때문에, 그 임상적 효능이 의심된다는 반성이 존재했다. 또한, 한국에서도 과거 10년간 서구방식의 치료모델이 한국적 맥락에서 적용되는 한계에 대한 우려가 있었다(Lee et al., 2013).

이러한 상황에서, 가족치료 이론과 처치를 지역의 사회문화적 맥락에 맞추어 변용하려는 노력이 시도되고 있다. 예컨대, 러시아는 지역문화와 전문직 맥락을 조율해가는 절충적이고 통합적인 모델을 구축하려는 시도가 있었으며, 브라질에서도 가족치료가 문화인류학, 파울로 프레이리(Paulo Freire)의 작업과 같은 비판이론(critical theory)과 통합되어 왔다. 또한, 태국에서도 구조적 치료모델과 문화적 영향력의 통합이 시도되었고, 일본에서도 젊은 세대의 가족치료사를 중심으로 일본의 문화와 사회에 더 부합하는 모델을 개발하려는 노력이 존재해 왔다. 이처럼 가족치료 모델을 세계의 다른 지역에 맞춰 변용하려는 시도는 시작 단계로서 갈 길이 요원하기는 하나, 글로벌 차원에서 많은 국가가 서구가 추동한 가족치료 모델을 세계 각국의 다양한 문화, 이데올로기와 철학에 맞추어 변용시킴으로써 더 발전시키려는 노력에 동참하고 있다.

글로벌한 차원에서 살펴볼 때 가족치료가 출현하고 있는 국가들을 지도상으로 살펴보면 [그림 15-1]과 같다.

[그림 15-1] 글로벌 차원에서의 가족치료 실시

3. 가족치료의 최근 경향과 발달 추세

1950년대 하나의 독립된 분야로서 등장한 가족치료는 그동안 지속적인 성장과 발전을 거쳐 오늘에 이르고 있다. 다음에서는 전문적 차원과 학문적 차원으로 나누어 가족치료 분야에서 나타나는 최근 경향과 발달 추세를 짚어 본다. 이를 통해 향후 가족치료가 어떠한 방향으로 나아갈지의 전망도 함께 그려 볼 수 있을 것이다.

1) 전문적 차원

(1) 정신건강 분야로서의 위상

가족치료는 그동안의 발전과정을 거쳐 이제는 더 큰 건강 · 의료 체계 안으로의 통합을 시도하는 중이다(Piercy, 2020). 한국에서는 가족치료가 아직 '제3자지불제도'를 갖춘 의료보험 안으로 통합되지 못한 실정이나, 세계적으로 보면 미국을 비롯하여 일부 국가에서는 이미 이러한 제도 내에서 가족치료가 실시되고 있다(Sim & Sim, 2020). 한국에서 2024년부터 공공정신건강 지원을 위해 보건복지부 주관으로 2024년 7월 1일부터 본격적으로 시작된 심리상담 서비스인 '전국민 마음투자 지원사업'에 가족치료 실시기관도 바우처 기관으로 참여함으로써 정신건강 분야에서 가족치료의 위상이 구축되고 있다.

(2) 역량기반 접근

미국에서는 2000년대 이후 '미국부부가족치료학회(AAMFT)'의 주도하에 '핵심역량운동(Core Competency Movement)'이 전개되어 왔다(Goldenber, Stanton, & Goldenberg, 2017: 132-134; Gehart, 2024; Reiter, 2025: 325-326). 이러한 운동을 통해, 임상 현장에서 제공되는 서비스 제공자로서 가족치료사가 주관적으로 개입의 효과성을 평가하기보다는 강점 관점을 중심으로(서아연, 최연실, 2019; 최창우, 최연실, 2016) 서비스 수혜자로서 내담자의 문제해결 역량이 얼마나 증가했는가에 따라 서비스의 질을 평가하는 방향으로 전환해 가고 있다.

(3) 인공지능과 신기술의 적용

전 세계적으로 고도의 신기술(new technologies)이 지배하는 인공지능(AI) 시대의 도래로 인해, 이제는 사회의 모든 측면에서 이러한 테크놀로지가 전방위적으로 적용되고 있다. 정신건강 분야와 가족치료도 이에 대한 예외일 수 없어서 임상 현장에서의 내담자를 대상으로 한 사정에서부터 연구와 처치의 전달, 그리고 치료자의 교육과 훈련(Gerton et al., 2023; Rowen et al., 2023)에 이르기까지 전 과정에서 가상현실(VR), 챗봇, 모바일 앱, 웨어러블 기기, 빅데이터 분석 등의 신기술 활용이 점차 늘어가고 있다(구경수, 최연실, 2020; 김진아, 최연실, 2020, 2023). 이로 인한 윤리적 문제의 대두와 더불어, 이러한 신기술을 활용하는 가족치료사의 기술 숙달력도 중요한 과제로 대두되고 있다(Bischoff, Springer, & Taylor, 2020).

(4) 원격건강

COVID-19 이후 글로벌 차원에서 원격건강(telehealth)의 영역이 급격하게 확장되고 있다. 이전부터 원격으로 개입하는 시도가 없었던 것은 아니지만, 코로나 위기 이후 이러한 체제로의 전환이 전 세계적으로 확산되고 있다(Asbury, 2023; Reiter, 2025: 327-329). 원격치료로의 전환은 한편에서는 대면 치료와의 효과 동등성과 정신건강 서비스로의 접근성 증대라는 상당한 이점을 언급하는 측면(Shigekawa et al., 2018; Snowswell et al., 2021)과, 다른 한편에서는 여러 관련 이슈나 임상적, 윤리적 문제 등 단점을 언급하는 측면(Wrape & McGuinn, 2018)의 양면성을 지니고 있다. 하지만, 기술의 급속한 발전과 더불어 이미 대세화된 이 경향을 거스를 수는 없으므로, 이에 대한 적응과 대처가 시급한 과제로 부상되고 있다(Drieves, 2021; Gehart, 2024; Hertlein et al., 2021).

(5) 다양성의 수용과 사회정의에 대한 민감성

미국의 가족치료 분야에서는 포스트모더니즘의 영향으로 1990년대 이후 페미니스트 가족치료자들의 체계론적 가정에 대한 비판이 제기되면서 젠더를 포함하여 인종, 계층, 종교, 성적 지향 등의 다양성에 대한 수용과 기존 권위에 대한 비판이 거세게 일었다. 이러한 분위기에 힘을 입어 '다문화주의'와 소수자의 권리나 '사회적 정의'에 대한 관심이 증폭되고(Piercy, 2020), 사회적 약자들의 열악한 조건들이 중첩되어 나타나는 '교차성'에 대한 인식이 증대되었다(Almeida & Tubbs, 2020; Knudson-Martin et al., 2020). 이러한 인식이 반영된 '사회문화적 조응 치료(socioculturally attuned therapy)', '관계적 반응성(relational responsiveness)', '해방기반 치유 관점(liberation-based perspectives)' 등이 미국을 중심으로 2010년대 이후 가족치료 분야에서 점차 주목을 받고 있다(Gehart, 2024: 40-70).

(6) 정책과 제도 정비

많은 실천학문 분야의 연구자들이나 인적 서비스 분야의 종사자들이 함께 협력하여 학문이나 서비스의 대상이 되는 사람들의 권리 신장과 전문직의 발전을 위해 '옹호(advocate)'에 참여하고 있으며, 법이나 정책의 입법화, 제도의 정비에 관심과 노력을 기울이고 있다. 이들은 특히 지역사회 기반의 서비스 확충과 관심 집단의 이익을 보호하기 위해 적극적인 활동을 전개하고 있다(Parra-Cardona, Beverly, & López-Zerón, 2020). 한국에서도 근래 정신건강 분야에 대한 국가적 차원의 지원 확대를 위해 상담 분야 간 연대를 강화하고 있으며, 상담사 지위 확보를 위한 옹호 활동과 입법화 노력도 지속적으로 펼쳐지고 있다.

2) 학문적 차원

(1) 통합적 접근

1990년대 중반부터 관심이 일어나기 시작한 통합적 접근은 2000년대 들어 더욱 주목을 받고 있다(Lebow, 2016, 2019a, 2019b, 2023; Rivett & Buchmüller, 2025). 가족치료의 주류가 되는 이론적 모델들에서 치료적 요소를 추출해 새로운 모델로 변용함으로써 치료 개입의 효과성을 높인 실험적인 모델부터 정련된 모델까지 통합적 모델이 개발되고 있으며, 절충 등의 방식을 통해서도 다양한 모델을 결합하여 사용하려는 시도가 이루어지고 있다(Gehart, 2024; Hanna & Ball, 2025). 또한, 섭식장애나 성격장애 등 특정한 문제에 대해 최적화된 처치의 개발에서 볼 수 있듯이, 임상 문제 중심으로 기술들을 통합해서 사용하는 방식도 개발되고 있다(Eisler, Grange, & Lock, 2016). 한편, 통합의 맥락 내에서 개입에서 효과를 가져오는 치료모델들의 '공통요인(common factors)'에 대한 관심도 증가하고 있다(Davis & Hsieh, 2019; Karam & Blow, 2020, 2023; Sprenkle et al., 2021).

(2) 증거기반 실천에 대한 인식

심리치료 전반에 걸친 '증거기반 실천(Evidence Based Practice: EBP)'의 열풍은 가족치료 분야에도 밀어닥치고 있다(Williams et al., 2021). 이에 따라 개입의 효과 검증을 통해 '경험적으로 지지되는 처치(Empirically Supported Treatments: EST)'에 대한 선호가 높아지고 있는데, 이 대표적인 예가 바로 정서중심치료나 거트먼치료, 그리고 인지행동치료 모델이다. 증거기반 실천과 맞물려 '실천기반 연구(Practice Based Evidence: PBE)'도 강조되고 있으며, 무선임상실험 연구, 성과기반 연구가 장려되고 있다. 다양한 방법론의 적용이 모색되면서 여러 유형의 질적 연구(qualitative research)나, 상담 개입의 진전을 가져온 요인을 파악하는 '과정연구(process research)'가 시도되는 등 심화된 방법론의 수용이 이루어지고 있다(Miller & Johnson, 2023).

(3) 신경과학과의 결합

가족치료는 오랫동안 다수준(multilevel)의 체계론적 관점을 채택해 내적 가족 역동뿐 아니라 더 큰 맥락적 이슈도 강조해 왔다. 신경생물학은 가족치료의 이런 다층화된 담론에 뇌/신체 과정의 미시적 수준까지 가세시켰다(서진희, 조은숙, 최연실, 2021; 장정원, 최연실,

2022; Fishbane, 2019). 신경과학(neuroscience)은 2000년대 이후 급속도로 발전하여 하루가 다르게 성과를 축적해 가고 있다. 뇌파검사(EEG), 기능적 MRI(fMRI), 확산텐서영상법(DTI)과 같은 신기술을 활용하여 전에는 결코 볼 수 없었던 우리들의 두개골 속을 '엿볼 수' 있게 되었다(Fishbane, 2016). 이 결과로, 인간의 행동을 설명하는 신체 · 생리적인 요인들이 어떻게 작용하는지에 대해 면밀하게 접근할 수 있게 되었다(Bradford & Bar-Kalifa, 2020; Hanna, 2025)(〈표 15-2〉 참조).

〈표 15-2〉 가족치료에 활용되는 신경과학의 신기술

기술	내용
뇌파검사 (Electroencephalography: EEG)	• 머리 피부에 작은 센서(전극)를 붙여서, 뇌가 내보내는 전기 신호를 받아서 물결 모양을 보여주는 검사 • 1924년 독일의 한스 베르거(Hans Berger)가 인간 뇌파를 최초로 기록함. • 간질 진단, 수면장애 평가, 혼수 · 뇌사 판정, 인지 · 집중 연구, 신경재활 등에 임상적으로 활용하고 있음. • 장점은 아프지 않고, 바로 뇌 활동을 볼 수 있다는 점이지만, 뇌 안에서 '정확히 어느 위치'에서 신호가 나오는지 알기 어려움.
기능적 MRI (functional Magnetic Resonance Imaging: fMRI)	• 뇌 활동의 변화를 영상으로 측정하는 비침습적 뇌 영상 기법으로 '뇌 속에서 불이 켜지는 곳을 찍는 카메라'라고 할 수 있음. MRI 기계에 누워 뇌의 피가 어디로 많이 흐르는지를 사진처럼 보여줌. • 1990년대 초반 세이지 오가와(Seiji Ogawa) 등이 이 기술을 확립한 이후 신경과학, 심리학, 임상진단, 뇌 · 컴퓨터 인터페이스(BCI) 등 다양한 분야에서 표준 연구도구로 사용됨. • 뇌 기능 지도화(Brain Mapping), 신경과학 연구, 임상진단, 정신질환 연구, 기계학습/AI 결합 등에 사용 • 어떤 생각이나 행동을 할 때 뇌의 어느 부위가 일하는지 연구할 수 있으나 '실제로 무슨 생각을 하는지'에 대해 정확히 읽는 건 아직 불가능함.
확산텐서영상법 (Diffusion Tension Imaging: DTI)	• 전선 다발처럼 연결된 뇌 속 신경 안에서 물이 어떻게 흐르는지를 MRI로 관찰하는 방법. 이를 측정하면 신경 다발이 끊어졌는지, 손상됐는지 알 수 있음. • 신경섬유 추적, 신경질환 진단 · 예후, 외상성 뇌 손상, 정신질환 연구, 신경외과 수술 계획 등 임상적으로 활용하고 있음. • 교차하는 섬유에서 정확도가 떨어지고, 고품질 데이터 확보에 긴 스캔 시간이 필요하며, 환자 움직임에 민감함.

(4) 정서와 애착에 대한 관심

2000년대 이후 주목이 되는 최근 가족치료 모델을 살펴보면 정서를 기반으로 하는 모델들이 많은데, 정서중심치료, 애착기반 가족치료, 회복치료 등이 대표적이다. 이러한 추세는 신경과학이 발전하면서 인간의 정서, 특히 공감에 관한 관심이 급격히 부각하는 분위기와도 연관이 있다(송지원, 최연실, 2022; Choi et al., 2018; Fishbane, 2016). 이러한 치료모델들은 존 볼비(John Bowlby)의 애착이론에 기반을 두고 발전된 치료모델이라는 공통점을 갖는다. 종래에는 생후 이후에 맺게 되는 양육자와의 애착관계에 초점이 있었지만, 이제는 이 애착관계가 평생 발달의 측면에서 대인관계에서 어떻게 진화해 가는지에 대한 관심이 증가하고 있다. 또한, 이러한 애착관계는 변화를 추구하는 상담자와 내담자와의 인간관계 안에서도 살펴볼 수 있다(Seedall & Sandberg, 2020).

(5) 마인드풀니스의 도입

2010년대 이후 '마인드풀니스(mindfulness)'라는 개념은 가족치료(와 모든 심리치료)에 스며들었다. 마인드풀하다는 것은 아주 면밀하게 주의를 기울이거나 깊은 호흡을 취하는 상태와 관련이 된다(Beaudoin & Maclennan, 2021). 마인드풀니스 실천은 판단하지 않고, 그 순간 안에 온전히 존재하는 주의상태가 되도록 하는 것이다. 마인드풀니스의 사용은 치료자와 내담자 모두에게 혜택을 주는 것으로 알려지고(Goldberg et al., 2023; Hawkins et al., 2020; Lantheaume et al., 2024), 인지행동치료의 '제3물결'에 해당하는 많은 치료접근(예: 수용전념치료, 변증법적 행동치료 등)에서 이것에 기반하거나 활용하는 심리개입법을 개발해 가고 있다. 가족치료에서는 사건의 충격으로 오랫동안 고통을 당하는 외상 경험자들과 가족을 치료하는 '외상민감 가족치료(Trauma-Sensitive Family Therapy)'에 대한 관심이 증가하고 있는데, 이 치료법은 생물사회적 관점에서 (뇌와 더불어) 전체 신체를 포함하며 마인드풀니스를 도입해 초점과 이완의 요소를 활용한다(Hanna & Ball, 2025: 85-87).

요약

- 한국에 가족치료가 처음으로 소개된 것은 1970년대 후반이므로, 이제 한국에서 가족치료의 역사는 반세기 가까이 이르게 되었다. 이같이 한국에서 가족치료가 소개된 시점은 그 이전이나 본격적으로 대학 학부나 대학원 석·박사과정의 정규 교육과정으로 개설된 것은 1980년대이다. 1970년대 후반에서 1980년대 중반까지는 현대적 의미의 학문·전문 분야로서 가족치료가 한국에 도입된 시기, 1980년대 후반에서 1990년대 중반까지는 한국 가족치료 전문조직의 출범, 가족치료 교육의 개시, 학술지의 창간 등이 이루어지는 시기, 1990년대 후반에서 2000년대 중반까지는 한국에서 가족치료가 본격적으로 자리를 잡아가는 시기, 2000년대 후반에서 2010년대 중반까지는 한국 가족치료가 지속적인 성장을 통해 자리를 잡아가는 시기, 2010년대 후반에서 현재까지는 대학 정규 교육과정에서의 가족치료 전공 개설의 확산, 관심 치료모델의 전문화·분화와 국제화 흐름에의 참여, 정신건강 사업에서의 가족치료 참여가 특징인 시기이다.
- 한국 가족치료는 교육·훈련, 관련 법과 정책, 자격제도, 실행 현장 및 제공 서비스의 측면에서 나날이 발전해 가고 있다.
- 글로벌 차원에서 가족치료의 발전을 살펴보면, 지금까지는 오스트레일리아, 뉴질랜드, 유럽, 미국과 영국에서의 가족치료 발달만 알려져 왔지만, 실제로는 아프리카, 아시아, 남미, 중동, 러시아에서도 가족치료가 실시되고 있다. 비서구 국가에서도 가족치료에 대한 정부의 인식이 증가하고 있으며, 가족치료를 위한 공공기금 조성, 가족치료의 전문조직, 교육 및 훈련, 서비스 실천, 지역센터 설립 등이 이루어지고 있다.
- 비서구 지역에서의 가족치료 발달을 이해하기 위해서는 정책의 영향, 건강과 사회서비스 현장에서의 가족치료 실천을 위한 정부의 지원, 문화적 신념, 도움 추구 행동과 가족치료에 대한 태도를 살펴보아야 한다.
- 전 세계 지역 국가들에서 가족치료의 지속적인 발전은 가족치료 전문조직의 확립을 포함한 제도화의 덕분이다. 글로벌 차원에서의 가족치료 발달을 검토할 때, 더 큰 맥락 내에서 제약요인과 촉진요인을 고려하면서, 가족치료 전문조직, 공식 교육과 훈련, 실천적 이슈, 이식이냐 지역화이냐의 문제를 탐색해야 한다.
- 가족치료의 최근 경향과 발달 추세를 살펴보면, 전문적 차원에서는 정신건강 분야로서의 위상 제고, 역량기반 접근의 대두, 인공지능과 신기술의 적용 증가, 원격건강의 부상, 다양성의 수용과 사회정의에 대한 민감성의 강화, 정책과 제도 정비 등이 나타난다. 한편, 학문적 차원에서는 통합적 관점의 부각, 증거기반 실천에 대한 인식의 강화, 신경과학과의 결합 증가, 정서와 애착에 대한 관심의 고조, 마인드풀니스의 도입 등이 나타나고 있다.

용어설명

1차적 변화(first-order change) 체계의 틀은 그대로 둔 채, 기존 틀 안에서의 조정만 일어나는 변화. 예를 들어, 싸우는 횟수는 줄었지만, 여전히 같은 방식으로 숨기고 참는 패턴이 지속되는 경우

2차적 변화(second-order change) 체계 자체의 규칙·관계 구조·의미 체계가 바뀌는 근본적 변화. 예를 들어, '우리는 감정을 숨겨야 한다'는 가족 규칙이 '감정을 나누는 것이 가족의 힘'이라는 규칙으로 바뀌는 것

FACES(Family Adaptability and Cohesion Evaluation Scales) 가족의 응집성과 적응성 수준을 측정하여 가족 기능을 평가하는 대표적인 가족 평가 도구

IP스코프(IPscope) 칼 톰(K. Tomm)과 캘거리가족치료센터(Calgary Family Therapy Centre)에서 개발한 도구로, 대인패턴(Interpersonal Patterns: IP), 즉 사람들 사이에서 반복되는 상호작용 패턴을 분류·기술하기 위한 인지적 렌즈(cognitive instrument). 개별 사람을 진단하는 것이 아니라, 두 사람 이상 사이에서 반복되는 상호작용의 형태(예: 추궁/회피, 지배/복종, 비난/방어, 추구/철수)를 'IP'로 보고, 임상에서 사정, 개입 설계, 수퍼비전에서 활용

POTT(Person of the Therapist Training) 드렉셀 대학의 해리 아폰테에 의해 만들어진 치료사 훈련 프로그램. 인간으로서의 치료사의 개인적 성숙을 도모하는 데 목적이 있음

PREPARE/ENRICH CV 혼전 커플이나 부부를 대상으로 관계의 장점과 개선점을 파악하고 성격 및 가족특성, 스트레스 등 통합적인 측정이 가능하도록 개발된 온라인 평가도구

SCOPE 성격검사 성격의 5요인 모델(big five)에 기반하여 개인의 성격 특성을 측정하는 심리 검사 도구

가성상호성(pseudomutuality) 가족이 겉으로는 매우 화목하고 친밀해 보이지만, 실제로는 갈등이나 차이를 표현하는 것이 금지된 상태를 말함. "우리는 절대 싸우지 않는다"는 말 뒤에, 개별성의 억압과 감정 표현의 봉쇄가 숨어 있는 경우가 많음

가성적대성(pseudohostility) 겉으로는 가족 간에 끊임없는 갈등이나 장난스러운 싸움이 벌어지는 것처럼 보이지만, 실제로는 진짜 갈등이나 친밀감을 회피하기 위한 연극 같은 갈등을 가리킴. 진짜 상처나 취약함을 드러내지 않기 위해, 표면적인 다툼을 반복

가장하기(pretend technique/pretending) 증상 혹은 문제행동을 "의도적으로 연기(pretend)"하도록 지시하는 전략적·역설적 기법

가족 항상성(homeostasis) 가족이 기존 패턴을 유지하려는 경향. 증상도 항상성을 유지하기 위한 전략적 결과로 이해

가족구조(family dtructure) 가족 구성원 간 상호작용을 조직화하고 예측 가능하게 만드는 규범·역할·규칙·권력관계의 틀

가족놀이 가계도(family play genogram) 전통적인 가계도 작성 방식에 놀이 요소를 결합하여, 아동을 포함한 가족 구성원들이 피규어 등 놀이매체를 통해 가족 관

계와 역동을 표현하고 이해하도록 돕는 기법

가족사정(family assessment) 가족의 구조, 역동, 상호작용 패턴, 강점, 문제 등을 종합적으로 파악하고 이해하여 치료 계획을 수립하는 체계적인 과정

가족생활주기 단계(family life cycle stages) 한 가족이 만남-결혼-자녀 출생-자녀 독립-노년기 등과 같이 시간이 지나면서 겪는 예측 가능한 발달 단계. 각 단계마다 고유한 과업 · 위기 · 과도기가 있음

가족운동(family movement) 1950년대 이후, 정신의학 · 상담 · 사회복지 · 아동상담 등 여러 분야에서 환자를 가족과 함께 다루어야 한다는 인식이 확산되면서 나타난 전문직에서의 흐름 전체를 가리키는 것으로 이를 통해 가족치료 이론 · 기법 · 교육 · 정책이 등장하고 제도화

가족조각(family sculpting) 힘, 거리, 감정 등과 같은 가족관계의 특성을 신체적 배치와 비언어적 표현으로 드러내고 재구성하도록 돕는 경험적 치료 기법

가족지도(family map) 미누친식 시각화 도구. 하위체계, 경계, 동맹 · 연합, 위계, 결속의 강 · 약을 공간 배치와 선 유형으로 표현

가족치료(family therapy) 가족 전체를 하나의 체계로 보고, 그 관계와 상호작용 패턴을 변화시키는 것을 목표로 하는 심리치료로서 증상은 한 사람에게 나타날 수도 있지만, 그 배경에는 가족 간 소통 방식 · 역할 구조 · 권력 관계 등이 얽혀 있다고 보고, 이를 함께 다루는 접근

가족치료사 발달(family therapist development) 가족치료자가 교육, 훈련, 경험을 통해 가족치료 전문가로서의 지식, 기술, 윤리적 판단 능력을 지속적으로 성장시켜 나가는 과정

가족치료사 발달 과업(family therapist developmental tasks) 가족치료사 발달 단계별로 요구되는 특정 능력이나 과업으로, 예를 들어 초기에는 불안 관리와 기법 습득이, 후기에는 자기성찰과 유연성 확보가 주요 과업이 됨

가족치료사 윤리(family therapist ethics) 가족치료를 수행할 때 치료자가 준수해야 할 비밀 보장, 다중 관계 금지, 객관성 유지 등과 관련된 전문적 행동 규범과 원칙

가족투사과정(family projection process) 부모가 자신의 불안과 정서적 문제를 자녀에게 투사하여 자녀를 취약한 존재로 만들고 그에 따라 부모-자녀 간 정서적 융합과 과다 개입이 강화되는 관계적 역동

가족평가(family evaluation) 가족의 기능 수준을 진단하고 개입 방향을 설정하기 위해 면담, 관찰, 표준화된 검사 등을 활용하여 정보를 수집하고 분석하는 과정으로 가족사정과 유사한 개념으로 보기도 하고, 가족사정 결과를 종합한 치료자의 판단을 말하는 포괄적 개념으로 보기도 함

갈등 삼각형(triangle of conflict) 부부 갈등이 유지되는 심리적 미시 구조를 설명하는 틀로서 "지금 이 순간 무엇에 개입해야 하는가?"를 보여주는 도구

강점 관점(strengths perspective) 개인이나 가족이 가지고 있는 문제점보다는 잠재력, 자원, 강점에 초점을 맞추어 이를 활용하여 문제를 해결하도록 돕는 사회복지 및 상담 분야의 핵심 관점

강점 탐색(strength exploration) 가족의 기능 · 회복력 · 관계적 자원을 발견하고 강조하여 변화 동기를 강화하는 전략

강화하기(intensity/amplification) 상호작용 · 감정 · 메시지의 강도를 높여 변화의 필요성을 자각하게 하는 전략(반복 · 증폭 · 속도조절 등 포함).

개방성(openness) 체계가 외부 환경과 정보 · 에너지 · 자원을 자유롭게 주고받는 정도. 개방적인 가족은 새로운 아이디어, 도움, 피드백을 받아들이며 적응력을 높임

개인구성 심리학(personal construct psychology) 조지 켈리(G. Kelley)가 제안한 이론으로, 사람은 자신의 경험을 이해하기 위해 이분법적 구성(예: 따뜻한-차가운, 믿을 수 있는-믿을 수 없는)을 만든다고 봄. 문제가 생길 때는, 이 구성이 너무 좁거나 경직되어 있는 경우가 많으며, 치료는 새로운 구성을 탐색하는 과정이라고 봄

거시체계(macrosystem) 개인과 가족을 둘러싼 사회 전체의 문화, 가치관, 이데올로기, 법·제도, 경제 구조 등 가장 넓은 수준의 환경을 의미함. 가족치료의 관점에서, 거시체계는 가족의 갈등과 고통이 단지 개인·가족 내부의 문제만이 아님을 보여줌

거짓 자기(false self) 개인이 자신의 진짜 욕구·감정·자발성을 보호하거나 억압하기 위해 타인의 기대나 요구에 과도하게 맞추어 형성된 외부지향적·적응적·방어적 자기 구조

거트먼방법 커플치료(Gottman Method Couple Therapy) 존 거트먼(John Gottman)과 줄리 거트먼(Julie Gottman) 부부가 방대한 부부 상호작용 연구를 바탕으로 개발한 구조화된 커플치료. 관계를 무너뜨리는 '네 가지 파괴적 상호작용(비난, 방어, 경멸, 담쌓기)'을 줄이고, 우정·존중·공유된 의미를 강화하는 구체적인 대화·문제해결 기술을 훈련함

건강가정기본법(Framework Act on Healthy Families) 가족에 관한 기본 이념과 국가·지방자치단체의 책무와 가족 지원 정책의 방향을 규정한 포괄적 기본법. 모든 국민이 가족의 건강성을 유지하고 증진할 수 있도록 가족 구성원의 권리와 책임, 가족정책의 기본 이념, 국가·지자체의 가족지원 책임, 가족센터의 설치·운영 근거 등을 정하는 데 목적이 있음. 가족을 단지 혈연·혼인·입양 공동체로만 보지 않고, 다양한 가족 형태를 지원·보호의 대상으로 포괄하려는 방향으로 수차례 개정되어 왔음

게슈탈트치료(Gestalt Therapy) 사람을 현재 순간의 지각·감정·신체 경험 전체로 보는 인간중심·실존적 치료 접근. 내담자가 '지금 여기'에서 자신의 욕구와 감정을 자각(awareness)하고, 미해결 과제(unfinished business)를 마주하도록 도움

결혼분열(marital schism) 부부가 서로를 지속적으로 비난·폄하하면서도, 관계를 끊지 못하고 갈등 상태가 만성적으로 이어지는 부부관계를 말함. 부모의 분열된 동맹 속에서, 자녀가 양쪽 사이에 끼이거나 어느 한쪽과 연합하게 되는 역동이 자주 나타나게 됨

결혼왜곡(marital skew) 부부 중 한 사람의 비정상적·지배적 행동이 관계 전체를 왜곡하지만, 다른 배우자는 이를 문제로 인정하지 않고 유지하는 부부 구조. 겉으로는 가족이 유지되지만, 권력의 극단적 불균형과 비현실적 적응이 특징임

경계 만들기(boundary making) 자리 배치, 발화 순서, 규칙 조정 등을 통해 하위체계 간 심리적 거리와 경계를 재설정하는 구조 개입

경계(boundary) 어디까지가 이 체계의 '안'이고 어디서부터가 '밖'인지를 나누는 선. 가족에서 경계는 얼마나 개방적/폐쇄적인지, 누구끼리 얼마나 얽혀 있는지(융합/분리)를 보여주는 중요한 지표

고무담장(rubber fence) 외부에는 비교적 개방된 것처럼 보이지만, 가족 내부 규범이나 비밀을 건드리려 하면 탄성 있는 보이지 않는 장벽이 생겨 외부 개입을 튕겨내는 가족의 경계 개념. 가족은 "우리는 열린 가족"이라 말하지만, 실제로는 핵심 문제에 대한 외부의 접근을 차단함

고행 과제(ordeal) 증상을 유지하는 것보다 더 힘든 과제를 부과하여 증상의 이득을 제거하는 기법

공동대처(dyadic coping) 가족원이 스트레스 상황에서 서로의 정서·행동을 지지하고 조율하며, 문제해결을

위해 협력적으로 대응하는 가족 중심 대처 과정

공동양육(coparenting) 부모가 양육 관련 결정을 협력적으로 내리고, 일관된 방식으로 양육행동을 조율하며, 서로의 양육을 지지·조정하는 상호작용 과정

공동저작(co-authoring) 치료자와 내담자가 협력적인 대화를 통해 내담자의 새로운 '대안적 이야기'를 함께 만들어가는 내러티브 치료의 핵심 과정

공동치료(co-therapy) 휘태커가 제안한 접근으로, 둘 이상의 치료자가 상호보완적 역할을 수행하며 합류·거리두기를 조절해 가족의 변화를 촉진하는 협력적 치료 체계

공통요인(common factors) 심리치료의 효과를 설명할 때, 각 치료 모델이 가진 특수 기법보다 서로 다른 치료 접근들 사이에 공통적으로 존재하는 요인들이 치료 성공의 상당 부분을 설명한다는 관점에서 나온 개념

과대·과소기능(overfunctioning·underfunctioning) 두 사람이 관계 속에서 한쪽은 지나치게 책임·결정을 떠맡아 과도하게 기능하고, 다른 한쪽은 자기 욕구와 능력을 억압한 채 의존적이고 미숙하게 기능하는 상보적 역할 패턴

과정 질문(process questions) 특정 사건이 일어나고 있을 때의 당사자들 간의 상호작용이나 감정에 대해 질문함으로써 그 상호작용의 저변을 흐르는 역동을 탐색하는 기법

관계성 질문(relationship question) 내담자가 문제 상황을 다양한 각도에서 바라보게 하여 문제 해결의 실마리를 찾도록 돕는 가족치료의 중요한 기법

관계양식(relational mode) 상호작용할 때 사람들이 어떠한 관계 패턴으로 서로를 대하는지를 가리킴. 예를 들어, 지시-복종, 돌봄-의존, 경쟁-우월, 동맹-배제 등과 같은 관계의 기본 모드

관계적 반응성 접근(relational responsiveness approach) 치료자와 내담자가 서로에게 상호 응답하는 관계성을 통해 치유가 일어난다고 보는 관점. 치료자는 기계적인 기법보다, 현재 순간의 관계와 반응성(응답하는 감수성)을 중요하게 여김

관계적 요인(relational factors) 치료자-내담자 사이의 관계(치료동맹)와 내담자들 상호 간의 관계(가족·부부·상호작용)에 존재하는, 치유와 변화에 결정적 영향을 미치는 관계의 질적 측면. 특히 부부·가족치료에서 중요한 관계적 공통요인은 치료동맹(정서적 유대, 목표에 대한 합의, 과업에 대한 합의), 상호 존중과 안전감, 협력적 태도, 희망과 의미의 공동 구성 등

관찰 코딩체계(observational coding system) 가족 상호작용이나 의사소통 패턴을 객관적으로 관찰 측정하고 분석하기 위해 특정 행동 범주를 미리 정해두고 관찰 내용을 기록하는 표준화된 도구

관찰학습(observational learning) 타인의 행동과 그 결과를 지켜보는 것만으로도 정보·기술·행동을 습득하게 되는 간접적 학습 과정

교란(perturbation) 체계의 기존 균형을 흔드는 외부·내부의 자극. 교란이 너무 크면 붕괴를, 적절하면 새로운 균형·성장을 촉진할 수 있음

교차성(intersectionality) 인종, 성별, 계급, 성적지향, 장애 등 여러 정체성이 서로 교차하면서 독특한 억압과 특권 경험을 만든다는 개념. 예를 들어, '여성'과 '이주노동자'와 '저소득층'이 겹칠 때, 단순 합 이상의 복합적인 주변화가 발생

구분(distinction) 어떤 것을 이해하기 위해 '이것과 저것'을 나누는 행위. 체계를 분석할 때, 안/밖, 나/너, 문제/해결 등으로 선을 긋는 방식

구성주의(constructivism) 객관적인 실재가 존재하기보다, 개인이 자신의 경험과 인지 과정을 통해 주관적인 실재를 구성한다고 보는 인식론적 관점

구성주의적 대안론(constructive alternatism) 조지 켈리(G. Kelley)의 관점으로, 사람은 세상을 이해하기 위해 여러 '구성(construct)'을 시도하는 과학자와 같다고 봄. 지금 사용하는 해석이 전부가 아니며, 언제든 더 잘 맞는 대안을 만들 수 있다는 입장

권력(power) 누가 행동을 조정하고, 규칙을 정하고, 상호작용의 흐름을 결정하는지를 의미하는 관계적 영향력의 수준

권력과 담론 이론(Power and Discourse Theory) 사회적 '담론'(언어와 지식 체계)이 어떻게 권력 관계를 형성하고 유지하며, 개인의 삶과 정체성에 영향을 미치는지를 분석하는 이론

규칙(rules) 체계 안에서 '이렇게 행동해야 한다'는 명시적 · 암묵적 약속. 가족에서는 '부모에게는 대들면 안 된다', '감정을 크게 표현하지 않는다' 같은 관습이 규칙이 됨

균형 교란자(unbalancer) 왜곡된 권력 구조를 흔들기 위해 특정 구성원을 일시적으로 지지하여 위계를 재조정하는 역할

균형깨기(unbalancing) 권한이 약화된 구성원을 지지하여 가족의 권력축을 이동시키는 기법. 위계 재편의 핵심 전략

근접발달영역(zone of proximal development: ZPD) 아동(혹은 내담자)이 독립적으로는 해결하기 어렵지만, 숙련된 타인(부모, 치료사 등)의 도움을 받으면 수행할 수 있는 잠재적 발달 영역

급진적 구성주의(radical constructivism) 인식은 언제나 개인의 경험과 구성을 통해서만 가능하며, 객관적인 현실에 직접 도달할 수 없다고 보는 강한 구성주의 입장. 치료자는 '실제 원인'보다, 내담자가 어떻게 세계와 자신을 구성하고 있는가에 더 관심을 둠

긍정적 강화(positive reinforcement) 원하는 행동이 일어난 직후, 그 행동을 증가시키는 보상적 자극(강화인)을 제공함으로써 해당 행동의 발생 빈도를 높이는 절차

긍정적 피드백(positive feedback) 증폭 피드백. 변화를 더 키우는 방향

기능 분석(functional analysis) 문제행동의 선행 사건(A) · 행동(B) · 결과(C)를 체계적으로 파악해, 그 행동이 왜 발생하고 유지되는지를 분석하는 행동평가 절차

기능적 MRI(functional Magnetic Resonance Imaging: fMRI) 강한 자기장과 라디오파를 이용하는 MRI 장비로, 시간에 따라 변하는 뇌 혈류 · 산소포화도의 변화를 측정하여, 뇌가 '어디에서, 언제' 더 활발하게 작동하는지'를 영상으로 보여주는 검사. 뇌의 특정 부위가 활발히 일할수록 그 부위로 더 많은 산소가 풍부한 혈액이 흘러가고, 산소가 풍부한 혈액은 자기적 특성이 달라서, MRI 신호 차이를 통해 활성 부위를 추정할 수 있는 것이 기본원리임. 공간 해상도가 높아, 어느 뇌 영역이 특정 과제(언어, 기억, 감정, 공감, 의사결정 등)에 관여하는지 연구하는 데 매우 유용하지만, 시간 해상도는 EEG보다 떨어짐. 가족 · 대인관계 연구에서는, 애착, 공감, 갈등, 공정성, 보상 · 처벌 인식 등과 관련된 신경회로(편도체, 전전두엽, 전측 대상피질 등)를 fMRI를 통해 관찰함으로써, 인간 관계 · 감정 조절의 뇌 기초를 탐구하는 연구들이 진행되고 있음.

기능적 가족치료(Functional Family Therapy: FFT) 비행 · 공격적 행동을 보이는 청소년과 가족을 대상으로 한 단기 · 구조화된 가족치료. 초기에는 동기 형성 · 관계 완화, 이후에는 의사소통 · 문제해결 기술 훈련, 마지막에는 일상에서 유지 전략을 세우는 단계적 모델을 사용함

기능적 증상(functional symptom) 증상은 병리가 아니라 가족 체계의 항상성을 유지하는 전략적 역할을 한다는 관점

기능주의(functionalism) 사회 또는 가족을 상호 연관된 기능들의 체계로 보고, 각 부분이 전체의 안정과 유지에 어떤 역할을 하는지에 초점을 두는 이론. 가족치료 맥락에서는 가족 규범 · 역할 · 의사결정 구조 등이 체계의 기능과 균형 유지에 어떻게 기여하는지 설명할 때 사용됨

긴장고조(intensification) 상담자가 가족 구성원 간의 중요한 상호작용이나 감정, 갈등, 패턴을 더 강하게, 더 뚜렷하게 느끼도록 강조 · 확대시키는 개입

끊어 읽음(punctuation) 복잡한 상호작용 흐름 속에서, 사람이 어디를 시작점/원인으로 볼지를 정하는 행위. 예를 들어, "네가 화내서 내가 소리쳤어" 대 "네가 늘 무시해서 내가 화내는 거야"처럼, 각자 다르게 "끊어 읽기" 하면서 갈등이 유지되기도 함

내담자 요인(client factors) 치료 성과에 영향을 미치는 내담자 쪽에 속한 개인 · 환경적 특성. 예를 들어, 동기와 희망, 심리적 자원, 사회적 자원, 문제의 심각도와 만성도, 증상의 강도, 지속 기간, 동반 질환, 문화 · 가치 · 영성 등이 있음

내담자 평가(client assessment) 치료자가 내담자의 문제, 증상, 강점, 환경적 요인 등을 체계적으로 파악하고 이해하는 과정. 법정 등에서 판단자료로 치료자에게 이러한 내담자 평가를 요구하는 경우가 있음

내러티브(narrative) 개인이나 가족이 자신의 경험과 삶을 이해하고 설명하기 위해 사용하는 이야기 구조나 서사

내러티브 치료(Narrative Therapy) 이야기 치료와 동일한 용어로, 내담자가 자신의 삶을 지배하는 문제 이야기를 해체하고, 자신이 선호하는 새로운 대안적 이야기를 '재저작'하도록 돕는 치료 모델

내면화된 박해 대상(internal bad object) 아동이 초기 양육 경험 속에서 경험한 두렵고 위협적이며 벌주는 듯한 대상(부모의 공격성 · 냉담함 · 거부 등)을 자신의 내부로 내면화하여 형성된 공격적 · 비난적 · 위협적 내적 대상표상

내적 가족체계 모델(Internal Family Systems Model: IFS) 리처드 슈워츠(R. Schwartz)가 제안한 모델로, 한 사람의 마음 안에 여러 '부분들(parts)'이 가족처럼 상호작용한다고 봄. 보호자 역할을 하는 부분, 상처받은 아동 부분, 비판자 부분 등이 중심자기(Self)의 리더십 아래 조화롭게 작동하도록 돕는 것이 치료 목표임

내적 대상(internal object) 유아기 초기 관계 경험이 내면화된 대상 표상. "좋은 대상/나쁜 대상"으로 저장됨

뇌파검사(Electroencephalography: EEG) 머리 피부에 여러 개의 전극을 부착하여 뇌에서 발생하는 전기적 활동(뇌파)을 실시간으로 기록하는 검사. 시간 해상도가 매우 높아(밀리초 단위), 뇌 기능의 순간적인 변화 포착, 간질(뇌전증) 진단, 수면장애 평가, 의식 수준 평가, 마취 깊이 모니터링 등에 널리 사용되는 장점이 있으나, 공간 해상도("뇌의 어디에서?"를 정확히 구분하는 능력)는 상대적으로 떨어지는 단점이 있음. 정신의학 · 심리치료 연구에서는 주의력, 감정 반응, 인지 처리 과정 등을 반영하는 특정 뇌파 패턴(예: (예: P300, α파, θ파 등)이 우울, 불안, ADHD, 트라우마 등의 상태와 어떤 관련이 있는지, 치료 전후에 어떻게 변하는지를 연구하는 데 사용됨.

니겐트로피(negentropy) 엔트로피의 반대 개념. 체계가 질서를 만들어 내고, 구조를 유지 · 발전시키는 경향. 가족이 스트레스를 겪으면서도 서로를 돌보고 의미를 재구성하여 더 성숙해지는 과정도 니겐트로피로 볼 수 있음

다문화주의(multiculturalism) 한 사회 안에서 여러 문화 · 인종 · 언어 · 종교가 공존하며, 각각의 가치와 권리를 존중해야 한다는 관점. 가족치료에서는 내담자의

문화적 배경을 결핍이 아닌 자원과 의미의 맥락으로 이해하려 함

다세대 전수과정(multigenerational transmission process) 가족 투사과정을 비롯한 가족 내 관계적 패턴이 각 세대의 상황과 핵가족 맥락에 따라 다양한 형태로 변형되며 다음 세대로 전달됨에 따라, 친족 집단 내에서 분화 수준의 개인차가 점차 확대되어 나타나는 가족체계의 장기적 발달 과정

다시 끊어 읽음(repunctuation) 같은 상호작용을 새로운 방식으로 다시 끊어 읽는 것. 예를 들어, '아이의 반항이 문제의 시작'이 아니라 '부모의 두려움과 과잉통제가 먼저'라는 식으로 원인-결과 구조를 새로 보는 작업

다차원적 치료(Multidimensional Therapy) 청소년의 약물 사용·비행 등 복합적 문제를, 가족, 또래, 학교, 지역사회 등 여러 차원에서 동시에 개입하려는 통합적 치료 접근. 가족치료, 개인치료, 학교·지역사회 자원 연계를 하나의 프로그램 안에서 조정함

다체계적 치료(Multisystemic Therapy: MST) 고위험 청소년을 대상으로, 가정·학교·또래·지역사회라는 다양한 체계(multisystem)에 걸쳐 집중적으로 개입하는 가정 기반(out-home) 치료모델. 치료자가 가정을 직접 방문하고, 부모훈련·학교 협력·또래 관계 재조정 등을 통해 청소년의 문제 행동을 줄이고 기능을 향상시킴

단기전략적 치료(Brief Strategic Therapy) 문제의 '역사'보다, 지금 이 문제가 어떻게 유지되는지(유지 메커니즘)에 집중해 짧은 기간 안에 변화 전략을 설계하는 접근. 내담자와 가족의 현재 행동 패턴을 일부러 바꾸거나 과장시켜, 가족체계의 고착된 균형을 깨뜨리려 함

담아주기(containing) 가족이 견디기 어려운 감정을 치료자가 '담아주고' 의미를 재구성하여 되돌려주는 과정

대상 추구 모델(Object-Seeking Model) 인간은 충동 방출이 아니라 대상을 추구하는 존재라는 전환적 관점

대상(object) 유아가 상호작용하는 중요한 타인. 실제 인물(외적 대상)과 내면화된 표상(내적 대상) 모두를 의미함

대상관계(object relations) 대상(주 양육자)과의 경험이 내면화되어 형성된 정서적 관계 패턴. 이후 모든 인간관계의 기본 틀이 됨

대안적 이야기(alternative narrative) 문제 중심적인 '지배적 이야기'에 가려져 있던 내담자의 희망, 능력, 가능성, 성공 경험이 담긴 새로운 삶의 이야기

대처 질문(coping questions) 해결중심 단기치료 기법 중 하나로, 내담자가 매우 힘들거나 절망적인 상황에서도 어떻게든 그럭저럭 버텨내고 있는 점에 주목하여, 그들의 대처 능력과 자원을 탐색하고 인정하기 위해 고안된 질문

대칭적 관계(symmetrical) 두 사람이 비슷한 힘·지위·통제력을 가지고, 동일한 수준에서 상호작용하려고 할 때 나타나는 경쟁적 관계 패턴

도식(schema) 세계와 자신에 대해 개인이 오랜 시간에 걸쳐 비교적 안정적으로 내면화한 기본적 신념의 인지 구조

독특한 결과(unique outcomes) 내러티브 치료에서 사용되는 용어로, 내담자의 삶에서 지배적인 '문제 이야기'와 모순되는 예외적인 경험이나 성공 사례를 의미하며, 이는 새로운 이야기의 실마리가 됨

동료검토(peer-reviewed) 학술 논문이 정식 출판되기 전, 같은 분야 연구자들(동료)이 내용을 검토·비판·수정 요구를 하는 과정. 동료검토를 거친 논문은 최소한의 학문적 타당성·신뢰성을 인정받은 자료로 간주됨

동맹(alliance) 가족 구성원 간 특정 과업 수행을 위한 기능적·유연한 협력 관계. 경계 침범 없이 협력할 때 기능적임

동일결과성(equifinality) 출발점이 달라도, 여러 다른 길

을 통해 같은 결과에 도달할 수 있다는 체계의 특성. 가족 문제의 원인은 하나가 아니며, 여러 경로가 같은 증상으로 나타날 수 있음을 뜻함

동일잠재성(equipotentiality) 같은 출발점에서 출발했더라도, 서로 다른 결과에 도달할 수 있다는 특성. 같은 사건(예: 부모의 이혼)을 겪어도, 어떤 아이는 강인해지고 어떤 아이는 큰 상처를 입을 수 있음

동형성(isomorphism) 가족의 한 관계에서 나타나는 역기능적 상호작용이 다른 관계에서도 동일한 형태로 반복되는 현상

디지털 양식(digital form) 언어나 숫자처럼 뚜렷이 구분되는 기호로 의사를 표현하는 방식. "싫어", "좋다", "3번 해라" 같은 말들은 디지털 양식에 해당함

마인드풀니스(마음챙김)(mindfulness) 현재 순간의 경험(호흡, 신체 감각, 생각, 감정)을 판단 없이, 호기심과 수용의 태도로 알아차리는 명상·주의 방식. 불안·우울·충동 조절 어려움 등에서, 자동적으로 반응하기보다 한 박자 멈추고 자각적으로 선택할 수 있게 도움

만성불안(chronic anxiety) 환경적 스트레스의 단기적 반응이 아닌, 원가족 경험과 현재 가족 역동 속에서 누적, 고착된 지속적 불안

말하기-다시 말하기(telling and retelling) 내담자가 자신의 이야기를 치료자나 외부 증인 집단에게 '말하기'하고, 그 이야기를 들은 사람들이 자신에게 의미 있는 방식으로 '다시 말하기'해 주는 이야기 치료 기법

맥락적 치료(Contextual Therapy) 이반 보쇠르메니-너지(I. Boszormenyi-Nagy)가 제안한 가족치료 모델로, 가족을 관계적 윤리(relational ethics)의 맥락에서 이해함. 각 가족 구성원이 서로에게 한 공헌과 부당함을 고려하여, 신뢰와 공정성을 회복하는 것을 치료 목표로 삼음

메시지 주기(giving messages) 치료팀이 회의실에서 논의한 내용을 바탕으로 내담자 가족에게 강점 칭찬에 이은 적절한 과제를 전달하여 변화를 유도하는 해결중심치료의 주요 기법

문제 유지 구조(problem-maintaining structure) 증상을 지속시키는 가족의 상호작용 규칙·패턴·위계. 치료는 증상을 바꾸는 것이 아니라 문제를 유지시키는 구조를 해체하는 데 초점을 둠

문제이야기(problem narrative) 내담자나 가족이 자신의 삶을 지배하고 있다고 느끼는 부정적이고 제한적인 이야기로, 문제에 의해 자신의 정체성이 규정되는 서사

문화·맥락 조정자(contextual mediator) 개입을 가족의 문화·계급·이주 배경·사회적 조건에 맞추어 조절하는 역할

문화적 겸양(cultural humility) '나는 타인의 문화를 완전히 알 수 없다'는 전제를 가지고, 계속 배우고, 질문하고, 권력 차이를 성찰하려는 태도. 치료자는 내담자의 문화를 평가하거나 단정 짓기보다, 겸손하게 배우는 입장을 취함

미시체계(microsystem) 생태체계이론에서 개인이 직접 참여하여 자주 상호작용하는 가장 가까운 수준의 환경을 뜻함. 가족치료에서는 가정 내 상호작용이 대표적인 미시체계

밀착(enmeshment) 지나치게 모호한 경계로 인해 개인의 분리·자율이 어렵고 정서적 융합이 심한 상태

반영팀 모델(Reflecting Team Model) 치료자와 내담자 가족이 대화하는 모습을 외부의 '반영팀(다른 치료자들 혹은 특별히 초대된 사람들)'이 관찰하고, 그 관찰 내용과 생각을 내담자 가족에게 공유함으로써 내담자 가족에게 새로운 관점을 제공하는 협력적 치료 방식

변증법적 행동치료(Dialectical Behavior Therapy: DBT) 주로 경계선 성격특성, 자해, 충동 조절 문제를 대상으로, 변증법(수용과 변화의 균형)에 기반해 개발된 치

료. 개인치료와 집단기술훈련을 병행하며, 정서조절, 대인관계 기술, 고통 감내, 마인드풀니스, 네 영역의 기술을 훈련함

변형 과정(transformation process) 내담자가 과거의 미충족 기대와 감정을 재경험·수용하여 보다 건강한 방식으로 재구성해 나가는 내적 변화의 과정

변화 단계(stages of change) 사티어가 제시한 단계적 발달 틀로, 가족이 기존의 익숙한 패턴에서 혼란과 재조정을 거쳐 새로운 기능적 상호작용을 형성해 가는 변화 흐름

변화 제지(restraining change) "지금은 변하려 하지 마라"라고 말함으로써 오히려 변화 동기를 자극하는 역설.

보완적 관계(complementary) 두 사람의 역할·힘·지위가 서로 다르고, 그 차이가 기능적으로 서로를 보완하면서 상호작용이 이루어지는 관계 유형

부모화(parentification) 자녀가 부모의 정서적·실질적 책임을 대신 떠맡게 되는 현상. 위계 붕괴의 대표적 지표

부부상담(marital counseling) 부부 관계에서 발생하는 갈등, 소통 문제, 성격 차이 등을 부부가 함께 참여해 다루는 상담. 문제를 어느 한 사람의 잘못으로 보지 않고, 상호작용 패턴·의사소통 방식을 바꾸는 데 초점을 둠

부분들의 잔치(parts party) 개인 내 긍정적·부정적 측면을 모두 인식하고 수용하여 서로 조화롭게 통합하도록 돕는 경험적 가족치료 기법

부정적 피드백(negative feedback) 안정 피드백. 변화를 줄이고 현 상태를 유지하는 방향

분리(disengagement) 경직된 경계로 인해 정서적·행동적 거리가 지나치게 먼 상태. 단절, 고립, 상호 지지 부족이 특징

분열(splitting) 좋음과 나쁨을 통합하지 못하고 양극화된 상태로 유지하는 초기 방어기제.

블랙박스(black box) 내부 구조는 알 수 없지만, 입력과 출력의 관계만을 관찰해 이해하는 대상. 가족치료에서는 가족 내부의 복잡한 심리 과정을 세부적으로 분석하기보다, 어떤 자극에 어떤 반응이 나오는지에 주목할 때 쓰는 비유

비계 세우기(scaffolding) 치료자가 내담자(혹은 가족)의 현재로서는 도달하기 약간 어려운 과제나 질문을 통해 스스로 문제를 해결하고 성장할 수 있도록 지지하고 돕는 과정

비규범적(non-normative) 정상 가족에 대한 보편적인 규범이나 기준을 전제하지 않고, 각 가족의 고유한 특성과 기능을 존중하며 접근하는 치료적 태도나 관점

비일치적 의사소통(incongruent communication) 언어적 메시지와 비언어적 메시지가 서로 모순되어 청자에게 혼란을 일으키는 통합되지 않은 의사소통 방식

빙산 모델(iceberg) 행동이라는 표층 아래에 자기·열망·기대·인식·감정·신념·대처 등의 내적 경험 요소가 상호작용하여 인간의 문제를 형성한다고 설명하는 사티어의 구조 이론

사례개념화(case conceptualization) 내담자나 가족의 문제를 특정 이론적 틀에 근거하여 이해하고 분석하는 과정으로, 이를 통해 적절한 치료 목표와 개입 전략을 수립하게 됨

사이버네틱스(cybernetics) 체계 안에서 정보가 어떻게 오고 가며, 피드백을 통해 행동이 조절되는지를 연구하는 학문. 원래는 기계·조종 이론에서 시작했지만, 이후 가족·조직·사회 체계의 조절과 변화를 설명하는 핵심 개념으로 확장

사이코드라마(psychodrama) 참여자가 자신의 삶에서 중요한 장면을 무대 위에서 역할극으로 재현하고, 다른 구성원이 조역을 맡는 집단치료기법. 직접 연기하고 몸으로 경험함으로써, 억눌린 감정의 정화(catharsis)와 새로운 통찰·대처 방식을 얻도록 도움

사전동의서(informed consent form) 상담동의서라고도 부름. 치료 시작 전, 내담자에게 치료 과정, 목표, 비밀 보장 한계, 비용, 치료자의 자격 요건 등을 충분히 설명하고 동의를 구하는 법적, 윤리적 문서

사회구성주의(social constructionism) 지식과 실재가 객관적으로 존재하는 것이 아니라, 사회적 상호작용, 문화, 언어를 통해 구성된다고 보는 관점으로, 포스트모더니즘 가족치료의 주요 철학적 배경

사회문화적 조응 가족치료(Socioculturally Attuned Family Therapy) 가족을 다룰 때, 인종, 계급, 성별, 성적지향, 문화, 권력 구조 등 사회문화적 요소를 중심축으로 고려하는 가족치료 접근. 내담자의 고통을 개인이나 가족 내부 문제로만 보지 않고, 사회적 억압·차별과의 연결 속에서 이해·개입함

사회적 위치(social location) 한 사람이 사회 구조 속에서 차지하는 위치(계급, 성별, 인종, 교육 수준 등)를 가리킴. 사람이 겪는 기회, 위험, 차별, 특권을 크게 좌우함

사회정서과정(societal emotional process) 사회 전체가 불안 수준에 따라 정서적 반응성에 기초한 퇴행적 행동 또는 장기적 원칙에 따른 발전적 행동을 보이는 집단적 정서·행동 패턴

삼각관계(triangle) 두 사람의 긴장과 갈등이 해결되지 못할 때 제3자를 개입시켜 정서를 분산시키고 관계의 불안을 안정화하려는 삼자관계의 체계적 현상

상담 전 변화에 관한 질문(pre-session change question) 해결중심 단기치료의 초기 단계에서 "지난번 예약 이후 오늘 상담까지 어떤 변화가 있었나요?"라고 질문하여, 내담자의 긍정적인 변화를 인식하고 강화하는 기법

상담사 발달 모델(Counselor Development Model) 초보 상담자가 경험과 교육을 통해 전문성을 갖춘 숙련된 상담자로 성장해 나가는 과정을 단계별로 설명하는 이론적 틀

상담자 소진(counselor burnout) 상담자가 과도한 직무 스트레스와 정서적 부담으로 인해 탈진, 냉소주의, 효능감 저하를 경험하는 상태

상담자 윤리(counselor ethics) 상담 실무에서 상담자가 마땅히 지켜야 할 전문적 행동 기준과 도덕적 원칙들

상담자의 자기성찰(counselor self-reflection) 상담자가 자신의 생각, 감정, 행동이 상담 과정에 미치는 영향을 지속적으로 인식하고 되돌아보는 의식적인 노력과 태도

상보성 교육(reframing complementarity) 행동을 개인 성향이 아니라 관계적 맥락 속 반복 패턴으로 이해하도록 돕는 교육적 개입

상호작용 요인(ingredients of interaction) 사티어가 상호작용의 내적 과정을 탐색하기 위해 제시한 틀로, 발신자의 메시지에서 수신자의 감정·의미 부여에 이르기까지 내면적 반응 과정을 파악하도록 돕는 개념

상호작용 재구성(restructuring interaction) 대화 순서·개입 주체·반응 흐름을 재배열하여 기존 패턴을 깨는 개입

상호작용 패턴(interactional patterns) 가족 구성원이 반복적으로 교환하는 의사소통·행동 양식. 문제가 반복되는 "춤(dance)"의 형태로 관찰됨

상호주관성(intersubjectivity) 치료자와 내담자가 서로의 주관적인 경험과 관점을 상호적으로 이해하고 인정하는 관계로, 포스트모더니즘 치료 모델에서 중요한 개념

생물심리사회 모델(Biopsychosocial Models) 건강과 질병을 생물학적 요인 + 심리적 요인 + 사회적·환경적 요인의 상호작용 결과로 보는 통합적 모델. 치료에서도 약물·심리치료·가족·사회 자원을 포괄적으로 결합해야 한다고 봄.

생물의학 모델(Biomedical Models) 질병·정신장애를 주로 생물학적·신경학적 이상으로 이해하고, 약물·

의학적 처치를 핵심 치료 수단으로 보는 관점. 장점은 명확한 진단 · 치료 프로토콜이지만, 심리 · 사회 · 문화적 요인을 간과할 위험이 있음.

생존방식(survival stance) 위협 상황에서 자존감을 보호하기 위해 형성된 의사소통 기반의 방어적 대응 패턴

생태도(eco-map) 개인이나 가족을 둘러싼 다양한 환경체계(학교, 직장, 병원 등)와 그 상호작용의 질적 수준을 그림으로 나타내는 사정 도구

생태체계이론(Ecological Systems Theory) 유리 브론펜브레너(U. Bronfenbrenner)의 이론으로, 개인을 둘러싼 여러 층의 환경(가족, 학교, 지역사회, 문화, 제도 등)이 서로 연결되어 개인 발달에 영향을 준다고 보는 관점. 개인을 고립된 존재로 보지 않고, 생태계(ecology) 안에 놓인 존재로 본다는 의미에서 생태체계이론이라 부름

생태체계적 시각(ecological perspective) 가족의 문제를 사회 · 경제 · 문화 · 제도적 맥락 속에서 이해하는 관점. 미누친 후기 사상의 핵심 요소.

서비스 연계(service referral) 내담자의 복합적인 욕구를 충족시키기 위해 상담자가 지역사회 내의 다른 적절한 자원이나 전문가에게 내담자를 연결해주는 과정

선호하는 이야기(preferred narrative) 이야기 치료에서 내담자가 문제 중심적 이야기 대신, 자신의 강점, 희망, 가능성이 드러나는 새롭고 긍정적인 삶의 이야기

성장모델(growth model) 인간의 고유성과 자기실현 능력을 전제로, 변화를 긍정적 · 발달적 과정으로 해석하는 인본주의적 세계관에 기반한 신념 체계

성치료(sex therapy) 성기능 장애(성욕 저하, 발기 장애, 오르가슴 장애 등)나 성적 갈등을 의학적 · 심리적 · 관계적 요인을 함께 고려해 다루는 치료. 개인의 신체적 상태뿐 아니라 수치심, 믿음, 관계 갈등, 문화적 규범까지 포괄해서 접근함

소크라테스식 질문(Socratic questioning) 내담자가 자동적 사고와 신념을 스스로 탐색, 검토하도록 돕기 위해 치료자가 체계적이고 반성적 질문을 사용하여 인지 재구조화를 촉진하는 대화 기법

수반성(contingency) 어떤 행동과 그 뒤따르는 결과가 일정한 인과적 연결을 형성하여, 결과가 행동의 발생 가능성을 증가하거나 감소시키는 관계

수용전념치료(Acceptance and Commitment Therapy: ACT) 불편한 생각 · 감정을 없애기보다, 그것을 수용하면서도 자신의 가치에 기반해 행동을 선택하도록 돕는 인지 · 행동 · 마음챙김 기반 치료. 생각을 '사실'이 아니라 흘러가는 정신적 사건으로 바라보는 인지적 탈융합(defusion)을 강조

순환모델(circumplex model) 가족 기능을 평가하기 위해 응집성과 적응성이라는 두 가지 핵심 차원을 바탕으로 가족 유형을 분류하는 모델. 이 모델은 이 두 차원이 중간 수준으로 균형을 이룰 때 가장 건강한 가족 기능을 보인다고 가정함

순환적 상호작용(circular interaction) 문제를 유지하는 반복적 순환 패턴

순환적 인과성(circular causality) A가 B에게 영향을 주고, 다시 B가 A에게 영향을 주는 상호 순환 구조 속에서 인과관계를 이해하는 방식. 누가 처음 시작했는가보다, 서로의 행동이 서로를 어떻게 유지 · 강화하는가를 보는 것

순환질문(circular question) 가족 구성원들 간의 관계나 상호작용, 패턴 등을 알아보기 위해 고안된 질문 방법으로서, 가족 역동에 대한 새로운 정보를 얻고 가족 전체의 순환성을 이해하도록 돕는 기법

스트레스원(stressors) 가족이나 개인에게 부담 · 압박 · 위기를 가져오는 사건 · 조건. 실직, 질병, 이혼 같은 급성 스트레스원도 있고, 빈곤, 차별 같은 만성 스트레

스윈도 있음

실연(enactment) 가족이 평소 하는 상호작용을 세션에서 실제로 재현하게 하는 기술. 구조·패턴·위계를 "현장"에서 포착하게 함

실천기반 연구(practice-based evidence) 이론이나 실험 연구에서 출발하기보다 실제 현장에서 이루어지는 상담·치료·프로그램의 데이터를 모아, 그 속에서 무엇이 효과적인지('증거')를 찾아내는 연구 방식. 예를 들어, 가족상담센터나 병원 외래에서 수년간 축적된 내담자 변화 점수, 중도탈락률, 만족도, 추적조사 결과 등을 분석하여, 어떤 기법이, 어떤 유형의 가족에게, 어떤 조건에서 특히 효과적인지를 밝혀내는 연구가 여기에 해당

심리교육(psychoeducation) 내담자와 가족에게 질환, 증상, 치료 과정, 대처 전략에 대한 정보를 체계적으로 제공하는 교육적 개입. 단순 정보 전달을 넘어, 오해와 낙인을 줄이고, 가족이 치료 파트너로 참여하도록 돕는 것이 목표

심리내적 관점(intrapsychic perspectives) 인간의 문제를 설명할 때, 개인 마음 속의 구조와 과정에 초점을 두는 관점으로서 내적 심리구조에서 문제의 원인을 찾음

아날로그 양식(analogic form) 표정, 몸짓, 목소리 톤처럼 연속적이고 미묘한 차이를 가진 비언어적 표현 방식. 같은 "괜찮아"라도 표정·톤에 따라 전혀 다른 의미로 받아들여질 수 있음

아동지도(child guidance) 개별 아동의 정서·행동 문제를 상담·치료하면서, 부모교육과 가정환경 조정을 함께 다루는 초기 아동상담·가족치료 접근. 아동의 증상을 아이 개인의 결함이 아니라 양육 방식·가족관계의 어려움과 연결해 이해하려는 기초적 시도였음

악몽질문(nightmare question) 해결중심 단기치료의 '기적 질문'과 유사하게 사용될 수 있는 기법으로, 내담자의 최악의 상황(악몽)을 상상하게 하여 문제의 핵심을 파악하고 해결 동기를 강화하는 기법

안아주기(holding environment) 정서적 안정감과 보호를 제공하는 환경. 가족치료에서 치료자가 제공하는 "정서적 그릇"을 의미

알지못함의 자세(not-knowing posture) 치료자가 내담자 가족의 고유한 경험과 삶에 대해 '전문가로서 다 안다'는 태도를 버리고, 겸손하게 배우려는 열린 자세로 임하는 협력적 치료 태도

애착기반 가족치료(Attachment-Based Family Therapy: ABFT) 청소년의 우울·자살위험 등을 애착 관계의 단절·상처와 연결해 이해하고, 부모-자녀 간 정서적 안전·신뢰 회복을 목표로 하는 구조화된 가족치료. 부모-자녀가 과거 상처를 이야기하고, 사과·공감·새로운 약속을 통해 애착 유대를 재구축하도록 도움

엔트로피(entropy) 체계 안의 무질서도·난잡함을 나타내는 개념. 에너지가 제대로 순환하지 않으면 구조가 붕괴하거나, 기능을 잃는 방향으로 흐르게 됨

여성 프로젝트(women's project) 가족치료 분야에서 여성주의·젠더 관점을 강화하기 위해 진행된 학자들의 공동 노력·연구 흐름을 가리킴. 전통 가족치료가 놓쳤던 가사노동, 돌봄, 권력 불균형, 폭력, 여성의 목소리를 드러내고, 이론과 실천에 반영하려는 움직임

역설적 개입(paradoxical intervention) 저항이 강할 때 문제 행동을 "지속하라"고 요청하여 체계가 스스로 균열을 경험하고 변화 필요성을 깨닫게 하는 전략

역전이(counter-transference) 치료자가 내담자와의 상호작용 과정에서 자신의 과거 경험이나 미해결된 감정을 내담자에게 투사하여 객관적인 치료를 방해할 수 있는 무의식적 반응

역할 전도(role reversal) 자녀가 부모의 정서적 지지자·의사결정자로 기능하는 구조적 왜곡. 부모화

(parentification)의 한 형태

역할이론(role theory) 개인은 사회·가족·조직 속에서 여러 역할(부모, 자녀, 배우자, 직장인 등)을 수행하며, 이 역할에 대한 기대와 규범이 행동을 규정한다고 보는 이론. 가족치료에서는 역할 갈등·역할 과부하·역할 모호성이 증상과 갈등의 중요한 원인으로 다루어짐

연합(coalition) 제3자를 배제하거나 공격하기 위해 형성되는 병리적·배타적 결속. 위계와 경계를 왜곡시킨다(예: 부모-자녀 연합)

예외질문(exception question) 해결중심 단기치료의 핵심 기법 중 하나로, 문제가 발생하지 않았거나 덜 심각했던 '예외적 상황'을 탐색하여 내담자의 강점과 자원을 발견하고 해결책의 실마리를 찾는 질문 기법

외부증인집단(outside witness group) 내러티브치료에서 활용되는 기법으로, 내담자의 새로운 이야기나 변화 과정을 경청하고 '공명'해 주는 외부 사람들(다른 내담자나 치료팀)의 모임

외재화(externalization) 내러티브치료의 주요 기법으로, 문제를 내담자 개인의 타고난 결함이 아닌, 외부에 존재하는 별개의 실체(예: '우울', '게으름'이라는 이름의 문제)로 분리하여 객관적으로 바라보게 하는 기법

외체계(exosystem) 개인이 직접 참여하지는 않지만, 그 결정과 변화가 개인과 가족의 삶에 간접적으로 영향을 미치는 환경. 예를 들면, 부모의 직장, 교육청과 지방정부의 정책, 언론환경, 부모 친구들의 네트워크, 지역경제 등

우울적 위치(depressive position) 양가감정을 통합하고 죄책감·공감·관계 수복이 가능한 발달 단계

원가족(family of origin) 한 개인이 태어나서 성장기를 보낸 가족, 즉 부모와 형제자매가 속한 출생 가족

원가족 분화(family-of-origin differentiation) 개인이 성장 과정에서 형성된 정서적 융합과 반응성을 벗어나, 원가족과의 관계 속에서 자기를 정의하고 개별화하며 정서적 독립성을 확립해 가는 과정

원가족 삼인군(primary triad) 아버지, 어머니, 자녀로 구성된 최소 가족 체계로, 주로 영유아기의 상호작용과 애착 경험을 통해 아이의 성격·기질·능력 발달에 결정적 영향을 미치는 원초적 관계 단위

원가족 회기(family-of-origin session) 현재 부부 갈등의 뿌리를 원가족 관계에서 직접 직면하는 치료 절차

원격건강(telehealth) 정보통신기술(ICT)을 이용해 공간적으로 떨어져 있는 환자와 의료인·상담자가 건강 관련 서비스를 주고받는 모든 형태를 포괄하는 개념. 예를 들어, 화상 회의를 통한 의학·정신건강 상담, 모바일 앱·웨어러블 기기를 통한 건강 상태 모니터링, 문자·메신저를 이용한 건강 교육·추적 관리, 원격 영상 판독 등임. 가족치료에서는 온라인 부부상담, 화상 가족치료, 원격 심리교육 등이 한 형태로 논의됨. 접근성이 낮은 지역(농어촌, 해외)에 사는 가족, 이동이 어려운 노인·장애인 가정에게 서비스 접근성을 높여 주지만, 개인정보 보호, 비밀보장, 기술 격차, 관계 형성의 한계라는 윤리·실무적 과제도 함께 제기됨

위계(hierarchy) 가족 내 권위·책임·통제의 배분 구조. 기능적 위계에서는 부모 하위체계가 자녀보다 상위의 권위를 가짐

윤리적 딜레마(ethical dilemma) 치료 과정에서 두 가지 이상의 윤리적 원칙이나 의무가 상충되어 어떤 결정을 내려야 할지 어려운 상황

윤리적 의사결정(ethical decision making) 치료자가 윤리강령과 전문적 지침에 따라 윤리적 딜레마 상황에서 가장 적절하고 책임감 있는 행동 방침을 결정하는 체계적인 과정

응집성(cohesion) 가족 구성원들이 서로에게 정서적으로 얼마나 가깝게 연결되어 있고 헌신하는지를 나타내

는 가족 체계의 특성

의도적 차단(interrupting pattern) 문제가 시작되는 순간 개입하여 자동적 반응을 멈추게 하는 전략

의료가족치료(Medical Family Therapy) 만성 질환 · 암 · 심장질환 등 의학적 질병을 가진 환자와 가족을 대상으로, 의료팀과 협력하여 가족체계에 개입하는 가족치료. 질병이 가족에게 주는 정서적 · 역할적 · 경제적 영향을 다루고, 가족이 치료의 자원 · 파트너가 되도록 도움

의사소통의 과정(process) 그 말을 어떻게, 어떤 관계 맥락에서, 어떤 패턴으로 하는가에 관한 부분. 예를 들어, 같은 말이라도 '자랑하려고 하는지, 안심시키려는지, 비꼬는지'를 보여주는 관계적 · 정서적 흐름을 나타냄

의사소통의 내용(contents) 말 그대로 무엇을 말하는가와 같은 정보의 '내용'. 예를 들어, "오늘 시험에서 90점 받았어"라는 사실 정보를 가리킴

이중구속(double bind) 상반된 메시지를 동시에 받거나, 어떤 선택을 해도 비난 · 처벌을 피할 수 없는 의사소통 상황을 가리킴. 예를 들어, 말로는 너는 자유야 라고 하면서 실제로는 자유롭게 선택할 공간을 주지 않는 부모-자녀 관계에서 나타날 수 있음

인간 인정 과정 모델(Human Validation Process Model) 버지니아 사티어(Virginia Satir)가 제안한 모델로, 가족 구성원 각자가 존중받고 인정받는 경험을 통해 자존감과 의사소통이 회복된다고 봄. 치료자는 따뜻한 접촉, 개방적 의사소통, 가족조각(family sculpture) 등의 기법을 사용해, 건강한 가족 상호작용을 촉진함

인지적 오류(cognitive error) 자동적 사고 안에 내재된 비합리적 정보처리 방식으로, 현실 인식과 해석을 부정확하게 만드는 사고의 왜곡 패턴

인지적 재구성(cognitive restructuring) 가족이 선호하는 경직된 해석을 확장하여 새로운 의미를 받아들이도록 돕는 기법(보편 상징 · 가족 세계관 · 전문가 조언 활용)

일반체계이론(General System Theory) 루트비히 폰 베르탈란피(L. Bertalanffy)가 제안한 이론으로, 자연 · 사회 · 심리 현상을 '부분들의 집합'이 아니라 상호작용하는 전체 체계로 이해하려는 시도. 여러 학문에 공통되는 체계의 법칙(피드백, 항상성 등)을 찾는 것을 목표로 함

입장말하기 대화 지도(statement of position map) 내러티브 치료의 대화 지도 중 하나로, 내담자가 자신의 삶과 문제에 대해 가지는 특정 입장이나 관점을 탐색하고 명료화하는 구조화된 대화 방식

자기 표상(self-representation) 타자와의 경험 속에서 형성된 '자기에 대한 이미지'. 이후 친밀감, 분노, 의존성 등에 영향을 줌

자기분화(differentiation of self) 정서와 사고를 구분하고 관계에서 친밀감과 정서적 연결을 유지하면서도 상대 · 상황의 감정에 지배당하지 않고 자기 고유의 사고 · 감정을 유지하며 기능할 수 있는 능력

자기심리학(Self Psychology) 하인즈 코헛(Heinz Kohut)이 발전시킨 이론으로, 자기(self)의 통합성과 안정성이 공감적 타자(자기대상)의 반응을 통해 형성된다고 봄. 치료에서는 내담자가 치료자를 이상화, 거울화, 쌍둥이 경험의 자기대상으로 활용하면서, 손상된 자기가 점차 회복 · 강화되는 과정을 중시함

자기조직력(self-organization) 외부의 개입 없이도 가족 체계 스스로 혼란을 극복하고 새로운 균형 상태나 기능 방식을 찾아내려는 내재적인 능력이나 경향성

자동적 사고(automatic thought) 순간적으로 발생하여 자각이 어려우며, 개인의 정서와 행동에 즉각적 영향을 미치는 자동화된 사고 과정

자존감(self-esteem) 영아기부터 가족 및 타인과의 상호작용 속에서 발달하며, 외적 성취나 타인의 인정과

무관하게 자기의 존재 가치를 긍정하는 내적 평가

작업집단(work group) 조직·기관 내부에서 구체적인 과업(프로젝트, 문제 해결, 의사결정)을 수행하기 위해 구성된 집단. 치료집단처럼 정서적 치유가 1차 목표는 아니지만, 역할, 리더십, 의사소통, 권력 구조 등 집단 역동이 중요한 분석 대상이 됨

장부(ledger) 맥락적 치료에서 사용하는 개념으로, 가족 구성원 간의 공헌, 희생, 돌봄, 부당한 대우 등이 축적된 '관계적 회계장부'를 가리킴. 치료는 이 장부를 재검토해 부당함을 바로잡고, 공정하고 상호적인 관계를 회복하는 과정으로 이해됨

재구조화(restructuring) 역기능적 상호작용·경계·위계를 적극적으로 개입하여 가족 구조를 기능적으로 재편하는 핵심 치료 전략

재귀성(recursiveness) 시스템 안에서 어떤 행동의 결과가 다시 그 행동의 원인으로 되돌아와, 같은 패턴이 반복·강화되는 자기 되먹임(피드백) 구조. 가족체계에서 재귀성은 반복되는 상호작용 패턴이 어떻게 스스로를 유지·강화하는지를 설명하는 핵심 개념

재저작 대화(re-authoring conversation) 내러티브 치료의 핵심 과정으로, 내담자의 삶에서 지배적인 문제 이야기를 약화시키고, 대안적인 새로운 이야기(능력, 희망, 가능성)를 풍성하게 만들어가는 협력적 대화

재정의/재해석(reframing) 문제의 의미를 새로운 관점에서 바라보도록 돕는 인지적 재구성. 갈등을 성장의 기회로 재맥락화함

저항(resistance) 내담자나 가족이 변화에 대한 두려움 때문에 치료자의 개입이나 치료 과정에 무의식적, 의식적으로 반발하거나 협조하지 않으려는 태도나 행동

적응성(adaptability/flexibility) 가족 체계가 스트레스나 변화에 직면했을 때, 규칙, 역할, 권력 구조 등을 얼마나 유연하게 조정할 수 있는가를 나타내는 특성

전략(strategy) 가족의 문제를 유지하는 상호작용 고리를 끊기 위해 치료자가 설계하는 계획

전문직 정체성(professional identity) 치료사 개인이 자신의 직업적 역할, 가치, 윤리 기준 등을 내면화하여 스스로를 유능하고 책임감 있는 전문가로 인식하는 정도나 상태

전이 대상(transitional object) 안정감을 제공하는 상징적 사물

전이(transition) 한 단계에서 다음 단계로 넘어가는 변화의 시기. 예를 들어, 자녀의 입학, 사춘기, 결혼, 은퇴, 이사 등. 이때 스트레스가 커지지만, 동시에 성장과 재조직의 기회가 됨

전이적 공간(transitional space) 내면세계와 외부 현실을 연결하는 중간 영역

접수면담(intake interview) 초기상담과 유사한 개념으로, 치료 시작 전 내담자의 기본 정보, 문제관련 역사, 상담에 대한 기대 등을 파악하여 치료의 적합성을 판단하고 적절한 개입 계획을 세우는 면담 과정

정서적 단절(emotional cutoff) 부모와의 미해결된 애착·불안을 다루기 위해 성인이 심리적 혹은 물리적 거리두기를 선택하며 원가족과의 정서적 연결을 최소화하거나 차단하는 관계 패턴

정의예식(definitional ceremony) 내러티브 치료의 기법으로, 내담자가 문제 이야기에서 벗어나 선호하는 삶의 이야기를 공식적으로 선언하고, 이를 타인으로부터 인정받음으로써 대안적 정체성을 공고히 하도록 돕는 사회적 과정

정체성 영역(identity domain) 이야기 치료에서 사용되는 개념으로, 내담자가 자신을 어떻게 인식하고 정의하는가와 관련된 삶의 영역

제1단계 사이버네틱스(simple cybernetics/first-order cybernetics) 관찰자(치료자)는 체계 밖에 있고, '체

계를 조절하는 조종자'로 보는 관점. 가족을 객관적으로 분석하고, 외부에서 피드백 구조를 바꿔 변화를 이끌어내고자 시도할 때의 사이버네틱스

제3자지불제도(the third-party reimbursement system) 의료서비스 이용 시, 치료를 받은 사람(환자)이 직접 전액을 의료기관에 지불하지 않고, 보험자나 공공기관 같은 '제3자'가 의료기관에 비용을 지급해 주는 제도

조성(shaping) 목표로 하는 복잡한 행동을 여러 단계로 나누고, 각 단계에서 성취하기 쉬운 행동부터 차례로 강화함으로써 점진적으로 최종 목표에 이르게 하는 행동수정 기법

조작적 조건형성(operant conditioning) 강화나 처벌 같이 행동에 뒤따르는 결과에 의해 특정 행동의 발생 가능성이 증가하거나 감소하는 방식으로 학습이 이루어지는 과정

좋은 대상/나쁜 대상(good/bad object) 경험을 긍정·부정으로 나누어 저장하는 초기 대상 표상

주변화(marginalization) 지배 담론과 다른 사람·집단이 변두리로 밀려나고, 존중받지 못하는 과정. 인종, 성별, 계급, 성적지향, 장애 등 이유로 목소리와 권리가 축소되는 상태를 말함

중간체계(mesosystem) 여러 미시체계들 사이의 상호 연결과 관계를 의미함. 예를 들어, 가정과 학교의 관계(부모-담임 교사의 소통), 가정과 병원, 가정과 종교기관, 가정과 지역 복지기관 간의 관계임. 즉, 미시체계와 미시체계 사이의 연결망이 곧 중간체계임

증거기반 실천(evidence-based practice) 치료자의 경험이나 직관에만 의존하지 않고, 체계적인 연구 결과(실증적 자료)를 바탕으로 어떤 치료나 개입을 선택·실행하는 실천 방식. 가족치료 현장에서는 무엇이 실제로 효과적인가를 보여주는 연구에 기초해 개입을 구성하는 것을 강조함

증상 처방(symptom prescription) 증상을 의도적으로 하게 만들어 통제감을 회복시키거나 패턴을 깨뜨리는 전략

지목된 환자(identified patient) 가족 중에서 문제의 원인처럼 지목된 사람을 말함. 보통 증상을 보이는 아동·청소년 등이 IP로 불리지만, 가족치료에서는 이 사람의 증상이 가족 체계 전체의 긴장·갈등을 드러내거나 조절하는 기능을 한다고 봄

지배적 담론(dominant discourses) 사회에서 당연한 것처럼 받아들여지는 주류의 이야기·규범·가치관. 예를 들어, "좋은 가족은 갈등이 없어야 한다.", "남자는 강해야 한다." 같은 말들이 사람들의 경험을 규정하고 때로는 억압함

지향상태, 의도상태(preferred state, intentional state) 내담자(혹은 가족)가 현재 겪고 있는 문제 상황에서 벗어나 진정으로 바라는 미래의 모습이나 삶의 방향, 목표

선형적 인과성(linear causality) "A가 원인이고 B가 결과이다"처럼, 원인과 결과를 한 방향의 일직선으로 이해하는 인과 개념. 가족치료에서는 이러한 단선적·일방향적 인과 설명의 한계를 비판하는 경우가 많음

직접적 지시(direct directive) 구체적·명확한 행동을 지시하여 상호작용을 변화시키는 핵심 기법

집단분석(group analysis) 여러 사람이 한 집단에 모여 자신의 경험과 감정을 나누는 과정에서, 무의식적인 대인관계 패턴과 집단 역동을 탐색하는 심층 집단치료. 한 사람의 문제가 집단 내 상호작용 속에서 거울처럼 드러나고 수정될 수 있다고 봄

참만남집단(encounter groups) 일상에서 숨기고 사는 감정과 생각을 '여기-지금(here-and-now)'에서 솔직하게 표현하는 훈련을 하는 집단. 구성원들은 서로에게 직접적 피드백을 주고받으며, 진정성, 자기 이해, 대인 감수성을 높이는 것을 목표로 함

참자기(true self) 자기 본연의 욕구로 살아가는 것

척도질문(scaling question) 해결중심 단기치료의 핵심 기법 중 하나로, 내담자의 경험, 감정, 변화 정도 등을 0에서 10까지의 척도로 표현하게 하여 현재 상태를 명료화하고 변화 동기를 부여하는 질문기법

체계(system) 서로 연결된 요소들이 상호작용을 통해 하나의 전체를 이루는 단위. 가족, 학교, 사회, 몸, 마음 등도 모두 하나의 체계로 볼 수 있음

초기상담 치료자와 내담자 가족이 처음 만나는 단계로, 문제와 배경 정보를 탐색하고, 치료 목표를 설정하며, 치료 관계를 형성하는 과정

초보완적 관계(metacomplementary) 한 사람이 상대의 행동을 보이지 않게 통제하는 병리적 관계

초점 삼각형(triangle of focus) 현재의 부부 갈등을 과거-현재-관계 맥락을 연결해 이해하기 위한 개념적 사정 틀로 "이 갈등은 어디에서 왔는가?"를 보여주는 지도

초점두기(focusing) 치료자가 중요 상호작용에 주의를 모아 핵심 패턴에 집중하게 하는 기법. 터널시각을 피하면서도 중심 문제를 강화함

추적(tracking) 상담자가 가족이 상호작용하는 방식에 적응하고 따라가며, 가족의 대화 흐름, 관계 패턴, 의사소통 스타일을 그들의 방식 그대로 반영하고 요약하며 함께 움직이는 개입

충분히 좋은 어머니(good-enough mother) 너무 완벽하지 않게, 점진적 좌절과 조율을 제공하는 양육자

치료계약(therapeutic contract) 치료자와 내담자 가족 간에 치료 목표, 역할, 비용, 비밀 보장 범위 등에 대해 명시적 혹은 묵시적으로 합의하는 과정이나 그 결과

치료동맹(therapeutic alliance) 치료자와 내담자 가족 간의 신뢰와 협력적인 관계를 의미하며, 이는 가족치료의 성공에 매우 중요한 요소로 작용함

치료사 윤리강령(Therapist's Code of Ethics) 치료사들이 전문적인 실무 과정에서 준수해야 할 도덕적, 직업적 원칙과 기준들을 명시한 지침

치료사 자기 반영성(therapist reflexivity) 치료사의 자기 성찰을 기초로 실시간으로 자신과 내담자와의 관계를 치료적으로 유지할 수 있도록 치료자로서의 행동을 의도적으로 변환시키는 역동적 능력

치료사 자기성찰(therapist self-reflection) 치료자가 자신의 가치관, 편견, 감정, 경험 등이 치료 과정에 미치는 영향을 지속적으로 인식하고 성찰하는 능력과 태도

치료자 요인(therapist factors) 치료자 개인의 성격적 특성, 관계 형성 능력, 임상적 기술, 가치관·태도 등 치료 효과에 영향을 주는 요인들. 예를 들어, 치료자의 공감, 진정성, 일치성, 따뜻함, 존중, 유연성, 숙련도, 윤리의식과 자기성찰 등

치료자-내담자 관계유형 해결중심 단기치료에서 내담자의 동기 수준에 따라 방문형, 불평형, 고객형 등으로 분류되는 치료자와 내담자 간의 상호작용 특성

치료자의 자기(self-of-the-therapist) 치료자의 이론·지식·기법만이 아니라, 치료자 자신의 성격, 가치관, 가족 경험, 상처, 신념, 문화적 배경 전체를 포함하는 개념. 가족치료에서는 치료자 개인의 가족사와 현재 감정상태가 치료 장면과 가족과의 관계에 강하게 개입한다고 보기 때문에, 치료자는 자신의 '자기를 이해하고 돌보는 작업'을 필수적인 전문성으로 봄

치료적 문서 이야기 치료 등에서 활용되는 기법으로 내담자의 새로운 정체성 이야기나 강점을 강화하고 변화를 촉진하기 위한 목적으로 활용하는 다양한 문서를 말한다. 예를 들면 치료자가 상담 내용을 바탕으로 편지나 문서를 작성하여 내담자에게 보내는 것, 내담자의 변화를 축하하는 졸업장 수여 등

치료팀 여러 전문가가 함께 참여하여 치료자와 내담자 가족 간의 상호작용을 돕거나 관찰하며 전략을 논의하

는 접근 방식

타임아웃(time-out) 문제행동이 발생했을 때, 그 행동을 강화하는 보상적 환경에서 분리시키고 비보상적 공간에 머물게 함으로써 문제행동의 빈도를 줄이는 행동관리 기법

탈삼각화(detriangling) 정서적으로 연결은 유지하되 불안과 갈등의 정서장에 빨려 들어가지 않도록 심리적 거리를 조절하여 삼각관계에 휩쓸리지 않는 기능적 분리 과정

탈이론적(atheoretical) 특정 이론적 틀에 얽매이지 않고, 내담자 가족의 고유한 경험과 관점을 존중하며 유연하게 접근하는 치료적 태도

탈중심적 위치(decentered position) 치료자가 권위를 내세우지 않고, 내담자 가족의 이야기에 귀 기울이며 겸손하고 협력적인 자세를 취하는 상담 태도

통제(control) 가족 문제는 누가 누구를 지배/조절하는가의 관점에서 분석됨.

통합적 문제중심 메타틀작업(Integrative Problem- Centered Metaframeworks: IPCM) 여러 치료 이론을 따로따로 적용하는 것이 아니라, '문제(problem)'를 중심에 두고, 그 문제를 설명할 수 있는 메타틀(metaframeworks)(예: 개인 · 가족조직 · 발달 · 문화 · 생물학 · 중다체계)을 동시에 고려하여 가설을 세우고, 계획하고, 대화를 이끌고, 피드백을 읽어 가는 통합적인 가족 · 부부 · 개인 치료의 작업 틀을 말함. 특정 모델(예: 구조적, 해결중심, 인지행동)에 충성하는 대신, '이 부부/가족의 이 문제를 이해하고 해결하는 데 어떤 이론 요소가 가장 도움이 되는가?'를 기준으로 필요한 기법과 개념을 조합한다는 점이 핵심

통합적 체계치료(Integrative Systemic Therapy: IST) 초기의 통합적 문제중심 메타틀(IPCM)을 발전 · 확장한 것으로 개인 · 부부 · 가족 모두에 적용 가능한 체계적 통합 치료의 메타이론. 내담자체계 중심(client system-centered), 메타틀(metaframeworks)을 활용한 사고, 피드백 기반 치료(feedback-driven)가 핵심 특징임

통합적 행동 커플치료(Integrative Behavior Couple Therapy: IBCT) 전통적인 행동 커플치료에 수용(acceptance) 요소를 통합한 접근. 바꿀 수 있는 행동은 행동 변화 기술로 다루되, 쉽게 변하지 않는 차이에 대해서는 정서적 수용과 공감을 키워 갈등의 파괴적 영향을 줄이려 함

투사(projective mechanism) 자신의 감정 · 충동 · 경험을 외부 대상에게 돌리는 방어

투사적 동일시(projective identification) 자기 감정을 타인에게 투사하고, 상대가 실제로 그 감정을 '느끼고 행동하도록 만드는' 상호작용적 과정

특권(privilege) 자신이 선택하지 않았음에도, 사회 구조 때문에 자동으로 얻는 이점 · 혜택. 예를 들어, 다수 인종, 남성, 중산층, 이성애자 등으로 살아가며 '당연한 것처럼 누리는 것들'이 특권일 수 있음

패턴 교란(pattern interruption) 문제를 유지하는 자동적인 상호작용을 의도적으로 흔드는 개입

편집-분열 위치(paranoid-schizoid position) '좋다/나쁘다'의 극단적 분열이 두드러지는 초기 정서상태

평등(equality) 대 공평성(equity) 평등은 모두에게 같은 자원 · 기회를 주는 것. 공평성은 사람마다 처지 · 필요가 다르다는 점을 고려해, 필요에 따라 다르게 지원하여 결과의 불평등을 줄이려는 것

폐쇄성(closedness) 외부와의 교류를 최소화하고, 자기 안에서만 돌려보는 정도. 폐쇄적인 가족은 외부 도움을 거부하거나, 다른 관점을 잘 받아들이지 못해 경직 · 고립될 수 있음

포스트모더니즘(postmodernism) 단 하나의 절대적 진리 · 큰 이야기(메타 내러티브)를 의심하고, 다양한 시

각 · 다양한 목소리를 인정하는 철학적 흐름. 치료에서는 '전문가가 정답을 준다'는 모델에서 벗어나, 내담자의 이야기와 경험을 동등하게 존중하는 경향으로 나타남

포스트모던 가족치료모델(Postmodern Family Therapy Models) 포스트모더니즘과 사회구성주의 철학 등의 영향을 받아 1980년대 이후로 등장한 가족치료의 모델들로 내러티브치료, 해결중심치료, 협력적 언어체계 모델 등이 있음

피드백(feedback) 체계의 출력(결과)이 다시 입력으로 되돌아와 다음 행동을 조절하는 순환 과정

하위체계(subsystems) 특정 기능 · 역할을 수행하는 가족의 부분 체계(부부 · 부모-자녀 · 형제자매 등). 각각의 기능이 분명할 때 건강하게 작동

하향 화살표(downward arrow) 자동적 사고 아래 숨겨진 심층적 신념을 단계적 질문을 통해 드러내는 인지 탐색 기법

학제적 분야(interdisciplinary field) 여러 학문이 서로의 이론 · 방법을 적극적으로 섞어 쓰는 영역. 가족치료는 심리학, 정신의학, 사회복지학, 가족학, 교육학, 사회학, 법학, 신학 등 다양한 분야가 공동으로 관여하는 대표적인 학제적 분야

합류(joining) 가족 체계 내부로 전략적으로 들어가 가족의 "내부자"처럼 기능하는 과정. 개입의 정당성과 신뢰를 확보하는 기술

항상성(homeostasis) 체계가 외부 변화 속에서도 내부 상태를 일정하게 유지하려는 성향. 가족에서는 갈등이나 변화 시도가 생겨도, 익숙한 상호작용 패턴으로 되돌리려는 힘으로 나타남

해결중심단기치료(Solution-Focused Brief Therapy: SFBT) 문제의 원인보다는 내담자가 원하는 '해결'에 집중하고, 강점과 자원을 활용하여 단기간에 변화를 유도하는 실용적인 치료 모델

해결중심적 대화(solution-focused conversation) 내담자의 성공 경험, 예외 상황에 초점을 맞추어 질문을 던짐으로써 해결책을 탐색하는 대화 기법

해방기반 치유 관점(Liberation-Based Healing Perspectives) 내담자의 개인적 고통을 사회적 억압 · 차별 · 불평등 구조와 연결해 이해하고, 치유를 해방과 사회적 정의 실천의 일부로 보는 접근. 치료실 안의 변화뿐 아니라, 공동체, 사회적 변화까지도 치유 과정에 포함하려 함

해체하기(deconstruction) 이야기 치료 기법으로, 내담자를 억압하는 문제 이야기를 전혀 다른 방향으로 다시 생각해보게 함으로써 문제가 사회적으로 구성된 것임을 깨닫게 하는 과정

핵가족 정서과정(nuclear family emotional process) 부부의 미분화가 핵가족 발달 과정에서 부부갈등, 한 배우자의 증상, 자녀의 증상, 정서적 거리두기 등 네 가지 형태로 나타나는 정서적 · 관계적 문제 패턴

핵심 역량(core competencies) 가족치료 전문가로서 효과적인 치료를 위해 반드시 갖춰야 할 지식, 기술, 태도 및 능력

행동 실험(behavioral experiment) 자신의 신념이 실제로 타당한지 검증하기 위해 특정 행동을 실제 상황에서 시도해 보는 기법

행동계약(behavioral contract) 가족이 서로에게 원하는 행동이나 상대를 기쁘게 할 행동을 구체적인 목록으로 작성하여 긍정적 행동 변화를 촉진하는 구조화된 개입

행동변화 안내(guided behavior change) 자연스러운 문답과 부드러운 제안을 통해 내담자가 자신의 욕구와 목표에 맞는 행동 변화를 스스로 고안하고 실천하도록 돕는 비구조적 · 촉진적 개입 과정

행위영역(domain of action) 이야기 치료 용어로, 내담자가 자신의 삶에서 실제로 행했던 구체적인 행동이나 경험들

현재 지향성(present orientation) "왜?"보다 "현재 어떤 행동이 문제를 유지하는가?"에 주목하여 과거보다 지금 작동 중인 상호작용에 개입하는 원리

협력적 언어 체계 모델(Collaborative Language Systems Model) 치료자와 내담자가 동등한 입장에서 대화를 통해 새로운 의미와 가능성을 함께 만들어가는 과정을 강조하는 모델

형제위치(sibling position) 가족 내 출생순위가 개인의 분화수준과 성격발달에 영향을 미치는 위치적 특성

형태변형성(morphogenesis) 체계가 새로운 구조와 패턴을 만들어내며 변화하는 성향. 가족이 위기나 전환기를 거치면서 역할, 규칙, 경계를 새로 조직할 때 형태변형성이 작동함

형태안정성(morphostasis) 체계의 기본 구조와 패턴을 유지하려는 힘. 가족에서는 익숙한 상호작용을 그대로 반복하려는 경향으로 나타남

홀론(holon) 그 자체로는 하나의 전체이면서, 동시에 더 큰 체계의 일부로 기능하는 단위를 의미한다. 가족 체계에서 각 가족 구성원은 독립된 하나의 전체인 동시에 가족이라는 더 큰 체계의 한 부분이다. 마찬가지로 부부, 형제자매, 부모-자녀와 같은 하위체계 역시 자체로는 하나의 전체이지만, 동시에 가족 전체를 구성하는 부분으로 존재

확산텐서영상법(Diffusion Tensor Imaging: DTI) MRI 기술의 한 종류로, 뇌 안에서 물 분자(특히 물)의 확산 방향과 정도를 측정하여, 뇌 백질(white matter) 섬유 다발의 방향성과 무결성을 영상화하는 방법. 물 분자는 모든 방향으로 움직이지만, 축삭섬유가 촘촘히 모여 있는 백질에서는 섬유 방향을 따라 더 잘 확산되는 특성을 이용해, 뇌 안의 섬유 다발의 경로와 조직 상태를 추정하는 것이 원리임. 외상성 뇌손상, 뇌종양, 다발성 경화증, 발달장애 등에서 백질 손상 유무를 평가하고, 우울, 조현, 불안, 중독, 성격장애 등에서 감정 조절·보상·자기 인식에 관여하는 뇌 네트워크의 구조적 연결성을 연구하는 데 활용됨. 가족치료·정신건강 맥락에서는 치료·훈련·경험(명상, 인지훈련, 애착 경험 등)이 장기적으로 뇌 연결망(white matter connectivity)의 변화와 연관될 수 있다는 '뇌의 가소성(plasticity)' 연구와 연결되어 논의됨

환상(fantasy) 유아가 내면에서 만들어내는 무의식적 상상으로 현실적 경험보다 더 강력한 영향력을 가짐

회복치료(Restoration Therapy) 테리 하그레이브(T. Hargrave) 등이 제안한 모델로, 개인의 정체감(자기 가치)과 안전감을 회복하는 데 초점을 둠. 어린 시절 상처로 형성된 부정적 신념과 불공정한 관계 패턴을 인식하고, 책임 있는 사랑과 공정성을 회복하도록 도움

회원 재구성(remembering) 내담자의 삶에 긍정적이고 중요한 영향을 준 의미 있는 인물들(가족, 친구, 심지어 유명인 등)과의 관계와 기억을 의도적으로 탐색하고 재조명하는 기법

후기 구조주의(post-structuralism) 언어와 사회 현상의 근본적이고 안정적인 '구조'를 찾으려 한 구조주의의 한계와 결정론적 측면을 비판하며 등장한 사상. 고정된 의미나 객관적인 진실이 존재한다는 생각을 거부하고, 의미는 항상 유동적이며 권력 관계나 역사적 맥락 속에서 구성되고 '해체'될 수 있음을 강조

후기 밀란학파(post-Milan school) 초기 밀란학파의 행동 변화 중심에서 벗어나, 가족 내의 고착된 잘못된 신념 체계나 의미를 변화시키는 데 초점을 맞추는 특징을 지닌 일단의 치료사 집단. 치료사는 순환적 질문과 중립성을 바탕으로 가족이 스스로 새로운 의미와 관점을 탐색하도록 돕는 협력적인 역할을 수행함

참고문헌

강진령, 이종연, 유형근, 손현동 (2009). 상담자 윤리. 학지사.

고정은, 최중진 (2019). 가족상담 자격제도 개선을 위한 연구: 한국가족치료학회 및 연계학회를 중심으로. 가족과 가족치료, 27(1), 53-71.

구경수, 최연실 (2020). 텍스트 마이닝과 키워드 네트워크 분석을 통한 한국 가족치료 연구경향 분석 -한국가족치료학회 학술지(1993-2019년)를 중심으로. 가족과 가족치료, 28(1), 85-110.

권정혜, 채규만 (1999). 한국판 결혼 만족도 검사의 표준화 및 타당화 연구 1. 한국심리학회지: 임상, 18(1), 123-139.

권정혜, 채규만 (2011). K-MSI 한국판 결혼만족도검사 개정판. 인싸이트.

권혜영, 조은숙 (2023). 슈퍼비전에서의 가족치료사 핵심역량 문항 구성을 위한 델파이 연구. 가족과 가족치료, 31(1), 1-27.

권혜영, 조은숙, 한현숙, 김미선 (2025). 한국가족상담사발달평가척도(KFC-DAS) 개발 및 타당화 연구. 가족과 가족치료, 33(3), 271-298.

김수연 (1997). 가족의 응집 및 적응 평가척도에 관한 연구. 대한가정학회지, 35(1), 59-74.

김용태 (2019). 가족치료이론: 개념과 방법들(2판). 학지사.

김유숙 (1998). 관련성과 분리성에서 본 한국 가족과 미국 가족. 한국가족치료학회지, 6(1), 1-13.

김유숙 (2003). 놀이를 활용한 이혼가족의 해결중심 단기치료 사례연구. 한국가족치료학회지, 11(2), 77-99.

김유숙, 고모리 야스나가, 최지원 (2013). 놀이를 활용한 이야기치료. 학지사.

김유숙, 전영주, 김요완 (2017). 가족평가. 학지사.

김지혜 (2023). 가족각본. 창비.

김진아, 최연실 (2020). 가족치료사를 위한 CBFT 기반의 디지털 치료도구로서의 모바일 앱 개발: 탐색적 연구. 가족과 가족치료, 28(4), 471-501.

김진아, 최연실 (2023). 인지행동커플치료 기반의 비대면 화상상담과 디지털치료도구의 효과성 검증. 한국가족관계학회지, 27(4), 37-72.

김현수, 노미화, 조성봉 (2018). 한국가족치료학회지 분석을 통한 가족치료 연구의 동향분석:임상치료연구를 중심으로. 가족과 가족치료, 26(4), 729-760.

노미화, 최연실 (2015). 가족상담사들의 상담경험에 관한 현상학적 연구. 한국가족관계학회지, 20(1), 117-141.

노미화, 최연실 (2018a). 가족상담사의 전문직 정체성 및 발달 연구: 근거이론접근을 중심으로. 한국가족관계학회지, 22(4), 3-29.

노미화, 최연실 (2018b). 가족상담사의 전문직 정체성에 대한 질적 연구: 구성요소를 중심으로. 한국가정관리학회지, 36(3), 45-61.

박우철 (2019). 포괄적 부부상호작용 코딩시스템(MICS-G) 국내 타당화 연구. Human Ecology Research, 57(1), 109-125.

박우철, 김수지 (2015). 가족치료의 한국적 적용에 대한 문헌분석. 가족과 가족치료, 23(4), 687-710.

박정완, 최연실 (2024). 상담사로서 자기(Self of the Therapist) 구성에 관한 질적 연구: 내러티브상담사를 중심으로. 가족과 가족치료, 32(4), 679-706.

박정완, 최연실 (2025). 내러티브치료자의 자기사용(use of self) 경험에 관한 현상학적 탐구. 한국가족관계학회지, 29(4), 69-97.

박태영 (2023). 가족상담 임상핸드북. 학지사.

서아연, 최연실 (2019). PREPARE/ENRICH 및 긍정심리치료 집단프로그램이 예비부부의 관계향상에 미치는 효과성 검증. 가족과 가족치료, 27(4), 671-697.

서진환, 이선혜, 신영화 (2004). 한국의 가족치료 임상현장: 전국 현장조사. 한국가족치료학회 제19회 추계학술대회 구두발표 자료집.

서진희, 소은숙, 최연실 (2021). 트라우마에 대한 이야기치료적 개입의 신경과학적 관점 해석과 함의. 가족과 가족치료, 29(1), 113-133.

송성자 (1994). 한국 가족문제 성향과 가족치료적 접근. 한국사회복지학, 23, 117-149.

송지원, 최연실 (2022). 부모-자녀관계치료(CPRT)를 통한 공감적 상호작용과 양육효능감 증진 및 양육스트레스 감소의 효과성 연구: 유아기 자녀를 둔 취업모를 중심으로. 한국가족관계학회지, 26(4), 3-31.

심흥섭 (1998). 상담사 발달수준 평가에 관한 연구. 숙명여자대학교 일반대학원 박사학위 청구논문.

안미옥 (2025). 가족상담의 사정과 평가기술. 한국상담학회 연차학술대회 부부가족분과 워크숍 자료집.

엄영숙, 정연득 (2021). 가족치료사의 역전이 경험 연구: 근거이론 접근으로. 가족과 가족치료, 29(2), 281-319.

엄예선 (1988). 한국가족과 가족치료. 한국사회복지학, 12, 93-115.

엄태완 (2025). 정신건강사회복지론(2판). 학지사.

오청미, 최연실 (2025). 한국 가족문제 유형의 분류체계화를 위한 탐색적 기초연구: 관계적 개념화를 중심으로. 가족과 가족치료, 33(3), 585-624.

유영권, 김계현, 김미경, 문영주, 손은정, 손진희, 심흥섭, 연문희, 천성문, 최의헌, 최한나, 최해림 (2019). 상담 수퍼비전의 이론과 실제(2판). 한국상담학회 상담학 총서 13. 학지사.

이선혜 (1998). 한국에서의 Bowen이론 적용에 대한 고찰: 자아분화 개념을 중심으로. 한국가족치료학회지, 6(2), 151-176.

이선혜 (2000). Bowen 이론의 문화적 보편성과 특수성에 관한 일고. 한국가족치료학회지, 8(1), 159-188.

이선혜 (2008). 내러티브접근의 가족치료사적 의의와 한국 가족치료 발전에 대한 함의: 고 마이클 화이트 작업에 대한 재조명. 한국가족치료학회지, 16(1), 43-62.

이선혜 (2020). 이야기치료(상담 및 심리치료 이론 시리즈 16). 학지사.

이선혜, 김민아, 선진환, 송영매 (2018). 정신장애인의 자기-스티그마 감소를 위한 집단프로그램의 효과성 연구. 정신보건과 사회사업, 46(4), 5-34.

이선혜, 서진환, 신영화 (2005). 한국의 가족치료 현장과 인력: 전국기관 조사 연구. 한국가족치료학회지, 13(1), 79-123.

이수진, 김민진, 신희은, 여정미, 정수동, 정은정, 채한 (2021). 기질 및 성격 검사(Temperament and Character Inventory: TCI)의 국내 연구 동향: 1998-2018 년 학술지 게재 논문을 중심으로. 한국콘텐츠학회논문지, 21(10), 537-549.

장정원, 최연실 (2022). 커플치료에서의 신경과학적 관점의 도입과 치료적 함의 -취약성 싸이클 모형을 중심으로. 가족과 가족치료, 30(4), 557-582.

전혜성, 문의정, 김정은 (2018). 한국가족치료학회의 국제교류 추진방향과 과제 모색. 가족과 가족치료, 26(4), 627-648.

정문자 (2000). 한국 가족문제해결을 위한 Satir 치료 모델의 적용. 한국가족치료학회지, 8(2), 65-87.

정문자 (2003). 사티어 경험적 가족치료. 학지사.

정문자, 송성자, 이영분, 김유순, 김은영, 어주경 (2006). 해결중심 가족치료 사례집. 학지사.

정문자, 이영분, 김유순, 김은영 (2017). 해결중심 가족상담. 학지사.

정문자, 정혜정, 이선혜, 전영주 (2018). 가족치료의 이해(3판). 학지사.

정문자, 정혜정, 이선혜, 전영주 (2025). 가족치료의 이해(4판). 학지사.

정민선, 서진희, 최연실 (2022). 인지행동치료의 최근 동향과 부부·가족치료적 함의: 수용-전념치료(ACT)와 통합적 행동 부부치료(IBCT)를 중심으로. 가족과 가족치료, 30(1), 69-91.

정민선, 최연실 (2023). 신혼기 부부의 차이 수용 태도가 결혼만족도에 미치는 영향: 통합적 행동 부부치료(IBCT)의 관점을 중심으로. 가족과 가족치료, 31(1), 59-84.

정혜정 (2004). 가족치료의 태동과 발전과정에서 본 인식론의 변화에 관한 연구. 한국가족치료학회지, 12(1), 1-35.

조성봉, 김현수, 노미화 (2019). 한국가족치료학회지 분석을 통한 가족치료 연구의 동향분석: 비치료연구를 중심으로. 가족과 가족치료, 27(1), 149-180.

조은숙, 권혜영 (2022). 가족치료사 핵심역량에 초점을 둔 치료사발달 및 핵심역량 연구고찰. 가족과 가족치료, 30(3), 381-399.

최빛내, 최우정, 최연실 (2018). 커플치료의 연구동향 분석. 가족과 가족치료, 26(2), 301-320.

최성재, 조흥식, 한인영, 김경미, 이영분, 윤현숙, 유수현, 김성천, 최혜지 (2013). 한국 사회복지 실천의 고유성. 집문당.

최연실 (2015). 가족치료와 긍정심리학의 연계: 기반과 활용의 탐색. 가족과 가족치료, 23(3), 401-419.

최연실 (2017). 부부가족상담의 '오래된 미래': 통합과 절충. 한국부부가족상담학회 춘계학술대회 발표자료집.

최연실, 기쁘다, 성미애 (2020). 가족상담 및 치료. 한국방송통신대학교출판문화원.

최연실, 조은숙 (2017). 다문화가족상담 전문 인력 양성을 위한 교육과정 개발 연구. 가족과 가족치료, 25(2), 181-209.

최연실, 조은숙, 박우철, 기쁘다 (2019). 서울지역 가족상담사업 활성화 방안 연구. 서울시 건강가정지원센터.

최창우, 최연실 (2016). 대학생의 자아존중감과 부모-자녀 간 의사소통 향상을 위한 집단상담 프로그램의 효과성: 해결중심 및 긍정심리모델을 중심으로. 가족과 가족치료, 24(3), 409-434.

최중진, 고정은 (2018). 2018 한국 가족치료 및 상담 전문인력양성에 관한 연구. 가족과 가족치료, 26(4), 649-680.

최지원, 김수지 (2018). 한국 가족치료의 현황과 실제에 관한 연구: 학회 회원을 중심으로. 가족과 가족치료, 26(4), 709-728.

한국가족치료학회 (2025). 윤리강령. https://www.familytherapy.or.kr/society/sub1_6.php. 2025년 7월 기준.

한국건강가정진흥원 (2023). 가족상담 매뉴얼. 한국건강가정진흥원.

한국단기가족치료연구소 홈페이지. https://brieftherapy.kr/

한지수, 오서현, 최연실 (2022). 부부가족치료에서의 공통요인(common factors)에 대한 연구 동향 분석: 한국과 미국의 가족치료 관련 학술지를 중심으로. 가족과 가족치료, 30(1), 119-150.

한지수, 최연실 (2021). 공통요인(common factors)을 통해 본 구조적 가족치료와 통합적 행동부부치료(IBCT)의 통합적 적용 가능성 및 가족치료적 함의. 가족과 가족치료, 29(2), 359-384.

한지수, 최연실, 박정완, 배미현, 이미영 (2024). 한국 부부가족치료 전문가들의 공통요인(common factors) 경험에 관한 합의적 질적 연구. 가족과 가족치료, 32(3), 547-582.

AAMFT (2004). Marriage and family therapy core competencies. Retrieved from http://www.aamft.org/imis15/Documents/MFT_Core_Competencie.pdf

AAMFT (2025). https://www.aamft.org/About_AAMFT/About_Marriage_and_Family_Therapists.aspx?hkey=1c77b71c-0331-417b-b59b-34358d32b909

Ajayi, C., Marquez, M. G., & Nazario, A. (2013). Cultura and diversity. In A. Rambo, C. West, A. Scooley, & T. V. Boyd(Eds.), *Family therapy review: Contrasting contemporary models* (pp. 17-24). Routledge.

Alexander, J. F., & Parsons, B. V. (1973). Short-term behavioral intervention with delinquent families: Impact on family process and recidivism. *Journal of Abnormal Psychology, 81*(3), 219-225.

Almeida, R. V., & Tubbs, C. Y. (2020). Intersectionality: A liberation-based healing perspective. In K. S. Wampler, R. B. Miller, & R. B. Seedall(Eds.), *The handbook of systemic family therapy: The profession of systemic family therapy* (Vol. 1, pp. 227-249). Wiley Blackwell.

Anderson, H. (2005). Myths about "not-knowing". *Family Process, 44*(4), 497-504.

Anderson, H. (2016). Postmodern/poststructural/social construction therapies. In T. L. Sexton & J. L. Lebow (Eds.), *Handbook of family therapy* (pp. 182-204). Routledge.

Anderson, H., & Goolishian, H. (1988). Human systems as linguistic systems: Preliminary and evolving ideals about the implications for clinical theory. *Family Process, 27*(4), 371-393.

Anderson, H., & Goolishian, H. A. (1990). Beyond cybernetics: Comments on Atkinson and Heath's "Further thoughts on second-order family therapy". *Family Process, 229*, 157-163.

Anderson, H., & Goolishian, H. (1992). The client is the expert: A not-knowing approach to therapy. In S. McNamee & K. Gergen (Eds.), *Therapy as social construction* (pp. 25-39). Sage Publications.

Aponte, H. J., & Kissil, K. (Eds.). (2016). T*he person of the therapist training model: Mastering the use of self.* Routledge.

Asbury, E. T. (2023). Telehealth and the COVID-19 pandemic: Making the pivot from offline to online therapeutic interventions. *Cyberpsychology, Behavior, and Social Networking, 26*(9), 686-689.

Azrin, N. H., Naster, B. J., & Jones, R. (1973). Reciprocity counseling: A rapid learning-based procedure for marital counseling. *Behaviour Research and Therapy, 11*(4), 365-382.

Bailey, R. L., & Ogles, B. M. (2023). C*ommon factor therapy: A principle-based treatment framework.* American Psychological Association.

Bartee, R., & Lloyd, R. K. (2019). Strategic family therapy. In L. Metcalf (Ed.), *Marriage and family therapy: A practice-oriented approach*(2nd ed., pp. 229–260). Springer Publishing Company.

Bartle-Haring, S., & Whiting, R. (2024). Perceived overlap and therapy outcomes among couple clients. *Journal of Marital and Family Therapy, 50*(4), 821-839.

Bateson, G. (1972/2000). *Steps to an ecology of mind.* The University of Chicago Press.

Bateson, G. (1979). *Mind and nature: A necessary unity.* Dutton.

Bateson, G. (1991). *A sacred unity: Further steps to an ecology of mind.* HarperCollins.

Bateson, G., Jackson, D. D., Haley, J., & Weakland, J. (1956). Toward a theory of schizophrenia. *Behavioral Science, 1*(4), 251–264.

Baucom, D. H., & Epstein N. (1990). *Cognitive-behavioral marital therapy.* Brunner/Mazel.

Baucom, D. H., Epstein, N., Sayers, S., & Sher, T. G. (1989). The role of cognitions in marital relationships: Definitional, methodological and conceptual issues. *Journal of Consulting and Clinical Psychology, 57*(1), 3-38.

Bava, S. (2023). A relationally responsive world; The politics of collaborative-dialogic practices. In H. Anderson & D. Gehart (Eds.), *Collaborative-dialogic practice: Relationships and conversations across contexts and cultures* (pp. 37-54). Routledge.

Beaudoin, M-N., Maclennan, R. (2021). Mindfulness and embodiment in family therapy: Overview, nuances, and clinical applications in poststructural practices. *Family Process, 60*(4), 1555-1567.

Becvar, D. S., & Becvar, R. J. (2013). *Family therapy: A systemic integration*(8th ed.). Pearson.

Becvar, D. S., & Becvar, R. J. (2016). 가족치료: 체계이론적 통합(정혜정, 이형실, 윤경자, 이동훈 역, 원제: *Family therapy: A systemic integration*). 시그마프레스. (원저 2013년 발행).

Becvar, D. S., Becvar, R. J., & Rief, L. V. (2024). *Systems theory and family therapy: A primer* (4th ed.). Rowman & Littlefield.

Berg, I. K., & Miller, S. (2001). 해결중심적 단기가족치료(가족치료연구모임 역, 원제: *Working with the problem drinker: A solution-focused approach*). 하나의학사. (원저 1992년 발행).

Berg, I. K., & Steiner, T. (2009). 아동과 청소년을 위한 해결중심상담(유재성, 장은진 역, 원제: *Children's solution work*). 학지사. (원저 2003년 발행).

Bertalanffy, L. (1968). *General systems theory*. Braziller.

Bion, W. R. (1962). *Learning from experience*. Heinemann.

Bischoff, R. J., Springer, P. R., & Taylor, N. C. (2020). Integration of new technologies in assessment, research, and treatment delivery. In K. S. Wampler, R. B. Miller, & R. B. Seedall(Eds.), *The handbook of systemic family therapy: The profession of systemic family therapy* (Vol. 1, pp. 705-725). Wiley Blackwell.

Bitter, J. R. (2014). *Theory and practice of family therapy and counselling* (2nd ed.). Brooks/Cole.

Bitter, J. R., & Carlson, J. (2017). The history of marriage, family, and couples therapy. In J. Carlson & S. B. Dermer (Eds.), *The SAGE encyclopedia of marriage, family, and couples counseling* (Vol. 4, pp. 1767-1787). Sage Reference.

Blow, A. J., Sprenkle, D. H., & Davis, S. D. (2007). Is who delivers the treatment more important than the treatment itself? *Journal of Marital and Family Therapy, 33*, 298-317.

Blow, A., seedall, R., Miller, D., Vaz, A., & Rousmaniere, T. (2025). 의도적 연습으로 익히는 가족치료 기술. 최연실 역, 원제: *Deliberate Practice in Systemic Family Therapy*). 신정. (원저 2022년 발행).

Bordin, E. S. (1979). The generalizability of the psychoanalytic concept of the working alliance. *Psychotherapy: Theory, Research & Practice, 16*(3), 252–260.

Bowen, M. (1978). *Family therapy in clinical practice*. Jason Aronson.

Bradford, A. B., & Bar-Kalifa, E. (2020). Physiological considerations in systemic family therapy: The role of internal systems in relational contexts. In K. S. Wampler, R. B. Miller, & R. B. Seedall(Eds.), *The handbook of systemic family therapy: The profession of systemic family therapy* (Vol. 1, pp. 205-224). Wiley Blackwell.

Bray, H., & Stanton, M. (Eds.), *The Wiley-Blackwell handbook of family psychology*. Wiley-Blackwell.

Breunlin, D. C. (1988). Oscillation theory and family development. In C. J. Falicov (Ed.), *Family transitions: Continuity and change over the life cycle* (pp. 133-155). Guilford Press.

Breunlin, D. C. (2016). Advancing training and supervision of family therapy. In T. L. Sexton & J. L. Lebow (Eds.), *Handbook of family therapy* (pp. 517-529). Routledge.

Breunlin, D. C., Pinsof, W., Russell, W. P., & Lebow, J. (2011). Integrative problem – centered metaframeworks therapy Ⅰ: Core concepts and hypothesizing. *Family Process, 50*(3), 293-313.

Breunlin, D. C., Schwarts, R. C., & Mac Kune-Karrer, B. (1997). *Metaframeworks: Transcending the models of family therapy, rev. & upd.* Jossey-Bass.

Broderick, C., & Schrader, S. (1991). The history of professional marital and family therapy. In A. Gurman & D. Kniskern (Eds.), *Handbook of family therapy* (Vol. 2, pp. 3-41). Brunner/Mazel.

Bronfenbrenner, U. (1979). *The ecology of human development: Experiments by nature and design*. Harvard University Press.

Bronfenbrenner, U., & Morris, P. A. (2006). The bioecological model of human development. In R. M. Lerner & W. Damon (Eds.), *Handbook of child psychology* (6th ed.): Vol. 1, Theoretical models of human development(pp. 793-828). John Wiley & Sons Inc.

Bruner, J. (1986). *Actual minds, possible worlds.* Harvard University Press.

Cade, B., & O'Hanlon, W. H. (1993). *A brief guide to brief therapy.* W.W. Norton.

Calatrava, M., Martins, M. V., Schweer-Collins, M., Duch-Ceballos, C., & Rodríguez-González, M. (2022). Differentiation of self: A scoping review of Bowen Family Systems Theory's core construct. *Clinical Psychology Review, 91,* 102-101.

Carr, A. (2012). *Family therapy: Concepts, process and practice* (3rd ed.). Wiley-Blackwell.

Castronova, M., ChenFeng, J., & Zimmerman, T. S. (2020). Supervision in systemic family therapy. In K. S. Wampler, R. B. Miller, & R. B. Seedall (Eds.), *The handbook of systemic family therapy: The profession of systemic family therapy* (Vol. 1, pp. 577-600). Wiley Blackwell.

Chenail, R. J., Reiter, M. D., Torres-Gregory, M., & Ilic, D. (2020). Postmodern family therapy. In K. S. Wampler, R. B. Miller, & R. B. Seedall (Eds.), *The handbook of systemic family therapy: The profession of systemic family therapy* (Vol. 1, pp. 417-442). Wiley Blackwell.

Choi, B. R., Kwon, H., Cho, E., & Choi, Y. (2018). Research Trend on Empathy and Implications for the Family Therapy Researchers and Practitioners in Korea. *Asian Journal of Family Therapy, 2*(2), 67-82.

Christensen, A., Doss, B., & Jacobson, N. (2020). *Integrative behavioral couple therapy: A therapist's guide to creating acceptance and change.* W. W. Norton & Company.

Christophersen, E. R., Arnold, C. M., Hill, D. W., & Quilitch, H. R. (1972). The home point system: Token reinforcement procedures for application by parents of children with behavior problems. *Journal of Applied Behavior Analysis, 5*(4), 485-497.

Colapinto, J. (1991). Structural family therapy. In A. S. Gurman & D. P. Kniskern(Eds.), *Handbook of family therapy* (Vol. 2, pp. 417-443). Brunner/Mazel.

Dallos, R., & Draper, R. (2024). *An introduction to family therapy: Systemic theory and practice* (5th ed.). McGraw Hill.

Dattilio, F. M. (1998). Cognitive-behavioral family therapy. In F. M. Dattilio (Ed.). *Case studies in couple and family therapy: Systemic and cognitive perspectives* (pp. 62-84). Guilford.

Dattilio, F. M. (2005). The restructuring of family schemas: a cognitive-behavior perspective. *Journal of Marital and Family Therapy, 31*(1), 15-30.

Dattilio, F. M. (2010). *Cognitive-behavioral therapy with couples and families: A comprehensive guide for clinicians.* Guilford.

Dattilio, F. M., & Epstein, N. B. (2003). Cognitive-behavior couple and family therapy. In T. L. Sexton, G. R. Weeks, & M. S. Robbins (Eds.), *Handbook of family therapy* (pp. 147-173). Brunner-Routledge.

Dattilio, F. M., & Padesky, C. A. (1990). *Cognitive therapy with couples.* Professional Resource Exchange.

Dattlilio, F. (2010). *Cognitve-behavioral therapy with couples and families: A comprehensive guide for clinicians.* Guilford.

Davis, S. D., & Hsieh, A. L. (2019). What does it mean to be a common factors informed family therapist? *Family Process, 58*(3), 629-640.

De Jong, P., & Berg, I. K. (2015). 해결을 위한 면접(4판)(노혜련, 허남순 역, 원제: *Interviewing for solutions*). 박학사. (원저 2012년 발행).

de Shazer, S. (1982). *Patterns of Brief Family Therapy.* Guilford Press.

de Shazer, S. (1985). *Keys to Solution in Brief Therapy.* W.W. Norton & Company.

de Shazer, S. (2019). **드 세이저의 해결의 실마리, 단기치료에서 해결책 탐색**(김은영, 어주경, 이경희, 정윤경 역, 원제: *Clues: Investigating solutions in brief therapy*). 학지사. (원저 1988년 발행).

de Shazer, S., & Berg, I. K. (1997). 'What works?' Remarks on research aspects of solution-focused brief therapy. *Journal of Family therapy, 19*(2), 121-124.

de Shazer, S., Berg, I. K., Lipchik, E. V. E., Nunnally, E., Molnar, A., Gingerich, W., & Weiner-Davis, M. (1986). Brief therapy: Focused solution development. *Family process, 25*(2), 207-221.

Denborough, D. (2008). *Collective narrative practice.* Dulwich Centre Publications.

Derrida, J. (1976). *Of grammatology.* Johns Hopkins University Press.

Dickerson, V. C. (2010). Positioning oneself within an epistemology: Redefining our thinking about integrative approaches. *Family Process, 49,* 349-368.

Doherty, W. J. (2020). The evolution and current status of systemic family therapy. In K. S. Wampler, R. B. Miller, & R. B. Seedall (Eds.), *The handbook of systemic family therapy: The profession of systemic family therapy* (Vol. 1, pp. 33-49). Wiley Blackwell.

Doherty, W. J., & McDaniel, S. H. (2010). *Family therapy.* American Psychological Association.

Donovan, J. M. (2008). **단기 대상관계 부부치료**(이재훈, 임영철 공역, 원제: *Short-term object relations couples therapy: The five-step model*). 한국심리치료연구소. (원저 2003년 발행).

Donovan, M. (2003). Family therapy beyond postmodernism: Some considerations on the ethical orientation of contemporary practice. *Journal of Family Therapy, 25*(3), 251-270.

Drieves, A. A. (2021). Case examples and process-orienrted questions in teletherapy with couples and families. *Family Process, 60,* 1048-1061.

Durtschi, J. A., & Wetchler, J. L. (2015). Structural family therapy. In J. L. Wetchler & L. L. Hecker (Eds.), *An introduction to marriage and family therapy* (2nd ed., pp. 119-154). Routledge.

Duvall, E. M., & Hill, R. (1948). *Report of committee on the dynamics of family interaction.* National Conference on Family Life.

Eisler, I., Grange, D. L., & Lock, J. (2016). Treating adolescents with eating disorder. In T. L. Sexton & J. L. Lebow (Eds.), *Handbook of family therapy* (pp. 387-406). Routledge.

Epstein, N. (1982). Cognitive therapy with couples. *American Journal of Family Therapy, 10*(1), 5-16.

Epstein, N. B. (2024). Cognitive-behavioral couple therapy. In M. D. Reiter (Ed.), *Case conceptualization in couple therapy: Comparing and contrasting theories* (pp. 97-124). Taylor & Francis.

Epstein, N. B., & Baucom, D. H. (1998). Cognitive-behavioral couple therapy. In F. M. Dattilio (Ed.), Case studies in couple and family therapy: Systemic and cognitive Epstein, N. B., & Baucom, D. H. (2002). *Enhanced cognitive-behavioral therapy for couples: A contextual approach.* American Psychological Association. perspectives (pp. 37-61). Guilford.

Epstein, N. B., & Baucome, D. H. (2002). *Enhanced cognitive-behavioral therapy for couples: A contextual approach.* American Psychological Association.

Epstein, N. B., & Dattilio, F. M. (2020). Behavioral and cognitive-behaioral approaches in systemic family therapy. In K. S. Wampler, R. B. Miller, & R. B. Seedall (Eds.), *The handbook of systemic family therapy: The profession of systemic family therapy* (Vol. 1, pp. 365-389). Wiley Blackwell.

Epstein, N. B., & Falconier, M. K. (2024). *Treatment plans and interventions in couple therapy: A cognitive-behavioral approach*. Guilford.

Epstein, N., Schlesinger, S., & Dryden, W. (1988). Concepts and methods of cognitive-behavior family treatment. In N. Epstein, S. Schlesinger, & W. Dryden (Eds.), *Cognitive-behavior therapy with families* (pp. 5-48). Brunner/Mazel.

Erickson, M. H., & Rossi, E. L. (1979). *Hypnotherapy: An exploratory casebook*. Irvington Publishers.

Fairbairn, W. R. D. (1952). *Psychoanalytic studies of the personality*. Routledge & Kegan Paul.

Falicov, C. J. (2016). The multiculturalism and diversity of families. In T. L. Sexton., & J. L. Lebow (Eds.), *Handbook of family therapy* (pp. 66-85). Routledge.

Feixas, G. (1992). Personal construct approaches to family therapy. In G. Neimeyer & R. Neimeyer (Eds.), *Advances in personal construct psychology* (Vol. 2, pp. 215-255). JAI Press.

Fishbane, M. D. (2016). The neurobiology of relationships. In T. L. Sexton & J. L. Lebow (Eds.), *Handbook of family therapy* (pp. 48-65). Routledge.

Fishbane, M. D. (2019). 커플상담과 신경생물학(박수룡, 전영주, 서미아, 김현수, 최지원, 김수지, 안혜상 역, 원제: *Loving with the brain in mind*). 학지사. (원저 2013년 발행).

Fishman, C. (1993) I*ntensive structural therapy: Treating families in their social context*. Basic Books.

Forehand, R., Roberts, M. W., Doleys, D. M., Hobbs, S. A., & Resick, P. A. (1976). An examination of disciplinary procedures with children. *Journal of Experimental Child Psychology, 21*(1), 109-120.

Foreman, D. M. The Ethical Use of Paradoxical Interventions in Psychotherapy. *Medical Ethics, 16*(4), 200-205.

Forgatch, M. S., & Patterson, G. R. (1989). *Parents and adolescents living together: Part 2: Family problem solving*. Castalia Publishing Co.

Forgatch, M. S., & Patterson, G. R. (1998). Behavioral family therapy. In F. M. Dattilio (Ed.), *Case studies in couple and family therapy: Systemic and cognitive perspectives* (pp. 85-107). Guilford.

Foucault, M. (1972). *The archaeology of knowledge*. Pantheon Books.

Fox, G. (2006). Developments in family contexts. In L. Combrinck-Graham (Ed.), *Children in family contexts: Perspectives on treatments* (pp. 26-50). Guilford Press.

Fox, H. (2015). Using therapeutic documents: A review. uploaded by dulwichcentre.com.au

Framo, J. L. (1979). The integration of marital therapy with sessions with family of origin. In J. L. Framo (Ed.), Family interaction: A dialogue between family researchers and family therapists (pp. 133-158). Springer.

Framo, J. L. (1982). Cultural and social factors in the treatment of families. In A. S. Gurman & D. P. Kniskern (Eds.), *Handbook of family therapy* (pp. 263-288). Brunner/Mazel.

Framo, J. L. (1992). *Family-of-origin therapy: An intergenerational approach*. Brunner/ Mazel.

Frank, J. D. (1973). *Persuation and healing: A comparative study of psychotherapy* (Rev.). Schocken.

Franklin, C., Trepper, T., Gingerich, W., & McCollum, E. (2011). *Solution-Focused Brief Therapy: A Handbook of Evidence-Based Practice*. Oxford University Press, Inc.

Freedman, J., & Combs, G. (2009). 이야기치료: 선호하는 이야기의 사회적 구성(김유숙, 전영주, 정혜정 역, 원제: *Narrative therapy: The social construction of preferred realities*). 학지사. (원저 1996년 발행).

Gehart, D. R. (2012). *Mindfulness and acceptance in couple and family therapy*. Springer.

Gehart, D. R. (2024). *Mastering competencies in family therapy: A practical approach to theories & clinical case documentation* (4th ed.). Cengage.

Gergen, K. (1994). *Realities and relationships: Soundings in social constructionism.* Harvard University Press.

Gershoff, E. T. (2002). Corporal punishment by parents and associated child behaviors and experiences: a meta-analytic and theoretical review. *Psychological Bulletin, 128*(4), 539-579.

Gerson, R. (2018). Salvador Minuchin: A tribute to a master. *Family Process, 57*(1), 5-12.

Gerton, J. M., Aoyagi, K., Leon, G. A., Bludworth, J., Spille, S., & Holzapel, J. (2023). Outcomes in client transitioning from in-person counselling to telehealth counselling with trainees. *Counselling and Psychotherapy Research, 23*(1), 188-197.

Gilbert, R. M. (2018). 보웬이론의 8가지 개념(김경 역, 원제: *The eight concepts of Bowen theory*). 학지사. (원저 2006년 발행).

Gladding, S. T. (2018). *Family therapy: History, theory, and practice* (7th ed). Pearson.

Glick, I. D., Heru, A. M., & Kamis, D. (2026). *Textbook of couples and family therapy in clinical practice* (6th ed.). Wolters Kluwer.

Goldberg, S. B., Anders, C., Stuart-Maver, S. L., & Kivlighan Ⅲ, D. M. (2023). Meditation, mindfulness, and acceptance methods in psychotherapy: A systematic review. *Psychotherapy Research, 33*(7), 873-885.

Goldenberg, H., & Goldenberg, I. (2013). The revolution and evolution of family therapy and family psychology. In J. H. Bray & M. Stanton (Eds.), T*he Wiley-Blackwell handbook of family psychology* (pp. 21-36). Wiley-Blackwell.

Goldenberg, I., Stanton, M., & Goldenberg, H. (2017). *Family therapy: An overview* (9th ed.). Cengage.

Gottman, J. M., & Krokoff, L. J. (1989). Marital interaction and satisfaction: a longitudinal view. *Journal of consulting and clinical psychology, 57*(1), 47-52.

Green, J. B. (2003). *Introduction to family theory and therapy: Exploring an evolving field.* Brooks/Cole-Thomson Learning.

Greenberg, J., & Mitchell, S. (1983). O*bject Relations in Psychoanalytic Theory.* Harvard University Press.

Guntrip, H. (1968). *Schizoid phenomena, object relations and the self.* Hogarth Press.

Hale-Haniff, M. (2013). Virginia Satir's growth model: Therapy as intra-and interpersonal communication. In A. Rambo, C. West, A. Scooley, & T. V. Boyd (Eds.), *Family therapy review: Contrasting contemporary models* (pp. 54-57). Routledge.

Haley, J. (1976). *Problem-solving therapy.* Jossey-Bass.

Haley, J. (1997). *Leaving home: The therapy of disturbed young people.* Jason Aronson.

Haley, J., & Richeport-Haley, M. (2003). *The art of strategic family therapy.* Routledge.

Haley, J., & Richeport-Haley, M. (2007). *Directive family therapy.* The Haworth Press.

Hanna, S. M. (2025). 커플가족치료: 신경과학과 마음챙김의 통합(박수룡, 전영주, 서미아, 김현수, 최지원, 김수지 역, 원제: *The transparent brain in couple and family therapy: Mindful integrations with neuroscience*). 학지사. (원저 2013년 발행).

Hanna, S. M., & Ball, D. A. (2025). *The practice of therapy: Key elements across models* (6th ed.). Routledge.

Hargrave, T. D., & Houltberg, B. J. (2020). Transgenerational theories and how they evolved into current research and practice. In K. S. Wampler, R. B. Miller, & R. B. Seedall (Eds.), *The handbook of systemic family therapy: The profession of systemic family therapy* (Vol. 1, pp. 317-338). Wiley Blackwell.

Hawkins, J. M., McPhee, D. P., D'Aniello, C., Holyoak, D., Lauricella, D., Hall, G., Noel, C., & Posadas, L. (2020). Learning and applying mindfulness to relational client systems: A phenomenological analysis of CMFT students'experiences in a mindfulness course. *Contemporary Family Therapy, 42*(4), 381-393.

Hayes, S. C. (2004). Acceptance and commitment therapy, relational frame theory, and the third wave of behavioral and cognitive therapies. *Behavior Therapy, 35*(4), 639-665.

Hecker, L. L., Mims, G. A., & Boughner, S. R. (2015). General systems theory, cybernetics, and family therapy. In J. L. Wetchler & L. L. Hecker (Eds.), *An introduction to marriage and family therapy* (2nd ed., pp. 43-64). Routledge.

Heimann, P. (1950). On counter-transference. *International Journal of Psycho-Analysis, 31,* 81-84.

Henggeler, S. W., Schoenwald, S. K., Borduin, C. M., Rowland, M. D., & Cunningham, P. B. (1998). *Multisystemic treatment of antisocial behavior in children and adolescents.* Guilford Press.

Hertlein, K. M., Drude, K., & Jordan, S. S. (2021). "What's next?": Toward telebehavioral health sustainability in couple and family therapy. *Journal of Marital and Family Therapy, 47*(3), 551-565.

Heyman, R. E., Weiss, R. L., & Eddy, J. M. (1995). Marital interaction coding system: Revision and empirical evaluation. *Behaviour research and therapy, 33*(6), 737-746.

Hoffman, L. (1981). *Foundations of family therapy.* Basic Books.

Hoffman, L. (1993). *Exchanging voices: A collaborative approach to family therapy.* Karnac.

Hoffman, L. (2002). *Family therapy: An intimate history.* W. W. Norton.

Iveson C. (2002). Solution-focused brief therapy. *Advances in Psychiatric Treatment, 8*(2), 149-156.

Jacobson, N. S., & Margolin, G. (1979). *Marital therapy strategies based on social learning & behavior exchange principles.* Routledge.

Johnson, S. M. (2008). Emotinally focused couple therapy. In A. S. Gurman (Ed.), *Clinical handbook of couple therapy* (4th., pp. 107-137). Guilford Press.

Johnson, S. M. (2019). *The practice of emotionally focused couple therapy: Creating connection* (2nd ed.). Routledge.

Karam, E. A., & Blow, A. J. (2020). Common factors underlying systemic family therapy. In K. S. Wampler, R. B. Miller, & R. B. Seedall (Eds.) T*he handbook of systemic family therapy: The profession of systemic family therapy* (Vol. 1, pp. 147-169). Wiley Blackwell.

Karam, E. A., & Blow, A. J. (2023). *Bringing common factors to life in couple and family therapy.* Routledge.

Kaslow, N. J. (2004). *Competencies in professional psychology. American Psychologist, 59*(8), 774-781.

Kaslow, N. J., & Racusin, G. R. (1994). family therapy for depression in young people. In W. M. reynolds & H. F. Johnston (Eds.), *Handbook of depression in children and adolescents: Issues in clinical child psychology* (pp. 345-363).

Kaslow, N. J., Celano, M. P., & Stanton, M. (2013). Training in family psychology: A competencies-based approach. In J. H. Bray & M. Stanton (Eds.), *The Wiley-Blackwell handbook of family psychology* (pp. 112-128). Wiley-Blackwell.

Keeney, B. P. (1983). *Aesthetics of change.* Guilford Press.

Kelley, G. (1955). *The psychology of personal constructs* (Vol. 1 & 2). Norton.

Kennington, M. (2013). "Just therapy". In A. Rambo, C. West, A. Scooley, & T. V. Boyd (Eds.), *Family therapy review: Contrasting contemporary models* (pp. 156-160). Routledge.

Kernberg, O. F. (1975). *Borderline conditions and pathological narcissism*. Jason Aronson.

Kernberg, O. F. (1976). *Object-relations theory and clinical psychoanalysis*. Jason Aronson.

Kerr, M. E., & Bowen, M. (1988). *Family evaluation*. W. W. Norton & Company.

Kitchener, K. S. (2000). *Foundations of ethical practice, research and teaching in psychology*. Lawrence Erlbaum.

Klein, M. (1946). Notes on some schizoid mechanisms. *International Journal of Psycho-Analysis, 27*, 99-110.

Klein, M. (1952). The origins of transference. *The International Journal of Psycho-Analysis, 33*, 433-438.

Klein, M. (1957). *Envy and gratitude and other works 1946-1963*. Hogarth Press.

Knuson-Martin, C., McDowell, T., & Bermudez, J. M. (2020). Sociocultural attunement in systemic family therapy. In K. S. Wampler, R. B. Miller, & R. B. Seedall (Eds.), *The handbook of systemic family therapy: The profession of systemic family therapy* (Vol. 1, pp. 619-637). Wiley Blackwell.

Koh, J., Park, M. O., & Park, S. Y. (2023). Object relations couple therapy for a married Korean man with sexual dysfunction. *Australian and New Zealand Journal of Family Therapy, 44*(2), 334-348.

Kohut, H. (2022). *The Analysis of the Self*. International Universities Press. (First print 1971).

Korzybski, A. (1933). *Science and sanity*. Scientific Press.

Kraunes, J. (2024). 사소한 불행에 인생을 내어주지 마라(이상희 역, 원제: *52 Kurzgeschichten, die Ihr Leben verändern werden*). 추수밭. (원저 2022년 발행).

Kuhn, T. (1970). *The structure of scientific revolution*. University of Chicago Press.

Lambert, M. (1992). psychotherapy outcome research: Implications for integrative and eclectic therapists. In J. C. Norcross & M. R. Golfried (Eds.), *Handbook of psychotherapy integration* (pp. 94-129). Wiley.

Lantheaume, S., Shankland, R., Buchier, L., Facchin, A., Kotsou, I. (2024). Mindfulness-based programs sustainably increase mental health: The role of cognitive fusion and mindfulness practice. *European Review of Applied Psychology, 74*(2), 1-9.

Laszloffy, T. A. (2002). Rethinking family development theory: Teaching with the systemic family development (SFD) model. *Family Relations, 51*(3), 206-214.

Lazarus, A. A. , & Messer, S. B. (1991). Does chaos prevail? An exchange on technical eclecticism and assimilative integration. *Journal of Psychotherapy Integration, 1*(2), 143-158.

Lebow, J. (2016). Integrative approaches to couple and family therapy. In T. L. Sexton & J. L. Lebow (Eds.), *Handbook of family therapy* (pp. 205-227). Routledge.

Lebow, J. (2023). 통합적 접근으로 바라보는 커플·가족치료(최연실, 안미옥 역, 원제: *Couple and family therapy: An integration map of the territory*). 학지사. (원저 2014년 발행).

Lebow, J. L. (1997). The integrative revolution in couple and family therapy. *Family Process, 36*(1), 1-17.

Lebow, J. L. (2005). Family therapy at the beginning of the twenty-first century. In J. L. Lebow (Ed.), *Handbook of clinical family therapy* (pp. 1-14). Wiley.

Lebow, J. L. (2019a). Integration in couple and family therapy. *Famiy Process, 58*(3), 527-531.

Lebow, J. L. (2019b). Current issues in the practice of integrative couple and family therapy. *Famiy Process, 58*(3), 610-628.

Lebow, J. L. (2020). The systemic in couple and family research and couple and family therapy. *Family Process, 59*(1), 3-9.

Lebow, J. L., & Diamond, R. M. (2019). Brief history of couple and family therapy. In Fiese, B. H., Celano, M.,

Deater-Deckrd, K., Jouriles, E. N., & Whisman, M. (Eds.), *APA handbook of contemporary family therapy* (pp. 1-18). American Psychological Association.

Lebow, J. L., & Jenkins, P. H. (2018). *Research for psychotherapist: From science to practice.* Routledge.

Lebow, J., & Sexton, T. L. (2016). The evolution of family and couple therapy. In T. L. Sexton & J. L. Lebow (Eds.), *Handbook of family therapy* (pp. 1-29). Routledge.

Lebow, J., & Snyder, D. K. (2022). Couple therapy in the 2020s: Current status and emerging developments. *Family Process, 61*(4), 1359-1385.

Lee, B. K. (2009). Congruence couple therapy for pathological gambling. *International Journal of Mental Health and Addiction, 7*(1), 45-67.

Lee, B. K., Ofori Dei, S. M., Brown, M. M., Awosoga, O. A., Shi, Y., & Greenshaw, A. J. (2023). Congruence couple therapy for alcohol use and gambling disorders with comorbidities (part I): Outcomes from a randomized controlled trial. *Family Process, 62*(1), 124-159.

Lee, R. E., & Nelson, T. S. (2015). 가족치료 수퍼비전: 관계론적 관점(이규호, 김성은, 민주홍, 안미옥, 천연미,최연실 역, 원제: *The Contemporary Relational Supervisor*). 학지사. (원저 2021년 발행).

Lee, S. H. (2014). Korea's turn to new possibilities in health and human services. *Korean Journal of Family Therapy, 22*(4), 301-314.

Lee, S. H., Chun, Y., Chung, H., Shin, S., Lee, I., Lee, D., & Choi, Y. (2013). The profession of family therapy in South Korea: Current status and future directions. *Contemporary Family Therapy, 35*(2), 388-399.

Liddle, H. A., Rodriguez, R. A., Dakof, G. A., Kanzki, E., & Marvel, F. A. (2005). Multidimensional family therapy: A science-based treatment for adolescent drug abuse. In J. Lebow (Ed.), *Handbook of clinical family therapy* (pp. 128-163). Wiley.

Luborsky, L., Diguer, L., Luborsky, E., & Schmidt, K. A. (1999). The efficacy of dynamic versus other psychotherapies: Is it true that "everyone has won and all must have prizes?"-An update. *Clinical Psychology: Science and Practice, 6,* 95-132.

Luborsky, L., Singer, B., & Luborsky, L. (1975). Comparative studies of psychotherapy: Is it true that "everyone has won and all must have prizes?", *Archives of General psychiatry, 32,* 995-1008.

Lynch, B. & Lynch, J. E. (2000). *Principles and practices of structural family therapy.* The Gestalt Journal Press.

Lyness, K. P. (2020). Training and credentialing in the profession of marriage and family therapy. In K. S. Wampler, R. B. Miller, & R. B. Seedall (Eds.), *The handbook of systemic family therapy: The profession of systemic family therapy* (Vol. 1, pp. 555-575). Wiley Blackwell.

Madanes, C. (1980). Protection, paradox, and pretending. *Family Process, 19*(1), 73-85.

Madanes, C. (1981). *Strategic family therapy.* Jossey-Bass.

Madanes, C. (1991). Strategic family therapy. In A. S. Gurman & D. P. Kniskern (Eds.), *Handbook of family therapy* (pp. 396-416). Brunner/Mazel.

Mahler, M. S., Pine, F., & Bergman, A. (1975). *The psychological birth of the human infant.* Basic Books.

Mann, S., & Russell, M. (2004). *Narrative Therapy.* 한림대학교 사회복지대학원 워크숍 자료집.

Masters, W., & Johnson, V. (1970). *Human sexual inadequacy.* Little, Brown.

Maturana, H. (1978). Biology of language: The epistemology of reality. In G. A. Miller & E. Lenenberg (Eds.), *Psychology and biology of language and thought: Essays in honour of Eric Lenneberg* (pp. 27-63). Academic Press.

Maturana, H. (1991). Maturana's basic notions. *Human systems: The Journal of Syatemic Consultation and Management, 2,* 71-78.

Maturana, H., & Poerksen, B. (2004). The view of the systemicist: A conversation. *Journal of Constructivist Psychology, 17*(4), 269-279.

Maturana, H., & Varela, F. (1987). *The tree of knowledge.* New Science Library.

McCauley, H., & Pettyjone, M. E. (2020). Redefining "family": Lessons from multidisciplinary research with marginalized populations. In K. S. Wampler, R. B. Miller, & R. B. Seedall (Eds.), *The handbook of systemic family therapy: The profession of systemic family therapy* (Vol. 1, pp. 80-95). Wiley Blackwell.

McCubbin, M. A., & McCubbin, H. L. (1989). Theoretical orientation to family stress and coping. In C. R. Figley (Ed.), *Treating stress in families* (pp. 3-43). Brunner/Mazel.

McDowell, T. (2015). *Applying critical social theories to family therapy practice.* American Family Therapy Association Springer Briefs in Family Therapy. Springer.

McDowell, T., Knudson-Martin, C., & Bermudez, J. M. (2023). *Socioculturally attuned family therapy: Guidelines for equitable theory and practice* (2nd ed.). Routledge/Taylor & Francis Groups.

McGeorge, C. R., Carlson, T. S., & Wetchler, J. L. (2015). The history of marriage and family therapy. In J. L. Wetchler & L. L. Hecker (Eds.), *An introduction to marriage and family therapy* (2nd ed., pp. 3-42). Routledge.

McGoldrick, M. (2007). 가계도 분석을 통해 본 세계 유명인의 가족비밀(남순현, 황영훈 역, 원제: *You can go home again: Reconnecting with your family*). 학지사. (원저 1997년 발행).

McGoldrick, M., & Hardy, K. (2019). The power of naming. In M. McGoldrick & H. Hardy (Eds.), *Re-visioning family therapy: Addressing diversity in clinical practice* (3rd ed., pp. 2-27). Guilford Press.

McGoldrick, M., Anderson, C. M., & Walsh, F. (Eds.). (1989). *Women in families: A framework for family therapy.* W.W. Norton.

McGoldrick, M., Carter, B., & Garcia-Preto, N. (Eds.). (2011). *The expanded family life cycle: Individual, family, and social perspectives.* (4th ed.). Allyn & Bacon.

McGoldrick, M., Gerson, R., & Petry, S. (2008). *Genograms: Assessment and intervention* (3rd ed.). W. W. Norton & Company.

McGoldrick, M., Gerson, R., & Petry, S. S. (2011). 가계도: 사정과 개입(3판)(이영분, 김유숙, 정혜정, 최선령, 박주은 역, 원제: *Genograms: assessment and intervention*). 학지사. (원저 2008년 발행).

McGoldrick, M., Giordano, J., & Garcia-Preto, N. (Eds.). (2005). *Ethnicity and family therapy* (3rd ed.). Guilford Press.

McNamee, S., & Gergen, K. J. (1992). *Social construction and therapeutic process.* Sage.

McNeil, C. B., & Hembree-Kigin, T. L. (2010). *Parent-child interaction therapy.* Springer.

Metcalf, L. (Ed.) (2024). *Marriage and family therapy: A practice-oriented approach* (3rd ed.). Springer Publishing Company.

Miller, J. K., Todahl, J. L., & Platt, J. J. (2010). The core competency movement in marriage and family therapy: Key considerations from other disciplines. *Journal of Marital and Family Therapy, 36*(1), 59-70.

Miller, R. B., & Johnson, L. (Ed.) (2023). 가족치료의 최신 임상연구방법(최연실, 조은숙, 기쁘다, 김성은, 김정은, 민주홍, 박우철, 이규호, 천연미 역, 원제: *Advanced methods in family therapy research: A focus on validity and change*). 학지사. (원저 2014년 발행).

Miller, R. B., Anderson, S., & Keala, D. K. (2004). Is Bowen theory valid? A review of basic research. *Journal of Marital and Family Therapy, 30*(4), 453-466.

Miller, S. D., & Duncan, B. L. (2000). Paradigm lost: From model-driven to client-directed, outcome-informed clinical work. *Journal of Systemic Therapies, 19*(1), 20-34.

Miller, S. D., Duncan, B. L., & Hubble, M. A. (1997). *Escape from Babel: Toward a unifying language for psychotherapy practice.* W. W. Norton.

Miller, S. D., Hubble, M. A., Duncan, B. L., & Wampold, B. E. (2010). Delivering what works. In B. L. Duncan, S. D. Miller, B. E. Wampold, & M. A. Hubble (Eds.), *The heart and soul of change: delivering whar works in therapy* (2nd ed., pp. 421-429). American Psychological Association.

Min, J., Choi, Y. (2024). Exploring the Integration of Couple Therapy Related Courses into Graduate Curricula and Certification Systems in South Korean Family Therapy Programs. *Asian Journal of Family Therapy, 6*(1), 1-13.

Minuchin, P., Colapinto, J., & Minuchin, S. (2007). *Working with families of the poor.* Guilford Press.

Minuchin, S. & Nichols, M. (1998). *Family healing: Strategies for hope and understanding.* Free Press.

Minuchin, S. (1974). *Families and family therapy.* Harvard University Press.

Minuchin, S. (1998). Where is the family in narrative family therapy? *Journal of Marital and Family Therapy, 24*(4), 397-403.

Minuchin, S. (2007). Jay Haley: My teacher. *Family Process, 46*(3), 279-282.

Minuchin, S., & Fishman, C. H. (2017). 구조적 가족치료의 기술(조은숙, 이화자, 이인수, 신혜종 역, 원제: *Family therapy techniques*). 하나의학사. (원저 1981년 발행).

Minuchin, S., Lee, W. Y., & Simon, G. M. (1996). *Mastering family therapy: Journeys of growth and transformation.* John Wiley & Sons.

Minuchin, S., Lee, W. Y., & Simon, G. M. (2006). *Mastering family therapy: Journey of growth and transformation* (2nd ed.). John Wiley.

Minuchin, S., Rosman, B., & Baker, L. (1978). *Psychosomatic families: Anorexia nervosa in context.* Harvard University Press.

Mitchell, S. A., & Black, M. J. (1995). *Freud and beyond: A history of modern psychoanalytic thought.* Basic Books.

Morgan, A. (2013). 이야기치료란 무엇인가?(고미영 역, 원제: *What is narrative therapy?: An easy-to-read introduction*). 청목출판사. (원저 2000년 발행).

Morgan, M. M. & Sprenkle, D. H. (2007). Toward a common-factor approach to supervision. *Journal of Marital and Family Therapy, 33*(1), 1-17.

Myerhoff, B. (1986). Life not death in Venice: It's second life. In H. Goldberg (Ed.), *Judaism viewed from within and from without* (pp. 143-171). State University Press.

Napier, A. Y., & Whitaker, C. A. (2012). 가족을 위로한다(남순현, 원은주 역, 원제: *The family crucible: The intense experience of family therapy*). 21세기 북스. (원저 1978년 발행).

Neimeyer, G., & Neimeyer, R. (1994). Constructivist methods of marital and family: A practice precis. *Journal of Mental Health Counseling, 16*(1), 85-104.

Nerin, W. (1989). You can go home again. *Family Therapy Networker, 13*(1), 54-55.

Nichols, M. P. (2017). Remembering Salvador Minuchin (1921-2017). *Psychotherapy Networker.* https://www.psychotherapynetworker.org/article/remembering-salvador-minuchin

Nichols, M. P. (2019). *The essentials of family therapy* (7th ed.). Pearson.

Nichols, M. P., & Davis, S. D. (2016). *Family therapy: Concepts and methods* (11th ed.). Pearson.

Nichols, M. P., & Davis, S. D. (2017). 가족치료 개념과 방법(제11판)(김영애 역, 원제: *Essentials of family therapy: Concepts and methods*). 시그마프레스. (원저 2016년 발행).

Nichols, M. P., & Davis, S. D. (2020). *Family therapy: Concepts and methods* (12th ed.). Pearson.

Norcross, J. C., & Lambert, M. J. (2011). Psychotherapy relationships that work. Ⅱ. *Psychotherapy, 48*(1), 4-8.

Norcross, J. C., & Wampold, B. E. (2011). Evidence-based therapy relationships: research conclusions and clinical practices. *Psychotherapy, 48*(1), 98-102.

Norcross, J. C., Pfund, R. A., & Cook, D. M. (2022). The predicted future of psychotherapy: A decennial e-Delphi poll. *Professional Psychology: Research and Practice, 53*(2), 109-115.

Northey, W. F. (2002). Characteristics and clinical practices of marriage and family therapists: A national survey. *Journal of Marital and Family Therapy, 28*(4), 487-494.

Ogden, T. H. (1979). On projective identification. *International Journal of Psycho-Analysis, 60,* 357–373.

Ogden, T. H. (2018). *The primitive edge of experience.* Routledge. (Original work published 1989 by Jason Aronson).

Oh, Y. S., & Cho, E. (2019). A qualitative study of couples counseling experiences and aspects of change in newly married couples preventative counseling using PREPARE/ENRICH-CV. *Asian Journal of Family Therapy, 3*(1), 43-61.

Olson, D. H., Olson-Sigg, A., & Larson, P. J. (2011). 커플 체크업(김덕일, 나희수 공역, 원제: *The couple checkup*). 학지사. (원저 2008년 발행).

Orlinsky, D. E., & Ronnestad, M. H. (2005). Career development: Correlates of evolving expertise. In D. E. Orlinsky & M. H. Ronnestad (Eds.), *How psychotherapists develop: A study of therapeutic work and professional growth* (pp. 132-142). American Psychological Association.

Papero, D. V. (1990). *Bowen family systems theory.* Pearson Education.

Park, W., & Epstein, P. (2021). *Dialogue between CBT and Bowen model?: How can we become good friends?* Paper presented at the 2021 Asian Academy of Family Therapy Conference, Seoul, Korea.

Parra-Cardona, R., Beverly, H. K., & López-Zerón, G. (2020). Community-based participatory Research(CBPR) for underserved popilations. In K. S. Wampler, R. B. Miller, & R. B. Seedall (Eds.), *The handbook of systemic family therapy: The profession of systemic family therapy* (Vol. 1, pp. 491-511). Wiley Blackwell.

Patterson, G. R., & Forgatch, M. (1987). *Parents and adolescents living together: Part 1: The basics.* Castalia.

Piercy, F. P, Sprenkle, D. H., Wetchler, J. L., & Associates. (1996). *Family therapy sourcebook.* Guilford.

Piercy, F. P. (2020). The future of systemic family therapy: What needs nurturing and what does not. In K. S. Wampler, R. B. Miller, & R. B. Seedall (Eds.), *The handbook of systemic family therapy: The profession of systemic family therapy* (Vol. 1, pp. 753-770). Wiley Blackwell.

Pinsof, W. (1995). *Integrative problem-centered therapy: A sysnthesis of family, individual, and biological therapies.* Basic Books.

Pinsof, W., Breunlin, D. C., Russell, W. P., & Lebow, J. (2011). Integrative problem-centered metaframeworks therapy Ⅱ: Planning, conversing, and reading feedback. *Family Process, 50,* 314-336.

Pinsof, W., Breunlin, D. C., Russell, W. P., Lebow, J., Rampage, C., & Chambers, A. L. (2018). *Integrative systemic therapy: Metaframeworks for problem solving with individuals, couples, and families.* American Psychological Association.

Pocock, D. (1995). Searching for a better story: Harnessing modern and post-modern positions in family therapy. *Journal of Family Therapy, 17,* 149-174.

Priest, J. B. (2021). *The science of family systems theory.* Routledge.

Procter, H., & Winter, D. A. (2020). *Personal and relational construct psychotherapy.* Palgrave Macmillan.

Psychotherapy Networker. (2007). The top 10: The most influential therapists of the past quarter-century. *Psychotherapy Networker, 31*(2), 24-68.

Racker, H. (1968). *Transference and countertransference.* International Universities Press.

Rambo, A., & Hibel, J. (2013). What is family therapy?. In A. Rambo, C. West, A. Scooley, & T. V. Boyd (Eds.), *Family therapy review: Contrasting contemporary models* (pp. 3-8). Routledge.

Rambo, A., Boyd, T. V., & Marquez, M. G. (2016). *The marriage and family therapy career guide.* Routledge.

Rambo, A., West, C., Scooley, A., & Boyd, T. V. (2013). A brief history of narrative models. In A. Rambo, C. West, A. Scooley, & T. V. Boyd (Eds.), *Family therapy review: Contrasting contemporary models* (pp. 149-150). Routledge.

Rambo, A., West, C., Scooley, A., & Boyd, T. V. (Eds.) (2013). *Family therapy review: Contrasting contemporary models.* Routledge.

Ramisch, J., & Nelson, T. S. (2015). Transgenerational famiy therapies. In J. L. Wetchler & L. L. Hecker (Eds.), *An introduction to marriage and family therapy* (2nd ed.)(pp. 319-356). Routledge.

Reiter, M. D. (2014). *Case conceptualization in family therapy.* Pearson Education.

Reiter, M. D. (2016). 가족치료의 사례개념화(정혜정 역, 원제: *Case conceptualization in family therapy*). 학지사. (원저 2014년 발행).

Reiter, M. D. (2017). Ten things learned from Dr. Salvador Minuchin. *Journal of Systemic Therapies, 36*(4), 46-56.

Reiter, M. D. (2024). 부부 · 가족치료를 위한 체계이론(김성은, 민주홍, 이규호, 천연미, 최연실 역, 원제: *System theories for psychotherapists*). 학지사. (원저 2019년 발행).

Reiter, M. D. (2025). *Family therapy: An introduction to process, practice, and theory* (2nd ed.). Routledge.

Ricoeur, P. (1984). *Time and narrative.* University of Chicago Press.

Rivett, M., & Buchmüller, J. (2025). 동영상으로 배우는 가족치료 기술과 기법(조은숙 역, 원제: *Family therapy: Skills and techniques in action*). 학지사. (원저 2018년 발행).

Rivett, M., & Street, E. (2003). *Family therapy in focus.* Sage Publications.

Rivett, M., & Street, E. (2009). *Family therapy: 100 key points and techniques.* Routledge.

Robbins, M. S., Mayorga, C. C., & Szapocznik, J. (2003). The ecosystemic "lens"to understanding family functioning. In T. L. Sexton, G. R. Weeks, & M. S. Robbins (Eds.), *Handbook of family therapy: The science and practice of working with families and couples* (pp. 21-36). Brunner-Routeldge.

Robinson, W. D., Jones, A. C., Felix, D. S., & McPhee, D. P. (2020). Systemic family therapy in medical settings. In K. S. Wampler, R. B. Miller, & R. B. Seedall (Eds.), *The handbook of systemic family therapy: The profession of systemic family therapy* (Vol. 1, pp. 659-681). Wiley Blackwell.

Rogers, C. R. (1952)."Client-centered"psychotherapy. *Scientific American, 187*(5), 66-74.

Roussel, H. S. (2024). Structural family therapy. In L. Metcalf (Ed.), *Marriage and family therapy: A practice-oriented approach* (3rd ed.). (pp.203-222) Springer Publishing Company.

Rowen, J., Giedgowd, G., & Demos, A. (2023). Effectiveness of videoconferencing psychotherapy delivered by novice clinicians in a training clinic. *Training and Education in Professional Psychology, 17*(2), 158-166.

Russell, W. P., & Breunlin, D. C. (2019). Transcending therapy models and managing complexity: Suggestions from integrative systemic therapy. *Family Process, 58*(3), 641-655.

Russell, W. P., Breunlin, D. C., & Sahebi, B. (2022). *Integrative systemic therapy in practice.* Routledge.

Russell, W. P., Pinsof, W., Breunlin, D. C., & Lebow, J. (2016). Integrative problem centered metaframeworks(IPCM) therapy. In T. L. Sexton & J. L. Lebow (Eds.), *Handbook of family therapy* (pp. 530-544). Routledge.

Sarup, M. (1993). *An introductory guide to post-structuralism and postmodernism.* Harvester Wheatsheaf.

Satir, V, (1983). *Conjoint family therapy* (3rd ed.). Science and Behavior.

Satir, V., Banmen, J., Gerber, J., & Gomori, M. (1991). *The Satir model: Family therapy and beyond.* Science and Behavior Books.

Scharff, D. E., & Scharff, J. S. (2003). 대상관계 부부치료(이재훈 역, 원제: *Object relations couple therapy*). 한국심리치료연구소. (원저 2000년 발행).

Scharff, D. E., & Scharff, J. S. (2005). *The primer of object relations.* Jason Aronson.

Scharff, D. E., & Scharff, J. S. (2006). 대상관계 가족치료(이재훈 역, 원제: *Object relations family therapy*). 한국심리치료연구소. (원저 1991년 발행).

Schlinger Jr, H. D., & Normand, M. P. (2013). On the origin and functions of the term functional analysis. *Journal of Applied Behavior Analysis, 46*(1), 285-288.

Schwartz, R. C., & Sweezy, M. (2019). *Internal family systems therapy* (2nd ed.). Guilford Press.

Seedall, R. B., & Sandberg, J. G. (2020). Attachment and other emotion-based systemic approaches. In K. S. Wampler, R. B. Miller, & R. B. Seedall (Eds.), *The handbook of systemic family therapy: The profession of systemic family therapy* (Vol. 1, pp. 391-415). Wiley Blackwell.

Segal, H. (1964). *Introduction to the work of Melanie Klein.* Hogarth Press.

Sexton, T. L., & Alexander, J. F. (2005). Functional family therapy for externalizing disorders in adolescents. In J. L. Lebow (Ed.). *Handbook of clinical family therapy* (pp. 164-191). Wiley.

Sexton, T. L., & Lebow, J. L. (Eds.), (2005). *Handbook of family therapy.* Routledge.

Shadish, W. R., & Baldwin, S. A. (2002). Meta analysis of MFT interventions. In D. H. Sprenkle (Ed.), *Effectiveness research in marriage and family therapy* (pp. 339-370). American Association for Marriage and Family Therapy.

Shigekawa, E., Fix, M., Corbett, G., Roby, D. H., & Coffman. (2018). The current state of telehealth evidence: A rapid review. *Health Affairs, 37*(12), 1957-1982.

Siegel, J. P. (2020). Digging deeper: An object relations couple therapy update. *Family Process, 59*(1), 10–20.

Sim, T., & Sim, C. (2020). Global contexts for the profession of systemic family therapy. In K. S. Wampler, R. B. Miller, & R. B. Seedall (Eds.), *The handbook of systemic family therapy: The profession of systemic family therapy* (Vol. 1, pp. 51-77). Wiley Blackwell.

Simon, G. M. (2012). The role of the therapist in common factors: Continuing the dialogue. *Journal of Marital and Family Therapy, 38,* 1-7.

Simon, R. (1985). Structure is destiny: An interview with Humberto Maturana. *The Family Therapy Networker, 9*(3), 32-43.

Skovholt, T. M., & Rønnestad, M. H. (1995). *The evolving professional self: Stages and themes in therapist and counselor development.* John Wiley & Sons.

Skowron, E., & Farrar, J. (2016). multigenerational family systems. In T. L. Sexton & J. L. Lebow (Eds.), *Handbook of family therapy* (pp. 159-181). Routledge.

Skynner, R. (1981). An open-systems, group-analytic approach to family therapy. In A. Gurman & D. Kniskern(Eds.), *Handbook of family therapy* (pp. 39-84). Brunner/Mazel.

Smith-Acuña, S. (2019). 체계이론의 실제: 개인 · 부부 · 가족치료에의 적용(강은호, 최정은 역, 원제: *System theories in action: Applications to individual, couples, and family therapy*). 학지사. (원저 2010년 발행).

Snowswell, C, L., Chelberg, G., De Guzman, K. R., Haydon, H. H., Thomas, E. E., Caffery, L. J., & Smith, A, C. (2021). The clinical effectiveness of telehealth: A systematic review of meta-analysis from 2010 to 2019. *Journal of Telemedicine and Telecare, 29*(9), 669-684.

Snyder, D. K. (1997). *Marital satisfaction inventory, revised* (MSI-R) Manual. Western Psychological Service.

Spengler, P. M., Lee, N. A., Wiebe, S. A., & Wittenborn, A. K. (2024). A comprehensive meta-analysis on the efficacy of emotionally focused couple therapy. *Couple and Family Psychology: Research and Practice, 13*(2), 81-99.

Sprenkle, D. H., & Blow, A. J. (2004). Common factors and our sacred models. *Journal of Marital and Family Therapy, 30,* 113-129.

Sprenkle, D. H., Davis, S. D., & Lebow, J. L. (2021). 커플 · 가족치료에서의 공통요인: 효과적 개입의 토대(최연실 역, 원제: *Common factors in couple and family therapy: The overlooked foundation for effective practice*). 신정. (원저 2009년 발행).

Stanton, M. (2013). The systemic epistemology of the specialty of family psychology. In J. H. Bray & M. Stanton (Eds.), *The Wiley-Blackwell handbook of family psychology* (pp. 5-20). Wiley-Blackwell.

Stanton, M., Harway, M., & Vetere, A. (2013). Education in family psychology. In J. H. Bray & M. Stanton (Eds.), *The Wiley-Blackwell handbook of family psychology* (pp. 129-145). Wiley-Blackwell.

Stith, S. M., & Rosen, K. H. (1990). Family therapy for spouse abuse. In S. M. Stith et al. (Eds.), *Violence hits home: Comprehensive treatment approaches to domestic violence* (pp. 83-101). Springer.

Stoltenberg, C. D., & McNeil, B. W. (2010). *IDM supervision: An integrative developmental model for supervising counselors and therapists* (3rd ed). Routledge.

Storm, C. L., & Sprenkle, D. H. (2002). Professional development: Training systemic therapists for the 21st century. *Journal of Marital and Family Therapy, 28*(1), 29-45.

Stratton, P., Silver, S., Nascimento, N., McDonnell, L., Powell, G., & Nowotny, E. (2014). Couple and family therapy outcome research in the previous decade: What does the evidence tell us? *Contemporary Family Therapy, 37*(1), 1-12.

Stuart, R. B. (1971). Behavioral contracting within the families of delinquents. *Journal of Behavior Therapy and Experimental Psychiatry, 2*(1), 1-11.

Suppes, B. C. (2023). *Family systems theory simplified: Applying and understanding systemic therapy models.* Routledge.

Sweeney, K. (2024). Contextual family therapy and the evolution of restoration therapy. In L. Metcalf (Ed.), *Marriage and family therapy: A practice-oriented approach* (3rd ed., pp. 74-95). Springer Publishing.

Szapocznik, J., & Hervis, O. E. (2020). *Brief strategic family therapy.* American Psychological Association.

Szapocznik, J., & Williams, R. A. (2000). Brief Strategic family therapy: Twenty-five years of interplay among theory, research and practice in adolescent behavior problems and drug abuse. *Clinical Child and Family Psychology Review, 3*(2), 117-134.

Tallman, K., & Bohart, A. C. (1999). The client as a common factor: Client as self-healers. in M. A. Hubble, B. I. Duncan,

& S. D. Miller (Eds.), *The heart and soul of change; What works in therapy* (pp. 91-131). American Psychological Association.

Tamasese, K., & Waldegrave, C. (1994). some central ideas in the "just therapy" approach. *Family Journal, 2*(2), 94-103.

Thoburn, J. W., & Sexton, T. L. (2016). *Family psychology: Theory, research, and practice.* Praeger.

Thomlison, B. (2015). *Family assessment handbook: An introductory practice guide to family assessment* (4th ed.). Brooks/Cole.

Tomm, K. (2014). Introducing the IPscope: A systemic assessment tool for distinguishing interpersonal patterns. In K. Tomm, S. St. George , D. Wulff, & T. Strong (Eds.), *Patterns in interpersonal interactions: Inviting relational understanding for therapeutic change* (pp. 13-35). Routledge.

Toporek, R., Gerstein, L. H., Fouad, N. A., Roysircar, G., & Israel, T. (Eds.). *Handbook for social justice in counseling psychology: Leadership, vision, and action.* Sage.

Trepper, T. S., Dolan, Y., McCollum, E. E., & Nelson, T. (2006). Steve De Shazer and the future of solution-focused therapy. *Journal of Marital and Family Therapy, 32*(2), 133-139.

Vetere, A. (2003). Structural family therapy. *Child Psychology and Psychiatry Review, 6*(3), 133–139.

von Foerster, H. (1974). *Cybernetics of cybernetics: Or the control and the communication of communication.* Biological Computer Laboratory.

Vygotsky, L. S., & Cole, M. (1978). *Mind in society: The development of higher psychological processes.* Harvard University Press.

Waldegrave, C. (2000). Just therapy with families and communities. In G. Burford & J. Hudson (Eds.), *Family group conferencing: New directions in community-centered child and family practice.* Aldine de Gruyter.

Waldegrave, C. (2005). "Just therapy" with families on low incomes. *Child Welfare, 84*(2), 265-276.

Walsh, F. (2016). A family developmental framework: Challenges and resilience across the life cycle. In T. L. Sexton & J. L. Lebow (Eds.), *Handbook of family therapy* (pp. 30-47). Routledge.

Walter, J. L., & Peller, J. E. (2001). **단기가족치료: 해결중심으로 되어가기**(가족치료연구모임 역, 원제: *Becoming solution-focused in brief therapy*). 하나의학사. (원저 1992년 발행).

Walters, M., Carter, B., Papp, P., & Silverstein, O. (1988). *The invisible web: Gender patterns in family relationships.* Guilford Press.

Wampler, K. S., Miller, R. B., & Seedall, R. B. (Eds.) (2020a). *The handbook of systemic family therapy: The profession of systemic family therapy.* Wiley Blackwell.

Wampler, K. S., & Patterson, J. E. (2020b). The importance of family and the role of systemic family therapy. In K. S. Wampler, R. B. Miller, & R. B. Seedall (Eds.), *The handbook of systemic family therapy: The profession of systemic family therapy* (Vol. 1, pp. 3-32). Wiley Blackwell.

Wampold, B. E. (2001). *The great psychotherapy debate: Models, methods, and findings.* Erlbaum.

Watzlawick, P., Weakland, J., & Fisch, R. (1974). *Change: Principles of problem formation and problem resolution.* Norton.

Weiler, L. M., Lyness, K. P., Haddock, S. A., & Zimmerman, T. S. (2015). Contextual issues in couple and family therapy. In J. L. Wetchler & L. L. Hecker (Eds.), *An introduction to marriage and family therapy* (2nd ed., pp. 65-116). Routledge.

West, C. (2013). The changing MFT profession: Regulation, technology, and examinatIn A. Rambo, C. West, A. Scooley, & T. V. Boyd (Eds.), *Family therapy review: Contrasting contemporary models* (pp. 11-16). Routledge.

Wetchler, . L., & Hecker, L. L. (Eds.) (2015). *An introduction to marriage and family therapy* (2nd ed.). Routledge.

Whitaker, C. A., & Keith, D. V. (1981). Symbolic-experiential family therapy. In A. S. Gurman & D. P. Kniskern (Eds.), *Handbook of family therapy* (pp. 187-225). Brunner/Mazel.

White, M. (2010). **이야기치료의 지도**(이선혜, 정슬기, 허남순 역, 원제: *Maps of narrative practice*). 학지사. (원저 2007년 발행).

White, M., & Epston, D. (2015). **이야기 심리치료 방법론: 치유를 위한 서술적 방법론**(정석환 역, 원제: *Narrative means to therapeutic Ends*). 학지사. (원저 1990년 발행).

White, M., (2007). *Maps of narrative practice.* W. W. Norton.

Wiener, N. (1948). *Cybernetics. Scientific American, 179*(5), 14-18.

Williams, L., Edwards, T. M., Patterson, J., & Chamow, L. (2019). **부부가족치료자를 위한 필수 사정기술**(최연실, 조은숙 역, 원제: *Essential assessment skills for couple and family therapists*). 하나의학사. (원저 2011년 발행).

Williams, L., Patterson, J., & Edwards, T. (2021). **임상가를 위한 가족치료 연구방법론: 근거기반 실천의 토대**(최연실, 기쁘다, 민주홍, 천연미 역, 원제: *Clinician's guide to research methods in family therapy: Foundations of evidence-based practice*). 하나의학사. (원저 2014년 발행).

Winnicott, D. W. (1953). Transitional objects and transitional phenomena: A study of the first not-me possession. *The International Journal of Psycho-Analysis, 34,* 89-97.

Winnicott, D. W. (1960). The theory of the parent-infant relationship. *International Journal of Psycho-Analysis, 41,* 585-595.

Winnicott, D. W. (1965). *The maturational processes and the facilitating environment.* Hogarth Press.

Winnicott, D. W. (1971). *Playing and reality.* Tavistock.

Wittenborn, A. K., Hosseinichimeh, N., Rick, J. L., & Tseng, C. (2020). System theory and methodology. In K. S. Wampler, R. B. Miller, & R. B. Seedall (Eds.), *The handbook of systemic family therapy: The profession of systemic family therapy* (Vol. 1, pp. 97-118). Wiley Blackwell.

Wolf, M., Risley, T., & Mees, H. (1963). Application of operant conditioning procedures to the behaviour problems of an autistic child. *Behaviour Research and Therapy, 1*(2-4), 305-312.

Worden, M. (2003). *Family therapy: Basics* (3rd ed.). Brooks/Cole.

Wrape, E. R., & McGuinn, M. M. (2018). Clinical and ethical considerations for delivering couple and family therapy via telehealth. *Journal of Marital and Family Therapy, 45*(2), 296-308.

Yektatalab, S., Seddigh Oskouee, F., & Sodani, M. (2017). Efficacy of Bowen theory on marital conflict in the family nursing practice: A randomized controlled trial. *Issues in Mental Health Nursing, 38*(3), 253-260.

Zeig, J. K. (1980). *A teaching seminar with Milton H.* Erickson. Brunner/Mazel.

찾아보기

[인명]

ㄱ

[내용]

ㅇ

기타

A–Z

저/자/약/력

■ **최연실**

서울대학교 학사, 서울대학교 석사, 서울대학교 박사

전) 한국가족관계학회 회장

한국가정관리학회 회장

한국가족치료학회 회장

현) 상명대학교 가족복지학과, 통합심리치료대학원 가족상담치료학과 교수

〈자격〉 한국가족치료학회 부부가족상담 전문가 슈퍼바이저

한국상담학회 분과 부부가족상담학회 부부가족상담 수련감독급 전문상담사

한국가족관계학회 가족상담사 슈퍼바이저

■ **조은숙**

서울대학교 학사, 서울대학교 석사, 서울대학교 박사

전) 한국가족관계학회 회장

현) 한국상담학회 부부가족상담학회 회장

한국가족놀이치료학회 회장

한국가족치료학회 부회장

현) 상명대학교 가족복지학과, 통합심리치료대학원 가족상담치료학과 교수

〈자격〉 한국가족치료학회 부부가족상담전문가1급

한국상담학회 분과 부부가족상담학회 부부가족상담 수련감독급 전문상담사

한국가족관계학회 가족상담사 슈퍼바이저

■ **안미옥**

고려대학교 학사, St. Mary's University 석사, Luther Seminary 박사

전) 내러티브치료학회 회장

현) 한국상담학회 부부가족상담학회 부회장

한국가족치료학회 부회장

현) 상명대학교 통합심리치료 대학원 가족상담치료학과 초빙교수

마음나루심리상담연구소 소장

〈자격〉 한국가족치료학회 부부가족상담 전문가 슈퍼바이저

한국상담학회 분과 부부가족상담학회 부부가족상담 수련감독급 전문상담사

AAMFT 슈퍼바이저

■ **박우철**

서울대학교 학사, 연세대학교 석사, University of Maryland 박사

현) 덕성여자대학교 아동가족학전공(대학), 아동가족상담전공(대학원) 교수

〈자격〉 한국가족치료학회 부부가족상담전문가 1급

한국가족관계학회 가족상담사 슈퍼바이저

가족치료 개관과 심화

초판발행 2026년 2월 25일 **1판 1쇄 인쇄** | 2026년 2월 28일 **1판 1쇄 발행**

지은이 최연실 조은숙 안미옥 박우철
펴낸이 최용구 | **펴낸곳 도서출판 신정**
주소 (04316) 서울시 용산구 원효로 89길 19 (원효로1가)
전화 02)3211-4782, 0266(영업부), 3211-4783(편집부), 3211-4784(팩스)
이메일 shinjeong72@naver.com | **홈페이지** www.sjbook.co.kr
등록 2001년 5월 11일 제13-702호
기획마케팅 최용구 장만동 최충구 송대용 | **책임편집** 석기은 황가연

ISBN 978-89-5912-975-1 93590
정가 33,000원